Paul Kevenhörster

Politikwissenschaft 1

Paul Kevenhörster

Politikwissenschaft

Band 1: Entscheidungen und Strukturen der Politik

3. Auflage

VS VERLAG FÜR SOZIALWISSENSCHAFTEN

Bibliografische Information Der Deutschen Nationalbibliothek
Die Deutsche Nationalbibliothek verzeichnet diese Publikation in der
Deutschen Nationalbibliografie; detaillierte bibliografische Daten sind im Internet über
<http://dnb.d-nb.de> abrufbar.

3. Auflage 2008

Alle Rechte vorbehalten
© VS Verlag für Sozialwissenschaften | GWV Fachverlage GmbH, Wiesbaden 2008

Lektorat: Frank Schindler

Der VS Verlag für Sozialwissenschaften ist ein Unternehmen von Springer Science+Business Media.
www.vs-verlag.de

Das Werk einschließlich aller seiner Teile ist urheberrechtlich geschützt. Jede Verwertung außerhalb der engen Grenzen des Urheberrechtsgesetzes ist ohne Zustimmung des Verlags unzulässig und strafbar. Das gilt insbesondere für Vervielfältigungen, Übersetzungen, Mikroverfilmungen und die Einspeicherung und Verarbeitung in elektronischen Systemen.

Die Wiedergabe von Gebrauchsnamen, Handelsnamen, Warenbezeichnungen usw. in diesem Werk berechtigt auch ohne besondere Kennzeichnung nicht zu der Annahme, dass solche Namen im Sinne der Warenzeichen- und Markenschutz-Gesetzgebung als frei zu betrachten wären und daher von jedermann benutzt werden dürften.

Umschlaggestaltung: KünkelLopka Medienentwicklung, Heidelberg
Druck und buchbinderische Verarbeitung: Krips b.v., Meppel
Gedruckt auf säurefreiem und chlorfrei gebleichtem Papier
Printed in the Netherlands

ISBN 978-3-531-15214-1

Vorwort zur 3. Auflage

Der Verlag für Sozialwissenschaften hat mich im vergangenen Jahr gebeten, eine dritte Auflage meines Lehrbuches vorzubereiten. Ich bin dieser Bitte gerne nachgekommen und habe bei der Überarbeitung des Textes der zweiten Auflage wichtige politikwissenschaftliche Neuerscheinungen der letzten fünf Jahre berücksichtigt und außerdem versucht, komplexe Zusammenhänge politischer Sozialisation, politischer Kommunikation und politischer Interessendurchsetzung noch mehr zu veranschaulichen.

Dabei waren mir vor allem Andreas Beck sowie Jens Taken und Benjamin Laag behilflich. Die Formatierung des Textes und die Gestaltung der Abbildungen lagen erneut in den bewährten Händen von Doris Pasch. Ihnen sowie Herrn Schindler vom VS-Verlag sei an dieser Stelle herzlich gedankt.

Münster, im Januar 2007 *Paul Kevenhörster*

Vorwort zur 2. Auflage

Der Verfasser hat von Hochschullehrern und Studierenden, vor allem den Teilnehmern politikwissenschaftlicher Grundkurse an mehreren Universitäten, als Reaktion auf die erste Auflage des Lehrbuchs zahlreiche Anregungen erhalten, die der Erarbeitung der zweiten Auflage zugutegekommen sind. Die neue Fassung hat daher in weit größerem Umfang alle zentralen politikwissenschaftlichen Begriffe definiert und die grundlegenden Aussagen veranschaulicht. Hauptthesen werden auch optisch stärker hervorgehoben, das Glossar ist erheblich erweitert und Neuerscheinungen der letzten Jahre werden berücksichtigt.

Kathrin Ahlbrecht und Matthias Freise haben wertvolle Beiträge zur Überarbeitung des gesamten Manuskriptes beigesteuert und zudem die Koordination der redaktionellen Arbeiten stets zuverlässig und kompetent durchgeführt. Dies geschah in enger Zusammenarbeit mit den anderen Tutorinnen und Tutoren meiner

Grundkurse, Sonja Feihle, Barbara Frede, Tobias Heintze, Georg Nienaber und Tillmann Schulze, denen ich für Geduld, Nachsicht und kritisch-konstruktive Hinweise zu Dank verpflichtet bin. Howard Loewen, Bernd Sondermann und Jens Taken haben außerdem wichtige Hinweise für die Endfassung einzelner Kapitel gegeben. Mit großer Sorgfalt und Umsicht hat Doris Pasch sämtliche Schaubilder neugestaltet. Ihnen allen möchte ich herzlich danken und hoffe, dass das Lehrbuch in der vorliegenden Form einen guten Zugang zu Kategorien und Grundaussagen der Politikwissenschaft eröffnet.

Münster, im April 2002 *Paul Kevenhörster*

Vorwort zur 1. Auflage

Was ist Politik? Wie kommen politische Entscheidungen zustande? In welchen politischen Strukturen schlagen sie sich nieder? Wer Antworten auf diese Fragen sucht, wird auf eine Vielzahl von Einführungslehrbüchern stoßen, die mit Fragestellungen, Theorieansätzen und Forschungsinstrumenten der Politikwissenschaft vertraut machen. Um so notwendiger ist es, nach einer Ausbauphase der Politikwissenschaft auch Auskunft darüber zu geben, welche Antworten diese Disziplin auf Fragen nach den Grundlagen, der Dynamik und dem Ergebnis der Politik gibt. Diese Aussagen sollen tragfähig sein und den Tag überdauern. Sie sollen auf informativen Theorien beruhen und möglichst durch internationalen Vergleich gestützt werden. Sie müssen den Gesamtzusammenhang politischer Entscheidungen und Strukturen sichtbar machen und so der vielfach zu Recht beklagten „Gefahr der Ausdifferenzierung und Zersplitterung"[1] der Politikwissenschaft entgegenwirken.

Ziel dieses Lehrbuches ist es, den Studierenden der Politikwissenschaft ein besseres Verständnis der Politik zu ermöglichen. „Besser" in einem zweifachen Sinn: Eigene politische Beobachtungen sollen in eine systematische Kenntnis des politischen Prozesses eingeordnet und politische Probleme des eigenen Landes durch einen Vergleich mit denen anderer Staaten verständlich werden. Nicht Fragestellungen, Forschungsansätze und theoretische Deutungen ohne erkennbaren Bezug zu praktischen Fragen der Politik stehen daher im Vordergrund des Lehrbuches, sondern international vergleichende Befunde auf politiktheoretischer Grundlage. So versucht dieses Lehrbuch eine Antwort auf folgende Fragen zu ge-

---

1 Manfred *Mols*, Politik als Wissenschaft. Zur Definition, Entwicklung und Standortbestimmung einer Disziplin, in: *ders.*/Hans-Joachim *Lauth*/Christian *Wagner* (Hrsg.), Politikwissenschaft: Eine Einführung, Paderborn 1996, S. 52.

ben: Welchen konkreten Beitrag leistet die Politikwissenschaft für ein systematisches Verständnis der Politik im Rahmen des politischen Prozesses politischer Meinungsbildung und damit für ein Verständnis von „*Entscheidungen und Strukturen der Politik*"?

Soweit die Thematik des hier vorliegenden Bandes. Ein weiterer Band wird sich mit dem Ergebnis der Politik befassen („Ergebnisse und Wirkungen der Politik"). Bevor diese jedoch aufgezeigt werden können, ist eine grundlegende Kenntnis der verschiedenen Phasen des politischen Prozesses – Sozialisation, Rekrutierung, Elitenbildung, Kommunikation, Interessenartikulation, Interessenaggregation und politische Entscheidungen – erforderlich. Dabei sind Erfahrungen aus verschiedenen Industriestaaten, Ländern der „Dritten Welt" sowie anderer politischer Systeme zu berücksichtigen. All das findet sich auf den folgenden Seiten.

Die Anregung zu diesem Studienbuch haben Kollegen, Mitarbeiter und Studierende gegeben, die seit langem eine international vergleichende, systematische Darstellung politikwissenschaftlicher Forschungsergebnisse vermissen. Entscheidende konzeptionelle Denkanstöße für die Planung dieses Lehrbuches verdanke ich Prof. Dr. Karl-Heinz Naßmacher und Prof. Dr. Hiltrud Naßmacher, Universität Oldenburg. Wichtige Anregungen für einzelne Abschnitte des folgenden Bandes haben ferner Prof. Dr. Dietrich Thränhardt, Prof. Dr. Dr. h.c. Wichard Woyke, Prof. Dr. Peter Nitschke, Priv.-Doz. Dr. Nassehi und Dr. Marianne Ravenstein, Münster, sowie Prof. Dr. Oskar Gabriel, Universität Stuttgart, gegeben. Für die redaktionelle Endfassung haben meine Münsteraner Mitarbeiter Dr. Dirk van den Boom, Peter Wichmann, Stefan Zowislo, Jörg Ernst, Sandra Düsing und Dirk Nabers wertvolle Beiträge geleistet. Mit großer Umsicht und Geduld haben Christel Franek, Margarete Kemper und Stefanie Schröder das Manuskript erstellt.

Einen Teil der für dieses Lehrbuch unverzichtbaren Materialrecherchen im Bereich Vergleichende Politikforschung/Area Studies habe ich in den letzten sieben Jahren bei Studienaufenthalten im Ausland durchgeführt und bin Prof. Jay Siegel, John F. Kennedy School der Harvard University, sowie Prof. Yasuda Yawata von der Sophia-Universität und Kazuto Yamaguchi von der Parlamentsbibliothek in Tokyo für Rat und Unterstützung zu Dank verpflichtet. Wichtige Hilfestellung bei der Literatursuche hat ferner Min.-Rat. Prof. Dr. Walter Keim, Deutscher Bundestag, geleistet.

Nicht zuletzt möchte ich meinen Studierenden danken, die mich während meiner Lehrtätigkeit in Köln, Bonn, Braunschweig und Münster immer wieder mit kritischen Fragen zum Informationswert politikwissenschaftlicher Aussagen herausgefordert haben. Ich würde mich freuen, wenn das Lehrbuch eine hilfreiche Antwort auf ihre Fragen darstellt.

Das Buch ist dem Andenken an meinen früh verstorbenen Kollegen und Freund Herbert *Kühr* gewidmet, der als Professor und Prorektor der Universität Essen der Politikwissenschaft in der Wahl- und Parteienforschung, der politischen

Theorie und politischen Bildung wichtige Impulse gegeben und mich schon früh zur Konzipierung dieses Buches ermuntert hat.

Münster, im November 1996 *Paul Kevenhörster*

*Zur Erinnerung an
Herbert Kühr*

Inhalt

Vorwort 5

1. Der politische Prozess 13

1.1 Fragen der Politikwissenschaft 13
1.2 Statik und Dynamik der Politik 25
1.3 Das politische System 38
1.4 Phasen des politischen Prozesses 45
1.5 Politik im internationalen Vergleich 53

2. Politische Sozialisation 61

2.1 Grundlagen politischer Wertorientierung 64
2.2 Formung politischer Einstellungen 71
2.3 Stabilität demokratischer Einstellungen 84
2.4 Bereitschaft zu politischer Beteiligung 90
2.5 Legitimität der demokratischen Ordnung 100

3. Politische Rekrutierung 111

3.1 Politik als Beruf 111
3.2 Rahmenbedingungen der Rekrutierung 117
3.3 Auslesekanäle der politischen Elite 125
3.4 Muster der Rekrutierung 136
3.5 Zirkulation der Eliten 147

4. Politische Kommunikation 153

4.1 Politische Kommunikation als Grundlage politischen Wettbewerbs 153
4.2 Funktionen der Medien in der politischen Öffentlichkeit 158
4.3 Wahlen als Instrument politischer Kommunikation 182
4.4 Wahlbeteiligung und Wahlverhalten 190
4.5 Politischer Protest 210

5.	**Artikulation der Interessen**	215
5.1	Pluralistische Demokratie	217
5.2	Stellung gesellschaftlicher Interessen in der Wettbewerbsdemokratie	228
5.3	Sozioökonomische Entwicklung und politische Modernisierung	235
5.4	Interessenartikulation im politischen Prozess	248
5.5	Asymmetrie der Interessen	256
6.	**Aggregation der Interessen**	265
6.1	Politische Aggregation gesellschaftlicher Interessen	265
6.2	Interessenvermittlung im politischen System	272
6.3	Aggregationsfunktion der Parteien	277
6.4	Interessenvermittlung durch Verbände	295
6.5	Ordnungspolitik	308
7.	**Politische Entscheidungen**	317
7.1	Policy: Inhalte der Politik	317
7.2	Das politische Entscheidungssystem	322
7.3	Politische Programme	327
7.4	Policy-Netzwerk und Politikarena	333
7.5	Politikzyklus	340
8.	**Schlussbemerkung: Politik der Postmoderne – neue Herausforderungen an das politische System**	363
8.1	Steuerung	365
8.2	Legitimation	367
8.3	Repräsentation	372
8.4	Verantwortung	374
8.5	Demokratisches Dilemma	376
9.	**Anhang**	381
9.1	Glossar	381
9.2	Literaturhinweise	393
9.3	Personenregister	403
9.4	Sachregister	404

1. Der politische Prozess

1.1 Fragen der Politikwissenschaft

Politik ist Handwerk, vielleicht Kunst, aber gewiss keine Wissenschaft. Dieses Vorurteil ist ebenso alt wie zählebig. Alle Versuche, Politik wissenschaftlich zu deuten, stoßen seit langem auf eine tiefverwurzelte Skepsis. „Alle Politik ist Kunst. Sie bewegt sich in der Welt der historischen Taten, verwandelt sich und treibt neue Bildungen hervor, während wir reden. Daher muss jede Theorie mangelhaft bleiben." Diese grundsätzliche, aus dem vorletzten Jahrhundert stammende Absage des Historikers Heinrich *von Treitschke*[1] an eine wissenschaftliche Beschäftigung mit der Politik fordert die Politikwissenschaft dazu heraus, die Instrumente und Ergebnisse ihrer Bemühungen um die Entzauberung des Staates und die Erklärung der Politik offenzulegen.[2] Dabei kann sich diese Disziplin auf eine lange, ehrwürdige Tradition berufen. Schon *Aristoteles* hat es als eine „Aufgabe des politischen Denkens und Forschens" bezeichnet, der Frage nachzugehen, „... welche Staatsform nun und welcher Zustand des Staates der beste sei, mag nun die Beteiligung am Staate für alle wünschbar sein oder doch für die Mehrzahl."[3]

Diese Frage hat nicht allein die politische Philosophie der Antike sondern auch die des Mittelalters (Thomas *von Aquin*) und schließlich der Neuzeit (John *Locke,* Charles *de Montesquieu*) nachhaltig beschäftigt. Verweisen der Gedanke der Volksherrschaft und der Gedanke wechselseitiger Verpflichtung von Bürger und Staat auf die politische Theorie der Antike, so erkennen die politischen Theorien des Mittelalters und der Renaissance die Eigenständigkeit des Politischen neben anderen Lebensbereichen an.[4] Mit Rationalismus und Aufklärung setzt

---

1 Heinrich *von Treitschke,* Politik. Vorlesungen gehalten an der Universität zu Berlin, hrsg. von Max *Cornicelius,* 1. Bd., 2., durchgesehene Aufl., Leipzig 1899, S. 1.
2 Vgl. Ulrich *von Alemann,* Politikbegriffe, in: Dieter *Nohlen* (Hrsg.), Wörterbuch Staat und Politik, Bonn 1991, S. 490-493.
3 *Aristoteles,* Politik, übersetzt und herausgegeben von Olaf *Gigon,* 6. Aufl., München 1986, S. 220.
4 Vgl. Hans-Joachim *Lieber,* Einleitung, in: *ders.* (Hrsg.), Politische Theorien von der Antike bis zur Gegenwart, 2. Aufl., Bonn 1993, S. 12.

schließlich das neuzeitliche politische Denken ein, das die Frage nach der Legitimität politischer Macht in den Vordergrund rückt.

Diese Traditionen vor Augen, haben die Väter der amerikanischen Verfassung, Alexander *Hamilton*, James *Madison* und John *Jay*, unter Hinweis auf Wurzeln des politisch-philosophischen Denkens im antiken Athen und Rom sowie auf Aussagen neuzeitlicher Denker von Niccolò *Machiavelli* bis David *Hume*, Grundlagen einer Politikwissenschaft (*science of politics*) gelegt, die von einer gleichbleibenden Natur des Menschen ausging und nach universellen Prinzipien der staatlichen Ordnung fragte.[5] Diese Grundsätze, denen sie die Gültigkeit mathematischer Lehrsätze zumaßen, suchten sie in der politischen Vernunft, im „common sense", zu verankern. Damit haben sie der Politikwissenschaft eine Perspektive gewiesen, deren grundsätzliche Berechtigung auch in der Gegenwart außer Frage steht.

Nach den Verheißungen und Enttäuschungen der Sozialwissenschaften in den vergangenen Jahrzehnten ist noch deutlicher geworden, dass sich deren Grenzen zu großen Teilen aus der Leistungsfähigkeit ihrer Theorien ergeben. Wie andere sozialwissenschaftliche Disziplinen bildet die Politikwissenschaft die politische Wirklichkeit vereinfachend ab und ist dadurch zwangsläufig in ihrer Erklärungskraft Beschränkungen unterworfen.[6] Die politische Realität soll im Folgenden in einem Rahmen interpretiert werden, der den Zyklus politischer Entscheidungen von der politischen Sozialisation über die Bündelung von gesellschaftlichen Interessen und die Formulierung politischer Entscheidungen bis zu deren Umsetzung verfolgt. Diesen Phasen des Politikzyklus werden jeweils Theorien zugeordnet, die auf der Basis international vergleichender Studien Grundlagen, Inhalte und Wirkungen politischer Entscheidungen erklären.[7]

Mit dieser Perspektive – der Suche nach den Grundlagen, Inhalten und Wirkungen politischer Entscheidungen – ist zugleich ein Maßstab für die Auswahl von Theorien gegeben. Denn „... auch die Sozialwissenschaften [sind] erfolgreich oder erfolglos, interessant oder schal, fruchtbar oder unfruchtbar, in genauem Verhältnis zu der Bedeutung oder im Interesse der Probleme, um die es sich handelt; und natürlich auch in genauem Verhältnis zur Ehrlichkeit, Gradlinigkeit und Einfachheit, mit der diese Probleme angegriffen werden".[8] Entscheidend ist somit

---

5 Vgl. hierzu u.a. Jürgen *Gebhardt*, The Federalist (Hamilton, Madison, Jay), in: Politische Denker II, hrsg. v. d. Landeszentrale für Politische Bildungsarbeit, 6. Aufl., München 1981, S. 66-88; Catharina *von Oppen-Rundstedt*, Die Interpretation der amerikanischen Verfassung im Federalist, Bonn 1970; Douglas G. *Adair*, „That politics may be reduced to science": David Hume, James Madison, and the tenth Federalist, in: Sidney *Fine*/Gerald S. *Brown* (Hrsg.), The American Past, vol. I, New York 1961, S. 190-204.
6 Vgl. Daniel *Bell*, Die Sozialwissenschaften seit 1945, Frankfurt a.M./New York 1986, S. 102.
7 Zur Ausgangsbasis politikwissenschaftlicher Theorien siehe u.a. Klaus *von Beyme*, Die politischen Theorien der Gegenwart, 7. Aufl., Opladen 1992.
8 Vgl. Karl R. *Popper*, Auf der Suche nach einer besseren Welt. Vorträge und Aufsätze aus dreißig Jahren, München/Zürich 1984, S. 81.

der Beitrag einer Theorie zur Erklärung charakteristischer Probleme der jeweiligen Phase des Politikzyklus und zur Begründung eines umfassenderen Verständnisses der Politik, das eine bessere Einsicht in politische Zusammenhänge und eine wirksamere politische Beteiligung des Einzelnen ermöglicht.

Eine Klärung des Erkenntnisinteresses der Politikwissenschaft setzt zunächst eine Definition des Begriffs der „Politik" und damit eine Abgrenzung von anderen gesellschaftlichen Bereichen voraus.

> Unter Politik wollen wir ein auf das Verhalten anderer bezogenes zweckhaftes Handeln verstehen, das mit dem Ziel ausgeübt wird, gesellschaftliche Konflikte verbindlich zu regeln.[9]

Von anderen Bereichen der Gesellschaft – Kultur, Wirtschaft, Recht – unterscheidet sich die Politik als Handlungsfeld kollektiv bindender und damit für alle verbindliche Entscheidungen durch ein Merkmal: Nur sie kann aufgrund des Monopols des Staates zu legitimer, physischer Gewalt die Allgemeinverbindlichkeit von Entscheidungen gewährleisten und Konflikte um die Knappheit verfügbarer Ressourcen angesichts steigender, letztlich grenzenloser Ansprüche sowie Konflikte um Werte und Interessen regelsetzend beeinflussen.[10]

Politik umfasst somit jene Handlungen, die vorrangig auf die verbindliche Verteilung gesellschaftlicher Güter und Werte zielen.[11] Damit sind alle Normen, Ziele, Interessen und Aktivitäten eingeschlossen, die auf die Vorbereitung, Durchsetzung und Implementation autoritativer, allgemein verbindlicher Entscheidungen gerichtet sind.

> Politikwissenschaft ist der Versuch, methodisch gesicherte Erkenntnisse über das Verhalten politischer Systeme zu gewinnen.[12] Dabei ist das *politische System* durch allgemein verbindliche Entscheidungen gekennzeichnet, die für die Steuerung einer Gesellschaft unverzichtbar sind: Es ist letztlich „... ein beständiges Muster menschlicher

---

9   Vgl. Gerhard *Lehmbruch*, Einführung in die Politikwissenschaft, 4., unveränd. Aufl., Stuttgart 1971, S. 17.
10 Der hier verwendete Politikbegriff ist eine Definition, die sich in der heutigen Politikwissenschaft weitgehend etabliert hat. Sie steht jedoch nicht alleine: Im Laufe der Entwicklung der Disziplin haben eine Vielzahl von Politikdefinitionen Verwendung gefunden. Vgl. hierzu Helmut *König*, Orientierung Politikwissenschaft. Was sie kann, was sie will, Hamburg 1999, S. 50ff. Ein Vergleich der verschiedenen Politikdefinitionen hinsichtlich ihrer zentralen Merkmale findet sich bei Rüdiger *Robert*, Politikwissenschaft und Politikbegriffe, in: ders. und Jürgen *Bellers* (Hrsg.): Politikwissenschaft I. Grundkurs. 2. Aufl. Münster 1990. S. 1-29, hier: S. 16.
11 Vgl. Edwin *Czerwick*, Systemtheorie, in: Hans J. Lietzmann (Hrsg.), Moderne Politik. Politikverständnisse im 20. Jahrhundert, Opladen 2001, S. 294.
12 Vgl. Norbert *Konegen*, Politikwissenschaft. Eine kybernetische Einführung, Düsseldorf 1973, S. 10.

> Beziehungen, das in bedeutendem Maß Macht, Herrschaft oder Autorität in sich schließt."[13]

Das politische System stellt so denjenigen Objektbereich der Politikwissenschaft dar, der die Gesamtheit politischen Handelns in einer Gesellschaft umfasst, politische Funktionen bestimmten Institutionen und Strukturen zuordnet und sich in Meinungsbildungs- und Entscheidungsprozessen niederschlägt.[14] Politikwissenschaftliche Aussagen müssen daher die *Metaebene der Politik* (Ideen, Werte, Geschichte), die politischen Entscheidungen und deren Inhalte und Wirkungen erfassen.[15] Ziel der Politikwissenschaft ist es, unser Wissen über politische Zusammenhänge zu verbessern, das optimale Herrschaftssystem für alle zu suchen und seine Durchsetzung zu ermöglichen.[16]

Immanuel *Kant* gibt in seiner „Kritik der reinen Vernunft" dem Gebrauch der Vernunft – und damit jeder wissenschaftlichen Betätigung – drei Fragen vor: „1. Was kann ich wissen? 2. Was soll ich tun? 3. Was darf ich hoffen?"[17] Auf dieser Grundlage lässt sich das Erkenntnisziel der Politikwissenschaft näher bestimmen: Wie sind politische Prozesse zu erklären? Wie lassen sie sich politisch beeinflussen und gestalten? Welche Zukunftsaussichten und Handlungsperspektiven begründen sie? Somit gilt für die Politikwissenschaft ein allgemeiner Grundsatz der Wissenschaftstheorie: Nichts ist für die politische Praxis hilfreicher als informative Theorien.[18] Sie können politische Prozesse erklären, Entwicklungstendenzen aufzeigen und auf politische Handlungschancen hinweisen.

Wer die Funktionsweise politischer Systeme und den politischen Prozess der Machtbildung, Machtausübung und Machtkontrolle in seinen Grundlagen und Verästelungen verstehen will, tut gut daran, auf Erklärungsansätze zurückzugreifen, die sich im internationalen Vergleich bewährt haben und dem Aufbau raumzeitübergreifender Theorien dienen. Ein Kennzeichen der politikwissenschaftli-

---

13 Robert A. *Dahl*, Die politische Analyse, München 1973, S. 17. Dieses Verständnis des politischen Systems baut auf Begriffsbestimmungen von *Aristoteles*, Max *Weber* und Harold D. *Lasswell* auf. Vgl. *Aristoteles*, Politik, a.a.O., S. 112ff.
14 Vgl. Gerhard *Wuthe*, Die Lehre von den politischen Systemen. Ein Studienbuch in Frage und Antwort, München 1977, S. 28; Richard *Münch*, Legitimität und politische Macht, Opladen 1976, S. 86.
15 Vgl. Yehezkel *Dror*, The Capacity to Govern. München 1995; *ders.*, Public Policymaking Reexamined, Stranton 1968.
16 Vgl. Samuel *Huntington*, One Soul at a Time: Political Science and Political Reform, in: American Political Science Review, vol. 82, 1988, No. 1, S. 3-10.
17 Immanuel *Kant*, Kritik der reinen Vernunft, Hamburg 1956, S. 727f. (Original: Critik der reinen Vernunft, Riga 1787).
18 Vgl. Hans *Albert*, Theorie und Praxis. Max *Weber* und das Problem der Wertfreiheit und der Rationalität, in: Hans *Albert*/Ernst *Topitsch* (Hrsg.), Werturteilsfreiheit, Darmstadt 1971, S. 200-236.

chen Forschung ist dabei die Vielfalt ihrer Methoden und Erklärungsansätze.[19] Grob unterscheiden lässt sich zwischen quantitativen und qualitativen Methoden der Politikwissenschaft. Erstere kommen vor allem im Rahmen von empirisch-analytischen Untersuchungen zum Einsatz und stützen sich auf die Instrumente der empirischen Sozialforschung. Der Begriff *empirisch* ist gleichbedeutend mit der Umschreibung „auf Erfahrung beruhend". Der Begriff *Empirie* beschreibt folglich ein Wissenschaftsverständnis, das sich von der Erfahrung und den erfahrbaren Tatsachen leiten lässt und die Behauptung ablehnt, es gebe „über den Dingen" liegende Annahmen und Ideen.

Empirische Forschung bedient sich solcher Methoden, die den der Untersuchung zugrunde liegenden theoretischen Ansatz mit geeigneten Instrumenten in der Wirklichkeit überprüfen. Dazu gehören *quantitative* Forschungsansätze, die gekennzeichnet sind durch die Verwendung mathematisch-statistischer Verfahren, also solche Verfahren, die sich auf eine Datenerhebung durch Zählen oder Messen stützen. Zu nennen sind hier insbesondere Umfragen, Inhaltsanalysen und Beobachtungen, die klaren Ablaufplänen folgen und sich der verschiedenen Möglichkeiten der Statistik bedienen. Die Aufgabe dieser Methoden besteht darin, die erhobenen Daten aufzugliedern und ihre Verteilung nach einem oder mehreren Merkmalen zu beschreiben. Dazu werden die vorgegebenen Daten in Tabellen und Kurven dargestellt, das in ihnen erhaltene Verteilungsgesetz herausgearbeitet und möglichst knapp und eindeutig durch statistische Parameter gekennzeichnet.

Im Gegensatz dazu sind unter *qualitativen* Methoden der Politikwissenschaft, einfach gesagt, alle Forschungsansätze zu verstehen, die ohne den Einsatz von mathematisch-statistischen Verfahren auskommen und sich nach keinem starr vorgegebenen Ablaufschema richten. Sie kommen vornehmlich im Rahmen von normativ-ontologischen Studien und kritisch-dialektischen Analysen zum Einsatz. Diese beiden metatheoretischen Grundpositionen unterscheiden sich zwar in ihrem theoretischen Verständnis der Gesellschaft grundsätzlich voneinander, bilden in ihrem erkenntnistheoretischen Verständnis jedoch einen gemeinsamen Gegenpol zur empirisch-analytischen Forschung.[20] Beide Metatheorien gehen von einer „über den Dingen" liegenden Wahrheit aus, die nicht mit empirischen Methoden erfasst werden kann, sondern einzig durch philosophische Analyse erschlossen werden muss. Vertreter dieser theoretischen Grundpositionen bedienen sich daher qualitativer Methoden, zu denen etwa die *Hermeneutik*, die *Topik* und die *Phänomenologie* gehören. Unter *Hermeneutik* versteht man eine methodische Herangehensweise, die versucht, Texte, Reden, Kunst etc. aus Geschichte und Gegenwart verstehend durch

---

19 Einen Überblick über die wichtigsten politikwissenschaftlichen Methoden findet sich bei Jürgen *Kriz*, Dieter *Nohlen* und Rainer-Olaf *Schultze* (Hrsg.), Lexikon der Politik, Bd. 2: Politikwissenschaftliche Methoden, München 1994.
20 Vgl. Wilhelm *Bürklin* und Christian *Welzel*, Theoretische und methodische Grundlagen der Politikwissenschaft, in: Manfred *Mols*/Hans-Joachim *Laut*/Christian *Wagner* (Hrsg.), Politikwissenschaft, 3. Auflage, Paderborn 2001, S. 357.

schrittweises Eindringen in Sinnzusammenhänge auszulegen. Die *Topik* ist die Lehre von den Fundstellen. Der Begriff beschreibt die wissenschaftliche Suche nach überzeugenden Argumenten und Begründungszusammenhängen bei Klärung von Problemen im Bereich der praktischen Wissenschaften. *Phänomenologie* bezeichnet schließlich die Theorie der Erscheinungen, die die Trennung der Wahrheit vom Schein ermöglicht und damit Grundlage aller Empirie ist.

Vergleicht man die Arbeiten verschiedener Politikwissenschaftler, so fällt auf, dass die einzelnen Forscher dazu tendieren, entweder qualitative oder quantitative Methoden zu bevorzugen. Dieses Verhalten bezeichnet man als Methodenorientierung. Allerdings stellt sich bei näherer Betrachtung heraus, dass sich beide methodischen Grundorientierungen nicht ausschließen, sondern sich im Gegenteil gegenseitig befruchten, da sowohl quantitative als auch qualitative Methoden über verschiedene Vorzüge verfügen: Während qualitative Forschung vor allem dort ihre Stärken entfaltet, wo über den zu untersuchenden Gegenstandsbereich relativ wenig bekannt ist und daher Flexibilität erforderlich ist, eignet sich der Einsatz quantitativer Methoden aufgrund ihres hohen Grades an Standardisierung besonders dann, wenn bereits umfangreiches Datenmaterial bezüglich des Untersuchungsgegenstandes vorliegt und mit Hilfe qualitativer Methoden kein weiterer Erkenntnisgewinn zu erwarten ist. Immer mehr methodische Ansätze der Politikwissenschaft setzen daher auf eine Kombination von quantitativen und qualitativen Methoden.[21]

Diese kombinierte Anwendung ermöglicht bei der wissenschaftlichen Analyse der Politik ein Wechselspiel von Einzelfallbetrachtung und systematischer Verallgemeinerung, von *Induktion* und *Deduktion*. Unter *Induktion* versteht man den Schluss vom Besonderen auf das Allgemeine. Durch die (qualitative) Analyse von Einzelbeispielen können allgemeine Zusammenhänge ermittelt werden. Bei der induktiven Methode geht die Beobachtung der Theoriebildung voraus. Dem gegenüber steht die *Deduktion*, bei der durch (quantitative) Analysen generelle Tendenzen und Strukturen ermittelt werden, um dann Einzelfälle in diesem theoretischen Rahmen einzuordnen. Beide Schritte erfordern präzise Begriffe im Rahmen erklärungsbedürftiger Theorien.

Abb. 1: Wissenschaftliche Erkenntnis

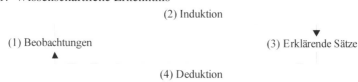

Quelle: Jürgen W. *Winkler*, Jürgen W. *Falter*, Grundzüge der politikwissenschaftlichen Forschungslogik und Methodenlehre, in: Arno *Mohr* (Hrsg.), Grundzüge der Politikwissenschaft, München, Wien u.a. 1997, S. 67.

---

21 Vgl. Wilhelm *Bürklin* und Christian *Welzel*, a.a.O. S. 376ff.

Im Rahmen einer Betrachtung des politischen Prozesses, die auf diesen Grundlagen aufbaut, können Erklärungen des politischen Systems und Voraussagen über den Ablauf des politischen Prozesses gewonnen werden. Die Kombination von politikwissenschaftlicher Theorie und empirischer Sozialforschung ermöglicht zudem eine umfassende, vergleichende Interpretation des politischen Prozesses. Die Wirkungen der einzelnen Elemente dieses Prozesses sind dabei vom Verhalten der anderen Elemente abhängig. Jedes Element des politischen Systems und zugleich jede Phase des politischen Prozesses stellen eine auf bestimmte Funktionen spezialisierte gesellschaftliche Institution dar. Notwendig ist daher eine differenzierte Theorie des politischen Systems, um empirische Befunde politischer Meinungsbildung und Entscheidungsfindung in systematische Zusammenhänge des politischen Prozesses einordnen zu können.

Im Mittelpunkt politikwissenschaftlicher Betrachtungen steht die Frage nach der Funktionsfähigkeit politischer Institutionen, ihrer Integrationskraft, ihrem Anpassungsvermögen und ihrer Ausgestaltung. Eine politische Institution ist „ein fest organisierter Zusammenhang von politischen Handlungsweisen, die im Rahmen eines politischen Systems eine Funktion und/oder einen Zweck haben."[22] Politische Institutionen umreißen Machtbeziehungen, verwirklichen Werte und fügen Rollen fest zusammen. Eine weitgehende Trennung der Analyse der Institutionen von der Analyse des Politikfeldes wäre daher verhängnisvoll; denn die Frage nach der Funktionsfähigkeit von Institutionen zielt auch auf ihre Fähigkeit zur Formulierung und Durchsetzung von Politikinhalten.[23] Gerade die Diskussion um Grenzen der herkömmlichen Institutionenanalyse wie der neueren Politikfeldforschung hat das Augenmerk der Politikwissenschaft erneut auf die Tatsache gelenkt, dass politische Institutionen einer der gewichtigsten Bestimmungsfaktoren von Politikergebnissen sind. Dies wird etwa besonders deutlich bei der Erarbeitung politikwissenschaftlicher Grundlagen für Bewertung und Reform des Systems der sozialen Sicherung, bei der es um die Bedarfsentwicklung, die Problemadäquanz, Organisationsstruktur und Effizienz öffentlicher Dienstleistungen, die Finanzierbarkeit der Einrichtungen und die Konsistenz des Gesamtangebots von Leistungsprogrammen geht.

Politikwissenschaftliche Theorien zielen auf raumzeitübergreifende Erklärungen politischer Sachverhalte, allgemeingültige Interpretationen politischer Ziele und auf Versuche, diese Aussagen systematisch zu erörtern und prüfbar zu machen.

---

22 Carl Joachim *Friedrich*, Prolegomena der Politik. Politische Erfahrung und ihre Theorie, Berlin 1967, S. 70.
23 Vgl. Kenneth *Arrow*/Rudolf *Wildenmann*/Stephen J. *Fitzsimmons* (Hrsg.), Zukunftsorientierte Planung und Forschung für die 80er Jahre, Königstein/Ts. 1978.

Daher ist der internationale Vergleich wichtiges Werkzeug der Konstruktion politikwissenschaftlicher Theorien wie ihrer Prüfung – in der Parteienforschung wie in der Wahlforschung, in der Bürokratieforschung, der Institutionenanalyse und in Politikfeldstudien. Politikwissenschaftliche Theorien, die die politische Wirklichkeit erklären und damit auf allgemeine Gesetzmäßigkeiten zurückführen sollen, sind wegen der großen Variationsbreite menschlichen Verhaltens in sozialen und politischen Handlungskontexten empirisch gehaltvolle, möglichst allgemeingültige Aussagen. Theorie ist ein „zusammenhängendes Bündel erklärender und begründender Aussagen über Ursachen, Ziele und Mittel" der Politik und die „Erklärung politischer Zustände bzw. politischen Verhaltens bestimmter Individuen und Gruppen"[24] Die einzelnen Aussagen beschreiben und deuten Regelmäßigkeiten sozialen und politischen Verhaltens und lassen sich zu Aussagegebäuden zusammenfügen, die wir als *Theorie* bezeichnen.[25] Deren Elemente sind folglich

- keine normativen, sondern auf Erkenntnissen beruhende Aussagen,
- nicht nur definitorische und analytische Aussagen, sondern synthetische Aussagen mit Erklärungsanspruch,
- Aussagen, die prinzipiell prüfbar sind, und zwar nicht nur durch logische Analyse, sondern gerade auch durch Faktenanalyse,
- Aussagen, die sich bewähren oder an der Wirklichkeit scheitern können,
- Aussagen, die Anspruch auf Geltung in unterschiedlichen Raum-Zeit-Gebieten erheben.

> Theorien üben folgende Funktionen aus: Sie machen es möglich, relevante Probleme und Fragestellungen auszuwählen, politische Zusammenhänge zu erkennen, die politische Wirklichkeit zu deuten, Chancen politischer Gestaltung aufzuzeigen und künftige politische Entwicklungen zu erkennen. Kürzer gesagt: Selektion, Ordnung, Erklärung, operative Funktion (z.B. wissenschaftliche Beratung) und Prognose werden erst durch politische Theorien möglich.

Verdeutlichen wir uns die Funktionen von Theorien an einem Beispiel aus der Wahlforschung, die zu den am weitesten entwickelten Teildisziplinen der Politikwissenschaft gezählt werden kann. Da in demokratischen Systemen Wahlen ge-

---

24 Ulrich *von Alemann*/Erhard *Forndran*, Methodik der Politikwissenschaft. Eine Einführung in Arbeitstechnik und Forschungspraxis, 7., überarb. u. erw. Aufl., Stuttgart/Berlin/Köln 2005.
25 Zu Leistungsmerkmalen politikwissenschaftlicher Theorie vgl. Heinrich *Bußhoff*, Politikwissenschaftliche Theoriebildung. Grundlagen und Verfahrensweisen, Köln/Wien 1984, S. 19-25. Hans *Kammler* (Logik der Politikwissenschaft, Wiesbaden 1976, S. 100ff.) hat betont, dass Aussagen logisch determiniert und an der Erfahrung prüfbar sein müssen. Er bezeichnet eine Theorie als ein „hypothetisch-deduktives System nomologischer (d.h. gesetzesförmiger) Aussagen." Anders gesagt: Theorien sind gesetzesförmige Aussagen, die den Schluss von allgemeinen Annahmen auf den jeweiligen Einzelfall ermöglichen.

heim durchgeführt werden, ist es Politikwissenschaftlern nicht möglich, mit Hilfe von Beobachtungen den Wahlakt direkt zu erfassen. Möchte man nun aber Aussagen über den Ablauf des Entscheidungsprozesses formulieren, die lang- und kurzfristige, rationale oder emotionale, bewusste und unbewusste Einflussfaktoren beinhalten, so bedarf es einer politikwissenschaftlichen Theorie. Da es jedoch keine allgemeingültige Theorie zur Erklärung menschlichen Verhaltens und somit auch des Wahlverhaltens gibt, haben sich verschiedene Ansätze zur Erklärung des Wahlverhaltens herausgebildet, die sich zwar nicht völlig unterscheiden, zur Erklärung des Wahlverhaltens aber unterschiedliche Akzentuierungen vornehmen. Diese Ansätze unterscheiden sich vor allem in ihrer Bewertung der verschiedenen Variablen, die zur Wahlentscheidung führen. So konzentrieren sich einige Theorien auf die Umwelt der Wählerschaft als entscheidendes Kriterium, das die Wahlentscheidung beeinflusst. Andere Ansätze dagegen sehen den Wähler eher als Individuum, das seine Entscheidung weniger an seiner Umwelt als nach rationalen Kriterien ausrichtet.[26]

Zwar unterscheiden sich diese Ansätze in ihrer Herangehensweise an den politikwissenschaftlichen Untersuchungsgegenstand, wenn wir uns die Theorien allerdings hinsichtlich der oben angeführten Funktionen anschauen, stellen wir fest, dass wir diese in beiden Ansätzen wiederfinden. Beide Theorien stellen zur Beschreibung und Deutung des Wahlverhaltens wissenschaftliche Instrumente (Begriffe, Beschreibungen, Wenn-Dann-Aussagen, Erklärungen, Prognosen, Werturteile, Handlungsanweisungen etc.) bereit. Sie versuchen damit, die Hauptschwächen des Alltagswissens zu überwinden, indem sie unkontrollierte Selektivität und unkontrollierte Perspektiven (z.B. die einseitige Berücksichtigung nur eines Faktors) zu vermeiden suchen. Durch die Verwendung dieser Instrumente werden relevante Teilbereiche, die zur Erklärung des Untersuchungsgegenstandes notwendig sind, aus der als Ganzem „ungreifbaren" Wirklichkeit ausgewählt, in ihrer Komplexität reduziert (Selektionsfunktion) und in das System bereits vorhandener Aussagen und Erkenntnisse integriert (Ordnungsfunktion).

In unserem konkreten Beispiel versucht der Politikwissenschaftler, die relevanten Faktoren, die zur Wahlentscheidung führen (z.B. schichtbezogene Konfliktlinien, konfessionelle Bindungen, Kandidatenimage etc.) von „unwichtigeren" Phänomenen der Wirklichkeit zu trennen und in den wissenschaftlichen Kontext einzuordnen. Darüber hinaus versuchen Theorien des Wahlverhaltens, Regelmäßigkeiten, Verhaltensmuster und Wandel des Wählerverhaltens zu erklären, indem die unterschiedlichen Faktoren in einen logischen Zusammenhang gestellt werden (Erklärungsfunktion). So wird beispielsweise ein Politikwissenschaftler, der eine Theorie entwirft, die sich an sozialstrukturellen Ansätzen ori-

---

26 Vgl. Ulrich *Eith* und Gerd *Mielke*, Wahlforschung: Zur Bedeutung und Methodik empirischer Sozialforschung in der Politikwissenschaft, in: Manfred Mols, Hans-Joachim *Lauth* und Christian *Wagner* (Hrsg.), Politikwissenschaft, a.a.O., S. 315ff.

entiert, die Faktoren familiäres Umfeld, Beruf, Vereinszugehörigkeiten, sozialer Stand und Religion in ihrer Bedeutung zu erfassen und daraus künftige Wahlentscheidungen vorauszusagen versuchen (Prognosefunktion). Aus diesem Prozess wissenschaftlicher Arbeit erwächst schließlich auch die Handlungs- bzw. operative Funktion von Theorien. Sie liefern einerseits Anweisungen, welcher Methoden sich der Politikwissenschaftler bei der Untersuchung des Gegenstandes zu bedienen hat. Aus den erklärenden Aussagen der Theorie lassen sich weiterhin konkrete Handlungsanweisungen sowie Handlungslegitimationen für die Politik gewinnen, in unserem Beispiel etwa für Parteien und andere Akteure des politischen Systems.

Die Politikwissenschaft sieht sich vor die Aufgabe gestellt, über ihre zentralen Begriffe nicht nach Belieben zu verfügen. Vielmehr kommt es darauf an, diese bei der Suche nach Antworten auf Fragen zu institutionellen Rahmenbedingungen der Politik, Grundlagen der Meinungsbildung- und Entscheidungsprozesse sowie zur Substanz und Wirkung politischer Entscheidungen so zu verwenden, dass systematische Erkenntnisse in Zusammenhänge von Statik und Dynamik der Politik möglich werden.[27]

Politikwissenschaftliche Aussagen sind durch die Trias des normativ-ontologischen, empirisch-analytischen und kritisch-dialektischen Ansatzes als grundlegende theoretische Perspektiven gekennzeichnet.[28] Die Trias der „Drei-Schulen-Lehre" bezeichnet drei grundsätzliche Positionen der Politikwissenschaft.[29] Die *normativ-ontologische* Richtung versteht sich als sinnverstehende Forschung mit einer Orientierung an überzeitlichen Werten und einem praktischen Erkenntnisinteresse. Die *kritisch-dialektische* Schule verbindet historisch-ganzheitliche, gesellschaftskritische Analysen mit dialektischen Methoden und dem Anspruch eines emanzipatorischen Erkenntnisinteresses. Demgegenüber vertritt die *empirisch-analytische* Richtung einen an empirischen Beobachtungen orientierten Erkenntnisbegriff und zugleich ein Erkenntnisinteresse, das hiervon ausgehend durch Hypothesenbildung und -prüfung zu theoretischen Verallgemeinerungen vorstößt. Gemeinsam sind diesen „Schulen" jedoch fünf zentrale Fragen der Disziplin: nach der Struktur der politischen Wirklichkeit, politikwissenschaftlich begründbaren Normen, dem empirischen Wahrheitsgehalt ihrer Aussagen, der nötigen Komplexität des Forschungsgegenstandes und schließlich ihrem Praxisbezug.[30]

Die häufig zu beobachtende Abschottung dieser Schulen soll in den folgenden Ausführungen so weit wie möglich durch ein offeneres Vorgehen überwunden

---

27 Vgl. Manfred G. *Schmidt*, Politikwissenschaft, in: Hans-Hermann *Hartwich* (Hrsg.), Policy-Forschung in der Bundesrepublik Deutschland. Ihr Selbstverständnis und ihr Verhältnis zu den Grundfragen der Politikwissenschaft, Opladen 1985, S. 137-142.
28 Vgl. Ulrich *von Alemann*/Erhard *Forndran*, Methodik der Politikwissenschaft, a.a.O., 3. Kap.
29 Vgl. Werner J. *Patzelt*, Einführung in die Politikwissenschaft. Grundriß des Faches und studiumbegleitende Orientierung, 5. erg. Aufl., Passau 2003, S. 204ff.
30 Vgl. *ders.*, ebd., S. 208f.

werden, das eine vergleichend-systematische Betrachtung der Politik durch generalisierende Aussagen über politisches Verhalten, politische Strukturen und Prozesse sowie Politikergebnisse ermöglicht und diese drei Theorieperspektiven zu nutzen sucht. Zwischen empirisch-analytischen Detailstudien und umfassenden, auf Gesamtbetrachtung zielenden Ansätzen soll ein Mittelweg beschritten werden, der die Erarbeitung eines Rasters systematischer Politikanalyse begründet und in dessen systemtheoretischem Rahmen empirisch gehaltvolle Interpretationsmuster erarbeitet werden. Es geht darum, von der Beobachtung empirischer Regelmäßigkeiten über die Entwicklung von ad-hoc-Theorien zu *Theorien mittlerer Reichweite* über Entscheidungen und Strukturen, Inhalte und Ergebnisse der Politik vorzustoßen.[31] Als ein erstes Rahmenkonzept für dieses Vorgehen eignen sich systemtheoretische Entwürfe gut, da sie einen breiten Spielraum empirischer Generalisierungen und kritischer Positionen zulassen.

Abb. 2: Mehrdimensionaler Zusammenhang zwischen analytischem Rahmen, Theorien und Modellen

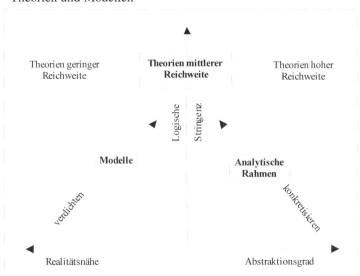

Quelle: Klaus *Schubert*, Nils *Bandelow*, Politikdimensionen und Fragestellungen der Politikfeldanalyse, in: *dies.* (Hrsg.), Lehrbuch der Politikfeldanalyse München, Wien 2003, S. 11.

---

31 Vgl. Klaus *Schubert*, Nils *Bandelow* (Hrsg.), Lehrbuch der Politikfeldanalyse, München/Wien 2003, S. 11f.

Die Betrachtung des politischen Prozesses in diesem Rahmen soll der zentralen Erkenntnis der Sozialwissenschaften Rechnung tragen, dass in einer hochkomplexen Umwelt nur solche analytischen Konzepte Erfolg versprechen, die eine entsprechende Eigenkomplexität besitzen.[32] Komplexität bezeichnet dabei die Vielschichtigkeit und Vernetzung der Gesellschaft: Immer mehr Teilbereiche werden funktional ausdifferenziert, spezialisieren sich und steigern dadurch ihre bereichsspezifische Leistungsfähigkeit. Vielschichtigkeit bedeutet wachsende Zahl der Referenzebenen (Individuum, Gruppe, Organisation) und Vernetzung, wechselseitige Abhängigkeit zwischen den einzelnen Teilen sowie zwischen den Teilen und dem Ganzen. Entsprechend tut die Politikwissenschaft gut daran, Forschungsergebnisse der Soziologie, Sozialpsychologie, Wirtschaftswissenschaft, Geschichte, Rechtswissenschaft und Kommunikationswissenschaft für ihre Fragestellungen zu verarbeiten.

Die systemtheoretische Betrachtung des politischen Systems zielt nicht nur auf dessen Erhaltung, sondern auch auf seine Generativität, d.h. die Fähigkeit zu evolutionärer Fortentwicklung durch Ausbildung spezieller generativer oder mediatisierender Rollen.[33] Durch innere Kombinatorik von Teilen, Funktionen und Prozessen verwirklicht das politische System Freiheitsspielräume gegenüber seiner Umwelt. Es steigert zugleich seine Eigenkomplexität, seine interne Differenziertheit, Autonomie und operative Geschlossenheit. Aus dieser Sicht wird die Systemtheorie nicht als sozialwissenschaftliche Utopie verstanden, die gesellschaftlichen Konsens, Kongruenz von Individual- und Allgemeininteresse und politische Handlungskonformität suggeriert,[34] sondern als ein umfassender theoretischer Referenzrahmen.[35] Dieser ermöglicht eine zusammenfassende Betrachtung empirischer Befunde zur Struktur und Dynamik der Politik und vermittelt einen Ausblick auf grundsätzliche Entscheidungs- und Selektionsprobleme des politischen Systems.

---

32 Vgl. Helmut *Willke*, Systemtheorie, 5. erweiterte Aufl., Band 1: Systemtheorie I: Grundlagen, Stuttgart/New York 1996, S. 8ff.
33 Vgl. *ders.*, ebd., S. 57, 60, 163; D. *Dunpky*, The Primary Group, New York 1972; Theodore *Mills*, Soziologie der Gruppe, München 1969.
34 Vgl. Arno *Waschkuhn*, Utopien, Utopiekritik und Systemtheorie, in: Gerhard *Göhler* u.a. (Hrsg.), Politische Institutionen im gesellschaftlichen Umbruch, Opladen 1990, S. 425ff.
35 Jürgen *Habermas* hat funktionalistischen Ansätzen den Vorzug zugeschrieben, „objektiv-intentionale Zusammenhänge systematisch in den Griff zu nehmen" (in: Zur Logik der Sozialwissenschaften. Materialien, Frankfurt a.M. 1970, S. 305).

1.2 Statik und Dynamik der Politik

Die Politikwissenschaft geht folgenden Fragen nach:[36] Welches sind die gemeinsamen Angelegenheiten einer Gesellschaft, welches die Ziele der politisch Handelnden, und durch welche Regelungen werden diese Ziele umgesetzt? Was sind die Normen, Bedingungen und Prozesse, und in welchen Phasen des politischen Prozesses schlagen sie sich nieder? Aus dieser Sicht richtet die Politikwissenschaft ihr Interesse auf den Staat als Akteur: seine äußeren und inneren Bestimmungsfaktoren, die Entscheidungsprozesse und Entscheidungsträger und die Wirkungen staatlicher Handlungen.

Abb. 3: Bestimmungsfaktoren staatlichen Handelns

Quelle: Reinhard *Meyers*, Die Lehre von den internationalen Beziehungen, Düsseldorf 1981, S. 4.

Diese Abbildung verdeutlicht, wie stark die Tätigkeit des Staates mit dem Wandel der Gesellschaft verknüpft ist – intern durch die soziale Basis des jeweiligen politisch-administrativen Systems, extern durch andere Gesellschaften und Kulturen, die den Handlungsspielraum der Akteure internationaler Politik bestimmen. Sozialer Wandel beeinflusst die Politik in vielfältiger Weise. So ist die Modernisierung von Gesellschaften mit der wirksamen Durchsetzung bürgerlicher Gleichheitsrechte, der Vielfalt gesellschaftlicher Interessen, der Regelung sozialer Konflikte und der Begründung und Verbreitung öffentlicher Tugenden eng verbun-

---

36 Vgl. Reinhard *Meyers*, Orientierungskurs: Einführung in die Politikwissenschaft, Münster 1991, S. 11.

den.[37] Das unterschiedliche Tempo von Industrialisierung und Demokratisierung, dazu verschiedene Rahmenbedingungen und Ziele der Nationenbildung, der politischen Integration und wohlfahrtsstaatlichen Umverteilung haben sehr heterogene soziale und politische Systeme der Industriegesellschaften herausgebildet.[38] Andererseits sind Wettbewerbsdemokratie, Marktwirtschaft und Wohlstandsgesellschaft zu Universalien moderner Gesellschaften geworden. Zugleich bilden sich in diesen Gesellschaften neue Strukturen heraus, die mit den Stichworten „Pluralisierung der Lebensstile" und „Individualisierung" bezeichnet werden können.[39]

Abb. 4: Perspektiven der Politikwissenschaft

Statik	Dynamik
• Erhaltung	• Kritik
• Sicherung	• Veränderung
• Legitimität	• Neukonstruktion

des politischen Systems

Statik und Dynamik der Politik – ihre politischen Institutionen, Prozesse und Inhalte – müssen vor diesem Hintergrund im Zusammenhang gesehen werden: Während die politischen Institutionen den Handlungsrahmen politischer Entscheidungen festlegen und sich dadurch auch auf deren Form und Gehalt auswirken, ist der politische Prozess in den westlichen Demokratien durch die Austragung von Konflikten zwischen gesellschaftlichen Gruppen über Politikinhalte gekennzeichnet.[40] Demgegenüber ist in jungen Demokratien wie auch in den politischen Systemen Osteuropas derzeit die Auseinandersetzung um politische Institutionen und Strukturen von wesentlich größerer Bedeutung für den politischen Prozess.

---

37 Vgl. Ralf *Dahrendorf*, Gesellschaft und Demokratie in Deutschland, 2. Aufl., München 1965, S. 79-94.
38 Vgl. Stein *Rokkan*, Citizens, Elections, Parties. Approaches to the Comparative Study of the Processes of Development, Oslo 1999, S. 93-224.
39 Vgl. Wolfgang *Zapf*, Einführung, in: *ders.* (Hrsg.), Die Modernisierung moderner Gesellschaften, Verhandlungen des 25. Deutschen Soziologentages in Frankfurt am Main 1990, Frankfurt a.M./New York 1992, S. 36f.; vgl. ebenso Ulrich *Beck*/Elisabeth *Beck-Gernsheim* (Hrsg.), Riskante Freiheiten, Frankfurt a.M. 1994.
40 Vgl. Carl *Böhret*/Werner *Jann*/Marie Therese *Junken*/Eva *Kronenwett*, Innenpolitik und politische Theorie. Ein Studienbuch, Opladen 1988, S. 58.

Macht und Konsens sind Mechanismen zur Lösung dieser Konflikte: Als vorherrschender Weg der Konfliktlösung im demokratischen Verfassungsstaat zielt die Bildung von Konsens auf die freiwillige Übereinstimmung zwischen den Beteiligten bei der Einschätzung politischer Ziele und der Beurteilung entsprechender Handlungsabsichten.

Die Anwendung von Macht löst Konflikte einseitig und schließt im Grenzfall die Anwendung von Zwangsmitteln, wie zum Beispiel wirtschaftliche Sanktionen oder militärische Gewalt, ein. Machtanwendung äußert sich aber nicht nur darin, dass eine politische Entscheidung gegen den Willen Einzelner oder von Gruppen durchgesetzt wird, sondern auch dadurch, dass bestimmte Entscheidungsalternativen aus dem politischen Meinungs- und Willensbildungsprozess ausgeblendet werden. Politische Macht ist somit janusköpfig[41]: Sie äußert sich nicht nur in der Durchsetzung strittiger Entscheidungen, sondern auch in der Einschränkung der Entscheidungsthematik (*non-decision-making*). Bestimmte, tabuisierte Fragestellungen der Politik prägen sich nicht in das Bewusstsein der politischen Akteure ein und werden als „unsichtbare" Konflikte in der politischen Arena nicht wahrgenommen.[42] Auch unter den Bedingungen legitimer Herrschaft im demokratischen Verfassungsstaat stellt sich Macht somit als asymmetrisches Verhältnis dar.[43]

Demgegenüber zielt die Frage nach den politischen Inhalten auf die Aufgaben der Politik, die erreichbaren Problemlösungen und ihre Auswirkungen auf die gesellschaftlichen Verhältnisse. Hier geht es insbesondere um die Vermittlung und Durchsetzung gesellschaftlicher Werte und Interessen und um die Formulierung politischer Ziele im Widerstreit von Freiheit und Gleichheit, Partizipation und Effizienz, kurzfristiger Problemwahrnehmung und langfristigen Politikfolgen. Die Politikwissenschaft erfasst den Gegenstandsbereich der Politik durch drei Begriffe: politische *Strukturen* (*polity*), politische *Inhalte* (*policy*) und politische *Prozesse* (*politics*).[44]

- Die Untersuchung politischer Strukturen (*polity*) trägt der Tatsache Rechnung, dass sich politisches Handeln innerhalb von Organisationen und Institutionen abspielt. Politische Institutionen – Regierungssysteme, internationale Organisationen, Parlamente, Parteien – sind gewissermaßen die (statische) Form der (dynamischen) Prozesse der Politik: Sie werden durch politische Prozesse geformt und wirken ihrerseits auf diese zurück.
- Der Begriff *policy* lenkt die Aufmerksamkeit des Politikwissenschaftlers auf Politikprogramme in einzelnen Politikfeldern und damit auf die diesen Programmen zu-

---

41 Vgl. Peter *Bachrach*/Morton S. *Baratz*, The Two Faces of Power, in: American Political Science Review, vol. 56, 1962, S. 947-952; *dies.*, Macht und Armut, Frankfurt a.M. 1977.
42 Vgl. hierzu Karl W. *Deutsch*, Politische Kybernetik, 2. Aufl., Freiburg i.Br. 1970, S. 22f., 329.
43 Vgl. Niklas *Luhmann*, Macht, Stuttgart 1975, S. 60ff.
44 Vgl. Werner J. *Patzelt*, Einführung in die Politikwissenschaft, a.a.O., S. 29f.

grundeliegenden, unterschiedlichen Problemdefinitionen, Wertvorstellungen, Interessen und Zielsetzungen.
- Die politischen Prozesse (*politics*) wiederum sind einerseits Meinungsbildungs- und Entscheidungsprozesse, an deren Ende die Festlegung von Regeln und inhaltliche Beschlüsse steht, andererseits Implementationsprozesse, die Programmentscheidungen in konkrete Maßnahmen umsetzen. Hierbei geht es der Politikwissenschaft um die nähere Betrachtung formeller wie informeller Prozesse der Entscheidungsfindung und Implementation.

Die unterschiedlichen Politikbegriffe – *polity, policy, politics*[45] – weisen somit auf Dimensionen der Politik hin und heben dadurch unterschiedliche Aspekte der politischen Meinungsbildung und Entscheidungsfindung hervor: die *Strukturen* und äußere *Form*, in denen Politik gemacht wird, die *Prozesse* zwischen politischen Akteuren und die *Inhalte* der politischen Entscheidungen.

Tab. 1: Dimensionen des Politikbegriffes

Dimensionen	Erscheinungsformen	Merkmale	Bezeichnung
Form	– Verfassung – Normen/Gesetze – Institutionen	– Verfahrensregelungen – Ordnung	*Polity*
Inhalt	– Aufgaben und Ziele – Probleme – Werte	– Problemlösung – Aufgabenerfüllung – Wert- und Zielorientierung – *Gestaltung*	*Policy*
Prozess	– Interessen – Konflikte – Kampf	– Macht – Konsens – *Durchsetzung*	*Politics*

Quelle: Carl *Böhret* u.a., Innenpolitik und politische Theorie, a.a.O., S. 7.

Verdeutlichen wir uns diese drei Dimensionen von Politik an Beispielen aus dem politischen Alltag der Bundesrepublik Deutschland.[46] Politik läuft hier stets innerhalb eines bestimmten Handlungsrahmens ab. Zu diesen Vorgaben oder Bedingungen gehört zunächst einmal die verfassungsrechtliche Ordnung, die sich in Deutschland im Grundgesetz manifestiert. Hier ist die freiheitlich-demokratische Grundordnung niedergelegt, zu der das Demokratie-, Rechts-, Sozialstaats- und

---

45 Während im Deutschen nur auf den überaus groben Begriff der „Politik" zurückgegriffen werden kann, muss man im Englischen zwischen den drei Begriffen auswählen, um die unterschiedlichen Dimensionen der Politik zu beschreiben. Wer in den USA die Nachrichtenmedien verfolgt, kann feststellen, dass hier säuberlich zwischen Prozessen, Inhalten und dem Handlungsrahmen der Politik getrennt wird.
46 Vgl. hierzu POLIS – Politikwissenschaftliches Lern- und Informationssystem der Pädagogischen Hochschule Heidelberg vom 14.01.2000, im Internet: http://www.vib-bw.de/tp5/.

das Föderalismusprinzip gehören. Das Grundgesetz regelt zudem das Verhältnis der Staatsorgane zueinander und normiert die Grundrechte der Bürgerinnen und Bürger. Diese hier festgelegten Formen stellen die Handlungsbasis dar, auf der sich alle Politik in Deutschland abspielt. Zur Ebene der *polity* gehören ferner auch sonstige Gesetze, Rechtsverordnungen und Satzungen, aber auch internationale Abkommen und Verträge. Außerdem ist zum politischen Handlungsrahmen auch die politische Kultur zu rechnen, also alle für eine bestimmte Gesellschaft typischen politischen Einstellungen, Orientierungsmuster und Verhaltensweisen. So ist die Politik in der Bundesrepublik Deutschland etwa trotz zu verzeichnender Auflösungserscheinungen durch eine Vielzahl christlich-abendländischer Traditionen gekennzeichnet.

Ein Politikwissenschaftler, der sich mit Aspekten der *polity*, d.h. der politischen Ordnung, beschäftigt, wird sich daher mit Fragestellungen der politischen Rahmenbedingungen politischen Handelns auseinandersetzen. Er könnte etwa fragen: Welche verfassungsrechtlichen Regelungen bestimmen das Verhältnis der Verfassungsorgane in Deutschland? Welche Artikel des Grundgesetzes werden von einer Gesetzesinitiative zur Abschaffung der Wehrpflicht berührt? Welche verfassungsrechtlichen Normen müssen bei der Reform der Rentenversicherung berücksichtigt werden? Welche politischen Institutionen sind bei der Planung einer Bundesstraße beteiligt, welche Kompetenzen haben sie im Planungsverfahren? Welche Rolle spielt die politische Kultur im politischen Alltag?

Politik hat immer bestimmte Inhalte *(policies)* zum Gegenstand. In den unterschiedlichen Bereichen der Politik entwerfen die beteiligten politischen Akteure (Parteien, Regierungen, Gewerkschaften, Arbeitgeberverbände, Kirchen und Nichtregierungsorganisationen etc.) Politikprogramme, die politische Vorstellungen formulieren und entsprechende Maßnahmen zur Erreichung dieser Programme vorschlagen. Die Policy-Forschung betrachtet die Regierungs- und die Interessenstruktur von ihren Ergebnissen her, wobei die unterschiedlichen Politikbereiche (etwa der Familien-, Sozial, Umwelt-, Energie oder Bildungspolitik) im Fokus der Betrachtungsweise stehen. Ein Politikwissenschaftler, der sich mit Fragen der *policy*-Forschung befasst, wird etwa folgende Fragen stellen: Welcher politische Gegenstand wird in der Familienpolitik diskutiert? Welche Ziele verfolgen die beteiligten politischen Akteure (Ärzteverbände, Krankenkassen, Patienten) in der Gesundheitspolitik? Welche Lösungsvorschläge werden von der beteiligten Akteuren angeboten, wie unterscheiden sie sich voneinander? Welche Ergebnisse wurden mit dieser Politik erreicht? Wie bewerten die beteiligten politischen Akteure die Ergebnisse der Politik?

Unter *politics* versteht man schließlich das Handeln der politischen Akteure im Staat oder in einer internationalen Organisation. Im Fokus der *politics*-Forschung steht die Frage, wer in welcher Weise an den Willensbildungs- und Entscheidungsprozessen beteiligt wird. Sie untersucht also politische Prozesse und Handlungsabläufe, die zur Umsetzung politischer Programmvorstellungen dienen.

Diese Prozesse sind durch Interessenkonflikte gekennzeichnet, wobei Politik zumeist einen konflikthaften Charakter aufweist. *Politics* ist also nichts anderes als die Dimension der Politik, die den Ablauf von Konflikten verschiedener Gruppen und Personen um Macht und Einflussnahme beschreibt. Politikwissenschaftler, die sich mit Fragen der *politics*-Forschung auseinandersetzen, stellen folglich Fragen wie diese: Welche Möglichkeiten der Mitwirkung bestehen für einen Patientenverband in der Gesundheitspolitik? Wie verläuft ein Konflikt um ein Verbot der Tiermehlverfütterung in der Agrarpolitik und auf welchen politischen Ebenen wird er ausgetragen? Wie laufen die Konfliktlinien in der Bildungspolitik? Auf welche Art und Weise setzen die beteiligten kommunalpolitischen Akteure Macht bei der Ausweisung von Flächennutzungsplänen ein? Wie unterscheidet sich das Finden von Mehrheiten in den verschiedenen Landesparlamenten?

In allen Feldern der Politik muss es darum gehen, die Dimensionen der politischen Entscheidungen umfassend abzubilden. Diese Dimensionen spiegeln sich insbesondere in den klassischen Kategorien *Macht, Ideologie, Normen* und *Kommunikation* wider.[47] *Macht* ist nach der klassischen Definition Max *Webers* die Fähigkeit, den eigenen Willen in einer sozialen Beziehung auch gegen Widerstände durchzusetzen, gleichviel, worauf diese Chance beruht.[48] Hierbei geht es sowohl um die Durchsetzung einer politischen Perspektive wie um die Verhinderung von Entscheidungen (*non-decisions*), beispielsweise durch die Blockierung eines Gesetzgebungsverfahrens durch den Koalitionspartner einer Regierung.[49] *Ideologie* bezeichnet das Weltbild der politischen Akteure, das sowohl die Operationswirklichkeit ihres tatsächlichen Handelns als auch die Perzeptionswirklichkeit ihrer politischen Wahrnehmung umfasst.[50] Beispiele sind der Liberalismus, Sozialismus, christlich-soziale Ideen. *Normen* (z.B. Chancengleichheit) sind der spezifische Ausdruck von Werten, deren Verwirklichung sie ermöglichen sollen (Gleichheit, Gerechtigkeit), und schlagen sich in politischen Regelungen nieder, die das politische Handeln formen (zum Beispiel in der Bildungspolitik). Zugleich sind sie Interpretationshilfen für die Beurteilung des Verhaltens anderer. *Kommunikation* ist zum einen der Austausch von Informationen und Sinndeutungen und zugleich im Kern ein Prozess der Konstruktion politischer Wirklichkeit (zum Beispiel durch politische Öffentlichkeitsarbeit, Wahlwerbung u.a.).

---

47 Vgl. Werner J. *Patzelt*, Einführung in die Politikwissenschaft, a.a.O., S. 38ff.
48 Vgl. Max *Weber*, Wirtschaft und Gesellschaft, hrsg. von J. *Winckelmann*, Tübingen 1972, S. 28.
49 Vgl. Werner J. *Patzelt*, Einführung in die Politikwissenschaft, a.a.O., S. 41.
50 Im engeren Sinne ist immer dann von Ideologie im Sinne eines „falschen Bewusstseins" die Rede, wenn die Perzeptionswirklichkeit die Operationswirklichkeit grob verzerrt. Vgl. hierzu auch Karl *Mannheim*, Ideologie und Utopie, 8. Aufl., Frankfurt a.M. 1995.

Abb. 5: Kategorien der Politik

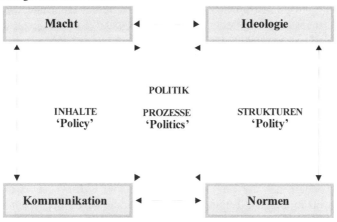

Quelle: nach Werner *Patzelt*, Einführung in die Politikwissenschaft, a.a.O., S. 38.

Betrachten wir diese Kategorien der Politik im Zusammenhang: *Macht* steuert Kommunikationsprozesse, macht Ideologien verbindlich und setzt die Geltung von Normen durch. *Ideologie* sucht Normen zu begründen, rechtfertigt Macht und prägt Kommunikationsprozesse.[51] *Normen* liegen der Zuteilung von Macht an Institutionen und ihrer Kontrolle zugrunde. Durch Normen werden Kommunikationsprozesse reguliert und Ideologien bevorzugt oder verworfen. *Kommunikation* teilt Machtansprüche zu, baut Perzeptionsstrukturen auf, verfestigt sie und setzt die Wirksamkeit von Normen durch. So wird es möglich, Inhalte, Prozesse und Strukturen der Politik durch Wechselwirkungen zwischen ihren zentralen Kategorien zu betrachten. Damit sind zugleich Grundfragen des Demokratieverständnisses angesprochen, das sich in der politischen Ideengeschichte in zwei Varianten entfaltet hat.

Das politische Denken der Neuzeit gilt zwei zentralen Fragen: dem Verständnis der Integrationsleistung politischer Institutionen und der Selbstorganisation der Gesellschaft.[52] Diese Grundfragen sind durch drei klassische Perspektiven beantwortet worden. Aus der staatsabsolutistischen Sicht Thomas *Hobbes'* interessiert, inwieweit Institutionen als politische Machtinstrumente dienen. Der liberalen Perspektive John *Lockes* folgend, sollen individuelle Freiheit, Machtkontrolle und Wettbewerb durch Institutionen geschützt werden. Dagegen zielt die politische Philosophie Jean-Jacques *Rousseaus* auf unmittelbare politische Teilhabe.

---

51 Vgl. Werner J. *Patzelt*, Einführung in die Politikwissenschaft, a.a.O., S. 42.
52 Vgl. Ulrich *Sarcinelli*, Politische Institutionen, Politikwissenschaft und politische Bildung. Überlegungen zu einem aufgeklärten Institutionalismus, in: Aus Politik und Zeitgeschichte, B 50/51, 6. Dezember 1991, S. 41-53.

Alle drei Sichtweisen stützen sich auf politische Institutionen. Während *Hobbes* diese machtpolitisch instrumentalisiert, geraten sie in der utopischen Sicht *Rousseaus* nahezu aus dem Blickfeld. Die liberale Perspektive *Lockes* prägt das demokratische Verfassungsdenken der Gegenwart: Zähmung der Herrschaft von Menschen über Menschen durch das Recht und den Schutz individueller Freiheit und gesellschaftlicher Mitwirkung durch Institutionen. Kurz: Volksherrschaft als mittelbare, institutionell vermittelte Herrschaft.

Die ideengeschichtlichen Grundlagen dieses pluralistischen, am politischen Wettbewerbsmodell orientierten Demokratieverständnisses sollen kurz dargestellt werden.[53] Von *Aristoteles*[54] und John *Locke*[55], dem Theoretiker des britischen Konstitutionalismus, leitet es die Vorstellung einer Begrenzung der staatlichen Machtausübung und eines evolutorischen politischen Wandels ab.[56] Den Autoren der „Federalist Papers", Alexander *Hamilton*, James *Madison* und John *Jay*[57], den Verfassungsvätern der Vereinigten Staaten, verdankt es die Einsicht in die Notwendigkeit institutioneller Teilung, aber auch funktionaler Kooperation der staatlichen Gewalten. Demokratie ist unter den Bedingungen moderner, arbeitsteiliger Gesellschaften nur als repräsentative Staatsform handlungs- und überlebensfähig.[58] Sie wird gefährdet durch einen brüchigen Verfassungskonsens, eine Handlungsblockade ihrer Institutionen und die Bildung verborgener, politisch nur schwer kontrollierbarer Oligarchien. In der Tradition John *Lockes* und James *Madisons* findet sich dieses Verständnis repräsentativer Demokratie im Begriff der „*polyarchischen Demokratie*" (*Dahl*)[59] wieder, die als ein System verstanden werden kann, das die Konzentration politischer Macht in den Händen weniger verhin-

---

53 Vgl. Anton *Pelinka*, Politik und moderne Demokratie, Kronberg/Ts. 1976, S. 18ff.
54 In den Worten des *Aristoteles* ist das „Grundprinzip der demokratischen Verfassung ... die Freiheit; dies pflegt man nämlich zu behaupten, in der Meinung, daß man unter dieser Verfassung allein der Freiheit teilhabe; denn danach strebe, heißt es, eine jede Demokratie. Freiheit aber bedeutet..., daß man abwechslungsweise regiert und sich regieren läßt." *Aristoteles*, Aufzeichnungen zur Staatstheorie, hrsg. von Lambert *Schneider*/Peter *Bachem*, Köln 1967, S. 305.
55 Vgl. John *Locke*, Zwei Abhandlungen über die Regierung, hrsg. und eingeleitet von Walter *Euchner*, Wien 1967, hier insbesondere Kap. 11-13, S. 289-308.
56 Auch Immanuel Kant hat in seiner Kulturphilosophie auf die Bedeutung der Gewaltenteilung hingewiesen. Vgl. Immanuel *Kant*, Die drei Kritiken in ihrem Zusammenhang mit dem Gesamtwerk, Stuttgart 1969, S. 407.
57 Vgl. Alexander *Hamilton*/James *Madison*/John *Jay*, Die Federalist Papers. Übers., eingel. u. m. Anm. v. B. Zehnpfennig, Darmstadt 1993; Hans *Maier*/Heinz *Rausch*/Horst *Denzer* (Hrsg.), Klassiker politischen Denkens, Bd. 2, Von Locke bis Weber, 5., völlig überarbeitete und um einen Beitr. erweiterte Aufl., Darmstadt 1987.
58 Vgl. Peter Graf *Kielmansegg*, Das Experiment der Freiheit, Düsseldorf 1990, S. 50, 57; Paul *Kevenhörster*, Das Rätesystem als Instrument zur Kontrolle politischer und wirtschaftlicher Macht, Opladen 1974.
59 Robert A. *Dahl*, A Preface to Democratic Theory, 11. Aufl., Chicago 1970; *ders.*, Polyarchy. Participation and Opposition, New Haven 1971.

dert, und auch im Begriff der „*liberalen Demokratie*" (*Duverger*)[60], die stets Gefahr läuft, dass sich hinter ihrer polyarchischen Fassade technokratische Tendenzen und ökonomische Machtinteressen entfalten.

Für eine politiktheoretische Interpretation der statischen und dynamischen Dimensionen der Politik bietet sich die strukturell-funktionale Theorie an, die unterschiedliche Strukturen für grundlegende Funktionen des gesellschaftlichen Systems entworfen hat.[61] Sie bietet einen Interpretationsrahmen, der grundsätzlich für postmoderne Gesellschaften wie für Entwicklungsgesellschaften geeignet ist.[62] In Talcott *Parsons'* „System der modernen Gesellschaften" werden Modernisierung und sozialer Wandel als Synthesen von Inklusion, Wertegeneralisierung, Differenzierung und Statusanhebung verstanden. Inklusion ist die soziale Integration von immer mehr Gruppen in die Institutionen einer Gesellschaft; Wertegeneralisierung bietet flexible kulturelle Deutungsmöglichkeiten auf der Grundlage gemeinsamer Werte; Differenzierungen sind institutionelle Innovationen in Politik und Gesellschaft; und Statusanhebung sichert Fortschritte von wirtschaftlichem Wohlstand und sozialer Kompetenz der Bürger.[63]

Hierbei stehen nicht nur die Grundlagen einer dauerhaften sozialen Ordnung und damit die Voraussetzungen der Systemerhaltung im Mittelpunkt des Interesses[64], sondern auch die Frage nach der *Dynamik der Politik*: nämlich ihrer Fähigkeit, den gesellschaftlichen Wandel aufzufangen und zu gestalten.

Das *politische System* steht als Subsystem des gesamten Sozialsystems neben dem wirtschaftlichen, gesellschaftlichen und soziokulturellen Subsystem. Es ist durch die allgemeinverbindliche Regelungen gesellschaftlicher Konflikte gekennzeichnet.[65] Während die Anpassung (*adaption*) die Funktion des wirtschaftlichen Subsystems, die Integration (*integration*) die des gesellschaftlichen Subsystems und die Strukturerhaltung (*latent pattern maintenance*) die des soziokulturellen Subsystems sind, ist die Zielerreichung (*goal attainment*) die Funktion der Politik (*AGIL-Schema*).[66] Hierbei geht es um die Organisation und Durchsetzung von Interessen, Interessenabwägung und Konfliktregelung, um Kommunikationspro-

---

60 Maurice *Duverger*, Demokratie im technischen Zeitalter. Das Janusgesicht des Westens, München 1973, S. 65ff., 266ff.
61 Vgl. Wolfgang *Zapf*, Einführung, in: *ders.* (Hrsg.), Die Modernisierung moderner Gesellschaften, a.a.O., S. 32ff.
62 Vgl. Raymond *Aron*, Die industrielle Gesellschaft, Frankfurt 1964; Reinhard *Bendix*, Modernisierung in internationaler Perspektive, in: Wolfgang *Zapf* (Hrsg.), Theorien des sozialen Wandels, Köln 1969, S. 505-512.
63 Vgl. Talcott *Parsons*, Das System moderner Gesellschaften, 6. Aufl., Weinheim u.a. 2003, S. 20-22, 26-29.
64 Vgl. Hermann *Korte*, Einführung in die Geschichte der Soziologie, 8., überarbeitete Aufl. Wiesbaden 2006, S. 172ff.
65 Zum AGIL-Schema siehe Talcott *Parsons*, Das System moderner Gesellschaften, a.a.O., S. 20.
66 Vgl. hierzu auch Hermann L. *Gukenbiehl*, Systemtheorien, in: Bernhard *Schäfers* (Hrsg.), Grundbegriffe der Soziologie, 2. verb. Aufl., Opladen 1992, S. 298-305, hier: S. 301.

zesse sowie um die Formulierung und Durchsetzung gemeinsamer Handlungsorientierungen: Kern der *Anpassung* als Funktion von Arbeit und Wirtschaft ist die Bewältigung der Anforderungen der Umwelt und die Aneignung vorhandener Naturressourcen, während *Integration* als Funktion des gesellschaftlichen Gemeinwesens das Leben der Gemeinschaft unterhalb der Verfassung und Gesetze bezeichnet. Umfasst die *Strukturerhaltung* als Funktion des soziokulturellen Subsystems auch familiäre und berufliche Sozialisation, so schließt die *Zielerreichung* als Funktion der Politik Interessenorganisation, Interessenausgleich und den Entwurf von Handlungsperspektiven ein.[67]

Abb. 6: Sozialsystem

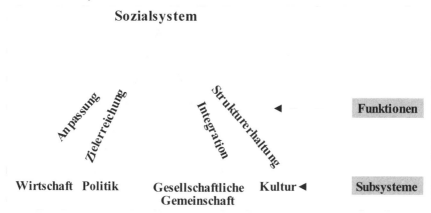

Moderne Gesellschaften sind durch anhaltende Prozesse der Ausdifferenzierung von Subsystemen in Wirtschaft, Gesellschaft, Politik und Kultur gekennzeichnet.[68] Sie konzentrieren das Handlungspotential der Gesellschaft nicht auf eine Institution oder einen Komplex von Organisationen, sondern verteilen gesamtgesellschaftlich bedeutsame Funktionen an verschiedene Handlungssysteme. Einige sind politisiert und erfordern kollektiv verbindliche Entscheidungen, andere werden dagegen an nichtstaatliche Subsysteme abgegeben. Die Subsysteme wiederum verfügen über unterschiedliche Medien und Instrumente der Steuerung.

---

67 Vgl. Hermann *Korte*, Einführung in die Geschichte der Soziologie, a.a.O., S. 176f.
68 Vgl. Jürgen *Habermas*, Theorie des kommunikativen Handelns. Bd. 1, Handlungsrationalität und gesellschaftliche Rationalisierung, 2. Aufl., Frankfurt a.M. 1982, S. 226; *ders.*, Bd. 2, Zur Kritik der funktionalistischen Vernunft, Frankfurt a.M. 1981, S. 255.

Dem politischen System fällt aus der Sicht der Systemtheorie die Funktion der „Erzeugung gesellschaftlicher Macht"[69] zu. Durch Ausdifferenzierung dieses Systems nimmt die in der gesamten Gesellschaft verfügbare Macht zu, d.h. Macht als Medium der Kommunikation, das die „Übertragung von Entscheidungsleistungen"[70] ermöglicht. Durch Abstraktion einer Machtgrundlage, des Monopols auf legitime Entscheidungen über Zwangsmittel, vermag das politische System Macht zu differenzieren. Es ist seine Aufgabe, die anderen Subsysteme bei der Wahrnehmung ihrer Funktionen zu unterstützen: das gesellschaftliche Subsystem bei der Aufgabe, die Bürger in das Gemeinwesen im Rahmen von Verfassung und Gesetzen zu integrieren; das wirtschaftliche Subsystem, wenn es darum geht, geeignete Rahmenbedingungen für die Bewältigung von Anforderungen der Umwelt zu schaffen und Ressourcen in Arbeit und Wirtschaft zu mobilisieren; das sozio-kulturelle Subsystem bei der Aufgabe der Strukturerhaltung durch Aneignung, Stabilisierung und Veränderung kultureller Orientierungen sowie bei der Aufgabe, für Lernprozesse in gesellschaftlichen Interaktionszusammenhängen zu motivieren.

Eine Analyse der Dynamik des politischen Prozesses ist nur tragfähig, wenn Politik *nicht allein* als Prozess der Machtbildung und Machtverteilung, sondern *auch* als Prozess der Verarbeitung von Problemen betrachtet wird. Hier setzt die *Policy-Analyse* an, die die klassischen Fragen nach den Grundlagen, der Ausübung und der Kontrolle politischer Macht durch folgende Fragen ergänzt:[71]

1. Wie werden gesellschaftliche Fragen zu politisch regelungsbedürftigen Problemen?
2. Wie ändern sich die Ansätze der Problemlösung im Laufe der Bearbeitung?
3. Welche Auswirkungen haben die verbindlichen Lösungen in der Gesellschaft?

Durch die Beantwortung dieser Fragen wird die Beschäftigung mit einem politischen Problem eher nachvollziehbar, die Techniken der Problembearbeitung und der Umsetzung der Entscheidungen können weiter verfolgt und etwaige Veränderungen politischer Ziele sowie der Inhalte politischer Programme offengelegt werden. Wir fragen nach den *Funktionen der Politik*, d.h. nach jenen Handlungen, die einerseits der Vorbereitung und Durchsetzung kollektiv verbindlicher Entscheidungen dienen und deren Rechtfertigung andererseits der Stabilisierung des politischen Systems zugutekommt.[72] Politische Stabilität ist nur vorstellbar, wenn

---

69 Niklas *Luhmann*, Soziologische Aufklärung. Aufsätze zur Theorie sozialer Systeme, Bd. 1, Opladen 1972, S. 159.
70 *ders.*, ebd., S. 160.
71 Vgl. Hiltrud *Naßmacher*, Politikwissenschaft, 5. bearb, u, erw. Aufl. München 2004, S. 126; Renate *Mayntz*, Problemverarbeitung durch das politisch-administrative System: Zum Stand der Forschung, in: Jens Joachim *Hesse* (Hrsg.), Politikwissenschaft und Verwaltungswissenschaft, PVS Sonderheft 15, Opladen 1982, S. 74-89.
72 Vgl. Edwin *Czerwick*, Systemtheorie, a.a.O., S. 296f.

die Gesellschaft die notwendigen Ressourcen zur Verfügung stellt und die Politik ihre gesellschaftlichen Funktionen erfüllt. Das schließt die Notwendigkeit ein, Entscheidungen auch gegen gesellschaftliche Widerstände durchzusetzen.

Sieht man den politischen Prozess aus dieser Perspektive, so lassen sich vier Phasen unterscheiden: Die Funktionen der *Anpassung* und der *Zielerreichung* beziehen sich auf die Umwelt des sozialen Systems, während die Funktionen der *Integration* und der *Strukturerhaltung* Beziehungen innerhalb der Systemeinheiten bezeichnen.[73] Aufgabe des politischen Systems ist die Verwirklichung allgemein verbindlicher Ziele. Dabei ist allerdings zu berücksichtigen, dass sich Ziele wandeln und durch externe Faktoren wie gesellschaftliche Wertorientierungen, den Wandel der Sozialstruktur und die Wirkung von Medien beeinflusst werden.[74] Das politische System ist als das Subsystem der Zielerreichung auf die politischen Funktionen der Gesellschaft gerichtet und soll die gesellschaftliche Kapazität zur Zielerreichung optimieren.[75]

Tab. 2: Funktionsfähigkeit politischer Systeme

Funktionskriterien	Messkriterien
Entscheidungsfunktion	– Innovationsfähigkeit
	– Positive Koordination von Politikfeldern
	– Politische Gestaltungsfähigkeit
Kontrolleffektivität	– „Chance des Machtwechsels" für die Opposition
	– Politisch-administrative Dezentralisierung
	– Sozialer Pluralismus
	– Wirtschaftlicher Wettbewerb
Rekrutierung politischer Funktionsträger	– Auslesemechanismus des Führungspersonals
	– Rekrutierungsmuster
Konfliktregelungsfähigkeit	– Integration politischer und sozialer Konflikte
	– Sozialer Friede
	– Integrationsfähigkeit politischer Institutionen
Stabilität	– Rechtsstaatlichkeit
	– Politische Kultur und Fundamentalkonsens
	– Gestaltung sozialen Wandels
	– Interessenartikulation und Aggregation

Aus diesem Interpretationsrahmen lassen sich fünf Kriterien ableiten, mit denen die Funktionsfähigkeit politischer Systeme im internationalen Vergleich beurteilt werden kann:[76]

---

73 Vgl. Talcott *Parsons*, General Theory in Sociology, in: Robert *Merton* (Hrsg.), Sociology today, New York 1959, S. 3-38; *ders.*, Soziologische Theorie, 3. Aufl., Neuwied 1973.
74 Vgl. Ulrich *Weihe*, Systemtheorie, in: Dieter *Nohlen* (Hrsg.), Wörterbuch Staat und Politik, Bonn 1991, S. 686-690.
75 Vgl. Otto *Stammer*/Peter *Weingart*, Politische Soziologie, München 1972, S. 53ff.
76 Vgl. Harry *Eckstein*/David E. *Apter* (Hrsg.), Comparative Politics, New York/London 1963; Gabriel A. *Almond*/James S. *Coleman* (Hrsg.), The Politics of the Developing Areas, Princeton 1960; Talcott *Parsons*/Neil J. *Smelser*, Economy and Society, Glencole 1956, S. 19.

1. *Entscheidungsfähigkeit:* Diese kann an der Innovationsfähigkeit des politischen Systems, seiner Fähigkeit zur positiven Koordination von Politikfeldern und schließlich seiner darauf aufbauenden Fähigkeit zu politischer Gestaltung gemessen werden.
2. *Kontrolleffektivität:* Dieser Maßstab fragt nach der Fähigkeit eines politischen Systems, politische Macht wirksam zu verteilen und zu kontrollieren. Dieses Kriterium zielt auf eine effiziente *Kontrolle* der politischen Führung durch die Opposition und damit auf die tatsächliche „Chance des Machtwechsels" sowie die wechselseitige Kontrolle von Machtgrundlagen durch politisch-administrative Dezentralisierung, sozialen Pluralismus und wirtschaftlichen Wettbewerb.
3. *Rekrutierung politischer Funktionsträger:* Das dritte Kriterium ist die Qualität der *Personalselektion*, d.h. die Verfügung über Auslesemechanismen, die die Auswahl geeigneten Führungspersonals gewährleisten.
4. *Fähigkeit zur Regelung politischer und sozialer Konflikte:* Damit ist die Frage nach der Chance integrativer Konfliktregelung aufgeworfen, weil nur so der für die Bewältigung politischer Probleme erforderliche soziale Frieden hergestellt werden kann. In diesem Zusammenhang stellt sich insbesondere die Frage nach der *Integrationsfähigkeit der politischen Institutionen*.
5. *Grundlagen politischer Stabilität:* Die Verankerung der Rechtsstaatlichkeit im Rechtsbewusstsein der Bevölkerung, dem verfassungspolitischen Fundamentalkonsens bei der Gestaltung des sozialen Wandels und der Dauerhaftigkeit der Muster der Interessenartikulation und Interessenaggregation.

Seit der Staatsformenlehre von *Platon* und *Aristoteles*[77] ist der Vergleich von politischen Institutionen, politischen Strukturen und politischen Prozessen ein Königsweg politikwissenschaftlicher Theoriebildung.[78] Die klassische politische Philosophie ist daher auf ihren Beitrag für eine umfassendere Theorie politischer In-

---

77 Vgl. zu *Platon*, Politeia, Griech.-dt., Frankfurt a.M./Leipzig 1991; *Aristoteles*, Politik, a.a.O., passim. Zur Bedeutung der Staatsformen- und Verfassungslehre des *Aristoteles* für das politische Denken der Gegenwart siehe u.a. Peter *Weber-Schäfer*, Aristoteles, in: Klassiker des politischen Denkens, 1. Bd., hrsg. v. Hans *Maier*/Heinz *Rausch*/Horst *Denzer*, 6., überarb. u. erw. Aufl., Darmstadt 1986; Hans Joachim *Störig*, Weltgeschichte der Philosophie, 4. Aufl., Stuttgart 1985, S. 185ff.; George *Sabine*, A History of Political Theory, 3. Aufl., New York 1961, S. 35ff., 85ff.
78 Vgl. hierzu Gunnar *Heckscher*, General Methodological Problems, in: Harry *Eckstein*/David E. *Apter*, Comparative Politics, a.a.O., S. 35: „The methodology of comparison is not a self-contained separate subject, but part of the general method of political science." In gleicher Weise sind international vergleichende Fragestellungen seit jeher der Schlüssel soziologischer Erkenntnis. Vgl. hierzu insbesondere Emile *Durkheim*, Les règles de la méthode sociologique, Paris 1947, S. 137: „La sociologie comparée n'est pas une branche particuliere de la sociologie; c'est la sociologie même, en tant qu'elle cesse d'être purement descriptive et aspire à rendre compte de faits." Vgl. auch F. X. *Sutton*, Social Theory and Comparative Politics, in: Harry *Eckstein*/David E. *Apter*, Comparative Politics, a.a.O., S. 67-81.

stitutionen und politischer Prozesse zu befragen:[79] Welchen Sinn misst sie den Institutionen zu? Wie steht dieses Verständnis im Verhältnis zu Vorstellungen vom sozialen und politischen Wandel? Wer besitzt die Interpretations- und Kontrollkompetenz? Welche Beziehungen bestehen zwischen der Geschichts- und Institutionentheorie? Und wer entdeckt, thematisiert und gestaltet Institutionen?

Die vergleichende Perspektive der Politikwissenschaft beruht auf der Annahme, dass die Stabilität eines politischen Systems von mehreren Faktoren abhängt: den Verfassungsregeln, der sozialen Basis, dem Fundamentalkonsens über politische Grundfragen, der Struktur des Parteiensystems und von der Fähigkeit der politischen Institutionen, den sozialen Wandel aufzufangen und mitzugestalten. Stabilität und Funktionsfähigkeit politischer Systeme lassen sich nur ermitteln, wenn feststeht, in welchem Ausmaß und mit welchem Erfolg die Funktionen der *Artikulation* und *Aggregation* von Interessen, der politischen *Kommunikation*, der politischen *Rekrutierung*, der *Innovation*, der *Koordination* und der *Kontrolle* wahrgenommen werden.

1.3 Das politische System

Formulierung und Verwirklichung kollektiver Ziele wie Wohlstand, Sicherheit, Chancengleichheit und Verteilungsgerechtigkeit sind vorrangige Aufgaben des politischen Systems. Bei der Wahrnehmung dieser Funktionen unterliegt die Politik einigen zentralen Erfordernissen, die sich in einer strukturellen Differenzierung des politischen Systems niederschlagen. Hierbei handelt es sich um die Legitimation der kollektiven *Ziele* sowie der zu ihrer Verwirklichung erforderlichen *Autorität*, die Aufbringung der erforderlichen *Ressourcen* aus dem gesellschaftlichen Umfeld und um das System *intermediärer Organisationen* (Verbände, Interessengruppen), die Politikentwürfe fordern und politische Entscheidungen stützen. Bis zu einem gewissen Grad verselbständigt sich das politische System gegenüber seiner gesellschaftlichen Umwelt und bildet einen Interaktionszusammenhang, der durch autoritative Zuteilung von Werten bindende Entscheidungen trifft und diese in der Gesellschaft durch positive Anreize und negative Sanktionen umsetzt.

Die Funktionsprobleme, denen sich jedes politische System gegenübergestellt sieht, können nur in einem Rahmen betrachtet werden, der auch sehr unterschiedliche, zunächst als unvergleichbar angesehene Phänomene vergleichbar macht. Dies kann am ehesten im Rahmen des von David *Easton* entwickelten Modells

---

79 Vgl. Peter *Steinbach*, Zur Theorie der Institutionen in der praktisch-politischen Philosophie von Platon und Aristoteles, in: Gerhard *Göhler*/Kurt *Lenk*/Herfried *Münkler*/Manfred *Walther* (Hrsg.), Politische Institutionen im gesellschaftlichen Umbruch. Ideengeschichtliche Beiträge zur Theorie politischer Institutionen, Opladen 1990, S. 77.

politischer Systeme und ihrer Umwelt geschehen, das sich eine kybernetische Perspektive zu eigen macht, also die Steuerungs- und Regelungsvorgänge in diesen Systemen untersucht.[80] So lassen sich die Einflüsse, die auf ein politisches System einwirken, veranschaulichen und die Anforderungen wie die sich daraus ergebenden Folgerungen aufzeigen. Dabei ist die Rückkopplung zwischen den Auswirkungen getroffener politischer Entscheidungen auf die Umwelt des politischen Systems zu berücksichtigen.

Abb. 7: Das politische System

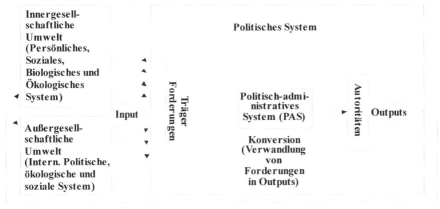

Alle politischen Systeme müssen grundlegende Funktionen erfüllen. Je genauer diese bestimmt und je systematischer sie erfasst werden, um so leichter wird es, auch unterschiedliche politische Systeme miteinander zu vergleichen. Auf dieser Grundlage ist es möglich, nicht nur demokratisch verfasste Industriestaaten miteinander zu vergleichen, sondern auch Industrie- mit Entwicklungsländern. Durch komparative Analysen werden zugleich wichtige Instrumente eines besseren Dialogs zwischen den Ländern des Nordens und denen des Südens geschaffen. Vergleichende Analysen der politischen Systeme der Industrie- und Entwicklungsländer sind für die Politikwissenschaft wie für die politische Praxis wichtig. In der Entwicklungspolitik schaffen sie beispielsweise notwendige Grundlagen eines Politikdialogs, der sich nicht nur auf Fragen der Handelsbeziehungen und der Wirtschaftsordnung beschränkt, sondern sich zugleich auch eine stärkere Dezentralisierung der Verwaltung, eine Pluralisierung des Parteiensystems, die Respek-

---

80 Vgl. David *Easton*, A Systems Analysis of Political Life, 2. Aufl., Chicago/London 1979, S. 30, 32; *ders.*, A Framework for Political Analysis, Englewood Cliffs (N.J.) 1965, S. 110-112.

tierung der Menschenrechte und eine Demokratisierung der politischen Systeme zum Ziel setzt.[81]

Tab. 3: Funktionen des politischen Systems[82]

Funktion	Inhalt
1. *Politische Rekrutierung*	Auswahl politischen Personals zur Ausübung politischer Rollen
2. *Politische Sozialisation*	Formung und Erhaltung von Einstellungen zum politischen System
3. *Politische Kommunikation*	Vermittlung politisch relevanter Informationen
4. *Interessenartikulation*	Formulierung von Forderungen an einzelne Politiken
5. *Interessenaggregation*	Bündelung von Einzelinteressen zu entscheidungsfähigen Programmen
6. *Politische Entscheidung*	Umwandlung von Forderungen in Entscheidungen und Politik; Regelsetzung, -anwendung und -kontrolle (Gesetzgebung)
7. *Politikimplementation*	Umsetzung und Administration politischer Entscheidungen (Regierung und Verwaltung)
8. *Politikevaluation*	Einhaltung, Kontrolle und Bewertung von Regeln (Rechtsprechung und Öffentlichkeit)

Analysen politischer Systeme geben Antwort auf die Frage, welche Institutionen die Funktionen der politischen Sozialisation, Rekrutierung, Artikulation und Aggregation von Interessen, politischen Durchsetzung, Legitimation und schließlich des öffentlichkeitswirksamen „politischen Marketing" wahrnehmen. So ergeben sich *funktionale Äquivalenzen*: Es zeigt sich, dass bestimmte symbolische, exekutive und politisch-ideologische Funktionen politischer Führung von unterschiedlichen Institutionen wahrgenommen werden.[83] Das politische System ermöglicht als analytischer Bezugsrahmen die Entwicklung von Vergleichsmaßstäben, die nach der Wahrnehmung bestimmter politischer Funktionen durch unterschiedliche Gruppen und Institutionen in unterschiedlichen Systemen fragen. So kann insbesondere die Untersuchung der Frage erfolgreicher angegangen werden, von welchen Institutionen politische Entscheidungen tatsächlich gefällt werden.

---

81 Vgl. Paul *Kevenhörster*, Entwicklungsbeiträge durch Dialog und Training. Ein Orientierungsrahmen personeller Zusammenarbeit, Baden-Baden 1988, S. 63-71; Hildegard *Lingnau*, Development Cooperation and the Promotion of Human Rights – Enhancing Commitment and Capacity of Government and State Institutions, Berlin 1996, Deutsches Institut für Entwicklungspolitik.
82 Vgl. Gabriel *Almond*/G. Bingham *Powell*, Comparative Politics: System, Process and Policy, Boston 1978, S. 13-16.
83 Vgl. Mattei *Dogan*/Dominique *Pelassy*, How to Compare Nations. Strategies in Comparative Politics, Chatham (N. J.) 1984, S. 32.

In vielfältigen Formen werden aus der Gesellschaft Forderungen an das politische System gestellt.[84] Diese zielen entweder auf konkrete Maßnahmen, gelten der Verteilung von Ressourcen oder betreffen das politische Führungspersonal. Das politische System stellt seine *Responsivität* unter Beweis, wenn es diese Forderungen umsetzt, zumindest aber aufgreift. Am Ende des politischen Prozesses fällt es allgemeinverbindliche Entscheidungen über die Geltung von Normen und die Verteilung von Ressourcen. Damit werden zugleich Begründungen für die Nichtbeachtung von Forderungen verbunden.

Wenn es dem politischen System gelingt, einen stabilen Kreislauf von Forderungen aus der Gesellschaft, der Bearbeitung durch die Institutionen und der Umsetzung in verbindliche Entscheidungen in Gang zu halten, wächst die Zustimmung der Bevölkerung zu den politischen Institutionen: Das politische System gewinnt *Legitimität*. Die politische Führung in unterschiedlichen Staatsformen sucht ihre Handlungen mit Legitimität auszustatten. Sie will dadurch sicherstellen, „dass bei jedem Einsatz von Regierungsmitteln zur Behandlung eines Konflikts die getroffenen Entscheidungen weithin nicht nur aus Furcht vor Gewalt, Strafe oder Zwang akzeptiert werden, sondern auch aus der Überzeugung heraus, dass das Getane moralisch recht und richtig ist."[85]

Aus dem gesellschaftlichen Umfeld werden Interessen und Forderungen (*demands*) an das politische System herangetragen, das aus diesem Umfeld zugleich auch Unterstützung (*support*) erhält. Forderungen und Unterstützung werden im politischen System zu politischen Entscheidungen und Handlungen verarbeitet.[86] In dieser Verarbeitung von Forderungen, Interessen und Unterstützung zu verbindlichen Entscheidungen besteht die zentrale Leistung des politischen Systems.[87] Die Entscheidungen richten sich als politische Programme und Maßnahmen an das Umfeld, das darauf seinerseits mit neuen Forderungen, Kritik, Unterstützung und Protest reagiert und so den Prozess der Rückkopplung (*feedback*) schließt.

Dieses Schema stellt einen Rahmen dar, der es möglich macht, Strukturen des politischen Systems und Phasen des politischen Prozesses zu unterscheiden. Im ersten Band dieses Lehrbuchs stehen der *Input* des politischen Systems in Gestalt von Wertorientierungen, Interessen, Forderungen und Unterstützung sowie der Prozess der Problemverarbeitung (*conversion*) im Mittelpunkt, der das politisch-administrative System mit seinen Strukturen, Institutionen und Prozessen kennzeichnet. Hierbei geht es um den Entwurf der Politik bzw. die politische Gestaltung (*policy formation*) und um die Umsetzung politischer Entscheidungen in konkrete Maßnahmen (*policy implementation*).

---

84 Vgl. Werner J. *Patzelt*, Einführung in die Politikwissenschaft, a.a.O., S. 226.
85 Robert A. *Dahl*, Die politische Analyse, a.a.O., S. 79.
86 Vgl. Klaus *Schubert*, Politikfeldanalyse. Eine Einführung, Opladen 1991, S. 28ff.
87 Vgl. David *Easton*, A Framework for Political Analysis, a.a.O., S. 110ff.

Der zweite Band des Lehrbuchs wird demgegenüber den *Output* des politischen Entscheidungsprozesses darstellen: politische Programme in unterschiedlichen Politikfeldern, ihre Wirkungen auf die jeweilige Zielgruppe, die Reaktion der Adressaten und die langfristigen Auswirkungen auf das betreffende Politikfeld sowie auf das politische System. Denn die Leistungen des politischen Systems haben Entscheidungsinhalte und Wirkungen zur Folge, die die an das System gerichteten Forderungen ganz oder nur teilweise befriedigen. Dadurch verstärken sie die mit diesen Forderungen verbundenen Unterstützungen oder schwächen sie ab. Dieser Kreislauf wirkt seinerseits auf das politische System in Gestalt neuer Forderungen zurück: Die *Rückkopplung* schließt den Zyklus des politischen Prozesses.[88]

Input ist die Eingangsgröße des politischen Systems: die Einflüsse der Umwelt auf das gesamte System oder seine Teile.[89] *Output* bezeichnet die Wirkungen des Systems auf seine Umwelt.

Fünf der genannten Funktionen des politischen Systems (Tab. 3) betreffen die Eingangsgröße:[90] 1. Politische Sozialisation, 2. Politische Rekrutierung, 3. Interessenartikulation, 4. Interessenaggregation und 5. Politische Kommunikation. Dem stehen drei Output-Funktionen gegenüber: 1. das Setzen von allgemeingültigen Regeln (Gesetzgebung), 2. die Ausführung von Regeln (Regierung und Verwaltung) und 3. die Einhaltung und Bewertung von erlassenen Regeln (Rechtsprechung und Öffentlichkeit). Die Gesamtbewertung dieser Funktionen gibt Auskunft darüber, wie das politische System seine Ziele verwirklicht, welche Steuerungsmuster es aufweist und wie es sich gegenüber seiner Umwelt behauptet.

Die Bearbeitung komplexer Probleme durch das politische System gegenüber einer gesellschaftlichen Umwelt, die dieses mit immer weiterreichenden Erwartungen konfrontiert, hat unterschiedliche Arbeitsweisen von *Politik* und *Verwaltung* herausgebildet: Politik soll die Legitimation der Entscheidungsprozesse sicherstellen, während sich die Verwaltung auf die Durchführung bindender Entscheidungen beschränkt. In der politischen Wirklichkeit kehrt sich diese Aufgabenzuweisung häufig in ihr Gegenteil um: Die politische Verwaltung bereitet Entscheidungen vor und stellt deren Legitimation sicher, während die Politik lediglich die formal bindende Entscheidung fällt und diese gegenüber Medien und

---

88 Vgl. Dirk *Berg-Schlosser*/Herbert *Maier*/Theo *Stammen*, Einführung in die Politikwissenschaft, 7. erw. Aufl., München 2003, S. 166f.
89 Vgl. Dieter *Nohlen*/Ulrich *Weihe*, Politisches System, in: Dieter *Nohlen* (Hrsg.), Wörterbuch Staat und Politik, Bonn 1991, S. 551-555.
90 Vgl. Gabriel A. *Almond*, Introduction: A Functional Approach to Comparative Politics, in: ders./ James S. *Coleman* (Hrsg.), The Politics of the Developing Areas, a.a.O., S. 17.

Wählerschaft vertritt. Diese Umkehrung entspricht durchaus Max *Webers* Sicht der Bürokratie als reinstem Typ legaler Herrschaft, der dadurch gekennzeichnet sei, dass an die Legitimität der Herrschaft geglaubt werde, weil man von der Rechtmäßigkeit des Verfahrens überzeugt sei.[91]

Die zunehmende Komplexität der Gesellschaft hat die Differenzierung zwischen Politik und Verwaltung in der Gegenwart noch weiter vorangetrieben. Die Unterscheidung zwischen *Politik*, *Bürgern* und *Verwaltung* entspricht der gewachsenen Selektions- und Entscheidungskapazität des politischen Systems.[92] Politik und Bürger sind durch die öffentliche Meinung verbunden, deren Medien Austauschprozesse im politischen System durch komprimierte Informationen organisieren, Politik und Verwaltung durch das politische Führungspersonal (politische Elite, politische Klasse) und Bürgern und Verwaltung durch das Recht. Hier wird deutlich, dass der Staat in der Form des politischen Systems nicht außerhalb der Gesellschaft steht, sondern *das* Regelungssystem der Gesellschaft für Konflikte im Sinne allgemein verbindlicher Entscheidungen darstellt.

Dieses Regelungssystem weist eine komplexe Binnenstruktur auf, dabei sind vier Strukturelemente zu unterscheiden: das Handlungssystem, die Rollen, das Machtmonopol und die Kriterien politischen Handelns.[93] Das *Handlungssystem* umfasst Institutionen, Normen und Personen. *Rollen* sind die Einstellungen der politisch Handelnden bei Interaktionen im politischen System. Das *Machtmonopol* sichert in allen Konflikten das Monopol des Staates bei der Ausübung legitimer Gewalt zur Durchsetzung verbindlicher Normen. Die *Kriterien politischen Handelns* umfassen die der Entscheidung über knappe Ressourcen zugrundeliegenden Ziele und begründen zugleich die sich so ergebende Prioritätenskala von Bedürfnissen und politischen Lösungsansätzen.

---

91 Vgl. Veit Michael *Bader*, Einführung in die Gesellschaftstheorie. Gesellschaft, Wirtschaft und Staat bei Marx und Weber, 4. Aufl., Frankfurt a.M. 1976, S. 438f.
92 Vgl. Niklas *Luhmann*, Politische Theorie im Wohlfahrtsstaat, München/Wien 1981; ders., Soziale Systeme. Grundriß einer allgemeinen Theorie, Frankfurt a.M. 1984; zur Kritik Ulrich *Weihe*, Systemtheorie, a.a.O., S. 689f.; ferner: Dieter *Nohlen*/Ulrich *Weihe*, Politisches System, a.a.O., S. 554.
93 Vgl. Gabriel A. *Almond*, Zum Vergleich politischer Systeme, in: Günter *Doeker* (Hrsg.), Vergleichende Analyse politischer Probleme, Freiburg i. Br. 1971, S. 59-61.

Abb. 8: Die Beziehung zwischen Politik, Bürgern und Verwaltung

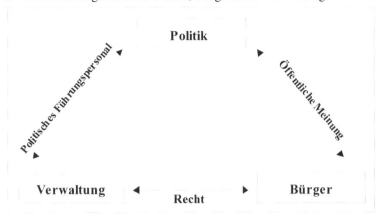

Die Gesellschaften der Gegenwart sind trotz aller Unterschiede ihres wirtschaftlichen, sozialen und politischen Entwicklungsniveaus durch folgende gemeinsame Merkmale gekennzeichnet:[94]

- Die Verfügung über politische Ressourcen (Informationen, Geld, Wählerstimmen, Arbeitsplätze) ist ungleich verteilt.
- In entwickelten Gesellschaften sind politische und gesellschaftliche Funktionen als Folge der Arbeitsteilung in Politik, Wirtschaft und Gesellschaft stark spezialisiert.
- Wegen des unterschiedlichen Zugangs zu Ressourcen und hochentwickelter Arbeitsteilung sind die sozialen Startchancen, die individuellen Erfahrungen und politischen Motive der Bürger ungleich.
- Ebenso unterschiedlich sind die Chancen politischer Beteiligung und Einflussnahme verteilt. Denn Erfahrungen und Begabungen begründen unterschiedliche Motivationen, diese wiederum unterschiedliche politische Fähigkeiten und Ressourcen, und diese Differenzen erklären schließlich divergierende politische Einflusschancen.
- In einem letzten Schritt wirken die unterschiedlichen politischen Einflusschancen und tatsächlichen Einflussdivergenzen auf den Anfang dieser Kette – Erfahrungen und Begabungen – zurück: Unterschiede zwischen Ressourcen, Motiven, Zielen und Durchsetzungschancen verfestigen sich.

Die Politikwissenschaft untersucht die Frage, ob das politische System und seine Institutionen in der Lage sind, diese Probleme moderner Industriegesellschaften

---

94 Vgl. Robert A. *Dahl*, Modern Political Analysis, Englewood Cliffs (N. J.) 1970, S. 37ff.

zu verarbeiten.[95] Struktureller und kultureller gesellschaftlicher Wandel stellt die Politik vor *neue Probleme*, die sich insbesondere aus Folgen des wirtschaftlichen Wachstums ergeben, konfrontiert sie mit *neuen Erwartungen* der Bürger an das politische System, wie insbesondere die Diskussion um natürliche Ressourcen und den Schutz der Umwelt unterstreicht, und schafft *neue Formen politischer Artikulation*, wie das Entstehen neuer sozialer Bewegungen zeigt. Hieraus ergibt sich ein Strukturwandel der Interessenvermittlung, der die modernen politischen Systeme mit neuen Anforderungen konfrontiert.

1.4 Phasen des politischen Prozesses

Um den Prozess der politischen Meinungsbildung und Entscheidungsfindung zu verdeutlichen, sollen Grundlagen, Inhalte und Wirkungen politischer Entscheidungen zunächst mit klassischen Begriffen der Politikwissenschaft wie *Macht, Interesse, Konflikt* und *Konsens* nachgezeichnet werden.[96] In diesem Prozess werden politische *Interessen* zum Ausdruck gebracht, in den Kampf um die politische *Macht* eingeführt, und diese Auseinandersetzung wird durch den *Konflikt* widerstreitender Ansprüche, Meinungen und Interessen sowie die Notwendigkeit der *Konsens*bildung geprägt. Nur so lässt sich Politik erfassen: als System von allgemeinverbindlichen Entscheidungen über konfligierende Wertvorstellungen. Ebenso wie ein *Konsens* zur Erhaltung der politischen Ordnung notwendig ist, ist *Macht* zur Durchsetzung gesellschaftlicher Interessen unabdingbar.

In der repräsentativen Demokratie sind das Prinzip der Volksherrschaft und das liberale Streben nach Kontrolle politischer Macht eng miteinander verknüpft. Aus der Fehlbarkeit der Menschen und ihrer offensichtlichen Verführbarkeit zum Machtmissbrauch leiten sich komplizierte Kontrollen politischer Macht ab, die

---

95 Vgl. hierzu das Forschungsprogramm der Abteilung „Institutionen und sozialer Wandel" des Wissenschaftszentrums Berlin: *Wissenschaftszentrum Berlin für Sozialforschung* (Hrsg.), Bericht 1992-1993, Berlin 1993, S. 153ff. Der Begriff „Industriegesellschaft" wird im folgenden als Synonym für „moderne Gesellschaften" verwendet. Diese sind allerdings nicht mehr durch das Übergewicht des industriellen Sektors gekennzeichnet, sondern auf dem Wege zur „postindustriellen Gesellschaft." Diese ist nach der klassischen Definition von Daniel *Bell* (The Coming of Post-Industrial Society. A Venture in Social Forecasting, New York 1973, S. 14-43) durch folgende Merkmale gekennzeichnet: 1. das zunehmende Gewicht des Dienstleistungssektors, 2. den Vorrang der Experten und Ingenieure in der Hierarchie der Berufe, 3. die zentrale Bedeutung des theoretischen Wissens als Grundlage technologischer Innovation und als Ressource politischer Planung, 4. die Bewertung und Kontrolle technologischer Folgen und 5. die hohe Bedeutung der „Wissenstechnologie" für politische, wirtschaftliche und gesellschaftliche Entscheidungen. Im Zuge des Übergangs zur „postindustriellen Gesellschaft" nimmt die Bedeutung des Wissens zu, werden politische Entscheidungen stärker technisch-organisatorisch geprägt, durchdringen bürokratische Strukturen Wissenschaft und Bildung, breitet sich die „technische Intelligenz" immer mehr aus.

96 Vgl. Hiltrud *Naßmacher*, Politikwissenschaft, a.a.O., S. 5-10.

auf dem Grundsatz der Gewaltenteilung beruhen,[97] politische Macht begrenzen und so den Bestand der Freiheit auf Dauer sichern.[98] Einen demokratischen Charakter weist Politik nur auf, wenn die Staatsgewalt vom freien Willen und der Zustimmung des Volkes getragen wird. In der modernen Demokratie verbindet sich der demokratische Anspruch mit dem Prinzip der Repräsentation: Wahlen haben nicht nur die Aufgabe der Meinungsbildung und Entscheidungsvorbereitung, sondern auch die der Rekrutierung des politischen Führungspersonals. Ihre Funktion ist es, eine demokratisch legitimierte Elite zu berufen, deren Mandat nur auf Zeit gilt. Auftrag und Zusammensetzung der politischen Führung in einer offenen pluralistischen Gesellschaft sind ebenso vorläufig wie der Anspruch der parlamentarischen Mehrheit, den „Willen des Volkes" zum Ausdruck zu bringen und in politische Entscheidungen umzusetzen. Denn dieser Wille kann jeweils nur einen vorläufigen Kompromiss zwischen den unterschiedlichen, im Parlament vertretenen politischen und gesellschaftlichen Kräften darstellen.

Ausdruck der Meinungsfreiheit ist die politische Organisation der parlamentarischen Minderheit: Die *Opposition* ist das Lebenselixier der Demokratie. Aufgabe der Opposition ist die „schwierige Gratwanderung zwischen Blockade und Mitverantwortung".[99] Ihre Existenz setzt das Recht auf eigene Meinung voraus und damit eine Rechtsordnung, ein gesellschaftliches System und ein politisches Klima, die die freie Äußerung von Auffassungen und die offene Diskussion von Meinungsverschiedenheiten zulassen und unterstützen. Diese Auseinandersetzung muss öffentlich geführt werden. Dies ist wiederum nur möglich, wenn die Träger unterschiedlicher Meinungen und Interessen auch Zugang zu den Grundlagen politischer Information und den Medien ihrer Übermittlung haben.[100] Damit ist die Frage aufgeworfen, wie politische Probleme artikuliert, verarbeitet und in politische Entscheidungen umgesetzt werden.[101]

---

97 Die Gewaltenteilungsdoktrin lässt sich bis zur Lehre von den „drei Grundbestandteilen der Verfassung" des *Aristoteles* zurückverfolgen: „Es gibt drei Bestandteile der Verfassungen insgesamt ... Von diesen dreien ist eines die über die gemeinsamen Angelegenheiten beratende Instanz, ein zweites betrifft die Magistratur ...; das dritte ist die Rechtsprechung." (*Aristoteles*, Politik, zit. nach Gerhard *Möbius*, Die politischen Theorien von den Anfängen bis zu Machiavelli, Politische Theorien Teil I, Köln/Opladen 1958, S. 138.)
98 Vgl. Waldemar *Besson*/Gotthard *Jasper*, Das Leitbild der modernen Demokratie. Bauelemente einer freiheitlichen Staatsordnung, Bonn 1990, S. 15, 23, 33, 73.
99 Wolfgang *Rudzio*, Das politische System der Bundesrepublik Deutschland, 7. Aufl., Opladen 2006, S. 201.
100 Vgl. Ernst *Fraenkel*, Deutschland und die westlichen Demokratien, 2. Aufl., Frankfurt a.M. 1991, S. 246ff.
101 Niklas *Luhmann* bezeichnet die Unterscheidung von Regierung und Opposition als geradezu systemkonstituierenden Code der Politik im demokratischen Staat. Vgl. Niklas *Luhmann*, Die Zukunft der Demokratie, in: *ders.*, Soziologische Aufklärung, Bd. 4, S. 126-132, hier: S. 127.

Der Prozess dieser Problemverarbeitung lässt sich in folgende Phasen aufteilen:[102]

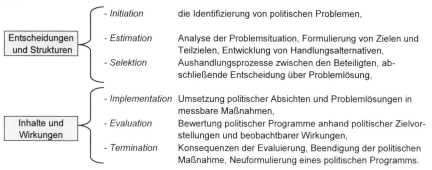

Die ersten drei Phasen befassen sich mit „Entscheidungen und Strukturen" des politischen Prozesses, die letzten drei mit „Inhalten und Wirkungen". In den ersten Phasen (Initiation, Estimation, Selektion) geht es um die Klärung politischer Probleme, die Bestimmung der Politikinhalte und die Festlegung politischer Programme, kurz: um „Politikformulierung". In den weiteren Phasen (Implementation, Evaluation, Termination) werden politische Programme in Maßnahmen umgesetzt sowie Finanzmittel und Personal bereitgestellt: die Allokation von Ressourcen für politische Ziele (*policy outcomes*). Schließlich werden die Programme anhand beobachtbarer Wirkungen bewertet und ihre Wirkungen (*policy impacts*) gemessen. Die Evaluierung führt in der letzten Phase – der Termination – entweder zur Beendigung des politischen Programms und seiner Maßnahmen oder zur politischen Neuformulierung.[103] Diese Reaktionen und ihre Verarbeitung leiten über die Rückkopplung zu den Initiatoren (Parteien, Abgeordnete, Interessengruppen) schließlich zu einem neuen Prozess der Verarbeitung des politischen Problems über.

In der Phase der *Initation* suchen gesellschaftliche Gruppen und politische Akteure einzelne Probleme als politisch bedeutsam und politisch regelungsbedürftig zu benennen. Das neue Problem tritt neben andere, bisher noch nicht gelöste Fragen auf die politische Tagesordnung. Je nach Ablauf der Diskussion und der Intensität des Engagements der politischen Akteure wird das Problem entweder

---

102 Vgl. Klaus *Schubert*, Politikfeldanalyse, a.a.O., S. 71ff. G. D. *Brewer*/P. *de Leon*, The Foundations of Policy Analysis, Homewood (Ill.) 1983. Dieses Phasen-Schema folgt im Grundsatz den bereits von Harold *Lasswell* (The Decision Process, University of Maryland 1956, S. 2) entwickelten sieben Kategorien funktionaler Analyse (Intelligence, Recommendation, Prescription, Invocation, Application, Appraisal, Termination).
103 Vgl. Adrienne *Windhoff-Héritier*, Policy-Analyse. Eine Einführung, Frankfurt/New York 1987, S. 19, 65.

nicht weiter bearbeitet (*non-decisions*), zum Gegenstand symbolischer Handlungen oder tatsächlich bearbeitet. Beispiele für *non-decisions* sind vielfältig: Sie reichen von politisch nicht beratenen und sogar tabuisierten Strukturproblemen des Arbeitsmarktes (z.b. Flächentarifvertrag), der Sozialversicherung und des Gesundheitssystems bis hin zu aktuellen Fragen der europäischen Politik – etwa der Bedeutung des Subsidiaritätsprinzips oder der Finalität Europas. Wird ein politisches Problem aber tatsächlich – und nicht nur symbolisch – bearbeitet, erreicht es die Phase der *Estimation*. Jetzt ist entscheidend, welcher politische Akteur sich mit welchen Interessen, Intentionen und Perspektiven für eine Lösung einsetzt und wie sich dieser Lösungsversuch in das Machtkalkül der Beteiligten einfügt.

In der Phase der *Implementation* geht es um die Durchführung rechtsverbindlicher Entscheidungen in Gestalt von Gesetzen, Verordnungen und Erlassen. Je weniger die politischen Entscheidungsträger den Durchführungsauftrag präzisieren, umso größer ist der Handlungsspielraum der Implementationsträger, in der Regel der Verwaltung. Da die Implementation sowohl an den Implementationsträgern als auch an den Adressaten der jeweiligen politischen Maßnahme scheitern kann, müssen ihre Bedingungen bereits in der Phase der Politikformulierung bedacht werden, in der auf der Grundlage einer politischen Problemdefinition politische Forderungen in verbindliche Entscheidungen umgesetzt werden (*conversion*). Dabei müssen auch die angestrebten Wirkungen der jeweiligen Politikinhalte bei den Adressaten (*impact*) und die über diesen Adressatenkreis hinausgehenden Wirkungen (*outcomes*) berücksichtigt werden.[104] Diese letzte Phase der *Politikwirkung* verändert durch staatliche Handlungen das gesellschaftliche Umfeld und bewirkt so eine Verarbeitung von Problemen. Wirkungen erzielen staatliche Aktivitäten einerseits unmittelbar bei den privaten Adressaten ihrer Maßnahmen, andererseits durch langfristige Folgen für das jeweilige Politikfeld und sein gesellschaftliches Umfeld.

Die Bearbeitung politischer Probleme erfolgt durch Akteure, die durch *Politiknetze* verbunden sind. In ihnen wirken Politiker, Beamte, Teile der Öffentlichkeit und Interessenvertreter. Die Entscheidungsstrukturen einzelner Politikfelder unterscheiden sich durch die Vermittlungsbeziehungen zur gesellschaftlichen Umwelt. Diese Beziehungen zwischen dem politisch-administrativen System und seiner Umwelt bestimmen zugleich das *Politikergebnis*. Dieses wird insbesondere durch die Parteienkonkurrenz, die politischen Mehrheitsverhältnisse der Entscheidungsgremien, die politisch-programmatische Prägung der Mehrheitsmeinung, die zugrundeliegende gesellschaftliche Interessenstruktur, die Beteiligung der Bevölkerung, die Kritik der Massenmedien und – nicht zuletzt – das Verwaltungshandeln beeinflusst. Die Analyse von Politikergebnissen erfordert daher sowohl

---

104 Vgl. Werner *Jann*, Politikfeldanalyse, in: Dieter *Nohlen* (Hrsg.), Wörterbuch Staat und Politik, a.a.O., S. 500.

Einblick in die Binnenstruktur des politisch-administrativen Systems als auch in die Außenbeziehungen zwischen dem politisch-administrativen System und seiner gesellschaftlichen Umwelt. Zwar sind die sozioökonomischen Rahmenbedingungen stets von erheblicher Bedeutung für die Formulierung politischer Entscheidungen, sie erhalten aber erst aufgrund ihrer Wahrnehmung durch die politischen Akteure politisches Gewicht.[105] Diese Perzeption legt politische Handlungszwänge und Handlungsgrenzen fest.

Die Austauschbeziehungen zwischen dem politischen und dem sozialen System können auch als *Eingaben* und *Entscheidungen* erfasst werden. Bei den *Eingaben* handelt es sich um Anforderungen an und Unterstützung für das politische System. Parteien, Massenmedien und Verbände sind „Input-Agenturen" und gestalten diesen Vermittlungsprozess: die Artikulation von Forderungen an das politisch-administrative System und die Aggregation von Einzelinteressen zu entscheidungsfähigen Programmen. In Demokratien und Diktaturen sind diese Organisationen der Interessenvermittlung unterschiedlich selbständig und ausdifferenziert. In Diktaturen sind sie stets nur ein Transmissionsriemen der politischen Machtelite. Die Umwandlung der Forderungen in politische *Entscheidungen* obliegt den „Output-Agenturen" des politisch-administrativen Systems: Parlament, Regierung und Verwaltung.

Der politische Prozess lässt sich so als eine Folge von Verhaltensweisen und Ergebnissen unterschiedlicher Akteure des politischen Systems verstehen.[106] Die Bürger artikulieren Ansprüche über Interessengruppen, soziale Bewegungen und Massenmedien. Politische Parteien selektieren und aggregieren diese Ansprüche im Rahmen des Parteienwettbewerbs zu politischen Programmen. Deren Forderungen werden von Parlament und Regierung in kollektiv bindende Entscheidungen umgesetzt. Die Implementation dieser Entscheidungen wirkt in zweifacher Hinsicht auf das politische System zurück: 1. durch Bewertung der Entscheidungen durch Bürger und Organisationen mit der Folge der Formulierung neuer Ansprüche und 2. durch Auswirkungen der Entscheidungen auf das gesellschaftliche Umfeld des politischen Systems – etwa auf die Wirtschaft durch Schaffung neuer Probleme und Begründung neuer Ansprüche. Der politische Prozess lässt sich folglich im Rahmen der repräsentativen Demokratie so deuten, dass die unterschiedlichen Teilbereiche allgemeine Handlungsorientierungen vermitteln und die einzelnen Akteure Ergebnisse erzeugen.[107]

Die *Teilbereiche* sind: Wählerschaft, Medien, Umwelt, intermediäre Institutionen und das Regierungssystem. Diese Teilbereiche spezifizieren zugleich das

---

105 Vgl. Arnold J. *Heidenheimer* u.a., Comparative Public Policy, 3. Aufl., London/Basinstoke 1990.
106 Vgl. *Wissenschaftszentrum Berlin für Sozialforschung* (Hrsg.), a.a.O., S. 153ff.
107 Vgl. hierzu Dieter *Fuchs*, Trends of Political Support, in: Dirk *Berg-Schlosser*/Ralf *Rytlewski* (Hrsg.), Political Culture in Germany, London 1993, S. 232-268; *ders.*, Eine Metatheorie des demokratischen Prozesses, *Wissenschaftszentrum Berlin für Sozialforschung*, Discussion Paper FS III 93-202.

politische System und grenzen es vom wirtschaftlichen, gesellschaftlichen und sozio-kulturellen Subsystem ab. Zu den *allgemeinen Orientierungsmaßstäben* gehören Responsivität, Unterstützung, Effektivität und Angemessenheit. Zu den *Akteuren* zählen: Bürger, Interessengruppen, Massenmedien, Parteien, Parlament, Regierung und Verwaltung; und die *Ergebnisse* sind: Interessen, Ansprüche, Streitfragen, Programme, Entscheidungen, Implementationen, Bewertungen und Wirkungen. Die unterschiedlichen Ergebnisse des politischen Prozesses hängen ihrerseits von situativen und strukturellen Bedingungen des politischen Systems ab. Daraus lassen sich mikro- und makroanalytische Forschungsfragen ableiten:[108]

1. Mikroanalytisch stellt sich die Frage nach dem Verhältnis von Bürgern und Staat: Mit welchen Ansprüchen wenden sich die Bürger an das politische System, und wie werden diese Ansprüche durch die politischen Institutionen in allgemeinverbindliche Entscheidungen umgesetzt? Wie wird die Leistungsfähigkeit des politischen Systems von den Bürgern beurteilt?
2. Makroanalytisch ist zu fragen, wie sich die strukturellen Charakteristika der politischen Systeme moderner Industriegesellschaften im Verlaufe wirtschaftlichen, sozialen und kulturellen Wandels verändern.

Die Aufgaben, die sich der Politikwissenschaft durch den Erkenntnisrahmen des Politikzyklus stellen, sind weitreichend und anspruchsvoll. Sie erfordern eine Synthese aus politikwissenschaftlicher Grundlagenforschung und Policy-Forschung. Diesem Erfordernis kommt zugute, dass ein Teil der Policy-Studien theoriegeleitet und durch einen ehrgeizigen methodologischen Anspruch gekennzeichnet sind. Dies gilt insbesondere für Arbeiten, die jeweils unterschiedliche Phasen des politischen Prozesses untersuchen.[109] In diesen Untersuchungsgebieten hat die Arbeit der Policy-Forschung unsere Kenntnis des politischen Prozesses durchaus verbessert.

Die Funktionen des politischen Systems leiten sich aus der Betrachtung solcher Systeme ab, in denen strukturelle Spezialisierung und funktionale Differenzierung am weitesten fortgeschritten sind. Hier sind die Input-Funktionen jeweils eindeutig spezialisierten Institutionen wie Parteien, Verbänden und Massenmedien zugewiesen. Demgegenüber spiegelt sich in den Output-Funktionen die Macht des politischen Systems zur autoritativen Zuweisung von Werten wider, die von den politischen Institutionen nach den Grundsätzen der *Gewaltenteilung* vorgenommen wird. Während die Input-Funktionen Gesellschaft und Politik miteinander verzahnen, erstrecken sich die Output-Funktionen des politischen Systems auf

---

108 Vgl. *Wissenschaftszentrum Berlin für Sozialforschung*, a.a.O., S. 155.
109 Vgl. John *Kingdon*, Agendas, Alternatives, and Public Policies, 2. Aufl. New York u.a. 2003 n; Barbara J. *Nelson*, Making an Issue of Child Abuse, Chicago 1986; Jeffrey L. *Pressman*/Aaron *Wildavsky*, Implementation. How Great Expectations in Washington Are Dashed in Oakland, Berkeley 1973.

staatliches Handeln. Somit unterscheiden sich die Funktionen des politischen Systems nach gesellschaftlicher Komplexität und politischem Entscheidungsbedarf.[110] Der Zyklus der Politik neigt mit immer neuen, weiterreichenden Forderungen und immer komplexeren Interessenkonstellationen dazu, den Staat als zentrale Steuerungsinstanz zu überfordern.[111] Zwischen dem Steuerungs*bedarf* und der Steuerungs*kapazität* der Politik entsteht eine Kluft, die sich mit fortschreitender Globalisierung und der dadurch ausgelösten Eigendynamik politischer Ansprüche mehr und mehr erweitert.[112] Diese Diskrepanz kennzeichnet Industrie- und Entwicklungsländer, zentralisierte und föderalistische Staaten, planwirtschaftliche und marktwirtschaftliche Systeme.

Für diese Überforderung des Staates lassen sich drei Entwicklungstendenzen moderner Gesellschaften verantwortlich machen:[113]

- die zunehmende *Eigenkomplexität gesellschaftlicher Systeme* als Folge gesellschaftlicher Arbeitsteilung und der damit verbundenen Balance zwischen der relativen Autonomie und hohen Interdependenz gesellschaftlicher Teilbereiche,
- die Steigerung der *Interdependenz der internationalen Politik* als Folge der Komplexität der Beziehungen zwischen Staaten, die sich in enger Verzahnung und wechselseitiger Abhängigkeit niederschlägt, und
- die *Verlagerung des Zeithorizontes* und der operativen Perspektive der Politik in die Zukunft: Im modernen Interventionsstaat erscheint die Zukunft offen und machbar. Sie wird so zum Adressaten einer Vielzahl weitreichender, langfristiger Wünsche, Forderungen und damit auch Überforderungen.

Daher sieht sich der Staat vor schwerwiegende Probleme der politischen Steuerung gestellt. Er ist in erster Linie auf Handeln eingestellt und nicht auf Reflexion: Die Verbindungen zwischen Politik und Wissenschaft bleiben daher schwach.[114] Ferner kann er seine Politik unter den Bedingungen komplexer Gesellschaften zeitlich nur schwer kontrollieren. Denn die langfristigen Folgen seines Handelns kann er nicht voll beherrschen: wissenschaftlich nicht, weil sein prognostisches Vermögen nicht ausreicht, und nicht strukturell, weil der zeitliche Rhythmus der

---

110 Vgl. Jürgen *Hartmann*, Vergleichende Regierungslehre und vergleichende Systemforschung, in: Dirk *Berg-Schlosser*/Ferdinand *Müller-Rommel* (Hrsg.), Vergleichende Politikwissenschaft. Ein einführendes Handbuch, Opladen 2003, S. 331-56.
111 Vgl. Helmut *Willke*, Entzauberung des Staates. Überlegungen zu einer sozietalen Steuerungstheorie, Königstein/Ts. 1983, S. 9-11.
112 Vgl. Paul *Kevenhörster*, Parlamentarische Demokratie unter dem Vorzeichen der Globalisierung, in: Rüdiger *Robert* (Hrsg.), Bundesrepublik Deutschland – Politisches System und Globalisierung. Eine Einführung, 3. überarb. u. erw. Aufl., Münster/New York/ München/Berlin 2003, S. 153-174.
113 Vgl. Helmut *Wilke*, a.a.O., S. 50ff., 97.
114 Vgl. David M. *Ricci*, The Tragedy of Political Science. Politics, Scholarship and Democracy, New Haven/London 1984, S. 23f., 314f.

Wahlperioden den Zeithorizont politischer Entscheidungen entsprechend begrenzt. So schwinden langfristige Wirkungen politischer Entscheidungen als kumulative Effekte von Einzelstörungen immer wieder aus dem Blickfeld der politischen Entscheider.

Schließlich findet die Leistungsfähigkeit staatlicher Steuerung ihre Grenze in der Effektivität der gesellschaftlichen Subsysteme Politik, Kultur, gesellschaftliche Gemeinschaft und Wirtschaft. Das Sozialsystem stellt demgegenüber das „Metasystem" dar. Die Subsysteme müssen vielfältige Integrations- und Steuerungsprobleme – Folgen funktionaler Differenzierung – bewältigen. So ergibt sich durch das hohe Niveau gesellschaftlicher Entwicklung, die Demokratisierung der politischen Systeme, den Ausbau von individuellen Mitwirkungsmöglichkeiten in unterschiedlichen Sektoren und den offeneren Ausweis von Interessen und Forderungen eine politische und gesellschaftliche Situation, in der mehr und mehr Personen und Organisationen Entscheidungen unter unsicheren Bedingungen und ungewissen Zukunftserwartungen fällen.

Die Stellung des modernen Staates ist folglich dadurch gekennzeichnet, dass die Aufgabenbreite der Politik stark angestiegen ist, während die Leistungskapazität des Regierungssystems nicht entsprechend zugenommen hat.[115] Die Folgen sind Überlastungen der Regierungen, die den wachsenden Erwartungen aufgrund beschränkter Ressourcen, ineffizienter Institutionen und wenig wirksamer Politikergebnisse nicht ausreichend entsprechen.[116] Der moderne *Wohlfahrtsstaat*, der im Unterschied zum „*Minimalstaat*" (nur klassische Staatsaufgaben innerer und äußerer Sicherheit) und zum „*produktiven Staat*" (klassische Staatsaufgaben und wirtschaftliche Aktivitäten in den Bereichen Infrastruktur, Kommunikation und Energie) auch umfassende Aufgaben sozialer Sicherung wahrnimmt, stößt immer mehr an Leistungsgrenzen. Dieser Befund wirft die Frage nach der Korrespondenz zwischen politischen Erwartungen und politischen Entscheidungen sowie nach der Leistungsfähigkeit politischer Institutionen auf.

Es gilt daher, Fragen aufzunehmen, wie sie der „*neue Institutionalismus*" mit einem erweiterten Institutionenverständnis in den Mittelpunkt seiner Betrachtung rückt.[117] Denn Institutionalisierung ist nichts anderes als ein Prozess, der Organisationen befähigt, Werte zu vermitteln und Stabilität zu sichern.[118] Das politische System (*polity*) lässt sich – wie gezeigt – ohne die Berücksichtigung politischer Entscheidungsinhalte (*policy*) nicht erklären, und umgekehrt werden Politik-

---

115 Vgl. Franz *Lehner*, Grenzen des Regierens, Eine Studie zur Regierungsproblematik hochindustrialisierter Demokratien, Königstein/Ts. 1979, S. 26f.
116 Vgl. Anthony *King*, Overload: Problems of Governing in the 1970's, in: Political Studies 23, 1975; Richard *Rose*, Overloaded Government: The Problems Outlined, in: European Studies Newsletter, V, 1975.
117 Vgl. Hiltrud *Naßmacher*, Vergleichende Politikforschung. Eine Einführung in Probleme und Methoden, Opladen 1991, S. 206ff.
118 Vgl. Samuel P. *Huntington*, Political Order in Changing Societies, New Haven 1968.

inhalte nur durch den Rückbezug auf politische Strukturen und Prozesse politischer Meinungsbildung und Entscheidungsfindung (*politics*) verständlich. Unser Augenmerk muss daher der Frage gelten, welche politischen Optionen von welchen institutionellen Konstellationen zugelassen, gefördert oder verhindert werden.

Wir folgen daher dem Prozess politischer Meinungsbildung und Entscheidungsfindung über die verschiedenen Phasen des politischen Prozesses: Initiierung, Formulierung, Legitimierung und Implementation bis zu den Wirkungen der Politik. Aus dieser Perspektive können Fragen nach den Restriktionen des politischen Prozesses, den Steuerungsproblemen bei der Durchsetzung politischer Programme und nach Verlagerungen oder Deformationen politischer Ziele beantwortet werden. Dabei sind die ideologischen und binnenstrukturellen Merkmale der beteiligten Organisationen sowie die jeweiligen Umweltbedingungen der politischen Entscheidungen (Entscheidungsspielraum von Institutionen, Grad der Anerkennung ihrer Entscheidungen, Einfluss auf künftige Handlungsmöglichkeiten etc.) in die Betrachtung einzubeziehen.

Zu beachten sind einige vorherrschende Entwicklungstendenzen der Staatstätigkeit, wie sie die neuere Policy-Forschung herausgearbeitet hat:[119] den Tendenzen vom hoheitlichen zum korporatistischen Staat, von zentralstaatlicher Weisung zu dezentraler Koordination und von regulativer Steuerung zu partnerschaftlicher Zusammenarbeit. In diesen Entwicklungstendenzen spiegelt sich ein Trend von der Normsetzung zu neuen Kooperationsformen in Planung und Steuerung wider, die Teilbereiche der Gesellschaft politisch integrieren wollen.

1.5 Politik im internationalen Vergleich

Die Suche nach einem Rahmen, der für ein Verständnis der Politik im internationalen Vergleich geeignet ist, kann sich auf Max *Webers* Kategorie der Idealtypen und auf die strukturell-funktionale Theorie Talcott *Parsons* stützen, die mit dem funktionalen Frageansatz und dem Instrument der strukturellen Differenzierung ein wichtiges Werkzeug des Vergleichs politischer Systeme erarbeitet hat. Ähnliches gilt für die Ordnungsbegriffe des *Pluralismus* und der *Polyarchie*, die zu wesentlichen Bestandteilen liberaler Demokratietheorie geworden sind[120], ferner für den Befund des Autoritarismus[121] sowie für die Begriffe politische Sozialisation, politische Kultur, Interessenartikulation und Interessenaggregation.

---

119) Vgl. Adrienne *Héritier* (Hrsg.), Policy-Analyse. Kritik und Neuorientierung, Politische Vierteljahresschrift, Sonderheft 24/1993.
120 Vgl. Robert *Dahl*, Polyarchy, Participation und Opposition, New Haven (Conn.) 1971.
121 Vgl. Seymour M. *Lipset*, Political Man: The Social Basis of Politics, 2. Aufl., Baltimore 1981, S. 87ff.

Diese Konzepte suchen der Notwendigkeit Rechnung zu tragen, vergleichende Studien in einen übergreifenden Rahmen einzuordnen. Die vergleichende Politikforschung nimmt eine Zwischenstellung ein zwischen abstrakten Makrotheorien, die nur wenig über die konkrete Verfassung einzelner politischer Systeme aussagen, und empirischer Einzelforschung, die nur wenig zur Erhellung der Strukturfragen von Gesamtsystemen beiträgt. Vergleichende Politikforschung ist im Allgemeinen durch einen Mangel an Theorien mittlerer Reichweite gekennzeichnet, die einen empirischen Test akkumulierten Wissens ermöglichen.[122] Bei diesen Theorien handelt es sich um Erklärungsansätze, die jeweils auf eine begrenzte Zahl von Fällen und Variablen angewendet werden können.[123] Nur durch ein Verfahren schrittweiser Prüfung und Weiterentwicklung kann es auf Dauer gelingen, Makrotheorien mit empirischer Forschung zu verbinden und die zwischen beiden Feldern bestehende Kluft zu überbrücken.[124]

Bereits vor nahezu vier Jahrzehnten hat David *Truman* die Entwicklung eines konzeptionellen Untersuchungsrahmens gefordert, der es möglich macht, den Strom empirischer Einzelinformationen zu systematisieren und theoretisch zu verarbeiten.[125] Von der Verwirklichung dieser Forderung ist die Theoriediskussion in der Politikwissenschaft aber nach wie vor weit entfernt. Doch bieten die strukturell-funktionalen Theorien des politischen Systems und des Politikzyklus Ansatzpunkte einer systematischen Weiterentwicklung, wie neuere Untersuchungen politischer Einstellungen und vergleichende Politikfeldstudien zeigen. Die Notwendigkeit einer theoretischen Verankerung komparativer Politikforschung ist umso größer, je heterogener die zu untersuchenden Länder sind. Ein Vergleich unterschiedlicher politischer Systeme ist etwa im Rahmen von Theorien der Spätentwicklung hochindustrialisierter Gesellschaften oder der Theorien politisch-administrativer Prozesse durchaus möglich.

Die vergleichende Politikforschung befasst sich mit der Theorie politischer Prozesse in einem politischen System sowie mit der Organisation, der Verteilung, Ausübung und dem Erwerb politischer Macht und deren Kontrolle.[126] Für die vergleichende Analyse politischer Systeme ist vor allem ein Ansatz geeignet, der es ermöglicht, die Merkmale jedes politischen Systems im Vergleich zu erläutern. Da die Funktionen der Rekrutierung, Sozialisation, Kommunikation, Interessen-

---

122 Vgl. Joseph *La Palombara*, Makrotheories and Microapplications in Comparative Politics. A Widening Chasm, in: Comparative Politics I, No. 1, October 1968, S. 56.
123 Vgl. Peter *Birle*/Christoph *Wagner*, Vergleichende Politikwissenschaft: Analyse und Vergleich politischer Systeme, in: Manfred *Mols*/Hans-Joachim *Lauth*/Christian *Wagner* (Hrsg.), Politikwissenschaft: Eine Einführung, a.a.O., S. 132.
124 Vgl. Mattei *Dogan*/Dominique *Pelassy*, How to Compare Nations, a.a.O., S. 26f.
125 Vgl. David B. *Truman*, The Governmental Process. Political Interest and Public Opinion, New York 1968, S. VIIf., 13.
126 Vgl. Udo *Kempf*, Vergleichende Politikwissenschaft, in: Paul-Ludwig *Weihnacht*/Udo *Kempf*/Hans-Georg *Merz* (Hrsg.), Einführung in die Politische Wissenschaft. Beispiele, Gegenstandsbereiche, Definitionen, Freiburg/München 1977, S. 167.

artikulation, Interessenaggregation, Regelsetzung, -anwendung und -kontrolle in *allen* politischen Systemen erfüllt werden müssen, bieten sie einen Bezugsrahmen für vergleichende Analysen, die der Frage nachgehen, welche Institutionen welche Funktionen mit welchen Konsequenzen wahrnehmen.

In den letzten Jahrzehnten hat sich die vergleichende Politikforschung weiter entwickelt und differenziert:

- Ihr Untersuchungsfeld hat sich „globalisiert".
- Der qualitative Untersuchungsrahmen wurde durch die Einbeziehung der kulturellen und sozialstrukturellen Bedingungen der Politik erweitert.
- Nicht nur politische Institutionen, sondern auch politische Prozesse sind Untersuchungsobjekt der Analysen.
- Der Globalisierung des Untersuchungsfeldes folgte die Dynamisierung der Untersuchungsperspektive. Dies gilt beispielsweise für die Frage nach den Voraussetzungen der Modernisierung traditioneller Gesellschaften in den Ländern der „Dritten Welt".

Es ist Aufgabe der vergleichenden Politikforschung, über die Analyse politischer Institutionen hinaus die politischen Handlungsbedingungen in unterschiedlichen Politikfeldern zu analysieren und den politischen Aktionsradius der verantwortlichen politischen Gremien angesichts des Drucks organisierter Sozialinteressen zu untersuchen. Wenn man etwa die politische Dynamik des Drucks und Gegendrucks unterschiedlicher Interessen in verschiedenen Politikfeldern erfassen will, wird man auf vergleichende Untersuchungen der Tätigkeit von Verbänden und Parteien nicht verzichten können.

Umfassender Maßstab des Vergleichs ist die *Modernität* politischer Systeme, die von folgenden Voraussetzungen abhängt:[127]

1. *der nationalen Integration*: der Überwindung kultureller, regionaler und ethnischer Gegensätze zugunsten eines nationalen Gemeinwesens,
2. *der Partizipation*: der Beteiligung aller Schichten und Regionen an der gesamtstaatlichen politischen Willensbildung und den Beteiligungschancen einzelner Bürger an der politischen Meinungsbildung,
3. *der funktionalen Differenzierung politischer Strukturen*: der Etablierung eines eigenständigen politischen Systems, das zwar mit den anderen gesellschaftlichen Bereichen eng verflochten ist, dennoch aber über ein hinreichendes Maß an Eigenständigkeit verfügt,
4. *der Liberalisierung und Dezentralisierung der Macht* durch Delegation von Kompetenzen auf untere Ebenen, Entflechtung, Dekonzentration und Devolution.

---

[127] Vgl. Klaus *von Beyme*, Sozialistische Systeme, in: *ders.*/Ernst-Otto *Czempiel*/Peter Graf *Kielmansegg*/Peter *Schmoock*, Politikwissenschaft. Eine Grundlegung, Bd. I: Theorien und Systeme, Stuttgart/Berlin/Köln/Mainz 1987, S. 158.

Diese Merkmale sind eng miteinander verbunden: So ist die Möglichkeit breiter und intensiver Partizipation umso größer, je dezentraler und pluralistischer die Strukturen der Meinungsbildung und Entscheidungsfindung sind. Dieser Zusammenhang gilt für demokratische wie für autoritäre Staatsformen, für moderne wie für traditionelle Gesellschaften. Dabei zeigt sich, dass das soziale Niveau des politischen Systems in großem Umfang vom wirtschaftlichen Entwicklungsstand abhängt.[128]

Von großer Bedeutung für einen internationalen Vergleich der Legitimität und Effizienz politischer Systeme ist die Funktionsfähigkeit der intermediären Strukturen (Verbände, Vereine), die nicht nur gesellschaftliche und wirtschaftliche Interessen vermitteln, sondern zugleich auch zur Sinnbildung, Handlungsorientierung und zur Strukturierung der Öffentlichkeit beitragen. Dadurch werden vielfältige Fragen aufgeworfen: nach den Veränderungen der Sozialstruktur und des politischen Milieus, den gesellschaftlichen Wertorientierungen, der Struktur von Verteilungskonflikten, der Organisierbarkeit und Durchsetzungsfähigkeit von Interessen, ferner Fragen nach neuen Partizipationsbedürfnissen und -formen, dem Wandel von Interessenorientierungen und Verbändestrukturen, dem Wandel politischer Kommunikation und politischer Kultur. Die folgenden Ausführungen und die ihnen zugrundeliegenden Forschungsbefunde beruhen im Wesentlichen auf der Untersuchung der politischen Willensbildung und Entscheidungsfindung in Nationalstaaten. Der Prozess der europäischen Integration macht jedoch deutlich, dass die Gestaltung der Politik längst nicht mehr auf nationalstaatliche Institutionen beschränkt ist. Zunehmend greifen europäische Institutionen in den politischen Prozess ein.[129] Im Zuge dieser „Denationalisierung" bringen die Nationalstaaten einen Teil ihrer Kompetenzen in die Europäische Union ein und sind nicht mehr allein Träger der Souveränität. Dennoch wird das politische System der Bundesrepublik Deutschland und der anderen Mitglieder der Europäischen Union auch in Zukunft trotz wachsender Bedeutung der europäischen Ebene einen wichtigen Referenzrahmen für die Bürger darstellen.

Politikwissenschaft und politische Praxis können von einem systematischen Vergleich der Organisations-, Prozess- und Kommunikationsstrukturen politisch-administrativer Systeme nur gewinnen. Denn Formulierung und Durchsetzung politischer Programme erfordern leistungsfähige Entscheidungs-, Implementations- und Kontrollsysteme. Gerade angesichts vielfältiger Bürokratisierungstendenzen, starker innerorganisatorischer Widerstände und verwaltungspolitischer Mängel können beide – Politikwissenschaft wie politische Praxis – durch Ver-

---

128 Vgl. Frederic L. *Pryor*, Public Expenditures in Communist and Capitalist Nations, London 1968, S. 310.
129 Vgl. Wichard *Woyke*, Politisches System, Europa und Globalisierung, in. Rüdiger *Robert* (Hrsg.), Bundesrepublik Deutschland – Politisches System und Globalisierung, a.a.O., S. 41-60. Michael *Zürn*, Regieren jenseits des Nationalstaats. Globalisierung und Denationalisierung als Chance, 2. Aufl., Frankfurt a.M. 2005.

gleich lernen und ihre Handlungsalternativen erweitern: Das Studium vernetzter Entscheidungs- und Vollzugssysteme stellt neue Anforderungen an die Lehre des Regierens. Diesen Anforderungen ist am ehesten zu entsprechen, wenn aufgezeigt wird, wie die Phasen des Politikzyklus in unterschiedlichen politischen Systemen gestaltet sind.

Dem Zyklus des politischen Prozesses und den Anforderungen des internationalen Vergleichs suchen insbesondere zwei neuere politikwissenschaftliche Forschungszweige zu entsprechen:[130] Die *Implementationsforschung* rückt die Durchführungsphase politischer Entscheidungen und die dabei auftretenden Probleme in den Mittelpunkt ihres Interesses; die *Evaluationsforschung* sucht die Ergebnisse politischer Entscheidungen und ihre Wirkungen zu erfassen. Während die Implementationsforschung nach den (unabhängigen) Variablen fragt, die auf den Implementationsprozess (abhängige Variable) einwirken (wie etwa Merkmale des jeweiligen Politikfeldes und das System von Akteuren und Adressaten), sucht die Evaluationsforschung nach den Wirkungen politischer Entscheidungen und findet ihre Erklärung insbesondere in den Merkmalen der politischen Programme wie des Implementationsprozesses.[131]

Die Bedeutung dieser Forschungszweige lässt sich auch aus der Tatsache ersehen, dass sich die Politikimplementation nur selten in politischen Handlungszusammenhängen vollzieht, in denen die staatliche Verwaltung die politischen Programmziele gegenüber privaten Adressaten hierarchisch durchsetzt. In der Regel spielt sich die Durchführung politischer Entscheidungen vielmehr in Netzwerken ab, die staatliche und gesellschaftliche Akteure vertikal und horizontal miteinander verflechten. Selbst in Netzwerken, in denen eine „obrigkeitsstaatliche" Durchsetzung politischer Vorgaben noch am ehesten möglich und vertretbar erscheint (Umweltrecht, Baurecht), überwiegen in der politisch-administrativen Praxis Aushandlungs- und Interaktionsprozesse. Mit dem Verzicht auf eine hierarchische Durchsetzung wird einerseits eine eher freiwillige Mitwirkung der privaten Adressaten an der Erreichung der politischen Programmziele erreicht, zum anderen werden so Handlungsgewinne erzielt, die in der Vermeidung von Zeitverlusten und Reibungsverlusten – etwa durch verwaltungsgerichtliche Auseinandersetzungen – bestehen. Der Preis dieses Vorgehens ist allerdings eine Umkehrung des politischen Macht- und Legitimationsgefälles zwischen staatlicher Verwaltung und privaten Adressaten.

Bevor jedoch diese Netzwerke näher in das Blickfeld rücken, müssen die grundlegenden Funktionen des politischen Systems auf der Grundlage einer inter-

---

130 Vgl. Hellmut *Wollmann*, Implementationsforschung/Evaluationsforschung, in: Dieter *Nohlen* (Hrsg.), Wörterbuch Staat und Politik, Bonn 1991, S. 235-239.
131 Vgl. Peter H. *Rossi*/Howard E. *Freeman*/Gerhard *Hofmann*, Programm-Evaluation. Einführung in die Methoden angewandter Sozialforschung, Stuttgart 1988; Uwe *Koch* (Hrsg.), Evaluationsforschung: Bewertungsgrundlage von Sozial- und Gesundheitsprogrammen, Berlin 1990; Joseph S. *Wholey*, Evaluation: Promise and Performance, Washington D. C. 1979.

national vergleichenden Betrachtung aufgezeigt und erörtert werden. Dabei geht es um eine Antwort auf folgende Fragen:

- Wie bilden sich politische Überzeugungen?
  (politische Sozialisation)
- Wie wird politisches Führungspersonal ausgewählt?
  (politische Rekrutierung)
- Wie werden politische Informationen und Bewertungen vermittelt?
  (politische Kommunikation)
- Welche Interessen werden wie zum Ausdruck gebracht?
  (Interessenartikulation)
- Welche Interessen werden wie gebündelt und berücksichtigt?
  (Interessenaggregation)
- Wie werden *politische Entscheidungen* gefällt?
- Wie werden politische Entscheidungen umgesetzt? *(Implementation)*
- Wie werden politische Entscheidungen kontrolliert und bewertet? *(Evaluation)*

Damit schließt sich der Kreis der Fragen, die sich aus der Grundfrage der Politikwissenschaft ergeben: Wie ist Politik zu erklären? Das Ringen um diese Frage hat die Politikwissenschaft seit ihren Anfängen beschäftigt. John *Adams*, der zweite Präsident der Vereinigten Staaten, hat hierzu im Jahr 1789 angemerkt:

„Ich muss Politik und Kriegführung studieren, damit meine Söhne die Freiheit haben, Mathematik und Philosophie zu studieren ..., um ihren Kindern das Recht zu geben, sich mit Kunst, Dichtung, Musik und Architektur zu befassen."[132]

---

132 Zit. nach: Austin *Ranney*, Governing. An Introduction to Political Science, 8. Aufl., Upper Saddle River (N.J.) 2001, S. 24 (Übersetzung Verf.).

Der politische Prozess

Politik ist ein auf das Verhalten anderer bezogenes zweckhaftes Handeln, das mit dem Ziel ausgeübt wird, gesellschaftliche Konflikte über Werte verbindlich zu regeln. Dies ist die Aufgabe des politischen Systems, das die Gesamtheit politischen Handelns in einer Gesellschaft umfasst, politische Funktionen bestimmten Institutionen und Strukturen zuordnet und Meinungsbildungs- und Entscheidungsprozesse organisiert. Erhaltung, Sicherung und Legitimität bestimmen die Statik des politischen Systems, Kritik, Veränderung und Neukonstruktion seine Dynamik. Statik und Dynamik der Politik müssen im Zusammenhang gesehen werden: Während politische Institutionen den Handlungsrahmen politischer Entscheidungen festlegen, ist der politische Prozess durch die Austragung von Konflikten zwischen gesellschaftlichen Gruppen über Politikinhalte gekennzeichnet.

Der Prozess der Verarbeitung politischer Probleme durch das politische System erstreckt sich von der Initiation, der Identifizierung politischer Probleme, über Estimation, die Analyse der Problemsituation, die Selektion einer Problemlösung, ihre Implementation und abschließende Evaluation bis hin zur Termination des politischen Programms. Die ersten Phasen befassen sich mit der Klärung politischer Probleme und der Festlegung politischer Programme, die weiteren mit ihrer Durchführung und Bewertung.

Die Funktionen des politischen Systems umfassen insgesamt fünf Input-Funktionen (Sozialisation, Rekrutierung, Kommunikation, Artikulation und Aggregation) sowie drei Output-Funktionen (Regelsetzung, Regelanwendung, Regelauslegung). Während die Input-Funktionen spezialisierten Institutionen wie Verbänden, Medien und Parteien zugewiesen werden, spiegelt sich in den Output-Funktionen die Aufgabe des politischen Systems wider, Werte nach den Grundsätzen der Gewaltenteilung autoritativ zuzuweisen. Somit unterscheiden sich die Funktionen des politischen Systems nach gesellschaftlicher Komplexität und politischem Entscheidungsbedarf.

2. Politische Sozialisation

Die erste Phase des politischen Prozesses ist die politische Sozialisation: Wie bilden sich politische Überzeugungen? Wie werden die Bürger in das politische System integriert? In dieser Phase werden politisch bedeutsame Wertvorstellungen vermittelt, Einstellungen zum politischen System geformt, Stabilität oder Labilität demokratischer Einstellungen begründet. Von all dem hängt die Überlebensfähigkeit eines demokratischen Gemeinwesens ab, dies weckt die Bereitschaft zu politischer Beteiligung und schafft die Grundlagen des Verfassungskonsensus. Die Elemente politischer Sozialisation bedingen sich; denn die Stabilität demokratischer Einstellungen wird durch grundlegende politische und gesellschaftliche Wertvorstellungen bestimmt. Diese prägen wiederum die Bereitschaft der Bürger zur Beteiligung an der politischen Meinungsbildung. Von einer ausgewogenen, stabilen politischen Beteiligung der Bürger hängt schließlich die Tragfähigkeit des demokratischen Verfassungskonsensus ab.

Politische Einstellungen und politisches Verhalten kennzeichnen die politischen Akteure (Abb. 9). Bei politischen Einstellungen handelt es sich um latente, geistige Bereitschaftszustände, die sich auf gesellschaftliche und politische Erfahrungen stützen, während sich politisches Verhalten in Reaktionen auf politische Objekte und Situationen niederschlägt. Die Erfahrungen, auf die sich politische Einstellungen gründen, werden durch den Prozess der politischen Sozialisation begründet und geformt. Diesen Prozess gilt es zunächst genauer zu betrachten, um seine Stadien und Strukturen erkennen zu können.

Der Begriff „Politische Sozialisation" (political socialisation) wurde Ende der fünfziger Jahre von Herbert *Hyman* geprägt, der in seiner Definition vor allem den psychologischen Aspekt betonte. In späteren Jahren folgende Wissenschaftler, etwa Fred J. *Greenstein* oder Gabriel *Almond*, veränderten die Betrachtungsperspektive und definierten den Forschungsgegenstand unter Berücksichtigung anderer Schwerpunkte.[1]

---

1 Vgl. Christel *Hopf*/Wulf *Hopf*, Familie, Persönlichkeit, Politik. Eine Einführung in die politische Sozialisation, Weinheim und München 1997. S. 11ff. Für einen knappen theoriegeschichtlichen Überblick vgl. *dies.*, ebd., S. 11-22.

Die *Sozialisation* lässt sich in folgende zwei Phasen aufteilen:[2] primäre und sekundäre Sozialisation. Die *primäre Sozialisation* findet in den ersten Lebensjahren statt, in denen die Weichen für die weitere soziokulturelle Entwicklung gestellt werden. Sie lässt sich noch weiter aufteilen: Auf die *Soziabilisierung*, in der Voraussetzungen individuellen Lebens und Lernens gelegt werden, folgt die *Enkulturation*, die kulturelle Wertmuster vermittelt und begründet. Die primäre Sozialisation löst umfangreiche Lernprozesse aus und bezieht dadurch Funktionen des personalen, sozialen und politischen Systems ein. Die „Verinnerlichung" von Werten fügt Bedürfnisse des personalen Systems mit den Rollenerwartungen des sozialen und politischen Systems zusammen.

Während die *primäre Sozialisation* das Individuum auf gesellschaftliche Rollen grundsätzlich einstimmt, wird es im Verlauf der *sekundären Sozialisation* mit gesellschaftlichen Rollen und Leistungsanforderungen sowie einzelnen Tätigkeitsfeldern und Organisationen vertraut gemacht (z.B. in Beruf, Parteien und Verbänden). Transmissionsriemen dieser Sozialisationsphase sind Grundüberzeugungen (Ideologien); dadurch werden die praktischen Regeln für gesellschaftliches und politisches Engagement vermittelt.

Abb. 9: Eigenschaften politischer Akteure

Eigenschaften politischer Akteure

Politische Einstellungen

latente, erfahrungsgestützte
geistige Bereitschaftszustände

Politisches Verhalten

manifeste Reaktionen auf
politische Objekte und Situationen

Wahrnehmung (Kognition)	Bewertung (Gefühle/ Wertorientierung)	Verhaltensabsichten (Handlungsbereitschaft)	mittelbarer Entscheidungsbezug	unmittelbarer Entscheidungsbezug	autoritatives Entscheiden
			Kommunikation/ Unterstützung	Partizipation	Elitehandeln

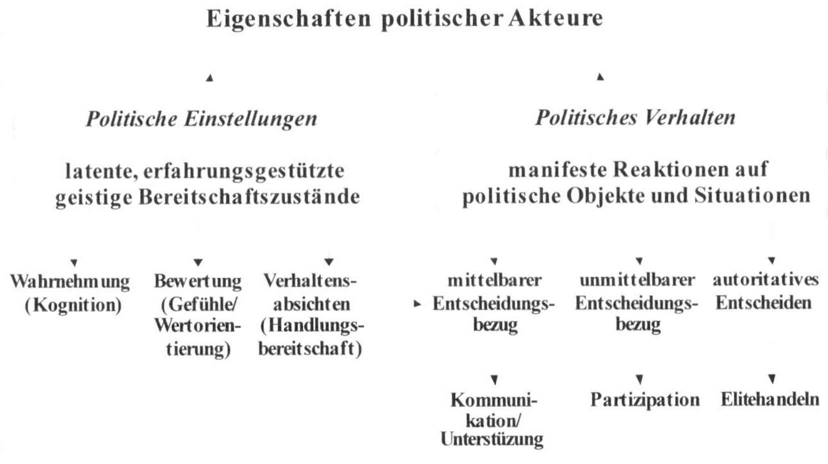

Quelle: Oskar W. *Gabriel*/Frank *Brettschneider*, Analyse und Vergleich politischer Systeme, München 1996. (Manuskript)

---

2 Vgl. Talcott *Parsons*, Das System moderner Gesellschaften, a.a.O.; *ders.*, Zur Theorie sozialer Systeme, herausgegeben und eingeleitet von Stefan Jensen, Opladen 1976; *ders.*, Beiträge zur soziologischen Theorie, herausgegeben von Dieter *Rüschemeyer*, 3. Aufl., Darmstadt/ Neuwied 1973; Hermann *Korte*, Einführung in die Geschichte der Soziologie, a.a.O., S. 179ff.

Durch die Vermittlung von Normen und Rollen stellt politische Sozialisation Verbindungen zwischen dem *sozialen System* (als System von Interaktionsbeziehungen der Handelnden), dem *kulturellen System* (als Zusammenhang von Werten, Normen und Symbolen) und dem *Persönlichkeitssystem* her (dem Komplex von Orientierungen, Motivationen und Bedürfnisdispositionen).[3] „Sozialisationsagenten" wie die Kernfamilie entfalten zunächst undifferenzierte Bedürfnisdispositionen. Politische Sozialisation wird dadurch zu einer Form gesellschaftlicher Integration, durch die kollektives Bewusstsein und „organische Solidarität" (*Durkheim*) aufgebaut werden.[4] Zwischen der Herausbildung persönlicher Identität und politischer Sozialisation besteht ein enger Zusammenhang. Denn Individualität beruht, wie schon Georg *Simmel* betont hat, auf der Zugehörigkeit des Einzelnen zu unterschiedlichen sozialen Gruppen und wird durch jeweils einmalige Kombinationen von Gruppenzugehörigkeiten geprägt.[5] Dadurch werden notwendige Grundlagen für politisches Handeln geschaffen, das gesamtgesellschaftliche, verbindliche Regelungen von Wert- und Interessenkonflikten ermöglicht.

Eines gilt es, sich vor Augen zu halten: Das Individuum steht im Prozess der Sozialisation dem sozialen und politischen System keineswegs passiv-rezeptiv gegenüber. Ebenso beeinflussen gesellschaftliche Umweltfaktoren und psychische Faktoren gemeinsam die Persönlichkeitsbildung.[6] Individuum und Umwelt stehen damit in einer Beziehung komplexer Wechselwirkungen. Die Sozialisationsgeschichte des Einzelnen endet nicht mit dem Durchlaufen einer Hierarchie von Rollenbeziehungen, der Verinnerlichung des gesellschaftlichen Systems und der bloßen Übertragung vorhandener Sinnmuster, sondern schließt auch die Auseinandersetzung mit der „inneren" und „äußeren" Realität ein.[7] Durch sozialen Austausch und soziale Kommunikation baut das Individuum sozial und politisch bedeutsame Handlungskompetenz und Identität auf. Dies sind komplexe Fähig-

---

3   Vgl. Dieter *Geulen*, Das vergesellschaftete Subjekt. Zur Grundlegung der Sozialisationstheorie, Frankfurt a.M. 1989, S. 71f., 75; Talcott *Parsons*/Robert F. *Bales*, Family, Socialization and Interaction Process, Glencoe (Ill.) 1955, Kap. II./III., S. 149, 177.
4   Vgl. Émile *Durkheim*, De la division du travail social, 7. Aufl., Paris 1960, S. 101, 146f.
5   Vgl. Georg *Simmel*, Soziologie. Untersuchungen über die Formen der Vergesellschaftung, 5. Aufl., Berlin 1968, 6. Kap. („Die Kreuzung sozialer Kreise"), S. 312f. Allerdings ist für *Simmel* das Individuum nicht nur eine Funktion der Kreuzung sozialer Kreise, sondern ebenso ein gewissermaßen außersozialer Fokus. Vgl. hierzu insbesondere Armin *Nassehi*, Gesellschaftstheorie, Kulturphilosophie und Thanatologie. Eine gesellschaftstheoretische Konstruktion von Georg *Simmels* Theorie der Individualität, in: Sociologia Internationalis, 31. Bd., 1993, Heft 1, S. 1-21.
6   Zu einer Verbindung strukturfunktionalistischer und interaktionistischer Konzepte der Sozialisation siehe Klaus *Hurrelmann*, Einführung in die Sozialisationstheorie, 8. Aufl., Weinheim/Basel 2002, S. 11f., 48ff., 63ff., 82f.
7   Vgl. Heinz *Bonfadelli*, Politische Kommunikation als Sozialisation, in: Otfried *Jarren*/Ulrich *Sarcinelli*/Ulrich *Saxer* (Hrsg.), Politische Kommunikation in der demokratischen Gesellschaft. Ein Handbuch mit Lexikonteil, Opladen/Wiesbaden 1998, S. 342-351.

keiten und Fertigkeiten, die das eigene Handeln in unterschiedlichen Situationen, orientiert an Interessen und Bedürfnissen, steuern.[8]

2.1 Grundlagen politischer Wertorientierung

> Grundlagen politischer Wertorientierung werden auch mit dem Begriff *politische Kultur* gekennzeichnet.[9] Er erfasst die subjektiven Dimensionen der gesellschaftlichen Grundlagen politischer Systeme: Wertorientierungen, Einstellungen und Meinungen, die politisches Handeln bestimmen. Ausgangspunkt ist das Interesse an der politischen Stabilität der demokratischen Verfassungsordnung, am Aufkommen neuer Nationen und an der Bedeutung von Grundwerten und Loyalitätsbindungen der Bürger für das politische System.

Politische Kultur und politische Struktur bedingen sich. Auf diesen Zusammenhang verweist der Begriff der *Bürgerkultur*: Politisch erfolgreich integrierte Gesellschaften sind nicht in erster Linie durch einen rationalen Aktivismus, sondern durch Traditionsbewusstsein und politisches Engagement gekennzeichnet.

In einem liberalen Modell sozialer Integration geht es in der politischen *Kultur* um die Anerkennung der Anderen als Freie und Gleiche und um die Idee der Volkssouveränität, in der politischen *Struktur* um die Unterstützung der Verfassung und im politischen *Prozess* um politische Beteiligung und verfassungskonformes Handeln, insbesondere um Solidarität mit Anderen und deren Tolerierung.[10] Dieses Modell sucht auf drei Ebenen (*Kultur, Struktur und Prozess*) jene Kategorien politischen Handelns zu erfassen, die sich aus der Perspektive einer liberalen wie auch kommunitaristischen Demokratietheorie für die Vermittlung politischer Wertvorstellungen im Prozess sozialer Integration und damit auch politischer Sozialisation ergeben.

Auf dieser Grundlage lässt sich politische Kultur durch vier Dimensionen bestimmen:

1. das Legitimationseinverständnis der Bürger, ihre Identifikation mit den politischen Institutionen,
2. Orientierungen der Bürger gegenüber den Leistungen des politischen Systems,
3. Orientierungen gegenüber den Inputstrukturen, d.h. Einstellungen zu Organisationen und Ideologien, und

---

8 Vgl. Klaus Hurrelmann, Einführung in die Sozialisationstheorie, a.a.O., S. 63 .
9 Vgl. hierzu Gabriel *Almond*/Sidney *Verba*, The Civic Culture, 3. Aufl., Princeton 1966; Lucian W. *Pye*/Sidney *Verba*, Political Culture and Political Development, 2. Aufl., Princeton 1972.
10 Vgl. Dieter *Fuchs*, Soziale Integration und politische Institutionen in modernen Gesellschaften, in: Jürgen *Friedrichs*/Wolfgang *Jagodzinski* (Hrsg.), Soziale Integration, Kölner Zeitschrift für Soziologie und Sozialpsychologie, Sonderheft 39/1999, S. 169.

4. Einschätzungen eigener Rechte und Pflichten sowie eigener politischer Kompetenz. Hierbei geht es nicht nur um die Erfassung politischer Meinungen, die der Tagesaktualität unterworfen sind, sondern vor allem um die diesen Einschätzungen zugrunde liegenden politischen Einstellungen.

Abb. 10: Phasen politischer Orientierung

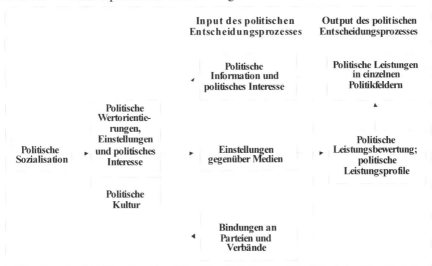

Quelle: Oskar W. *Gabriel*/Frank *Brettschneider*, Analyse und Vergleich politischer Systeme, a.a.O.

In der Phase der politischen Sozialisation werden Orientierungsmuster zur Interpretation der politischen Wirklichkeit vermittelt. Diese Maßstäbe erfassen verschiedene Schichten politischer Wirklichkeit (Abb. 11): Die unterste Schicht im komplexen Gefüge politischer Wirklichkeit bilden die Wahrnehmungs- und Verhaltensrepertoires, die die politische Wirklichkeit zur „Natur des Menschen" in Beziehung setzen. Die zweite Schicht bilden kulturspezifische Wissensbestände, Interpretationsroutinen und Normen, die dem Heranwachsenden in der Phase der Enkulturation nahegebracht werden. In der Auseinandersetzung mit diesen Normen bildet er in der dritten Phase seine Individualität aus. In der vierten Phase entstehen aufgrund des Rollenverhaltens der Individuen Kleingruppen und Organisationen. Auf diesen Gruppen und Organisationen baut das politische System auf, das im Rahmen des internationalen Systems die höchste Wahrnehmungsschicht politischer Wirklichkeit darstellt.

Abb. 11: Schichten politischer Wirklichkeit

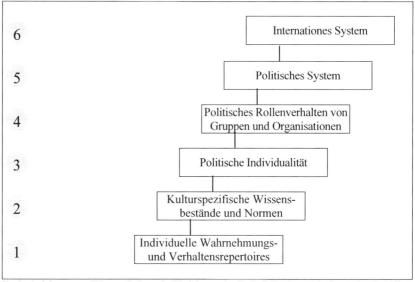

Quelle: in Anlehnung an Werner J. *Patzelt*: Einführung in die Politikwissenschaft, a.a.O., S. 46ff.

Die Erscheinungsform einer Schicht der politischen Wirklichkeit lässt sich nicht ausschließlich aus den Merkmalen niedriger Wahrnehmungsschichten ableiten: Im Einzelfall prägen Sachverhalte dieser Schichten Merkmale höherer Schichten und wirken im Laufe der Zeit auf die niedrigeren Schichten zurück. So werden die heranwachsenden Bürger zwar im Rahmen einer gegebenen Kultur sozialisiert, verändern diese aber, so dass die nächste Generation auf eine gewandelte politische Kultur trifft. Dieser Wandel prägt das Gewicht einzelner Wertorientierungen, die politische Rolle von Gruppen und Organisationen und zunächst schwer erkennbare Verschiebungen im politischen System (etwa: unitarische oder föderalistische Tendenzen).

Politische Sozialisation kann auch verstanden werden als „... die Entwicklung der denkenden und handelnden Persönlichkeit, die als einzelne und locker in Gruppen die je eigene Position bzw. Umgangsweise mit Macht/Herrschaft, Interesse und Öffentlichkeit ... im Hinblick auf Ausübung, Kontrolle, Funktionalisierung und Missbrauch ausformt."[11]

---

11 Wilhelm *Heitmeyer*, Individualisierungsprozesse und Folgen für die politische Sozialisation von Jugendlichen. Ein Zuwachs an politischer Paralysierung und Machiavellismus?, in: *ders.*/Juliane *Jacobi* (Hrsg.), Politische Sozialisation und Individualisierung. Perspektiven und Chancen politi-

Sie vollzieht sich in gesellschaftlichen Entwicklungsschüben, verbunden mit wirtschaftlichen Risiken und politischen Problemen. Zu den gesellschaftlichen Entwicklungstendenzen zählt die Individualisierung mit den Folgen der Standardisierung und Atomisierung, der Vereinzelung und Isolation – und auch der wachsenden Distanz zu politischen Institutionen. So werden die traditionellen Organisationsformen gemeinschaftlichen Handelns in der Gegenwart teilweise beibehalten, teilweise aber ausgehöhlt. Das Zugehörigkeitsgefühl zu Schichten, Klassen und Großorganisationen schwächt sich in den Industriestaaten grundsätzlich ab. Damit büßt die Integrationswirkung der politischen Institutionen und der politischen Sozialisation insgesamt an Gewicht ein.[12]

Politische Sozialisation ist letztlich „... der Weg, auf dem eine Gesellschaft ihre politische Kultur von einer Generation auf die nächste überträgt."[13] Die Folge dieses Prozesses ist die Herausbildung einer individuellen, politisch-gesellschaftlichen Identität.

Im Unterschied zu psychologischen Deutungen muss die politikwissenschaftliche Betrachtung mehr an den Auswirkungen der politischen Sozialisation auf das politische System und damit an der Bindung der Bürger an politische Institutionen und ihre Symbole, an Vertrauen oder Misstrauen in Institutionen sowie an der Bejahung oder Ablehnung von Regeln des politischen Wettbewerbs interessiert sein.[14]

> *Politische Sozialisation* umfasst „alle soziokulturell beeinflussten Lernprozesse ..., in denen sich politische Orientierungen, also Kenntnisse von politischen Vorgängen, Institutionen, Organisationen und deren Repräsentanten sowie damit verbundene Gefühls- und Werthaltungen, entwickeln."[15]

Drei Sichtweisen dieser Lernprozesse sind zu unterscheiden:[16]

1. Politische Sozialisation ist ein Lern- und Entwicklungsprozess: Welche politischen Grundhaltungen sind in der frühen Persönlichkeitsentwicklung verankert?

---

scher Bildung, Weinheim/München 1991, S. 15; vgl. ferner im gleichen Band den Beitrag von Martin *Baethge*, Die politischen Folgen fortschreitender Individualisierung in der Arbeitsgesellschaft, S. 35-54.
12 Vgl. Ulrich *Beck*, Die Erfindung des Politischen, Frankfurt a.M. 1993, S. 149ff.
13 Kenneth P. *Langton*, Political Socialization, Boston 1969, S. 4 (Übersetzung d. Verf.).
14 Vgl. David O. *Sears*, Political Socialization, in: Fred *Greenstein*/Nelson *Polsby* (Hrsg.), Handbook of Political Science, vol. 2: Micropolitical Theory, Reding (Mass.), u.a. 1975, S. 97.
15 Gisela *Behrmann*, Politische Sozialisation, in: Wolfgang W. *Mickel* (Hrsg.), Handlexikon zur Politikwissenschaft, Bonn 1986, S. 410f.
16 Vgl. *dies.*, a.a.O., S. 411.

2. Welchen Einfluss nehmen soziales Umfeld, Politik und Gesellschaft auf die Entwicklung politischer Orientierungen, und welche Rolle spielen die unterschiedlichen Sozialisationsagenturen (Familien, Schulen)?
3. Die politische Theorie politischer Sozialisation fragt schließlich nach der Bedeutung politischer Sozialisation für die Wirkungsweise des politischen Systems: Wie werden Demokratieverständnis, politische Toleranz und Bereitschaft zu politischer Beteiligung vermittelt, und wie beeinflusst diese Vermittlung das politische System?

Nach empirischen Studien zur politischen Sozialisation[17] übertragen Familien, Schulen und Medien politische Wertorientierungen von Generation zu Generation. Die neuere Erforschung politischer Sozialisation in den USA und in Europa zeigt allerdings, dass die politisch Lernenden die vielfältigen Eindrücke stets eigenständig interpretieren.[18] Umstritten bleibt, inwieweit Zusammenhänge zwischen Persönlichkeitsentwicklung und Umweltbedingungen in Kindheit und Jugend politische Orientierungen in späteren Phasen des Lebenszyklus prägen.

Stabilität und Wandel politischer Systeme hängen von der Unterstützung durch die Bürger, deren Identifikation mit dem Gemeinwesen sowie ihrem Vertrauen in die Legitimität der politischen Ordnung und in die politischen Institutionen ab. Die in Kindheit und Jugend geformten Vorstellungen von politischen Autoritäten sind Grundlagen dieser Unterstützung. Dabei üben politische Grunderfahrungen im unmittelbaren sozialen Umfeld der Kinder und Jugendlichen eine nachhaltigere Wirkung auf politische Einstellungen aus als das politische System selbst.[19]

Nach einer neueren amerikanischen Untersuchung werden erste politische Einstellungen von Kindern und Jugendlichen durch die Konfrontation mit politischen Ereignissen wie etwa Wahlkämpfen geformt.[20] Dies gilt vorrangig selektiv für solche Einstellungen, die sich auf einzelne politische Objekte beziehen. Sobald diese – wie in Wahlkampfzeiten – besonders gut sichtbar werden, bilden sich politische Prädispositionen von Heranwachsenden. Solche politischen Ereignisse – oder auch persönlich vermittelte Kontakte – sind „Schaltstellen politischer Sozialisation", die insbesondere auch die spätere Identifikation mit politischen Parteien vorformen.

---

17 Vgl. D. *Easton*/J. *Dennis*, Children in the Political System. Origins of Political Legitimacy, New York 1969; F. J. *Greenstein*, Children and Politics, Yale 1976; R. D. *Hess*/J. W. *Torney*, The Development of Political Attitudes in Children, Chicago 1970.
18 Dieser Befund steht in einem Spannungsverhältnis zu dem oben dargestellten Sozialisationsverständnis bei *Parsons*.
19 Vgl. Günter C. Behrmann (Hrsg.), Politische Sozialisation in entwickelten Industriegesellschaften, Bonn 1979.
20 Vgl. David O. *Sears*/Nicholas A. *Valentino*, Politics Matters: Political Events as Catalysts for Preadult Socialization, in: American Political Science Review, vol. 91, No. 1, März 1997, S. 45-65.

Das spätere politische Verhalten wird somit in Kindheit und Jugend wesentlich vorgeprägt. Dies ist die Aussage der *Kristallisationshypothese*: Politische Verhaltensdispositionen werden etwa bis zum 13./14. Lebensjahr erworben, verfestigen sich und bleiben im Erwachsenenalter recht stabil.[21] Einerseits ist die politische Sozialisation in der Eltern-Kind-Beziehung verankert und vollzieht sich in der Abfolge von Personalisierung, Idealisierung, Institutionalisierung und Politisierung. Andererseits wird dem Jugendalter inzwischen eine größere Bedeutung für die politische Sozialisation beigemessen. Eine neuere empirische Studie zum Zusammenhang zwischen Mediennutzung und politischer Identitätsbildung im Jugendalter in Deutschland kommt gleichfalls zu dem Ergebnis, dass wichtige Prozesse politischer Identitätsbildung im Jugendalter stattfinden.[22] Wichtige Voraussetzungen politischen Urteilsvermögens seien bereits vom 13. Lebensjahr an gegeben. Trotz erheblicher Orientierungsprobleme der Jugendlichen bilde sich die Fähigkeit zu politischem Denken zwischen dem 12. und dem 17. Lebensjahr heraus. Die eigene Einstellung zur Politik entwickle sich dabei im Spannungsfeld von grundsätzlicher Loyalität zur politischen Ordnung und kritischer Aufmerksamkeit gegenüber der politischen Praxis.

Politische Sozialisation findet in der Gegenwart mehr als zuvor unter den Bedingungen der *Individualisierung* statt, die in modernen Gesellschaften als ein dreifacher Prozess zu verstehen ist:[23] als Herauslösung aus historisch vorgegebenen Sozialbindungen, als Verlust von traditionellen Sicherheiten überkommener Handlungsorientierungen und als neue Art der sozialen Einbindung und damit der sozialen Kontrolle. Diese Dimension der Individualisierung ist durch eine zweite zu ergänzen: Individualisierung nach objektiver Lebenslage und subjektivem Bewusstsein.[24]

---

21 Vgl. Gisela *Behrmann*, Politische Sozialisation, a.a.O., S. 413.
22 Vgl. Hans-Peter *Kuhn*, Mediennutzung und politische Sozialisation. Eine empirische Studie zum Zusammenhang zwischen Mediennutzung und politischer Identitätsbildung im Jugendalter, Opladen 2000, S. 28f.
23 Vgl. Ulrich *Beck*, Risikogesellschaft. Auf dem Weg in eine andere Moderne, Frankfurt a.M. 1986, S. 206.
24 Zu den Auswirkungen objektiver Lebenslagen auf subjektive Bewusstseinslagen und damit auf Formeln individueller Selbstthematisierung siehe insbesondere Hanns-Georg *Brose*/Bruno *Hildenbrandt* (Hrsg.), Individualität ohne Ende, Opladen 1988; Norbert *Elias*, Die Gesellschaft der Individuen, Frankfurt a.M. 1987; Karl-Otto *Hondrich*/Claudia *Koch-Arzberger*, Solidarität in der modernen Gesellschaft, Frankfurt a.M. 1992; Martin *Kohli*, Die Institutionalisierung des Lebenslaufs. Historische Befunde und theoretische Argumente, in: Kölner Zeitschrift für Soziologie und Sozialpsychologie, Jhg. 37, 1985, S. 1-29; Niklas *Luhmann*, Individuum, Individualität, Individualismus, in: *ders.*, Gesellschaftsstruktur und Semantik, Bd. 3, Frankfurt a.M. 1989, S. 149-258; Gerhard *Schulze*, Die Erlebnisgesellschaft. Kultursoziologie der Gegenwart, Frankfurt a.M./New York 1992.

Politische Sozialisation ist entscheidende Grundlage der Politikvermittlung und der Organisation von Konsens und Dissens im politischen System.[25] Zustimmung und Ablehnung beruhen auf unterschiedlichen kommunikativen Leistungen und weisen einen differenzierten, komplexen Informationsgehalt auf. Die politisch-expressive Dimension dieses Kommunikationsvorgangs zielt auf Symbole und Rituale der Politik, die politisch-inhaltliche Dimension dagegen auf politische Inhalte (*Sachbezug*), Normen und Werte (*Wertbezug*) und Personen (*Personenbezug*). In allen Prozessen der Politikvermittlung sind beide Dimensionen stets miteinander verknüpft, auch wenn eine Seite – dem Thema des politischen Diskurses entsprechend – ein größeres Gewicht hat.

Eine Theorie *politischer Sozialisation*, die unterschiedliche individuelle Sozialisationsprozesse erfassen soll, muss zwischen drei Zeitkomponenten unterscheiden:[26]

1. der Periode der primären politischen Sozialisation (*Generationseffekt*),
2. dem Lebensalter als Indikator für die Position des Einzelnen im Lebenszyklus (*Lebenszykluseffekt*) und
3. dem zeitlichen Abstand zur letzten Phase parteipolitischer Mobilisierung (*institutioneller Lebenszykluseffekt*).

Auf der Grundlage dieser Effekte lassen sich zeitlich drei Wählertypen unterscheiden:[27]

- Die erste Gruppe hat ihre Parteibindung im jungen Erwachsenenalter in einer Phase hoher politischer Mobilisierung und einer anschließenden Neugruppierung des Parteiensystems erworben und diese Orientierung beibehalten.
- Die Kinder der Mobilisierungsgeneration erwerben eine Parteiidentifikation, die in geringerem Umfang durch eigenes Erleben, sondern durch familiäre Sozialisation vermittelt ist. Diese Bindungen sind weniger stark affektiv geprägt, eher rational gestützt und relativ stabil.
- Die Folgegeneration erfährt ihre Prägung in einer Phase pragmatischer Politik. Ihre Parteibindung, ohne tiefere Verankerung in gesellschaftspolitischen Konflikten oder familiärer politischer Sozialisation, schwächt sich soweit ab, dass sie von anderen oder neuen Parteien über neue Themen und neue Kandidaten erfolgreich angesprochen werden können.

---

25 Vgl. Ulrich *Sarcinelli*, Politikvermittlung im Blickfeld politischer Bildung. Ein Ansatz zur Analyse politischer Wirklichkeit, in: *ders.* (Hrsg.), Politikvermittlung und politische Bildung, Bad Heilbrunn 1990, S. 39ff.
26 Vgl. Wilhelm *Bürklin*, Wählerverhalten und Wertewandel, Opladen 1988, S. 81.
27 Vgl. Wilhelm *Bürklin*, Grüne Politik, Opladen 1984; P. A. *Beck*, A Socialization Theory of Partisan Realignment, in: R.G. *Niemi* u.a. (Hrsg.), The Politics of Future Citizens, San Francisco 1974, S. 199-219.

Diese Drei-Generationen-Wählertypologie steht im Einklang mit dem dreißigjährigen Zyklus parteipolitischer Neugruppierungen, wie er im amerikanischen Parteiensystem in den letzten 160 Jahren zu beobachten war. Sie scheint auch im Falle der europäischen Demokratien den bereits bekannten Bedingungen politischer Sozialisation durchaus zu entsprechen.

Tab. 4: Dimensionen der Politikvermittlung

Legitimations- begründung ⇒	Sachbezug	Personenbezug	Wertbezug
Anspruchsniveau ⇓			
Komplex			
Vereinfacht			

Quelle: Ulrich *Sarcinelli*, Politikvermittlung im Blickfeld politischer Bildung, a.a.O., S. 40.

2.2 Formung politischer Einstellungen

Objekte der politischen Orientierung der Bürger sind das politische System, dessen Input-Strukturen (Unterstützung, Erwartungen, Einfluss und Druck der Bevölkerung und ihrer Gruppen auf das politische System), sowie Output-Strukturen (die politischen Entscheidungsinhalte als Ergebnis des politischen Meinungsbildungs- und Entscheidungsprozesses) und schließlich das Selbstbild von der eigenen gesellschaftlich-politischen Rolle. Durch diese Sicht weist die Erforschung politischer Kultur über die herkömmlichen Studien zum „Nationalcharakter" hinaus. Sie lenkt unser Augenmerk statt dessen auf den Vorgang der *politischen Sozialisation*, der darüber entscheidet, durch welche Werthaltungen und Einstellungen sich Interesse an Politik und politischer Information herausbildet, welche Haltung die Bürger gegenüber den Medien einnehmen und wie stark sie sich an Parteien, Verbänden und anderen Organisationen orientieren.[28]

Aufgrund dieser Einstellungen stellen die Bürger das Ergebnis des politischen Entscheidungsprozesses ihren ursprünglichen Erwartungen gegenüber. Sie vergleichen die tatsächlich erbrachten politischen Leistungen mit ihren eigenen Ansprüchen und weisen den politischen Leistungsträgern unterschiedliche Sach- und Leistungskompetenz zu.

---

28 Vgl. Michael *Rush*/Phillip *Althoff*, An Introduction to Political Sociology, 2. Aufl., London 1972, S. 16-25.

Tab. 5: Art und Objekte politischer Orientierungen

Art der Orientierung	Objekte der Orientierung			
	System allgemein	Input-Strukturen	Output-Strukturen	Selbstbild
Kognitionen				
Gefühle				
Wertungen				

Quelle: Klaus *von Beyme*, Politische Kultur, in: *ders.*/Ernst-Otto *Czempiel*/Peter Graf *Kielmannsegg*/Peter *Schmoock* (Hrsg.), Politikwissenschaft. Eine Grundlegung, Bd. II, Der demokratische Verfassungsstaat, Stuttgart u.a. 1987, S. 78.

Sie nehmen diese Zuordnung nicht pauschal vor, sondern differenzieren nach dem Grad der jeweiligen Leistungskompetenz in unterschiedlichen Politikfeldern. Diese politische Bewertung führt zu Einschätzungen des Leistungsprofils politischer Parteien (Issue-Kompetenz), die neben emotionalen Vertrauensbezügen, Gruppenbindungen und Ideologien die Wahlchancen der politischen Parteien bestimmen.

Eine politische Kultur, die ein hohes Maß an politischer Stabilität gewährleistet, ist durch ein dauerhaftes politisches Interesse und eine stabile Identifikation mit demokratischen Normen und politischen Institutionen gekennzeichnet. Erforderlich ist eine Balance zwischen konventionellen und unkonventionellen Formen politischen Verhaltens.[29] *Konventionelle Formen* politischen Verhaltens sind beispielsweise die Teilnahme an Wahlversammlungen und Wahlkämpfen, die Mitarbeit in kommunalen Gremien, die Beteiligung an politischen Diskussionen, die Mitarbeit in Bürgerinitiativen und die politische Information durch Massenmedien; zu den Formen *unkonventionellen politischen Verhaltens* zählt die Teilnahme an Demonstrationen, an Boykotts von Veranstaltungen etc. Was die Notwendigkeit politischer Konflikte und die Formen ihrer Bewältigung angeht, sind die politischen Auffassungen im internationalen Vergleich unterschiedlich. Traditionell werden politische Konflikte in Deutschland negativer bewertet als in anderen Staaten. Entsprechend ist die Bereitschaft zur Hinnahme von Einschränkungen der Demonstrationsfreiheit in Deutschland und in Österreich etwas größer als in den Nachbarländern. Die Zulassung unkonventioneller Formen politischer Einflussnahme wird in allen Demokratien befürwortet, solange sich diese Formen in überschaubaren Grenzen bewegen und eine politische Destabilisierung vermieden wird.

---

29 Vgl. Samuel H. *Barnes*/Max *Kaase* u.a., Political Action. Mass Participation in Five Western Democracies, London 1979.

> In der Phase politischer Sozialisation werden Einstellungen und Wertorientierungen gegenüber dem politischen System vermittelt. Zustimmung oder Entfremdung, Loyalität oder Protest sind das Ergebnis. Zwar finden die entscheidenden Einflüsse – wie in der Sozialisation allgemein – in den ersten beiden Lebensjahrzehnten statt,[30] insgesamt tragen aber Erfahrungen des politischen Umbruchs, wirtschaftliche Entbehrungen, soziale Enttäuschungen und der gesellschaftliche Wandel dazu bei, dass die politische Sozialisation ein Leben lang andauert.[31] Politische Sozialisation ist daher auch als *politisches Lernen* zu verstehen, das auf die Vermittlung von „*Bürgerorientierungen*" zielt.[32]

Zu diesen zählen politische Eigenständigkeit, politisches Urteilsvermögen, Loyalität (einschließlich eines „gemäßigten Patriotismus"[33]), Gemeinsinn und Toleranz. Sie entwickeln sich bereits in jungen Jahren durch Erziehung, frühe gesellschaftliche und politische Orientierungen sowie erste Kontakte in Nachbarschaft und Gemeinde und verfestigen sich in späteren Lebensphasen. Der Sozialisationsprozess nimmt so eine Stellung zwischen den politisch-gesellschaftlichen Rahmenbedingungen und der politischen Partizipation ein: Er vermittelt „Bürgerorientierungen", schafft psychische Prädispositionen für die Politik und begründet Gruppenidentitäten, Wertorientierungen und erste Parteiidentifikationen.

Die Institutionen, die Wertvorstellungen vermitteln, sind Familie, Schule, Arbeits- und Nachbarschaftsgruppen, Massenmedien und Parteien als Sozialisationsagenturen.[34] Die Stärke des Einflusses dieser Institutionen hängt von allgemeinen gesellschaftlichen Entwicklungen, insbesondere der Richtung und Intensität sozialer Mobilität ab. So erwerben Personen, die auf der Leiter der sozialen Schichtung aufsteigen, häufig neue Wertvorstellungen und Einstellungen. Personen, die sozial absteigen, bewahren dagegen eher die politisch-gesellschaftlichen Wertvorstellungen der Elterngeneration. Das traditionell große Gewicht der Familie für die politische Sozialisation der Heranwachsenden hat allerdings in allen Industriestaaten abgenommen. Dagegen haben das Bildungssystem und die Medien ihre Bedeutung verstärkt. Dies allerdings mit unterschiedlichen Perspekti-

---

30 Tiefenwirkung und Plastizität der politischen Urteilsbildung von Kindern zeigt aus psychiatrischer Sicht Robert *Coles* (The Political Life of Children, Boston/New York 1986) am Beispiel von Fallstudien aus den USA, Nordirland, Kanada, Polen, Nicaragua, Südafrika, Brasilien und Südostasien auf.
31 Vgl. hierzu Günter C. *Behrmann*, Politische Sozialisation, in: Axel *Görlitz* (Hrsg.), Handlexikon zur Politikwissenschaft, Bd. 2: Nationalismus – Wohlfahrtsstaat, Reinbek bei Hamburg 1973, S. 346-354.
32 Vgl. Pamela Johnston *Conover*/Donald D. *Searing*, Democracy, Citizenship and the Study of Political Socialization, in: Ian *Budge*/David *McKay*, Developing Democracy. Comparative research in honour of J. F. P. Blondel, London u.a. 1994, S. 24-55, hier: S. 37ff.
33 „Reflektierter Patriotismus" im Sinne Alexis de *Tocqueville* (Democracy in America, New York 1969, S. 234f.).
34 Vgl. Alan R. *Ball*/B. Guy *Peters*, Modern Politics and Government, 7. Aufl., Basingstoke/London 2005, S. 82ff.

ven: Während das amerikanische Erziehungssystem traditionell die Gleichheit der Chancen politischer Beteiligung betont, legt etwa das britische Erziehungswesen seit langem Wert auf Statusunterschiede und Statusbewusstsein.[35]

In der Sozialisation wird eine individuelle, politisch-gesellschaftliche Identität in Abhängigkeit von der Umwelt aufgebaut.[36] Dies geschieht durch politische Lernprozesse, die es dem Einzelnen möglich machen, die politischen Implikationen seiner Existenz wahrzunehmen und sich in das politische System zu integrieren. Dieses muss sowohl im Hinblick auf gesellschaftliche Erwartungen als auch im Hinblick auf das Bewusstsein und Verhalten der Bürger lernfähig sein. In unterschiedlichen gesellschaftlichen Bereichen – Familie, Schule, Nachbarschaft, Beruf – vollzieht sich politische Sozialisation als kognitiver, affektiver *und* handlungsbezogener Lernprozess,[37] d.h., die Bürger erweitern hier ihr (politisches) Wissen, festigen ihre emotionalen Einstellungen und lernen politisches Handeln. Lernen findet dabei in *latenter* und *manifester* Form statt, und die Lernergebnisse fördern Vergesellschaftung und Individuation.[38] *Latente* politische Sozialisation erfasst indirekte und oftmals unbewusste Vermittlungsprozesse, die zwar nicht im engeren Sinne „politisch" sind, wohl aber das spätere politische Verhalten prägen wie etwa allgemeine Wertorientierungen und besondere Persönlichkeitscharakteristika. So ist anzunehmen, das etwa die religiöse Erziehung im Elternhaus einen mittelbaren Einfluss auf politische Einstellungen hat und sich langfristig auf das Wahlverhalten auswirkt, nicht zuletzt wegen der christlichen Prägung der Unionsparteien gegenüber den säkularen Parteien wie SPD oder FDP.[39] *Manifeste* politische Sozialisation bezeichnet die beabsichtigte Vermittlung politischer Wertvorstellungen und Informationen, z.B. im sozialwissenschaftlichen Unterricht in der Schule. In allen konkreten Vorgängen politischer Sozialisation lassen sich diese beiden Formen nicht streng voneinander trennen, sondern finden gleichzeitig statt und stehen zudem in enger wechselseitiger Beziehung.

Politische Sozialisation als Prozess der Integration des Einzelnen in das politische System weist somit zwei Aspekte auf:[40]

---

35 Vgl. B. *Stacey*, Political Socialization in Western Society, London 1978; J. *Gibbins* (Hrsg.), Contemporary Political Culture: Politics in a Postmodern Age, London 1989.
36 Vgl. Bernhard *Claußen*, Politische Sozialisation. Erkenntnisinteressen – Probleme – Aufgaben, in: *ders.* (Hrsg.), Politische Sozialisation in Theorie und Praxis. Beiträge zu einem demokratienotwendigen Lernfeld, München/Basel 1980, S. 1ff.
37 Vgl. *ders.*, ebd., S. 8f.
38 Vgl. Gabriel *Almond*, A Functional Approach to Comparative Politics, in: *ders.*/James S. *Coleman* (Hrsg.), The Politics of the Developing Areas, Princeton 1960, S. 26-33.
39 Rolf *Becker*/Anja *Mays*, Soziale Herkunft, politische Sozialisation und Wählen im Lebenslauf, in: Politische Vierteljahresschrift, 44.Jg., Heft 1, 2003, S. 22.
40 Vgl. Klaus-Dieter *Laske*, Politische Sozialisation und politische Beteiligung, in: Bernhard *Claußen* (Hrsg.), Politische Sozialisation in Theorie und Praxis, a.a.O., S. 71ff.

- die Integration in die politische Kultur durch Übernahme von politischen Wertorientierungen und Verhaltensmaßstäben sowie
- die Chance des Einzelnen, durch den Prozess der politischen Sozialisation Einfluss auf politische Entscheidungen und politische Strukturen zu nehmen.

Zwei funktionale Erfordernisse des politischen Systems sind im Zusammenhang zu sehen: politische *Stabilität* durch den Integrationscharakter des Sozialisationsvorgangs und politische *Innovation* durch Vermittlung von Gestaltungs- und Reformchancen. Versucht man, auf der Grundlage dieser Dimensionen die Inhalte politischer Sozialisation näher zu bestimmen, so lassen sich drei Inhalte unterscheiden:[41]

- *politische Orientierungen*, die eine Identifikation des Einzelnen mit den Normen, Institutionen und Strukturen des politischen Systems ermöglichen,
- *Parteinahme* als Vermittlung wertender Einstellungen zu Personen, Gruppen und Ideologien des politischen Systems,
- *politische Partizipation* als Herausbildung und Umsetzung politischer Verhaltensdispositionen in unterschiedlichen Bereichen von Politik und Gesellschaft.

Für die Funktionsfähigkeit und Stabilität einer demokratischen Ordnung ist die dritte Komponente besonders wichtig, und zwar in dreifacher Hinsicht:[42] Partizipation ist *Ziel* politischer Sozialisation und Legitimationsgrundlage politischer Kultur. Sie erstrebt den selbstbestimmten, zu politischer Gestaltung fähigen Staatsbürger. Andererseits ist sie auch *Mittel* politischer Sozialisation, denn durch politische Beteiligung werden neue Möglichkeiten politisch-sozialen Lernens eröffnet. Partizipation ist ferner *Ausdruck* politischer Sozialisation: Unterschiedliche Beteiligungsformen entsprechen unterschiedlichen Sozialisationsmustern, und Entscheidungen für bestimmte Formen der politischen Beteiligung ziehen soziale und politische Lernprozesse nach sich.

Empirische Analysen der Sozialisationsfolgen politischer Beteiligung[43] unterstreichen, dass Information, Kommunikation und Wählen als Standardformen politischer Beteiligung einen hohen positiven Lerneffekt aufweisen, während dieser bei unkonventionellen Formen politischer Beteiligung wie der legitimen und oft nützlichen Teilnahme an Demonstrationen und Bürgerinitiativen am geringsten ist. Die international vergleichende Erforschung der Sozialisationsfolgen politischer Beteiligung zeigt, dass sich unter dem Einfluss vorangegangener politischer Beteiligungsarten *feste Strukturmuster politischen Verhaltens* herausbilden. An-

---

41 Vgl. David *Sears*, Political Socialization, in: Fred *Greenstein*/Nelson W. *Polsby* (Hrsg.), Handbook of Political Science, vol. 2, California u.a. 1975, S. 93-153, hier: S. 94.
42 Vgl. Klaus-Dieter *Laske*, Politische Sozialisation und Politische Beteiligung, a.a.O., S. 74.
43 Vgl. ders., ebd., S. 91ff.; Günter D. *Radtke*, Teilnahme an der Politik. Bestimmungsgründe der Bereitschaft zur politischen Partizipation, Leverkusen 1976, S. 40.

ders gesagt: Eine einmal entwickelte Bereitschaft des Einzelnen zu politischer Beteiligung legt seine politische Sozialisation weitgehend auf ein bestimmtes Spektrum politischer Aktivitäten fest.

Unterschiedliche politische Orientierungen von Jugendlichen und Eltern weisen auf eine wachsende Unabhängigkeit in der Auswahl und Interpretation von politischen Einflüssen aus der sozialen Umwelt hin, die der Fähigkeit zu einer eigenständigen politisch-moralischen Urteilsbildung zugute kommt. Dem entspricht, dass nach neueren Befunden der Jugendforschung die Jugendphase lediglich eine Übergangsphase darstellt, in der die nachwachsende Generation politisch und gesellschaftlich integriert wird. Die *Individualisierungsthese* weist darauf hin, dass Jugendliche in der Gegenwart mehr auf sich bezogen sind als frühere Generationen.[44]

Abb. 12:   Der Verlauf politischer Sozialisation

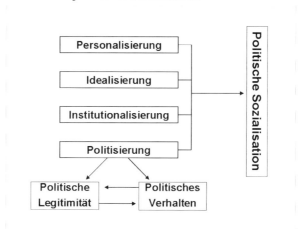

Politische Sozialisation macht Politik zum Gegenstand des Lernens und vermittelt zwischen dem politischen System und dem lernenden Individuum.[45] Die Bedeutung bestimmter Lebensphasen für diesen Prozess wird von der empirischen Sozialisationsforschung durch drei miteinander konkurrierende Modelle dargestellt. Diese beziehen sich auf einzelne Lernvorgänge und beruhen auf der Annahme,

---

44   Vgl. Hans *Bertram*, Jugend heute. Die Einstellungen der Jugend zu Familie, Beruf und Gesellschaft, München 1987, S. 2, 43.
45   Vgl. Bernhard *Claußen*, Politische Sozialisation als Praxis und als Theorie, in: *ders.*/Klaus *Wasmund* (Hrsg.), Handbuch der politischen Sozialisation, Braunschweig 1982, S. 2f., 26ff.

dass allgemeine politische Orientierungen im Lebenszyklus früher und spezifischere politische Sichtweisen später erworben werden.[46]

1. Das *Modell des frühen Lernens (primacy model)* stellt die wichtigsten Einflüsse politischer Sozialisation in der Kindheit fest. Die in dieser Lebensphase erworbenen Orientierungen sind dauerhaft und strukturieren künftiges Lernen. Zu diesen Orientierungen gehören politische Loyalitäten, Wertmaßstäbe und Identifikationen mit Institutionen und Symbolen des politischen Systems. Die Sozialisationsinstanzen, insbesondere die Eltern, prägen die politischen Orientierungen der Kinder weitgehend (*Transmissionsthese*).[47]
2. Das *Modell der späten Kindheits- und Jugendphase (intermediate period model)* betont die Bedeutung der folgenden Lebensphase für das politische Lernen. Da in dieser Phase Fähigkeiten herausgebildet werden, die die Erfassung komplexer politischer Konzeptionen und Ereignisse ermöglichen, werden dauerhafte Einstellungen und Verhaltensweisen begründet. Während das erste Modell eher auf die Vermittlung grundlegender, politisch bedeutsamer Orientierungsmuster abhebt, erfasst das zweite die Vermittlung wirklichkeitsnaher, differenzierter Wahrnehmungsmuster. Entsprechend wird in dieser Phase ein Verständnis für politische Beteiligung und für politische Parteien geweckt.
3. Nach dem *Modell des späten politischen Lernens (recency model)* ist der politische Einfluss einer Lernerfahrung auf politische Orientierung und politisches Verhalten um so größer, je später er im Lebenszyklus ausgeübt wird. Erst im Erwachsenenalter, wenn die für das Verständnis komplexer politischer Phänomene erforderlichen analytischen Fähigkeiten voll entwickelt sind, entstehen dauerhafte und langfristig prägende politische Lernerfahrungen. Frühere Informationen und Ideen werden dagegen „vergessen".

Nach *Wasmund* haben alle Modelle einen gewissen Erklärungswert, da jedes bestimmte Aspekte politischen Lernens berücksichtigt.[48] Die verschiedenen Modelle können sich daher ergänzen, da sich die politische Sozialisation nicht auf bestimmte Altersphasen begrenzen lässt. Es ist offensichtlich, dass sich die Bedeutung der gesellschaftlichen Institutionen für die politische Sozialisation im Lichte dieser Modelle unterschiedlich darstellt: Während die Familie aus der Sicht des ersten Modells ausschlaggebend ist, räumen das zweite Modell der Schule und

---

46 Vgl. R. *Weissberg*, Political Learning, Political Choice and Democratic Citizenship, Englewood Cliffs 1974, S. 23ff.; R. E. *Dawson* u.a., Political Socialization, 2. Aufl., Boston/Toronto 1977, S. 76ff.; Bernhard *Claußen*, Was ist und wie erforscht man politische Sozialisation?, in: ders./Klaus *Wasmund* (Hrsg.), Handbuch der Politischen Sozialisation, a.a.O., S. 29.
47 Vgl. Hans-Joachim *Asmus*, Politische Lernprozesse bei Kindern und Jugendlichen. Eine sozialisationstheoretische Begründung, Frankfurt a.M./New York 1983, S. 13.
48 Klaus *Wasmund*, Ist der politische Einfluss der Familie ein Mythos oder eine Realität? in: Bernhard *Claußen*/Klaus Wasmund (Hrsg.), Handbuch der politischen Sozialisation, a.a.O. S. 30.

das dritte Arbeitsplatz und Vereinszugehörigkeiten einen hohen Stellenwert ein. Unstrittig ist, dass die Kommunikation in der Familie, geprägt durch die Artikulation elterlicher Auffassungen und das „Familienklima", ein erstes, wichtiges Fundament politischer Sozialisation darstellt.[49] Dabei ist zu beachten, dass Eltern ihre Kinder nur selten gezielt politisch beeinflussen, sondern dass die meisten politischen Informationen in der Familie ungezielt und unbeabsichtigt ausgetauscht werden. Wenn über Politik diskutiert wird, was im Vergleich mit anderen Themenkomplexen wie z.b. Schule oder Beruf seltener der Fall ist, dann stellen die Familie und jüngere Jugendliche die wichtigsten Gesprächspartner dar.[50] Zu beachten ist ferner, dass sich die politische Kommunikation schichtspezifisch vollzieht. In Familien aus höheren sozialen Schichten wird häufiger über Politik gesprochen als in sozial schwächeren Familien. Auch finden politische Diskussionen im Familienkreis in Deutschland häufiger statt als in anderen westlichen Demokratien.[51]

Für die entscheidende Bedeutung der *Familie* – und damit die größere empirische Tragfähigkeit der ersten beiden Modelle – spricht die Tatsache, dass in den meisten westlichen Demokratien einmal erworbene Parteipräferenzen trotz vielfältiger Umbrüche und Meinungsschwankungen weithin stabil bleiben. So konnte in den Vereinigten Staaten, Deutschland, Großbritannien und Österreich ein hoher Grad an Übereinstimmung der Parteipräferenzen von Eltern und Kindern festgestellt werden.[52] Zwar lässt in vielen Ländern die Bereitschaft der jüngeren Generation nach, sich mit einer Partei zu identifizieren, aber diejenigen, die eine Parteipräferenz entwickelten, stimmen in hohem Maß mit ihren Eltern überein. Ob es sich hierbei um einen lebenszyklischen Effekt handelt oder ob die Parteiidentifikation generell abnimmt, bleibt allerdings umstritten. Trotz dieses generellen Befundes ist der Umfang, in dem politische Einstellungen innerhalb der Familie vermittelt werden, von Land zu Land verschieden. Je nach Schicht, Kultur, Zeit und Institution gestalten sich die politischen Sozialisationsprozesse in der Familie unterschiedlich.

---

49 Vgl. Bernhard *Claußen*, a.a.O., S. 34, 48, 50; Axel *Görlitz*, Politische Sozialisationsforschung, Stuttgart u.a. 1977, S. 47ff.
50 Vgl. Christel *Hopf*/Wulf *Hopf*, Familie, Persönlichkeit, Politik, a.a.O. S. 134ff.
51 Reiner *Geißler*, Politische Sozialisation in der Familie, in: Bernhard Claußen/Reiner Geißler, Die Politisierung des Menschen. Instanzen der politischen Sozialisation. Ein Handbuch, Opladen 1996, S. 55.
52 Vgl. Angus *Campbell* u.a., The American Voter, 4. Aufl., New York 1966, S. 151; Klaus *Allerbeck* u.a., Politische Ideologie, politische Beteiligung und politische Sozialisation, in: Politische Vierteljahresschrift, Jhg. 21, 1980, S. 88-96; Karl-Heinz *Reuband*, Die Bedeutung der Primärumwelten für das Wahlverhalten, in: Kölner Zeitschrift für Soziologie und Sozialpsychologie, Jhg. 23, 1971, S. 545-565; David *Butler*/Donald *Stokes*, Political Change in Britain, 2. Aufl: London 1976; Ludwig *Rosenmayr* (Hrsg.), Politische Beteiligung und Wertewandel in Österreich, München/Wien 1980; Klaus *Wasmund*, Politische Orientierungen Jugendlicher, München 1977. Zur Kritik der Transmissionsthese im Spiegel empirischer Untersuchungen vgl. Hans-Joachim *Asmus*, Politische Lernprozesse, a.a.O., S. 37f.

Die politische Sozialisationswirkung der *Schule* ist nach derjenigen der Familie sehr stark, weil sie in einem Lebensabschnitt stattfindet, der für die Persönlichkeitsentwicklung von entscheidendem Gewicht ist.[53] „Es gibt kaum ein Merkmal, das derartig stark und systematisch die politischen Orientierungen und Aktivitäten von Jugendlichen differenziert wie ihre unterschiedliche [schulische, Anm. d. Verf.] Ausbildung."[54] Die Annahme, auch Schulbücher würden politische Einstellungen beeinflussen bzw. verändern, hat sich dagegen durch bisherige Untersuchungen nicht bestätigen lassen. Die Bedeutung des Schulunterrichts für die politische Sozialisation liegt in der Vermittlung grundlegenden politischen Wissens, nicht jedoch in der Formung politischer Handlungsdispositionen.

Neben Familie und Schule nehmen die *Massenmedien* einen immer wichtigeren Rang in der politischen Sozialisation ein.[55] Insbesondere bei Jugendlichen sind die Massenmedien die Hauptquelle für politische Informationen. Zudem besitzen die Massenmedien bei den Rezipienten eine hohe Glaubwürdigkeit, was wiederum zu einem stärkeren Einfluss der Massenmedien führt.[56] Indem die Medien Themen auswählen, politische und gesellschaftliche Sachverhalte beleuchten und die Politik so für das Publikum strukturieren, schaffen und verfestigen sie Vorstellungen von der politischen Wirklichkeit. Durch diese Tätigkeit beeinflussen sie zugleich die politische Sozialisation. Dies gilt sowohl für die Thematisierung politischer Fragen (*agenda setting*) wie für die anschließende *Bewertung* und den damit verbundenen Transfer politischer Urteilsmaßstäbe. Dadurch tragen sie dazu bei, Geschichtsbilder zu verfestigen, eine Rangordnung politischer Ereignisse festzulegen und grundlegende Vorstellungen von der politischen Wirklichkeit im Bewusstsein von Kindern und Jugendlichen zu verankern. Dies findet vor allem in den Entwicklungsphasen politischen Lernens statt, die durch die Konstruktion politischer Ordnung und die Herausbildung politischer Grundorientierungen geprägt sind.

Grundsätzlich ist politische Sozialisation durch Wechselwirkungen zwischen politischem Handeln und politischer Einsicht, motivationalen und kognitiven Strukturen geprägt.[57] Die kognitive Verarbeitung politischer Ereignisse und eige-

---

53 Vgl. Klaus *Wasmund*, Welchen Einfluss hat die Schule als Agent der politischen Sozialisation?, in: Bernhard *Claußen*/Klaus *Wasmund*, Handbuch der politischen Sozialisation, a.a.O., S. 64-83, hier: S. 64f., 75.
54 Christel *Hopf*/Wulf *Hopf*, Familie, Persönlichkeit, Politik, a.a.O., S. 189ff.
55 Vgl. Rainer *Geißler*, Welchen Einfluß haben Massenmedien auf politisches Bewußtsein und politisches Handeln?, in: Bernhard *Claußen*/Klaus *Wasmund* (Hrsg.), Handbuch der politischen Sozialisation, a.a.O., S. 84-103.
56 Hans-Peter *Kuhn*, Mediennutzung und politische Sozialisation. Eine empirische Studie zum Zusammenhang zwischen Mediennutzung und politischer Identitätsbildung im Jugendalter, Opladen 2000, S. 99f.
57 Vgl. Klaus-Dieter *Hartmann*, Was bewirkt politische Sozialisation für die Motivation zum politischen Handeln?, in: Bernhard *Claußen*/Klaus *Wasmund* (Hrsg.), Handbuch der politischen Sozialisation, a.a.O., S. 291-307. Vgl. hierzu auch: Bernhard *Claußen*/Suna *Kili* (Hrsg.), Changing Structures: Political Power, Socialization and Political Education, Frankfurt a.M. u.a. 1988.

ner politischer Erfahrungen klärt politische Verursachungszusammenhänge und ermöglicht eigenständige Situationsdeutungen auf der Grundlage allgemeiner politischer Ordnungs- und Wertvorstellungen. Politische Sozialisation ist somit ein vielschichtiger und indirekter Prozess, der oft mehr durch den Kontext der Kommunikation als durch ihren Inhalt geprägt wird.[58]

Erste politische Eindrücke werden nach amerikanischen Untersuchungen bereits in der frühen Kindheit, d.h. im Alter von 3 bis 9 Jahren, gesammelt.[59] Diese Eindrücke sind zwar noch vage, legen aber die Grundlage für die spätere politische Urteilsbildung. In dieser Phase neigen die Kinder dazu, politische und gesellschaftliche Autoritäten zu idealisieren, und erwerben erste, grundlegende politische Präferenzen ebenso selbstverständlich wie erste religiöse Einstellungen. In der späten Kindheit (10-12 Jahre) beginnen sie, Amt und Person in ihrem politischen Urteil zu trennen, um dann in der Jugendphase (13-18) geschlossene politische Grundüberzeugungen zu entwickeln. Eine positive Einstellung zu Normen und Institutionen der Demokratie verbinden sie jetzt vielfach nahezu selbstverständlich mit einem kritischen Urteil über die politische Praxis der jeweiligen Amtsinhaber.

Abb. 13: Politisches Lernen und politische Partizipation im Lebenszyklus

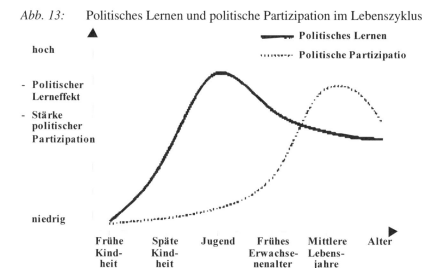

Quelle: Rod *Haguel*/Martin *Harrop*/Shaun *Breslin*, Comparative Government and Politics, a.a.O., S. 149.

---

58 Vgl. Rod *Hague*/Martin *Harrop*, Comparative Government and Politics. An Introduction, 6. Aufl., Basingstoke/London 2004, S. 100f.
59 Vgl. Robert S. *Erikson*/Norman R. *Luttbeg*/Kent L. *Tedin*, American Public Opinion. Its Origin, Content, and Impact, 3. Aufl., New York/London 1988, S. 135-140.

Weitere Untersuchungen haben die starke Prägekraft der frühen Phasen politischer Sozialisation in Familie und Schule nachgewiesen.[60] Politische Prädispositionen, die in späteren Phasen des Lebenszyklus politisches Interesse und politisches Verhalten bestimmen, werden bereits in Kindheit und Jugend angelegt. Wiederholt wird ein Befund bestätigt, der die Aussagen des *Modells des frühen Lernens* untermauert: Eltern werden als die wichtigsten Übermittler politischer Wertorientierungen und insbesondere der Einstellungen zu politischen Parteien genannt – vor Lehrern und Freunden. Auch wenn die Intensität dieser Bindungen zunächst noch schwach ist: Bereits Kinder erwerben durch ihr Elternhaus grundlegende Einstellungen zum politischen System, zu Parteien und Politikern. Mit zunehmendem Alter und wachsendem Grad formaler Bildung schwächt sich diese Übereinstimmung der Jüngeren mit der Eltern-Generation allerdings ab.

Eine wichtige Rolle spielen Parteien im Prozess der Sozialisation. Parteien sind „auf Dauer angelegte gesellschaftliche Organisationen, die Interessen ihrer Anhänger mobilisieren, artikulieren und bündeln und diese in politische Macht umzusetzen suchen – durch die Übernahme von Ämtern in Parlamenten und Regierungen."[61] Sie sind historisch aus einer Vielzahl von Konflikten entstanden, insbesondere aus dem Gegensatz von Liberalismus und Absolutismus, Konservativismus und Liberalismus, Sozialismus und Kapitalismus, Regionalismus und Zentralismus, Christentum und Säkularismus, Totalitarismus und Demokratie und schließlich aus einem Gegensatz zwischen Ökologie und industriellem Wachstum.[62]

Die Entwicklung der politischen Identität ist die Lösung von zwei Entwicklungsaufgaben: es muss eine Identifikation mit den Prinzipien der Demokratie erworben, aber auch Kritikfähigkeit gegenüber der politischen Realität erreicht werden. Daraus erwächst die Fähigkeit des Individuums, in der mittleren Adoleszenz subjektiv seiner objektiven Rolle als Wahlbürger zu entsprechen, also eine Parteipräferenz auszubilden.[63]

Neben anderen Funktionen (Zielfindung, Artikulation und Aggregation gesellschaftlicher Interessen, politische Rekrutierung) kommt den politischen Parteien die Aufgabe der Mobilisierung und Sozialisierung der Bürger zu.[64] Als „dauerhafte Vereinigungen von Bürgern..., die bestrebt sind, auf dem Wege über Wahlen die politisch ausschlaggebenden Positionen des Staates mit ihrer Führungs-

---

60 Vgl. David O. *Sears*, Political Behavior, in: Gardner *Lindzey*/Elliot *Aronson* (Hrsg.), The Handbook of Social Psychology, 2. Aufl., Reading (Mass.) u.a. 1969, S. 315-458, hier insb. S. 370-382.
61 Ulrich von *Alemann*, Parteien, Hamburg 1995, S. 9.
62 Vgl. Peter *Lösche*, Geschichte der deutschen Parteien, Stuttgart 1993, S. 23.
63 Vgl. Christel *Hopf*/Wulf *Hopf*, Familie, Persönlichkeit, Politik, a.a.O., S. 103f.
64 Vgl. Klaus von *Beyme*, Parteien in westliche Demokratien, 2. Aufl., München 1984, S. 25.; Elmar *Wiesendahl*: Parteien als Instanzen der politischen Sozialisation, in: Bernhard *Claußen*/Reiner *Geißler*, Die Politisierung des Menschen, a.a.O. S. 403f.

garnitur zu besetzen, um ihre Vorstellungen zur Lösung der anstehenden Probleme zu verwirklichen",[65] nehmen sie diese Funktion vorwiegend im Zusammenhang mit Wahlen wahr, suchen die Bürger zu mobilisieren und in eine politische Gruppe bzw. in ein politisch-programmatisches Bezugssystem zu integrieren.

Die Parteien sollen politische Grundorientierungen vermitteln und die Bürger durch politische Erziehungsarbeit zur politischen Beteiligung anregen. Diese Funktion nehmen sie im Zusammenwirken mit gesellschaftlichen Institutionen (Familie, Medien, Verbände) wahr. In einigen Staaten ist der Grad politischer Mobilisierung in allgemeinen Wahlen hoch (Niederlande, Bundesrepublik Deutschland), in anderen, wie den Vereinigten Staaten und der Schweiz, eher niedrig. Nach den Ergebnissen empirischer Untersuchungen hat sich in vielen Staaten die Scheu verringert, sich zu einer politischen Partei zu bekennen, sind doch die sozialstrukturellen und ideologischen Barrieren zwischen den politischen Parteien niedriger geworden. Die Entschärfung sozialer Konflikte, die hierin zum Ausdruck kommt, hat allerdings auch dazu beigetragen, die Bereitschaft zur Mitarbeit in politischen Parteien zu verringern. Der Organisationsgrad der politischen Parteien, d.h. der Anteil der Mitglieder an den Wählern einer Partei, ist folglich in den europäischen Demokratien zurückgegangen.[66]

Im internationalen Vergleich hält die Entwicklung der Parteimitgliederzahlen nicht mit dem Bevölkerungswachstum Schritt. Die Distanz zwischen Wählerschaft und Parteien ist aus verschiedenen Gründen größer geworden: Zwar ist die politische Mitwirkungsrolle der Parteien in mehreren Nachkriegsverfassungen anerkannt worden (so im Art. 21 I des Grundgesetzes und ähnlich in den Verfassungen Spaniens, Portugals, Frankreichs und Italiens). Durch staatliche Unterstützung haben sich die Parteien aber selbst zunehmend „verstaatlicht", durch die öffentliche Parteienfinanzierung zunächst in der Bundesrepublik Deutschland, inzwischen aber auch in anderen europäischen Demokratien wie den Niederlanden und den skandinavischen Ländern. Dadurch hat sich zwar ihr Organisationsgrad gefestigt, aber die Kommunikationsprobleme im Umgang mit Medien und Wählerschaft sind größer geworden.

Vor dem Hintergrund dieser Art von Stabilisierung sind gewichtige Funktions- und Strukturänderungen der modernen Parteiensysteme zu beobachten. Dies gilt insbesondere für die Sozialisationsfunktion, die von den Parteien weniger als früher wahrgenommen wird. Diese Funktion hat sich immer mehr auf andere Institutionen, insbesondere Medien und Verbände, verlagert: Während die Parteimedien in allen Demokratien an Bedeutung einbüßen, verstärkt sich das Gewicht der Massenmedien. Zudem entfalten die traditionellen sozialen Milieus wie das

---

65 Karlheinz *Niclauß*, Das Parteiensystem der Bundesrepublik Deutschland. Eine Einführung, 2. Aufl. Paderborn u.a. 2002, S. 12.
66 Zu den lokalen Strukturproblemen politischer Parteien vgl. Herbert *Kühr* (Hrsg.), Vom Milieu zur Volkspartei. Funktionen und Wandlungen der Parteien im kommunalen und regionalen Bereich, Königstein/Ts. 1979.

gewerkschaftliche oder das kirchliche eine weitaus geringere Bindungswirkung als früher. Mit der Auflösung dieser Milieus, zumindest aber mit ihrer geringeren gesellschaftlichen Ausstrahlung, sind auch die damit eng verflochtenen Parteien weniger als zuvor in der Lage, die vormals zentrale Funktion der Sozialisation auszuüben.

Neben diesen Sozialisationsinstanzen – Familie, Schule, Medien und Parteien – sind auch *peer groups*, d.h. Kleingruppen befreundeter, gleichaltriger Kinder und Jugendlicher für die politische Sozialisation bedeutsam. Auch wenn viele dieser Gruppen apolitisch erscheinen, sind latente politische Sozialisationseffekte nach den Ergebnissen der Kleingruppenforschung häufig zu erwarten.[67] Denn je stärker politische Orientierungen die jeweiligen Gruppenziele beeinflussen, umso manifester sind die Sozialisationswirkungen (z.B. in Jugendorganisationen politiknaher Verbände, Kirchen etc.).

Eine nennenswerte Wirkung auf den Prozess der politischen Sozialisation üben auch Vereine aus, auch wenn ihr formaler Einfluss auf die politische Meinungsbildung eher gering einzuschätzen ist. Es scheint jedenfalls eine Illusion zu sein, von einer stärkeren Mitgliederbeteiligung in Vereinen eine Steigerung politischer Partizipation zu erwarten.[68] Gleichwohl sind Vereine als „personenbezogene Einflussschiene lokaler Eliten"[69] wichtige Akteure im politischen Entscheidungsprozess und zugleich vielfach auch Stützen einer alternativen Öffentlichkeit. In der Tradition *Tocquevilles* sind Vereine als „freie Assoziationen *Schulen der Demokratie*", in denen demokratisches Denken und ziviles Verhalten durch die alltägliche Praxis eingeübt und habitualisiert wird. Die Vereine dienen damit der Wertbildung und Werteverankerung von Bürgertugenden wie etwa Toleranz, wechselseitige Akzeptanz, Ehrlichkeit, Zuverlässigkeit, Vertrauen und auch Zivilcourage. Damit akkumulieren sie soziales Kapital, ohne das Demokratien weder entstehen noch sich langfristig konsolidieren und etablieren können.[70]

Entscheidend ist, dass in den ersten Lebensabschnitten grundlegende Orientierungsmuster für politisches Denken und Handeln übermittelt und dadurch Ein-

---

67 Vgl. Dorothee *Dickenberger*, Politische Sozialisation, in: Manfred G. *Schmidt* (Hrsg.), Westliche Industriegesellschaften. Wirtschaft – Gesellschaft – Politik, München/Zürich 1983, S. 351-357; Lothar *Krappmann*, Sozialisation in der Gruppe der Gleichaltrigen, in: Klaus *Hurrelmann*/Dieter *Ulich* (Hrsg.), Neues Handbuch der Sozialisationsforschung, 4. Aufl, Weinheim/Basel 1991, S. 355-375.; Heinz *Renders*, Politische Sozialisation Jugendlicher in der Nachkriegszeit. Forschungsstand, theoretische Perspektiven und empirische Evidenzen, Opladen 2001, S. 126f.
68 Vgl. Klaus *Simon*, Lokale Vereine – Schule der Demokratie? Zum Einfluß lokaler Freizeitvereinigungen auf die politische Beteiligung der Bürger in der Gemeinde, in: Oscar W. *Gabriel* (Hrsg.), Bürgerbeteiligung und kommunale Demokratie, München 1983, S. 241-269.
69 Annette *Zimmer*, Vereine – Basiselement der Demokratie. Eine Analyse aus der Dritte-Sektor-Perspektive, Opladen 1996, S. 68.
70 Vgl. Robert D. *Putnam*, Schlussfolgerungen, in: *ders.* (Hrsg.), Gesellschaft und Gemeinsinn. Sozialkapital im internationalen Vergleich, Gütersloh 2001, S. 751-790; Annette *Zimmer*, Der Verein in Gesellschaft und Politik, in: Rupert *Graf Strachwitz*, Dritter Sektor – Dritte Kraft. Versuch einer Standortbestimmung, Stuttgart 1998, S. 93ff.

stellungen zu politischen Institutionen und politischen Symbolen verankert werden. Hier finden politisches Engagement und politische Distanz, politische Verklärung von Institutionen und Personen sowie politischer Zynismus ihren Ursprung. Politische Sozialisation wirkt sich nicht nur auf das politische Verhalten im engeren Sinne aus – die Beteiligung an Wahlen, die Mitarbeit in politischen Parteien etc. –, sondern beeinflusst den gesamten Bereich politischer Kommunikation. Die kommunikativen Erfahrungen in Kindheit und Jugend formen so auch die Einstellungen zu Medien und den Umgang mit Informationen.[71]

2.3 Stabilität demokratischer Einstellungen

Das politische System wird von seinen Bürgern nicht nur an allgemeinen politisch-sozialen Wertvorstellungen, sondern ebenso an konkreten Nutzenerwägungen gemessen. So bezeichnet *Lipset* die *wirtschaftliche Entwicklung* und die *Legitimität* des politischen Systems als ausschlaggebend für die *Stabilität der Demokratie*. Er versteht unter Legitimität „das Ausmaß, in dem den Institutionen als solchen Wert beigemessen wird, und in dem sie für richtig und angemessen gehalten werden".[72] Die Stabilität des demokratischen Verfassungsstaates hängt, wie Entwicklung und Selbstbehauptung der demokratischen Ordnungen im 20. Jahrhundert gezeigt haben, von der wirtschaftlichen Entwicklung sowie der Funktionsfähigkeit und Legitimität des politischen Systems ab. Dabei ist unter *Funktionsfähigkeit* die Erfüllung grundlegender Regierungsfunktionen durch das betreffende System in Übereinstimmung mit den Auffassungen der Mehrheit zu verstehen. *Legitimität* der politischen Ordnung ist dann vorhanden, „... wenn es dem System gelingt, im Volke die Überzeugung zu schaffen und zu erhalten, dass die bestehenden politischen Institutionen für die betreffende Gesellschaft die bestmöglichen sind."[73]

Aus dieser Sicht ist vor dem Hintergrund der Selbstbehauptung wie auch der Selbstzerstörung demokratischer Systeme im 20. Jahrhundert davon ausgehen, dass die Legitimität des demokratischen Verfassungsstaates tragfähig und die Zustimmung zu seinen Institutionen stabil ist, *wenn* die politische Ordnung als legitim und funktionsfähig angesehen wird. Ebenso können wir aus der Entwicklung des demokratischen Verfassungsstaates in Europa folgern, dass die Mängel der Funktionsfähigkeit der Institutionen in einem gewissen Umfang durch ein hohes Maß an Legitimität ausgeglichen und Legitimitätsschwächen durch den Nachweis funktionsfähiger Institutionen abgebaut werden können. Beide Kompensationen

---

71 Vgl. Doris A. *Graber*, Processing the News. How People Tame the Information Tide, 2. Aufl., New York/London 1988, S. 134ff.
72 Seymour Martin *Lipset*, Soziologie der Demokratie, Neuwied am Rhein 1962, S. 34.
73 *Ders.*, ebd., S. 70.

sind aber nur in Grenzen möglich: Denn wie sollen die Bürger ihre Überzeugung auf Dauer wahren können, die bestehenden Institutionen seien für sie die bestmöglichen, wenn diese sich außerstande zeigen, grundlegende Regierungsfunktionen befriedigend wahrzunehmen? Die Stabilität eines demokratischen Systems ist daher immer dann nachhaltig gefährdet, wenn schwerwiegende Mängel der Funktionsfähigkeit politischer Institutionen und Legitimitätsschwächen zusammentreffen. Die Weimarer Republik, die Demokratien in Italien, in Japan und der Vierten Französischen Republik bieten anschauliche Beispiele für diesen Zusammenhang.

Die Geschichte des demokratischen Verfassungsstaates ist zwar durch unterschiedliche, mehrstufige Reaktionen des politischen Systems auf die interne Mobilisierung von Interessen und externen Druck gekennzeichnet. Aber alle europäischen Demokratien haben dabei Entwicklungsstadien durchlaufen, die durch die Überwindung folgender Schwellen geprägt waren:[74]

1. die Schwelle der *Legitimation* (Anerkennung politischer Grundrechte, des Rechts auf Opposition und der Artikulation von Interessen),
2. die Schwelle der politischen *Integration* durch die Konkurrenz unterschiedlicher Gruppen um die politische Macht und insbesondere das passive Wahlrecht für Kandidaten von Oppositionsparteien,
3. die Schwelle der *Repräsentation*, die durch Schranken für die politische Vertretung neuer politischer Bewegungen gekennzeichnet ist, und
4. die Schwelle der *politischen Macht*: die Gestaltungsmöglichkeiten der Mehrheit und die effektive Kontrolle politischer Entscheidungen durch das Parlament.

Diese Schwellen bezeichnen entscheidende Grundlagen politischer Legitimität, die im Folgenden näher betrachtet werden sollen.

Die politische Systemtheorie David *Eastons* macht es möglich, die Zustimmung der Bürger zu den politischen Institutionen des demokratischen Verfassungsstaates als Kennzeichen seiner Legitimität weiter aufzuschlüsseln. Denn die Unterstützung der politischen Ordnung durch ihre Bürger muss zugleich *spezifisch* und *diffus* sein, d.h. sowohl den konkreten Leistungen des politischen Systems gelten als auch in normativen Überzeugungen und einem durch Erfahrung gestützten Vertrauen begründet sein. Dieses Vertrauen gilt in erster Linie der historischen Tragfähigkeit und politischen Glaubwürdigkeit der politischen Institutionen einer Gesellschaft.

---

74 Stein *Rokkan*/Seymour M. *Lipset*, Cleavage Structures, Party Systems and Voter Alignments: An Introduction, in: *dies.* (Hrsg.), Party Systems and Voter Alignments: Cross National Perspectives, New York/London 1967, S. 1-64; Stein *Rokkan*, The Structuring of Mass Politics in the Smaller European Democracies: A Development Typology, Brüssel 1967 (IPSA-Kongreß, mimeo).

Historisch lässt sich das Problem der Legitimität politischer Institutionen bis zu den ersten Zivilisationen an Euphrat, Tigris und Nil zurückverfolgen, als die Durchführung öffentlicher Arbeiten von der Kontrolle des Zugangs zum Wasser der Flüsse abhing.[75] Im antiken Griechenland vollzog sich der Aufbau politischer Institutionen in einer Vielfalt voneinander weitgehend unabhängiger Stadtstaaten. Das klassische Athen war die Wiege der Demokratie – eine Entwicklung, die keineswegs die Gründung weiterer demokratischer Stadtregierungen nach sich zog, sondern durch despotische Herrschaftsformen unterschiedlicher Prägung konterkariert wurde. Die Fortentwicklung dieser Ansätze zu Verfassungen und Verfassungsinstitutionen wurde durch das Römische Recht und die Verfassungen des antiken Roms herbeigeführt.

Ideengeschichtliche Grundlagen dieser Entwicklung waren die Schriften von *Platon* und *Aristoteles*, die bis in die Gegenwart hineinwirken. Von ebenfalls grundlegender Bedeutung waren das naturrechtliche Denken der *Stoa* sowie das auf eine Unterscheidung weltlicher und religiöser Dinge drängende Christentum. Die Wirkungen dieser Ideen bestanden nicht zuletzt darin, dass dem Individuum staatlicher Macht und gesellschaftlichen Organisationen gegenüber eine schutzwürdige Freiheitssphäre zugesprochen wurde.

Das politische Denken der Moderne entwickelte sich in drei Phasen mit jeweils eigenen Beiträgen zum modernen Verfassungsverständnis:[76] 1. ein Denken, das den modernen Staat begründet und rechtfertigt, 2. ein Denken, das auf Wandel und Verbesserung des Staates bedacht ist und 3. ein teils revolutionäres, teils utopisches Denken, das den Staat abschaffen oder transzendieren will. Zur ersten Denkrichtung – Begründung und Rechtfertigung des Staates – sind *Machiavelli*, *Bodin* und *Hobbes* zu rechnen. Die zweite Tradition politischen Denkens – Wandel und Reform des Staates – ist nachdrücklich von *Locke*, *Bentham* und John Stuart *Mill* vertreten worden. Der revolutionär-utopischen, auf Abschaffung oder Überwindung des Staates zielenden Gruppe sind *Marx, Bakunin* und *Kropotkin* zuzuordnen. Sämtliche Denktraditionen wirken noch heute bei der Diskussion moderner Verfassungsprobleme – der Gewaltenteilung, des Parlamentarismus, der Parteien, Verbände und der politischen Partizipation – nach oder haben doch zumindest einzelne, noch aktuelle Argumente zu dieser Debatte um repräsentative und direkte Demokratie, freies und imperatives Mandat beigesteuert.

Jede Phase der Entwicklung politischer Systeme war durch die Schaffung jeweils eigener Sprachformen und Denkstile geprägt. So war die politische Sprache der griechischen *Polis* philosophisch, die des Römischen Reiches legalistisch, die des Feudalismus religiös und die des modernen Staates administrativ-wissen-

---

75 Vgl. Gordon V. *Childe*, Stufen der Kultur, 2. Aufl., Stuttgart 1955; Samuel N. *Eisenstadt*, The Political Systems of Empires, New Brunswick u.a. 1993; William H. *McNeill*, A World History, 2. Aufl., New York 1971.
76 Vgl. Dwight *Waldo*, Political Science, a.a.O., S. 12ff.

schaftlich. Diese Denk- und Sprachstile schließen sich jedoch nicht gegenseitig aus, sondern durchdringen einander: So hat das Aristotelische Denken das abendländische Verständnis von Staat und Politik sowie das demokratisch-pluralistische Verständnis der Gewaltenteilung nachhaltig geprägt.

In den auf diesen Grundlagen aufbauenden politischen Theorien der Gegenwart wird die Stabilität des demokratischen Verfassungsstaates und demokratischer Wertvorstellungen in engem Zusammenhang mit der gesellschaftlichen und wirtschaftlichen Entwicklung gesehen. So haben die *Modernisierungstheorien* die große Bedeutung der sozio-ökonomischen Entwicklung für die Demokratisierung aufgezeigt.[77] Ein politisch und wirtschaftlich starkes, unabhängiges städtisches Bürgertum war in vielen Staaten Garant einer erfolgreichen Etablierung liberaler Demokratie. In Ländern wie der Schweiz und den Niederlanden konnten die starken Städte durch ein einvernehmliches Vorgehen den Aufbau eines zentralistischen Staatsapparats verhindern.[78] Der Durchsetzung der Massendemokratie kam ferner die Entwicklung eigenständiger rechtlicher, religiöser und sprachlicher Standards zugute.

Der Wandel der Politik unter dem Einfluss gesellschaftlicher Modernisierung lässt sich in folgenden Aspekten nachzeichnen[79]: Der Bürger nimmt einerseits als *citoyen* seine demokratischen Rechte in der Arena politischer Meinungsbildung und Entscheidungsfindung wahr und sucht andererseits als *bourgeois* seine Interessen in den Feldern von Arbeit und Wirtschaft durchzusetzen. Dem entspricht die Ausdifferenzierung von politisch-administrativem und technisch-ökonomischem System. Die klassische Grenzziehung zwischen Politik und Nichtpolitik ist in den modernen Gesellschaften durch den Ausbau des Sozialstaates und die Verwissenschaftlichung der Politik unscharf geworden. Sozialstaatlicher Interventionismus und technologische Großinnovationen tragen zur „*Entgrenzung von Politik*" (Ulrich *Beck*) bei: Einerseits werden die Handlungsspielräume des politischen Systems auch durch Formen neuer politischer Kultur (Bürgerinitiativen etc.) eingeengt und haben eine geringe staatliche Durchsetzungsmacht zur Folge. Andererseits ist die technisch-ökonomische Entwicklung allein aufgrund ihrer Größenordnung sowie ihrer akuten Gefährdungspotentiale von unmittelbarer politischer Bedeutung und eröffnet neue politisch-moralische Dimensionen staatlichen Handelns. Schließlich haben Voraussetzungen und Folgen der wissenschaftlichen, technischen und wirtschaftlichen Modernisierung langfristig ebenso weitreichende gesellschaftliche Auswirkungen wie politisch-administrative Entscheidungen selbst.

---

77 Vgl. Hiltrud *Naßmacher*, Politikwissenschaft, a.a.O., S. 257f.
78 Vgl. Stein *Rokkan*, Dimensions of State Formation and Nation-building, in: C. *Tilly* (Hrsg.), The Formation of National States in Western Europe, Princeton (N. J.) 1975, S. 562-600.
79 Vgl. Ulrich *Beck*, Risikogesellschaft, a.a.O., S. 300-306.

Bei aller Gleichförmigkeit politischer Wertorientierungen in den Industriegesellschaften der Gegenwart sind historisch und kulturell begründete Abweichungen unter dem Einfluss wirtschaftlicher Dynamik und gesellschaftlicher Modernisierung unübersehbar. Mehr als in anderen Demokratien lassen sich etwa in der politischen Kultur Deutschlands Residuen einer unpolitischen Tradition als Fortsetzung obrigkeitsstaatlicher Untertanengesinnung, der Tradition des „deutschen Idealismus" mit etatistischen und unpolitischen Denkhaltungen, einer Tradition politisch-gesellschaftlicher Konfliktscheu auf der Grundlage eines harmonieorientierten Staats- und Gesellschaftsverständnisses und schließlich formalistischer Traditionen als Neigung zur legalistischen Interpretation politischer Probleme und zur Juridifizierung politischer Fragestellungen feststellen.[80] Allerdings spricht die anhaltende Abschwächung dieser „Traditionsbestände" politischen Denkens für die Annahme, dass sich auch in Deutschland unter dem Einfluss gesellschaftlicher Modernisierung und politischer Aufklärung ähnliche politische Wertorientierungen und Sichtweisen durchsetzen wie in anderen westlichen Demokratien.

Die Bedingungen politischer Sozialisation in Deutschland bleiben dadurch geprägt, dass die Meinungen zur konkreten Ausgestaltung der Demokratie auseinandergehen. Die politische Kultur ist regional zwischen neuen und alten Ländern gespalten und die Unterstützung für die politischen Institutionen eher labil: Die grundsätzliche Bejahung der Demokratie verbindet sich nicht mit einer positiven Bewertung ihrer Institutionen. Auch sechzehn Jahre nach der Wiedervereinigung ist eine generelle Konvergenz der politischen Orientierung der Ost- und Westdeutschen bisher nicht eingetreten, im Bereich der Einstellung zur Demokratie haben sich die Unterschiede sogar eher vergrößert.[81] Die verfassungspolitischen Einstellungen werden durch Gegensätze zwischen einem repräsentativen und einem plebiszitären Demokratieverständnis, zwischen einer realistisch-zynischen und einer idealistischen Sicht der Politik und ihrer Institutionen geprägt.[82]

Die Einstellungen zur Idee und Praxis der Demokratie werden vor allem von den Einstellungen zur sozioökonomischen Lage, dem Vertrauen in die Institutionen des Parteienstaates und partizipativen Orientierungen bestimmt.[83] Das Verhältnis der Bürger des vereinigten Deutschlands zum politischen System wird dabei entgegen den Aussagen früherer Untersuchungen nicht allein von der Bewertung politischer Leistungen, sondern auch von der Einschätzung der Chancen

---

80 Vgl. Kurt *Sontheimer*, Deutschlands Politische Kultur, 2. Aufl., München/Zürich 1991, S. 33-40.
81 Oscar W. *Gabriel*, Wächst zusammen was zusammen gehört? in: *ders.*/Jürgen W. *Falter*/Hans *Rattinger* (Hrsg.); Wächst zusammen was zusammen gehört? Stabilität und Wandel politischer Einstellungen im wiedervereinigten Deutschland, Baden-Baden 2005, S. 419.
82 Vgl. Oscar W. *Gabriel*, Demokratische Einstellungen in einem Land ohne demokratische Traditionen? Die Unterstützung der Demokratie in den neuen Bundesländern im Ost-West-Vergleich, in: Jürgen *Falter*/Hans *Rattinger* (Hrsg.) Wirklich ein Volk? Die politischen Orientierungen von Ost- und Westdeutschen im Vergleich, Opladen 2001, S. 41-77.
83 Vgl. *ders.*, ebd., S. 68.

bürgerschaftlicher Teilhabe an der Politik geprägt. In diesem Zusammenhang spielen Demokratiezufriedenheit, die Beurteilung der Gesellschaft, Parteienidentifikation und politische Ideologie eine zentrale Rolle.[84]

Nicht nur auf Deutschland beschränkt sondern weltweit stellt sich jedoch das Problem eingeschränkten Vertrauens in die Institutionen des politischen Systems. Dieses Integrationsproblem konfrontiert die demokratischen Staaten der Gegenwart mit dem politischen Risiko anhaltender Leistungsschwächen.[85] In Deutschland verbindet sich dieses Risiko seit der Vereinigung mit der weiteren Herausforderung, die Folgen der Teilung zu bewältigen und zugleich das erworbende politische Vertrauenskapital, insbesondere den breiten Verfassungskonsensus, zu erhalten. Doch dürfen Institutionenvertrauen und Systemintegration nicht ohne weiteres gleichgesetzt werden; denn zwischen beiden besteht kein eindeutiges Ursache-Wirkungs-Verhältnis. Die normativen Vorstellungen über das erforderliche Vertrauen in die politischen Institutionen gehen auch in einer integrierten, funktionsfähigen politischen Gemeinschaft weit auseinander.

Die politische Sozialisation ist zudem in Deutschland durch einige besondere Merkmale politischer Kultur gekennzeichnet.[86] Noch weiter vorangeschritten als in anderen europäischen Staaten ist hier die Erosion vormals festgefügter politisch-sozialer Milieus. Die Folgen des Krieges und der sozioökonomischen Modernisierung haben die vormals voneinander geschiedenen gewerkschaftlichen, kirchlichen, agrarischen und bürgerlich-liberalen Lebenswelten teilweise aufgelöst und damit deren eigene Kommunikationsnetze entweder zerstört oder so miteinander vermischt, dass das jeweilige soziale Milieu seine Grenzen und damit auch seine Prägekraft einbüßte. Diese Erosion erklärt auch die zunehmende Bindungsschwäche der politischen Parteien, denn niemand wird mehr „in eine Partei hineingeboren".[87] Aber auch in anderen westlichen Demokratien wie in den USA ist ein Abbau von Parteibindungen zu beobachten. Eine weitere Folge der Auflösung der Milieus beeinflusst den politischen Wettbewerb unmittelbar: Die meisten Bürger ordnen sich gesellschaftlich der Mittelschicht und politisch der Mitte zu. Unter dem Einfluss dieser Zentrierung der Bürger, die sich in den meisten Demokratien der Gegenwart feststellen lässt, tendieren die Parteiensysteme zur politischen Mitte. In der Bevölkerung werden dadurch kooperative Einstellungen und die Bereitschaft zum politischen Kompromiss gefördert.

---

84 Vgl. Wolfram *Brunner*/Dieter *Walz*, Das politische Institutionenvertrauen in den 90er Jahren, in: Jürgen *Falter*/Oscar W. *Gabriel*/Hans *Rattinger* (Hrsg.), Wirklich ein Volk?, a.a.O., S. 201.
85 Vgl. Oscar C. *Gabriel*, Integration durch Institutionenvertrauen? Struktur und Entwicklung des Verhältnisses der Bevölkerung zum Parteienstaat und zum Rechtsstaat im vereinigten Deutschland, in: Jürgen *Friedrichs*/Wolfgang *Jagodzinski* (Hrsg.), Soziale Integration, a.a.O., S. 199-235.
86 Vgl. Wolfgang *Rudzio*, Das politische System der Bundesrepublik Deutschland, in: Bundeszentrale für politische Bildung, Grundwissen Politik, Bonn 1991, S. 84.
87 Vgl. Elmar *Wiesendahl*, Der Marsch aus den Institutionen, in: Aus Politik und Zeitgeschichte, B21/90, S. 3/14.

Soweit in der Phase der politischen Sozialisation stabile politische Wertorientierungen vermittelt werden, die zeitlich von Dauer, in sich stimmig und jeweils neuen politischen Konstellationen gewachsen sind, besteht nach Untersuchungen politischer Sozialisation in den USA und Europa Einvernehmen darüber, dass die Elterngeneration mit den Heranwachsenden trotz der weitreichenden, grundsätzlichen Prägewirkung der Familie nur noch in wenigen zentralen Fragen harmoniert. Diese Übereinstimmung ist in innen- und außenpolitischen Grundsatzfragen wie bei der Einstellung zu politischen Parteien größer, bei sozialen Wertvorstellungen, Normen der Regierungsweise und sonstigen politischen Streitfragen jedoch deutlich geringer.[88] Allerdings lassen die meisten Bürger immer weniger umfassende, grundsätzliche Einstellungen zu grundlegenden politischen Werten und politischen Institutionen erkennen. Vielmehr sind diese Attitüden von konkreten Objekten und Situationen abhängig. Daher werden politische Ideologien nicht als Ganzes von Generation zu Generation übermittelt, sondern nur bruchstückweise und situationsabhängig.

2.4 Bereitschaft zu politischer Beteiligung

Die *vergleichende Partizipationsforschung* fragt nach den international gültigen Dimensionen politischer Beteiligung und wendet dabei eine Betrachtungsweise an, die die Ebenen des politischen Systems miteinander verbindet.[89] Während sie in einem ersten Ansatz das System insgesamt beschreibt (Makroebene), ist ihr zweites Instrument die Umfrageforschung (Mikroebene). Diese wird in der empirischen *Wahlforschung* zur Erklärung individuellen Wahlverhaltens eingesetzt. Nach der zunehmenden Ausbreitung nationaler Wahlstudien und ihrer besseren historischen Untermauerung kann die Wahlforschung durch internationalen Vergleich genauer prüfen, ob die von *Lipset* und *Rokkan* vertretene These von der Kontinuität der europäischen Parteiensysteme und der ihnen zugrundeliegenden Konfliktlinien auch in Zeiten raschen politischen und sozialen Wandels ihre Gültigkeit besitzt. Schon jetzt steht fest: Nach den Befunden der vergleichenden Partizipationsforschung kann von einer umfassenden Legitimitätskrise westlicher Demokratien trotz anhaltender Grundsatzkritik keine Rede sein.

Im Bereich der Einstellungen zu politischer Beteiligung lassen sich bedeutsame Unterschiede zwischen den demokratischen Verfassungsstaaten feststellen: So spielt das persönliche politische Bekenntnis in den Vereinigten Staaten eine größere Rolle als in den europäischen Demokratien, deren politische Meinungs-

---

88 Vgl. David O. *Sears*, Political Socialization, a.a.O., S. 124, 134f.
89 Vgl. zum folgenden Jan W. *van Deth*, Vergleichende Politische Partizipationsforschung, in: Dirk *Berg-Schlosser*/Ferdinand *Müller-Rommel*, Vergleichende Politikwissenschaft, a.a.O., S. 167-188.

bildung und Entscheidungsfindung in weit größerem Umfang durch Parteien und gesellschaftliche Großorganisationen geprägt wird.[90] Daraus ist jedoch nicht zu folgern, dass die Bereitschaft zu politischer Beteiligung in Europa geringer ist als in den Vereinigten Staaten. Zumindest die seit langem höheren Raten der Wahlbeteiligung in den europäischen Demokratien sprechen gegen eine solche Annahme. In den Demokratien Europas wie Nordamerikas stehen große Teile der Jugend dem politischen System skeptischer gegenüber als die Erwachsenen und zeigen sich neuen Formen politischer Beteiligung gegenüber aufgeschlossen. Jüngste Ergebnisse der Einstellungsforschung belegen, dass bei den Jugendlichen eine deutliche Abkehr von den Parteiorganisationen und den Politikern im Hinblick auf deren Glaubwürdigkeit stattgefunden hat und die Bereitschaft zur persönlichen Beteiligung in Parteiorganisationen sinkt.[91] In allen Demokratien der Gegenwart deuten Entstehen und Verbreitung von Bürgerinitiativen darauf hin, dass das Management der politischen Institutionen zu wünschen übrig lässt und die Responsivität der politischen Eliten gegenüber der Wählerschaft deutliche Schwächen aufweist. Zugleich werden Politik und Lebenswelt nicht nur durch die zunehmende politische Regelungsdichte und administrative Zwänge „von oben", sondern auch durch intensive politische Einflussnahme „von unten" stärker miteinander verknüpft.

Politisches System und politische Kultur beeinflussen sich wechselseitig:[92] Politische Wertvorstellungen und Einstellungen sind in erheblichem Umfang von der Leistungsfähigkeit und vom Funktionsvermögen der politischen Institutionen abhängig. Die politische Kultur beeinflusst nicht nur die Verfahren der Entscheidungsfindung, sondern auch Struktur und äußere Erscheinungsform von Parteien und Verbänden. Sie vermittelt entscheidende Grundlagen der Akkulturation und der politischen Sozialisation. Durch die Standardisierung von Verhaltensregeln und die Einübung ihrer Anwendung werden die Mitglieder der heranwachsenden Generation mit Lebensformen und Wertmaßstäben der Gesellschaft vertraut gemacht.[93] Sozialisierung macht mit dem Code gemeinschaftlichen Verhaltens als Kernbestandteil der Kultur vertraut. Nur wenn dieser zur Richtschnur des individuellen Verhaltens der Bürger wird, können Gesellschaften überleben.

---

90 Vgl. Klaus *von Beyme*, Politische Kultur, a.a.O., S. 76.
91 Vgl. Artur *Fischer*/Yvonne *Fritzsche*/Werner *Fuchs-Heinritz*/Richard *Münchmeier*, Hauptergebnisse, in: *Deutsche Shell* (Hrsg.). Jugend 2000. Bd. 1, Opladen 2000, S. 16.
92 Vgl. Sidney *Verba*, Comparative Political Culture, in: Lucian *Pye*/Sidney *Verba*, Political Culture and Political Development, Princeton 1965, S. 520.
93 Zur politischen Kultur in Deutschland siehe Dirk *Berg-Schlosser*/Jakob *Schissler* (Hrsg.), Politische Kultur in Deutschland. Bilanz und Perspektiven der Forschung, in: Politische Vierteljahresschrift, 28. Jhg., 1987, Sonderheft 18, hier insbesondere die Beiträge von Dieter *Fuchs* (Trends politischer Unterstützung in der Bundesrepublik, S. 357-377), Ursula *Hoffmann-Lange* (Eliten als Hüter der Demokratie?, S. 378-391) und Siegfried *Schumann* (Persönlichkeit, politische Einstellungen und Wahlverhalten, S. 392-402).

Die Normen der politischen Kultur werden durch *Akkulturation* übermittelt. Dadurch stabilisiert der Prozess der politischen Sozialisation eine Gesellschaft sowohl vertikal (durch Vermittlung zwischen den Generationen) als auch horizontal (durch Vermittlung zwischen sozialen Gruppen).[94] Die Staaten der Gegenwart sind sich der Bedeutung politischer Sozialisation bewusst und suchen daher Bedingungen und Richtung der politischen Sozialisation zu beeinflussen. Auf die Institutionen politischer Sozialisation – Elternhaus, Kirche, Schule, Gemeinde, Freizeitgruppen – können die politischen Instanzen in freiheitlichen Gesellschaften jedoch nur schwachen Einfluss ausüben.

Im Verlauf der Sozialisierung wirkt sich der formale Erziehungsprozess in Industrie- und Entwicklungsländern durchaus unterschiedlich auf die Einstellung der heranwachsenden Generation zu den staatlichen Institutionen aus. In Entwicklungsländern wie *Kenya* und *Tanzania* nimmt die Skepsis gegenüber den zentral vorgegebenen politischen Werten zu, je höher das Bildungsniveau der Heranwachsenden ist. Eine ähnlich stark wachsende Ablehnung zentraler politischer Wertvorstellungen bei zunehmendem Bildungsgrad und steigendem Sozialstatus hat sich dagegen in Industrieländern nicht feststellen lassen. Hieraus lässt sich folgern, dass die Stabilität der politischen Systeme vieler Entwicklungsländer, ganz abgesehen von fundamentalen wirtschaftlichen und sozialen Belastungen, durch eine skeptische Distanz der jüngeren Generation gefährdet ist und diese Distanz zu einer größeren „Zirkulation der Eliten" (*Pareto*) führt. Denn der wirtschaftliche, soziale und politische Führungsnachwuchs wird weniger als in den Industrieländern durch festgefügte Auslesekanäle und stabile politische Institutionen integriert.

Diese Beobachtung ist allerdings nur in freiheitlichen Gesellschaften gültig. In *totalitären* Gesellschaften dagegen sucht der allgegenwärtige und allzuständige Staat die gesellschaftlichen Institutionen politischer Sozialisation entweder nach und nach zurückzudrängen oder sie von vornherein ihrer Bedeutung für die Akkulturation der nachwachsenden Generation zu berauben. Während in den pluralistischen Industriegesellschaften Kleingruppen, Familie, Schulwesen, Kirchen und Wohngemeinde nach wie vor einen erheblichen Einfluss auf die Vermittlung sozialer und politischer Wertvorstellungen ausüben, ist in zahlreichen Entwicklungsländern die Bedeutung der Medien, Gewerkschaften und Betriebe für den Sozialisationsprozess beachtlich und in vielen Fällen sogar noch größer als in Industrieländern. In diesen Ländern zeigen Heranwachsende, die in den Familien weniger stark unter Druck gesetzt worden sind, eine größere Bereitschaft zum Engagement als relativ rigide erzogene und kontrollierte junge Menschen. Im ers-

---

94 Vgl. Mattei *Dogan*/Dominique *Pelassy*, How to Compare Nations, a.a.O., S. 67.

ten Fall ist die Übereinstimmung der jüngeren Generation mit den Wertvorstellungen der älteren größer als im zweiten.[95]

Freiheitliche, pluralistische Gesellschaften lassen eine größere Vielfalt unterschiedlicher Einflüsse auf den Sozialisationsprozess zu, wobei die miteinander konkurrierenden Gruppen danach trachten, ihre Mitglieder von dem Einfluss anderer Gruppen zu bewahren. Diese Abschirmung stößt in modernen Gesellschaften auf den Widerstand übergreifender Vermittlungsagenturen (z.B. Medien) und die ausgleichende Funktion überlappender Gruppenmitgliedschaften und sich überlagernder „sozialer Kreise" (Georg *Simmel*).[96] Das Geflecht sich überschneidender sozialer Bezugssysteme und die Wirkung der Massenmedien unterlaufen den auf wechselseitige Abgrenzung zielenden Einfluss von Gruppenmitgliedschaften.

In Fragen politischer Einstellungen und Beteiligung ist der Abstand zwischen den Generationen in Industriestaaten wie Deutschland und Großbritannien am größten. In allen bisher untersuchten Ländern zeigt die junge Generation eine schwächere Bindung an die etablierten Institutionen und eine größere Bereitschaft zur Unterstützung von Protestbewegungen als ihre Eltern. Widersprüchlich erscheint jedoch folgender Befund: In Deutschland ist sowohl die Kluft zwischen den Generationen relativ weit als auch die Übereinstimmung in den Familien relativ groß. Hierbei handelt es sich aber eben nur um *relative* Übereinstimmungen. Denn weder ist eine größere Generationskluft durch Rebellion innerhalb der Familien erklärbar, noch schaffen relative Übereinstimmungen innerhalb der Familien eine Ähnlichkeit der Generationen insgesamt, geschweige denn eine Gleichheit der Einstellungen der Generationen.

Politische Beteiligung ist am ehesten dann zu erwarten, wenn Bürger sich politisch interessieren, für die Lösung gesellschaftlicher Probleme einsetzen und Bereitschaft zu politischem Engagement entwickeln. Diese Einstellung führt aber nur dann zu politischer Partizipation, wenn die Bürger hinreichend über die erforderliche Zeit, Geld und entsprechende kommunikative sowie organisatorische Fähigkeiten verfügen.[97] Diejenigen, die ihre Mitbürger für politisches Engagement gewinnen, setzen bei ihrer Suche am ehesten in jenen sozialen Kreisen und

---

95 Vgl. Robert *Lane*, Political Maturation in Germany and America, in: Mattei *Dogan*/Richard *Rose* (ed.), European Politics, Boston 1971, S. 101ff.
96 Vgl. Georg *Simmel*, Soziologie, a.a.O., Kap. 6. Auf die Tatsache, dass das Individuum von Anfang an unterschiedlichen sozialen Kontexten angehört und kulturellen Wertvorstellungen ausgesetzt ist, hat auch Pitirim *Sorokin* in seiner Allgemeinen Soziologie gesellschaftlicher Struktur und Dynamik hingewiesen: „If several mutually contradictory groups are in control then the infant receives correspondingly discordant' 'selfs'. Hence at the very start he tends to become a split personality, with conflicting roles molded by very different cultural patterns." Pitirim *Sorokin*, Society, Culture and Personality: Their Structure and Dynamics. A System of General Sociology, New York 1969, S. 716.
97 Vgl. Henry E. *Brady*/Kay Lehmann *Schlozmann*/Sidney *Verba*, Voice and Equality: Civic Voluntarism in American Politics, Cambridge (Mass.) 1995.

Netzwerken an, deren Mitglieder über günstige Voraussetzungen für ein solches Engagement verfügen. So restituiert sich ein ohnehin bestehendes Gefälle sozialer und politischer Beteiligungschancen: Die in diesen Netzwerken nicht vertretenen Bürger werden nochmals ausgegrenzt und die bereits Abseitsstehenden zusätzlich entmutigt.[98]

Für das Individuum gibt es verschiedene Möglichkeiten, auf politische Herausforderungen und gesellschaftlichen Wandel zu reagieren. Eine erste ist *soziale Anpassung*, die auf Konformität mit dem politischen Verhalten einer Gruppe zielt.[99] Eine zweite ist die *Externalisierung*, d.h. die Projektion ungelöster Probleme und unerfüllter Wünsche in die Politik. Diese Reaktionsweise kann so weit gehen, dass politische Aktivität pathologisch wird: Politischer Aktivismus wird dann zum Ausdruck geringen Selbstwertempfindens.[100] Eine dritte Form der Verarbeitung gesellschaftlichen Wandels ist politischer Protest.[101] Das politische Protestpotential ist kein Übergangsphänomen, sondern eine neue Herausforderung der modernen Demokratie, die um so tiefgreifender und dauerhafter geworden ist, je mehr die gut ausgebildeten Mitglieder der jungen Generation in die bestehenden Institutionen hineingewachsen sind. Es mag dahingestellt bleiben, ob man von einer „Revolution" politischer und gesellschaftlicher Wertvorstellungen sprechen kann: In jedem Fall werden postmaterialistische Wertorientierungen für die politischen Systeme der Industriegesellschaften bedeutsamer – und dadurch zugleich eine neue Belastung und Chance.[102] Eine vierte Form ist die politische Partizipation an Wahlen, in Parteien und in Bürgerinitiativen.

Die Demokratien der Gegenwart sind durch eine neue Konfliktlinie geprägt: die Alternative zwischen materialistischen und postmaterialistischen Wertorientierungen.[103] Diese überlagert die herkömmlichen Klassen- und Konfliktstrukturen. „Neue Politiken" durchschneiden die traditionellen Grenzen von Parteibindungen und fordern insbesondere erweiterte Möglichkeiten politischer Partizipation über die Beteiligung an Wahlen und herkömmlichen Abstimmungen hinaus. Die Möglichkeiten unkonventioneller Beteiligung haben das Repertoire politischen Verhaltens erheblich erweitert, auch wenn festzuhalten bleibt, dass die Bereitschaft zum Protest gelegentlich Elemente des Hedonismus und mangelnder Verantwortlichkeit einschließt. Neue Führungsgruppen können sich so der Formen direkter politischer Einflussnahme bedienen, um politische Ergebnisse zu erzielen, die sonst nicht erreichbar wären. Politische Zwangsmaßnahmen als Reak-

---

98 *Dies.*, ebd., S. 220ff.; ferner: *dies.*, Prospecting for Participants: Rational Expectations and the Recruitment of Political Activists, APSA 1995 Annual Meeting, Chicago (Ill.), 31. August bis 3. September 1995.
99 Vgl. James N. *Danziger*, Understanding the Political World ..., a.a.O., S. 114.
100 Vgl. Harold *Lasswell*, Psychopathology and Politics, Chicago 1977.
101 Vgl. Samuel A. *Barnes*/Max *Kaase*, Political Action, a.a.O., S. 523-534.
102 Vgl. *Prognos*, Wertewandel 1984, Basel 1984.
103 Vgl. Samuel H. *Barnes*/Max *Kaase*, Political Action, a.a.O., S. 531ff.

tion der politischen Führung auf diese Entwicklung würden jedoch das politische System nicht stabilisieren, sondern die Gefahr von Legitimitätsverlusten heraufbeschwören.

Die neuen Ansprüche auf Beteiligung und Mitentscheidung stellen die überlieferten Formen politischer Partizipation und zugleich den Auftrag politischer Institutionen in Frage.[104] Hier wird deutlich, dass der demokratische Verfassungsstaat nicht nur auf den Grundsätzen der institutionellen Herrschaftsbegrenzung, der Verfassungsbindung und Gewaltenteilung beruht, sondern letztlich auf dem Prinzip der Volkssouveränität. An dieses Prinzip als Legitimitätseinverständnis der Bürger mit der politischen Ordnung werden in den repräsentativen Demokratien der Gegenwart höhere Anforderungen als zuvor gestellt. Dies macht politische Vermittlungsprozesse aufwendiger und komplizierter, vor allem wegen der anhaltenden Pluralisierung von Lebensstilen, der Differenzierung von Lebensformen, der tendenziellen Aufweichung vormals festgefügter politisch-sozialer Milieus und der damit eng verbundenen Entkoppelung von Sozialstruktur und politischen Verhaltensdispositionen.[105]

Der gesellschaftliche Wertewandel erhöht den Stellenwert von Selbstverwirklichung, Mitbestimmung, Unabhängigkeit und Kommunikation gegenüber den traditionellen Werten wirtschaftlicher und sozialer Sicherheit. Hiermit ist ein gestiegenes Interesse an politischer Beteiligung verbunden. Diese „*partizipatorische Revolution*"[106] richtet sich auch auf unkonventionelle Formen politischer Einflussnahme (Bürgerinitiativen, Demonstrationen etc.). In diese Richtung wirken die Folgen gesellschaftlicher Modernisierung, das steigende Bildungsniveau und eine Akzeptanzkrise der traditionellen Vermittlungsinstanzen, insbesondere der Volksparteien.[107] Nicht das Interesse an Politik geht indessen zurück, sondern die Attraktivität des institutionalisierten Engagements in seinen überkommenen Formen. Rückläufig ist die Identifikation mit politischen Parteien, und es wächst die Skepsis gegenüber politischen Organisationen.[108] Damit wandeln sich die Voraussetzungen politischer Sozialisation grundlegend. Auch bieten die neuen Medien

---

104 Vgl. Peter Graf *Kielmansegg*, Das Experiment der Freiheit. Zur gegenwärtigen Lage des demokratischen Verfassungsstaates, Stuttgart 1988, S. 10.
105 Vgl. Ulrich *Sarcinelli*, Politikvermittlung im Blickfeld politischer Bildung, a.a.O., S. 61.
106 Vgl. Max *Kaase*, Partizipatorische Revolution – Ende der Parteien?, in: Joachim *Raschke* (Hrsg.), Bürger und Parteien. Ansichten und Analysen einer schwierigen Beziehung, Bonn 1982, S. 173-189.
107 Vgl. Elmar *Wiesendahl*, Etablierte Parteien im Abseits? Die Volkspartein der Bundesrepublik vor den Herausforderungen der neuen sozialen Bewegungen, in: Ulrike C. *Wasmuth* (Hrsg.), Alternativen zur ‚alten' Politik. Neue soziale Bewegungen in der Diskussion, Darmstadt 1989, S. 82-108.
108 Vgl. Herbert *Klages*, Wertedynamik. Über die Wandelbarkeit des Selbstverständlichen, Zürich/Osnabrück 1988, S. 81ff.

wie etwa das Internet neue Formen der Partizipation, etwa in Foren oder Newsgroups.[109]

Wesentliche Aufgabe politischer Sozialisation ist die Vermittlung der Überzeugung, sich sinnvoll und wirksam am politischen Entscheidungsprozess beteiligen zu können und nicht nur Objekt politischer Entscheidungen zu sein.[110] Zumindest muss diese partizipationsorientierte Einstellung neben eine eher passiv-skeptische Orientierung treten. Ihre Vermittlung wird durch den gesellschaftlichen Wertewandel gefördert.[111] Denn in den westlichen Demokratien haben „postmaterialistische" Wertvorstellungen (Partizipation, Chancengleichheit etc.) zumindest in der jüngeren Generation inzwischen gegenüber „materialistischen" Orientierungen (Einkommen, Besitz) einen höheren Rangplatz eingenommen.[112] Dieser Wertewandel hat zwar besonders die Jugend geprägt, darüber hinaus aber alle Altersgruppen erfasst, und zwar nicht nur in Industriegesellschaften, sondern zunehmend auch in denjenigen Entwicklungsländern, deren wirtschaftliche Entwicklung und gesellschaftliche Modernisierung weiter vorangeschritten sind. Doch sollte die Wirkung dieses Wertewandels der vergangenen Jahrzehnte auf die politischen Orientierungen der heranwachsenden Generation nicht überschätzt werden. Die Jugendforschung in der Bundesrepublik stellt zumindest in Teilbereichen der jüngeren Generation eine durch neue materielle Knappheit – oder durch Knappheitsängste – verursachte Trendkorrektur fest.[113] Eine dauerhafte Verschlechterung der ökonomischen Lage, der sozialstaatlichen Versorgung oder eine Bedrohung des inneren und äußeren Friedens kann das Gewicht materialistischer Werte wieder erhöhen.[114]

Der Anstieg politischen Interesses reicht indessen nicht aus, um die verstärkte Bereitschaft zu politischer Beteiligung zu erklären. Über die Stellung der Wähler in der sozialen Schichtung hinaus sind es vielmehr Zeit, Geld sowie kommunikative und organisatorische Fähigkeiten, die Umfang und Intensität politischer Aktivität bestimmen.[115] Diese Ressourcen werden in der Phase der politischen Sozialisation, am Arbeitsplatz und durch Mitgliedschaft in Organisationen erworben.

---

109 Vgl. Christian *Metje*, Internet und Politik. Die Auswirkung des Onlinemediums auf die Demokratie, Berlin 2005, S. 26f.
110 Vgl. Lucian W. *Pye*/Sidney *Verba* (Hrsg.), Political Culture and Political Development, Princeton (N. J.) 1965, S. 543f.
111 Vgl. Jean *Blondel*, Comparative Government. An Introduction, 2. Aufl. London 2003, S. 77ff.
112 Vgl. Ronald *Inglehart*, The Silent Revolution, Princeton (N. J.) 1977.
113 Vgl. Wilhelm *Heitmeier* u.a., Die Bielefelder Rechtsextremismus-Studie, München/Weinheim 1992; Martina *Gille*/Winfried *Krüger*/Johann *de Rijke*/Helmut *Willems*, Das Verhältnis jugendlicher und junger Erwachsener zur Politik: Normalisierung oder Krisenentwicklung?, in: Aus Politik und Zeitgeschichte, B 19/96, S. 3-17.
114 Vgl. Gerd *Hepp*, Wertewandel. Politikwissenschaftliche Grundfragen, München/Wien 1994, S. 18.
115 Vgl. Henry E. *Brady*/Sidney *Verba*/Kay Lehman *Schlozman*, Beyond SES: A Resource Model of Political Participation, in: American Political Science Review, vol. 89, 1995, No. 2, 271-294.

Sie bringen zugleich die Bedeutung des sozioökonomischen Status für politische Beteiligung zum Ausdruck.

Nach einer in neun europäischen Staaten 1973 und 1993 durchgeführten Umfrage zeigt sich ein Trend von materiellen, an wirtschaftlichen und Sicherheitsmaßstäben ausgerichteten Wertorientierungen hin zu postmaterialistischen Wertorientierungen.[116] In Frankreich, Italien, Großbritannien, der Bundesrepublik Deutschland, Belgien, Irland, den Niederlanden, Dänemark und Luxemburg nehmen die Werte politischer Teilnahme wie Mitbestimmung am Arbeitsplatz, Freiheit der Meinungsäußerung und humane gesellschaftliche Verhältnisse einen höheren Rangplatz ein als Wirtschaftswachstum, Preisstabilität, Ordnung, innere Sicherheit und Verteidigung. Damit verändert sich auch das gesellschaftliche „Werteklima", in dem Prozesse politischer Sozialisation stattfinden. Auch inflationäre Tendenzen und hohe Arbeitslosigkeit in vielen Staaten haben diesen Trend nicht aufhalten können.

Dieser Wertewandel reicht über die europäischen Staaten und die USA weit hinaus und erfasst Länder mit sehr unterschiedlichen wirtschaftlichen Ordnungen und politischen Verfassungen: Auch in Japan, Korea, Polen, Nigeria, China und Russland sind die jüngeren Altersgruppen postmaterialistischer eingestellt als die älteren. Insgesamt weisen die Länder der Europäischen Union den höchsten Anteil an „Postmaterialisten" aus. Unter den erfassten Ländern sind die Umbrüche der Wertorientierungen zwischen den Generationen in Russland und Südkorea in dieser Frage am stärksten ausgeprägt.

Eine Auswertung von Umfragedaten aus zehn westlichen Demokratien sowie aus Japan hat ergeben, dass der linke und rechte Teil des politischen Spektrums in ähnlicher Weise durch unterschiedliche Wertvorstellungen getrennt sind.[117] Dies gilt vor allem für den unterschiedlichen Stellenwert der postmaterialistischen Wertorientierungen. Dieser fundamentale Wertekonflikt hat jedoch die japanische Wählerschaft im Unterschied zur Wählerschaft westlicher Demokratien bereits in der gesamten Nachkriegszeit geprägt. In dem fernöstlichen Industriestaat war er weniger ein Konflikt zwischen materiellen und postmateriellen Wertmaßstäben als vielmehr ein Widerstreit zwischen autoritären und liberalen Wertvorstellungen, der den Prozess der Modernisierung prägte und den Übergang von Agrar- zu Industriegesellschaften kennzeichnete.[118]

---

116 Vgl. Ronald *Inglehart*/Paul R. *Abramson*, Economic Security and Value Change, in: American Political Science Review, vol. 88, No. 2, 1994, S. 336-355; zu den methodischen Aspekten interkulturellen Vergleichs politischer Wertorientierungen siehe auch *dies.*, The Structure of Values in Five Continents, World Congress of the International Political Science Association, 21.-25. August 1994, Berlin.
117 Vgl. Scott C. *Flanagan*, Modernization Theory and the Rise of a Partisan Value Cleavage in Japan and the West, in: International Political Science Association, World Congress XIV, Washington D. C., August 28•S eptember 1 1988, Abstracts.
118 Vgl. Paul *Kevenhörster*, Politik und Gesellschaft in Japan, Mannheim 1993, S. 13-20.

Tab. 6: Der Übergang zu postmaterialistischen Wertorientierungen

Land	Differenz zwischen dem Anteil der „Postmaterialisten" und der „Materialisten" in %		
	1981-83	1990-91	Veränderung
Finnland	21	23	+2
Niederlande	-2	26	+28
Kanada	-6	14	+20
Island	-10	-14	-4
Schweden	-10	9	+19
Bundesrepublik Deutschland	-11	14	+25
Großbritannien	-13	0	+13
Frankreich	-14	4	+18
Belgien	-16	2	+18
Südafrika	-16	-33	-17
Mexiko	-19	-14	+5
Irland	-20	-4	+16
Argentinien	-20	-6	+14
Norwegen	-21	-19	+2
USA	-24	6	+30
Japan	-32	-19	+13
Italien	-39	7	+46
Spanien	-41	-6	+35
Irland	-45	-7	+38
Ungarn	-50	-41	+9

Quelle: World Value Survey 1981-83, 1990-91 nach: Ronald *Inglehart/* Paul R. *Abramson*, Economic Security and Value Change, a.a.O., S. 350.

Die Polarität von materialistischen und postmaterialistischen Wertvorstellungen unterscheidet zwar die Staaten des Westens von denen des Ostens nicht grundlegend.[119] Doch weichen frühere sozialistische Länder, die wie Polen und Ungarn stets starke Verbindungen zum Westen unterhalten haben, vom typischen Verteilungsmuster dieser Wertvorstellungen deutlich ab. Denn „wirtschaftliches Wachstum" besitzt für sie offenkundig eine andere Bedeutung als für die Demokratien des Westens: Es wird als Grundlage politischer Eigenständigkeit verstanden. Nur in vier von 40 Ländern (in Europa, Nordamerika, Lateinamerika, der früheren Sowjetunion, dem Nahen Osten, Asien und Afrika), nämlich in Litauen, der früheren Tschechoslowakei, Ungarn und Indien, ist die Polarität von materialistischen und postmaterialistischen Wertvorstellungen nicht dominierende Wertedimension. Der Ländervergleich zeigt, dass diese Dimension um so stärker andere Orientierungsmuster überlagert, je höher das Niveau der wirtschaftlichen Entwicklung ist. Entsprechend hat sich die Polarität der Wertvorstellungen in ärmeren Ländern nur schwach herauskristallisiert.

---

119 Vgl. Ronald *Inglehart*/Paul R. *Abramson*, The Structure of Values in Five Continents, a.a.O., S. 21, 27f.

In der Bundesrepublik Deutschland zeigt sich ein differenziertes Bild. Zwar ist hier die Polarität materialistischer und postmaterialistischer Wertvorstellungen auch im politischen Bewusstsein der Wähler verankert. Eine erheblich größere Ausbreitung postmaterialistischer Orientierungen konnte aber in den vergangenen Jahrzehnten ebenso wenig beobachtet werden, wie eine Zunahme systemkritischer Einstellungen.[120] Der Anteil der Postmaterialisten bleibt relativ stabil. Die Präferenz für materialistische und postmaterialistische Ziele hängt zudem von kurzfristig eintretenden wirtschaftlichen Veränderungen (wie Arbeitslosigkeit, Inflationsrate) ab. Eine Legitimitätskrise des politischen Systems ist jedenfalls nicht nachweisbar.

Der Wertewandel von Pflicht- und Akzeptanzwerten zu individualistischen Selbstentfaltungswerten hat insgesamt eine zugleich „enttraditionalisierende" und „entnormativierende" Wirkung.[121] Dies bedeutet aber nicht, dass die individualistischen Werte traditionelle Werte verdrängen, vielmehr ergänzen sie diese und gehen mit ihnen neue Verbindungen ein. Die Träger gemischter Werte nehmen an Zahl und Bedeutung zu. Im gesellschaftlichen Wertewandel ist somit eine Spannung angelegt, die die politische Meinungsbildung offener macht, indem sie überkommene, festgefügte politisch-gesellschaftliche Orientierungsmuster in Frage stellt und neue politische Antworten erzwingt.

Fassen wir zusammen: Mit dem Wertewandel der vergangenen Jahrzehnte hat sich das herkömmliche Themenspektrum der politischen Tagesordnung, in dessen Mittelpunkt zuvor Fragen wirtschaftlicher Leistung und politischer Sicherheit standen, um Probleme des Umweltschutzes, der Risikosicherheit der Kernenergie, der Gleichberechtigung der Geschlechter, der Menschenrechte und der Entwicklungspolitik erweitert.[122] Damit verbindet sich der Anspruch der Bürger an die Politik, Gestaltungsaufgaben in diesen Bereichen nachdrücklicher und wirksamer als bisher wahrzunehmen. In jüngerer Zeit werden jedoch die Finanzierungsprobleme der neuen Staatsaufgaben nach den Ergebnissen von Umfragen skeptischer beurteilt als früher. In Frage stehen dabei nicht die grundlegenden Zuständigkeiten des Staates (*Extensivität*), sondern lediglich Interventionsumfang und Regelungsdichte der Staatstätigkeit in den neuen Aufgabenfeldern (*Intensität*).

Die durch neue Wertprioritäten entstandenen Forderungen ergeben zusammen mit der Verdrängung langfristiger Gestaltungsaufgaben zur Sicherung kollektiver Güter eine *neue politische Konfliktlinie*.[123] Deren Verlauf wird nicht durch materi-

---

120 Vgl. Oskar W. *Gabriel*, Politische Kultur, Postmaterialismus und Materialismus in der Bundesrepublik Deutschland, Opladen 1987.
121 Vgl. Helmut *Klages*, Idealist, Realist und Hedomat in Konkurrenz, in: Das Parlament, 16. Dezember 1994, S. 9.
122 Vgl. Edeltraud *Roller*, Einstellungen der Bürger zum Wohlfahrtsstaat der Bundesrepublik Deutschland, Opladen 1992; *dies.*/Dieter *Fuchs*/Katrin *Voltmer*, Bürger und Politik II: Problemwahrnehmungen, Rolle des Staates und Akzeptanz der Demokratie, in: *Statistisches Bundesamt* (Hrsg.), Datenreport 1992, Bonn 1992, S. 639-648.
123 Vgl. Bernhard *Weßels*, Erosion des Wachstumsparadigmas: Neue Konfliktstrukturen im politischen System der Bundesrepublik, Opladen 1991, S. 83ff., S. 201ff.

elle Gruppeninteressen, sondern durch kollektive Interessen mit moralischem Anspruch bestimmt.[124] Erst wenn diese neuen Präferenzen in neue politische Orientierungen umgesetzt werden und sich das allgemeine politische Bewertungsschema ändert, ist eine dauerhafte Verfestigung dieser Konfliktlinie zu erwarten.[125] Für die Bundesrepublik Deutschland ist diese aber lediglich als Differenzierung des linken Spektrums (im Bereich „linker Postmaterialisten") nachgewiesen worden.[126] Mit anderen Worten: Die politischen Orientierungen werden hier stärker durch die Links-Rechts-Dimension als durch die Materialismus-Postmaterialismus-Dimension geprägt.

2.5 Legitimität der demokratischen Ordnung

Die Stabilität einer demokratischen Ordnung hängt von der *Legitimität* ihrer politischen Institutionen ab. Dazu ist es notwendig, die Begriffe *Legitimität* und *Legitimierung* näher zu bestimmen.[127]

Unter *Legitimität* soll ein durch Verfassungs- und Wertekonsensus bestimmter Zustand des politischen Systems verstanden werden. *Legitimierung* ist der Prozess der Begründung und Absicherung alternativer Entscheidungen und der diese Entscheidungen fällenden Institutionen. *Legitimität* bezeichnet somit den stabilen Zustand eines politischen Systems, *Legitimierung* demgegenüber die Verfahren, die diesen Zustand begründen.

Politische Herrschaft als „Chance, Gehorsam für einen bestimmten Befehl zu finden", ist nach der klassischen Definition Max *Webers* legal, wenn „beliebiges Recht durch formal korrekt gewillkürte Satzung geschaffen und abgeändert werden"[128] kann. Dies ist einer der Legitimitätsgründe der Herrschaft und eine Voraussetzung des Legitimitätsglaubens. Legitime Geltung kann einer Ordnung von den Handelnden zugeschrieben werden kraft Tradition, affektuellen Glaubens, wertrationalen Glaubens und kraft positiver Satzung, an deren Legalität geglaubt werde.[129] Im Unterschied zum traditionalen und charismatischen Typ legitimer Herrschaft beruht der ratio-

---

124 Vgl. Dieter *Fuchs*, Die Unterstützung des politischen Systems der Bundesrepublik Deutschland, Opladen 1989, S. 150.
125 Vgl. Russel L. *Dalton*, Wertewandel oder Wertewende. Die neue Politik und Parteienpolarisierung, in: Hans D. *Klingemann*/Max *Kaase* (Hrsg.), Wahlen und politischer Prozeß. Analysen aus Anlaß der Bundestagswahl 1983, Opladen 1986, S. 427-454.
126 Vgl. Dieter *Fuchs*, Die Unterstützung des politischen Systems, a.a.O., S. 158.
127 Vgl. zum folgenden Paul *Kevenhörster*, Legitimitätsdoktrinen und Legitimitätsverfahren in westlichen Demokratien. Zu Bestimmungsfaktoren und Defiziten der Systemlegitimierung, in: Peter Graf *Kielmansegg*/Ulrich *Matz* (Hrsg.), Die Rechtfertigung politischer Herrschaft. Doktrinen und Verfahren in Ost und West, Freiburg/München 1978, S. 59-103.
128 Max *Weber*, Wirtschaft und Gesellschaft. Grundriß der verstehenden Soziologie, 4. Aufl., Tübingen 1956, 2. Halbband, S. 551.
129 *Ders.*, 1. Halbband, S. 19.

nale Charakter legitimer Herrschaft „auf dem Glauben an die Legalität gesetzter Ordnungen und des Anweisungsrechts der durch sie zur Ausübung der Herrschaft Berufenen ...".[130] Legalität kann „kraft Vereinbarung der Interessenten" und „kraft Oktroyierung auf Grund einer als legitim geltenden Herrschaft" als legitim gelten.

Das Interesse der Bevölkerung an der Dauerhaftigkeit eines politischen Systems und der prinzipielle Konsens mit den Institutionen dieses Systems beruhen auf dem „Legitimitätsglauben": „Aber Sitte oder Interessenlage so wenig wie rein affektuelle oder rein wertrationale Motive der Verbundenheit könnten verlässliche Grundlagen einer Herrschaft darstellen. Zu ihnen tritt normalerweise ein zusätzliches Moment: der Legitimitätsglaube. Keine Herrschaft begnügt sich, nach aller Erfahrung, freiwillig mit den nur materiellen oder nur affektuellen oder nur wertrationalen Motiven als Chancen ihres Fortbestandes. Jede sucht vielmehr den Glauben an ihre ‚Legitimität' zu erwecken und zu pflegen."[131] Im demokratischen Verfassungsstaat gilt dieser *Legitimitätsglaube* den in der Verfassung kodifizierten Regeln der Konfliktaustragung neben anderen teilweise historisch tradierten und national unterschiedlichen Legitimitätsgrundlagen.[132] *Legitime Herrschaft soll insbesondere soziale Konflikte nach allgemein akzeptierten Regeln schlichten und außerstaatliche Gewaltanwendung auszuschließen.*[133]

Die Legalität der Macht ist eine, aber nicht die einzige Bedingung der Legitimität.[134] Eine weitere Bedingung ist die Funktionsfähigkeit der politischen Institutionen, ihre Handlungsfähigkeit und Kontrolleffektivität. Beide Bedingungen schaffen zusammen mit der dritten Voraussetzung, der Zustimmung der Wähler zu den Regeln der Konfliktaustragung, einen Zusammenhang, der von abweichenden Legitimitätsvorstellungen nur in seiner Gesamtheit in Frage gestellt werden kann.[135]

Der Begriff der *Legitimität* besitzt eine spezifische Geltungserfahrung: die Überzeugung von der Rechtmäßigkeit des politischen Systems und der generellen Eignung der Regeln für die Austragung politischer Konflikte. Diese Geltungserfahrung begründet die *Funktion der Legitimität für das politische System: die Bereitschaft, inhaltlich noch nicht bestimmte Entscheidungen innerhalb gewisser Toleranzgrenzen hinzunehmen.*[136]

---

130 *Ders.*, S. 124.
131 *Ders.*, S. 122.
132 Vgl. Richard *Münch*, Legitimität und politische Macht, a.a.O., S. 94ff.
133 Nach Auffassung Talcott Parsons erfasst Max *Webers* Typologie legitimer Herrschaft nicht auf unterschiedlichen Wertsystemen beruhende Legitimationstypen, sondern unterschiedliche Grade der Ausdifferenzierung des politischen Systems und unterschiedliche Stabilitätsgrade der Institutionalisierung des Wertesystems. Vgl. Talcott *Parsons*, Authority, Legitimation and Political Action, in: *ders.*, Structure and Process in Modern Societies, 4. Aufl. New York 1965, S. 188f.
134 Werner *von Simson*, Zur Theorie der Legitimität, in: Festschrift für Karl Loewenstein, hrsg. v. H. S. *Commager* u.a., Tübingen 1971, S. 463.
135 Vgl. ebd., S. 472.
136 Vgl. Niklas *Luhmann*, Legitimation durch Verfahren, 4. Aufl. Frankfurt a.M. 1997.

Mögen auch in den westlichen Demokratien die genannten Verfahren der Legitimitätszuweisung (traditional, charismatisch und rational-bürokratisch) in mehr oder minder großem Umfang die Praxis der Legitimierung bestimmen, so gewinnt doch das dritte Verfahren – rational-bürokratische Herrschaft – zunehmend an Gewicht. Die Legitimierung demokratischer Herrschaft weist aber trotz des starken Gewichts rational-bürokratischer nach wie vor auch emotional-affektive Elemente auf. Geht man davon aus, dass politische Legitimität nicht nur von der positiv-affektiven Einstellung der Bevölkerung zu den politischen Institutionen und den Verfahren des Herrschaftserwerbs und der Herrschaftssicherung abhängt, sondern auch von den tragenden gesellschaftlichen Wertorientierungen und dem Output des politischen Entscheidungsprozesses, schälen sich *vier Elemente politischer Legitimität* heraus:

1. gesellschaftliche und politische Wertorientierungen, die grundsätzliche Anforderungen an die Struktur der politischen Konfliktregelung stellen (Offenheit des Systems, Mehrparteiensystem, Verantwortlichkeit der Regierung, Grundrechtsgarantie);
2. positiv-affektive Einstellung der Bevölkerung zu den Institutionen des politischen Systems (Zufriedenheit der Bürger mit der politischen Ordnung und ihren Leistungen);
3. Bewährung und positive Bewertung der Verfahren des Herrschaftserwerbs und der Herrschaftssicherung auf der Grundlage der demokratischen Normen und
4. eine hohe Leistungsfähigkeit des politischen Systems, die die Legitimitätsgrundlagen stützt und langfristig festigt.

Aus diesen Voraussetzungen ergibt sich, dass politische Legitimität nicht erworben wird, sondern Prozesscharakter hat. Dementsprechend erfordert eine Betrachtung der Legitimitätsgrundlagen der Demokratie eine Bestimmung der Anforderungen an die Verfahren der Legitimitätszuweisung, eine Erklärung der Zusammenhänge zwischen Systemlegitimierung, Demokratiepotential und Systemeffizienz, eine Analyse der Bestimmungsfaktoren des Legitimitätsinputs und schließlich eine Klärung der Komplementarität von Funktionsfähigkeit und Legitimität unter den Voraussetzungen der Massendemokratie.

Verhaltensspezifische Voraussetzungen demokratischer Legitimität sind:

1. eine stabile Unterstützung der Regierungsmehrheit durch die Wählerschaft,
2. die aktive politische Beteiligung der Wähler und, damit verbunden, die Chance der inhaltlichen Bestimmung politischer Entscheidungen und
3. die allgemeine Bejahung demokratischer Wertorientierungen und der Systemnormen demokratischer Regierungsweise.[137]

---

137 Vgl. Dolf *Sternberger*, Legitimacy, in: International Encyclopedia of the Social Sciences 9, S. 244: „Legitimacy is the foundation of such governmental power as is exercised both with a con-

Abb. 14: Legitimität als Prozess

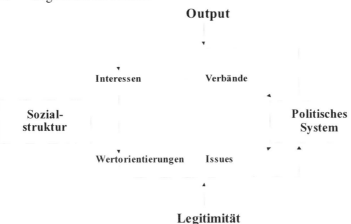

Institutionelle Voraussetzungen sind demgegenüber Verfahren der Entscheidungslegitimierung und Entscheidungskontrolle, die eine hohe Intensität des politischen Wettbewerbs, eine wirksame Kontrolle der Machtinhaber und die Herstellung klarer Verantwortlichkeit sichern.[138] In den Worten Gugliemo *Ferreros* ist Demokratie nichts anderes als das „Prinzip der Übertragung durch Wahl, auf die Gesellschaft angewendet, um die Probleme der Macht zu lösen ...", eine „Übertragung der Macht durch ein Wahlverfahren, das die Überwachung und die Zurücknahme der übertragenen Machtbefugnisse enthält."[139] Wirksame Garanten legitimer Demokratie sind letztlich das Gegenüber von Regierung und Opposition[140] und das „Gesetz der antizipierten Reaktionen"[141], das beide Seiten im politischen Wettbewerb zwingt, die Auswirkungen ihres Verhaltens auf die Einschätzungen der Wählerschaft zu bedenken.

Legitimierung ist für Talcott *Parsons* „the appraisal of action in terms of shared or common values in the context of the involvement of the action in the social system".[142] Durch Legitimierungsverfahren wird zwischen dem sozialen

---

sciousness on the government's part that it has a right to govern and with some recognition by the governed of that right."
138 Vgl. Joseph A. *Schumpeter*, Kapitalismus, Sozialismus und Demokratie, 8. Aufl., Tübingen 2005, S. 427-450; L. *Roos*, Demokratie als Lebensform, Paderborn 1959, S. 39-50; Ernst *Fraenkel*, Deutschland und die westlichen Demokratien, 2. Aufl. Frankfurt a.M. 1991, S. 86ff.; J. *Hersch*, Die Ideologie und die Wirklichkeit, München 1957, S. 176-197.
139 Gugliemo *Ferrero*, Macht, Bern 1944, S. 264.
140 *Ders.*, ebd., S. 275.
141 Carl Joachim *Friedrich*, Man and His Government, New York 1963, S. 203f.
142 Talcott *Parsons*, Evolutionary Universals in Society, in: American Sociological Review, Vol. 29, 1964, S. 346.

Konfliktsystem und der politischen Kultur vermittelt und eine Verbindung zwischen allgemeinen Wertorientierungen und dem differenzierten Handlungssystem der Politik hergestellt. Legitimierungsverfahren beziehen sich auf drei Interaktionsebenen:[143]

1. allgemeine Legitimierung des politischen Systems und prinzipielle Bejahung der Systemnormen demokratischer Regierungsweise,
2. spezielle Legitimierung der Inhaber von Führungspositionen und
3. spezielle Legitimierung kollektiver Ziele.

Die erste Ebene lässt sich auch als generelle, die zweite und dritte als punktuelle Legitimierungszuweisung bezeichnen. Im Unterschied zum generellen besteht das punktuelle Legitimitätsproblem darin, „[...] auf welcher Grundlage und in welchem Ausmaß die Entscheidungen einer Regierung von den Bürgern einer Gesellschaft akzeptiert werden, weil sie normativen Überzeugungen hinsichtlich der Rechtmäßigkeit dieses Entscheidungsprozesses entsprechen".[144]

Legitimität als die Fähigkeit eines politischen Systems, den Glauben zu begründen und aufrechtzuerhalten, dass die bestehenden Institutionen die bestmöglichen für die Gesellschaft seien, und *Effizienz* als Fähigkeit zur Erfüllung grundlegender Regierungsfunktionen aus der Sicht der Erwartungen der Gesellschaftsmitglieder lassen sich wechselseitig zuordnen:

- Bis zu einem gewissen Grade kann Legitimität einen Mangel an Effizienz kompensieren; dies gilt vor allem für die Selbstbehauptung demokratischer Systeme in Krisensituationen.
- Ein Mangel an Legitimität muss bei anhaltender Ineffizienz zum Zusammenbruch des Systems führen. Die Zuordnung von Legitimitätsgrundlagen und Effizienz ist somit asymmetrisch: Ein Mangel an Effizienz kann durch Legitimität kompensiert werden, ein Mangel an legitimitätsrelevanten demokratischen Orientierungen kann dagegen nur auf Dauer durch hohe Effizienz abgebaut werden.

Die Legitimität des politischen Systems der Demokratien ist überwiegend weder traditional noch charismatisch, sondern legal-rational. Sie beruht auf der Geltung von rechtlich gesicherten Verfahren der Konfliktregelung. Die Zustimmung zu diesen Regeln ist abhängig vom Konsens der Parteien und der Bevölkerungsmehrheit mit den Grundlagen der Verfassung und dem Integrationsvermögen der Wirtschafts- und Sozialpolitik auch gegenüber Minoritäten. „Erst wenn die Beja-

---

143 Vgl. Franz Urban *Pappi*, Wahlverhalten und politische Kultur. Eine soziologische Analyse der politischen Kultur in Deutschland unter besonderer Berücksichtigung von Stadt-Land-Unterschieden, Meisenheim am Glan, S. 35f.
144 Sidney *Verba*, Entwicklungskrisen und ihre Abfolge, in: Martin *Jänicke* (Hrsg.), Politische Systemkrisen, Köln 1973, S. 296.

hung der Prozedur durch die große Mehrheit auch erwiesene Irrtümer in der Auswahl der Regierenden und ernste Fehlschläge ihrer Politik überdauert – erst dann kann man von gewachsener Legitimität sprechen."[145] Die Grundlagen dieser Legitimitätszuweisung scheinen in den westlichen Demokratien an Stabilität gewonnen zu haben und insgesamt keinem Erosionsprozess zu unterliegen.

Stellt man Niveau und Stabilität der Demokratiezufriedenheit in den Staaten der Europäischen Union gegenüber, zeigt sich, dass die Bevölkerung unterschiedlich auf Veränderungen der politischen Rahmenbedingungen reagiert. Während etwa die Einstellungen zur Demokratie in Portugal, Irland und Belgien stark situationsabhängig sind, erweisen sie sich in Italien, Spanien, Großbritannien und der Bundesrepublik Deutschland als stabiler. In zahlreichen dieser europäischen Staaten ist jedoch die Unzufriedenheit mit der Funktionsfähigkeit der Demokratie deutlich angestiegen.

Tab. 7: Niveau und Stabilität der Demokratiezufriedenheit in europäischen Staaten

		Niveau		
		niedrig	mittel	hoch
S t a b i l i t ä t	niedrig		Belgien Irland Portugal	
	mittel	Frankreich	Griechenland	Dänemark Luxemburg Niederlande
	hoch	Italien	Großbritannien Spanien	Deutschland

Quelle: Oscar W. *Gabriel*, Politische Einstellungen und politische Kultur, in: *ders./Frank Brettschneider* (Hrsg.), Die EU-Staaten im Vergleich. Strukturen, Prozesse, Politikinhalte, 2. Aufl., Opladen 1994, S. 109.

Veränderungen der Intensität der Unterstützung für das demokratische System sind aber nicht unumkehrbar. Denn die *Systemzufriedenheit* hängt langfristig von der *Systemeffektivität* ab.[146] In Griechenland, Portugal und Deutschland wird die Zufriedenheit mit der demokratischen Staatsform stark durch die Beurteilung der persönlichen und gesamtwirtschaftlichen Lage bestimmt, in Irland, Großbritannien und Luxemburg dagegen nicht. Die Systemstabilität hängt außerdem von der Anerkennung des politischen Systems durch größere gesellschaftliche und politische Gruppen ab. Nationale Traditionen, Strukturen und Ereignisse formen die

---

145 Richard *Löwenthal*, Prolog: Dauer und Verwandlung, in: *ders./Hans-Peter Schwarz* (Hrsg.), Die zweite Republik, Stuttgart 1974, S. 12.
146 Vgl. Oscar W. *Gabriel*, Politische Einstellungen und politische Kultur, a.a.O., S. 109f., 114f.

Einstellungen der Bevölkerung zur Demokratie. Während sich in Großbritannien die vormals enge, stabile und situationsunabhängige Bindung der Bürger an das politische System in den letzten Jahrzehnten unter dem Einfluss politischer Leistungsdefizite gelockert hat, festigt das relativ hohe sozioökonomische Leistungsniveau in der Bundesrepublik Deutschland die Grundlagen der Identifikation der Bevölkerung mit der liberalen Demokratie.

Dem Idealbild einer demokratischen Staatsbürgerkultur (*civic culture*)[147], die durch eine intensive politische Beteiligung und die positive Einstellung der Mehrheit der Bürger zur politischen Ordnung gekennzeichnet ist, entspricht freilich kaum ein demokratisches System der Gegenwart, auch keine der europäischen Demokratien.[148] In der überwiegenden Mehrzahl dieser Staaten sprechen die schwache Parteiidentifikation, das geringe staatsbürgerliche Kompetenzbewusstsein, die überwiegend kritische Einstellung zur jeweiligen politischen Führung und das weit verbreitete Misstrauen gegenüber den eigenen Mitbürgern gegen das Idealbild einer Staatsbürgerkultur. Diesem hohen Anspruch werden unter den europäischen Staaten noch am ehesten Dänemark und danach mit deutlichem Abstand die Niederlande, Luxemburg und die Bundesrepublik Deutschland gerecht. Sozioökonomisches Entwicklungsniveau und kulturelle Homogenität sind Faktoren, die in diesen Staaten der Herausbildung einer Staatsbürgerkultur zugute kommen. Auf diese Länder folgen, erneut mit deutlichem Abstand, Griechenland, Großbritannien, Irland und Portugal.

Am stärksten ist die Einstellung der Bevölkerung zur politischen Führungsschicht und den politischen Institutionen in Belgien, Italien, Frankreich und Spanien durch Skepsis und Misstrauen geprägt. Auch wenn in diesen Ländern ein teilweise stark ausgeprägtes staatsbürgerliches Kompetenzbewusstsein vorzufinden ist, sind die kulturellen Fundamente stabiler Demokratie insgesamt schwächer als in den anderen Staaten Europas. In Deutschland war zwar in den 80er Jahren die mit dem Schlagwort der „Politikverdrossenheit" suggerierte Zunahme des Misstrauens der Bevölkerung in politische Institutionen nicht nachweisbar,[149] in den 90er Jahren aber mussten sämtliche politischen Institutionen einen Rückgang des politischen Vertrauens hinnehmen.[150] Eine wesentliche Ursache dieses Vertrauensverlustes ist eine gegenüber früheren Jahren größere Diskrepanz zwischen den politischen Erwartungen und den tatsächlichen wirtschaftlich-sozialen Gegebenheiten. Wie Tab. 8 zeigt, hat sich das Institutionenvertrauen von Ost- und Westdeutschen sehr unterschiedlich entwickelt. Während sich das Vertrauen in politische Institutionen im Westen Deutschlands auf mittlerem Niveau bewegt, haben die Bürger in den neuen

---

147 Vgl. Gabriel A. *Almond*/Sidney *Verba*, The Civic Culture. Political Attitudes and Democracy in Five Nations. An Analytic Study. 4. Aufl. Princeton 1972.
148 Vgl. Oscar W. *Gabriel*, Politische Einstellungen und politische Kultur, a.a.O., S. 127ff.
149 Vgl. Dieter *Fuchs*, Die Unterstützung des politischen Systems der Bundesrepublik, a.a.O., S. 162.
150 Vgl. Oscar W. *Gabriel*, Institutionenvertrauen im vereinigten Deutschland, in: Aus Politik und Zeitgeschichte, B43/93, 22. Oktober 1993, S. 3-12.

Bundesländern auch zehn Jahre nach Vollendung der deutschen Einheit durchweg weniger Vertrauen in die politischen Institutionen. Dennoch kann man nicht von einem Prozess der Desintegration sprechen; denn bei schwankendem Vertrauen in die Institutionen des Parteienstaates vertraut die Mehrheit der Bevölkerung auch in den neuen Bundesländern in die Institutionen des Rechtsstaates. Anders gesagt: In beiden Landesteilen „bringt die Bevölkerungsmehrheit ... mittlerweile den gleichen Institutionen Vertrauen entgegen und begleitet die Arbeit anderer Institutionen mit einer gewissen Skepsis."[151]

Tab. 8: Institutionenvertrauen in West- und Ostdeutschland

		1990	1991	1992	Vor 1994	Nach 1994	1996	Vor 1998	Nach 1998
Bundestag	West	0,54	0,36	0,37	0,54	0,48	0,10	0,35	0,48
	Ost		-0,08	0,09	0,23	0,27	-0,24	0,02	0,23
			**	**	**	**	**	**	**
Bundes-	West	0,26	-0,05	-0,03	0,23	0,16	-0,14	-0,01	0,33
regierung	Ost		-0,07	0,07	0,21	0,18	-0,36	-0,19	0,27
							**	**	
Parteien	West	0,12	-0,13	-0,17	-0,22	-0,17	-0,50	-0,23	-0,12
	Ost		-0,17	-0,20	-0,12	-0,22	-0,64	-0,28	-0,09
					*		**		
Bundesverfas-	West	0,83	0,85	0,89	0,91	0,91	0,76	0,90	0,96
sungsgericht	Ost		0,38	0,41	0,50	0,56	0,46	0,63	0,63
			**	**	**	**	**	**	**
Gerichte	West	0,55	0,55	0,56	0,59	0,46	0,55	0,43	0,46
	Ost		0,38	0,41	0,25	0,27	0,47	0,28	0,17
			**	**	**	**		**	**
Verwaltung	West				0,07	0,05	0,10	-0,04	-0,03
	Ost				-0,22	-0,17	-0,01	-0,24	-0,33
					**	**	*	**	**
Polizei	West	0,60	0,60	0,72	0,48	0,58	0,66	0,72	0,76
	Ost		0,07	0,09	0,31	0,43	0,20	0,60	0,38
			**	**	**	**	**	*	**

Erläuterungen: Mittelwerte einer 5-stufigen Skala von -2 bis +2; * = West-Ost-Differenz signifikant mit 95prozentiger Wahrscheinlichkeit, ** = West-Ost-Differenz mit 99prozentiger Wahrscheinlichkeit; Vor = Vorwahlbefragung; Nach = Nachwahlbefragung.

Quelle: Wolfram *Brunner*/Dieter *Walz*, Das politische Institutionenvertrauen in den 90er Jahren, in: Jürgen *Falter*/Oscar W. *Gabriel*/Hans *Rattinger* (Hrsg.): Wirklich ein Volk?, a.a.O., S. 181.

Die Legitimitätsgrundlagen politischer Systeme beruhen wesentlich auf politisch-kulturellen Wertvorstellungen. Im internationalen Vergleich ergeben sich dadurch deutlich unterschiedliche, kulturell geprägte Vorverständnisse von Politik. Die Erforschung politischer Kultur hat gezeigt, dass die Grundlagen der Politik durch

---

151 *Ders.*, Integration durch Institutionenvertrauen? Struktur und Entwicklung des Verhältnisses der Bevölkerung zum Parteienstaat und zum Rechtsstaat im vereinigten Deutschland, in: Jürgen *Friedrich*/Wolfgang *Jagodzinski*(Hrsg.), Soziale Integration, a.a.O., S. 230.

kulturelle Traditionen in vielfältiger Weise geprägt werden. Dies wird auch bei einem Vergleich der politischen Kulturen in Europa und Asien deutlich. Von Europa haben viele Länder Asiens die legalistische Konzeption des Nationalstaates übernommen, diese aber mit anderen kulturellen Mustern gefüllt.[152] Hierzu gehören vor allem paternalistische Führungsstrukturen und Gruppenloyalitäten. Ist das Streben nach individueller Unabhängigkeit Grundlage politischer Identität im Westen, so ist die Einbindung in Netzwerke von Loyalitätsbeziehungen dominierendes Merkmal der politischen Kultur in Asien. Dies gilt für alle durch Buddhismus, Konfuzianismus, Hinduismus und Islam geformten Unterschiede. *Macht* und *Legitimität* werden somit in beiden Kontinenten durchaus nach ähnlichen Verfassungsregeln geordnet, aber zugleich mit verschiedenen kulturellen Wertmustern untermauert, die die Reziprozität sozialer Beziehungen, den Umfang und die Dauerhaftigkeit von Hierarchien und die Art der gesellschaftlichen Interessendurchsetzung unterschiedlich gestalten.[153]

---

152 Vgl. Lucian W. *Pye*, Asian Power and Politics. The Cultural Dimensions of Authority, Cambridge (Mass.)/London 1995, S. VIIff., 320ff.
153 Vgl. hierzu auch Jürgen *Hartmann*, Vergleichende Politikwissenschaft. Ein Lehrbuch, Frankfurt a.M./New York 1995, S. 114-136.

Politische Sozialisation

In der Phase der politischen Sozialisation werden politisch bedeutsame Wertvorstellungen vermittelt, Einstellungen zum politischen System geformt, die Stabilität (oder Labilität) demokratischer Einstellungen begründet und die Bereitschaft zu politischer Beteiligung geweckt. Die Sozialisation lässt sich in zwei Phasen aufteilen: die primäre Sozialisation, die Soziabilisierung und Enkulturation umfasst und das Individuum dadurch auf gesellschaftliche Rollen einstimmt, und die sekundäre Sozialisation, die es mit diesen Rollen und Leistungsanforderungen vertraut macht.

Durch die Vermittlung von Normen und Rollen stellt politische Sozialisation Verbindungen zwischen dem sozialen System (den Interaktionsbeziehungen der Handelnden), dem kulturellen System (als Zusammenhang von Werten, Normen und Symbolen) und dem Persönlichkeitssystem (als Komplex von Orientierungen, Motivationen und Bedürfnisdispositionen) her. Diese Verbindungen tragen die Wertorientierungen der politischen Kultur: die Identifikation der Bürger mit den politischen Institutionen, ihre Orientierungen gegenüber den Leistungen des politischen Systems, Einstellungen zu Ideologien und Organisationen und die Einschätzung der eigenen politischen Kompetenz.

Politische Sozialisation ist als politisches Lernen zu verstehen, das auf die Vermittlung von Bürgerorientierungen zielt: politische Eigenständigkeit, politisches Urteilsvermögen, Gemeinsinn und Toleranz. Sie entwickeln sich in jungen Jahren durch Erziehung, frühe gesellschaftliche Orientierungen sowie erste Kontakte in Nachbarschaft und Gemeinde und verfestigen sich in späteren Lebensphasen. Sozialisationsagenturen sind Familie, Schule, Medien, peer groups, Arbeits- und Nachbarschaftsgruppen und Parteien. Inhalte politischer Sozialisation sind politische Orientierungen gegenüber Normen, Institutionen und Strukturen des politischen Systems, Parteinahme als Vermittlung wertender Einstellungen zu Gruppen und Ideologien und politische Partizipation als Umsetzung politischer Verhaltensdispositionen. Die Normen der politischen Kultur werden durch Akkulturation übermittelt. So stabilisiert der Prozess der politischen Sozialisation eine Gesellschaft vertikal (durch Vermittlung zwischen den Generationen) und horizontal (durch Vermittlung zwischen sozialen Gruppen und Schichten).

3. Politische Rekrutierung

3.1 Politik als Beruf

Aufgabe des politischen Systems ist die Formulierung und Durchsetzung kollektiver Ziele, die allgemeinverbindliche Entscheidungen erfordern und die Politik an das *Recht* binden. Notwendig ist außerdem die Mobilisierung wirtschaftlicher Ressourcen, die die Politik mit der *Wirtschaft* verbindet.[1] Schließlich hängt die Durchsetzung politischer Ziele von *personellen Ressourcen* ab. Diese Voraussetzung, die Rekrutierung politischen Personals, verzahnt die Politik mit der *Gesellschaft*. Die hierin zum Ausdruck kommende Verflechtung wird außerdem durch die staatliche Gemeinwohlverpflichtung, das Rechtssystem und die Wirtschaft getragen. Die Rekrutierungsfunktion des politischen Systems soll die Verfügung der Politik über politischen, administrativen und fachlichen Sachverstand und zugleich die Legitimation der Entscheidungen durch die gesellschaftliche Basis gewährleisten.

Wie wird politisches Führungspersonal ausgewählt? Die Rekrutierung politischer Führungskräfte ist mit der politischen Sozialisation eng verknüpft. Denn die entscheidenden Führungsqualifikationen, überlagert durch Wertorientierungen und Verhaltensmuster des späteren Lebenszyklus, werden bereits in der Sozialisationsphase erworben. Obwohl sich die soziale Basis der Elitenrekrutierung unter dem Einfluss der Modernisierung politischer Systeme erheblich erweitert hat und die von den Eliten vertretenen Wertvorstellungen inzwischen auf einer breiteren gesellschaftlichen Grundlage beruhen, bleiben doch grundsätzliche Unterschiede zwischen den politischen Einstellungen der Eliten und denjenigen der Bevölkerung bestehen.

In Fragen der Gesellschaftspolitik etwa vertreten die Führungsschichten, wie am Beispiel der Vereinigten Staaten und Großbritanniens gezeigt worden ist, liberalere Auffassungen als die Mehrheit ihrer Wähler.[2] Sie setzen sich stärker für Minderheitenschutz, Meinungs- und Demonstrationsfreiheit ein, auch wenn sich die meisten Wähler inzwischen in größerem Ausmaß zu freiheitlichen und humanitären Zielen bekennen als in den ersten Nachkriegsjahrzehnten.

---

1 Vgl. Talcott *Parsons*, Politics and Social Structure, New York/London 1969, S. 397-404.
2 Vgl. Rod *Hague*/Martin *Harrop*, Comparative Government and Politics, a.a.O., S. 98.

Nach dem Ergebnis amerikanischer Untersuchungen unterscheiden sich die politischen Wertorientierungen von Führungsgruppen grundsätzlich von denen der Wählerschaft.[3] Die Mitglieder der politischen Eliten sind eher als die Mehrheit der Bevölkerung zu abstrakteren, genaueren und komplexeren politischen Urteilen imstande, entwickeln ihre stabileren Urteile in einem breiteren Bezugsrahmen und können Zielkonflikte zwischen den von ihnen vertretenen Wertvorstellungen eher erkennen und in ihr politisches Urteil integrieren.

> Im Rahmen einer modellhaften Betrachtung kann man politische Rekrutierung als eine Funktion des Angebots von und der Nachfrage nach politischen Führungskräften verstehen.[4]

Die Kriterien der Nachfrage stellen auf den personellen Bedarf der politischen Organisationen ab und legen Qualifikationsmaßstäbe für öffentliche Ämter in Parlamenten, Verwaltungen und Parteien fest. Angebotskriterien spiegeln dagegen diejenigen Maßstäbe wider, die Bewerber um politische Ämter selbst als qualifizierend und motivierend ansehen. Die Institutionen politischer Rekrutierung werden so vor die Aufgabe gestellt, beide Maßstäbe aneinander anzugleichen oder doch zumindest einen vertretbaren Kompromiss zu erzielen.

Die Rekrutierung politischen Personals setzt die Wählbarkeit politischer Bewerber voraus, schließt den Wahlvorgang ein und ermutigt so die politischen Amtsinhaber, den Leistungserwartungen ihrer Berufungsinstanzen zu entsprechen.[5] Von der Funktion der Rekrutierung hängen der Prozess der politischen Entscheidungsfindung und der materielle Gehalt der Politik ab. Diese Funktion entscheidet auch darüber, welche gesellschaftlichen Interessen politisches Gewicht erhalten und über sachliche und personelle Ressourcen verfügen. Damit wird auch darüber befunden, welche sozialen Gruppen an der politischen Führung beteiligt und welche ausgeschlossen werden.

Im politischen Prozess soll Rekrutierung die *Inklusivität* (d.h. Berücksichtigung, Vertretung) gesellschaftlicher Interessen durch das politische System und die *Repräsentativität* der politischen Rolleninhaber (d.h. die spiegelbildliche Entsprechung von Vertretern und Vertretenen) sichern. Inklusivität und Repräsentativität sind seit jeher die Leitideen der liberalen Demokratie im Kampf für allgemeines Wahlrecht und den freien Wettbewerb der Parteien gewesen. Auf den materiellen Gehalt politischer Entscheidungen wirkt sich die Rekrutierung in

---

3 Vgl. James N. *Danzinger*, Understanding the Political World. A Comparative Introduction to Political Science, White Plains (N. Y.) 1996, S. 32f.; Paul M. *Sniderman*/Richard *Brody*/Philip E. *Tetlock*, Reasoning and Choice: Explorations in Political Psychology, New York 1991.
4 Vgl. Michael *Rush*/Phillip *Althof*, An Introduction to Political Sociology, a.a.O., S. 152ff.
5 Vgl. Gabriel A. *Almond*/G. Bingham *Powell*, Comparative Politics. System, Process, and Policy, 2. Aufl., Boston/Toronto 1978, S. 109f.

dreifacher Hinsicht aus.[6] Durch die Differenzierung politischer Rollen und die Spezialisierung ihrer Qualifikationsanforderungen entscheidet sie

1. über die Substanz des politischen Führungs- und Gestaltungsvermögens der Politik,
2. über den Gehalt der Entscheidungen aufgrund der persönlichen Präferenzen der ausgewählten Inhaber politischer Ämter, und
3. über die Rekrutierungsmuster, insbesondere den Wettbewerbscharakter der Auswahlverfahren, welche die *Responsivität* der politischen Elite gegenüber den politischen Ansprüchen der Bürger stärken. Die Chance der Aus- und Abwahl politischer Führungsgruppen ist *das* Instrument politischer Gestaltung und Kontrolle in der Wettbewerbsdemokratie.[7]

Wie alle Berufe in modernen Gesellschaften ist auch der des Politikers durch Professionalisierung und Einbindung in politische, wirtschaftliche und soziale Netzwerke gekennzeichnet. Max *Weber*[8] hat diejenigen als Berufspolitiker bezeichnet, die nicht nur „für" die Politik, sondern auch „von" der Politik leben. Deshalb müssten ihnen auch „regelmäßige und verlässliche Einnahmen" zufließen, da plutokratische Tendenzen, d.h. die politische Herrschaft finanzstarker Gruppen und eine amateurhafte Politik vermieden werden sollten. Diese Grundsatzaussage ist nach wie vor aktuell. Zwar sind die Politiker als Mandatsträger mit einem zeitlich befristeten und widerrufbaren Auftrag in ihr parlamentarisches Amt gewählt worden, aber ihre Auswahl unterliegt in allen Demokratien der Gegenwart einer Tendenz der Professionalisierung. Diese bedeutet nicht ohne weiteres politische Professionalität, sondern vielmehr „*Verberuflichung*".[9]

---

6 Vgl. *dies.*, a.a.O., S. 110f., 123ff.
7 Vgl. hierzu auch Joseph *La Palombara*, Politics within Nations, Englewood Cliffs (N. J.) 1974, S. 179-185, 545-547.
8 Vgl. Max *Weber*, Politik als Beruf, in: *ders.*, Wirtschaft und Gesellschaft, Tübingen 1922. Auf der Grundlage von Max *Webers* Studie zu „Politik als Beruf" haben sich zuerst in den Vereinigten Staaten Untersuchungen mit Ausleskriterien und Aufstiegsmustern politischer Karrieren befasst. Hierbei ging es zunächst um die Frage, wie politische Laufbahnen durch eher „zufällig" erscheinende Handlungskontexte, persönliche Verdienste und taktische Manöver beeinflusst wurden. Vgl. hierzu insbesondere Harold F. *Gosnell*, Democracy: The Threshhold of Freedom, New York 1948; John T. *Salter* (Hrsg.), The American Politican, Chapel Hill 1938; Harold *Zink*, City Bosses in the United States: A Study of Twenty Municipal Bosses, Durham (N.C.) 1930. In späteren Untersuchungen wurden Fragestellung und Untersuchungsansatz dieser Studien erheblich erweitert und verfeinert: Typische Muster von politischen Fähigkeiten, organisatorische Auswahlkriterien und Machtbasis politischer Karrieren rückten jetzt in den Mittelpunkt des Interesses. Vgl. hierzu Heinz *Eulau*/John D. *Sprague*, Lawyers in Politics: A Study in Professional Convergence, Indianapolis 1964; Lester W. *Milbrath*, The Washington Lobbyists, Chicago 1963; Joseph A. *Schlesinger*, How They Became Governor: A Study of Comparative State Politics, 1870-1950, East Lansing (Mich.) 1957. Zur Rezeption der Professionalisierungstheorie Max *Webers* siehe auch: Hans-Jürgen *Hohm*, Politik als Beruf. Zur soziologischen Professionalisierungstheorie der Politik, Opladen 1987.
9 Vgl. Ulrich *Sarcinelli*, Politikvermittlung im Blickfeld politischer Bildung – Ein Ansatz zur Analyse politischer Wirklichkeit, in: *ders.* u.a. (Hrsg.), Politikvermittlung und politische Bildung:

Sozialisationsprofil und berufliches Selbstverständnis der Politiker sind zunehmend durch eine Orientierung an Mustern einer Laufbahn geprägt. Deren Rahmenbedingungen werden von Medien und aktiven Parteimitgliedern festgelegt und lassen mehr und mehr komplexe, politisch-organisatorische Kunstwelten entstehen, die von der gesellschaftlichen Wirklichkeit vielfältig abgeschottet sind.[10] An dieser Professionalisierung ist wiederholt Kritik geübt worden. Bemängelt werden vor allem drei Tendenzen: die *strukturelle Verengung* der politischen Führungselite, die ‚*Verlaufbahnung*' der politischen Karrieren sowie *Rollenkonflikte* zwischen politischem Expertentum und den generellen Anforderungen von Wählern und Parteimitgliedern an die Mandatsträger.[11] Um diese Tendenzen verstehen zu können, ist zunächst der Standort der politischen Führungsschicht näher zu bestimmen.

Seit jeher kennzeichnet der Begriff *politische Elite* (vom lateinischen *eligere* = auswählen) die politische Führungsschicht eines Landes.[12] Er ist nahezu bedeutungsgleich mit dem in jüngster Zeit stärker gebräuchlichen Begriff der *politischen Klasse*, unter der „die Summe der Funktionseliten im Bereich der Politik"[13] zu verstehen ist. Die Konsolidierung des Parteienstaates in der modernen Demokratie hat die „politische Klasse" vielfach zu einem „Kartell der Parteieliten"[14]

Herausforderungen für die außerschulische politische Bildung, Bad Heilbrunn 1990, S. 53ff.; Warnfried *Dettling*, Politik als Karriere?, in: Thomas *Leif*/Hans-Josef *Legrand*/Ansgar *Klein* (Hrsg.), Die politische Klasse in Deutschland. Eliten auf dem Prüfstand, Bonn/Berlin 1992, S. 466-473.

10 Vgl. Ulrich *Sarcinelli*, Politikvermittlung, a.a.O., S. 54: „Was unter der ‚Glasglocke' des ‚Raumschiffes Bonn' entsteht, ist eine hochinformierte, in der Regel aber ‚gesellschaftsferne Scheinwirklichkeit' von Berufspolitikern, wahrnehmungsfähig nur noch durch ein Filtersystem von Medienauswertungen und Beraterstäben ...". Vgl. hierzu auch Hans-Georg *Soeffner*, Populisten-Profiteure, Handelsagenten und Schausteller ihrer Gesellschaften, in: Helmut *Berking*/Roland *Hitzler*/Sighard *Neckel* (Hrsg.), Politikertypen in Europa, Frankfurt a.M. 1994, S. 259-279.

11 Umfragen zum Ansehen und Anforderungsprofil von Politikern haben in der Bundesrepublik Deutschland für Abgeordnete des Bundestages, der Landtage und des Europäischen Parlaments ein niedriges soziales Ansehen bei hoher zeitlicher Arbeitsbelastung, permanentem Zwang zur simultanen Verrichtung unterschiedlicher Tätigkeiten, starkem Druck zu medienwirksamer Selbstdarstellung und dem Zwang zu regelmäßiger Präsenz in einer Vielzahl von Gremien („Leerlauf des Dabeiseins") nachgewiesen. Vgl. „Hohe Anforderungen bei geringem Ansehen", in: Frankfurter Allgemeine Zeitung, 17. Dezember 1994, S. 45; Paul *Kevenhörster*/Wulf *Schönbohm*, Zeitökonomie im Management, Opladen 1974.

12 Zur Geschichte des Elitenbegriffes vgl.: Viktoria *Kaina*, Was sind Eliten? in: Oscar W. *Gabriel*, Beate *Neuss* und Günter *Rüther* (Hrsg.), Konjunktur der Köpfe? Eliten in der modernen Wissensgesellschaft, Düsseldorf 2004.

13 Klaus *von Beyme*, Die politische Klasse im Parteienstaat, Frankfurt a.M. 1993, S. 7.

14 *Ders.*, ebd., S. 9; Zur Problematik und Abgrenzung des Begriffs „politische Klasse" siehe ferner Klaus *von Beyme*, Der Begriff der politischen Klasse – Eine neue Dimension der Elitenforschung?, in: Politische Vierteljahresschrift, 33. Jhg., 1992, S. 4-32; Jens *Borchert*/ Lutz *Golsch*, Die Politische Klasse in westlichen Demokratien: Rekrutierung, Karriereinteressen und institutioneller Wandel, in: Politische Vierteljahresschrift, 36. Jhg., 1995, S. 609-629. Mit *beiden* Begriffen, dem der „politischen Elite" und dem der „politischen Klasse", kann die Frage nach Struktur und Funktionsweise der Organisation staatlicher Herrschaft gestellt werden. Vgl. Diet-

werden lassen. Die in diesem Begriff zum Ausdruck kommende Verengung der politischen Führungsauslese beruht zunächst auf den Sozialisationskontexten, die für politische Karrieren förderlich sind. Hier ist an erster Stelle der Trend zur Akademisierung des politischen Personals zu nennen. An zweiter Stelle ist die Chance zu erwähnen, die politiknahe Berufe mit erheblichen zeitökonomischen Dispositionsspielräumen und politisch-administrativ wichtigen Qualifikationen bieten (Öffentlicher Dienst, Lehrberufe, Verbandstätigkeit, Anwaltstätigkeit). Als dritter, für die politische Rekrutierung nicht minder relevanter Startvorteil, ist die politische Sozialisation im sozioökonomischen Vorfeld der Politik zu nennen: die Verankerung von Politikerkarrieren im Geflecht organisierter Sozialinteressen.

Akademische Bildung, Qualifikationserwerb in politiknahen Berufen und Verankerung in Verbänden sind zwar hilfreiche, aber allein noch nicht ausreichende Bedingungen politischer Karrieren. Entscheidend ist vor allem die Integration der einzelnen Nachwuchspolitiker in die Auslesemuster und Aufstiegskanäle politischer Parteien, die einen starken Loyalitäts- und Konformitätsdruck auf ambitionierte, qualifizierte Mitglieder ausüben. So entsteht – trotz immer wieder erfolgreicher Seiteneinsteiger – ein Trend zu *geschlossenen Eliten*, deren Mitglieder Karrieren in einem abgeschotteten Regelkreislauf vollziehen.[15]

Erfolgreiche Politiker müssen für die Politik spezifische Ressourcen erschließen können: Sie sollen sich als „Netzwerker" in Basisgruppen verankern und als Experten für die Kommunikation in Organisationen sowie für politische Aushandlungsprozesse verstehen. Da der Machterhalt stets vorrangig bleibt, sind Risikoscheu und zugleich Profilarmut zu erwarten. Neben der Programm- und Netzwerkkompetenz muss der erfolgreiche Politiker schließlich strategische Kommunikationstechniken beherrschen: Wichtiger als die Sachkompetenz selbst wird immer mehr die „Darstellungskompetenz von Kompetenz."[16]

Während Elite-Studien nach der Struktur der politischen Führungsschicht fragen, werfen Untersuchungen der politischen Rekrutierung die Frage nach den sozio-politischen Prozessen auf, aus denen sowohl die politische „Elite" als auch das politisch-administrative Personal auf der mittleren Hierarchieebene hervorgehen.[17] Beide vermitteln folgende Befunde zur Auslese politischen Personals:

1. *Rekrutierung verzahnt Politik und Gesellschaft*. Diese Verbindungslinie ist besonders empfindlich, weil die politische Ordnung Kontinuität erfordert, politischer Wettbewerb aber politischen Wechsel erzwingt. Politische Entschei-

---

rich *Herzog*, Brauchen wir eine Politische Klasse?, in: Aus Politik und Zeitgeschichte, B 50/91, 6. Dezember 1991, S. 3.
15 Vgl. Ulrich *Sarcinelli*, Politikvermittlung im Blickfeld politischer Bildung, a.a.O., S. 57f.
16 Vgl. Elmar *Wiesendahl*, Berufspolitiker zwischen Professionalismus und Karrierismus, in: Hans Herbert *von Armin* (Hrsg.), Politische Klasse und Verfassung, Berlin 2001, S. 163.
17 Vgl. Moshe M. *Czudnowski*, Political Recruitment, in: Fred I. *Greenstein*/Nelson W. *Polsby*, Micropolitical Theory, Handbook of Political Science, vol. 2, Reading (Mass.) 1975, S. 155ff.

dungen sollen relevant, effektiv und konsistent sein. Aber der wirtschaftliche, gesellschaftliche und kulturelle Wandel stellt immer neue Anforderungen an die Verfahren der politischen Personalauslese. Konsistente Regierungsweise setzt politische *Autorität* und damit die Legitimierung des politischen Personals durch *Responsivität* voraus: ein politisches Handeln, das sich gegenüber der Gesellschaft rechtfertigt und auf deren Forderungen eingeht.
2. *Die Rekrutierung bringt die Bedeutung der Politik für die Verwirklichung auch nichtpolitischer Ziele zum Ausdruck.* Nur politisches Handeln zeitigt privat und öffentlich beabsichtigte Folgen, während gesellschaftliches Handeln privat und öffentlich beobachtbare, aber nicht immer auch politisch beabsichtigte Wirkungen hervorruft. Diese Grenzen zwischen politischem und gesellschaftlichem Handeln sind jedoch häufig fließend; denn politisch bedeutsames Handeln wird strukturell nicht immer als „politisch" wahrgenommen. Der Rekrutierung kommt daher eine wichtige Funktion zu: Sie gewährleistet personalpolitische „Belohnungen" des politischen Systems. Dabei handelt es sich um Leistungsanreize, die Auskunft darüber geben, wieweit politische und nichtpolitische Mittel bei der Verfolgung nichtpolitischer Ziele austauschbar sind.

Abb. 15: Prozessmodell der politischen Eliteauswahl

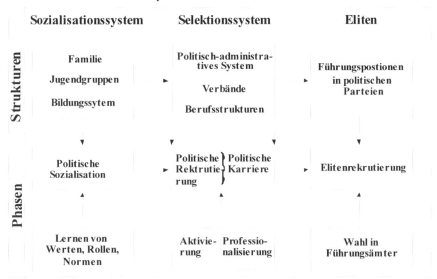

Quelle: Dietrich *Herzog*, Politische Karrieren. Selektion und Professionalisierung politischer Führungsgruppen, Opladen 1975, S. 47.

Mit der Entwicklung der repräsentativen Demokratie zum modernen Parteienstaat hat sich die Rekrutierungsfunktion des politischen Systems mehr und mehr ausgeweitet.[18] Denn die modernen Massenintegrationsparteien bieten den unterschiedlichsten sozialen Gruppen Chancen politischer Mitwirkung und politischen Aufstiegs. Auf die Auswahl und Präsentation von Kandidaten für Parlamentsmandate und andere öffentliche Ämter haben die Parteien einen immer stärkeren Einfluss genommen. Durch diese Entwicklung haben sie ihren Charakter als „Gefolgschaften" (Max *Weber*) zunehmend eingebüßt und die Gestalt dauerhafter, straff organisierter Institutionen der Personalauslese und Programmdiskussion angenommen. Welche praktische Bedeutung diese Organisationen in der Gegenwart für Regierungshandeln und öffentliche Meinungsbildung noch haben, steht dagegen auf einem anderen Blatt.

3.2 Rahmenbedingungen der Rekrutierung

Die Forschungsperspektive des *Neuen Institutionalismus* geht davon aus, dass Einstellungen und Verhaltensweisen einzelner politischer Akteure nur im gegebenen institutionellen Rahmen zu verstehen sind, dass aber formale Regeln nur geringen Einfluss auf informelle Praktiken ausüben.[19] Zwischen Einstellungen und Verhaltensweisen der Akteure und den institutionellen Strukturen entwickeln sich Interaktionen: Regeln und Verfahrensweisen des politischen Systems strukturieren Einstellungen, Meinungen und Verhaltensweisen. Wir können daher vier Komponenten politischer Rekrutierung identifizieren: die Handlungsmöglichkeiten, die der politisch-institutionelle Rahmen (Verfassung, Rechtssystem, Wahlsystem) zulässt, den Auswahlprozess innerhalb der Parteien, die Nachfrage der Parteien und das verfügbare Angebot an politischem Personal bzw. Kandidaten für politische Ämter.[20]

Der institutionelle Rahmen der Rekrutierung politischen Personals wird durch Prinzipien der demokratischen Verfassungsordnung geformt: Pluralismus, Rechtsstaatlichkeit, Sozialstaatlichkeit, Repräsentationsprinzip und Minderheitenschutz. Diese Grundsätze sollen sicherstellen, dass sich auch in der Auswahl politischer Führungskräfte eine Vielfalt von Überzeugungen, Meinungen und Interessen niederschlägt. Ein utopischer Egalitarismus (ein radikales Modell politischer Gleichheit wie etwa das Rätesystem als Form der Basisdemokratie) würde dagegen auf permanente Selbstbestätigung und Selbstrekrutierung einer politischen Führungs-

---

18 Vgl. Dietrich *Herzog*, Politische Karrieren, a.a.O., S. 62f.; Otto *Kirchheimer*, The Transformation of the European Party Systems, in: Joseph *La Palombara*/Myron *Weiner* (Hrsg.), Political Parties and Political Development, Princeton 1966, S. 177f.
19 Vgl. Pippa *Norris*, Introduction: theories of recruitment, in: *dies.* (Hrsg.), Passages to power. Legislative recruitment in advanced democracies, Cambridge, 1997, S. 8f.
20 Vgl. *dies.*, ebd. S. 11ff.

schicht hinauslaufen. Stattdessen sichert der demokratische Rechtsstaat den *Minderheitenschutz* und dadurch die Legitimität auch partikularer Interessen. Der Pluralismus der Interessen verhindert den Absolutismus der Mehrheit. Somit ist die Grundstruktur der demokratischen Ordnung gekennzeichnet durch

1. pluralistische, kontrollierte Herrschaft,
2. konkurrierende Willensbildung und
3. eine partielle Integration von Individuum und Gesellschaft in den Staat.[21]

Wie werden in diesem Prozess persönliche Motive auf politische Fragen bezogen? Wie verbinden sie sich mit politischen Aufgaben?[22] Im vorkolonialen Amerika, in China, Indien und im Nahen Osten hat die Auswahl des politischen Führungspersonals nach persönlichen Verdiensten in Verbindung mit beruflicher Qualifikation schon vor vielen hundert Jahren leistungsfähige Verwaltungseliten hervorgebracht, und zwar zu einer Zeit, in der der gesellschaftliche Status in Europa noch weitgehend durch die familiäre Herkunft festgelegt war. Die Erforschung der Rekrutierungskanäle politischer Eliten hat sich vor diesem Hintergrund in der Gegenwart der Frage zugewandt, welche Auswirkungen die Auswahlmaßstäbe auf die Machtzentren und Vielfalt von Eliten im politischen System haben. Zwei Ansätze haben sich herausgebildet, die die Frage nach der Rekrutierung politischen Personals jeweils unterschiedlich beantworten.

Strukturen und Prozesse der Rekrutierung politischen Führungspersonals sind zunächst im Hinblick auf ihren instrumentellen Beitrag zur Funktionsfähigkeit und Erneuerungsfähigkeit des politischen Systems zu betrachten. Schlüsselgröße dieser Perspektive ist die politische Elite, die sich den funktionalen Anforderungen des politischen Systems stellt und deren Lernprozesse darüber entscheiden, wie die jeweiligen politischen Organisationen tätig werden können: Dies ist der *funktionale Systemansatz* politischer Rekrutierung.

Der *konventionelle Organisationsansatz* begrenzt seine Betrachtung politischer Rekrutierung demgegenüber auf einen Ausschnitt des politischen Systems und eine Phase des politischen Prozesses: die Gesetzgebung, die politische Planung oder die Kandidatenaufstellung der politischen Parteien. Hier entscheidet sich, wie und mit welchem Erfolg das politische Personal Aufgaben der Gesetzgebung, Planung und Verwaltung wahrnimmt. Anders gesagt: Der funktionale Systemansatz fragt nach der grundsätzlichen Stellung *politischer Eliten*, der konventionelle Organisationsansatz nach der konkreten Tätigkeit des *politisch-administrativen Personals*. Beide Perspektiven sind bei einer Analyse der Rekrutierungsfunktion des politischen Systems im Zusammenhang zu sehen.

---

21 Vgl. hierzu Manfred *Hättich*, Demokratie als Herrschaftsordnung, Köln/Opladen 1967; Hans *Buchheim*, Totalitäre Herrschaft. Wesen und Merkmale, 5. Aufl., München 1967.
22 Vgl. Dwaine *Marvick*, Political Recruitment and Careers, in: David L. *Sills* (Hrsg.), International Encyclopedia of the Social Sciences, vol. 12, Glencoe 1968, S. 273-282; Harold D. *Lasswell*, Psychopathology and Politics, Chicago u.a. 1986.

Modernisierung und Demokratisierung politischer Systeme spiegeln sich in einem Strukturwandel der politischen Elite wider. Deren Rekrutierungsbasis wurde verbreitert, das Bildungsniveau des politischen Personals steigt an, und auch vormals randständige Regionen werden inzwischen in den Rekrutierungsprozess einbezogen.[23] Informelle Ausleseprozesse bestehen gleichwohl neben den formellen Rekrutierungskanälen weiter fort. Einige generelle Tendenzen politischer Karrieren haben sich dabei verfestigt: Die Aufstiegsmobilität nimmt mit zunehmender Verweildauer in einem Amt ab; der Widerstand gegen den weiteren politischen Aufstieg wächst.

Bemerkenswert ist eine grundsätzliche Tendenz der Rekrutierung politischen Personals unter den Bedingungen der Massendemokratie und gesellschaftlicher Modernisierung. Der politische Entscheidungsprozess entwickelt gegenüber den Vorgaben der Verwaltung ein zunehmendes Eigengewicht. Betont die Verwaltung angesichts ihrer Planungs- und Allokationsfunktion die Fähigkeit, finanzielle, personelle und organisatorische Ressourcen planvoll zu beschaffen und systematisch einzusetzen[24], so akzentuiert der politische Prozess, dessen zentrale Funktionen die Information der Bevölkerung und die politische Konsensbeschaffung sind, vor allem Fähigkeiten symbolischer Einflussnahme im Tätigkeitsspektrum der politisch Handelnden. Damit setzen politische und administrative Rekrutierung unterschiedliche Schwerpunkte: Planungsrationalität, Fachkompetenz und Spezialisierung sind vorrangige Anforderungen des administrativen Bedarfsprofils, während politisches Integrationsvermögen, Erfahrungen mit „symbolischer Politik" und die Fähigkeit zur konsensualen Steuerung das Anforderungsprofil der politischen Elite bestimmen. Die Begriffe „Spezialisten" und „Generalisten" geben diese Aufgabenteilung, wenn auch verkürzt und überspitzt, wieder.

In jungen Demokratien, die in der politischen Kultur der Bevölkerung noch nicht fest verankert sind und weder eine starke demokratische Opposition noch eine unabhängige Gerichtsbarkeit kennen, steigen die Chancen politischer Stabilität, wenn die Vertreter verschiedener sozioökonomischer und religiöser Gruppen in allen politischen Gremien vertreten und an allen Phasen des politischen Entscheidungsprozesses beteiligt sind (*Konkordanzdemokratie*).[25] Einerseits werden hierdurch politische Entscheidungsprozesse schwerfälliger und die Grenzen politischer Verantwortung von Regierung und Opposition verwischt, andererseits aber *alle* größeren gesellschaftlichen Gruppen wirksam beteiligt. Die Kluft zwischen den politischen Wertvorstellungen von Elite und Bevölkerung kann auf diesem Wege eher überbrückt werden. Dieses Prinzip gilt freilich nicht nur für die

---

23 Vgl. Dwaine *Marvick*, Political Recruitment and Careers, a.a.O., S. 275, 280.
24 Vgl. hierzu auch die Studie von Thomas *Ellwein*, Der Staat als Zufall und als Notwendigkeit. Die jüngere Verwaltungsentwicklung in Deutschland am Beispiel Ostwestfalen-Lippe, Bd. 1, Opladen 1993.
25 Vgl. Arend *Lijphart*, Democracy in Plural Societies: A Comparative Exploration, New Haven (Conn.) 1977; Gerhard *Lehmbruch*, Proporzdemokratie, Tübingen 1967.

politische Führungsschicht in westlichen Demokratien. So gibt es unter den Entwicklungsländern, die sich selbst als „junge Demokratien" verstehen, zahlreiche „*Konkordanzdiktaturen*", wie etwa in Malaysia, die sich um eine möglichst weitgehende Einbindung aller gesellschaftlichen Gruppen bemühen.

Welche Funktionen üben Eliten in der Demokratie aus? Mit dem Begriff *Elite* wird im Unterschied zu früheren geschichtlichen Epochen der Auftrag zur Formulierung von Zukunftsorientierungen und zur Festlegung politischer Ziele nicht Ständen und sonstigen, hierarchisch gegliederten Klassen erteilt, sondern mobilen, wettbewerbsorientierten und offenen Führungsschichten.[26] Die Aufgabe der politischen Elite in der Demokratie besteht vor allem darin, Vertrauen zu begründen und Zustimmung zu politischen Handlungsentwürfen zu erwerben.

Während in traditionellen Gesellschaften geschlossene, privilegierte Führungsschichten auf gemeinsame soziale und ethische Grundüberzeugungen verweisen und sich so als *Wertelite* verstehen, fordert der demokratische Verfassungsstaat in modernen Gesellschaften den Vorrang von Leistungsqualifikationen bei der Besetzung von Führungspositionen. Entsprechend wird die Führungsschicht unter den Bedingungen der Moderne auch als *Funktionselite* bezeichnet.[27] Diese besteht aus Persönlichkeiten, „die in der nach konfligierenden oder kooperierenden Gruppen, Organisationen und Interessen [...] differenzierten Gesellschaft besonderen Einfluss haben, unter je spezifischen Verantwortlichkeiten stehen und bestimmte Aufgaben der Leitung, Koordination, Planung usw. haben."[28] In der politischen Praxis nehmen Funktionseliten unterschiedliche Formen an: Regierungen, Parteivorstände, Verbandsvorstände, Parlamente, Ratsversammlungen u.a.

---

26 Vgl. Walter *Rüegg*, Eliten in der Demokratie-Reform und Repräsentanz, in: Erich E. *Geissler*/ Walter *Ruegg*, Erziehung zu neuen Tugenden? Eliten in der Demokratie, Köln 1983, S. 51, 62. Die Abgrenzung des Elitebegriffs gegenüber Ständen und Aristokratien geht in der politischen Ideengeschichte auf *Tocqueville* zurück, der zwischen der „Elite der Nation" und der alten europäischen Aristokratie unterschied. Vgl. Alexis *de Tocqueville*, Über die Demokratie in Amerika. Werke und Briefe, Stuttgart 1959/62, Bd. 2, Kap. 5. Zur Kritik am Begriff und Funktion der Eliten siehe auch: Manfred *Lauermann*, Die Konstruktion der Elite bei Mosca, Pareto und Michels, in: Jürgen *Gebhardt*/Herfried *Münkler* (Hrsg.), Bürgerschaft und Herrschaft. Zum Verhältnis von Macht und Demokratie im antiken und neuzeitlichen politischen Denken, Baden-Baden 1993, S. 227-237.

27 Vgl. Ernst M. *Wallner*/Margret *Funke-Schmitt-Rink*, Soziale Schichtung und Mobilität, Heidelberg 1980, S. 132; Klaus *von Beyme*, Die politische Elite in der Bundesrepublik Deutschland, 2. Aufl., München 1974, S. 9f.; Wilhelm *Weege*, Politische Klasse, Elite, Establishment, Führungsgruppen. Ein Überblick über die politik- und sozialwissenschaftliche Diskussion, in: Thomas *Leif*/Hans-Josef *Legrand*/Ansgar *Klein* (Hrsg.), Die politische Klasse in Deutschland, a.a.O., S. 41ff.

28 Dietrich *Herzog*, Politische Führungsgruppen. Probleme und Ergebnisse der modernen Elitenforschung, Darmstadt 1982, S. 3.

> Der Begriff der *Elite* bezeichnet somit diejenigen, die auf einer Rangskala, die soziale Werte oder Nutzenkalküle wie etwa Macht, Reichtum oder Wissen widerspiegelt, die höchsten Positionen einnehmen und zentrale Funktionen ausüben.[29]

Soziologen warnen vor einer zu einheitlichen und breiten Fassung des Begriffs: „Auch nach Ablösung der alten Oberschicht durch eine Vielzahl spezialisierter Eliten ist die Rede von einer sehr kleinen, auf weniger als 0,5 Prozent der Bevölkerung beschränkten Minderheit von *top dogs*, die im Wirtschaftsbereich über weit mehr Reichtum verfügen, in der Politik größere Macht ausüben, in der Kultur breitere Wissensreserven verwenden oder als Mitglied von Standeseliten [...] höheren Respekt genießen als der Durchschnittsbürger."[30]

Der Begriff der Elite lässt sich auch auf einzelne gesellschaftliche Bereiche wie Kunst, Religion und Wissenschaft anwenden. Eine zentrale Aufgabe der *politischen Elite* ist die Regelung sozioökonomischer Konflikte durch die Integration von Klassen und Schichten im Rahmen eines politischen Programms und einer politischen Organisation.[31] Daraus leitet sich ein vorrangiger Rekrutierungsmaßstab in der Wettbewerbsdemokratie ab: Die Inhaber politischer Ämter müssen imstande sein, unterschiedliche Bevölkerungsgruppen anzusprechen und Interessengegensätze zwischen verschiedenen Schichten abzubauen.

In der Demokratie kann die Elite die Funktion politischer Führung nur dann erfüllen, wenn sie sich nicht im Rahmen eines zentralisierten, bürokratisierten Gemeinwesens von der Gesellschaft abschottet und kein Eigenleben führt. Dieser Gefahr soll die Wettbewerbsdemokratie dadurch entgegenwirken, dass sie die Auslesekanäle offen hält, die Zugangskriterien zu politischen Ämtern transparent macht und Rahmenbedingungen für einen intensiven Wettbewerb zwischen den Führungsgruppen der politischen Parteien schafft. Dem kommt ein Trend der demokratischen Gegenwartsgesellschaften entgegen, der durch den Wertewandel verstärkt wird: die Bereitschaft zur Selbstorganisation gesellschaftlicher Interessen in spontanen Organisationen und Bürgerinitiativen. Allein in den USA gibt es mehr als eine halbe Million Selbsthilfegruppen. Durch diesen auch in den europäischen Demokratien zu beobachtenden Prozess werden *intermediäre* Strukturen

---

29 Vgl. Hans L. *Zetterberg*, Pareto's Theory of the Elites, in: Vilfredo *Pareto*, The Rise and Fall of the Elites. An Application of Theoretical Sociology, New Brunswick 1991, S. 8; vgl. auch Manfred *Lauermann*, Die Konstruktion der Elite bei Mosca, Pareto und Michels, in: Jürgen *Gebhardt*/Herfried *Münkler* (Hrsg.), Bürgerschaft und Herrschaft. Zum Verhältnis von Macht und Demokratie im antiken und neuzeitlichen Politischen Denken, Baden-Baden 1993, S. 227-337.
29 Sven *Papcke*, Über Eliten. Wie sei sein sollten und doch nicht sind, in: Merkur, 2000, Heft 59/1, S. 1119f.
31 Vgl. hierzu die klassische Studie von Harold F. *Gosnell* (Machine Politics. Chicago Model, 2. Aufl., Chicago 1968, insbes. S. 183-193), die die Bedeutung lokaler Bosse und einer lokalen Parteiorganisation für den politischen Interessenausgleich am Beispiel der „Bosse" der demokratischen Parteiorganisation Chicagos in den 30er Jahren dargestellt hat.

aufgebaut, die der Zentralisierung und Verkrustung der politischen Führungsschicht entgegenwirken.[32]

Abb. 16: Rahmenbedingungen politischer Führung

Unabhängige Variablen	Politisches Führungsverhalten	Politisches System	Soziales Verhalten
	Führungsstil	*Politisches System*	
Persönlichkeit	- Delegation	- Entscheidungen	- Macht
	- Vertrauen	- Macht	
Rolle	- Politico (pol. Kampf)	- Werte	
Organisation	*Reformorientierung*	*Politische Entwicklung*	- Gefühle
Aufgaben	- Widerstand gegen Wandel	- Legitimität	- Potentiale von Problemlösungen
Werte		- Partizipation	
Kontext	- Regression zu einem früheren Zustand	- Integration	
		- Verteilung	
	- Reform (marginale Anpassungen)	- Regulierung	- Integrationsfähigkeit
	- Transformation (grundsätzlicher Wandel)		

Quelle: Glenn D. *Paige,* Toward a Political Leadership Profile for a Changing Society, in: Dae-Sook *Suh*/Chae-Jin *Lee* (Hrsg.), Political Leadership in Korea, Seattle/London 1976, S. 253.

Dieser Sachverhalt lenkt unser Augenmerk auf die institutionellen Rahmenbedingungen der Rekrutierung, insbesondere die Struktur des politischen Systems. Wenn wir vom Grad demokratischer Teilhabe ausgehen, müssen wir zwischen autoritären und demokratischen Systemen unterscheiden, ferner zwischen stark differenzierten und hochentwickelten Systemen, die die Gesellschaft stark durchdringen (durch Schulwesen, Medien, Verbände etc.), und solchen Gesellschaften, in denen diese Spezialisierung wie in vielen Entwicklungsländern weniger weit vorangeschritten ist. In diesen Ländern wird politische Beteiligung häufig nur im Rahmen einer Par-

---

32 Vgl. Walter *Rüegg,* Eliten in der Demokratie, a.a.O., S. 65. Auch die Resonanz der Präsidentschaftskandidatur von Ross *Perot* in den Wahlen des Jahres 1992 unterstreicht die strategische Bedeutung dieser Basisstruktur. Ähnliches gilt auch für den politischen Aufstieg des italienischen Ministerpräsidenten *Berlusconi.*

tei ermutigt, auch wenn formale Einparteiensysteme der Vergangenheit angehören. Unter diesen Bedingungen ist eine Konkurrenz von Eliten ausgeschlossen oder nur auf den Wettbewerb innerhalb der Staatspartei begrenzt.[33]

Erst der politische Wettbewerb zwischen Führungsgruppen gewährleistet die Freiheit der Wahl und unterscheidet dadurch die Demokratie von der Diktatur. Den prinzipiellen, zeitlos gültigen Unterschied zwischen beiden Staatsformen hat Karl Raimund *Popper* auf eine einfache Formel gebracht: „Es gibt eigentlich nur zwei Staatsformen: solche, in denen es möglich ist, die Regierung ohne Blutvergießen durch eine Abstimmung loszuwerden, und solche, in denen das nicht möglich ist [...]. Das Entscheidende ist allein die Absetzbarkeit der Regierung, ohne Blutvergießen."[34]

Abb. 17: Demokratie und Autoritarismus im politischen System

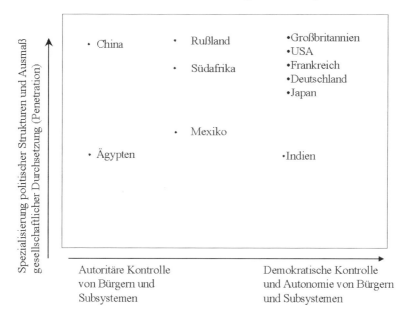

Quelle: nach Gabriel A. *Almond*/G. Bingham *Powell*, Comparative Politics Today. A World View, 4. Aufl., Glenview (Ill.) 1988, S. 51.

---

33 Zur Elitenrekrutierung im Herrschaftssystem der früheren Sowjetunion und der DDR siehe: Dieter *Voigt* (Hrsg.), Elite in Wissenschaft und Politik. Empirische Untersuchungen und theoretische Ansätze, Berlin 1987.
34 Karl R. *Popper*, Alles Leben ist Problemlösen. Über Erkenntnis, Geschichte und Politik, München/Zürich 1994, S. 208.

Bei weitem nicht alle Staaten lassen sich Demokratie und Autoritarismus klar zuordnen. In der „Zwielichtzone" zwischen beiden Polen haben sich in vielen Entwicklungsländern Mischsysteme herausgebildet, die man mit Shils zu drei Gruppen bündeln kann:[35]

- „*Fürsorge-Demokratien*" (tutelary democracies) sind durch eine aufgeblähte öffentliche Verwaltung und einen umfassenden staatlichen Vorsorge- und Regelungsanspruch gekennzeichnet.
- „*Modernisierungsoligarchien*" sind durch die Vorherrschaft einer Militärclique oder einer Verwaltungsgruppe gekennzeichnet, der die Demokratisierung ihres Landes wenig bedeutet.
- Die bisher dominierende „*traditionelle Oligarchie*" büßt in den Entwicklungsländern (für die Industriestaaten besitzt sie ohnehin seit langem keine Bedeutung mehr) zunehmend an Gewicht ein, zumal die Stellung der traditionellen Eliten in diesen Ländern durch vielfältige innere wie äußere Konflikte erschüttert wird.

Politische Systeme können somit nicht anhand formaler Kriterien allein eingeordnet werden.[36] Denn ihre Verfassung und Struktur werden nicht nur durch die Gestalt politischer Institutionen und sozioökonomische Grundlagen geprägt, sondern auch durch die Struktur politischer Wertorientierungen und den Grad des politischen Pragmatismus.[37] Parlamentarische Monarchien wie die Großbritanniens verfügen über zahlreiche Ämter und Ehren, um politisches Engagement zu belohnen und Anreize für eine politische Karriere anzubieten. Zu diesen zählen hohe protokollarische Ehrungen ebenso wie die Vergabe politischer Ämter (z.B. Botschafterposten).[38] Macht, materielle Anreize und gesellschaftliches Prestige sind gewichtige Motive politischer Betätigung, die nicht unmittelbar in politisches Engagement umgesetzt, sondern durch mehrere Rahmenbedingungen gefiltert werden:

- An erster Stelle ist das *Wahlsystem* zu nennen, das darüber entscheidet, ob dem Bewerber um ein Mandat in erster Linie politisches Integrationsvermögen (Mehrheitswahl) oder die Vertretung von Partikularinteressen (Verhältniswahl) abverlangt werden.[39]
- Damit ist die Frage nach der *Struktur der Parteien* eng verknüpft. In Volksparteien („Massenintegrationsparteien") sind Integrations- und Mehrheitsfähigkeit vorrangige politische Erfolgskriterien. Demgegenüber streben In-

---

35 Vgl. Edward *Shils*, Political Development in the New States, Paris 1968.
36 Vgl. Mattei *Dogan*/Dominique *Pelassy*, How to Compare Nations, a.a.O., S. 160ff.
37 Vgl. Jean *Blondel*, Comparing Political Systems, New York 1974.
38 Vgl. Mike *Riley*, Power, Politics and Voting Behaviour. An Introduction to the Sociology of Politics, New York 1988, S. 86.
39 Vgl. hierzu insbesondere Ferdinand A. *Hermens*, Verfassungslehre, 2. Aufl., Köln u.a. 1968.

teressenparteien die möglichst genaue Repräsentation eines Ausschnitts sozioökonomischer Interessen an.
- Zwischen Gesellschaft und Politik entscheidet der *soziale Kontext*, d.h. die jeweiligen Wertvorstellungen, Berufs- und Schichtungssysteme, darüber, wie die Auslesekanäle der Politik gestaltet werden. Dabei legt die politische Sozialisation wichtige Vorentscheidungen über Wertorientierung und Werdegang politisch aktiver Bürger fest.

3.3 Auslesekanäle der politischen Elite

Für *Pareto* war der historische Prozess durch ein fortlaufendes Auswechseln einer Elite durch eine andere gekennzeichnet: Geschichte als ein „Friedhof von Aristokratien."[40] Sozialer Wandel und personale Mobilität erschweren jedoch in der Gegenwart Verkrustung und Abkapselung von Führungsgruppen. Dem entspricht die Perspektive der neueren *Differenzierungstheorie*, die unter dem Einfluss zunehmender gesellschaftlicher Arbeitsteilung auch eine stärkere Differenzierung und Vervielfältigung der gesellschaftlichen Führungsgruppen feststellt.[41] Im Verlauf des gesellschaftlichen Wandels erhalten diese eine neue Bedeutung: als Vermittler zwischen gesellschaftlichen Partikularinteressen und den politischen Ansprüchen der Gesellschaft. Damit wird die ursprünglich zu stark vereinfachende, dichotomische (auf zwei Pole reduzierende) Betrachtung der Eliteforschung, die Politik als System von herrschender Elite und beherrschter Masse gesehen hat, zugunsten einer differenzierteren Betrachtung überwunden.

Zwei Ansätze ermöglichen eine solche, realistischere Gesamtsicht der Elitenrekrutierung in der modernen Demokratie:[42] Die *Stratifikationstheorie* sieht die Grundlagen der Elitenrekrutierung in der sozialen Schichtung verankert. Aus *stratifikationstheoretischer* Sicht entscheidet daher einerseits die soziale Herkunft über den Aufstieg in gesellschaftliche und politische Spitzenpositionen. Andererseits geben noch mehr als die Herkunft aus einer sozialen Schicht oder sozialen Klasse berufssoziologische Kriterien den Ausschlag für den erfolgreichen Zugang zu politischen Ämtern: die Politiknähe einer Berufsposition, die Art der Berufstätigkeit und die berufliche Abkömmlichkeit. Die *Sozialpsychologie* fragt als zweiter Ansatz nach der gesellschaftlichen und politischen Bedeutung von Persönlichkeitsfaktoren. Aus der Sicht des *sozialpsychologischen* Ansatzes sind dementsprechend bestimmte Persönlichkeitsmerkmale für den politischen Rekrutierungs-

---

40 Vgl. hierzu Tom B. *Bottomore*, Elite und Gesellschaft, 3. Aufl., München 1974; Günter *Zauels*, Paretos Theorie der sozialen Heterogenität und Zirkulation der Eliten, Stuttgart 1968.
41 Vgl. Suzanne *Keller*, Beyond the Ruling Class, New York 1968; Dietrich *Herzog*, Politische Führungsgruppen, a.a.O., S. 23.
42 Vgl. Dietrich *Herzog*, Politische Führungsgruppen, a.a.O., S. 76ff.

prozess ausschlaggebend. Hierzu gehören Charakterstrukturen, persönliche Orientierungssysteme und psychische Bedürfnisse. Hatte noch *Machiavelli* den politischen Selektionsprozess als einen Machtkampf zwischen „Löwen" und „Füchsen" abgebildet, so gelangen nach den Studien von Harold D. *Lasswell* vor allem jene Personen in politische Führungspositionen, die besonders zur Machtausübung motiviert sind und ein machtorientiertes Verhalten im öffentlichen Leben zeigen („power centered personality").[43] Auf der Grundlage der Persönlichkeitstheorie von Milton *Rokeach* ging Gordon *DiRenzo* schließlich so weit, psychische Voraussetzung als ausschlaggebend für politische Karrieren anzusehen: Politiker seien durch autoritär-dogmatische Persönlichkeitsstrukturen geprägt.[44] Andere Forscher weisen auf die Bedeutung des Narzissmus als Persönlichkeitsmerkmal von Führungskräften hin.

Gegenüber den Verallgemeinerungen der psychoanalytischen Rekrutierungsforschung sind jedoch erhebliche Vorbehalte anzumelden.[45] Einmal dominiert in den repräsentativen Demokratien der Gegenwart nicht *ein* spezifischer Persönlichkeitstyp des Politikers, und zum anderen ist fraglich, ob Persönlichkeitsmerkmale nicht für Karrieren in allen gesellschaftlichen Bereichen ähnlich bedeutsam sind. Insgesamt scheinen *Strukturen* und *Kanäle* der politischen Personalauslese größeres Gewicht für die Elitenselektion zu haben als Persönlichkeitsfaktoren. In der modernen „Verhandlungsdemokratie", die mehr konkordanztheoretischen Prinzipien als den Grundsätzen der Wettbewerbsdemokratie entspricht, und in der parteiinternen Willensbildung hängt zudem der politische Erfolg, und damit die Chance einer politischen Karriere, nicht so sehr von der Stärke der Machtorientierung „autoritärer Persönlichkeiten" ab, sondern von ihrer Befähigung zum pragmatischen Handeln und zu konsensualer Entscheidungsfindung.

Elite und *Demokratie* stellen keinen Widerspruch dar, wenn man aus den Funktionserfordernissen der Massendemokratie in einer offenen Gesellschaft auf die Rekrutierung politischen Führungspersonals schließt: Die Auswahl*kanäle* müssen zugänglich, die Auswahl*verfahren* offen und die Auswahl*maßstäbe* transparent sein. Wenn Eliten „soziale Gebilde [sind, Anm. d. Verf.] [...] die einen großen Einfluss auf die Erhaltung [...] und die [...] Veränderung des gesellschaftlichen Systems besitzen"[46], stellen *politische Eliten* jene *durch demokratische Auswahlverfahren legitimierten Führungsschichten dar, die unmittelbaren Einfluss auf die Besetzung politischer Ämter und auf die Substanz politischer Entscheidungen nehmen.* Mitglieder einer demokratischen Elite sind „Beauftragte auf

---

43 Vgl. Harold D. *Lasswell*, Psychopathology and Politics, a.a.O.
44 Vgl. Gordon *DiRenzo*, Personality, Power and Politics, Notre Dame 1967.
45 Vgl. Dietrich *Herzog*, Politische Führungsgruppen, a.a.O., S. 83ff.
46 Vgl. Wolfgang *Felber*, Eliteforschung in der Bundesrepublik Deutschland. Analyse, Kritik, Alternativen, Stuttgart 1986, S. 44.

Zeit."[47] Ihre Verantwortung ist an die demokratische Ordnung gebunden und somit zeitlich befristet.

Im demokratischen Staat führen vielfältige Wege zum Aufstieg in die Führungsschicht. So rekrutiert sich die politische Elite der Vereinigten Staaten seit langem überwiegend aus dem Regierungsapparat und dem Rechtswesen und nur zu weniger als einem Sechstel aus der Geschäftswelt. Führungspositionen im Verteidigungsressort werden traditionell – mit Ausnahme der Leitung – mit Militärs besetzt, und auch Massenmedien und Rechtswesen suchen ihren Führungsnachwuchs im eigenen Bereich. Nur Universitäten, Stiftungen und kulturelle Einrichtungen bieten auch „Quereinsteigern" die Möglichkeit des Aufstiegs. Allen gemeinsam sind die soziale Herkunft ihrer Führungsgruppen überwiegend aus Oberschicht und oberer Mittelschicht und die Bejahung des Rechtsstaats, der Marktwirtschaft sowie strenger Kontrollen der Regierungstätigkeit.[48]

In modernen Gesellschaften setzen sich die Eliten überwiegend aus fünf Gruppen zusammen[49]: Politikern, hohen Verwaltungsbeamten, Unternehmern, den Managern der Massenmedien und führenden Militärs. In den westlichen Demokratien teilt sich die Führungsschicht in Parlamentarier, Verbandsfunktionäre, Unternehmer, Gewerkschaftsführer und Generäle auf. Die politische Elite hängt zugleich stark von der „*Wissenselite*" ab. In Beiräten, Kommissionen und auf informellem Wege stellen Experten der Politik ihr fachliches Wissen zur Verfügung und beeinflussen dadurch politische Entscheidungen. Dabei verfügen die Mitglieder der „Wissenselite" nahezu über ein Monopol bei der Rekrutierung ihres eigenen Personals. Da Verwaltungs- und Unternehmensleitungen ihren Führungsnachwuchs in vielen Ländern von den angesehensten Hochschulen übernehmen, wirken sich die Präferenzen und Auswahlmaßstäbe der Bildungsinstitutionen und damit der „Wissenselite" auch auf die Zusammensetzung der Führungsgruppen in Politik, Verwaltung, Wirtschaft und Kultur aus.[50]

---

47 Wilfried *Röhrich*, Eliten und das Ethos der Demokratie, München 1991, S. 127.
48 Vgl. Richard M. *Merelman*, Making Something of Ourselves. On Culture and Politics in the United States, Berkeley/Los Angeles/London 1984, S. 205f.; Thomas R. *Dye*, Who's Running America? Institutional Leadership in the United States, Englewood Cliffs (N. J.) 1976, S. 211ff.
49 Vgl. Raymond *Aron*, Études Sociologiques, Paris 1988, S. 122.
50 Vgl. Eva *Etzioni-Halevy*, The Knowledge Elite and the Failure of Prophecy, Boston/Sydney 1985, S. 17-19.

Abb. 18: Zugänge zur politische Führungsschicht

So groß die Zahl der Persönlichkeitsmerkmale insgesamt sein mag, die über politische Führungskompetenz entscheiden, kommt den Anforderungen an Intelligenz, Durchsetzungsvermögen, Selbstvertrauen, Leistungsorientierung und soziale Kompetenz nach experimentellen sozialpsychologischen Studien zur Führungskompetenz doch ein besonders hoher Stellenwert zu.[51] Es ist offensichtlich, dass es sich hierbei um Persönlichkeitsmerkmale handelt, die in der Phase der Sozialisation erworben werden und sich auf das spätere politische Führungsverhalten nachhaltig auswirken, besteht doch die Aufgabe der Politiker gerade darin, den Wahrnehmungskontext zu verändern, in dem die Bevölkerung politische Probleme beurteilt, und konkrete Reformen bisheriger Entscheidungen in Gang zu setzen.

Eine Palette von „Belohnungen" und „Anreizen" entscheidet über die Kanäle der Personalauslese und damit über die Professionalität des politischen Personals.[52] Dieses lässt sich in zwei Gruppen aufteilen. Während der *Amateur* eher „innengeleitet" motiviert ist und sich in seinem politischen Handeln von einem klaren Problembezug leiten lässt, ist der *Berufspolitiker* eher „außengeleitet": Ihm geht es um die Einflussnahme auf die Organisation und den Kampf um ein politisches Amt. Daher wird er in der politischen Auseinandersetzung eher kompromissbereit sein als der Amateur. In der innerparteilichen Willensbildung sind die „Amateure" aufgaben- und zielorientierter, fordern mit größerem Nachdruck als

---

51 Vgl. Jean *Blondel*, Comparative Government: an Introduction, a.a.O, S. 105f.
52 Vgl. Peter B. *Clark*/James Q. *Wilson*, Incentive Systems. A Theory of Organizations, in: Administrative Science Quarterly, vol. 6, 1961, S. 134-137.

professionelle Politiker innerparteiliche Demokratie und widersetzen sich in stärkerem Ausmaß Kompromissen, die den innerparteilichen Konsensus ermöglichen sollen.[53] Mit dauerhaftem Engagement und beginnender Professionalisierung der Amateure für politische Ämter schwächen sich diese Gegensätze jedoch ab.

Die Auslesekanäle politischen Führungspersonals unterscheiden sich in Konkordanz- und Wettbewerbsdemokratien, parlamentarischen und präsidentiellen Demokratien, zentralisierten und föderalistischen Systemen, Zwei-, Mehr- und Vielparteiensystemen. Doch lassen sich gleichwohl einige universelle Trends feststellen.[54] So institutionalisieren sich insbesondere die Karriereverläufe von Ministern in unterschiedlichen Regierungssystemen dadurch, dass sich Rollenerwartungen und Auslesemaßstäbe verfestigen. Mit fortschreitender Stabilisierung der demokratischen Systeme und zunehmender Institutionalisierung politischer Rollen professionalisieren sich auch die Kriterien und Kanäle der politischen Personalauslese.

Eine Langzeituntersuchung der Parteieliten im Regierungssystem der Vereinigten Staaten hat gezeigt, dass das politische Engagement führender Funktionäre der Republikaner und Demokraten nicht in erster Linie auf ökonomische Anreize zurückzuführen ist. Sind programmatische, „ideologische" Gründe und das Streben nach Einfluss auf die Regierungspolitik erste wichtige Antriebskräfte ihrer politischen Aktivitäten, so wird dieses in späteren Phasen der Karriere mehr durch soziale Netzwerke stabilisiert. Eine zentrale Rolle für die Herausbildung dieses Engagements fällt der familiären Sozialisation und der Mitgliedschaft der Funktionäre in Interessengruppen und sozialen Bewegungen zu.[55]

Trotz mancher Funktionsschwächen üben die Parlamente die Funktion der Personalauslese für die Regierung nach wie vor mit großem Nachdruck aus, auch wenn die Wirksamkeit dieser Funktion in Vielparteienparlamenten und Parlamenten mit klaren Mehrheitsverhältnissen unterschiedlich einzuschätzen ist.[56] Wichtigste Ausleseinstrumente in den meisten parlamentarischen Demokratien sind parlamentarische Ausschüsse und die Arbeitskreise der Fraktionen. Stellt man parallele oder ergänzende Zugangswege zur Personalrekrutierung der Regierung – insbesondere Parteien, Beamtenschaft und Verbände – in Rechnung, zeigt sich eine anhaltende Formalisierung dieser Rekrutierungsregeln. Die Zugangsmodali-

---

53 Vgl. Nelson W. *Polsby*/Aron B. *Wildavsky*, Presidential Elections, 11. Aufl., Lanham u.a. 2004.
54 Vgl. Mattei *Dogan*, Introduction: Selecting Cabinet Ministers, in: *ders.* (Hrsg.), Pathways to Power. Selecting Rulers in Pluralist Democracies, Boulder/San Francisco/London 1989, S. 1-18, insb. S. 8.
55 Vgl. Denise L. *Baer*, Motivations for Political Activism: Elite Rationality, Childhood Socialization, Insider Recruitment or Social Movement Mobilization? 1995 APSA Annual Meeting, Chicago (Ill.), 31. August – 3. September 1995.
56 Vgl. Mattei *Dogan*, Die eingeschriebenen Regeln bei der Auswahl von Ministern in demokratischen Regimen, in: Hans-Dieter *Klingemann*/Richard *Stöss*/Bernhard *Weßels* (Hrsg.), Politische Klasse und politische Institutionen. Probleme und Perspektiven der Elitenforschung, Opladen/Wiesbaden 1991, S. 171ff.

täten zu ministeriellen Ämtern werden „rationalisiert" und Zufälligkeiten nahezu ausgeschaltet. Dementsprechend findet der Aufstieg in die politische Führungsschicht in den parlamentarischen Demokratien wie beispielsweise denen Großbritanniens, Italiens und Deutschlands vor allem durch Karrieren in *Parteien* und *Parlamenten* statt. Über die Verwaltungslaufbahn suchen politische Aufsteiger in Schweden, den Niederlanden, Finnland, Österreich und Frankreich Zugang zu einem Regierungsamt. Demgegenüber wählen Parlamentsausschüsse in parlamentarischen Demokratien mit stark zersplitterten Parteiensystemen die Mitglieder der politischen Führung aus. In Koalitionsregierungen geben schließlich vielfältige parteispezifische, regionale und kulturelle Proporzkriterien den Ausschlag für die Besetzung von Führungsämtern. Dies zeigen die Beispiele Österreichs, der Niederlande, Italiens und Norwegens.

Typische Rekrutierungskanäle politischen Führungspersonals sind politische Parteien, die staatliche und kommunale Verwaltung sowie das Militär. In den parlamentarischen Demokratien der Gegenwart stellen die Parteien das insgesamt wichtigste Ausleseinstrument dar, weil sie auf der Grundlage eigener Beobachtungen und Loyalitätsstandards über Berufung und Amtsdauer von Bewerbern entscheiden. Militär und Bürokratie sind dagegen traditionelle Aufstiegskanäle in zahlreichen Entwicklungsländern. Aber auch in parlamentarischen Demokratien der Industriestaaten wie in Japan und Deutschland kommt ein großer Teil der Parlamentarier aus der Verwaltungslaufbahn. Im Allgemeinen entstammen die Mitglieder der politischen Elite in allen Staaten Familien der oberen Mittelschicht oder Oberschicht, besitzen einen überdurchschnittlichen Bildungsgrad und üben, abgesehen von Funktionärsstellen in Gewerkschaften, Landwirtschaftsorganisationen und sonstigen Berufsverbänden, Berufe mit relativ hohem Ansehen aus.[57]

Im Unterschied zur Sozialisationsfunktion nehmen die Parteien die Funktionen der Personalauslese und Regierungsbildung wirksamer wahr als früher. Der politisch-professionelle Aufstieg der Mitglieder der politischen Klasse vollzieht sich durch die Auswahlkanäle, die politische Parteien bereitstellen, um die Regierungsbildung zu gewährleisten und die Ausübung politischer Macht durch professionelle Berater und Multiplikatoren abzustützen. Als Folge dieser Entwicklung haben die Parteien den Prozess der Regierungsbildung weitgehend monopolisiert. Vielfach geht dieser Funktionsgewinn mit einer starken Zerklüftung in miteinander rivalisierende Gruppen (Faktionen; „*correnti*" in Italien, „*habatsu*" in Japan) einher, die dauerhafte Gefolgschaftsverhältnisse begründen, das Muster der Per-

---

57 Dies zeigten am Beispiel der USA, Schwedens und Japans: Sidney *Verba*/Steven *Kelman*/Gary R. *Orren* u.a., Elites and the Idea of Equality. A Comparison of Japan, Sweden and the United States, Cambridge (Mass.)/London 1987, S. 260f.; vgl. ferner Horst *Mewes*, Einführung in das politische System der USA, 2. Aufl., Heidelberg 1990, S. 133-139.

sonalselektion bestimmen und dadurch die Zusammensetzung der jeweiligen Regierung entscheidend vorprägen.

Parteien handeln somit in jenem Bereich, in dem sich *Demokratieprinzip* und *Amtsprinzip* überschneiden. Sie stehen zugleich innerhalb und außerhalb der staatlichen Ämterordnung.[58] Außerhalb dieser Ordnung werden sie tätig, wenn sie partikulare oder allgemeine Interessen gegenüber staatlichen Institutionen mobilisieren. Innerhalb der Ämterordnung handeln sie, wenn sie erfolgreich Kandidaten für Parlamentsmandate und für Ämter der staatlichen Verwaltung aufstellen. Sie wirken somit als Klammern zwischen der Gesellschaft und der Ämterordnung des Staates. Diese Aufgabe nehmen sie allerdings in unterschiedlichen Formen wahr. Während die amerikanischen und kanadischen Parteien wahlkampforientierte Organisationen darstellen, sind die europäischen Parteien durchweg dem Typ der Massen- und Apparatparteien zuzurechnen.[59]

Die Schlüsselfunktion der politischen Parteien für die politische Personalauslese in parlamentarischen Demokratien garantiert indes noch keine offene Rekrutierung des Führungsnachwuchses. Der Zugang von neuen Mitgliedern wird insbesondere dadurch gebremst, dass sich die politischen Parteien intern aus komplexen, informellen Netzwerken politischer Richtungsgruppen verstehen, die Querverbindungen zwischen Rechts und Links, Traditionalisten und Reformern sowie unterschiedlichen sozioökonomischen Richtungen und „Seilschaften" herstellen.[60] Weder in vertikaler noch in horizontaler Hinsicht erscheint die Organisationsstruktur transparent.

In traditionalen Gesellschaften werden politische Ämter in erster Linie nach familiärer Herkunft, Religion, wirtschaftlichem Status und nach dem Alter der Bewerber (Senioritätsprinzip) vergeben. Doch haben diese Auswahlmaßstäbe den gewaltsamen Kampf um öffentliche Ämter nicht gänzlich verhindern können. Politischer *Nepotismus*, die „Vererbung" öffentlicher Ämter innerhalb einer Familie, ist indessen nicht auf traditionale Gesellschaften beschränkt, sondern auch in modernen politischen Systemen anzutreffen (z.B. in den USA, Großbritannien und Japan). Die Anforderungen an die Mitglieder der politischen Elite variieren von Land zu Land. Professionelle politische Erfahrung wird in allen Staaten gefordert, aber in einigen werden ideologische und intellektuelle Kriterien als Auswahlmaßstäbe von Parlamentariern genannt (z.B. Italien), in anderen politisches Artikulationsvermögen und politische Überzeugungsfähigkeit (z.B. Großbritannien).[61] In

---

58 Vgl. Peter Graf *Kielmannsegg*, Das Experiment der Freiheit. Zur gegenwärtigen Lage des demokratischen Verfassungsstaates, a.a.O., S. 71.
59 Vgl. Hiltrud *Naßmacher*, Parteien in Nordamerika: Apparatparteien „neuen Typs"?, in: Zeitschrift für Parlamentsfragen, Heft 1/1992, S. 110-130.
60 Vgl. Ulrich *von Alemann*, Parteien, a.a.O., S. 47.
61 Vgl. Robert *Putnam*, Comparative Study of Political Elites, Englewood Cliffs (N. J.) 1976, Kap. 3, 7.

allen Demokratien besitzen politische Zuverlässigkeit und politisches Gewicht als Auswahlmaßstäbe große, wenn nicht ausschlaggebende Bedeutung.

In der politischen Wirklichkeit sind „Elitenherrschaft" und „Demokratie" keine Gegensätze, sondern vielmehr Idealtypen, die auf folgenden Zusammenhang verweisen:[62] Die Praxis politischer Willensbildung ist stets durch eine Kombination demokratisch-plebiszitärer, oligarchischer und quasimonarchischer Elemente gekennzeichnet. Im Rahmen repräsentativer Demokratie als System politischen Wettbewerbs hat eine demokratisch legitimierte Elite zwei Bedingungen zu erfüllen:

1. Die politische Führungsschicht muss aus einem offenen politischen Wettbewerb hervorgehen, an dem sich mehrere, gleichwertige Führungsgruppen beteiligen. Es muss somit eine *Konkurrenz von Eliten* gewährleistet sein.
2. Der *Zugang zur politischen Führungsschicht* muss *offen* sein. Zwar werden in einem komplexen Gefüge sozialer Schichtung stets soziale, ökonomische und kulturelle Startvorteile für die einen entsprechende Startnachteile für die anderen nach sich ziehen. Doch müssen diese Barrieren überwindbar sein. Mit anderen Worten: Bürger unterschiedlicher Herkunft, Bildung, Religion, aus verschiedenen Berufen und Regionen müssen Chancen politischen Aufstiegs besitzen und Zugangsmöglichkeiten zur politischen Führungsschicht etwa über Karrieren in Parteien und Verbänden finden. Diese Voraussetzung ist nicht erfüllt, wenn einzelne Bevölkerungsgruppen diskriminiert werden oder aufgrund dauerhafter gesellschaftlicher Startnachteile keine Chancen politischen Engagements erhalten.

Erfüllen die politischen Führungsschichten der demokratischen Staaten der Gegenwart diese Voraussetzungen? Welches sind die gemeinsamen Merkmale der Eliten, und worin unterscheiden sie sich? Sind sie tatsächlich durch offene Machtkonkurrenz nach *außen* (Konkurrenz der Eliten) und nach *innen* (gesellschaftlicher Wettbewerb um den Zugang zu den Führungsgruppen) gekennzeichnet? Diesen Fragen soll am Beispiel der politischen Eliten in Deutschland und in der internationalen Politik nachgegangen werden.

Die politische Elite der *Bundesrepublik Deutschland* ist in ihren zentralen Wertvorstellungen trotz deutlicher interner Differenzen im Vergleich zu der anderer Industriestaaten relativ homogen: Sie bejaht die freiheitlich-demokratische Grundordnung, Marktwirtschaft, sozialen Pluralismus, technischen Fortschritt und die der repräsentativen Demokratie zugrundeliegenden Werte wie Mehrheitsprinzip, Minderheitenschutz und Fairness gegenüber dem politischen Gegner.[63]

---

62 Vgl. Wolfgang *Felber*, Eliteforschung in der Bundesrepublik Deutschland, a.a.O., S. 89.
63 Vgl. Ursula *Hoffmann-Lange* u.a., Konsens und Konflikt zwischen Führungsgruppen in der Bundesrepublik Deutschland, Frankfurt a.M. 1980; *dies.*, Eliteforschung in der Bundesrepublik Deutschland, in: Aus Politik und Zeitgeschichte, B 47, 1983, S. 11-25; Rudolf *Wildenmann*, Germany 1930/1970, in: Sozialwissenschaftliches Jahrbuch für Politik, Bd. 2, 1971, S. 13-60;

Während in anderen Elitesektoren wie Wirtschaft oder Verwaltung eine höhere soziale Herkunft die Aufstiegschancen beeinflusst, weist die politische Elite eine größere Offenheit der Rekrutierung auf.[64] Die *Potsdamer Elitestudie* von 1995, die eine umfassende Bestandsaufnahme der deutschen Führungsschicht durchgeführt hat, förderte allerdings zutage, dass sich bei den Eliten der Nachkriegsgenerationen Verschiebungen hinsichtlich der demokratischen Wertvorstellungen feststellen lassen. Im Vergleich zu den Generationen der 60er und 70er Jahren, die ihre Sozialisation vor oder während des Krieges durchliefen und vor allem Werte der repräsentativen Demokratie (Präferenz einer starken politischen Führung, Ablehnung unkonventioneller und direkter Beteiligungsformen) vertraten, sind für die Eliten der Nachkriegsgeneration, die heute den weitaus größten Anteil der deutschen Elite ausmachen, stärker plebiszitär geprägte Demokratievorstellungen charakteristisch.

Den verbesserten demokratischen Beteiligungsrechten des Bürgers wird im Wertekatalog der jüngeren Eliten eine wesentlich größere Bedeutung zugewiesen.[65] Die in der Nachkriegszeit sozialisierten Eliten treten zwar mehr als die ältere Generation für einen stärker konfliktbetonten Interessenausgleich und Konzepte einer plebiszitären, auf alle gesellschaftlichen Bereiche ausgeweiteten Demokratie ein. Aber diese Einstellungen wandeln sich im Lebenszyklus: Je länger Mitglieder der Führungsschicht im Amt sind und je höher sie in der Elite aufsteigen, umso stärker stimmen sie dem Konzept der repräsentativen Demokratie zu.

Heterogen ist die politische Elite außerdem in der Beurteilung innen- und außenpolitischer Grundsatzfragen, in Fragen der wirtschaftlichen und sozialen Ordnungspolitik und in ihrer Einstellung zu gesellschaftspolitischen Aufgaben. Eher homogen als heterogen ist sie wiederum in ihrer sozialen Herkunft: Mittel- und Oberschicht, urbanisierte Gebiete, überwiegend protestantisch, akademische Ausbildung und Studium der Rechtswissenschaften sind gemeinsame Rekrutierungsmerkmale. Zu politischen Spitzenpositionen gelangen die Mitglieder der politischen Elite durch Wahlen, Vererbung, Positionen in der Wirtschaft und durch Selbstergänzungen der Bürokratie. Während die durchschnittliche Verweildauer in administrativen, parteipolitischen, wissenschaftlichen und militärischen Führungspositionen mit vier bis acht Jahren relativ kurz ist, werden Führungspositionen im Bereich der Medien, der Kirchen, Gewerkschaften, Unternehmen, Ver-

---

ders., Unsere oberen Dreitausend, in: Die Zeit, Nr. 10, 1982; Karl M. *Bolte*/S. *Hradil*, Soziale Ungleichheit in der Bundesrepublik Deutschland, 6. Aufl., Opladen 1988.

64 Viktoria *Kaina*, Deutschlands Eliten zwischen Kontinuität und Wandel. Empirische Befunde zu Rekrutierungswegen, Karrierepfaden und Kommunikationsmustern, in: Aus Politik und Zeitgeschichte, B 10/2004, S. 10.

65 Vgl. Wilhelm *Bürklin*, Demokratische Einstellungen im Wandel: Von der repräsentativen zur plebiszitären Demokratie? In: *ders.*/Hilke *Rebenstorf* u.a. (Hrsg.), Eliten in Deutschland. Rekrutierung und Integration, Opladen 1997, 399-402.

bände und kulturellen Einrichtungen für einen längeren Zeitraum besetzt. Die Rotationsquote der Elite ist in diesen Bereichen niedrig.

In Deutschland wie in den meisten europäischen Demokratien folgt die Auslese politischen Führungspersonals überwiegend den Gesetzen langfristiger und kontinuierlich verlaufender Karrieren.[66] Politische Spitzenämter werden nahezu ausschließlich über politische Laufbahnen besetzt; der unmittelbare Sprung in politische Führungspositionen bleibt die Ausnahme und ist auf einflussreiche Verbände und Unternehmen beschränkt. Ursache dieser „*Karrierisierung*" ist die Tatsache, dass die Parteien als mitgliederstarke, differenzierte Großorganisationen den politischen Rekrutierungsprozess vollständig in ihrem Sinne nutzen. Da höhere Berufspositionen größere Freiräume für karrierefördernde politische Aktivitäten bieten, sind leitende Beamte und Angestellte sowie Verbandsfunktionäre in allen Parlamenten überrepräsentiert. So stellt sich die politische Elitenrekrutierung in der Bundesrepublik Deutschland als ein zugleich spezialisierter und ausdifferenzierter Vorgang dar. Die für diesen Prozess verbindlichen Qualifikationsanforderungen werden von den Parteien sowie Parlament und Regierung festgelegt. Politische Personalauslese findet daher in einem relativ isolierten Bereich politischer und administrativer Organisationen statt.

Die Rekrutierungsfunktion wirkt sich über die Führungsgruppen des politischen Systems auch auf die Zusammensetzung der internationalen Elite aus. Ähnlich wie die nationale politische Elite ist auch die *Weltelite*, die Inhaber international bedeutsamer Führungspositionen umfasst, teils homogen, teils heterogen.[67] Das politische Bewusstsein dieser Elite wird durch wenige amerikanische, britische und französische Zeitungen stark beeinflusst. Die politische Orientierung ihrer Mitglieder gilt vorrangig globalen Konflikten und Integrationsprozessen. Die Verfolgung nationaler Interessen und die Bewahrung des Weltfriedens sind maßgebliche Wertmaßstäbe der im Rahmen von Elitestudien befragten Außenminister. Deren politische Vorbilder sind westliche Politiker, die ihre Ziele teils mit friedlichen, teils mit militärischen Mitteln erreicht haben.[68] In ihrer politischen Orientierung sucht die Weltelite eine Balance zwischen Konflikt und Integration, Nation und internationalem System, Krieg und Frieden. Nach dem Ende des Ost-West-Konflikts haben sich ihre überkommenen ideologischen Orientierungsmuster aber neu geordnet. Zwei Tendenzen werden jedoch überdauern:

---

66 Vgl. Dietrich *Herzog*, Politische Karrieren, a.a.O., S. 219ff.; vgl. hierzu auch Klaus *von Beyme*, Die politische Elite in der Bundesrepublik Deutschland, a.a.O.; Wolfgang *Zapf*, Wandlungen der deutschen Elite, 2. Aufl., München 1966.
67 Vgl. Wolfgang *Felber*, Eliteforschung in der Bundesrepublik Deutschland, a.a.O., S. 138ff.
68 Vgl. George *Modelski*, The World's Foreign Ministers, in: Journal of Conflict Resolution, vol. 14, 1970, S. 135-175.

1. Bei Entscheidungen über Fragen des Welthandels, der Entwicklungshilfe und politischer Interventionen in Ländern des Südens wird es weiterhin einen Nord-Süd-Konflikt geben.
2. Das Abstimmungsverhalten in den internationalen Organisationen wird durch regionale Bindungen und Rücksichten geprägt. Regional benachbarte Eliten werden sich eher für ein solidarisches Abstimmungsverhalten entscheiden als weit voneinander entfernte. Geographische Distanz erschwert immer noch die Identifizierung gemeinsamer Interessen und politische Zusammenarbeit. Allerdings erhalten klassische Maßstäbe der Geopolitik in vielen Regionen neues Gewicht.

Um das Machtgefüge des internationalen Systems und den Handlungsspielraum der Weltelite zu bestimmen, ist das Entscheidungsverhalten der nationalen Eliten und das politische Gewicht der von ihnen vertretenen Staaten in den internationalen Organisationen zu berücksichtigen.[69] Internationale Organisationen von globaler Bedeutung sind der Sicherheitsrat der Vereinten Nationen, OECD, NATO, die Europäische Union, NAFTA, ASEAN und andere Bündnisse. In diesen Organisationen haben Staaten wie die USA, Russland, Großbritannien und Frankreich aufgrund ihrer Finanzstärke, ihrer traditionellen Mitgliedschaft, ihrer informellen Führungsfunktion und ihrer Bereitschaft und Fähigkeit zur Mobilisierung (auch) militärischer Ressourcen seit langem eine teils formelle, teils informelle Vorrangstellung. Ziehen wir diese ebenso wie die Zusammensetzung internationaler Gremien heran, die die internationale politische Meinungsbildung beeinflussen, lässt sich die Machtstruktur der *Weltelite* folgendermaßen nachzeichnen:

> Im *Zentrum* stehen die klassischen Supermächte des internationalen Machtsystems und die neuen wirtschaftlichen Weltmächte, in der *Semiperipherie* einflussstarke Mittel- und Regionalmächte und in der *Peripherie* die kleinen Staaten der „Dritten Welt".

---

[69] Vgl. George A. *Codding*, Influence in International Conferences, in: International Organization, vol. 35, 1981, S. 715-724; Terrence P. *Hopemann*, Asymmetrical Bargaining in the Conference on Security and Cooperation in Europe, in: International Organization, vol. 32, 1978, S. 141-177; George *Modelski*, Long Cydes in World Politics, Basingstoke 1987; Wolfgang *Hanrieder*, Fragmente der Macht, München 1981.

Abb. 19: Die Machtstruktur der Weltelite[70]

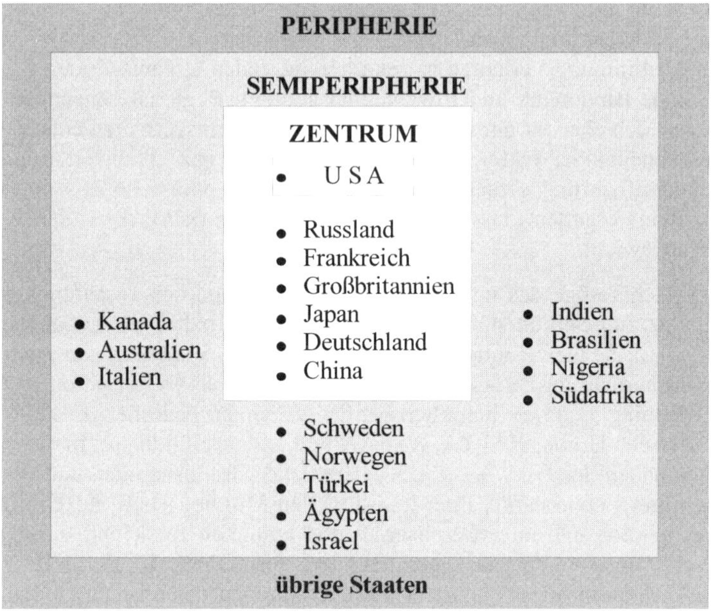

```
PERIPHERIE
  SEMIPERIPHERIE
    ZENTRUM
    • USA

    • Russland
    • Frankreich
    • Großbritannien
• Kanada          • Japan          • Indien
• Australien      • Deutschland    • Brasilien
• Italien         • China          • Nigeria
                                   • Südafrika
    • Schweden
    • Norwegen
    • Türkei
    • Ägypten
    • Israel
  übrige Staaten
```

Quelle: in Anlehnung an Wolfgang *Felber*, Eliteforschung in der Bundesrepublik Deutschland, a.a.O., S. 148.

3.4 Muster der Rekrutierung

Welchen Gesetzen folgt die politische Personalauslese in den Demokratien der Gegenwart? Welche Rekrutierungsmuster bilden sich heraus? Die Rekrutierung wird überwiegend durch vier Faktoren geprägt:[71]

1. Aufstiegs- und Auslesekanäle,
2. Zugangsbarrieren („Gatekeeper"),
3. Qualifikationsprofile und
4. Ämterwechsel.

---

70 Bei der Zuordnung zu den Ländergruppen wurden einerseits die politischen, wirtschaftlichen und militärischen Potentiale und zum anderen das regionale und globale Einflusspotential sowie das jeweilige Personalreservoir berücksichtigt. Vgl. Wolfgang *Felber*, Eliteforschung in der Bundesrepublik Deutschland, a.a.O., S. 149.
71 Vgl. Robert D. *Putnam*, The Comparative Study of Political Elites, a.a.O., S. 46-70.

- *Auslesekanäle* sind die politischen Parteien und die staatliche Verwaltung. Die Rolle der Parteien ist in den Demokratien der Industriestaaten fest etabliert und nimmt auch in den Entwicklungsländern an Bedeutung zu. In den einzelnen Staaten unterschiedlich stark ausgeprägt sind auch Kommunen, Verbände und das Militär Auslesekanäle der politischen Rekrutierung.
- *Zugangsbarrieren* sind Aufnahmeprüfungen der staatlichen Verwaltung, das Senioritätsprinzip bei der Vergabe politischer Ämter, das Auswahlmonopol einer herrschenden Klasse („Nomenklatura") und das Kooptationsprinzip, das eine Ausweitung der Führungsschicht von der Zustimmung ihrer Mitglieder abhängig macht.
- *Qualifikationsprofile* für politische Ämter stellen auf individuelle Führungskompetenz, politische Expertise, Organisationsfähigkeit, persönliche Ausstrahlung, Gruppenbindungen und politische Loyalität ab.
- *Ämterwechsel* ist Kennzeichen der Innovationsfähigkeit des politischen Systems. Je häufiger der Wechsel des Führungspersonals, umso krisenhafter der Zustand des politischen Systems, um so größer aber auch die Zugangschancen zur politischen Elite. Dementsprechend nimmt die Häufigkeit dieses Wechsels mit zunehmender gesellschaftlicher Verankerung der politischen Führungsschicht und zunehmender Stabilisierung des politischen Systems ab.

So bilden sich Muster der Rekrutierung heraus, die die Struktur der künftigen politischen Elite, ihre innere Homogenität und Verflechtung mit anderen Führungsschichten in Wirtschaft und Gesellschaft, bestimmen. Sowohl die personelle Verzahnung zwischen den Führungsgruppen als auch die Möglichkeit des Wechsels von einer Gruppe in eine andere, etwa aus Wirtschaft und Wissenschaft in Politik und Verwaltung, bestimmen Offenheit, Flexibilität und Integrationsvermögen der politischen Elite. Die *Potsdamer Elitestudie* hat die zentrale Rolle des politisch-administrativen Systems in Prozessen gesellschaftlicher Steuerung aufgrund seiner zentralen Stellung im Kommunikationsnetz der Funktionseliten bestätigt.[72] Diese Position sollte allerdings nicht als hierarchische missverstanden werden. Denn viele Kontakte zwischen den Sektoreliten werden nicht über Politik und Verwaltung, sondern durch eigene Kanäle vermittelt.

Je schmaler und in sich geschlossener die gesellschaftliche Basis der politischen Führungsauslese, umso enger ist der interne Zusammenhalt der politischen Elite und umso größer ihre Loyalität gegenüber den Instanzen ihrer Auswahl und Berufung.[73] Ein erzwungenes Höchstmaß an internem Zusammenhalt erreichen die Führungsgruppen in autoritären und totalitären Diktaturen, während die politischen Eliten der Wettbewerbsdemokratien auf einer breiteren sozialen Basis be-

---

72 Vgl. Wilhelm *Bürklin*/Hilde *Rebenstorf* u.a., Eliten in Deutschland. Rekrutierung und Integration, a.a.O., S. 285.
73 Vgl. *ders.*, ebd., a.a.O., S. 109ff.

ruhen und in ihrer Zusammensetzung den gesellschaftlichen Pluralismus eher widerspiegeln.

Von welchen Anreizen und Motiven hängt die Bereitschaft zu politischem Engagement und zur Bewerbung um politische Ämter in den Demokratien der Gegenwart ab? Folgende Aktivitätsformen und Anreize sind zu nennen:

Tab. 9: Politische Anreize und Aktivitäten

AKTIVITÄTEN		ANREIZE
Einsatz für politische Maßnahmen	⟵⟶	Programm
Erwerb und Demonstration politischen Prestiges	⟵⟶	Status
Belobigung anderer und durch andere	⟵⟶	Schmeicheln
Hingabe an ein übergeordnetes Ziel der Sinngebung für das Leben	⟵⟶	Sendungsbewusstsein
Anderen gefallen und von anderen akzeptiert werden	⟵⟶	Geselligkeit
Wettbewerb mit anderen in strukturierten Handlungskontexten	⟵⟶	Spielfreude

Quelle: James L. *Payne*, Incentive Theory and Political Process, Lexington (Mass.) 1972.

Es handelt sich hierbei um Operationalisierungen der höherrangigen menschlichen Grundbedürfnisse nach der Bedürfnistheorie von Abraham *Maslow*.[74] Diese Anreize halten zwar politische Partizipation aufrecht, erklären aber noch nicht unterschiedliche Muster der Rekrutierung in verschiedenen Ländern. Zieht man nicht nur die Vereinigten Staaten und Europa, sondern auch andere Demokratien heran, so haben vier Motive für die Bewerbung um politische Ämter nach international vergleichenden Untersuchungen besonderes Gewicht: materielle Interessen, Statusbewusstsein, ideologische Überzeugungen und Machtstreben.[75] Diese Motive sind soweit bedeutsam, als die Kriterien und Rahmenbedingungen der Auswahlverfahren für politische Ämter ihnen Gewicht beimessen. Je fester diese Verfahren institutionalisiert sind, umso offener treten die Auswahlmaßstäbe zutage und umso besser lassen sich die Erfolgschancen von Bewerbern einschätzen. Das Auswahlverfahren verbindet Politik und Gesellschaft, indem es das gesellschaftliche Potential für politische Ämter in solche institutionellen Kanäle lenkt, die den funktionalen Erfordernissen des jeweiligen politischen Systems entsprechen. Innerhalb dieser Grenzen folgt die politische Personalauslese derjenigen

---

74 Vgl. Abraham H. *Maslow*, Motivation und Persönlichkeit, 10. Aufl. Reinbek 2005. Diese Motive sind Gefühle der Zugehörigkeit, das Selbstwertgefühl und das Streben nach Selbstverwirklichung.
75 Vgl. Moshe M. *Czudnowski*, Sociocultural Variables and Legislative Recruitment, in: Comparative Politics, vol. 4, 1972, S. 561-587.

anderer gesellschaftlicher Bereiche: Die tatsächlichen, ausschlaggebenden Personalentscheidungen werden von kleinen, informellen Gruppen getroffen, und die Bestätigung durch die eigentlich zuständigen Gremien ist in der Regel nur noch eine Formsache.[76]

Grundlage der Personalrekrutierung in parlamentarischen Demokratien sind „politische Lehrstellen" (*apprenticeship positions*) in der Parteiorganisation oder „befreundeten" Verbänden, in denen sich Nachwuchskräfte für politische Ämter qualifizieren und profilieren. Diese „Lehrstellen" sind durch zwei Merkmale gekennzeichnet. Sie ziehen zum einen Menschen mit einem Persönlichkeitsprofil an, das für politische Ämter geeignet ist. Darüber hinaus sind sie im gesellschaftlichen Gefüge so verankert, dass sie für die in Personalfragen entscheidenden Gremien wegen ihres Zugangs zu personellen, organisatorischen und finanziellen Ressourcen Gewicht und Ansehen besitzen und zugleich von Sach- und Personalentscheidungen des politischen Systems nicht zu weit entfernt sind.

So begünstigen die „Lehrstellen" eine weitere Professionalisierung und Verfestigung politischer Karrieren. Diese zeigen sich am Beispiel der Standardkarriere („Ochsentour") wie der reinen politischen Karriere (politische Laufbahn, die schon in der Ausbildungsphase beginnt). So setzt sich als vielfach beklagter Trend die schwindende berufliche Durchlässigkeit der Politik durch, die auf der Verengung der politischen Rekrutierung auf den Nachwuchs aus politiknahen Berufen beruht. Hinzu kommt eine starke lokale Fundierung der Politik. Bereits in jungen Jahren müssen daher politische Aktive, die in Parlamenten mitwirken wollen, synchrone zivilberufliche und freizeitpolitische Parallelkarrieren aufbauen.[77]

Die alten und neuen Rekrutierungsmuster politischer Eliten sollen im folgenden im Rahmen eines internationalen Vergleichs kurz nachgezeichnet werden. Eine Analyse der Einstellungen der politischen Elite Englands hat der Franzose André *Siegfried* vor einem halben Jahrhundert in seinem Standardwerk „Crise Britannique au XXme Siècle" vorgelegt. Der Engländer James *Bryce* zeigte in seiner zu Beginn des 20. Jahrhunderts veröffentlichten Studie über „The American Commonwealth", wie das amerikanische System der Auslese von Präsidentschaftskandidaten hochqualifizierte Bewerber chancenlos werden ließ. Der Amerikaner Edward *Banfield* wiederum berichtete nach einem relativ kurzen Aufenthalt in Italien über die Verhaltensmaßstäbe einer Bevölkerung, die der Zentralregierung systematisch misstraut, ein Untersuchungsergebnis, das von italienischen Soziologen immer wieder bestätigt worden ist.

---

76 Vgl. *ders.*, Political Recruitment, a.a.O., S. 220.
77 Vgl. Elmar *Wiesendahl*: Elitenrekrutierung in der Parteiendemokratie. Wer sind die Besten und wie setzten sie sich in den Parteien durch?, in: Oskar W. *Gabriel* u.a. (Hrsg.), Konjunktur der Köpfe? a.a.O. S. 124-141.

Die großen französischen Denker *Montaigne* und *Pascal* meinten, die Wahrheit „diesseits der Pyrenäen" und den Irrtum auf der anderen Seite der Gebirgskette vermuten zu können. In England entdeckten *Montesquieu*, *Voltaire* und *Diderot* ein Regierungssystem, das der französischen Monarchie entgegengesetzt war. Die Klarheit der Analyse fremder Regierungssysteme nimmt mit Alexis *de Tocqueville* beträchtlich zu.[78] Denn nun bildet die Untersuchung fremder Herrschaftsformen nicht mehr nur eine Waffe im innenpolitischen Kampf, sondern vornehmlich ein Instrument zur besseren Kenntnis und zum tieferen Verständnis des eigenen Regierungssystems; und diese bessere Kenntnis wird vor allem durch kontrastierenden Vergleich gewonnen und damit ein von *Aristoteles*[79] begründeter Weg politikwissenschaftlicher Erkenntnis bis in die Gegenwart hinein fortgesetzt.

Die auf diesen Studien aufbauende, vergleichende Erforschung politischer Eliten hat insbesondere die Bedeutung der *Patronage* (Klientelismus) und ihren Einfluss auf die Elitenrekrutierung aufgezeigt. Patronage ist nichts anderes als ein System persönlicher Förderung, das auf persönlicher Abhängigkeit beruht, die Personen mit ungleichen Ressourcen zusammenführt. Die grundlegenden Merkmale dieses Systems sind *Abhängigkeit*, *Reziprozität* (wechselseitige Bindungen und Vorteile) und *Personalisierung*.[80] Indem Patronage Personen aneinander bindet, deren Status, Prestige und Einfluss unterschiedlich sind, strukturiert sie die sozialen Beziehungen vertikal. Die Beziehungen zwischen den an der Patronage Beteiligten sind stets asymmetrisch. Wechselseitige Tauschbeziehungen zwischen „Patron" und „Klient" sind bei allen Spielarten der Patronage festzustellen. Der „Patron" nimmt eine Vorzugsstellung ein und vermittelt zwischen „Zentrum" und „Peripherie". Bei der Artikulation von Interessen, im Kommunikationsprozess, bei der Allokation (Beschaffung und Einsatz) von Ressourcen und der Festlegung von Verfahrensregeln spielt er eine führende Rolle. Ein klassisches Beispiel bildet das altrömische Klientelsystem im republikanischen Staat.

Patronage ist indessen auch zu einem charakteristischen Merkmal moderner politischer Systeme geworden. Vergleichende Analysen zeigen, dass das Entstehen von Patronagebeziehungen eine gewisse Konzentration der Macht, des Rechts und der Ressourcen voraussetzt. In Parteiensystemen, die durch die dauerhafte Vorherrschaft einer Partei gekennzeichnet sind, bestehen daher günstigere Voraussetzungen für Patronage als in alternierenden Parteiensystemen, die einen regelmäßigen Wechsel von Regierung und Opposition kennen und die politische Macht dadurch gleichmäßiger verteilen. Begünstigt somit eine gewisse Konzentration politischer Macht die Ausbreitung der Patronage, so steht eine völlige Machtkonzentration der Entstehung solcher Beziehungen im Wege. Dies haben

---

78 Vgl. Alexis *de Tocqueville*, Über die Demokratie in Amerika. Werke und Briefe, a.a.O., passim.
79 Vgl. *Aristoteles*, Politik, Bd. 9 der Gesamtausgabe, Teil 2: Bücher II-III, ders.: Über die Verfassung, Berlin 1991.
80 Vgl. Mattei *Dogan*/Dominique *Pelassy*, How to Compare Nations, a.a.O., S. 75.

der Feudalismus in Europa und vorkoloniale Herrschaftsformen in afrikanischen Ländern gezeigt.

Mit der Standardisierung der Rekrutierungsmuster politischen Führungspersonals gehen einerseits Originalitätsverluste und „Verdurchschnittlichung" einher, andererseits aber auch Bereitschaft und Befähigung zu effizienter Aufgabenbewältigung und interner Kompromissfindung, unverzichtbare Voraussetzungen der Handlungsfähigkeit komplexer politischer Organisationen. Je professioneller die Maßstäbe der Elitenrekrutierung sind, umso standardisierter werden Sichtweisen und Handlungsmuster des politischen Führungspersonals. Im Extremfall bedeutet dies eine Immunität der politischen Elite gegen „politikferne" Sichtweisen und „praxisferne" politische Innovationen. Das politische System wird dann gewissermaßen „selbstreferentiell" und beschäftigt sich nur noch mit sich selbst.[81]

In den Demokratien der Gegenwart setzen sich immer mehr zwei professionelle Aufstiegskanäle für die künftigen Mitglieder der politischen Führungsschicht durch: der Weg über Positionen in der staatlichen Verwaltung und der öffentliche Kampf um politische Ämter. Während sich der „elitäre", bürokratische Weg auf administrative und fachliche Kompetenz stützt und ein eher zurückhaltendes, defensives Persönlichkeitsprofil voraussetzt, bevorzugt der egalitäre, politische Aufstieg über politische Parteien offensive Bewerber, die sich um einen pragmatischen Zugang zu politischen Fragen und ein öffentlichkeitswirksames, für Teile der Öffentlichkeit repräsentatives Auftreten bemühen. Verstehen sich die einen als administrative „Spezialisten", so die anderen als „Generalisten". Je mehr sich egalitäre Tendenzen in Politik und Gesellschaft unter dem Einfluss der wirtschaftlichen Dynamik und der breiten Einflussnahme von Massenmedien durchsetzen, um so mehr rekrutiert sich die politische Elite aus „Generalisten" und um so weniger aus „Spezialisten". In der Bundesrepublik Deutschland wird die politische Elitenauslese in erster Linie von den Parteien wahrgenommen. Dies liegt an ihrem im Wahl- und Parteiengesetz festgeschriebenen Exklusivrecht, die Direkt- und Listenkandidaten für Parlamentsmandate auf Landes- und Bundesebene zu nominieren.[82] Zudem muss fast jeder Berufspolitiker die sprichwörtliche „Ochsentour" durchlaufen, d.h. er muss „ganz unten", etwa im Ortsverein, anfangen und sich in einer langjährigen praktischen Probe- und Bewährungszeit bewei-

---

81 Zum Begriff der Selbstreferenz siehe Niklas *Luhmann*, Soziale Systeme. Grundriß einer allgemeinen Theorie, Frankfurt a.M. 1984, S. 31, 57ff. Selbstreferentielle Systeme sind gekennzeichnet durch die „Fähigkeit, Beziehungen zu sich selbst herzustellen und diese Beziehungen zu differenzieren gegen Beziehungen zu ihrer Umwelt" (a.a.O., S. 31). Sie sind letztlich geschlossene Systeme, die „Selbstkontakt" an die Stelle von „Umweltkontakt" setzen (a.a.O., S. 59). Diese Abschottung wird als Selbstreferenz, Selbstorganisation oder Autopoiesis (griech.: autó-poios, d.h. „von selbst geworden") bezeichnet.

82 Andrea *Römmele*: Elitenrekrutierung und die Qualität politischer Führung, in: Zeitschrift für Politik, Jg. 51, Heft 3, 2004, S. 262., Elmar *Wiesendahl*, Elitenrekrutierung in der Parteiendemokratie. Wer sind die Besten und wie setzten sie sich in den Parteien durch? in: Oscar W. *Gabriel*, Beate *Neuss* und Günther *Rüther* (Hrsg.), Konjunktur der Köpfe, a.a.O. S. 134.

sen, bevor er mit einem Mandat bedacht wird.[83] Seiteneinsteiger finden sich in der Politik eher selten.[84]

Unterschiede zwischen bürokratischer und politischer Rekrutierung kennzeichnen die Personalauslese in Industrie- wie in Entwicklungsstaaten. So konnte am Beispiel der Entwicklungsorientierung der (süd-)koreanischen Führungsschicht gezeigt werden, dass die bürokratische Elite demokratische Normen geringer und Standards ökonomischer Leistung sowie militärischer Sicherheit höher bewertet hat als die politische Elite.[85] Einschränkungen demokratischer Freiheitsrechte und Verstöße gegen Grundsätze der Chancengleichheit wurden daher in den ersten Nachkriegsjahrzehnten eher hingenommen. Die neuere Entwicklung der politischen Klasse in den asiatischen Schwellenländern zeigt aber auch, dass sich die soziale Rekrutierungsbasis dieser Klasse mit anhaltender wirtschaftlicher Dynamik immer mehr verbreitert.[86]

Welcher politische Führungsstil wird durch die vorherrschenden Muster der Elitenrekrutierung begünstigt? Die modernen demokratischen Wohlfahrtsstaaten weisen einen Trend zu bürokratisch-rationaler Führung auf. Dagegen nehmen autoritäre und totalitäre Diktaturen das Prinzip charismatischer Führung in Anspruch und suchen ihre eigene politische Klasse zu mystifizieren.[87] Zwar weisen gelegentlich auch Popularität und Amtsführung demokratisch gewählter Präsidenten wie etwa in den USA, Frankreich und Deutschland quasimonarchische Züge auf, aber die Mystifizierung der politischen Führung ist geradezu ein Strukturprinzip totalitärer und autoritärer Diktaturen. Gelegentlich stützt sich dieser Mythos auch, wie in der Volksrepublik *China*[88], auf eine stark autoritätsgläubige politische Kultur, eine traditionell starke Stellung der Bürokratie und einen breiten Klientelismus in Städten und Dörfern, zugleich aber auch auf die fehlende Organisation gesellschaftlicher Interessen in Gestalt durchsetzungsfähiger Verbände.

Die Auswahlmaßstäbe politischen Führungspersonals wandeln sich in allen Staaten aufgrund veränderter Erwartungen an die politische Führung. In den demokratischen Wohlfahrtsstaaten werden Politiker in wachsendem Umfang an ih-

---

83 ebd. S. 136; Michael *Hartmann*, Eliten in Deutschland. Rekrutierungswege und Karrierepfade, in: Aus Politik und Zeitgeschichte, B 10/ 2004, S. 22.
84 Vgl.: Jens *Borchert*, Klaus *Stolz*, Die Bekämpfung der Unsicherheit: Politikerkarrieren und Karrierepolitik in der Bundesrepublik Deutschland, in: Politische Vierteljahresschrift, 44. Jg., Heft 2, 2004, S. 156f.
85 Vgl. Dong-Suh *Bark*/Chae-Jin *Lee*, Bureaucratic Elite and Development Orientations, in: Dae-Sook *Suh*/Chae-Jin *Lee* (Hrsg.), Political Leadership in Korea, Seattle/London 1976, S. 91-133.
86 Vgl. im gleichen Band: Glenn D. *Paige*, Toward a Theory of Korean Political Leadership Behavior, S. 223-236.
87 Hierbei handelt es sich allerdings nicht um charismatische Führung als Instrument legitimer Machtausübung im Sinne Max *Webers*, soweit sich die Diktatur überwiegend auf Gewalt und Terror gründet.
88 Vgl. Lucian W. *Pye*, The Mandarin and the Cadre: China's Political Culture, Ann Arbor (Mich.) 1988, S. 154ff., 169ff.

rer Fähigkeit gemessen, den wirtschaftlichen und sozialen Wandel zu gestalten und wirtschaftlich-sozialen Leistungsanforderungen zu entsprechen.[89] Ein Beispiel hierfür war der Bundestagswahlkampf 1998, als der sozialdemokratische Kanzlerkandidat Schröder ankündigte, der Erfolg einer von ihm geführten Regierung werde sich am Abbau der Arbeitslosenzahlen messen lassen. Demgemäß müssen sich auch die Institutionen politischer Rekrutierung an diesen Anforderungen messen lassen. Entscheidend ist dabei nicht die objektive Leistungskompetenz, sondern die subjektive Leistungsvermutung von Wählern und Medien als Ausdruck des Vertrauens in politisches Führungsvermögen. Wird diese enttäuscht, sind personelle Wechsel zu erwarten. Stabilität und Wechsel der politischen Führungsschicht sind folglich in den demokratischen Verfassungsstaaten unterschiedlich ausgeprägt.

Nur wenige Demokratien haben die Rekrutierung ihrer politischen Elite so stark institutionalisiert wie *Frankreich* und *Japan*.[90] Hohe administrative Kompetenz muss in Frankreich bereits in jungen Jahren vor dem Eintritt in die politische administrative Führungsschicht nachgewiesen werden. Danach wird ein solcher Nachweis nicht mehr verlangt. Die Rekrutierung der politischen Klasse in Frankreich vollzieht sich über die „Grandes Ecoles", d.h. Elite-Kaderschmieden wie die Ecole Nationale d'Administration (ENA), die nahezu alle Präsidenten, Premierminister und Minister besucht haben. Ähnliche für die politische Elitenauswahl wichtige Netzwerke in Politik und Verwaltung kennt auch *Japan*. Dort kommt der Eintritt in eines der klassischen Ministerien nach Absolvierung einer der führenden Universitäten einer Karrieregarantie in der staatlichen Verwaltung und vielfach auch einer Eintrittskarte in die politische Klasse gleich. Stabilität und Anpassungsfähigkeit der Eliten in beiden Ländern zeigen, dass deren Transformationsfähigkeit, d.h. ihre Fähigkeit zu permanenter Erneuerung, dann groß ist, wenn die Grundlagen ihrer Legitimität durch hohe Leistungsfähigkeit und Charisma immer neu begründet werden. Erforderlich ist ferner, dass die Aufstiegschancen des gut ausgebildeten Nachwuchses von der dauerhaften Zugehörigkeit zu angesehenen Institutionen abhängen, umfassende administrative Kompetenz höher bewertet wird als fachliche Spezialisierung, die Loyalität gegenüber dem Apparat Vorrang vor dem Einsatz für einzelne politische Optionen besitzt und die

---

89 Vgl. Jean *Blondel*, Political Leadership. Towards a General Analysis, London u.a. 1987, S. 195ff.
90 Vgl. Ezra N. *Suleiman*, Elites in French Society. The Politics of Survival, Princeton (N.J.) 1978, S. 4; Maurice *Duverger*, Le système politique francais, Paris 1996; Vincent *Wright*, The Government and Politics of France, 5. Aufl., London 2006. Paul *Kevenhörster*, Politik und Gesellschaft in Japan, a.a.O., S. 100ff.; zur Konkurrenz von „Generalisten" und „Spezialisten" in der politischen Klasse Japans siehe auch Kent E. *Calder*, Kanryo vs. Shomin: Contrasting Dynamics of Conservative Leadership in Postwar Japan, in: Terry Edward *MacDougell* (Hrsg.), Political Leadership in Contemporary Japan, University of Michigan 1982, S. 1-28.

Anpassung an wechselnde Aufgaben durch einen personellen Wettbewerb innerhalb der jeweiligen Administration gefördert wird.[91]

Die Mitglieder der Regierung werden in den demokratischen Verfassungsstaaten der Gegenwart folgendermaßen ausgewählt:[92]

- In *Frankreich* führt der Weg zu Ministerämtern über die höhere Verwaltungslaufbahn, Parlamentsausschüsse, Bürgermeisterämter und Parteifunktionen. Unter diesen Aufstiegskanälen hat sich die Verwaltungskarriere als wichtigster Auslesemechanismus in der 5. Republik erwiesen, während Partei- und Parlamentsfunktionen in der 3. und 4. Republik den Ausschlag gegeben haben.
- In den *USA* fällt es dem Präsidenten schwer, Politiker oder Verbandsführer mit einer starken politischen Basis für sein Kabinett zu gewinnen. Die Stellung des Kabinetts im Regierungssystem ist schwach. Für seine Regierungsmannschaft sucht der Präsident eher politisch ambitionierte Technokraten als erfahrene Politiker. Er beansprucht zwar eine größere Breite exekutiver Durchsetzung, kann aber wegen dieser Rekrutierungsprobleme nicht immer politisch effektiv regieren.
- In *Großbritannien* folgt die Besetzung des Kabinetts den Regeln parlamentarischer Laufbahn: Juniorminister, Minister ohne Kabinettsrang und Minister mit Kabinettsrang sind die Stufen typischer Regierungskarrieren. Die Ministerlaufbahn ist in einem stufenförmigen Aufstiegssystem fest institutionalisiert und verschafft dem jeweiligen Premierminister ein erhebliches Patronagepotential.
- In *Italien* wird die Benennung von Ministern durch die Parteiführungen und ihre Mitglieder im Parlament vorgenommen. Auswahlkriterien sind die regionale Herkunft, die politische Erfahrung als Staatssekretär und die Zugehörigkeit zu einer der Faktionen (*correnti*) der Parteien.
- In *Japan* sind ebenfalls politische Seniorität und die Zugehörigkeit zu einer Faktion (*habatsu*) auf der Grundlage politischer oder bürokratischer Kar-

---

91 Vgl. Ezra N. *Suleiman*, Elites in French Society, a.a.O., S. 276; Rainer *Hudemann*, Eliten in Deutschland und Frankreich im 19. und 20. Jahrhundert: Strukturen und Beziehungen, München 1994.

92 Vgl. hierzu die Länderbeiträge in Mattei *Dogan* (Hrsg.), Pathways to Power, Boulder/San Francisco/London 1989; insbesondere Mattei *Dogan*, Career Pathways to the Cabinet in France, 1870-1986, S. 19-44; Margaret Jane *Wyszomirski*, Presidential Personnel and Political Capital: From Roosevelt to Reagan, S. 45-74; Donald D. *Searing*, Junior Ministers and Ministerial Careers in Britain, S. 141-168; Hiromitsu *Kataoka*, The Making of a Japanese Cabinet, S. 169-180; Mattei *Dogan*, How to Become a Cabinet Minister in Italy: Unwritten Rules of the Political Game, S. 99-140; vgl. ferner Horst *Mewes*, Einführung in das politische System der USA, a.a.O., S. 137; Peter H. *Merkl*/Dieter *Raabe*, Politische Soziologie der USA. Die konservative Demokratie, Wiesbaden 1977, S. 132; Roland *Sturm*, Staatsordnung und politisches System, in: Hans *Kastendiek*/Karl *Rohe*/Angelika *Volle* (Hrsg.), Länderbericht Großbritannien. Geschichte-Politik-Wirtschaft-Gesellschaft, Bonn 1994, S. 185-212.

rieren entscheidende Auswahlmaßstäbe. Administrative Kompetenz aber reicht allein nicht aus, sondern muss durch politisches Durchsetzungsvermögen ergänzt werden.
- Auch die Mitglieder der politischen Führungsschicht *Indiens* praktizieren „Politik als Beruf" und verfügen häufig über umfangreiche Erfahrungen in der Exekutive. Das Amt des Staatsministers ist eine Schlüsselrolle für Abgeordnete, die Mitglied der Regierung werden wollen, und zugleich ein Bindeglied zu Gruppierungen im Parteiapparat.
- In *Deutschland* folgen Kabinettsbesetzungen den Zusammensetzungen der Parteiführungen, die an der jeweiligen Koalition beteiligt sind, dem Umfang parlamentarischer Erfahrung und Anforderungen politischer Loyalität gegenüber dem jeweiligen Regierungschef.
- In *Irland* sind parlamentarische Erfahrung und Kompetenz, parteipolitische Verankerung und regionale Herkunft ausschlaggebende Kriterien der Auswahl von Ministern.

Insgesamt unterstreicht diese Aufstellung das starke Gewicht kultureller, gesellschaftlicher und politischer Proporzüberlegungen sowie gruppenbezogener politischer Loyalität auf der Grundlage parlamentarischer Seniorität (wie in den USA), administrativer Kompetenz und politischer Verankerung im Parteiapparat.[93] Die Auswahl politischen Führungspersonals in der Wettbewerbsdemokratie folgt somit mehr der Eigendynamik politischer Professionalität und weniger traditionellen Qualifikationsmustern administrativen Sachverstandes. Der Vorrang politischer Professionalität ist dabei um so größer, je intensiver der Wettbewerb zwischen den politischen Parteien ausgeprägt ist. Für Diktaturen und Staaten in der Übergangsphase vom Autoritarismus zur Demokratie gelten jedoch andere Maßstäbe der Personalauslese.

In der politischen Machtstruktur der Volksrepublik *China* ist der politische Rekrutierungsprozess seit langem relativ komplex: Trotz formaler Wahlen wurde die politische Führungsschicht des Landes von Anfang an mit wenigen regionalen und lokalen Ausnahmen „von oben" bestimmt. Dabei spielen die Organisationsbüros der Kommunistischen Partei Chinas auf der Grundlage des Leitprinzips des „demokratischen Zentralismus" eine ausschlaggebende Rolle.[94] Trotz des Beharrungsvermögens der kommunistischen Führungsschicht hat jedoch auf allen Ebenen des politischen Systems eine gewisse Zirkulation von politischen und militärischen Führungskräften stattgefunden, hervorgerufen durch das sinkende Prestige ländlicher Funktionäre und die Abwanderung von Parteikadern in die Wirt-

---

93 Vgl. Hilke *Rebenstorf*, Die politische Klasse. Zur Entwicklung und Reproduktion einer Funktionselite, Frankfurt a.M./New York 1995, S. 192.
94 Vgl. Robert A. *Scalapino*, Introduction, in: ders. (Hrsg.), Elites in the People's Republic of China, Seattle/London 1972, S. III-XX.

schaft.[95] Im Transformationsprozess der chinesischen Wirtschaft zu einem markt- und exportorientierten System lockern sich allmählich die politischen Kontrollstrukturen der Partei. Das Ergebnis der Wirtschaftsreformen und das Management der Wirtschaftstransformation veranlassen die Funktionärsschicht, sich neue Interessen und politische Funktionen zu eigen zu machen. Der „Kaderkapitalismus" stellt die verkrusteten Führungsstrukturen in Frage.[96]

Im Zuge des gesellschaftlichen Wandels erweitern auch in anderen Entwicklungsländern die politischen Führungsschichten die Grundlagen ihrer Rekrutierung. So entstammt in *Thailand* die politisch aktive Bevölkerung der Mittelschicht und der Oberschicht. Aber die politische Klasse besteht nicht mehr nur aus Militärs, sondern auch aus Abgeordneten, Anwälten, Unternehmern und Intellektuellen, die ihren sozialen Aufstieg einer qualifizierten Ausbildung und ihrem Spezialwissen verdanken.[97] Patronagewesen und Klientelismus haben zwar überlebt, bestimmen aber nicht mehr das gesamte politische System, sondern bleiben auf abgrenzbare Bereiche beschränkt. Dadurch entstehen komplexere, vielfältigere politisch-soziale Beziehungen, die dem Entstehen einer pluralistischeren Führungsschicht zugute kommen.[98]

In den Entwicklungsländern dominieren zwei Wege des Aufstiegs in die politische Führungsschicht: Militär und Entwicklungsverwaltung. Dagegen hat das politische Gewicht von Familienclans, das insbesondere in Lateinamerika lange Zeit über den Zugang zur politischen Führungsschicht entschied, zugunsten wirtschaftlicher und politischer Organisationen abgenommen.[99] Solange Massenparteien und Gewerkschaften nicht vorhanden sind, sichern Führungsstellungen in Militär und Verwaltung nicht nur Einkommen und Prestige, sondern auch politische Macht. Das damit einhergehende strukturelle Ungleichgewicht zwischen staatlicher Bürokratie und nichtöffentlichem Sektor verstärkt gerade in den ärmsten Entwicklungsländern Afrikas das Einkommens- und Bildungsgefälle.[100]

Die Rekrutierung der politischen Elite in den Ländern Lateinamerikas unterliegt Einflussfaktoren, wie sie etwa in *Mexiko* den Aufstieg in die politische Klasse bestimmen: das Ausmaß politischen Engagements im Elternhaus, das nachre-

---

95 Vgl. Thomas *Heberer*, China, in: Dieter *Nohlen*/Franz *Nuscheler* (Hrsg.), Handbuch der Dritten Welt, Bd. 8, Ostasien und Ozeanien, Bonn 1994, S. 126f.
96 Vgl. Sebastian *Heilmann*, Die Kommunistische Partei Chinas vor dem Zusammenbruch? Politische Konsequenzen der Wirtschaftsreformen und die Zukunft der kommunistischen Herrschaft in China, Köln 1995, Bericht des Bundesinstituts für ostwissenschaftliche und internationale Studien (58-1995).
97 Vgl. Yos *Santasombat*, Power and Personality: an Anthropological Study of the Thai Political Elite, University of California, Berkeley 1985, Ph. D. dissertation, S. 256ff.
98 Vgl. Jürgen *Rüland*, Thailand, in: Handbuch der Dritten Welt, Bd. 8, a.a.O., S. 558ff.
99 Vgl. Diana *Balmori*/Stuart F. *Voss*/Miles *Wortmann*, Notable Family Networks in Latin America, Chicago/London 1984, S. 227ff.
100 Vgl. Irving Leonard *Markovitz*, Power and Class in Africa. An Introduction to Change and Conflict in African Politics, Englewood Cliffs (N. J.) 1977, S. 324-341.

volutionäre politische Umfeld, die Weckung politischen Interesses in Kindheit und Jugend und der Einfluss des Bildungswesens, insbesondere der Universität, auf den beruflichen und politischen Werdegang.[101] Dieses Geflecht weicht von dem Muster der politischen Sozialisation in anderen Entwicklungsländern nicht grundsätzlich ab. Allerdings ist der Einfluss der Universität auf das spätere politische Engagement hier besonders hoch.

Auch andere Untersuchungen der politischen Elitenrekrutierung in Lateinamerika sind zu dem Ergebnis gekommen, das diese Staaten weder von einer geschlossenen „Machtelite" regiert noch durch plurale Konkurrenz- und Kooperationsstrukturen geprägt werden, sondern vielmehr eine sektoral und vertikal fragmentierte Struktur aufweisen. Häufig verfolgen rivalisierende Bereichseliten partikularistische Ziele und behindern dadurch eine effektive Steuerung der wirtschaftlichen und gesellschaftlichen Modernisierung.[102] Auf dem lateinamerikanischen Kontinent zeigt sich ebenso wie im Nahen Osten, dass nicht ein Arrangement soziopolitischer Führungsgruppen die Umgestaltung von Wirtschaft und Gesellschaft vorantreibt, sondern einzelne Führungsgruppen, die sich auf eine breite Massenbasis stützen können.[103]

3.5 Zirkulation der Eliten

Die politische Elite eines Landes kann bei offener Konkurrenz um Führungspositionen und breiter Rekrutierung des politischen Führungspotentials nicht auf Dauer homogen bleiben. In ihr wechseln sich im Zeitablauf Neuerer und Bewahrer ab, oder, in der bildhaften Sprache Vilfredo *Paretos*, „Füchse" und „Löwen".[104] Diese *Zirkulation der Eliten* ist ebenso Motor gesellschaftlicher Erneuerung wie Garant politischer Stabilität. Ein Ungleichgewicht zwischen Erneuerung und Bewahrung, zwischen Innovation und Konsolidierung, kann noch am ehesten durch offene Kanäle der Rekrutierung vermieden werden. Sonst sind Stagnation oder Rebellion, Repression oder Revolution zu erwarten. In der Krise treten häufig Eliten mit charismatischem Führungsanspruch auf, die die herrschende Schicht mit der Verbreitung von Mythen zu diskreditieren versuchen.[105]

---

101 Vgl. Roderic A. *Camp*, The Making of a Government. Political Leaders in Modern Mexico, Tucson (Ar.) 1984, S. 151ff.
102 Vgl. Seymour M. *Lipset*/A. *Solari* (Hrsg.), Elites in Latin America, New York 1968.
103 Vgl. Frank *Tachau* (Hrsg.), Political Elites and Political Development in the Middle East, New York 1975; Dietrich *Herzog*, Politische Führungsgruppen, a.a.O., S. 134.
104 Vgl. Vilfredo *Pareto*, The Rise and Fall of the Elites, a.a.O., S. 59-89. Zur Rolle der Elitenzirkulation in der soziologischen Theorie Vilfredo *Paretos* (Trattato di sociologia generale, 1916) siehe Wilfried *Röhrich*, Eliten und das Ethos der Demokratie, a.a.O., S. 61-67.
105 Vgl. Max *Weber*, Staatssoziologie. Mit einer Einführung und Erläuterungen, Berlin 1956; George *Sorel*, The Illusions of Progress, Berkeley 1972. Joachim H. *Knoll*, Führungsauslese in Liberalismus und Demokratie, Stuttgart 1957, S. 14-30.

Unter den Bedingungen der Wettbewerbsdemokratie, die durch eine offene Konkurrenz um politische Ämter, institutionalisierte Verfahren der Personalauslese und befristete und zugleich bindende personalpolitische Entscheidungen gekennzeichnet ist, findet politische Rekrutierung immer dann statt, wenn

- die *Persönlichkeitsstruktur* der Interessenten für öffentliche Ämter politisch funktional ist, d.h. den politischen Rollenanforderungen grundsätzlich entspricht,
- die *soziale Position* nach geltenden Auswahlmaßstäben für das Rekrutierungsverfahren relevant ist und
- politische Betätigung *sozial akzeptiert* ist, Politik also ein hinreichendes gesellschaftliches und persönliches Ansehen genießt.[106]

Die Bedeutung, die die Organisationsforschung Kommunikationsnetzen für den Aufbau von Autoritätspositionen in Organisationen zuweist, kommt auch der politischen Rekrutierung zugute: Die Voraussetzungen für Führungsfunktionen in kleinen Gruppen sind zugleich Erfordernisse politischer Rekrutierung, weil sich diese zuallererst auf Gruppen stützt. Soweit die politische Personalauslese andere Wege beschreitet, etwa denjenigen des politischen „Quereinstiegs" politischer Bewerber aus einer hohen wirtschaftlichen oder gesellschaftlichen Position, sind Verbands- und Medienerfahrungen häufig das funktionale Äquivalent der Bewährung in kleinen, politiknahen Gruppen. In beiden Fällen, dem üblichen Aufstieg aus politiknahen Gruppen und politischen Organisationen und dem „Quereinstieg" aus Wirtschaft, Medien und Verbänden, ist die Stellung in einem politisch relevanten Kommunikationsnetz die eigentlich ausschlaggebende strategische Größe. Denn diese Position entscheidet über den Zugang zu Informationen als wichtigste Machtressource der modernen „Informationsgesellschaft". Positionen von hoher strategischer Bedeutung für die Informationsverteilung verbinden Politik und Gesellschaft (*linkage positions*) und bilden Schlüsselstellungen für den politischen Aufstieg.

Wieweit findet eine „Zirkulation der Eliten" tatsächlich statt? Die Mandatsinhaber in den parlamentarischen und präsidentiellen Demokratien haben nach international vergleichenden Untersuchungen eine hohe Chance ihrer Wiederwahl. Eine besonders hohe Wiederwahlquote kennzeichnet die politischen Behauptungschancen von Parlamentariern in der Bundesrepublik Deutschland, Japan, Neuseeland und den USA, eine niedrigere Wiederwahlquote demgegenüber die Abgeordneten in Kanada, Frankreich, Großbritannien und Israel (Tab. 10).

---

106 Vgl. Moshe M. *Czudnowski*, Political Recruitment, a.a.O., S. 230ff.

Tab. 10: Wiederwahlquote von Abgeordneten

USA	Israel	Großbritannien	Kanada	Deutschland	Frankreich	Dänemark	Neuseeland	Japan
86,5%	65%	70%	61%	78%	60,4%	72,5%	89%	85%

Quelle: Bernhard *Boll*/Andrea *Römmele*, Strukturelle Vorteile der Amtsinhaber? Wahlchancen von Parlamentariern im internationalen Vergleich, in: Zeitschrift für Parlamentsfragen, Jhg. 25, 1994, S. 544. Der Berechnung der Quoten wurden jeweils Ergebnisse der Parlamentswahlen zwischen 1960 und 1992 zugrundegelegt.

Die Wiederwahlquoten sind (mit Ausnahme eines stärkeren Rückgangs in den USA in jüngster Zeit) im Zeitablauf in etwa konstant geblieben. Dabei hat sich in Dänemark, Japan und Deutschland ein besonders großes Übergewicht „alteingesessener" Parlamentarier zu Lasten von Abgeordneten geringerer Seniorität entwickelt. Andererseits beträgt die durchschnittliche Verweildauer der Bundestagsabgeordneten seit nunmehr vier Jahrzehnten nur wenig mehr als acht Jahre. Unter den Bedingungen des Mehrheitswahlrechts ist ein eher individualistischer, unternehmerischer Typ des Abgeordneten zu beobachten (USA, Großbritannien, Japan[107]), während das Verhältniswahlrecht mit Listenwahl wie in Israel und Deutschland einen Abgeordnetentyp begünstigt, der Karriereplanung und politische Orientierung an der Parteiloyalität ausrichtet.[108] Mit anderen Worten: Die demokratietheoretisch erwünschte Zirkulation politischer Eliten wird in diesen Demokratien durch den Wettbewerbsvorsprung der Amtsinhaber und die Dominanz der Parteiapparate eingeschränkt.

Die Konkurrenz um Wählerstimmen hat bei den Mitgliedern der Eliten keine vollständige Anpassung politischer Einstellungen an die eher konservativen Auffassungen ihrer Wähler bewirkt. Eine Ursache dieser prinzipiellen Übereinstimmung zwischen den Führungskräften aus unterschiedlichen politischen Lagern und ihrer Abweichung vom Einstellungsmuster der „Basis" dürfte darin zu sehen sein, dass ein höherer Bildungsgrad mit einer optimistischeren, aufgeschlossenen Sicht menschlicher Fähigkeiten und stärkeren humanitären Überzeugungen verbunden ist. Entsprechend nimmt in den meisten westlichen Demokratien das Vertrauen in die Problemlösungskompetenz politischer Institutionen – und nicht etwa politischer Zynismus – mit steigendem Bildungsgrad im Durchschnitt eher zu.

So entsteht in den Massendemokratien der Gegenwart eine Kluft zwischen der gut ausgebildeten, liberalen Führungsschicht und einer Unterschicht, die sich weit weniger liberal und tolerant zeigt. Dieser grundsätzliche Einstellungskonflikt bildet häufig den Nährboden politisch extremistischer Bewegungen, die den tradi-

---

107 Das japanische Wahlsystem ist ein Mischsystem aus Verhältnis- und Mehrheitswahlrecht.
108 Vgl. Bernhard *Boll*/Andrea *Römmele*, Strukturelle Vorteile der Amtsinhaber?, a.a.O., S. 556; Wolfgang *Rudzio*, Das politische System der Bundesrepublik Deutschland, a.a.O., S. 418f.

tionellen „Autoritarismus der Arbeiterklasse" in antimodernen, antiliberalen Protest umsetzen. Als Beispiele dieses Protestpotentials lassen sich die Wallace-Bewegung in den USA, die Nationale Front in Frankreich, der Wiederaufstieg der Faschisten in Italien und Wahlerfolge der Rechtsextremisten in Deutschland anführen. Gemeinsamer Ausgangspunkt dieser Bewegungen ist die Loslösung der liberalen politischen Führungsschichten von den Erwartungen der Wählerschaft vor allem in Unterschicht und unterer Mittelschicht.

Diese Diskrepanz könnte von Dauer sein. Denn unter dem Einfluss höherer Bildung und umfassenderer politischer Erfahrungen weisen die Mitglieder der politischen Eliten in den westlichen Demokratien nicht nur ein liberaleres Weltbild, sondern informatorisch besser fundierte, konsistentere und im Zeitablauf stabilere politische Grundüberzeugungen auf.[109] Daraus ergibt sich ein Dilemma für die Funktionsfähigkeit der Wettbewerbsdemokratie: Wie können stabile demokratische Herrschaftsverhältnisse und zugleich ein intensiver Wettbewerb zwischen den politischen Führungsgruppen gesichert werden? Eine Antwort lautet: Dies ist noch am wirksamsten durch eine institutionelle Garantie der Berücksichtigung größerer Minderheiten, die Konzeption vertikaler Gewaltenteilung (insbesondere den Föderalismus, der die politische Herrschaft der zentralen Führungsschicht abmildert), die kommunale Selbstverwaltung und einen starken Wettbewerb zwischen integrationsfähigen Massenparteien zu gewährleisten.

Trotz der Öffnung der politischen Eliten als Folge gesellschaftlicher Modernisierung und trotz der „fälligen Wachablösung" zwischen den Generationen bleiben auch in modernen Gesellschaften überkommene Strukturmuster der Rekrutierung des Führungsnachwuchses erhalten.[110] Das Bildungssystem ist auch im Zeitalter einer weitgehenden Egalisierung von Bildungschancen vorrangiger Auslesekanal der politischen Elite. Dies liegt im Interesse einer politischen Personalrekrutierung, die die Führungsschicht an die gesellschaftliche Basis bindet, denn die repräsentative Demokratie benötigt eine politische Klasse, die gegenüber einer sich stärker differenzierenden Gesellschaft handlungsfähig ist und deren Erwartungen in konsensfähige, gesamtgesellschaftliche Handlungsstrategien umsetzt.[111] Politische Führung bleibt auch künftig nach einem Wort des früheren amerikanischen Außenministers Dean *Rusk* nichts anderes als eine „Synthese aus Inspiration, Engagement und Erziehung".[112]

---

109 Vgl. Gregory B. *Markus*/Philip E. *Converse*, A dynamic simultaneous equation model of electoral choice, in: American Political Science Review, vol. 73, 1979, S. 1055-1070.
110 Vgl. David S. *Broder*, Changing of the Guard. Power and Leadership in America, New York 1980, S. 470.
111 Vgl. Dieter *Herzog*, Brauchen wir eine Politische Klasse?, a.a.O., S. 13.
112 Dean *Rusk* im Gespräch mit David S. Broder („a mixture of inspiration, dedication and education"), in: David S. *Broder*, a.a.O., S. 474.

Politische Rekrutierung

Die Rekrutierung politischen Personals gewährleistet die Verfügung der Politik über politischen, administrativen und fachlichen Sachverstand und damit die personelle Legitimation politischer Entscheidungen durch die Gesellschaft. Sie sichert die Inklusivität der Interessen durch das politische System und zugleich die Repräsentativität der politischen Amtsinhaber. Auf den Gehalt politischer Entscheidungen wirkt sie sich in dreifacher Hinsicht aus: durch die Differenzierung politischer Rollen und die damit verbundene Spezialisierung der Qualifikationsanforderungen, durch die politischen Präferenzen der ausgewählten Rolleninhaber und die Rekrutierungsmuster der politischen Elite.

Die Praxis der politischen Rekrutierung wird aus unterschiedlichen Blickwinkeln betrachtet. Während der funktionale Systemansatz nach der Stellung politischer Eliten fragt, richtet der konventionelle Organisationsansatz sein Augenmerk auf die Tätigkeit des politisch-administrativen Personals. Unter den Bedingungen der Moderne versteht sich die politische Führungsschicht nicht als Wertelite, sondern als Funktionselite, d.h. eine nach politischen und professionellen Maßstäben ausgewählte „politische Klasse". Ihre Aufgabe ist die Integration sozialer Schichten durch politische Organisationen und die Zukunftsgestaltung durch politische Programme.

Eine realistische Sicht der Elitenrekrutierung in der modernen Demokratie wird durch zwei Perspektiven vermittelt: Aus stratifikationstheoretischer Sicht entscheiden soziale Herkunft, berufssoziologische Kriterien und die Politiknähe des Berufs über den Aufstieg in politische Ämter. Dagegen sind Persönlichkeitsmerkmale nach dem sozialpsychologischen Ansatz für die politische Rekrutierung ausschlaggebend. In der Wettbewerbsdemokratie hängen die Chancen einer politischen Karriere aber nicht so sehr von der persönlichen Machtorientierung ab, sondern von der Befähigung zum pragmatischen Handeln und konsensualer Entscheidungsfindung.

In der Wettbewerbsdemokratie muss die demokratisch legitimierte Funktionselite zwei Bedingungen gerecht werden: Sie muss ihre Stellung einer offenen Konkurrenz der Eliten verdanken, und der Zugang zur politischen Führungsschicht muss offen sein. Mit der weitgehenden Standardisierung der Rekrutierungsmuster politischen Führungspersonals gehen zwar Originalitätsverluste und „Verdurchschnittlichung", aber auch Bereitschaft und Befähigung zu effizienter Aufgabenbewältigung und interner Kompromissfindung einher. Im demokratischen Wohlfahrtsstaat wird die politische Klasse vor allem an ihrer Fähigkeit gemessen, wirtschaftlich-sozialen Leistungsanforderungen zu entsprechen und den sozialen Wandel zu gestalten.

4. Politische Kommunikation

4.1 Politische Kommunikation als Grundlage politischen Wettbewerbs

Wie werden politische Informationen und Bewertungen vermittelt? Die politische Kommunikation wurzelt in Alltagspraxis und Alltagskommunikation und damit in Gemeinsamkeiten der Alltagsroutine.[1] Im gesellschaftlichen Erfahrungsraum entstehen gemeinsame Schicksale und entwickeln sich Kommunikationsformen, die auf der wechselseitigen Interpretation gesellschaftlicher Rollen und individueller Erfahrungen beruhen. Durch kommunikatives Handeln erstreben die Bürger nicht nur den eigenen Erfolg, sondern versuchen ihre Pläne mit denen anderer durch gemeinsame Situationsdefinitionen abzustimmen.[2] Auf diesem Wege bilden sich in Politik und Gesellschaft kollektive Identitäten heraus, die die Institutionen mit Leben erfüllen. Diese vermitteln zwischen dem Bewusstsein der Individuen und der politischen Kultur einer Gesellschaft, indem sie Personal und materielle Ressourcen mit Leitideen und Normen zusammenfügen. So können immer wieder auftauchende Probleme in gleichartiger und zugleich berechenbarer Art und Weise angegangen werden. Es bilden sich sinnvolle Handlungszusammenhänge, die es dem Einzelnen ermöglichen, sich an gegebenen Handlungs- und Ordnungsmustern zu orientieren.

Durch diese Integrationsleistung und den Anspruch auf dauerhafte Geltung gewährleisten Institutionen Ordnung, Sicherheit und Stabilität und schaffen so Grundlagen kollektiver Identität. Auch die Frage nach der Stabilität einer demokratischen Verfassungsordnung ist daher vor allem eine Frage der Akzeptanz, Leistungsfähigkeit und Dauerhaftigkeit politischer Institutionen. Die Ordnungs- und Integrationsfunktion dieser Organisationen drückt sich in ihrer Fähigkeit aus, heterogene und teilweise unvereinbare soziale Subsysteme miteinander zu verknüpfen und gegen die eigene Erhaltung gerichtete gesellschaftliche Kräfte durch die legitime Anwendung staatlicher Gewalt zu reglementieren. Insofern resultiert der Wandel politischer Institutionen aus dem ständigen Anpassungs- und Näherungsprozess sozialer Systemwirklichkeit und politischer Organisationsformen.

---

1 Vgl. Hermann *Korte*/Bernhard *Schäfers* (Hrsg.), Einführung in Hauptbegriffe der Soziologie, Opladen 1992, S. 46ff., 99f.
2 Vgl. Jürgen *Habermas*, Theorie des kommunikativen Handelns, Bd. 1, a.a.O., S. 385.

Entstehen Institutionen aus Handlungsgewohnheiten und Routinen, habitualisierten und typisierten Verhaltensweisen,[3] so ändern sich im Verlaufe des gesellschaftlichen Wandels auch ihre sozialen, kulturellen und personalen Grundlagen. Damit verlieren diese ihre kulturelle Verankerung und ihren sozialen Rückhalt. In der Gegenwart zeigt sich, dass anhaltende Prozesse der Säkularisierung, Rationalisierung und Individualisierung die Anziehungskraft alter Leitideen verringern und dadurch die Integrationskraft überkommener Institutionen schwächen. Folgen dieser Entwicklung sind Bedeutungsverluste von Institutionen und damit eine zunehmende Entinstitutionalisierung gesellschaftlicher Bereiche, wie sich in den Strukturen von Familie und Berufswelt besonders deutlich zeigt.

Kommunikationsprozessen kommt eine große Bedeutung für Lernfähigkeit, Problemfähigkeit und Kreativität einer Gesellschaft zu.[4] Zwischen der kognitiven Komplexität der Gesellschaft, d.h. ihrer komplizierten Binnenstruktur bei der Wahrnehmung von Problemen, und Verfahren politischer Problemlösung durch öffentlichen Diskurs besteht ein enger Zusammenhang. Durch verbesserte Modelle politischer Kommunikation kann das politische System Probleme seiner eigenen Handlungsfähigkeit eher bewältigen und durch eine verbesserte Wahrnehmung auf innovative Problemlösungen ausrichten.[5]

Will das politische System nicht am Regelungsbedarf operativer Komplexität scheitern und seine eigene Existenz aufs Spiel setzen, muss es handlungsfähig und zielorientiert sein und seine eigene Innovationsfähigkeit steigern. Politische Information wird so zu einem Steuerungsfaktor, durch den das politische System Signale aus der Außenwelt und Innenwelt in zielgerichtete Handlungsstrategien umsetzt.[6] Die Innovationsfähigkeit des politischen Systems steht dabei in engem Zusammenhang mit seiner kombinatorischen Vielseitigkeit.[7]

Innovationsfähig sind nur lernfähige Systeme, die äußeren Verhaltensänderungen mit internen Strukturänderungen zu entsprechen versuchen. Das *Lernen* eines politischen Systems können wir mit Karl *Deutsch* „als jede systeminnere Strukturänderung verstehen, durch die bewirkt wird, dass das System mit einer neuen – und womöglich wirksameren – Reaktion auf einen wiederholt von außen kommenden Reiz antwortet".[8] Dies ist zugleich Voraussetzung politischer Innovationsfähigkeit, d.h. der Fähigkeit des politischen Systems, den politischen Innovationsbedarf nicht nur zu erkennen, sondern eine angestrebte Lösung auch tat-

---

3 Vgl. Peter L. *Berger*/Thomas *Luckmann*, Die gesellschaftliche Konstruktion der Wirklichkeit. Eine Theorie der Wissenssoziologie, 20. Aufl., Frankfurt a.M. 2004.
4 Vgl. Karl W. *Deutsch*, Politische Kybernetik, a.a.O., S. 233-254.
5 Vgl. Helmut *Willke*, Systemtheorie, a.a.O., S. 85.
6 Vgl. Amitai *Etzioni*, Die aktive Gesellschaft, Opladen 1975, Kap. 6-9.
7 Vgl. Karl W. *Deutsch*, Politische Kybernetik, a.a.O., S. 233.
8 *Ders.*, ebd., S. 234.

sächlich zu verwirklichen. Diese Fähigkeit wird in erheblichem Umfang durch die *Öffentliche Meinung* bestimmt.

In der Massendemokratie ist die *Öffentliche Meinung* Instrument politischer Kommunikation zwischen Regierenden und Regierten, politischer Teilhabe der Bürger wie politischer Kontrolle der Verantwortlichen.[9] Für John *Locke* fand das göttliche Recht seinen Partner im „law of opinion and reputation"[10], und David *Hume* brachte diesen Sachverhalt auf die Formel: „Es ist nur die Meinung, die Regierung begründet."[11] Auch die amerikanischen Verfassungsväter stellten fest, dass „jede Regierung auf Meinungen beruht ...".[12] Ein Unterschied zwischen der angelsächsischen und der französischen Sicht der Öffentlichen Meinung ist bemerkenswert: Während die französische Vorstellung stets mit *Rousseaus* Theorie des *volonté générale* verbunden gewesen ist, hat sich im angelsächsischen Denken der Gedanke eines *government by public opinion* durchgesetzt.[13] Will in der französischen Tradition die Öffentliche Meinung (opinion publique) den Gemeinwillen in praktische Politik umsetzen, so ist die angelsächsische Denktradition realistischer. Ihr genügt es, die Herrschenden durch die Öffentliche Meinung wirksam zu kontrollieren.

In der Gegenwart wird die Öffentliche Meinung vor allem durch den Pluralismus der Medien geformt, und der Medienwettbewerb macht sie zum Instrument einer demokratischen Gesellschaft.[14] Die Öffentliche Meinung ist politisch so einflussreich geworden, dass sie nicht mehr nur „als rezeptive Instanz im Verhältnis zur [...] Publizität für Personen und Institutionen, Verbrauchsgüter und Programme in Dienst genommen wird", sondern „als eine kritische Instanz im Verhältnis zur [...] Publizität des Vollzugs politischer und sozialer Gewalt"[15] beansprucht wird. Politische Kommunikation wird dadurch zu einem Verfahren der öffentlichen Austragung von Konflikten.[16] Ihre Struktur wird durch die Konkurrenz politischer Situationsdeutungen bestimmt, wesentliche Voraussetzung einer Balance von Macht und Einfluss gesellschaftlicher Gruppen und politischer Organisationen. So stellt politische Kommunikation ein Beziehungsgeflecht zwischen dem

---

9 Vgl. Walter *Lippmann*, Die öffentliche Meinung, München 1964.
10 John *Locke*, Über die Regierung (1960), Hamburg 1966, S. 195.
11 David *Hume*, Of the first Principles of Government, New York 1953, S. 24; vgl. Wolfgang *Bergsdorf*, Öffentliche Meinung, in: Günther *Rüther* (Hrsg.), Politik und Gesellschaft in Deutschland. Grundlagen-Zusammenhänge-Herausforderungen, Köln 1994, S. 139.
12 The Federalist No. XLIX (*Madison*), in: Alexander *Hamilton*/James *Madison*/John *Jay*, The Federalist or The New Constitution, London 1965, S. 258; in deutscher Übersetzung: *dies.*, Federalist Papers, Einl., übers. m. Anm. v. Babara *Zehnpfennig*, Darmstadt 1993.
13 Vgl. Ernst *Fraenkel*, Deutschland und die westlichen Demokratien, a.a.O., S. 234.
14 Vgl. Anton *Pelinka*, Dynamische Demokratie. Zur konkreten Utopie gesellschaftlicher Gleichheit, Stuttgart u.a. 1974, S. 105.
15 Vgl. Jürgen *Habermas*, Strukturwandel der Öffentlichkeit. Untersuchungen zu einer Kategorie der bürgerlichen Gesellschaft, 4. Aufl., Neuwied/Berlin 1969, S. 257.
16 Vgl. Siegfried *Weischenberg*, Journalistik. Theorie und Praxis aktueller Medienkommunikation, Bd. 2: Medientechnik, Medienfunktionen, Medienakteure, Opladen 1995, S. 219.

politischen System, dem Mediensystem und der Öffentlichkeit als Publikum der Medien her und ergänzt zugleich die staatliche Gewaltenteilung. Massenkommunikation ist dem sozialen Wandel unterworfen und wirkt selbst auf diesen zurück. Vermehrung, Beschleunigung, Verdichtung und Globalisierung der Kommunikation führen in der Gegenwart zu einem tiefgreifenden Strukturwandel von Medien und Öffentlichkeit.[17] Öffentlichkeit differenziert sich immer mehr in Teilöffentlichkeiten mit eigenen Normen, Regeln und Kommunikationsanforderungen. Die politischen und gesellschaftlichen Institutionen wiederum müssen ihre Informations- und Kommunikationsleistungen den neuen Bedingungen anpassen, und das Mediensystem wird immer mehr zu einem gesellschaftlichen Teilsystem mit einem hohen Maß an Autonomie und politischem Eigengewicht.[18]

Mehr als jemals zuvor muss politisches Handeln politische Kommunikation berücksichtigen.[19] Unter den Bedingungen der Massenkommunikation lassen sich die politischen Themen der „Verhandlungsdemokratie" immer weniger eindeutig *institutionell*, dafür aber umso mehr *prozessual* festlegen. Neue Themen konzentrieren sich auf neue soziale Gruppierungen, und auf diese richten sich wiederum spezialisierte Zielgruppenmedien. Unter dem Einfluss gesellschaftlicher Modernisierung wandeln sich die Formen politischer Öffentlichkeit. Nicht mehr der „Staat" allein formuliert allgemeinverbindliche Entscheidungen, sondern Netzwerke aus politischen, wirtschaftlichen und gesellschaftlichen Organisationen.[20] Das politische System wird zu einem System komplexer, wandlungsfähiger Verhandlungssysteme, die sich aus vielen korporativen Akteuren zusammensetzen. Der Aufwand an Information und Kommunikation nimmt zu und damit auch die Differenzierung der Öffentlichkeit in Teilöffentlichkeiten. Dadurch werden einerseits partizipationsfördernde Dezentralisierungsschübe ausgelöst, zum anderen aber auch politische Koordination und die Planung der Gesamtpolitik erheblich erschwert. Nicht unerheblich wird dadurch auch politische Kommunikation als

---

17 Vgl. Otfried *Jarren*, Kommt die Politik unter die Räder?, in: Bertelsmann Briefe, Heft 132, Dezember 1994, S. 7-9; ders. (Hrsg.), Medienwandel – Gesellschaftswandel? Zehn Jahre dualer Rundfunk in Deutschland. Eine Bilanz, Berlin 1994; Richard *Münch*, Dialektik der Kommunikationsgesellschaft, Frankfurt a.M. 1991; Winfried *Schulz*, Medienwirklichkeit und Medienwirkung, in: Aus Politik und Zeitgeschichte, Jhg. 1993, Heft B40, S. 16-26.
18 Vgl. Daniel *Katz*/Darwin *Cartwright*/Samuel *Eldersveld*/Alfred *Mellung Lee*, Public Opinion and Propaganda, New York 1965; Niklas *Luhmann*, Die Realität der Massenmedien, 2. Aufl., Opladen 1996.
19 Vgl. Otfried *Jarren*, Kommt die Politik unter die Räder?, a.a.O., S. 9.
20 Vgl. *ders.*, Kann man mit Öffentlichkeitsarbeit die Politik „retten"? Überlegungen zum Öffentlichkeits-, Medien- und Politikwandel in der modernen Gesellschaft, in: Zeitschrift für Parlamentsfragen, Jhg. 25, Heft 4, November 1994, S. 653-673.

zentraler Mechanismus der Begründung und Durchsetzung politischer Fragen und Problemlösungen kompliziert.[21]

Politische Kommunikation als Austausch politisch relevanter Information unter politischen Akteuren findet im politischen System statt und verbindet dieses auf zweifache Weise mit Netzwerken in Wirtschaft und Gesellschaft:[22] Sie setzt politische Prozesse zu Bedingungen gesellschaftlicher Kommunikation in Beziehung und macht diese von politischen Strukturen abhängig. Anders gesagt: Gesellschaftliche Kommunikation beeinflusst politische Kommunikation; diese bestimmt den politischen Prozess, und Politik wiederum wirkt sich auf gesellschaftliche Kommunikation aus. Diese Austauschbeziehungen sind umso stärker, je intensiver der Wettbewerb zwischen den politischen Akteuren um die politische Macht wird.

Die *Wettbewerbstheorie der Demokratie* sieht Regierung, Parteien und Wähler als nutzenmaximierende Akteure.[23] Jede Regierung will ihre Resonanz in der Bevölkerung maximieren, um ihre Aussichten auf Wiederwahl zu sichern. Unter Regierungen sind dabei Organisationen zu verstehen, die den Staatsapparat kontrollieren und Streitigkeiten mit anderen Organisationen im Staatsgebiet regeln.[24] Der demokratische Charakter eines Staates ist dann gegeben, wenn Parteien durch freie, gleiche, allgemeine und geheime Wahlen in regelmäßigen Zeitabständen mit der Ausübung staatlicher Herrschaft betraut werden, jeder Wähler (nur) eine Stimme abgeben kann, die in den Wahlen unterlegenen Parteien nicht die Macht mit Gewalt anstreben und die regierenden Parteien die demokratische Machtkonkurrenz zwischen den Parteien sowie den Pluralismus der Meinungen und Interessen nicht einschränken.

Der politische Wettbewerb relativiert die Bedeutung von politischen Ideologien. Denn Mehrparteiendemokratien bedürfen keiner einheitlichen Ideologie, weil der Wahlerfolg *als solcher* legitimiert. Da das politische System einen weiten Raum für konkurrierende politische Programme schafft, verfügen die anderen gesellschaftlichen Subsysteme über genügend Spielraum für eigene Entwicklungen und Ziele. Die Politik ist zwar nicht in der Lage, die gesellschaftliche Dynamik insgesamt zu bändigen, vermag aber ein Mindestmaß an Abstimmung zwischen vielfältigen, divergierenden Zielen herbeizuführen und die Teilsysteme so an gesamtgesellschaft-

---

21 Vgl. Christian *Raskob*, Grenzen und Möglichkeiten der Verständigung. Politische Kommunikation zwischen Inszenierung und Aufklärung, Frankfurt a.M. 1995.
22 Vgl. Winfried *Schulz*, Politische Kommunikation, in: Everhard *Holtmann* (Hrsg.), Politik-Lexikon, München/Wien 1991, S. 467.
23 Vgl. Anthony *Downs*, Ökonomische Theorie der Demokratie, Tübingen 1968; *ders.*, Ökonomische Theorie der Demokratie. Ökonomische Rationalität und politische Demokratie, in: Frank *Grube*/Gerhard *Richter* (Hrsg.), Demokratietheorien, Hamburg 1975, S. 50-58.
24 Vgl. Charles E. *Lindblom*, Politics and Markets: The World's Political Economic Systems, New York 1977, S. 21ff.; Robert A. *Dahl*/Charles E. *Lindblom*, Politics, Economics and Welfare, New Brunswick, London 1992, S. 67ff., 287ff.

lich verbindliche Eckwerte zu binden.[25] Auch die Mehrparteiendemokratie bedarf daher eines institutionellen Konsensus hinsichtlich ihrer normativen Grundlagen.

4.2 Funktionen der Medien in der politischen Öffentlichkeit

In der demokratischen Gesellschaft übernimmt die *politische Öffentlichkeit* eine *intermediäre Funktion*:[26] Sie vermittelt zwischen den Interessen der Bürger und der Politik, integriert Erwartungen der Bürger in das politische System und vertritt politische Entscheidungen gegenüber der Gesellschaft. Ihre Akteure sind Massenmedien, Parteien, Verbände und zunehmend auch die neuen Medien wie das Internet. Die politische Öffentlichkeit ist durch *Selektivität* und *Durchlässigkeit* gekennzeichnet. Aus der Vielzahl von Fragestellungen werden einige zu politischen Themen, die der politische Meinungsbildungs- und Entscheidungsprozess aufgreift, während andere unsichtbar bleiben.

Der Erfolg von Akteuren politischer Öffentlichkeit hängt von folgenden Voraussetzungen ab:

Abb. 20: Akteure politischer Öffentlichkeit

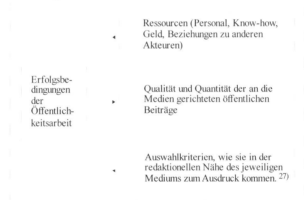

Quelle: Vgl. *Wissenschaftszentrum Berlin für Sozialforschung* (Hrsg.), Bericht 1992-1993, a.a.O., S. 152, 157.

---

25 Vgl. Niklas *Luhmann*, Politische Planung, Opladen 1971, S. 43; Helmut *Willke*, Systemtheorie, a.a.O., S. 132; für eine neuere und zugleich skeptischere Bilanz des politischen Wettbewerbs aus systemtheoretischer Perspektive siehe ferner Niklas *Luhmann*, Metamorphosen des Staates, in: *ders.*, Gesellschaftsstruktur und Semantik. Studien zur Wissenssoziologie der modernen Gesellschaft, Bd. 4, Frankfurt a.M. 1993, S. 101ff.; Helmut *Willke*, Ironie des Staates. Grundlinien einer Staatstheorie polyzentrischer Gesellschaft, Frankfurt a.M. 1992, S. 310ff.
26 Vgl. zum folgenden *Wissenschaftszentrum Berlin für Sozialforschung* (Hrsg.), Bericht 1992-1993, a.a.O., S. 146.

Diese Erfolgsbedingungen verknüpfen die Wahrnehmung der gesellschaftlichen Probleme durch die Bürger mit entsprechenden Veränderungen der Ansprüche an das politische System. Durch die Vermittlung von Informationen und Bewertungsmaßstäben spielen Massenmedien hierbei eine wichtige Rolle. Doch verändern sich die Wahrnehmung von Problemen und die Formulierung von Ansprüchen mit zunehmender Intensität der Nutzung des Medienangebots zunächst nicht grundlegend. Vielmehr begünstigt eine intensivere Mediennutzung lediglich eine stärkere Strukturierung politischer Anspruchsmuster.[27] Die Ausweitung des Informations- und Kommunikationssektors stellt immer höhere Anforderungen an die politische Legitimation durch umfassendere Information und Kommunikation. Politische Informations- und Kommunikationsarbeit wird daher zu einem zentralen Merkmal politischer Kompetenz und zugleich zu einer wichtigen politisch-strategischen Ressource.[28]

Das durch Medien vermittelte Bild der Politik wirkt in zweifacher Richtung auf die politische Meinungsbildung ein: nach *außen* durch Präsentation medialer Deutungsangebote für politische Präferenzen der Bürger und nach *innen* durch Beeinflussung der Realitätswahrnehmung und politischen Orientierung bei politischen Entscheidungsträgern. Dabei kommt politischen Symbolen als expressiven Instrumenten des Deutungsrepertoirs eine wachsende Bedeutung zu, denn politische Kommunikation wird über Symbole gesteuert. Als politische Symbole betrachtet man im engeren Sinne Staats-, Nations-, und Parteisymbole (z.B. Flaggen, Wappen und Nationalhymnen). Politische Symbole im weiteren Sinn sind fixierte, formalisierte, konventionelle und abstrakte Symbole mit genau zugeordneten Bedeutungen. Dazu gehört der gezielte Einsatz von Musik im Verlauf von Parteitagen, die Unterstützung von Spitzenpolitikern durch professionelle Medienberater, die ritualisierte Verwendung von politischen Begriffen, um politische Sachverhalte zuzuspitzen (z.B. „verbindliche deutsche Leitkultur") oder auch inszenierte Handlungen von Politikern in der Öffentlichkeit wie etwa das Pflanzen von Bäumen am Rande eines Gipfeltreffens zweier Staatschefs.

Der Kampf um die politische Deutungsmacht, der den Kern des politischen Wettbewerbs in der Mediendemokratie ausmacht, ist durch ein Verschwimmen der Übergänge zwischen angemessener Realitäts*deutung* und verzerrender Realitäts*täuschung* gekennzeichnet. Zwischen der medialen Politikvermittlung und der sachlichen Substanz politischer Entscheidungsfelder öffnet sich eine Schere, die einerseits politische Handlungssouveränität vortäuscht, andererseits aber politische Prioritäten umkehren kann. In dieser Welt verzerrter Wahrnehmung und medialer Politikpräsentation entwickelt die Medienbindung eine Eigendynamik.

---

27 Vgl. Katrin *Voltmer*/Hans-Dieter *Klingemann* (unter Mitarbeit von Hans *Oswald* und Klaus-Uwe *Süd*), Medienumwelt im Wandel – Eine empirische Untersuchung zu den Auswirkungen des Kabelfernsehens im Kabelpilotprojekt Berlin, Wiesbaden 1993.
28 Vgl. Ulrich *Sarcinelli*, Symbolische Politik-Realitätsdeutung oder Realitätstäuschung?, in: Bertelsmann Briefe, Heft 132, Dezember 1994, S. 22-24.

Allerdings ist diese Unterscheidung zwischen Deutung und Täuschung schwierig und zudem häufig unscharf. Wenn man von einer den Akteuren bewussten Täuschung ausgeht, besteht das so bezeichnete Problem politischer Kommunikation letztlich darin, dass der politische Entscheidungsprozess im Kern einer anderen Logik folgt als die Beeinflussung der öffentlichen Meinung über Medien. Da es „täuschungsfreie", „sichere" Perspektiven in Politik und Gesellschaft nicht gibt, handelt es sich bei der Polarität von Deutung und Täuschung letztendlich um ein Problem der Kopplung unterschiedlicher Logiken der Wahrnehmung, Verarbeitung und Darstellung politischer und gesellschaftlicher Sachverhalte.

Die zunehmende, wechselseitige Durchdringung der wichtigsten Bereiche der Informations- und Kommunikationstechnik (Datenverarbeitung, Telekommunikation, Unterhaltungselektronik), die Internationalisierung und Kommerzialisierung des Informationsangebots und die stetige Expansion der Massenmedien verleihen der gesellschaftlichen und politischen Bedeutung der Medien auf Dauer eine neue Qualität.[29] Die gesellschaftlichen Wirkungen dieser Entwicklung äußern sich darin, dass das Medienangebot synthetisches Erfahrungswissen schafft, die Grenzen zwischen Realität und Fiktion verwischt und zur breiten Streuung von Stimmungen und Gefühlen beiträgt. Die politischen Wirkungen sind ebenfalls weitreichend. Denn die durch Medien bewirkte ständige Sichtbarkeit des Handelns der Politiker ermöglicht den Institutionen politischer und rechtlicher Kontrolle (Parlamente, Parteien, Gerichte) einen direkteren Zugriff auf die Akteure, zugleich aber erhöht die Eigendynamik von Berichterstattung, Kommentierung und Wahrnehmung das „Risiko kollektiven Irrtums",[30] das auf der wachsenden Diskrepanz zwischen dem steigenden Informationsaufkommen und der begrenzten Informationsverarbeitungskapazität der Medien und ihrer Nutzer beruht. Immer größere Selektionsanstrengungen werden erforderlich, wenn die Bürger wichtige Informationen finden wollen.

Im Rahmen einer Interpretation des politischen Prozesses der Interessenartikulation, Interessenaggregation, Meinungsbildung und Entscheidungsfindung richtet die Politikwissenschaft ihr Augenmerk auf Funktionen, Bedeutung und politische Wirkungen der Massenmedien. Neben der parlamentarischen Opposition sind vor allem die Medien Garanten der Freiheit. Sie sichern die freie Mitwirkung gesellschaftlicher Gruppen am Prozess der politischen Meinungsbildung sowie Kritik und Kontrolle der politischen Amtsinhaber. Daher sind die Medien stets erste Opfer totalitärer oder autoritärer Gleichschaltungen bei politischen Umstürzen und somit von der verfassungsrechtlichen Garantie der Informations-

---

29 Vgl. Winfried *Schulz*, Medienwirklichkeit und Medienwirkung. Aktuelle Entwicklungen der Massenkommunikation und ihre Folgen, in: Aus Politik und Zeitgeschichte, B40/93, 1993, S. 16-26.
30 Vgl. *ders.*, ebd., S. 23.

und Meinungsfreiheit und ihrem wirksamen verfassungspolitischen Schutz besonders abhängig.

Ohne Massenmedien ist demokratische Regierungsweise nicht möglich.[31] Als Träger der öffentlichen Meinung ermöglichen die Massenmedien eine nachhaltige Kritik des Regierungshandelns und – durch Antizipation der öffentlichen Meinung sowie des Wählerwillens – auf Seiten der Regierung eine stärkere Orientierung der Politik an Erwartungen und Präferenzen der Wählermehrheit. In demokratischen Systemen dienen Massenmedien somit der Rückkopplung zwischen Wählern, gesellschaftlichen Gruppen und politischen Institutionen, in autoritären und totalitären Systemen dagegen der wirksameren Steuerung der Bevölkerung im Interesse der herrschenden Ideologie.

> Im demokratischen Verfassungsstaat üben die Massenmedien drei Funktionen aus:[32]
> 1. die Informationsfunktion,
> 2. die Artikulationsfunktion und
> 3. die Kritikfunktion.
>
> Diese Funktionen konkretisieren den zentralen politischen Auftrag der Medien: die Herstellung von Öffentlichkeit. Sie sollen den politischen Prozess für die politisch Handelnden überschaubar machen, indem sie politische Informationen nach bestimmten Aufmerksamkeitsregeln selektieren und nach medienspezifischen Relevanzgesichtspunkten für Bürger und politische Elite interpretieren, bewerten und aufbereiten.[33] Dadurch nehmen die Medien neben zentralen politischen Funktionen auch Aufgaben der *Bildung* durch Verbreitung von Wissen und Kenntnissen sowie Aufgaben der *Sozialisation* durch Vermittlung des Toleranzprinzips inhaltlicher Pluralität wahr.[34]

---

31 Vgl. L. A. *Dexter*/D. M. *White* (Hrsg.), People, Society and Mass-Communications, Glencoe/London 1964.
32 Vgl. Rudolf *Wildenmann*/Werner *Kaltefleiter*, Funktionen der Massenmedien, Frankfurt a.M./Bonn 1965. Einen umfassenderen Katalog von Funktionen, der im Kern der obigen Funktionsbestimmung entspricht, hat Wolfgang *Bergsdorf* aufgestellt. Er nennt 1. die Bildungsfunktion, 2. die Informationsfunktion, 3. die Sozialisationsfunktion, 4. die Vertretung gesellschaftlicher Interessen, 5. Kritik und Kontrolle von Politik und Verwaltung. Vgl. Wolfgang *Bergsdorf*, Deutschland im Streß. Politische und gesellschaftliche Herausforderungen nach der Wende, Bonn 1993, S. 92-95; ders., Die vierte Gewalt. Einführung in die politische Massenkommunikation, Mainz 1980, S. 76-90.
33 Winfried *Schulz*, Politische Kommunikation. Theoretische Ansätze und Ergebnisse empirischer Forschung, Opladen 1997, S. 47.
34 Vgl. Wolfgang *Bergsdorf*, Die vierte Gewalt, a.a.O., S. 76, 78, 84; vgl. hierzu auch: Stefan *Müller-Dohm*, Medienindustrie und Demokratie. Verfassungpolitische Interpretation – Sozioökonomische Analyse, Frankfurt a.M. 1972, S. 53-78, ferner: Brian *McNair*, An Introduction to Political Communication, London/New York 1999, 2. Aufl., S. 21f. *McNair* unterscheidet fünf Funktionen der Medien in der Demokratie: Information, Erziehung, Plattform für öffentlichen Diskurs, Publizität für politische Institutionen und Anwalt für politische Standpunkte.

Die *Informationsfunktion* ist die ursprünglichste dieser Funktionen. Sie ermöglicht Kommunikation zwischen Wählern, Gruppen und Politikern, zwischen Regierenden und Regierten. Information bedeutet dabei ein Zweifaches: die Übermittlung von Nachrichten über Probleme und Ereignisse sowie deren Bewertung.[35] Durch Massenmedien als Sprachrohr verständigen sich Regierung und Wählerschaft wechselseitig: Wählerschaft und Interessengruppen unterrichten die Regierung über ihre Interessen und Erwartungen, die Regierung informiert die Regierten über politisches Programm und politische Entscheidungen. Freiheit und Vielfalt der politischen Meinungsbildung sind gesichert, wenn Freiheit und Chancengleichheit im Zugang zu den Medien bestehen.

Eine für das demokratische System befriedigende Wahrnehmung der Informationsfunktion setzt *Vollständigkeit, Objektivität* und *Verständlichkeit der vermittelten Informationen* voraus.[36] Das Prinzip der Vollständigkeit entspricht dem Motto der New York Times „All the News That's Fit to Print" und ist wegen der stets notwendigen Nachrichtenauswahl nicht durch ein einzelnes Medium allein, sondern nur durch die Gesamtheit aller Massenmedien zu gewährleisten. Dieser Grundsatz soll die vollständige Überschaubarkeit von Politik und Gesellschaft nicht zuletzt dadurch sicherstellen, dass jede gesellschaftliche Gruppe über ein Medium der Informationsvermittlung verfügt. Wichtige Voraussetzungen vollständiger Berichterstattung durch die Massenmedien sind ein freier Zugang zum Medienmarkt und ein intensiver Wettbewerb der Medien untereinander.

Politische Informationen sind letztlich Abweichungen von der Normalität politischen Alltagsgeschehens. Ist die Wahrnehmung grundlegender Regierungsfunktionen in diesem Sinne „normal", so akzentuiert der Medienwettbewerb vor allem solche Nachrichten und Kommentare, die für die Regierung nachteilig sind. Verschaffen die Medien einerseits der Regierung eine *Publizitätsgarantie*, so wird dieser Publizitätsbonus gegenüber der jeweiligen Opposition durch die *Tendenz zu einer gegenüber der Regierung kritischen Berichterstattung und Kommentierung* zumindest teilweise wieder ausgeglichen. Die vermutete Bedeutung eines Ereignisses für eine möglichst große Zahl von Bürgern begünstigt zudem eine Tendenz zu sensationeller Berichterstattung: „Sensation" als starke Abweichung von der Norm und vom Standard alltäglichen Verhaltens und gesellschaftlicher Erwartungen.

Der Grundsatz der *Vollständigkeit der Berichterstattung* soll durch die *Vielfalt der Medien* gewährleistet werden: Die Auswahl der Nachrichten erfolgt nicht allein durch eine Gruppe oder Institution, und der Zugang zum Markt der Informationen ist nicht eingeschränkt. Informationsmonopole dagegen sind typisch für

---

35 Vgl. Bernard *Berelson*, Democratic Theory and Public Opinion, in: Public Opinion Quarterly, 1952/53, S. 313ff.; vgl. auch Adolf *Arndt*, Die Rolle der Massenmedien in der Demokratie, in: Martin *Löffler* (Hrsg.), Die Rolle der Massenmedien in der Demokratie, München/Berlin 1966, S. 1-21.
36 Vgl. Rudolf *Wildenmann*/Werner *Kaltefleiter*, Funktionen der Massenmedien, a.a.O., S. 16-26.

autokratische Herrschaftssysteme: Sie machen es den Herrschenden möglich, Informationen bewusst auszuwählen, dadurch den eigenen Herrschaftsanspruch zu stützen und eine kritische Berichterstattung oder Kommentierung bereits im Ansatz abzuwehren. Auch deswegen stellt die Konzentration der Verfügungsmacht über Medien in den Händen weniger Medienkonzerne, die in zahlreichen Demokratien der Gegenwart zu beobachten ist, eine erhebliche Einschränkung der Medienvielfalt und eine dauerhafte Gefahr für die Vollständigkeit der Berichterstattung sowie die Wirksamkeit der Kritik dar.

Oberstes Prinzip der Berichterstattung ist die *Objektivität der Nachrichtenvermittlung*. Trotz des zwangsläufig subjektiven Elements jeder Berichterstattung fordert das Berufsethos der Journalisten ein Streben nach Objektivität im Sinne korrekter und sachlich richtiger Nachrichtenübermittlung. Objektivität bedeutet dabei nicht mehr und nicht weniger als den „Verzicht auf bewusste Manipulationen."[37] Diesem Berufsethos stehen jedoch nicht selten wettbewerbsstrategische Notwendigkeiten der Nachrichtenübermittlung entgegen. Die kommunikationswissenschaftliche Forschung hat eine erhebliche Gleichförmigkeit der Medien bei der Nachrichtenorganisation, der Berichterstattung und Kommentierung, und zwar weithin unabhängig vom jeweiligen Medientypus, nachgewiesen.[38] Diese Uniformität lässt sich mit der *Nachrichtenwerttheorie* erklären, nach der die von den Medien angebotenen Realitätsdeutungen auf einem weithin verbindlichen Bestand von Auswahl- und Interpretationsregeln beruhen.[39] Damit sind zugleich Kontroll- und Anpassungsmechanismen an die jeweilige redaktionelle Linie verbunden.[40] Auf diesem Wege wird der Nachrichtenredakteur zum „*Gatekeeper*" („Pförtner, Schleusenwärter"), der darüber entscheidet, welche Meldungen die Eingangstür in die Medien passieren dürfen.

Auch der Grundsatz der Objektivität der Informationsvermittlung kann nicht durch einzelne Medien allein, sondern nur durch die plurale Vielfalt aller Massenmedien gewährleistet werden. Allein diese Vielfalt schaltet eine zu weit gehende subjektive Färbung der Berichterstattung durch eine Vielzahl von Gegengewichten aus. In Diktaturen dagegen ist eine inhaltliche Vielfalt der Medien auch deshalb unerwünscht, weil jedes Ereignis im Lichte der Interessen und Ideologie der Herrschenden verbindlich interpretiert werden muss. Nicht objektive Informationsvermittlung, sondern Lenkung und Manipulation sind hier das

---

37 *Dies.*, ebd., S. 22.
38 Vgl. Siegfried *Weischenberg*, Journalistik. Theorie und Praxis aktueller Medienkommunikation, Bd. 2 a.a.O., S. 153.
39 Vgl. *ders.*, ebd., S. 173ff; ferner *ders.*, Journalistik. Theorie und Praxis aktueller Medienkommunikation, Bd. 1: Mediensysteme, Medienethik, Medieninstitutionen, 2. Aufl., Opladen 1998, S. 317ff.
40 Vgl. *ders.*, Journalismus als soziales System, in: Klaus *Merten*/Siegfried S. *Schmidt*/Siegfried *Weischenberg*, Die Wirklichkeit der Medien. Eine Einführung in die Kommunikationswissenschaft, Opladen 1994, S. 427-454.

Ziel der politischen Berichterstattung. Daher wird die Darstellung politischer Ereignisse durch die Massenmedien stets der herrschenden politischen Ideologie angepasst. Dagegen liegt die Stärke demokratischer Kommunikationsstrukturen in einer offenen Gesellschaft in der Vielfalt und Konkurrenz voneinander unabhängiger Berichterstatter und Informationskanäle.

Ein weiterer Maßstab der Informationsfunktion ist die *Verständlichkeit* der Darstellung. Dieses Kriterium fordert, dass politische Ereignisse in den Massenmedien so präsentiert werden, dass auch nicht sachverständige Bürger sie verstehen können. Mit anderen Worten: Die Informationsfunktion der Medien erzwingt die „Übersetzung" auch komplizierter politischer Sachverhalte in das Kategoriensystem und die Vorstellungswelt bislang nicht informierter, nicht sachverständiger Adressaten.[41] Mit jeder „Übersetzung" ist aber eine Vereinfachung verbunden, die letztlich die Gefahr der Verfälschung von Nachrichten einschließt. In Diktaturen orientiert sich das Prinzip der Verständlichkeit an den Zielen und Funktionserfordernissen des jeweiligen politischen Systems: Einfachheit und Wiederholung sind hier Instrumente einer zugleich verständlichen und suggestiven Nachrichtenübermittlung. Zwar wird dieser Grundsatz auch in Demokratien beherzigt – etwa in Wahlkämpfen und sonstigen politischen Auseinandersetzungen –, aber jeweils nur von einer Gruppe während eines begrenzten Zeitraums, so dass Konfliktlinien sichtbar und politische Wahlmöglichkeiten deutlich werden. Zudem werden Vergröberungen in der politischen Auseinandersetzung durch die wechselseitige Kritik der Massenmedien konterkariert.

Die zweite Funktion der Massenmedien im demokratischen Verfassungsstaat ist die *Artikulationsfunktion*, bei deren Ausübung sich die Medien an die Seite des Parlaments stellen.[42] Im öffentlichen Prozess der Interessenartikulation, Konfliktregelung und Konsensbildung partizipieren sie an den Funktionen der Wahlen und letztlich an denen des Parlaments. Im Prozess der Interessenartikulation stellen Massenmedien das Sprachrohr von Verbänden, Parteien und einzelnen Bürgern dar, mit denen diese ihre Forderungen an die politischen Entscheidungsträger richten. Diese Forderungen werden wirksam zum Ausdruck gebracht, solange sich das Verbändewesen nicht kartelliert, die Massenmedien sich nicht in solche Kartellbildungen hineinziehen lassen und auch keine eigenen Macht- und Meinungskartelle bilden. Ebenso kann die Wahrnehmung der *Artikulationsfunktion* durch die Vorherrschaft eines alle Medien umfassenden, gleichgerichteten Establishments beeinträchtigt werden, das nur einen Teil der gesellschaftlichen Interessen und politischen Ansprüche artikuliert. Zwischen den Wahlen soll die *Artikulationsfunktion* die Regierenden und das Parlament mit Wählererwartungen

---

41 Vgl. hierzu auch die Fallstudie von Josef *Ernst*, The Structure of Political Communication in the United Kingdom, the United States and the Federal Republic of Germany. A Comparative Media Study of the Economist, Time and Der Spiegel, Frankfurt a.M. 1988.
42 Vgl. Rudolf *Wildenmann*/Werner *Kaltefleiter*, Funktionen der Massenmedien, a.a.O., S. 27.

und Wählermeinungen konfrontieren, vor den Wahlen die Orientierung der Wähler an politischen Streitfragen ermöglichen und damit einen Beitrag zu einer rationalen, wenn auch zugleich durch emotionale Vertrauensbezüge geprägten Wahlentscheidung ermöglichen.

Immer mehr beziehen die Politiker die für ihr Handeln notwendigen Informationen aus den Massenmedien. Indem diese die Bedürfnisse einer großen Zahl von Gruppen erfassen, nehmen sie eine für die politische Entscheidungsfindung unentbehrliche Selektionsfunktion wahr.[43] Sie erleichtern so die politische Artikulation gesellschaftlicher Interessen und übermitteln zugleich für Politiker und Publikum verständliche Orientierungsmuster. Es kann daher nicht überraschen, dass zwischen öffentlicher Meinung und parlamentarischem Handeln ein substantieller Zusammenhang besteht, wie am Beispiel der USA und der Bundesrepublik Deutschland gezeigt worden ist.[44] Etwa 70 Prozent der parlamentarischen Entscheidungen in Deutschland stimmen mit der Mehrheitsmeinung der Bevölkerung zum Zeitpunkt der Abstimmung überein, und in etwa 60 Prozent der Fälle folgt das parlamentarische Handeln der Richtung des öffentlichen Meinungswandels. Gegenüber Mehrheitsmeinung und Meinungswandel verhalten sich die Abgeordneten durchaus responsiv.

In der Bundesrepublik und in den Vereinigten Staaten ist der Grad der Responsivität des Entscheidungsverhaltens von Abgeordneten in jenen Politikbereichen am höchsten, die von der Bevölkerung am wichtigsten eingeschätzt werden. Öffentliche Meinung und parlamentarisches Handeln beeinflussen sich wechselseitig: Parlamentarische Entscheidungen verändern das öffentliche Meinungsklima, und veränderte Bevölkerungspräferenzen gehen, wenn auch in geringerem Umfang, dem parlamentarischen Handeln voraus. Allerdings ergibt sich bei näherer Betrachtung ein differenziertes Bild: Auch wenn mehrere Untersuchungen für die Vereinigten Staaten (insbesondere im Bereich der Sozialpolitik und etwas schwächer in der Außenpolitik) eine enge Beziehung zwischen dem Meinungsbild im Wahlkreis und dem parlamentarischen Abstimmungsverhalten des jeweiligen Abgeordneten nachgewiesen haben,[45] korrespondieren die Auffassungen der

---

43 Vgl. Markus *Stöckler*, Politik und Medien in der Informationsgesellschaft. Ein systemtheoretisch basierter Untersuchungsansatz, Münster 1992, S. 16.
44 Vgl. Frank *Brettschneider*, Öffentliche Meinung und Politik. Eine empirische Studie zur Responsivität des Deutschen Bundestages zwischen 1949 und 1990, Opladen 1995, S. 223-227; *ders.*, Parlamentarisches Handeln und öffentliche Meinung. Zur Responsivität des Deutschen Bundestag bei politischen Sachfragen zwischen 1949 und 1990, in: Zeitschrift für Parlamentsfragen, Heft 1/1996, S. 108-126.
45 Vgl. Warren *Miller*/Donald *Stokes*, Constituency Influence on Congress, in: American Political Science Review, vol. 57, 1963, S. 45-56; Robert *Erikson*/Kent *Tedin*, American Public Opinion, 5. Aufl., Boston 1995; Jacques *Thommasen*, Empirical Research into Political Representation, in: M. Kent *Jennings*/Thomas *Mann* (Hrsg.), Elections at Home and Abroad, Ann Arbor 1994.

Parlamentarier in Italien, Deutschland und Frankreich in weitaus geringerem Umfang mit den Meinungen der Wählerschaft in den Wahlkreisen.[46] Durch die Ausübung der Artikulationsfunktion entscheiden die Massenmedien über die politische Relevanz gesellschaftlicher Interessen und damit zugleich über die Agenda der Politik. Bei ihrer Nachrichtenauswahl orientieren sie sich nach den Erkenntnissen der *Nachrichtenwerttheorie* zum ersten an sogenannten Nachrichtenfaktoren, wie etwa politische und wirtschaftliche Nähe der Ereignisse, Prominenz, Personalisierung, Überraschung, Negativität und Emotionalisierung, deren Kombination zu unterschiedlich starker Aufmerksamkeit der Massenmedien führt. Zum zweiten ist die Selektion der Massenmedien auch durch das persönliche Umfeld (Zeitdruck, redaktionelle Vorgaben etc.) der Journalisten geprägt.[47] Die Artikulationsfunktion wirkt daher in zweifacher Hinsicht selektiv: Sie bietet Politikern Informationen für die Gestaltung der politischen Tagesordnung und Bürgern Argumente für ihr eigenes Meinungsbild. Finden die Wähler in den Medien keine Stütze ihres eigenen Urteils, neigen sie dazu, dieses zunächst nicht öffentlich zu vertreten und schweigen schließlich über ihre eigentlichen politischen Auffassungen. Die Artikulationsfunktion der Medien ist so in die Eigendynamik der öffentlichen Meinung eingebunden, deren Themen und Tendenzen sich selbst verstärken und, häufig genug, künftige Entwicklungen antizipieren.[48] Diese Dynamik einer „Schweigespirale" (*Noelle-Neumann*) ist die Kehrseite einer alten Maxime, die sich von *Hegel* über *Machiavelli*, *Alcuin*, *Seneca* und *Hesiod* bis zur *Vulgata* zurückverfolgen lässt: „*Vox Populi – Vox Dei.*"

Als Erklärungsmodell beruht die *Theorie der Schweigespirale* auf philosophiegeschichtlichen Erkenntnissen des Verständnisses von öffentlicher Meinung, sozialpsychologischen Einsichten in das öffentliche Verhalten von Menschen und kommunikationswissenschaftlichen Erkenntnissen über die Rolle der Massenmedien.[49] Die Bürger, Teilnehmer des Publikums, werden durch dynamische Prozesse miteinander verbunden, die die Übernahme von Meinungen fördern. *Isolationsangst* und *Konformitätsdruck* begünstigen dadurch einen Kreislauf politischer

---

46 Vgl. Samuel *Barnes*, Representation in Italy, Chicago (Ill.) 1977; Barbara *Farah*, Political Representation in West Germany, Ph. D. dissertation, University of Michigan 1980; Philip *Converse*/Roy *Pierce*, Representation in France, Cambridge (Mass.) 1986.
47 Einen Überblick über die Nachrichtenwerttheorie liefert Christiane *Eilders*, Nachrichtenfaktoren und Rezeption. Eine empirische Analyse zur Auswahl und Verarbeitung politischer Information, Opladen 1997.
48 Vgl. Elisabeth *Noelle-Neumann*, The Spiral of Silence. Public Opinion – Our Social Skin, Chicago/London 1984, S. 173ff., in deutscher Fassung: Die Schweigespirale. Öffentliche Meinung – unsere soziale Haut, 6. Aufl. München 2001; zur politischen Bedeutung von Meinungsumfragen siehe auch Frank *Teer*/James *Spence*, Political Opinion Polls, London 1973; zur Rolle der Medien als Instrumente politischer Propaganda siehe Garth S. *Jowett*/Victoria *O'Donell*, Propaganda and Persuasion, 4. Aufl. Thousand Oaks/London/ New Delhi 2006, insbes. S. 188ff.
49 Vgl. Wolfgang *Neuber*, Verbreitung von Meinungen durch die Massenmedien, Opladen 1993, S. 24; Wolfgang *Donsbach*, Die Theorie der Schweigespirale, Köln 1987, S. 324; *ders.*, Medienwirkung trotz Selektion. Einflußfaktoren auf die Zuwendung zu Zeitungsinhalten, Köln 1991.

Kommunikation, dass die Mehrheitsmeinung immer stärker betont und die Minderheitenmeinung immer mehr verschwiegen wird. Erkenntnisquellen sind die Beobachtung der Mitmenschen in der nächsten Lebensumwelt und die indirekte Beobachtung der weiteren Umwelt durch Massenmedien. So einleuchtend dieser Erklärungszusammenhang auch sein mag: Meinungsänderungen zu öffentlichen und privaten Themen finden aber durchaus auch im Gegensatz zur Eigendynamik dieses Kreislaufmodells statt.

> **Theorie der Schweigespirale**[50]
> Die öffentliche Meinung ist ein wirksames Instrument der sozialen Kontrolle: Gegenüber abweichenden Meinungen wird eine Isolationsdrohung verhängt; dem entspricht die Isolationsfurcht des Einzelnen. Dieser beobachtet seine Umwelt, um zu erkennen, ob er mit deren Meinungen und Verhaltensweisen übereinstimmt oder sich isoliert. Je sichtbarer und öffentlicher die Meinung, umso stärker wird sie eingeschätzt. Die Gegenmeinung erscheint noch schwächer, als sie tatsächlich ist: Ihre Anhänger verfallen in Schweigen. So lassen sich auch die immer wieder festgestellten Diskrepanzen zwischen veröffentlichter Meinung und Umfragebefunden erklären. Medien haben daher eine große Bedeutung für die Auswirkungen, die von der Einschätzung der Konsensfähigkeit einer politischen Meinung auf deren tatsächliche Akzeptanz und Verbreitung ausgehen. Positive Akzeptanzvermutungen verstärken und verbreiten sich, negative schwächen sich dagegen weiter ab. So verfestigen sich Minderheitsmeinungen, und Mehrheitsmeinungen erfahren eine noch größere Verbreitung.

Strittig ist, *in welchem Umfang* sich Wähler bei ihrer politischen Urteilsbildung tatsächlich durch vermutete Mehrheitsverhältnisse und deren Änderung beeinflussen lassen. Der durch die *Theorie der Schweigespirale* hergestellte Zusammenhang zwischen dominierenden Tendenzen der öffentlichen Meinung und der Kommunikationsbereitschaft der Wähler beschreibt die Eigendynamik, die perzipierte öffentliche Mehrheitsmeinungen durch einen Spiralprozess des Schweigens der Anhänger der vermuteten Minderheitenmeinung auf das politische Meinungsklima ausüben.[51] Diese Behauptung konnte jedoch in Tests am Beispiel der Bundestagswahlen nicht bestätigt werden.[52] Gleichwohl üben Massenmedien eine

---

50 Vgl. Elisabeth *Noelle-Neumann*, Öffentliche Meinung. Die Entdeckung der Schweigespirale, 4. Aufl., Frankfurt a.M. 1996.
51 Vgl. Wolfgang *Bergsdorf*, Die vierte Gewalt, a.a.O., S. 64ff.
52 Vgl. Klaus *Merten*, Wirkungen der Medien im Wahlkampf. Fakten oder Artefakte?, in: Werner *Schulz*/Klaus *Schönbach* (Hrsg.), Massenmedien und Wahlen, München 1983, S. 424-441; Dieter *Fuchs*/Jürgen *Gerhards*/Friedhelm *Neidhardt*, Öffentliche Kommunikationsbereitschaft. Ein Test zentraler Bestandteile der Theorie der Schweigespirale, in: Zeitschrift für Soziologie, Jhg. 21, 1992, Heft 4, S. 284-295. Zur Kritik der Theorie der Schweigespirale siehe auch Helmut *Scherer*, Massenmedien, Meinungsklima und Einstellung. Eine Untersuchung zur Theorie der Schweigespirale, Opladen 1990, S. 265-269. *Scherer* bemängelt die mangelnde Einbeziehung von Primärgruppen und macht anhand einer Auswertung der Begleitforschung zur Aufklärungs-

zentrale Rolle im Prozess der politischen Meinungsbildung aus. Sie stehen im Zentrum des Interesses von Politikern und Parteien, die ihre Situationsdeutungen und Kommentierungen zur Verbesserung ihrer Präsenz vermitteln wollen. Dadurch nehmen die Medien zumindest indirekt eine wichtige Rolle bei der Beeinflussung des jeweils verbindlichen politischen Themenspektrums ein.

Die Massenmedien teilen sich auch die dritte Funktion, die *Kritikfunktion*, mit dem Parlament und hier wiederum im Kern mit der parlamentarischen Opposition. Während aber die Kritikfunktion des Parlaments in erster Linie Regierung und Verwaltung gilt, erstreckt sich die Kritikfunktion der Massenmedien auf das politische und gesellschaftliche Leben in seiner breiten Vielfalt. Mit anderen Worten: Die Kritikfunktion der Medien richtet sich auf Regierung und Parlament, Parteien und Verbände, gesellschaftliche Gruppen und Unternehmen, öffentliche und private Institutionen sowie auf einzelne Bürger. Im Unterschied zu den Parlamenten verfügen die Medien aber nur über indirekte Sanktionsmittel: durch Beeinflussung der öffentlichen Meinung und durch psychologischen Druck auf Parlament, Regierung und andere Institutionen. Während parlamentarische Entscheidungen Normen setzen, können Massenmedien nur Nachrichten und Wertvorstellungen vermitteln. Dabei richtet sich die Kritik der Massenmedien auf Sach-, Personal- und Verfahrensfragen. Diese *Sach- und Stilkritik* prüft die sachliche Substanz der Entscheidungen wie die Art und Weise ihrer Ausführung, die Richtigkeit und Zweckmäßigkeit dieser Entscheidungen ebenso wie die Einhaltung politischer und gesellschaftlicher Spielregeln.

Der Stilkritik der Medien kommt dabei ein mindestens ebenso hoher politischer Rang wie ihrer Sachkritik zu. Denn die Stilkritik wirft die Frage auf, ob sich das Verhalten der politischen Akteure hinreichend an den geschriebenen und ungeschriebenen Regeln der Verfassung und grundlegenden gesellschaftlichen Wertvorstellungen orientiert. Dadurch schafft sie unverzichtbare Grundlagen für das Vertrauen der Bürger in die politischen Institutionen. Auf diese Weise prägen die Massenmedien den politischen Stil eines Landes und tragen zugleich zur politischen Kultur bei. Demgegenüber zielt die Sachkritik auf Fehler, Widersprüche und sonstige Unstimmigkeiten der politischen Argumentation vor dem Hintergrund der tatsächlichen politischen Probleme.

Die Kritikfunktion setzt ein entsprechendes professionelles Selbstverständnis der Journalisten voraus. Hier sind im internationalen Vergleich bedeutsame Unterschiede festzustellen. Während sich etwa die britischen Journalisten in erster Linie als „neutrale Berichterstatter" verstehen und erst danach als „Unterhalter

---

kampagne der Bundesregierung für die Volkszählung 1987 geltend, dass die persönlichen Einstellungen die Klimaeinschätzung stärker beeinflussen als das öffentliche Meinungsklima die persönlichen Einstellungen. Diese beeinflussen sowohl die Wahrnehmung der öffentlichen Meinung als auch die der engeren sozialen Umwelt, dem wichtigsten Faktor der Klimaeinschätzung. Darüber hinaus übten die Massenmedien einen wichtigen Einfluss auf die Beurteilung des Meinungsklimas aus.

des Publikums" und als „Kritiker von Missständen", dominiert die letztgenannte Aufgabe im Selbstverständnis deutscher Journalisten, die sich außerdem auch als „neutrale Berichterstatter" und als „Anwalt von Benachteiligten" sehen.[53] Deutsche Journalisten neigen eher dazu, ihr Publikum mit ihrer eigenen Meinung zu konfrontieren und es zu überzeugen; englische Journalisten dagegen nehmen ihre Informationspflichten ernster und stehen außerdem ihrer Berufsrolle kritischer gegenüber. Allerdings belegen empirische Studien zum Rollenselbstverständnis deutscher Journalisten auch, dass Professionalität und Effizienz der Informationsvermittlung im Selbstverständnis der Befragten gegenüber einer Meinungs- und Gesinnungspublizistik deutlichen Vorrang genießen.[54] Eine weitere Besonderheit des Journalismus in Deutschland ist eine gewisse Tabuisierung des Privatlebens der Politiker. So wird im Gegensatz zu den britischen Medien hierzulande selten über private Verfehlungen seitens der Politiker berichtet.

Voraussetzung der Kritikfunktion ist die Unabhängigkeit der Massenmedien, die zugleich Merkmal gesellschaftlicher Gewaltenteilung ist:[55] Die Institutionen der Kritik müssen von den Objekten der Kritik unabhängig sein. Unabhängigkeit ist Konsequenz der Forderung, gesellschaftliche und politische Macht aufzuteilen, um sie besser kontrollieren zu können. Gewaltenteilung bedeutet im Bereich der Medien Gewaltenteilung zwischen Kritikern und Kritisierten, zwischen kritischen Beobachtern und politischen Entscheidungsträgern. Sie ist entscheidendes Strukturprinzip demokratischer Regierungsweise in einer offenen, pluralistischen Gesellschaft, welche die Existenz unterschiedlicher Interessen und Meinungen auf der Grundlage des Verfassungskonsensus garantiert. Der Wettbewerb zwischen unterschiedlichen, voneinander unabhängigen Gruppen, die jeweils selbständig an der politischen Willensbildung teilnehmen, verhindert die dauerhafte Vorherrschaft einer Richtung und gewährleistet durch Parteien- und Verbändekonkurrenz Machtbalance und Machtkontrolle.

In der politischen Ideengeschichte haben zunächst *Seneca* (gegenüber *Nero*), ferner *Machiavelli* und schließlich vor allem Immanuel *Kant* die Notwendigkeit freier Kritik an den politisch Herrschenden in der Auseinandersetzung mit der Idee des Philosophenkönigtums *Platons* betont. Dass die Aufgaben von „Philosophen" und die von „Königen", von Kritikern und Herrschenden, miteinander vereint werden, ist keineswegs wünschbar, „[...] weil der Besitz der Gewalt das freie Urteil der Vernunft unvermeidlich verdirbt. Dass aber Könige oder königliche (sich selbst nach Gleichheitsgesetzen beherrschende) Völker die Klasse der Phi-

---

53 Vgl. Renate *Köcher*, Spürhund oder Missionar, Diss. München 1985; Wolfgang *Donsbach*, Legitimationsprobleme des Journalismus, Freiburg/München 1982.
54 Vgl. Siegfried *Weischenberg*, Journalistik. Theorie und Praxis aktueller Medienkommunikation, Bd. 2: Medientechnik, Medienfunktionen, Medienakteure, a.a.O., S. 450.
55 Vgl. Winfried *Steffani*, Parlamentarische und präsidentielle Demokratie. Strukturelle Aspekte westlicher Demokratien, Opladen 1979, S. 34ff.

losophen nicht schwinden oder verstummen, sondern öffentlich sprechen lassen, ist beiden zur Beleuchtung ihres Geschäftes unentbehrlich [...]."[56]

Die politische Gewaltenteilung erstreckt sich nicht nur auf die staatlichen Institutionen im herkömmlichen Sinne (Exekutive, Judikative, Legislative) oder in funktionaler Hinsicht (Regierung und Opposition), sondern auch auf Parteien, Verbände und Medien als Träger des politisch-gesellschaftlichen Wettbewerbs. Gewaltenteilung durch Wettbewerb bedarf institutioneller Sicherungen, um die Unabhängigkeit der Medien zu sichern und Versuche der politisch Herrschenden zur Einschränkung der Kritik jederzeit verhindern zu können. Unabhängigkeit ist bei einer funktionalen Betrachtung der Bedingungen demokratischer Regierungsweise somit kein metaphysisches Ideal, sondern strukturelle Voraussetzung freier Meinungsäußerung.

Dabei handelt es sich zum einen um die Unabhängigkeit der Medien zumindest von jenen Institutionen und Gruppen, die Gegenstand der kritischen Meinungsäußerung sind. Die immer wieder beobachtete Abhängigkeit der Journalisten von Politikern steht dazu freilich im Widerspruch. Unabhängigkeit setzt ferner voraus, dass die Verfügungsmacht über die Medien nicht monopolisiert wird und sich die voneinander unabhängigen Medien gegenseitig kontrollieren. Mit anderen Worten: Jede gesellschaftliche Gruppe muss die Chance besitzen, über eigene Medien zu verfügen. Ein vielfältiges Medienwesen ist somit strukturelle Voraussetzung demokratischer Kommunikation. Wie im Unternehmenssektor und im Verbändewesen hält somit auch im Bereich der Massenmedien eine Balance von Gegengewichten die Meinungs- und Interessenvielfalt offen, eine Balance, die allerdings durch andauernde Konzentrationsprozesse des Mediensektors gefährdet wird.[57]

Diese Vielfalt der Medien fehlt in totalitären und autoritären Diktaturen und wird bewusst ausgeschaltet. Zwar gibt es auch hier Ansätze kritischer Äußerungen, etwa von Partei und Regierung gegenüber einzelnen gesellschaftlichen Gruppen und Erscheinungen im Inland, gegenüber außenpolitischen Gegnern sowie „Selbstkritik" der von den politisch Herrschenden angegriffenen Gruppen und Individuen. Indes beharrt die politische Führungsschicht nachdrücklich auf ihrem Informationsmonopol, selbst wenn, wie in den Einparteienstaaten gelegentlich zu beobachten, durch mehr Dezentralisierung und Offenheit der Anschein freier Medien erweckt werden soll.

Von welchen Bedingungen hängt die *Funktionsfähigkeit der Massenmedien* in der Demokratie ab? Rechtliche Bedingungen sind an erster Stelle zu nennen: die verfassungsrechtlichen Garantien freier Meinungsäußerung und freier Wahl der

---

56 Immanuel *Kant*, Zum ewigen Frieden, in: *ders.*, Kleinere Schriften zur Geschichtsphilosophie, Ethik und Politik, Hamburg 1959, S. 150.
57 Diese Interpretation stützt sich auf *Galbraiths* Konzept der „countervailing powers". Vgl. hierzu John Kenneth *Galbraith*, American Capitalism: The Concept of Countervailing Power, 2. Aufl. Oxford 1980.

Informationsquellen (Art. 5 GG). Diese Grundrechte gelten nicht absolut, sondern konkurrieren mit anderen Rechten, etwa dem Recht des Persönlichkeitsschutzes oder dem der Staatssicherheit. Neben diese verfassungsrechtlichen treten weitere politische Bedingungen der Funktionsfähigkeit der Massenmedien. So müssen Organisation und Struktur der Massenmedien eine Vielfalt von Berichterstattung und Kommentierung gewährleisten. Schließlich muss diese Vielfalt auch im Prozess der politischen Meinungsbildung wirksam zum Tragen kommen.

Die Voraussetzungen dieser Pluralität lassen sich zunächst negativ bestimmen: Der Staat darf den Zugang zum Markt der Medien nicht beschränken, ebenso wenig steht dies einer anderen Einrichtung (Partei, Verband, Unternehmen) zu. Wirtschaftliche und technische Beschränkungen sind daher, soweit unvermeidlich (wie etwa bei der Zuteilung von Sendefrequenzen), auf ein Minimum zu begrenzen. Im Zweifel müssen das Prinzip der Medienvielfalt und das Prinzip des freien Zugangs zum Medienmarkt entscheidende Regulative der Medienpolitik sein, an die somit strenge ordnungspolitische Maßstäbe anzulegen sind. Schließlich muss die Medienvielfalt nicht nur durch eine Ordnungs- und Wettbewerbspolitik, sondern auch durch eine entsprechende Strukturpolitik geschützt werden, etwa durch das Engagement von Körperschaften des öffentlichen Rechts, durch entsprechenden, medienpolitisch wirksamen Ausbau des Stiftungsrechts etc.

Die Voraussetzungen der *Wirksamkeit der Medien* sind in den Funktionsbedingungen des politischen Systems verankert. Die wirksame Ausübung der Kritikfunktion der Medien setzt einen entsprechenden *Schutz durch die Gerichte* voraus. Daher gewährleistet die Unabhängigkeit der Gerichte zugleich die Wirksamkeit der Kritik der Medien. Hierzu ist nur der *Rechtsstaat* imstande, der diese Unabhängigkeit als ausschließliche Abhängigkeit der Gerichte von Recht und Gesetz versteht. Die Wirksamkeit der Medien ist einerseits an die Unabhängigkeit der Judikative, zugleich aber auch an die Effektivität der parlamentarischen Kritik- und Kontrollfunktion gebunden. Denn nur ein funktionsfähiges Parlament ist imstande, kritische Anregungen der Massenmedien aufzugreifen und politisch zu nutzen. Dies ist um so eher zu erwarten, je höher die Chance des Machtwechsels ist, je mehr also kritische Berichterstattung und Kommentierung der Medien die politischen Wettbewerbsverhältnisse beeinflussen.

In der Wettbewerbsdemokratie steigern die Massenmedien durch ihre Sach- und Stilkritik die Chancen eines Machtwechsels in der Wahl. Hier wird deutlich, dass auch die Massenmedien nicht nur wirtschaftlich-gesellschaftliche Einrichtungen, sondern politische Institutionen sind, ohne deren Mitwirkung eine demokratische Regierungsweise nicht zu verwirklichen ist. Dadurch sind sie zu wichtigen Trägern der politischen Kultur und der politischen Stabilität demokratischer Systeme geworden.[58] Ihre Qualität garantiert die Vielfalt der Wahlmöglichkeiten

---

58 Vgl. hierzu auch Hermann *Meyn*, Massenmedien in der Bundesrepublik Deutschland, 5. Aufl., Berlin 1999.

zwischen unterschiedlichen Gruppen, Interessen und Meinungen. „Nur wer gut informiert ist, verfügt über die Voraussetzungen, verantwortlich entscheiden zu können."[59]

Welche Wirkungen üben die Medien auf das politische Verhalten von Wählern und Eliten aus? Strittig ist die Frage, ob Fernsehsendungen dieses Verhalten in größerem Umfang beeinflussen als Tages- und Wochenzeitungen. Obwohl häufig angenommen wird, das Fernsehen übe aufgrund seiner plastischen, suggestiven Berichterstattung einen stärkeren Einfluss aus, haben empirische Untersuchungen diese Annahme in Frage gestellt. Nach diesen Befunden prägen Zeitungen und Zeitschriften Faktenwissen und Verhaltensintentionen mehr als Rundfunk und Fernsehen.[60] Weit kritischer, als vielfach angenommen, gehen die Bürger mit den durch Massenmedien vermittelten Informationen um. Größer als die Überzeugungskraft scheint jedenfalls die Informationskraft der Medien zu sein. Politische Wirkungen von Massenmedien können jedenfalls nicht linear erklärt werden, sie lassen sich nicht isoliert betrachten, sondern entfalten sich nur im Wechselspiel unterschiedlicher Umweltfaktoren, wie z.B. Familie, Beruf, Schule, Sozialverhalten, soziale Schichtung und Demographie.[61]

Die Frage nach den Wirkungen der Massenmedien auf gesellschaftliche Wertorientierungen und politische Einstellungen drängt sich auf, weil die Legitimität der parlamentarischen Demokratie in der modernen Gesellschaft nur durch Medien gesichert werden kann.[62] Für Wähler wie für Politiker sind nur solche Ereignisse real, die durch Medien vermittelt werden. Denn politische Sachverhalte und politische Ideologien werden von den meisten Bürgern fast ausschließlich durch Medien wahrgenommen. Beim Erwerb politischer Kenntnisse, bei der Ausprägung politischer Einstellungen und beim Aufbau politischen Interesses spielen

---

59 Winfried *Steffani*, Verwaltung, Medien, a.a.O., S. 67. Im Prozess der politischen Meinungsbildung wird die Veröffentlichung und Kommentierung von Repräsentativumfragen zu politischen Themen im Vorfeld von Wahlen seit den 70er Jahren als ein problematischer, sensitiver Einflussfaktor beobachtet. Für den Umgang der Institute mit ihren Auftraggebern und die Art und Weise der Berichterstattung hat daher die World Association für Public Opinion Research (WAPOR) verbindliche Regeln aufgestellt und diese zu einem „Code professioneller Ethik und Verfahrensweisen" entwickelt. Vgl. Robert M. *Worcester* (Hrsg.), Political Opinion Polling. An International Review, London/Basingstoke 1983, S. 229-235.

60 Vgl. Klaus *Schönbach*, Das unterschätzte Medium. Politische Wirkungen von Presse und Fernsehen im Vergleich, München 1983. Zu theoretischen, konzeptionellen und methodischen Grundlagen der Wirkungsforschung siehe insbesondere Werner *Früh*, Medienwirkungen: Das dynamisch-transaktionale Modell. Theorie und empirische Forschung, Opladen 1991.

61 Vgl. zu Ergebnissen der Medienwirkungsforschung: Hermann *Meyn*, Massenmedien in der Bundesrepublik Deutschland, a.a.O., S. 207-211; Siegfried *Weischenberg*, Journalistik. Theorie und Praxis aktueller Medienkommunikation, Bd. 2, a.a.O., S. 311.

62 Vgl. Heinrich *Oberreuter*, Mediatisierte Politik und politischer Wertewandel, in: Frank E. *Böckelmann* (Hrsg.), Medienmacht und Politik. Mediatisierte Politik und politischer Wertewandel, Berlin 1989, S. 31-41.

Medien eine zentrale Rolle.[63] Politik wird dadurch zu einem Unterhaltungsobjekt neben anderen Bereichen. Dagegen wird die Komplexität politischer Streitfragen nur bruchstückweise, „fernsehbestimmt" vermittelt.[64]
Die Medien wählen politische Themen aus und bestimmen zugleich die Form ihrer Präsentation. Sie verstärken den Öffentlichkeitsdruck auf die politisch Handelnden und reduzieren komplexe Fragen auf einfache Formeln. Visualisierung, Personalisierung und Ritualisierung der Berichterstattung drängen nur schwer vermittelbare Zusammenhänge zurück und ermöglichen eine Emotionalisierung der anstehenden Fragen. Dazu trägt auch das starke Interesse der Medien an Affären und Skandalen bei. Nicht vermittelt werden nur schwer darstellbare Sachverhalte und die komplexen Entscheidungsstrukturen repräsentativer Demokratie.[65] Daher ist die Gefahr nicht von der Hand zu weisen, dass sich falsche Vorstellungen vom politischen Prozess und den politischen Institutionen verbreiten. Zudem haben Politiker und Parteien ihrerseits auf das politische Gewicht der Medien reagiert und damit begonnen, die Medien zu instrumentalisieren: für die Darstellung ihrer Politik und ihrer Person im Stile des politischen „Infotainment".

Der Einfluss der Medien auf das Wahlverhalten wurde zunächst gering eingeschätzt. Inzwischen üben sie jedoch in Wahlkämpfen eine entscheidende Rolle aus, die sich auf folgende Faktoren zurückführen lässt:[66] die Auflösung traditioneller Parteibindungen, die Verbreitung der Medien und die Professionalisierung des Wahlkampfes. Immer weniger fällen die Wähler ihre Wahlentscheidung aufgrund ihrer Zugehörigkeit zu einer sozialen Schicht, sondern aufgrund ihrer Einschätzung von Kandidaten und Themen. Die ohnehin große Bedeutung der Medien nimmt im Wahlkampf nochmals zu: Vor allem die Medien machen Kandidaten und Wahlkampfaussagen bekannt. Zentralisierung und Professionalisierung des Wahlkampfes sowie seine Steuerung durch die Parteizentralen verstärken diesen Trend.

---

63 Vgl. Heinz *Bonfadelli*, Die Sozialisationsperspektive in der Massenkommunikationsforschung, Berlin 1981.
64 Vgl. Gérard *Schwartzenberg*, Politik als Showgeschäft, Düsseldorf/Wien 1980; Neil *Postman*, Wir amüsieren uns zu Tode, 17. Aufl. Frankfurt a.M. 2006.
65 Vgl. Heinrich *Oberreuter*, Mediatisierte Politik, a.a.O., S. 39f.
66 Vgl. Klaus *Schönbach*, Massenmedien und Wahlen – Perspektiven der europäischen Forschung, in: Werner *Schulz*/Klaus *Schönbach* (Hrsg.), Massenmedien und Wahlen, München 1983, S. 104-113; Wolfgang *Sander*, Wahlanalyse und Wahlprognose im Unterricht. Handlungsorientierter Computereinsatz im Politik-Unterricht, Bonn 1994, S. 32ff.

Abb. 21: Das „Wahlkampf-Dreieck"

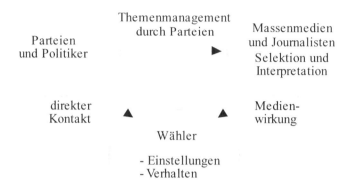

Quelle: Frank *Brettschneider*, Bundestagswahlkampf und Medienberichterstattung, in: Aus Politik und Zeitgeschichte, B. 51- 52/2005, S. 20.

Politiker und Parteien sehen es dabei als ihre wichtigste Aufgabe an, ihre jeweilige Deutung der politischen Situation über die Medien zu vermitteln und im öffentlichen Meinungsspektrum durchzusetzen. Hierbei stellen die Medien zum einen ein Forum für die politischen Akteure bereit, zum anderen beteiligen sie sich durch Informationsauswahl, Themengewichtung und interpretative Berichterstattung wirkungsvoll an der Situationsdeutung. Durch das Instrumentarium der Öffentlichkeitsarbeit suchen Parteien und Politiker Einfluss auf die Interpretation politischer Situationen zu nehmen: Der Wahlkampf wird zum Medienwahlkampf.[67] Inwieweit bestimmen die Parteien die Themen der Politik? Im Prozess der politischen Meinungsbildung haben sie diese Funktion weitgehend an die Massenmedien abgegeben.[68] In den Massenintegrationsparteien werden Forderungen einer Gruppe oft durch Einwände einer anderen konterkariert, während die Medien als „Agenda-Setter" einzelne Probleme und Postulate mit größerem Nachdruck und größerer Breitenwirkung auf der politischen Tagesordnung platzieren können.

---

67 Vgl. Ulrich *Sarcinelli*, Massenmedien und Politikvermittlung – eine Problem- und Forschungsskizze, in: Rundfunk und Fernsehen, Jhg. 39, 1991, S. 439-486.
68 Vgl. Ulrich *von Alemann*, Parteien, a.a.O., S. 88.

Politische Berichterstattung und Kommentierung der Medien sind darauf angelegt, komplexe politische Zusammenhänge auf Alternativen zu reduzieren, zwischen denen sich die Wähler entscheiden können. Dadurch verstärkt sich eine Tendenz zu plakativen Aussagen.[69] Zwischen Politikern und Journalisten entsteht dabei eine Beziehung wechselseitiger Abhängigkeit: Journalisten benötigen Politiker, um Nachrichten und Hintergrundinformationen vermitteln zu können, und die Politiker brauchen die Journalisten, um ihre Situationsdeutungen, Selbstdarstellungen und Kommentierungen zu vermitteln. Für amerikanische und deutsche Wahlkämpfe konnte nachgewiesen werden, dass Wahlwerbespots die Bewertung von Kandidaten und die Wahrnehmung ihres Images in Bundestagswahlen wesentlich verändern und in amerikanischen Präsidentschaftswahlkämpfen sogar eine ausschlaggebende Rolle spielen können.[70]

Die Massenmedien wirken als Organe kontrollierender Öffentlichkeit und sind dadurch zu Komplementärinstitutionen politischer Kontrolle geworden.[71] Sie mediatisieren den politischen Prozess und tragen durch die vor allem im Fernsehen festzustellende Tendenz der Personalisierung der Berichterstattung zur Vereinfachung und Entpolitisierung politischer Sachverhalte bei.[72] In die gleiche Richtung wirkt auch die Konzentration von Informationssendungen auf „bedeutende" Akteure. Kleinere Gruppen erhalten dennoch eine größere Berücksichtigungschance, soweit ihre führenden Vertreter maßgeblich zu Inszenierung lebhafter Diskussionen beitragen.[73] Dieser Dynamik der politischen Medienwirkung trägt die neuere Medienwirkungsforschung durch einen *Paradigma-Wechsel* Rechnung:[74] Hatte die klassische Forschung das Wirkungspotential der Medien auf individuelle Einstellungen noch gering veranschlagt,[75] so betont die neuere den Einfluss der Massenmedien auf die Auswahl politischer Themen (*agenda setting*). In jedem Wahlkampf, aber auch in der Zeit zwischen den Wahlen, legen die Medien diejenigen Themen fest, die erörtert werden und politischen Handlungsbedarf begründen sollen. Die Massenmedien beeinflussen zwar nicht in jedem Einzelfall politische Einstellungen von Bürgern, entscheiden aber über die öffentliche Kar-

---

69 Vgl. Wolfgang *Sander*, Wahlanalyse und Wahlprognose, a.a.O., S. 34.
70 Vgl. Christina *Holtz-Bacha*/L. Lee *Kaid*, Massenmedien im Wahlkampf, Opladen 1993, S. 46ff.
71 Vgl. Wolfgang R. *Langenbucher*/Irmgard *Staudacher*, Journalismus als Komplementärinstitution politischer Kontrolle. Studien zu makrosozialen Wirkungen der medienvermittelten Kommunikation in Österreich, in: Max *Kaase*/Winfried *Schulz* (Hrsg.), Massenkommunikation. Theorien, Methoden, Befunde. Sonderheft der Kölner Zeitschrift für Soziologie und Sozialpsychologie, Opladen 1989, S. 185-198.
72 Vgl. Erwin *Faul*/Winand *Gellner*, Neue Medien, in: Peter *Haungs* (Hrsg.), 1986: 40 Jahre Rheinland-Pfalz. Eine politische Landeskunde, Mainz 1986, S. 575-616.
73 Vgl. Winand *Gellner*, Massenmedien, in: Oscar W. *Gabriel*/Frank *Brettschneider* (Hrsg.), Die EU-Staaten im Vergleich. Strukturen, Prozesse, Politikinhalte, a.a.O., S. 294.
74 Vgl. Hans-Jürgen *Weiß*, Öffentliche Streitfragen und massenmediale Argumentationsstrukturen. Ein Ansatz zur Analyse der inhaltlichen Dimension im Agenda Setting Prozeß, in: Max *Kaase*/Winfried *Schulz*, Massenkommunikation. Theorien, Methoden, Befunde, a.a.O., S. 473ff.
75 Vgl. Joseph T. *Klapper*, The Effects of Mass Communication, Glencoe (Ill.) 1960, S. 8. 251ff.

riere von Themen. Dadurch erzielen sie Wirkungen, die auf der Verknüpfung der politischen Wahrnehmung von Problemen und Themen mit Einstellungen und Affekten beruhen.⁷⁶ Diesen Zusammenhang unterstreicht insbesondere die Eigendynamik der Fernsehberichterstattung, aber auch der Presseberichterstattung, wie die von der *Washington Post* aufgeklärte *Watergate-Affäre* gezeigt hat.⁷⁷ So formen die Massenmedien den Rahmen und die Maßstäbe, mit denen politische Streitfragen, Parteien und Kandidaten bewertet werden.

Abb. 22: Hierarchie der Medienwirkungen

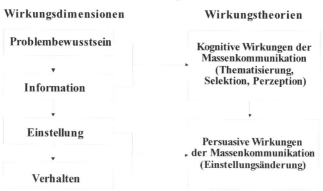

Quelle: nach Hans-Jürgen *Weiß*, Öffentliche Streitfragen und massenmediale Argumentationsstrukturen, a.a.O., S. 474.

Die durch Umfragen ermittelte hohe Glaubwürdigkeit des Fernsehens beruht auf der Suggestion der Wirklichkeitstreue von Nachrichten mit bildlichen Illustrationen. Information wird auf politische Persönlichkeiten zentriert, die in immer wiederkehrenden Situationstypen gezeigt werden. Die Folgen sind eine durch Medien geformte oder verstärkte Ritualisierung politischer Situationen und die Personalisierung der Politik. Nichtvisualisierbare Aspekte der Politik werden umgangen, und die Mehrdimensionalität politischer Probleme so der Aufmerksamkeit der Öffentlichkeit weitgehend entzogen. Insbesondere werden die Produktionsbedin-

---

76 Vgl. David H. *Weaver*/Doris A. *Graber*/Maxwell E. *Combs*/ Chaim H. *Eyal*, Media Agenda Setting in a Presidential Election. Issues, Images and Interest, New York 1981. Shonto *Syengar*/ Donald *Kindler*, News that matters: Television and American Opinion, Chicago 1987, S. 112ff., 129ff.; Edwin *Diamond*, The Media Show. The Changing Face of the News, 1985-1990, Cambridge (Mass.)/ London 1991.

77 *Weaver, Graber, Combs* und *Eyal* (a.a.O., S. 196) sprechen aufgrund ihrer Analyse der Medienwirkung im amerikanischen Präsidentschaftswahlkampf des Jahres 1976 dem Fernsehen eine „Schlaglicht-Rolle" und den Zeitungen eine „Agenda-setting-Rolle" zu.

gungen des Fernsehens durch diesen Visualisierungszwang und eine „Präferenz für Neues und Negatives" geprägt.[78]

Wenn diese Tendenzen zu dauerhaften Prinzipien der Programmgestaltung der Medien werden, sind langfristige Auswirkungen auf politische und gesellschaftliche Einstellungen zu erwarten: „Die ethische Einwirkung vor allem des Fernsehens auf die Gesellschaft und ihren Konsens sind unübersehbar negativ. Mit dem Wachstum dieses Mediums zu einem Massenmedium ging ein Rückgang der Wertschätzung der traditionellen Tugenden einher. Damit sank die Lebenszufriedenheit und auch die Freude an der Arbeit. Stetig abgebaut wurde auch die Hemmschwelle gegenüber Gewaltanwendung, die Kluft in der Werthaltung der verschiedenen Generationen verschärfte sich."[79]

In erheblichem Umfang beeinflussen die Massenmedien inzwischen die Tagesordnung der Politik.[80] Untersuchungen der amerikanischen Präsidentschaftswahlkämpfe haben gezeigt, wie sehr sich die politischen Themenpräferenzen von Medien und Wählern entsprechen.[81] Diese Übereinstimmung kann nur darauf zurückzuführen sein, dass die Medien durch die Art ihrer Berichterstattung und Kommentierung schrittweise, aber wirkungsvoll eine Rangordnung aktueller politischer Probleme und damit zugleich den Raster für die Beurteilung der Problemlösungskompetenz von Politikern und Parteien durch die Wähler aufbauen. Dieser Zusammenhang ist um so einleuchtender, als durch Langzeituntersuchungen nachgewiesen werden konnte, dass sich die Befragten bei der grundsätzlichen Bewertung politischer Probleme mehr von der Resonanz dieser Themen in den Medien als von ihrer spontanen, persönlichen Beurteilung der gesellschaftlichen Wirklichkeit leiten lassen.[82]

So kann es nicht weiter verwundern, dass die Berichterstattung des Fernsehens in den USA auch die Kandidatenaufstellung bei Präsidentschaftswahlen nachhaltig beeinflusst. In den USA und in Europa ist das Fernsehen inzwischen zum wichtigsten Wahlkampfmedium geworden. Zudem kann man auch in der Bundesrepublik eine „Amerikanisierung" der Wahlkämpfe beobachten, d.h. eine zunehmende Professionalisierung der Kampagnen „unter Berücksichtigung der Bedingungen, die sich aus den Veränderungen bei Wählerschaft und Medienlandschaft ergeben haben"[83]. Dem tragen auch die seit der Bundestagswahl 2002 ein-

---

78 Wolfgang *Bergsdorf*, Öffentliche Meinung, a.a.O., S. 144.
79 *Ders.*, ebd., S. 146.
80 Vgl. Robert S. *Erikson*/Norman R. *Luttbeg*/Kent L. *Tedin*, American Public Opinion, a.a.O., S. 221ff.
81 Vgl. Maxwell *McCombs*/Donald L. *Shaw*, The Agenda-Setting Function of the Mass Media, in: Public Opinion Quarterly, vol. 35, 1972, S. 176-187.
82 Vgl. Michael Bruce *McKuen*, Social Commmunication and the Mass Policy Agenda, in: *ders.*/-Steven Lane *Coombs*, More than News: Media Power in Public Affairs, Beverly Hills (Cal.) 1981, S. 19-144.
83 Christina *Holtz-Bacha*, Massenmedien und Wahlen. Die Professionalisierung der Kampagnen. in: Aus Politik und Zeitgeschichte, B 15-16/2002, S. 27; Jochen W. Wagner, Deutsche Wahl-

geführten Fernsehduelle der Kanzlerkandidaten Rechnung. So wurde das Fernsehduell zwischen Angela Merkel und Gerhard Schröder vor der Bundestagswahl 2005 von ca. 21 Millionen Menschen gesehen.[84] Andere Medien haben je nach politischem System unterschiedliche Bedeutung. Wichtiger als Wahlkampfmaterialien von Parteien und Kandidaten bleiben insbesondere Gespräche mit Freunden, Kollegen und Familienangehörigen.[85] Neuere Untersuchungen des Einflusses der Öffentlichen Meinung auf das Verhalten amerikanischer Politiker haben aufgezeigt, dass Interessen und Meinungen in den Wahlkreisen das Verhalten der Kongressabgeordneten in nennenswertem Umfang beeinflussen.[86] Darüber hinaus konnte in den USA ein enger Zusammenhang zwischen Mehrheitsmeinungen und der schließlich durchgesetzten Politik in verschiedenen Politikfeldern nachgewiesen werden.[87] Änderungen der Öffentlichen Meinung und der Politik stimmen danach tendenziell überein.[88] So wird die Öffentliche Meinung zu einem wirksamen Garanten responsiver Politik.

In der Bundesrepublik Deutschland hat eine Sekundäranalyse von Umfragedaten aus dem Zeitraum von 1977 bis 1984 wichtige Hinweise auf politische Wirkungen des erweiterten Medienkonsums vermittelt.[89] Danach entsprechen sowohl die Rezeption unterhaltender Fernsehsendungen wie die Lektüre unterhaltender Printmedien einem negativen Bild der Politik und dem Gefühl persönlicher Wirkungslosigkeit. Andererseits geht die Rezeption politischer Informationssendungen im Fernsehen und in der Tagespresse mit einer positiven Einstellung zur Politik und der Bereitschaft zu persönlichem politischem Engagement einher. Zwar ist das Fernsehen der Presse mindestens ebenbürtig, wenn es um die Wirkungen

---

werbekampagnen made in USA? Amerikanisierung oder Modernisierung bundesrepublikanischer Wahlkampagnen. Wiesbaden 2005.

84 Frank *Brettschneider*, Bundestagswahlkampf und Medienberichterstattung. in: Aus Politik und Zeitgeschichte, B 51-52/2005, S. 20.

85 Vgl. Helmut *Scherer*, Wähler und Wahlkampf, in: Christina *Holtz-Bacha*/Lynda Lee *Kaid* (Hrsg.), Die Massenmedien im Wahlkampf. Untersuchungen aus dem Wahljahr 1990, a.a.O., S. 212; vgl. ferner: Gabriel *Thoveron*, How Europeans Received the Campaign: Similarities and Differences of National Response, in: Jay G. *Blumler* (Hrsg.), Communicating to Voters: Television in the First European Parliamentary Elections, London 1983, S. 142-162.

86 Vgl. Lawrence R. *Jacobs*/Robert Y. *Shapiro*, Studying Substantive Democracy, in: PS: Political Science and Politics, vol. 27, No. 1, 1994, S. 9-16; Benjamin *Page*/Robert *Shapiro*/Paul W. *Gronke*/Robert M. *Rosenberg*, Constituency, Party and Representation in Congress, in: Public Opinion Quarterly, vol. 48, 1984, S. 741-756; Larry M. *Bartels*, Constituency Opinion and Congressional Policy Making: The Reagan Defense Buildup, in: American Political Science Review, vol. 85, 1991, S. 457-474.

87 Vgl. Alan D. *Monroe*, Consistency Between Public Preferences and National Policy Decisions, in: American Politics Quarterly, vol. 7, 1979, S. 3-19.

88 Vgl. Benjamin I. *Page*/Robert Y. *Shapiro*, The Rational Public: Fifty Years of Trends in Americans' Policy Preferences, Chicago 1992.

89 Vgl. *Presse- und Informationsamt der Bundesregierung* (Hrsg.), Bericht der Bundesregierung über die Lage der Medien in der Bundesrepublik Deutschland 1994. Medienbericht 94, Drucksache 12/8587 des Deutschen Bundestages, 12. Wahlperiode, vom 20. Oktober 1994, S. 281.

auf die politische Meinungsbildung der Bevölkerung geht. Aber hinsichtlich der Vermittlung von Faktenwissen und der Stimulierung politischer Partizipation im klassischen Sinne übt es eine geringere Wirkung aus.[90] Nutzung und Einfluss der Medienberichterstattung sind historischen Wandlungsprozessen unterworfen, die die politischen und gesellschaftlichen Rahmenbedingungen verändern. So lässt sich auf der Grundlage empirischer Wirkungsanalysen festhalten, dass die politische Wirkung eines Mediums von seiner Geschichte, seinem Engagement, seinen spezifischen Vermittlungsleistungen und seiner Glaubwürdigkeit abhängt. Auch die politischen Wirkungen sind nichts anderes als Effekte, die durch das Zusammenwirken von Medienstimuli und Zuwendungsmotiven der Nutzer entstehen.[91]

Abb. 23: Wirkungen der Massenmedien

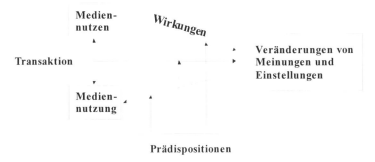

Quelle: Klaus *Schönbach*, Das unterschätzte Medium, a.a.O., S. 73.

In Deutschland hat sich das Vertrauen in Objektivität und relative Glaubwürdigkeit der Medien Tageszeitung und Fernsehen nach einer Phase wachsender Skepsis stabilisiert. Dabei wird dem Fernsehen vor Hörfunk und Tageszeitung die höchste Objektivität zugesprochen, während das Bildmedium auch in der relativen Glaubwürdigkeit der Tageszeitung und dem Hörfunk vorgezogen wird.[92] Je

---

90 Vgl. Klaus *Schönbach*, Das unterschätzte Medium. Politische Wirkungen von Presse und Fernsehen im Vergleich, a.a.O., S. 63f., 136ff.
91 Vgl. hierzu auch das Interdependenzmodell der Folgen vermittelter Kommunikation bei Siegfried *Weischenberg*/Armin *Scholl*, Dispositionen und Relationen im Medienwirkungsprozeß, in: Winfried *Schulz* (Hrsg.), Medienwirkungen. Einflüsse von Presse, Radio und Fernsehen auf Individuum und Gesellschaft. Untersuchungen im Schwerpunktprogramm „Publizistische Medienwirkungen", Weinheim 1992, S. 91-107; vgl. hierzu auch Heinz *Bonfadelli*, Politische Kommunikation – Kommunikationspsychologische Perspektiven, in: Otfried *Jarren*/Ulrich *Sarcinelli*/ Ulrich *Saxer* (Hrsg.), Politische Kommunikation in der demokratischen Gesellschaft, a.a.O. S. 211-235.
92 Vgl. *Medienbericht '94*. Bericht der Bundesregierung über die Lage der Medien in der Bundesrepublik Deutschland 1994, a.a.O., S. 269, 281.

häufiger und intensiver die Rezeption unterhaltender Fernsehinhalte und die Lektüre unterhaltender Printmedien, um so negativer wird das persönliche Bild der Politik und das Gefühl persönlicher Wirkungslosigkeit. International verschiebt sich die Mediennutzung in Richtung zunehmender Spezialisierung.[93] Je nach Interessen und Informationsbedarf werden spezielle Medien verstärkt nachgefragt, und die „neuen Medien" verstärken diesen Trend.

Die politischen Wirkungen der Medien entfalten sich in einem Prozess der Wechselwirkungen zwischen dem Medienangebot und dem Medienverhalten der Bürger.[94] Wer überzeugend unterhaltende Medienangebote konsumiert, gewinnt häufig den Eindruck zunehmender Machtlosigkeit im politischen Entscheidungsprozess. Die politische Entfremdung wiederum verringert die Bereitschaft zu politischer Beteiligung. Je weniger der politische Prozess verstanden wird, um so schwächer werden das Verständnis für die Notwendigkeit politischer Partizipation und die Bereitschaft zu politischem Engagement. Diese Wirkung wird durch niedriges Bildungsniveau und geringes politisches Interesse weiter verschärft, da ein Bezugsrahmen für die Einordnung politischer Informationen fehlt. Umgekehrt arbeitet die Nutzung politischer Medienangebote politischer Entfremdung entgegen und steigert die Bereitschaft zu politischer Beteiligung. Diese Folgen wirken wiederum auf die Massenmedien zurück.

Die Medien sind „die wirksamsten Zeitgeist-Transporter, sie befördern Inhalte, mit denen Bewusstsein beeinflusst, Bewusstsein geschaffen wird. Sie sind zwar nicht die öffentliche Meinung, bestimmen aber maßgeblich, wer oder was zu einem Thema des öffentlichen Gespräches wird, welche Relevanz ihm zukommt und mit welchen Argumenten in welchem Stil darüber diskutiert wird."[95] Sie sind so zu einem integrierenden Bestandteil der politischen Kultur geworden, und ihre Globalisierung gibt dieser Dynamik eine noch größere Schubkraft. Insbesondere bei der Selektion und Definition politischer Probleme spielen sie eine einflussreiche Rolle.[96] Die Öffentlichkeit ist in hochentwickelten Industriegesellschaften durch hochgradige Differenzierung, die Komplexität ihrer Einzelberei-

---

93 Vgl. Wienand *Gellner*, Massenmedien, a.a.O., S. 293.
94 Vgl. Christian *Holtz-Bacha*, Ablenkung oder Abkehr von der Politik? Mediennutzung im Geflecht politischer Orientierungen, Opladen 1990, S. 151-160.
95 Gerd *Bacher*, Die Mediendemokratie – Politik und Kultur in einer grenzenlosen Öffentlichkeit, in: *Hanns Martin Schleyer-Stiftung* (Hrsg.), Junge Wissenschaft und Kultur: Wohin geht die Sprache? Wirklichkeit-Kommunikation-Kompetenz, Essen 1989, S. 68.
96 Vgl. hierzu vor allem Wolfgang *Donsbach*, Die Selektivität der Rezipienten. Faktoren, die die Zuwendung zu Zeitungsinhalten beeinflussen, in: Winfried *Schulz* (Hrsg.) Medienwirkung, a.a.O., S. 25-70; ferner im gleichen Band: Katrin *Voltmer*, Politisches Denken in der Informationsgesellschaft. Zum Zusammenhang von Fernsehnutzung und Einstellungskonsistenz, S. 247-267; Elisabeth *Noelle-Neumann*/Winfried *Schulz*/Jürgen *Wilke*, Fischer Lexikon Publizistik/Massenkommunikation, Frankfurt a.M. 1989, S. 360-400; Michael *Schenk*, Medienwirkungsforschung, 2. Aufl. Tübingen 2002; James A. *Anderson* (Hrsg.), Communication Yearbook 11, Newbury Park 1988; Niklas *Luhmann*, Öffentliche Meinung, in: Politische Vierteljahresschrift, 1970, Jhg. 11, S. 2-28.

che und die wachsende Abhängigkeit von Expertenwissen gekennzeichnet. In dieser Situation tragen die Medien dazu bei, die Komplexität der Verhältnisse durch Selektion von Themen und Ereignissen auf ein überschaubares Maß zu reduzieren. Dadurch beeinflussen sie zugleich die Prioritäten politischer Probleme. Der professionellen Medienkritik, der Nutzerkritik und medienpolitischen Initiativen, die das Interesse von Bürgern und Sachverständigen auf diese Medienwirkungen lenken, kommen daher eine wachsende Bedeutung zu.

Die Probleme politischer und gesellschaftlicher Kommunikation sind in den fortgeschrittenen Industriegesellschaften durch zwei gegenläufige Entwicklungen geprägt:[97] Auf der einen Seite nimmt die Nachfrage nach politischer Information immer mehr zu und lässt unter dem Einfluss wachsender Bildung und wirtschaftlichen Wohlstands dadurch auch die Zahl potentieller Übermittler politisch bedeutsamer Informationen ansteigen. Zugleich aber ist in vielen Ländern als Folge technologischer Fortschritte der Massenmedien, eines dadurch ausgelösten wachsenden Kapitalbedarfs und fehlender politischer Gegensteuerung eine Konzentration der Verfügung über die Medien durch immer weniger Eigentümer zu beobachten. So nimmt die Zahl der Medienbesitzer und damit letztlich entscheidenden Einflussgeber ab, während die Intensität ihres Einflusses auf Berichterstattung, Kommentierung und (auf dem Wege über politische Netzwerke) Medienpolitik wächst. Dem immer weiter zentralisierten Regierungsapparat steht in vielen Ländern ein immer stärker konzentrierter Mediensektor gegenüber. Der Medienbereich wird durch diesen Konzentrationsprozess mehr und mehr vermachtet: eine offenkundige anhaltende Gefährdung der Kritik- und Kontrollfunktion der Massenmedien.

Künftig wird die Politik mehr noch als bisher danach beurteilt werden, wieweit sie sich kommunikativ Gehör verschaffen kann oder – in der Sprache der Kommunikationswissenschaft – inwieweit sie sich in einer vielgestaltigen medialen Umwelt durch Aufmerksamkeit, Glaubwürdigkeit und Zustimmung behaupten kann.[98] Die Qualität der Politik wird so auch von der Qualität der Kommunikationsbeziehungen zwischen Bürgern und Politikern abhängig. Dabei öffnet sich mehr und mehr eine Schere zwischen der „Herstellung" und der „Darstellung" der Politik, zwischen der „*Entscheidungslogik*" des Politikbetriebs und der „*Medienlogik*", wie insbesondere die Darstellungspraktiken des Fernsehens unterstreichen.[99]

---

97 Vgl. Report by the *International Commission for the Study of Communication Problems* („MacBride-Kommission"), Many Voices One World. Communication and Society Today and Tomorrow. Towards a new more just and more efficient world information and communication order, London/New York/Paris 1980, S. 20, 198; vgl. auch Jürgen *Habermas*, Theorie des kommunikativen Handelns, Bd. 2, a.a.O., S. 571ff.

98 Vgl. Ulrich *Sarcinelli*, Mediale Politikdarstellung und politische Kultur. 10 Thesen, in: Gewerkschaftliche Monatshefte, 5/96, S. 271.

99 Vgl. ders., ebd., S. 274f.; vgl. auch: Thomas Meyer, Mediokratie, 2. Aufl. Frankfurt a.M. 2002

4.3 Wahlen als Instrument politischer Kommunikation

Das Volk übt die von ihm ausgehende Staatsgewalt in der repräsentativen Demokratie durch Wahlen aus, während plebiszitäre Formen der politischen Entscheidungen (Volksbegehren, Volksentscheide, Referenden) eine deutlich geringere Rolle spielen.[100] Weil Wahlen politische Macht konstituieren und demokratische Herrschaft legitimieren, sind sie das wichtigste Instrument politischer Mitwirkung, das die Regierung in ihrer Richtung wie in ihrer Zusammenwirkung an die Zustimmung der Wähler bindet. *Wahlen* üben folgende, für den politischen Kommunikationsprozess bedeutsame Funktionen im politischen System aus:[101] Sie übermitteln *Forderungen* an politische Entscheider, sichern *Unterstützung* für Regierung und Opposition, formen *Prioritäten* künftiger politischer Entscheidungen und sind zugleich ein Instrument *politischer Kommunikation*, das die Rückkopplung zwischen Wählern und Gewählten sichert.

> Die Funktionen der Wahl lassen sich als
> 1. *Artikulation* politischer Präferenzen,
> 2. *Integration* von Wählern und ihren Repräsentanten,
> 3. *Legitimation* der Regierenden (Machtzuweisung),
> 4. *Konkurrenz* zwischen Regierung und Opposition,
> 5. *Kontrolle* durch Parlament und Opposition und
> 6. *Innovation* durch neue politische Strategien bezeichnen.[102]

In diesen Funktionen kommt die politische Kommunikation zwischen Wählern und Gewählten, Regierung und Opposition, Mehrheit und Minderheit, Parteien, gesellschaftlichen Gruppen und einzelnen Bürgern als Trägern unterschiedlicher politischer Rollen zum Ausdruck. In Industrie- und Entwicklungsländern haben diese Funktionen unterschiedliches Gewicht.

Während Wahlen in den Industriestaaten politische Stabilität verbürgen, sind sie in den Entwicklungsländern in erster Linie Instrument evolutionären Wandels und nicht revolutionären Umbruchs. Nur an größeren Umwälzungen über einen längeren Zeitraum ist dieser Prozess überhaupt erkennbar.[103] Dabei handelt es sich vielfach um „Reformen von oben" im Rahmen einer Politik geplanten Wandels,

---

100 Vgl. Dieter *Nohlen*, Wahlen, in: Klaus *von Beyme* u.a., Politikwissenschaft. Eine Grundlegung, Bd. II: Der demokratische Verfassungsstaat, Stuttgart u.a. 1987, S. 87ff.
101 Vgl. Geoffrey K. *Roberts*, An Introduction to Comparative Politics, a.a.O., S. 67f.
102 Vgl. Wichard *Woyke*, Stichwort: Wahlen. Wähler – Parteien – Wahlverfahren, 11. völlig neu bearbeitete Auflage, Wiesbaden 2005, S. 20; Werner *Kaltefleiter*/Peter *Nißen*, Empirische Wahlforschung. Eine Einführung in Theorie und Technik, Paderborn u.a. 1980, S. 22ff.
103 Vgl. Ekkart *Zimmermann*, Evolutionärer und revolutionärer Wandel, in: Klaus *von Beyme*/Ernst-Otto *Czempiel*/Peter Graf *Kielmansegg*/Peter *Schmook* (Hrsg.), Politikwissenschaft, Bd. I, Stuttgart u.a. 1987, S. 248.

wie die Beispiele der Reformpolitik in der Volksrepublik China und die Modernisierungspolitik einzelner arabischer Länder zeigen. Diese Modernisierungen bleiben zwar zunächst auf den wirtschaftlichen Bereich beschränkt, entfalten dann aber durch soziale *und* politische Partizipationsforderungen evolutionären Wandel und politische Dynamik. Dies ist in den europäischen Demokratien durch Auflösung der Bindung des Wahlrechts an die oberen sozialen Schichten und durch die Einbeziehung der Frauen in die Wahlbürgerschaft geschehen.

Welche politischen Wirkungen die Wähler mit ihrer Stimmabgabe entfalten und wie stark sie dadurch die Entwicklung des Parteiensystems beeinflussen können, hängt von der Struktur und Dynamik des *Wahlsystems* ab. Dieses entscheidet über die Wirkungen des politischen Wettbewerbs und damit zugleich über die Entwicklung des Parteiensystems. Dadurch beeinflusst es in erheblichem Umfang die Regierungsfähigkeit eines Landes und die Funktionsfähigkeit der Demokratie. Es ist – neben anderen institutionellen Faktoren wie Parteiengesetz, Verbändegesetz etc. – eine der entscheidenden *Wettbewerbsbedingungen der Demokratie*. Seine Funktionsweise wirkt sich auf das Wahlverhalten der Bevölkerung aus, da die Wähler die Wirkungen ihrer Stimmabgabe im Rahmen des jeweiligen Wahlrechts einschätzen. Stabilität und Wandel des Wählerverhaltens werden durch die jeweilige Sozialstruktur, die institutionellen Bedingungen des politischen Wettbewerbs, politisch-situative und politisch-konjunkturelle Faktoren geformt.

Die freiheitliche Demokratie beruht auf den Grundsätzen des *freien, allgemeinen, gleichen, geheimen und unmittelbaren* Wahlrechts. Diese Prinzipien sind in allen Demokratien in einem langwierigen politischen Prozess durchgesetzt worden.[104] Die bereits im 18. Jahrhundert einsetzende „Fundamentaldemokratisierung" (Karl Mannheim), d.h. der Übergang von der Honoratiorenpolitik zur Massenpolitik, beruht auf folgenden historischen Entwicklungen: der gesellschaftlichen Differenzierung, der Etablierung der Bürgergesellschaft, der Ausweitung der Forderung nach politischen Mitspracherechten und der Entstehung der Nationalstaaten. Von dem schrittweisen Abbau der Wahlrechtsbeschränkungen sind alle Prinzipien der demokratischen Wahl betroffen gewesen. Die Durchsetzung dieser Grundsätze ist mit unterschiedlicher Geschwindigkeit und Kontinuität erfolgt: Während das *englische Modell* durch eine schrittweise, kontinuierliche, Erweiterung des Wahlrechts gekennzeichnet gewesen ist, ist das *französische Modell* durch die rasche Einführung der Staatsbürgerrechte geprägt worden, während die anderen europäischen Demokratien einen Mittelweg beschritten haben.[105]

Zur Ausbreitung des Wahlrechts haben hier mehrere Faktoren beigetragen, unter denen vor allem der Verfassungswandel mit dem Ziel der Parlamentarisie-

---

104 Vgl. Dolf *Sternberger*/Bernhard *Vogel* (Hrsg.), Die Wahl der Parlamente und anderer Staatsorgane, Band 1: Europa, Berlin 1969.
105 Vgl. Jürgen *Kohl*, Zur langfristigen Entwicklung der politischen Partizipation in Westeuropa, in: Peter *Steinbach* (Hrsg.), Probleme politischer Partizipation im Modernisierungsprozeß, Stuttgart 1982, S. 473-503.

rung, Grad und Tempo der Industrialisierung, Veränderungen der Sozialstruktur, politische Traditionen und das Verhalten der Eliten hervorzuheben sind. Diese Faktoren haben sich zu unterschiedlichen Mustern der Wahlrechtsausbreitung und der Integration sozialer Schichten in den politischen Prozess zusammengefügt. Folglich sind von Land zu Land auch die Verhältnisse zwischen Industrialisierung, gesellschaftlicher Entwicklung, der Demokratisierung des Wahlrechts und der Parlamentarisierung der politischen Systeme als Hauptlinien des Verfassungswandels durchaus unterschiedlich.

Welche *Anforderungen* sind an Wahlen und Wahlsysteme zu stellen? Vorrangig sollen Wahlen die Bildung einer auf Zeit gewählten Regierung und die Einsetzung eines Parlaments ermöglichen, das diese Regierung trägt und kontrolliert.[106] Damit legt der Wahlakt die Grundlage für ein Wechselspiel zwischen Parlament und Regierung, das dadurch gekennzeichnet ist, dass das Parlament mit seiner Mehrheit den Kurs der jeweiligen Regierung stützen oder diese stürzen und eine neue an ihre Stelle setzen kann. Auf diese Weise tragen Wahlen dazu bei, den sozialen Wandel auf friedlichem, reformerischem Wege politisch zu gestalten. Aufgabe des Wahlsystems ist es, die Voraussetzungen dafür zu schaffen, dass die Wähler ihren politischen Willen in Entscheidungen über die Zusammensetzung des Parlaments und die Richtung der Regierung und ihrer Politik umsetzen können.

Mit der Entstehung und Verbreitung des demokratischen Verfassungsstaats wird die Wahl selbst nicht nur Akt der *Willensmessung*, sondern auch der *Willensbildung*, nicht nur zu einem Zählvorgang politischer Stimmabgabe, sondern zu einem Dialog zwischen den Trägern unterschiedlicher politischer Rollen, der der Regelung politischer, wirtschaftlicher und sozialer Konflikte dient[107]. Diese Funktionsbestimmung verweist auf den Charakter der Demokratie, die nicht nur *ein* bestimmtes humanitäres Wertesystem verkörpert, sondern zugleich eine Ordnung darstellt, die eine friedliche Regelung von Konflikten sichert. Während der utopische Anspruch *direkter Demokratie* darauf zielt, die damit verbundenen Sach- und Personalentscheidungen jederzeit durch Volksabstimmungen unmittelbar zu lösen, ermächtigt die *repräsentative Demokratie* Institutionen und Gruppen zum Handeln und legitimiert „*Herrschaft auf Zeit*" (Theodor *Heuss*). Durch Wahlen strebt die repräsentative Demokratie nicht unmittelbare Sachentscheidungen, sondern legitimes Handeln der repräsentativen Institutionen an. Eine wichtige Funktion der Wahl in der repräsentativen Demokratie besteht somit in der *Allokation von Macht*.

---

106 Vgl. Helmut *Unkelbach*/Rudolf *Wildenmann*, Grundfragen des Wählens, Frankfurt a.M. – Bonn 1961, S. 19ff.
107 Vgl. Helmut *Unkelbach*/Rudolf *Wildenmann*/Werner *Kaltefleiter*, Wähler – Parteien – Parlament. Bedingungen und Funktionen der Wahl, Frankfurt a.M./Bonn 1965, S. 9ff.

In der parlamentarischen Demokratie ist die Wahl als politischer Prozess dadurch gekennzeichnet, dass keine institutionelle, sondern zeitliche bzw. funktionale Gewaltenteilung vorherrscht, da die Regierung aus dem Parlament hervorgeht und mit dessen Mehrheit identisch ist. Die Gewalten sind nach den Funktionen der parlamentarischen Demokratie geteilt: zeitlich durch die Chance des Machtwechsels, der die Opposition von heute zur Regierung von morgen werden lässt, und strukturell durch die wechselseitige Abhängigkeit von Regierung und Parlamentsmehrheit. Die Regierung benötigt das Vertrauen des Parlaments, das die Regierung abwählen kann; andererseits kann der Regierungschef in zahlreichen parlamentarischen Demokratien (nicht in dem der Bundesrepublik Deutschland) das Parlament auflösen. Die Zusammenarbeit zwischen Regierung und Parlamentsmehrheit ist auf Vertrauen gegründet. Fehlt dieses Vertrauen, kann es durch ein Misstrauensvotum des Parlaments oder Neuwahlen nach vorangegangener Parlamentsauflösung wiederhergestellt werden.

Die Wirkung der Wahlen reicht in den parlamentarischen Demokratien über diese unmittelbaren Zusammenhänge weit hinaus. Durch die Beteiligung der politischen Parteien und die entsprechenden Aktivitäten der Verbände *verändern Wahlen auch die Durchsetzungschancen sozialer Gruppen*. Diese werden durch die Beteiligung an der Wahl selbst beeinflusst – durch Mehrung oder Minderung ihres sozialen und politischen Einflusses, durch die Durchsetzung ihrer Forderungen und schließlich vor allem durch die verbindliche Festlegung einer Rangordnung politischer Ziele und gesellschaftlicher Ansprüche. Dieser Prozess verwirklicht nicht aus sich heraus das Gemeinwohl, legt aber für einen bestimmten Zeitraum fest, welche Problemlösungen in einem bestimmten Politikfeld als Gemeinwohl zu gelten haben. Die damit verbundenen Sach- und Personalentscheidungen beeinflussen zugleich die Startchancen der gesellschaftlichen Gruppen, die ihrerseits Einfluss auf politische Entscheidungen nehmen wollen.

Der Wahlakt ist daher aus einer funktionalen Sicht des politischen Wettbewerbs im Unterschied zu einem seit langem verbreiteten Verständnis nicht in erster Linie Bekenntnis, sondern Entscheidung zwischen politischen Alternativen. Merkmal der parlamentarischen Demokratie ist gerade die Regierungsbildung durch die Wahl – als Entscheidung über die Ausübung der Funktionen von Regierung und Opposition. Dieser Prozess der Machtkonkurrenz muss die Extreme der Anarchie, d.h. der Selbstauflösung des Staates, und der Diktatur meiden: Im ersten Fall wären Unübersichtlichkeit und Unbeweglichkeit, im zweiten Fall Machtmonopole und Gewaltherrschaft zu erwarten.

> Ein *funktionsfähiger politischer Wettbewerb*, der die Wahl als Machtkonkurrenz voll wirksam werden lässt, muss im demokratischen Verfassungsstaat drei Bedingungen erfüllen:[108]
> 1. Jede soziale Gruppe muss sich an dem politischen Wettbewerb beteiligen können. (*Offenheit der Machtkonkurrenz*).
> 2. Die in der Wahl gebildete und durch die Wahl legitimierte Regierung muss handlungsfähig sein (*Funktionsfähigkeit der Regierung*).
> 3. Die nicht an der Regierung beteiligten Gruppen, d.h. die parlamentarische Opposition, müssen eine gleichwertige Chance besitzen, an die Stelle der Regierenden zu treten (*Chance des Machtwechsels*).

Je rigider sich die sozialen und politischen Gruppen voneinander abkapseln, je starrer und kompromissloser ihre politischen Ideologien sind und je mehr politische Auseinandersetzungen im Stil von Glaubenskämpfen geführt werden, um so weniger sind diese Funktionsbedingungen des politischen Wettbewerbs erfüllt. Die gesellschaftlichen Gruppen müssen daher kompromissfähig sein, sich gleichmäßig über das ganze Staatsgebiet verteilen und zur Bildung handlungsfähiger Mehrheiten bereit sein. Ebenso wenig darf eine geschlossene weltanschauliche Gruppe allein in der Lage sein, eine regierungsfähige Mehrheit zu stellen – eine Möglichkeit, die in nahezu allen modernen Verfassungsstaaten ausgeschlossen werden kann, nicht aber in vielen jungen Demokratien. Der Wahlentscheid legt die Voraussetzungen der Parlamentsfunktionen fest, zu denen man die *Wahlfunktion*, die *Artikulationsfunktion*, die *Informationsfunktion*, die *Lehrfunktion*, die *gesetzgeberische Funktion* und die *Arbitragefunktion*, d.h. die Schiedsrichterrolle des Parlaments über die politische Rangordnung der sozialen Ansprüche, rechnen muss.[109] Das Parlament ist vorrangig an einer Aufgabe zu messen: der Fähigkeit zur Regelung gesellschaftlicher und politischer Konflikte durch eine parlamentarische Meinungsbildung, die ebenso den Kontakt zur Bevölkerung wie zur parlamentarischen Regierung hält. Arbeitsfähig ist das Parlament, soweit bestimmte organisatorisch-technische Voraussetzungen erfüllt und die Auffassungen über inhaltliche Schwerpunkte und Formen der parlamentarischen Beratungen nicht zu stark divergieren.

Begünstigen die institutionellen und sozialen Bedingungen der Wahl die Herausbildung eines Vielparteiensystems, so wird dem Parlament die Wahrnehmung dieser Funktionen erheblich erschwert. Das gilt sowohl für die Wahl einer handlungsfähigen Regierung (*Wahlfunktion*) als auch für den politischen Ausgleich zwischen konkurrierenden Sozialinteressen (*Arbitragefunktion*). Nicht zuletzt hängt die Wahrnehmung der parlamentarischen Funktionen von den Sanktions-

---

108 Vgl. *dies.*, a.a.O., S. 14.
109 Vgl. Walter *Bagehot*, The English Constitution, Oxford 2001; Rudolf *Wildenmann*, Macht und Konsens als Problem der Innen- und Außenpolitik, 2. Aufl. Köln 1967.

möglichkeiten der Wähler gegenüber Regierung, Parlament und Parteien ab: Je ausgeprägter diese Sanktionsmöglichkeiten, um so intensiver die politische Machtkonkurrenz in der Wahl und umso geringer die Abkapselung der politischen Eliten. Politische Information, politische Bildung, wirtschaftliche und gesellschaftliche Zukunftserwartungen, die Verteilung und Organisation sozialer Interessen sind entscheidende Bedingungen des Wahlverhaltens.

An die institutionellen Rahmenbedingungen der Wahl, vor allem an das Wahlsystem und an das Parteiengesetz, ist dabei die Frage zu richten, ob sie die Bildung einer voll legitimierten, handlungsfähigen Regierung und einer alternativen Opposition begünstigen, die Handlungsfähigkeit der Regierung gewährleisten und die Chance des Machtwechsels offenhalten. Außerdem: welche Kriterien liegen der Kandidatenauswahl zugrunde, wie wirken sie auf die Entwicklung und Struktur der Parteien, die Wahlkampfführung beeinflussen, wieweit integrieren oder polarisieren sie die politische Willensbildung, festigen sie das demokratische Bewusstsein der Wählerschaft und tragen zu einer klaren Herausbildung politischer Alternativen bei. Diese Bedingungen bilden nur einen Teil des Datenkranzes jeder Wahlentscheidung, die im Wesentlichen durch das Zusammenwirken dreier Faktorengruppen geprägt wird: 1. den wirtschaftlich-gesellschaftlichen Faktoren, 2. den personalen Faktoren und 3. den systembedingt-formalen Faktoren.[110]

Für die Stabilität parlamentarisch-demokratischer Systeme besitzen diese Faktoren nicht das gleiche Gewicht. Denn auch bei prinzipiell aufsplittenden Wirkungen des Wahlsystems können die Wahlen unter günstigen personellen und wirtschaftlichen Voraussetzungen funktionsfähige Parlamente hervorbringen. Die grundsätzliche Eignung und politische Stabilität der institutionellen Rahmenbedingungen (Verfassung, Wahlsystem, Parteiengesetz) erweist sich aber erst in der Krise. Auch unter ungünstigen personalen und materialen Voraussetzungen müssen Wahlen die Bildung einer handlungsfähigen Regierung und einer alternativen, demokratischen Opposition gewährleisten. Denn eine „Schönwetterdemokratie" ist auf Dauer nicht überlebensfähig.

Von diesen Faktoren hängen die Integrationsleistung des politischen Systems, die Struktur des politischen Wettbewerbs und die Qualität der politischen Konfliktregelung ab. Fundamental für das Verständnis der Wirkungen von Mehrheits- und Verhältniswahlsystemen ist bis heute *Duvergers Gesetz* geblieben.[111] Dieses besagt, dass die relative Mehrheitswahl in Einerwahlkreisen die Bildung von Zweiparteiensystemen begünstigt, während Verhältniswahlsysteme Vielparteiensysteme zur Folge haben. Gegenüber diesem Gesetz wird eingewendet, es gebe Mehrparteiensysteme auch bei relativer Mehrheitswahl und auch Zweiparteien-

---

110 Vgl. Helmut *Unkelbach*/Rudolf *Wildenmann*, Grundfragen des Wählens, a.a.O., S. 22.
111 Vgl. Maurice *Duverger*, L'Influence des Systèmes Electoraux sur la Vie Politique, Paris 1950; ders., Die politischen Parteien, Tübingen 1959.

systeme bei Verhältniswahl. Unklar sei ferner, unter welchen Bedingungen das Gesetz Gültigkeit beanspruche. Schließlich spiegele die Typenbildung dieses Gesetzes die Vielfalt tatsächlich angewandter Wahlsysteme nicht angemessen wider.[112] *Duvergers Gesetz* ist durch Giovanni *Sartori* weiterentwickelt worden.[113] Danach begünstigen relative Mehrheitswahlsysteme bei einem strukturierten Parteiengefüge und unter der Bedingung einer gleichmäßigen Stimmenverteilung im gesamten Wahlgebiet Zweiparteiensysteme. Ist die zweite Voraussetzung nicht gegeben, führen Mehrheitswahlsysteme zu Mehrparteiensystemen, sofern die kleineren Parteien über starke lokale Hochburgen verfügen. Ist jedoch bereits ein stark strukturiertes Parteiensystem vorhanden, können auch Verhältniswahlsysteme eine integrierende Wirkung auf das Parteiensystem ausüben.

Aus dieser Sicht ist die Existenz strukturierter Parteien für die Auswirkungen von Wahlsystemen ausschlaggebend: Wird die Politik durch stabile Parteien geprägt, so üben die Wahlsysteme nur eine geringe Wirkung auf die Entwicklung der Parteiensysteme aus.[114] Daneben ist die *geographische Verteilung* der Wählerschaft – insbesondere durch die Herausbildung von Hochburgen – für die Auswirkungen der Wahlsysteme entscheidend. Nur zusammen mit konkreten sozialen und politischen Ausgangsbedingungen formen Wahlsysteme daher die Entwicklung von Parteiensystemen. Unter integrationsfördernden politisch-sozialen Voraussetzungen ist die Entwicklung von Mehrparteiensystemen auch im Rahmen eines modifizierten Verhältniswahlsystems möglich, wie die Bundesrepublik Deutschland und die skandinavischen Länder zeigen. Umgekehrt vermag auch das relative Mehrheitswahlsystem unter ungünstigen soziopolitischen Voraussetzungen nicht ohne weiteres ein alternierendes Zweiparteiensystem herbeizuführen, wie die Erfahrungen einiger Entwicklungsländer (u.a. Indien, Malaysia) unterstreichen.

Zudem verschüttet die Wahlrechtsdiskussion durch ihre traditionelle Fixierung auf „das" Mehrheits- und Verhältniswahlsystem die differenzierende Betrachtung von Mischformen. So ist bereits seit der „Kölner Wahlstudie 1961" bekannt, dass das Verhältniswahlsystem in kleinen Wahlkreisen (Vierer- und Dreierwahlkreisen) die Bildung parlamentarischer Mehrheiten wesentlich erleichtert und zur Konzentration des Parteiensystems beiträgt.[115] Mehrheitswahl in großen Mehrerwahlkreisen (in denen zwei und mehr Mandate vergeben werden) nähert

---

112 Vgl. Dieter *Nohlen*, Wahlen, in Klaus *von Beyme* u.a. (Hrsg.), Politikwissenschaft. Eine Grundlegung, Bd. II, Stuttgart u.a. 1987, S. 108f. Wichard *Woyke*, Stichwort: Wahlen, a.a.O., S. 37f.
113 Vgl. Giovanni *Sartori*, The Influence of Electoral Systems: Faulty Laws of Faulty Methods, in: Bernard *Grofman*/Arend *Lijphardt* (Hrsg.), Electoral Laws and Their Political Consequences, New York 1986.
114 Vgl. Dieter *Nohlen*, Wahlen, a.a.O., S. 109f.
115 Vgl. Rudolf *Wildenmann*/Werner *Kaltefleiter*/Uwe *Schleth*, Auswirkungen von Wahlsystemen auf das Parteien- und Regierungssystem der Bundesrepublik, in: Erwin K. *Scheuch*/Rudolf *Wildenmann* (Hrsg.), Zur Soziologie der Wahl, Kölner Zeitschrift für Soziologie und Sozialpsychologie, Sonderheft 9/1965, S. 74-112.

sich somit systematisch dem Verhältniswahlsystem, während die Verhältniswahl in kleineren Mehrerwahlkreisen mehrheitsbildende Wirkungen zeitigt. Notwendig ist daher eine dynamische Betrachtung der Wirkungen von Wahlsystemen. Verhältniswahlsysteme spiegeln gesellschaftliche Fragmentierung nicht nur politisch wider, sondern verfestigen sie. Umgekehrt lösen Mehrheitswahlsysteme am ehesten unter integrationsfördernden geographischen, sozialen und wirtschaftlichen Bedingungen politisch-integrierende Wirkungen aus. Die europäischen wie außereuropäischen Beispiele unterschiedlicher Wahlsysteme legen trotz mancher Einschränkungen durchaus im Sinne des Gesetzes von *Duverger* die verallgemeinernde Schlussfolgerung nahe, dass Verhältniswahlsysteme unter Krisenbedingungen eine Zersplitterung von Parteiensystemen begünstigen, während die relative Mehrheitswahl auch unter diesen Bedingungen dem Zerfall von Parteiensystemen eher entgegenwirkt.

Diese Folgerung wird auch durch *Lijpharts* vergleichende Untersuchung der Auswirkungen unterschiedlicher Wahlsysteme auf die Parteienentwicklung in 27 Demokratien gestützt.[116] Danach wirken sich die Zugangsschwellen zu parlamentarischen Mandaten und die darauf beruhende Chance parlamentarischer Mehrheiten als typische Merkmale eines Wahlsystems auf die Entwicklung von Zwei-, Mehr- oder Vielparteiensystemen aus. Anders gesagt: Die hohe Eintrittsschwelle des Mehrheitswahlrechts lässt in der Regel nur die Vertretung von zwei bis drei Parteien im Parlament zu und schafft so klare parlamentarische Mehrheiten. Damit ist zwar noch keine Aussage über das Ergebnis der Politik verbunden, wohl aber über die Zurechenbarkeit von Entscheidungen als Grundlage politischer Verantwortlichkeit.

Der jeweilige Integrationsgrad eines Parteiensystems hängt sowohl von der gesellschaftlichen Konfliktstruktur als auch der politischen Dynamik des Wahlrechts ab.[117] In Gesellschaften mit intensiven Konflikten zwischen sozialen Gruppen, Schichten und Klassen oder Regionen begünstigt das Verhältniswahlrecht einen Trend zu einem desintegrierten Vielparteiensystem, während das Mehrheitswahlrecht bei nicht sehr starker Konfliktintensität ein alternierendes Parteiensystem begünstigt. Umgekehrt fördern auch Verhältniswahlsysteme in Gesellschaften, die nicht durch intensive soziale Konflikte geprägt sind, eine Tendenz zu einem integrierten Parteiensystem, die gleiche Wirkung, wie sie von Mehrheitswahlsystemen in Gesellschaften mit starken sozialen Konflikten ausgeht. Verhältniswahlsysteme verfestigen vorhandene Konfliktstrukturen, während Mehrheitswahlsysteme eher Lerneffekte auslösen, die Konfliktregelung durch Kompromisse erleichtern.

---

116 Vgl. Arend *Lijphart*, Electoral Systems. A Study of Twenty-Seven Democracies 1945-1990, Oxford/New York 1994, S. 96, 99, 141ff.
117 Vgl. Werner *Kaltefleiter*/Peter *Nißen*, Empirische Wahlforschung, a.a.O., S. 56ff.

Insgesamt ist die Entwicklung der europäischen Parteiensysteme durch eine hohe Kontinuität gekennzeichnet.[118] In den westlichen Demokratien hat sich die Stimmenstärke der meisten Parteien nach dem Krieg im Ablauf von Jahrzehnten, auch über die Grenzen von Generationen hinweg nur wenig geändert. Dabei hat sich der potentielle Spielraum für eine Neuverteilung der politischen Gewichte innerhalb der historisch gewachsenen Parteiensysteme schon allein deshalb ausgeweitet, weil das Spektrum der Wechselwähler in diesen Demokratien breiter geworden ist und die Bedeutung politisch-situativer Faktoren für die Wahlentscheidung zugenommen hat. Es ist daher erforderlich, das Gewicht dieser Faktoren näher zu bestimmen.

4.4 Wahlbeteiligung und Wahlverhalten

Von welchen Bestimmungsfaktoren hängt die Höhe der Wahlbeteiligung ab? Welche Bevölkerungsgruppen beteiligen sich stark und welche schwach an Wahlen, und welche Gründe sind hierfür entscheidend? Diese Fragen haben seit langem die international vergleichende Wahlforschung geprägt und sich in folgenden, empirisch bestätigten Hypothesen niedergeschlagen:[119]

1. Die Wahlbeteiligung ist eine Funktion der gesellschaftlichen Integration und des sozialen Status. Folglich zeigen die höheren sozialen Schichten eine stärkere Wahlbeteiligung als die unteren Schichten, wählen verheiratete Personen häufiger als unverheiratete, Landwirte häufiger als Arbeiter, Industrie- und Facharbeiter häufiger als Landarbeiter und Hilfsarbeiter.
2. In der Geschichte des demokratischen Verfassungsstaates ist eine sehr hohe Wahlbeteiligung nicht nur Indikator hohen politischen Interesses, sondern auch Anzeichen für eine Bedrohung der Demokratie durch radikale Parteien gewesen.

Die erste Hypothese ist durch französische, amerikanische, deutsche, finnische und japanische Wahlanalysen bestätigt worden.[120] Nach der zweiten Hypothese

---

118 Vgl. die Beiträge von *Pedersen*, *Rose/Urwin* und *Maguire*, in: Hans *Daalder*/Peter *Mair* (Hrsg.), Western European Party Systems. Continuity and Change, Beverly Hills u.a. 1983.
119 Vgl. Nils *Diederich*, Empirische Wahlforschung. Konzeptionen und Methoden im internationalen Vergleich, Köln/Opladen 1965, S. 199; Wilhelm *Bürklin*, Wählerverhalten und Wertewandel, Opladen 1988, S. 85f.
120 Vgl. François *Goguel*, La sociologie electorale. France, in: Traité de sociologie, Bd. II, Paris 1960, S. 46ff.; Charles E. *Merriam*/Harold F. *Gosnell*, Non-Voting: Causes and Methods of Control, Chicago 1924; Paul F. *Lazarsfeld*/B. *Berelson*/H. *Gaudet*, The People's Coice. How the Voter makes up his Mind in a Presidential Campaign, New York 1949, 2. Aufl.; Erwin *Faul* (Hrsg.), Wahlen und Wähler in Westdeutschland, Villingen 1960; E. *Allardt*/K. *Bruun*, Characteristics of the Finnish Non-Voter, in: Transactions of the Westermarck Society, No. 3, 1956, S.

neigen Nichtwähler in einem größeren Ausmaß als Wähler zu einer Ablehnung demokratischer Werte, unterstützen eher radikale Parteien und sind weniger tolerant gegenüber Minderheiten.[121] Wie unterschiedlich und vielfältig die Ursachen für „politische Apathie"[122] und politisches Desinteresse in den verschiedenen Gesellschaften auch sein mögen, so kann man in der Wahlenthaltung nicht nur ein Symptom politischen Desinteresses, sondern auch einen „Ausdruck der Stabilität" sehen, der „eine Reaktion auf die Verringerung bedeutender sozialer Konflikte, aber auch auf die Zunahme gegensätzlicher Einflüsse"[123] darstellt.

Die Wählerschaft in den Industrieländern hat ihr politisches Informationsniveau und ihre Fähigkeit zur Wahrnehmung und Verarbeitung politischer Probleme in den vergangenen Jahrzehnten erheblich verbessern können. Dieser als „kognitive Mobilisierung" bezeichnete Trend lässt sich auf zwei Faktoren zurückführen: die Abnahme der für den Erwerb politischer Information aufzuwendenden Kosten und die verbesserte Fähigkeit zur Informationsverarbeitung.[124] Mehr Bürger als früher verfügen daher über Fertigkeiten und Ressourcen, um politische Probleme zu verarbeiten und sich ein eigenes Urteil zu bilden. Während Bürger vor drei Jahrzehnten noch erhebliche Anstrengungen unternehmen mussten, um sich politisch zu informieren, hat die Ausbreitung der Massenmedien, insbesondere des Fernsehens und des Internet, den Zugang zu politischer Information wesentlich verbessert. Repräsentativumfragen zeigen, dass Bürger die Bedeutung des Regierungshandelns für den wirtschaftlichen Wohlstand und den Einfluss der Politik auf ihre Lebenschancen und ihre Lebensgestaltung deutlicher erkennen als zuvor. Entsprechend ist in den Industriestaaten in den letzten vier Jahrzehnten das Interesse für Politik angestiegen.

Die „kognitive Mobilisierung" hat aber auch zur Folge, dass die Bürger in ihrem politischen Urteilsvermögen weniger als früher von den Orientierungsangeboten der Parteien abhängen.[125] Politisches Interesse und politische Engagementbereitschaft beruhen zwar weiterhin auf der Parteibindung, aber immer mehr

---

55-76; Junosuke *Masumi*, Wählerverhalten in Japan, in: Politische Vierteljahresschrift, 3. Jhg., 1962, Heft 4.
121 Vgl. Samuel A. *Stouffer*, Communism, Conformity and Civil Liberties, New York 1955, S. 83ff.; Hartrey H. *Field*, The Non-Voter. Who he is, What he thinks, in: Public Opinion Quarterly, vol. 8, 1944, S. 175-187; R.E. *Lane*, Political Personality an Electoral Choice, in: ARSR, vol. 49, 1955, S. 178f.; Filmore H. *Sanford*, Authoritarianism and Leadership, Philadelphia 1950, S. 168.
122 David *Riesmann*/Nathaniel *Glazer*, Criteria for Political Apathy, in: A. W. *Gouldner* (Hrsg.), Studies in Leadership, New York 1950.
123 Seymour Martin *Lipset*, Soziologie der Demokratie, a.a.O., S. 196. Das Konzept der „crosspressures" (Faktoren, die das Verhalten in verschiedene Richtungen drängen) hat *Lipset* aus „The People's Coice" (*Lazarsfeld/Berelson/Gaudet*) als einen generellen Erklärungsansatz zur vergleichenden Analyse politischen Verhaltens übernommen.
124 Vgl. Russell J. *Dalton*, Citizen Politics. Public Opinion and Political Parties in Advanced Industrial Democracies, 3. Aufl., New York 2002, S 19ff.
125 Vgl. Russell J. *Dalton*, Cognitive Mobilization and Partisan Dealignment in Advanced Industrial Democracies, in: Journal of Politics, vol. 46, 1984, S. 264-284

Bürger mit höherem Bildungsgrad – die „neuen Unabhängigen" – verbinden ihr steigendes politisches Interesse nicht mit der Bindung an eine Partei. Eigenständigeres politisches Urteilsvermögen und bessere Zugangschancen zu politischer Information haben dazu beigetragen, dass die Bürger in den westlichen Demokratien der politischen Elite und der Leistungsfähigkeit ihrer Regierungen kritischer gegenüberstehen als früher.[126] Vertrauen in zentrale politische Institutionen nimmt ab, Misstrauen dagegen zu. Mehr als die Hälfte der Befragten in den westlichen Demokratien zeigt sich unzufrieden mit der Funktionsfähigkeit ihres politischen Systems.

Die wirtschaftlichen, sozialen und politischen Faktoren, die die Wahlbeteiligung beeinflussen, können insgesamt zu vier Gruppen zusammengefasst werden:[127]

1. Relevanz der Staatspolitik für den einzelnen,
2. Zugang zu Informationsmitteln,
3. Gruppenbeeinflussung und
4. gegensätzliche Einflüsse.

Die jeweilige Höhe der Wahlbeteiligung ist differenziert zu bewerten: Eine allmählich ansteigende Wahlbeteiligung, die auf der kontinuierlichen Eingliederung der unteren sozialen Schichten in den Wahlprozess, besserer Schulbildung und einem höheren Informationsniveau beruht, fördert die Stabilität des demokratischen Systems und beseitigt die offenkundige Benachteiligung sozialer Schichten, die mit niedriger Wahlbeteiligung im Allgemeinen verbunden ist.[128] Ein plötzlicher Anstieg der Wahlbeteiligung jedoch ist in vielen Fällen Folge einer Verschärfung sozialer Konflikte, die den politischen Konsens in Frage stellen.

Hohe Wahlbeteiligung sichert die Stabilität des politischen Systems als Ausdruck hoher politischer Partizipation immer dann, wenn Wahlen, Parteien, Interessengruppen und politische Öffentlichkeit stark und effektiv organisiert sind und funktionsfähige Interaktionssysteme mit eigenen institutionalisierten Werten, Normen und Rollen entwickelt haben.[129] Wegen dieser komplexen Bedingungen ist hohe Wahlbeteiligung kein eindeutiger Indikator des demokratischen Prozesses: Sie kann sowohl auf eine aktive Wählerschaft hinweisen, die so ihre Zustimmung zum politischen System zum Ausdruck bringt, als auch auf eine hohe Unzufriedenheit der Bevölkerung.[130] Entsprechend kann niedrige Wahlbeteiligung sowohl ein Indikator politischer Apathie als auch eines grundsätzlichen Einver-

---

126 Vgl. *ders.*, Citizen Politics, a.a.O., S. 240ff.
127 Vgl. Seymour M. *Lipset*, Soziologie der Demokratie, a.a.O., S. 201.
128 Vgl. V. O. *Key*, Southern Politics in State and Nation. With the assistance of Alexander Heard, New York 1950, 2. Aufl. S. 526ff.
129 Vgl. Richard *Münch*, Legitimität und politische Macht, a.a.O., S. 142.
130 Vgl. Wilhelm *Bürklin*, Wählerverhalten und Wertewandel, a.a.O., S. 85.

ständnisses mit dem bestehenden System der politischen Interessenvermittlung sein.[131]

Insgesamt zeichnet sich für die Bundesrepublik Deutschland wie für andere europäische Demokratien ein Trend ab, der sich aus dem sozialstrukturellen und politisch-kulturellen Wandel ergibt: Nach einer Phase der Politisierung der Bürger nimmt die Wahlenthaltung unter dem Einfluss schwächer werdender sozialer Bindungen und des anhaltenden gesellschaftlichen Wertewandels, der Wahlbeteiligung weniger als zuvor als soziale Pflicht erscheinen lässt, langfristig zu. Diese Zunahme ist *zugleich* Ausdruck von Funktionsschwächen in Politik und Gesellschaft und einer gewissen Normalisierung nach einer langen Phase des Aufbruchs, der Politisierung des Alltags und des Anstiegs formaler Bildung.[132]

Ein Vergleich der Wahlbeteiligungsraten von 24 Industriestaaten von den 1950er bis zu den 1990er Jahren weist starke Unterschiede auf:[133] Während kaum die Hälfte der Wählerschaft in den USA und in der Schweiz zur Wahlurne geht, ist die Wahlbeteiligung in den meisten europäischen Demokratien deutlich höher. Allerdings hat sich die Beteiligungsrate in den letzten vier Jahrzehnten in 21 Staaten (sämtliche Demokratien in Westeuropa, ferner Australien, Kanada, Irland, Japan, Neuseeland und USA) im Durchschnitt deutlich verringert, und zwar von 82% Anfang der 1950er Jahre auf 76% Anfang der 1990er. Dieser Rückgang ist, wie gezeigt, kein Anzeichen geringeren politischen Interesses, sondern vielmehr auf die Verringerung politisch-ideologischer Gegensätze zwischen den politischen Parteien und die Abnahme der Intensität sozialer Konflikte zwischen unterschiedlichen Bevölkerungsschichten zurückzuführen.[134]

Wahlbeteiligung und Wahlverhalten sind in das geographische und soziale Umfeld der Wahlen eingebettet. Zu beachten sind daher Zusammenhänge zwischen ökologischen Daten, die die dieses Umfeld erfassen, und politischem Verhalten.[135] Die geographischen Merkmale des Wahlgebiets beeinflussen die regionale und lokale wirtschaftliche Entwicklung. Diese wiederum wirkt sich auf die soziale Schichtung aus, die ihrerseits lokale und politische Fragestellungen und die regionale Reaktion auf nationale politische Themen beeinflusst. Aus dieser Wechselwirkung sowie den politischen Traditionen und religiösen Bindungen der Bevölkerung ergeben sich regional-spezifische Strukturen politischen Verhaltens und politischer Parteien. Da die besseren Böden vielfach im Besitz der wohlha-

---

131 Vgl. Michael *Eilfort*, Die Nichtwähler. Wahlenthaltung als Form des Wahlverahltens. Paderborn u.a. 1994, S. 338.
132 Vgl. *ders.*, ebd., S. 353.
133 Vgl. Russell J. *Dalton*, Citizen Politics, a.a.O., S. 33ff.
134 Vgl. Markus *Crepaz*, The Impact of Party Polarization and Postmaterialism in Voter Turnout, in: European Journal of Political Research, vol. 18, 1990, S. 183-205; G. Bingham *Powell*, American Voting Turnout in Comparative Perspective, in: American Political Science Review, vol. 80, 1986, S. 17-44
135 Vgl. Rudolf *Heberle*, Social Movements. An Introduction to Political Sociology, New York 1951.

benden Schichten der landwirtschaftlichen Bevölkerung gewesen sind, war die politisch stabilste, konservative Agrarbevölkerung auf den ertragreichsten Böden angesiedelt. Wegen größerer Marktabhängigkeit und wirtschaftlicher Unsicherheit waren dagegen die ärmeren Schichten der Agrarbevölkerung in vielen Ländern leichter radikalen politischen Bewegungen zugänglich. Mit diesen Befunden der vergleichenden *Wahlökologie* konnten am ehesten Tendenzen politischen Verhaltens in überwiegend agrarischen Gebieten erklärt werden.

Der in frühen Stadien der Wahlforschung immer wieder vollzogene direkte Rückbezug des Wahlverhaltens auf geographische Strukturen in ländlich-agarischen Regionen („*Geodeterminismus*")[136] ist allerdings in wahlgeographischen Studien industrialisierter Regionen unhaltbar. So hat sich die Funktion der wahlgeographischen Methode von einem analytischen Instrument zur Entdeckung der Bestimmungsgründe politischen Verhaltens zu einem Instrument der kartographischen Illustration von Forschungsergebnissen gewandelt, die mit anderen Methoden erzielt worden sind.[137] Dementsprechend untersucht die *Wahlökologie* (politische Ökologie) politisches Verhalten in unterschiedlichen Gebieten als Ergebnis von Wirtschaftsprozessen, Religionsstruktur, Machtinteressen und Interessenkonflikten unter Berücksichtigung politischer Traditionen und historischer Entwicklungen und bietet dadurch ein systematischeres Bild politischen Verhaltens, als es die Wahlgeographie zu leisten vermag.[138]

Stets ist in der makrosoziologischen Wahlforschung die Frage umstritten gewesen, ob Klassen- und Schichtungsstrukturen oder religiöse Bindungen Parteipräferenzen stärker beeinflussen. Die Vertreter von Modernisierungstheorien haben wiederholt eine Abnahme der Prägekraft religiöser Bindungen als Folge der gesellschaftlichen Modernisierung vorausgesagt, wobei sozioökonomischen Bestimmungsfaktoren ein noch größeres Gewicht zugemessen wurde. Diese Vorhersage ist durch die Entwicklung der europäischen Parteiensysteme keineswegs durchgängig bestätigt worden.[139] Empirische Untersuchungen anhand der Daten der Euro-Barometer-Studie zeigen vielmehr, dass der Einfluss religiöser Orientierungen auf Parteipräferenzen noch keineswegs abgeschrieben werden darf. In einigen europäischen Ländern besitzen religiöse Faktoren immer noch eine höhere Vorhersagekraft für politisches Verhalten als Klassen- und Schichtungsverhältnisse. Dabei sind jedoch starke Unterschiede der historischen und kulturellen Entwicklung in Rechnung zu stellen.

Die mikrosoziologische Wahlforschung, die die Wahlbeteiligung und Wahlentscheidung des Einzelnen durch die Einbindung in soziale Netzwerke erklärt, muss berücksichtigen, dass der individuelle Wahlentscheid von gesellschaftlichen

---

136 Vgl. Nils *Diederich*, Empirische Wahlforschung, a.a.O., S. 20ff.
137 Vgl. Wilhelm *Bürklin*, Wählerverhalten und Wertewandel, a.a.O., S. 28f.
138 Vgl. Werner *Kaltefleiter*/Peter *Nißen*, Empirische Wahlforschung, a.a.O., S. 81ff.
139 Vgl. Richard J. *Gelm*, Religion and Partisan Preference in Europe, in: APSA, 85th Annual Meeting, Abstracts, Atlanta (Georgia) 1989.

Konfliktstrukturen und politischen Institutionen abhängt.[140] Vier Konfliktlinien sind zur Erklärung der Parteiensysteme in Europa und Amerika notwendig: 1. Zentrum-Peripherie, 2. Staat-Kirche, 3. Stadt-Land, 4. Arbeitgeber-Arbeitnehmer. Diese Konfliktlinien haben sich zwar insgesamt als dauerhaft erwiesen, auch wenn sich ihr relatives Gewicht verändert hat. So ist insbesondere der Stadt-Land-Konflikt in mehreren Industrieländern bei weitem nicht mehr so bedeutsam wie zuvor, und in neuerer Zeit ist zu diesen Konfliktlinien der Konflikt zwischen Ökonomie und Ökologie und die Auseinandersetzung zwischen materiellen und postmateriellen Werten hinzugekommen.

Abb. 24: Konfliktmodell zur Erklärung des Wahlverhaltens

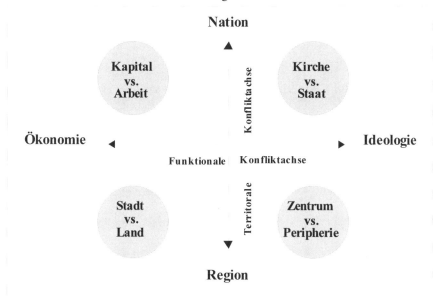

Quelle: Kathrin *Bretthauer*/Patrick *Horst*, Wahlentscheidende Effekte von Wahlkämpfen? In: Zeitschrift für Parlamentsfragen, Heft 2/2001, S. 397. In Anlehnung an Seymour M. *Lipset*/ Stein *Rokkan*/Dieter *Roth* (1967).

---

140 Vgl. Seymour Martin *Lipset*/Stein *Rokkan*, Party Systems and Voter Alignments, a.a.O.; Rudolf *Wildenmann*, Wahlforschung, Mannheim 1992.

> Die Bestimmungsgründe des individuellen Wahlverhaltens lassen sich zu vier Faktorengruppen zusammenfassen[141]:
> 1. *Strukturelle Determinanten*
>   (Sozialstruktur, politisches System, Medien)
> 2. *Kulturelle Rahmenbedingungen*
>   (Politische Kultur, gesellschaftliche Wertorientierungen)
> 3. *Politisch-situative Faktoren des Parteienwettbewerbs*
>   (Zahl und Wahlchancen der konkurrierenden Parteien, Koalitionsmöglichkeiten, Kandidaten-Konstellation, Amtsbonus, Meinungsklima)
> 4. *Konjunkturelle Einflüsse*
>   (Innen- und außenpolitische Lage, wirtschaftliche Erwartungen, Personal- und Sachfragen im Wahlkampf)

Die unterschiedlichen Schulen der Wahlforschung – der soziologische, der individualpsychologische Ansatz, der Lebensstilansatz und das Modell des rationalen Wählers – arbeiten im Kern zwei Perspektiven heraus: Der soziologische und der Lebensstilansatz spüren die Einflüsse auf das Wahlverhalten auf, die in sozialen Bindungen und im Lebensstil verankert sind. Das Modell des rationalen Wahlverhaltens und der individualpsychologische Ansatz suchen demgegenüber die Gründe für den Wahlentscheid im individuellen Entscheidungsprozess.[142] Wie sehr sich diese Perspektiven ergänzen und keineswegs ausschließen, zeigt folgende Gegenüberstellung: Während der soziologische und individualpsychologische Ansatz Stabilität und Intensität der Beziehungen zwischen Wählern und Parteien hervorheben, betonen der Lebensstilansatz und das Modell der rationalen Wahl Nutzenkalküle und Imagekomponenten der Wahlentscheidung.[143]

Eine Interpretation des Wahlverhaltens muss in einem Rahmen erfolgen, der die im Wahlvorgang zum Ausdruck kommende Logik politischer Willensbildung vereinfachend darstellt und die Komponenten des Wahlentscheids zusammenfügt. Ein solches Modell muss die Umsetzung politischer Einstellungen und sozialer Kontexte in politisches Verhalten erfassen. Die folgende Abbildung fasst die unterschiedlichen Faktorengruppen zusammen, wobei der Wirtschafts- und Sozial-

---

141 Vgl. Rainer-Olaf *Schultze*, Wählerverhalten und Parteiensystem in der Bundesrepublik Deutschland, in: Landeszentrale für politische Bildung Baden-Württemberg (Hrsg.), Hans-G. *Wehling* (Red.), Westeuropas Parteiensysteme im Wandel, Stuttgart u.a., o. J., S. 9-44; Wolfgang *Sander*, Wahlanalyse und Wahlprognose im Unterricht. Handlungsorientierter Computereinsatz im Politik-Unterricht, a.a.O., S. 25; Frank *Brettschneider*, Wahlumfragen. Empirische Befunde zur Darstellung in den Medien und zum Einfluß auf das Wahlverhalten in der Bundesrepublik Deutschland und in den USA, München 1991, S. 107-115.
142 Vgl. Jürgen W. *Falter*/Siegfried *Schumann*/Jürgen *Winkler*, Erklärungsmodelle von Wählerverhalten, in: Aus Politik und Zeitgeschichte, 40, 1990, B. 37-38, S. 3-13.
143 Vgl. Ulrich *Eith*/Gerd *Mielke*, Wahlforschung: Zur Bedeutung und Methodik empirischer Sozialforschung in der Politikwissenschaft, in: Manfred *Mols*/Hans Joachim *Lauth*/Christian *Wagner* (Hrsg.), Politikwissenschaft: Eine Einführung, a.a.O., S. 285-301.

struktur, Gruppenloyalitäten, Wertorientierungen und der Parteibindung ein langfristiger Charakter und Kandidaten- und Problemorientierung sowie Medien- und Wahlkampfeinflüssen eine eher kurzfristige Wirkung zuzuschreiben ist.

Abb. 25: Trichtermodell der Wahlentscheidung

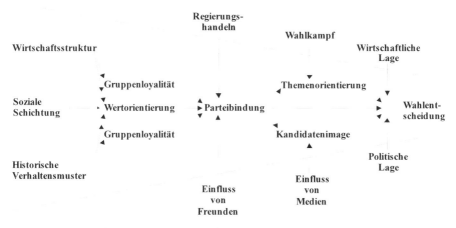

Quelle: Russel J. *Dalton*, Citizen Politics, a.a.O., S. 173.

Der Schlüssel zur Erklärung politischen Verhaltens liegt in der Analyse der Beziehungen zwischen Einstellungen und sozialkulturellen Faktoren. Situationale Einflüsse modifizieren die Auswirkungen von Attitüden auf Verhalten. Wahlverhalten ist ein Resultat psychischer, sozialkultureller und politisch-institutioneller Bedingungsfaktoren.[144] In der Phase des Wahlkampfes spielen vor allem konjunkturelle Einflüsse, ihre Bewertung und politisch-situative Faktoren eine wichtige Rolle.[145] Die die Wahlentscheidung beeinflussenden Faktoren lassen sich nach ihrer Distanz zum eigentlichen Wahlakt dabei folgendermaßen systematisieren (Abb. 26).

Dem Wahlakt am nächsten sind psychologische Variablen wie Parteiidentifikation, Themenorientierung und die Issue-Kompetenz der politischen Parteien, hinter diesen Variablen sind die Determinanten politischer Mobilisierung, darunter die jeweilige Entscheidungsebene des politischen Systems und allgemeine soziale und politische Wertorientierungen zu lokalisieren. Als „letzte" Bestimmungsfaktoren politischen Verhaltens gelten Sozialstruktur und politische Kultur. Umstritten ist die Frage, ob eine konkrete Wahlentscheidung Folge einer spezifischen Issue-Orientierung, Kandidaten-Orientierung und Partei-Identifikation ist

---

144 Vgl. Jürgen W. *Falter*, Ein Modell zur Analyse individuellen politischen Verhaltens, in: Politische Vierteljahresschrift, 13. Jg., Dezember 1972, Heft 4, S. 549.
145 Vgl. Wichard *Woyke*, Stichwort: Wahlen, a.a.O., S. 240.

und inwieweit diese Determinanten auf einer diffusen „Partei-Sympathie" beruhen, die ihrerseits von sozial-strukturellen Bedingungen bzw. der Orientierung an Bezugsgruppen abhängt.[146]

Abb. 26: Distanz der Einflussfaktoren zum Wahlakt

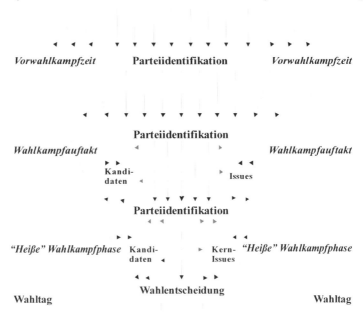

Quelle: Kathrin *Bretthauer*/Patrick *Horst*, Wahlentscheidende Effekte von Wahlkämpfen?, a.a.O., S. 397 (in Anlehnung an das Ann Arbor-Modell der Wahlforschung).

Stärke und Dauerhaftigkeit der Parteiidentifikation hängen von der Integration des Individuums in sein soziales Umfeld ab. Entsprechend weist die Parteiidentifikation fünf Komponenten auf: 1. die affektive Komponente als Ausdruck des Bedürfnisses, sich mit einer Partei zu identifizieren, 2. die Stabilitätskomponente als dauerhafte psychische Beziehung, 3. die rationale Komponente (als Ausdruck des individuellen Nutzenkalküls), 4. der Bezugsgruppeneinfluss aufgrund der Übernahme des Interpretationsmusters einer Bezugsgruppe und 5. die konative

---

146 Uwe *Schleth*/Erich *Weede*, Causal Models on West-German Voting Behavior, in: Sozialwissenschaftliches Jahrbuch für Politik, Bd. 3, München 1971.

Komponente, die eine Stimmabgabe für diejenige Partei erwarten lässt, mit der sich das Individuum identifiziert.[147]

Eine vergleichende Untersuchung der Zuordnung von Parteien und Wählern in den USA und der Bundesrepublik kommt zu dem Ergebnis, dass die gesellschaftlichen Konfliktstrukturen in der Bundesrepublik stärker in Parteiloyalitäten „geronnen" sind und die Langfristwirkung der Parteiidentifikation im Unterschied zu kurzfristigen Einflüssen in Deutschland stärker ausgeprägt ist als in den Vereinigten Staaten.[148] Anders gesagt: Aktuelle politische Streitfragen und die Anziehungskraft der Kandidaten bestimmen den Wahlausgang weniger als die überkommenen Parteibindungen. Die Attraktivität von Spitzenkandidaten und die Problemlösungskompetenz der Parteien erweisen sich als Einflussgrößen mit einem stärkeren Kurzzeiteffekt. Die Parteiidentifikation wird wiederum durch den sozialen Kontext und die politische Kultur geprägt. Ihre Intensität nimmt unter dem Einfluss sich abschwächender sozialer Bindungen ebenfalls ab.[149]

In den vergangenen Jahrzehnten hat sich die Bindung der Wähler an die Parteien in den meisten Demokratien abgeschwächt (*partisan dealignment*).[150] Traditionelle politische Loyalitätsbeziehungen verlieren an Gewicht. Das gilt in der gesamten Nachkriegszeit vor allem für die Parteiensysteme der USA, Belgiens, der Niederlande, Dänemarks und Großbritanniens. Aber auch in anderen Demokratien wie Italien, Österreich, Kanada und Deutschland sind die traditionellen Parteibindungen nicht mehr so fest und dauerhaft wie früher. Damit steigt der Anteil kritischer Wähler, die ihre Stimmabgabe von der jeweiligen Entscheidungssituation und den aktuellen Themen abhängig machen. Die Flexibilität der Parteiensysteme nimmt somit insgesamt zu, die Bedeutung der Parteiidentifikation als politisch-psychologischer Bezugsrahmen für den Wahlentscheid dagegen ab.[151] Der potentielle Wirkungsspielraum einzelner Bürgergruppen und einzelner politischer Streitthemen weitet sich infolgedessen aus.

---

147 Vgl. Peter *Gluckowski*, Parteiidentifikation im politischen System der Bundesrepublik Deutschland. Zum Problem der empirischen Überprüfung eines Konzeptes unter variierten Systembedingungen, in: Dieter *Oberndörfer* (Hrsg.), Wählerverhalten in der Bundesrepublik Deutschland. Studien zu ausgewählten Problemen der Wahlforschung aus Anlaß der Bundestagswahl 1976, Berlin 1978, S. 265-323.
148 Vgl. Jürgen W. *Falter*/Hans *Rattinger*, Parteien, Kandidaten und politische Streitfragen bei der Bundestagswahl 1980. Möglichkeiten und Grenzen der Normal-Vote-Analyse, in: Max *Kaase*/Hans-Dieter *Klingemann* (Hrsg.), Wahlen und politisches System. Analysen der Bundestagswahl 1980, Opladen 1983, S. 418.
149 Vgl. Herbert *Döring*, Großbritannien: Regierung, Gesellschaft und politische Kultur, Opladen 1993, S. 99f.
150 Vgl. David *Denver*, Conclusion, in: Ivor *Crewe*/David *Denver* (Hrsg.), Electoral Change in Western Democracies. Patterns and Sources of Electoral Volatility, London/Sydney 1985, S. 400-412; Herbert *Döring*, Großbritannien, a.a.O., S. 99.
151 Vgl. Russel J. *Dalton*/Scott C. *Flanagan*/Paul Allen *Beck* (Hrsg.), Electoral Change in Advanced Industrial Democracies: Realignment or Dealignment?, Princeton (N.J.) 1984.

In den europäischen Staaten ist „Parteiverdrossenheit" inzwischen eine Realität. Ursachen dieser gewachsenen Distanz der Wählerschaft zu den Parteien sind Responsivitätsschwächen der Parteiensysteme in zentralen Politikfeldern (Umweltprobleme, Wanderungsbewegungen, Verteilungsprobleme, Kriminalität), historisch gewachsene Affekte gegen parteienstaatliche Praxis, die Erosion politisch-sozialer Milieus, die wachsende Kompetenz der Bürger und das vorherrschende Medienbild der Politik.[152] Die Folgen dieser Entwicklung sind schwächere Parteibindungen, raschere Wählerwechsel und häufigere Wahlenthaltungen. Dadurch werden die Parteiensysteme labiler, und das Gewicht der einzelnen Wahlentscheidung nimmt zu. Zudem sorgt die Parteiverdrossenheit dafür, dass die Kandidaten der Parteien noch mehr in den Mittelpunkt des Wahlentscheids rücken, eine Tatsache, die zu einer weiteren Professionalisierung der Wahlkämpfe führt.[153]

In den meisten westlichen Demokratien erweisen sich die im 19. und 20. Jahrhundert geformten Bündnisse zwischen Wählern und politischen Parteien trotz tiefgreifenden gesellschaftlichen Wandels und historischer Umbrüche dennoch als ziemlich stabil.[154] Stabilitätseinbußen der Parteiensysteme sind daher weniger auf eine Lockerung oder gar Neuordnung dieser Bündnisse zurückzuführen als vielmehr auf den Prozess der gesellschaftlichen Säkularisierung und tiefgreifende Veränderungen der Berufsstruktur. Unter dem Einfluss des sozialen Wandels schrumpft die Stammwählerschaft der Parteien, doch wahren die nahestehenden Gruppen eine gewisse Loyalität zu „ihren" Parteien. Gleichzeitig dehnt sich die Wählerschicht ohne historisch gewachsene Bindungen an eine bestimmte Partei aus. Aufgrund der während eines sehr langen Zeitraums gewachsenen Loyalitäten zu Parteien und anderen Organisationen korrespondieren in den westlichen Demokratien Parteiensysteme immer noch mit Verbändestrukturen. Die Stimmabgabe für eine Partei hängt von der Einschätzung des eigenen Interessenprofils, der Nähe der Partei zu Interessengruppen und ihrer Problemlösungskompetenz ab.

Zwar hat die Integrationskraft der Volksparteien in der Bundesrepublik Deutschland in den 1970er und 1980er Jahren nachgelassen, konnte sich aber in der Mitte der 1990er Jahre – gemessen am Stimmenanteil der beiden stärksten

---

152 Vgl. Wolfgang *Rudzio*, Parteienverdrossenheit im internationalen Vergleich, in: Zeitschrift für politische Bildung, 3/94, S. 60-68.
153 Daniel M. *Shea*/ Michael John *Burton*, Campain Craft. The Strategies, Tactics, and Art of Political Campaign Management, Westport u.a. 2001.
154 Vgl. Oscar W. *Gabriel*/Frank *Brettschneider*, Soziale Konflikte und Wählerverhalten: Die erste gesamtdeutsche Bundestagswahl im Kontext der längerfristigen Entwicklung des Parteiensystems der Bundesrepublik Deutschland, in: Hans *Rattinger*/Oscar W. *Gabriel*/Wolfgang *Jagodzinski* (Hrsg.), Wahlen und politische Einstellungen im vereinten Deutschland, Frankfurt a.M. 1994, S. 38. Vgl. ferner im gleichen Band: Bernhard *Weßels*, Mobilisieren Interessengegnerschaften Die „Hostility" – Hypothese, Wahlbeteiligung und Wahlentscheidung bei der Bundestagswahl 1990, S. 113-149.

Parteien – stabilisieren. Pauschale Parteienkritik ist somit nicht angebracht. Denn die Alternativen zum System der Volksparteien – Wählerinitiativen, politische Clubs und eine aktive „Bürgergesellschaft" – können *Massenintegrationsparteien* ergänzen, nicht aber ersetzen.[155] Sofern die Parteien an ihrem politischen Auftrag der Interessenaggregation festhalten, stehen sie jedoch vor der immer schwieriger werdenden Aufgabe, die Probleme der Komplexität gesellschaftlicher Vielschichtigkeit sowie der Vernetzung und Kontingenz politischer Optionen zu bewältigen. Dies ist eine wichtige strukturelle Voraussetzung politischer Kontinuität, politischer Transparenz und verantworteten politischen Handelns. Soweit die Parteien der Aufgabe der Interessenaggregation und der Gestaltung des sozialen Wandels nicht gerecht werden, sind in einem offenen politischen Markt allerdings Parteineugründungen auch künftig zu erwarten.

In den westeuropäischen Staaten wird das Wahlverhalten generell trotz der nachlassenden Bindungskraft der Kirchen in erheblichem Umfang von der Kirchenbindung mitgeprägt, am stärksten in Luxemburg, den Niederlanden und Griechenland, am schwächsten in Großbritannien und Portugal, während die anderen europäischen Staaten eine mittlere Position einnehmen. Im Unterschied zum Religionsindex weisen die Klassenindices nur eine geringe Differenzierungskraft auf: Schicht- und Klassenunterschiede bestimmen das Wahlverhalten in den europäischen Demokratien nur noch in geringem Umfang.[156]

Wahlen in den Industriestaaten bestätigen einen generellen Trend: Mit dem sozioökonomischen Wandel ändern sich auch die im Wahlverhalten zum Ausdruck kommenden Konfliktmuster.[157] Komplexere Strukturen treten an die Stelle einfacher Zuordnungen. Aufgrund der Individualisierung der Gesellschaft lockern sich die Bindungen an intermediäre gesellschaftliche Organisationen. Dauerhafte Loyalitäten schwächen sich ab und die Wähler ordnen sich weniger eindeutig und weniger intensiv nach Schichten und Klassengegensätzen den politischen Parteien zu. Volksparteien finden es unter diesen Voraussetzungen immer schwerer, divergierende gesellschaftliche Interessen zu integrieren. Deren Umsetzung in die Politik von Regierung und Parteien ist aber ein Bewertungsmaßstab, der nach wie vor einen hohen Rangplatz im Orientierungssystem der Wähler einnimmt.

---

155 Vgl. Hans-Joachim *Veen*, Zukunft und Gefährdung der Volksparteien, in: Günther *Rüther* (Hrsg.), Politik und Gesellschaft in Deutschland. Grundlagen – Zusammenhänge – Herausforderungen, a.a.O., S. 129-137; Hiltrud *Naßmacher*, Die Parteien in der Bundesrepublik im Umbau. Gesellschaftlicher Wandel und Organisationsentwicklung, in: Hans-Georg *Wehling* (Hrsg.), Parteien in der Bundesrepublik Deutschland, Stuttgart/Berlin/Köln o. J., S. 11-29, insb. S. 22, 27ff.

156 Vgl. Jürgen *Falter*/Markus *Klein*/Siegfried *Schumann*, Politische Konflikte, Wählerverhalten und die Struktur des Parteienwettbewerbs, in: Oscar W. *Gabriel*/Frank *Brettschneider* (Hrsg.), Die EU-Staaten im Vergleich, a.a.O., S. 205, 209.

157 Vgl. Rainer-Olaf *Schultze*, Widersprüchliches, Ungleichzeitiges und kein Ende in Sicht: Die Bundestagswahl vom 16. Oktober 1994, in: Zeitschrift für Parlamentsfragen, Heft 2/ 1995, S. 325-352.

Eine vergleichende Untersuchung der Bedeutung wirtschaftspolitischer Leistungen (gemessen an Vollbeschäftigung, Preisniveaustabilität und Einkommenswachstum) für die Unterstützung politischer Parteien in den USA, Großbritannien und der Bundesrepublik hat gezeigt, dass die Wähler in angelsächsischen Ländern sensibler auf Veränderungen der wirtschaftspolitischen Leistungsbilanz reagieren als in Deutschland.[158] Hierin kommt auch die für alle Schichten befriedigendere Wirtschaftsentwicklung im Deutschland der Nachkriegszeit zum Ausdruck. Der Entwicklung der persönlichen Realeinkommen und der Beschäftigungssituation kommt dabei eine besondere Bedeutung für die Einschätzung der Wirtschaftspolitik der jeweiligen Regierung zu. Vor diesem Hintergrund definieren die Regierungen ihre wirtschaftspolitischen Ziele und ihre Einschätzung der konjunkturellen Entwicklung weitgehend in Übereinstimmung mit der Wählerklientel der sie tragenden politischen Parteien.

Neue gesellschaftliche Entwicklungen, die das Wahlverhalten prägen, lassen sich durch den Begriff der „*Lebensstile*" erfassen, unter dem Einstellungselemente in verschiedenen Lebensbereichen des Alltags zu verstehen sind, die im Zusammenwirken ein typisches Verhaltensmuster ergeben.[159] Folgende Einstellungsbereiche sind dabei ausschlaggebend:

1. Grundorientierungen
   - Persönlichkeitsstruktur
     (Normorientierung versus Persönlichkeitsstärke)
   - grundsätzliche Lebensorientierungen
     (Unterordnung versus Selbstverwirklichung)
   - Wertorientierungen
     (Pflichtorientierung versus Selbstentfaltung)
2. Haltung in zentralen Lebensbereichen
   - Berufswelt
     (Orientierung an Karriere, Einkommen)
   - Familie
     (traditionelle versus partnerschaftliche Rollenverteilung)
   - Freizeit
   - Einstellung zum Stellenwert der Lebensbereiche

---

158 Vgl. Douglas A. *Hibbs*, The Political Economy of Industrial Democracies, Cambridge (Mass.)/London 1987, S. 218ff., 290ff.
159 Vgl. Peter *Gluckowski*, Lebensstile und Wählerverhalten, in: Hans-Joachim Veen (Hrsg.), Wählerverhalten im Wandel. Bestimmungsgründe und politischkulturelle Trends am Beispiel der Bundestagswahl 1987, Paderborn/München/Wien/Zürich 1991, S. 209-244; Gerhard *Schulze*, Transformation sozialer Milieus in der Bundesrepublik Deutschland, in: Peter A. *Berger*/Stefan *Hradil* (Hrsg.), Lebenslagen, Lebensläufe, Lebensstile, Göttingen 1990, S. 409-432; im gleichen Band ferner: Karl *Hörning*/Matthias *Michailov*, Lebensstil als Vergesellschaftungsform. Zum Wandel von Sozialstruktur und sozialer Integration, S. 501-522.

3. Weitere Lebensbereiche von politischer Bedeutung
   - Konsum und Mode
   - Technik
   - Religiosität
   - Einstellung zu Staat und Politik

Je mehr diese Einstellungselemente aufeinander bezogen werden, um so eher kristallisieren sich Lebensstil-Dispositionen heraus, die sich in der Gesellschaft der Bundesrepublik zu neun Lebensstilgruppierungen zusammenfassen lassen:[160] gehobene Konservative (11%), integrierte ältere Menschen (11%), isolierte alte Menschen (4%), aufgeschlossene, anpassungsfähige Normalbürger (25%), pflichtorientierte, konventionsbestimmte Arbeitnehmer (11%), linksliberale, integrierte Postmaterialisten (10%), postmateriell-linksalternative Menschen (5%), aufstiegsorientierte, jüngere Menschen (10%), unauffällige, eher passive Arbeitnehmer (13%). Nicht ein umfassender „Wertewandel", sondern eine größere *Differenzierung von Wertorientierungen* fällt ins Auge. Auch wenn sich postmaterialistische Orientierungen stärker ausbreiten, werden sozioökonomische Fragen das Wahlverhalten weiterhin stark beeinflussen.[161] Zugleich wird ein erheblicher Teil der Wählerschaft auch künftig den Schutz der Umwelt und die Wahrnehmung von politischen und sozialen Beteiligungschancen der Förderung des wirtschaftlichen Wachstums vorziehen.

Wahlen konfrontieren die Bürger mit einer doppelten Entscheidungssituation: Sie müssen sich entscheiden, ob sie sich an der Wahl beteiligen wollen und welcher Partei sie ihre Stimme geben sollen. Nach der Theorie rationalen Handelns (*Rational Choice*) ist eine Beteiligung an der Wahl für den Einzelnen nur sinnvoll, wenn die individuellen Kosten der Wahlbeteiligung die Vermeidung des durch Wahlenthaltung entstehenden Schadens (den Wahlsieg einer anderen Partei) rechtfertigen.[162] Die Neigung zur Wahlbeteiligung ist folglich unter denjenigen Wählern am größten, die Gegnerschaften zwischen den Parteien klar definieren, sich von einer Partei am ehesten vertreten und andere Parteien als ihrer eigenen Interessenlage entgegengesetzt wahrnehmen.[163] Entsprechend kann Wahlverhalten durch rational definierte, umfassende Leistungs- und Positionsbewertungen

---

160 Vgl. Peter *Gluckowski.,* ebd., S. 215.
161 Vgl. Russell J. *Dalton,* Citizen Politics, a.a.O., S. 98f.
162 Vgl. Siegfried F. *Franke,* (Ir)rationale Politik? Grundzüge und politische Anwendungen der „Ökonomischen Theorie der Politik", 2. Aufl. Marburg 2000, S. 23ff.
163 Vgl. Bernhard *Weßels,* Mobilisieren Interessengemeinschaften?, Die „Hostility"-Hypothese, Wahlbeteiligung und Wahlentscheidung bei der Bundestagswahl 1990, WZB Discussion Paper FS III 93-206, Berlin 1993.

erklärt werden.[164] Wichtiger als die Beurteilung der aktuellen Situation ist für den einzelnen Wähler die retrospektive Bewertung zurückliegender Legislaturperioden. Generalisierte Einschätzungen sind daher bedeutsamer als die aktuelle Nähe oder Distanz zwischen Bürgern und Parteien. Diese Bewertungen finden im Rahmen von Referenzgruppen statt, die über die konkurrierenden Parteien hinaus auch Interessenorganisationen und andere intermediäre Organisationen einbeziehen.[165] Für die Wählerorientierung wesentliches Merkmal dieser Referenz ist die jeweilige Vertretung der eigenen Interessen. Je mehr positive und negative Referenzpunkte sich zu einem in sich stimmigen Muster zusammenfügen, umso größer ist der Einfluss dieses Orientierungsmusters auf die Wahlentscheidung.

Das Modell rationalen Wahlverhaltens

Im Wettbewerbsmodell der Demokratie, in dem das Verhalten der politischen Akteure durch das Maximieren ihres Nutzen und das Verhalten von Politikern und Parteien durch Stimmenmaximierung gekennzeichnet ist, treffen die Wähler ihre Entscheidung in folgenden Schritten:

– Sie bestimmen ihre Parteidifferentiale (d.h. den relativen politischen Nutzengewinn durch Unterstützung einer Partei) durch einen Vergleich der Nutzenströme, die sich aus der tatsächlichen Regierungsrolle einer Partei oder der hypothetischen Regierungstätigkeit anderer Parteien ergeben.

– In ihr Wahlkalkül beziehen sie dabei die vermuteten politischen Präferenzen der anderen Wähler ein, um so die Gewinnchancen der Parteien bestimmen zu können, die für sie auch in Betracht kommen.

– Nehmen eine Regierungs- und eine Oppositionspartei in ihrer Präferenzordnung gemeinsam den ersten Platz ein, werden sie sich der Wahl enthalten. Bestehen zwischen beiden keine programmatischen Unterschiede, werden sie sich für die Regierungspartei entscheiden, falls deren Leistungsbilanz im Vergleich zu der früherer Regierungen vertretbar ist. Anderenfalls stimmen sie für die Oppositionspartei.

Die Logik dieses Wahlkalküls besteht darin, dass der politische Akteur alternative politische Situationen seinen eigenen Anforderungen gegenüberstellt. Hierbei sind zwei Grundsätze zu beachten: das Prinzip der *Wahl* und das der *Transitivität*. Das Prinzip der Wahl macht es möglich, bei jeder Wahlentscheidung eine Präferenz zum Ausdruck zu bringen oder sich indifferent zu verhalten. Demgegenüber erfordert das Prinzip der *Transitivität*, dass eine erste Alternative einer dritten

---

164 Vgl. Dieter *Fuchs*/Steffen *Kühnel*, Wählen als rationales Handeln: Anmerkungen zum Nutzen des Rational-Choice-Ansatzes in der empirischen Wahlforschung, WZB Discussion Paper FS III 93-207, Berlin 1993.
165 Vgl. Bernhard *Weßels*, Gruppenbindungen und rationales Handeln als Determinanten der Wahlentscheidung in Ost- und Westdeutschland, WZB Discussion Paper, FS III-208, Berlin 1993.

überlegen ist, wenn die Alternative 1 derjenigen Nr. 2 und diese wiederum gegenüber Nr. 3 vorgezogen wird. Mit anderen Worten: Der politische Akteur verhält sich *rational* und *konsistent*. Er verhält sich auch im Rahmen seiner Präferenzordnung folgerichtig: Aus einem Spektrum politischer Alternativen wählt er jene aus, die den höchsten Rangplatz einnimmt und den höchsten politischen Nutzen gewährleistet.

In diesem Rahmen sind die Motive unerheblich, die den Präferenzordnungen zugrunde liegen.[166] Notwendig ist lediglich, dass sich die politischen Akteure in ihren Wahlhandlungen nach den Maßstäben der rationalen Wahl konsistent verhalten.[167] Auf diese Weise wird ein klares, wenn auch stark vereinfachendes Bild politischer Prozesse gezeichnet. Dem entspricht die Annahme, dass auch die politischen Parteien vorrangig an dem Nutzen politischer Ämter in Form von Macht, Prestige, Geld etc. interessiert sind. Auf diese Weise lassen sich die Antriebskräfte, Perspektiven und Grenzen ihrer Aktionen näher bestimmen. Schwierig ist es im Rahmen dieses Modells jedoch, die Beteiligung an Wahlen zu erklären. Denn der individuelle Aufwand der Wahlbeteiligung wird stets den auf dem einzelnen Wahlakt beruhenden persönlichen Nutzen überschreiten. Die Theorie rationaler Wahl vermag den in den meisten Demokratien der Gegenwart durchaus hohen Umfang der Wahlbeteiligung daher nicht befriedigend zu erklären. Sie steht zu diesem Befund im Widerspruch, da sie unter der Geltung rationaler, transitiver Kosten-Nutzen-Kalküle eher Wahl*enthaltung* als Wahl*beteiligung* nahelegt. Dies gilt insbesondere für Wahlberechtigte, die durch Wahlenthaltung gegen ihre zuvor präferierte Partei (*Parteiprotest*) oder gegen das politische System insgesamt (*Systemprotest*) protestieren wollen.[168]

Es bleibt lediglich ein Ausweg aus diesem Dilemma: Der rationale Wähler bemerkt, dass das bloße Überleben der Demokratie von einem hohen Umfang der Wahlbeteiligung abhängt und eine breite, dauerhafte Wahlenthaltung den Zusammenbruch des demokratischen Systems bewirken würde. Damit wird aber zugleich die Annahme eines am individuellen Nutzenkalkül ausgerichteten Wahlverhaltens zugunsten einer Orientierung an übergreifenden Zusammenhängen politischer Stabilität aufgegeben. Das Kosten-Nutzen-Dilemma der individuellen Wahlbeteiligung lässt sich dadurch überwinden, dass diese nicht nur zu den unmittelbar zurechenbaren Erträgen, sondern auch zu übergeordneten Erträgen des Wahlakts in Beziehung gesetzt wird.[169] Zu diesen Erträgen zählen andere „Beloh-

---

166 Vgl. J. Donald *Moon*, The Logic of Political Inquiry: A Synthesis of Opposed Perspectives, in: Fred J. *Greenstein*/Nelson B. *Polsby* (Hrsg.), Handbook of Political Science, vol. 1, Reading (Mass.) 1975, S. 197.
167 Grundlegend hierzu: James M. *Buchanan*/Gordon *Tullock*, The Calculus of Consent. Logical Foundations of Constitutional Democracy, 4. Aufl., Ann Arbor (Mich.) 1971, S. 119-130.
168 Vgl. Werner *Kaltefleiter*/Peter *Nißen*, Empirische Wahlforschung, a.a.O., S. 160.
169 Vgl. hierzu William H. *Riker*/Peter C. *Ordeshook*, A theory of the calculus of voting, in: American Political Science Review, vol. 62, 1968, S. 25-42.

nungen" politischen Verhaltens wie etwa die Freude an zusätzlichen politischen Informationen, Kommunikation und politischer Gestaltung.

Eine Lösung des Paradoxons rationaler Wahl stellt die Annahme dar, dass Wähler nicht ihr individuelles Nutzenniveau zu maximieren suchen. Denn der Nutzen der Wahlbeteiligung hängt von zahlreichen anderen Wahlhandlungen ab. Wahlverhalten ist nichts anderes als eine Entscheidung unter Unsicherheit bei ungewissen Folgen. Unter diesen Bedingungen kann der einzelne Wähler nicht seinen individuellen Gesamtnutzen maximieren, da er nicht ausreichende Informationen über das Verhalten aller anderen Akteure besitzt. Er wird vielmehr eine alternative Strategie anwenden und versuchen, seine maximalen Verluste zu minimieren (*Minimax-Strategie*). Er wird danach streben, seine größtmöglichen Enttäuschungen – die Differenz zwischen dem tatsächlichen Ergebnis und dem wünschbaren Ergebnis, das er bei rechtzeitiger Kenntnis der Rahmenbedingungen und Verhaltensstrategien aller anderen Akteure hätte erzielen können – zu minimieren. Der Wähler wird daher nicht zur Wahlurne gehen, um von vornherein einem bestimmten Kandidaten zum Erfolg zu verhelfen, sondern aus der Einsicht, dass dem Bewerber gerade seine Stimme zum Erfolg fehlen könnte. Nicht die *Wahrscheinlichkeit* eines derartigen Ausgangs ist ausschlaggebend, sondern die *Möglichkeit*.[170] Die *Minimax-Entscheidungsregel* lässt somit eine weit höhere Wahlbeteiligung erwarten als das Modell des rational entscheidenden Wählers. Die Wahrscheinlichkeit einer höheren Wahlbeteiligung reduziert zugleich die Ungewissheiten der Entscheidungssituation aller anderen Akteure.

Die Handlungsmaxime des Eigennutzes lässt sich im Rahmen der *Neuen Politischen Ökonomie* durchaus zur Erklärung politischen Verhaltens heranziehen.[171] An der Verteilung von Wählerorientierungen über der gesamten Bandbreite ideologischer Einstellungen orientieren die Parteien ihr politisches Handeln. Die politischen Themen lassen sich auf eine politische Dimension beziehen und auf der Ideologieskala Rechts-Mitte-Links einordnen. Im Normalfall ist damit zu rechnen, dass die gemäßigten Positionen der Mitte am stärksten und die extremen Positionen am rechten und linken Rand am schwächsten besetzt sind. Unterstellt man, dass sich die ideologischen Standpunkte „normal" verteilen, ergibt sich eine eingipflige Wählerverteilungskurve mit dem Scheitelpunkt in der ideologischen Mitte (siehe Abb. 27). In diesem Rahmen entscheiden sich die Wähler für die

---

170 Vgl. John *Ferejohn*/Morris *Fiorina*, The paradox of not voting, in: California Institute of Technology, Social Science Working Paper, Nr. 19, 1973.
171 Vgl. hierzu insbesondere Philipp *Herder-Dorneich*/Manfred *Groser*, Ökonomische Theorie des politischen Wettbewerbs, Göttingen 1977, S. 26ff., 31ff.; Anthony *Downs*, Ökonomische Theorie der Demokratie, Tübingen 1968; Guy *Kirsch*, Ökonomische Theorie der Politik, Tübingen/Düsseldorf 1974; Siegfried F. *Franke*, Die Ökonomische Theorie der Politik, in: Volker *Kunz*/Ulrich *Druwe* (Hrsg.), Rational Choice in der Politikwissenschaft. Grundlagen und Anwendungen, Opladen 1994, S. 54ff.; Hans Ulrich *Hilles*, Ökonomische Theorie der Politik, in: Oscar W. *Gabriel* (Hrsg.), Grundkurs Politische Theorie, Köln/Wien 1978, S. 109-142.

Parteien, die ihnen ideologisch am nächsten stehen. Wenn die jeweils bevorzugte Partei die Regierung übernimmt, erhalten sie einen politischen Nutzengewinn (*Parteidifferential*).[172] Bei ein- und zweigipfligen Verteilungen der Wählerpräferenzen sind wesentliche Voraussetzungen eines Zweiparteiensystems gegeben, auch wenn die Bildung weiterer Parteien nicht ausgeschlossen ist.[173] Ein Mehrparteiensystem wäre dagegen instabil und könnte sich nur bei einer mehrgipfligen Verteilung der Wählerorientierungen behaupten.

Abb. 27: Wählerverteilung bei normaler Verteilung ideologischer Orientierungen

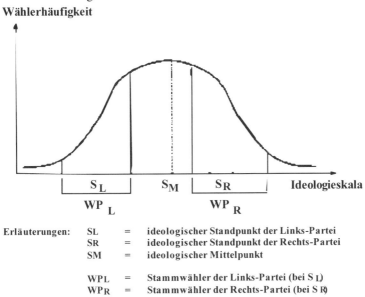

Erläuterungen:	SL	=	ideologischer Standpunkt der Links-Partei
	SR	=	ideologischer Standpunkt der Rechts-Partei
	SM	=	ideologischer Mittelpunkt
	WPL	=	Stammwähler der Links-Partei (bei S L)
	WPR	=	Stammwähler der Rechts-Partei (bei S R)

Quelle: Siegfried S. *Franke*, Die Ökonomische Theorie der Politik, a.a.O., S. 56; *ders.*, (Ir)rationale Politik, a.a.O., S. 34.

Da die Stimmabgabe für die einzelnen Wahlberechtigten Kosten verursacht, lässt die Anziehungskraft der Parteien zu den Rändern wie zur Mitte hin nach. Die Kosten der Wahlinformation und der Wahlentscheidung können den Nutzen des Parteidifferentials übersteigen, so dass auch Wahl*enthaltung* eine rationale Entscheidung sein kann. Wenn die Stammwählerschaft der Parteien jeweils im linken und

---

172 Vgl. Philipp *Herder-Dorneich*/Manfred *Groser*, Ökonomische Theorie des politischen Wettbewerbs, a.a.O., S. 103ff.
173 Vgl. Franz *Lehner*, Einführung in die Neue Politische Ökonomie, Königstein/Ts. 1981, S. 31ff.

rechten ideologischen Spektrum für einen Wahlsieg nicht ausreicht, richten die Parteien ihr strategisches Kalkül auf das Zentrum. Indem sie ihren programmatischen Standort zur Mitte hin verlagern, werden die möglichen Stimmengewinne größer als die einzukalkulierenden Stimmenverluste an den Rändern (siehe Abb. 28). Dadurch wird erklärbar, warum sich die Parteien vor den Wahlen zur Mitte orientieren, ihre programmatischen Aussagen mäßigen und zu personenbezogener Sympathiewerbung übergehen.[174]

Abb. 28: Programmatische Tendenz zur Mitte

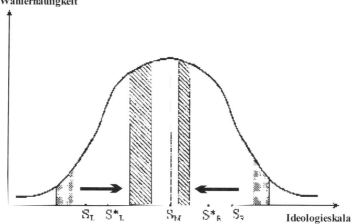

Erläuterung: SL, S*L = ideologischer Standpunkt der Links-Partei (ursprünglich und zur Mitte verschoben),

SR, S*R = ideologischer Standpunkt der Rechts-Partei (ursprünglich und zur Mitte verschoben),

SM = ideologischer Standtpunkt, gestrichelt = Stimmengewinne und -verluste, punktiert = bei Tendenz zur Mitte.

Quelle: Siegfried F. *Franke*, Die ökonomische Theorie der Politik, a.a.O., S. 58; *ders*, (Ir)rationale Politik, a.a.O., S. 35.

Diese Orientierung von Wählern und Parteien ist auch dann zu erwarten, wenn die Annahme einer Gleichverteilung der Wählerorientierungen modifiziert werden muss. So ist für die Bundesrepublik eine etwas nach links neigende eingipflige Wählerverteilung und für Großbritannien eine zweigipflige Verteilung ermit-

---

174 Dieses „neue" Argumentationsmuster entspricht durchaus dem bereits von *Aristoteles* theoretisch dargelegten Präferenzmodell, demzufolge in der Position der Mitte weitestgehende Stabilität für ein politisches System zu erwarten sei.

telt worden.[175] Im letzteren Fall entspricht der ideologische Mittelpunkt nicht mehr der häufigsten ideologischen Einstellung. Die Parteien suchen ihre mehrheitsbringenden Wähler jetzt nicht mehr in der ideologischen Mitte, sondern in demjenigen Segment auf der Links-Rechts-Achse, das die meisten potentiellen Wechselwähler aufweist und daher strategisch am interessantesten ist. Es ist aber nicht nur die ideologische Orientierung, die den Wahlentscheid beeinflusst, sondern auch die Chance, die Zusammensetzung der künftigen Regierung zu beeinflussen.

Untersuchungen der politischen Einstellungen westeuropäischer Eliten haben aufgezeigt, dass sich diese auf dem Rechts-Links-Kontinuum stärker links einordnen als ihre Anhänger.[176] Außerdem weisen die Parteieliten eine stärkere Polarisierung von Einstellungen als die Wählerschaft insgesamt auf. Es scheint somit, als ob die Wähler die Konflikte auf der Ebene der politischen Führungsschicht teilweise ignorieren. Umgekehrt reagieren die Eliten nicht nur auf Forderungen der Wähler, sondern suchen deren Einstellungen im Sinne ihrer Zielperspektiven und Problemwahrnehmung zu beeinflussen.

Die Wähler können die Struktur künftiger Koalitionsregierungen in Mehr- und Vielparteiensystemen nur schwer antizipieren. Anderseits vermitteln auch diese Parteiensysteme politische Orientierungshilfen zum ideologischen Standort der Parteien. Vor diesem Hintergrund sucht sich der einzelne Wähler zu orientieren und bezieht in seine politische Urteilsbildung die Leistung der jeweiligen Regierung, die angebotenen Themen, seine künftigen Erwartungen und seine Einschätzung der Problemlösungskompetenz von Parteien und Kandidaten ein. Erst wenn sich ein konsistentes Orientierungsmuster herausbildet und die Parteipräferenzen klare Konturen annehmen, können Erwartungen bestimmter Koalitionsbildungen in das Wahlkalkül einbezogen werden.[177] Werden diese Erwartungen wiederholt enttäuscht, ist politische Frustration unvermeidlich. Ihr Ventil ist der politische Protest – auch jenseits der konventionellen parlamentarischen Formen.

---

175 Vgl. Eckhard *Knappe*, Einkommensverteilung in der Demokratie: der Beitrag der ökonomischen Theorie der Demokratie zur Analyse der Verteilungspolitik, Freiburg i.B. 1980, S. 80f.; Siegfried F. *Franke*, (Ir)rationale Politik, a.a.O., S. 38.
176 Vgl. Ursula *Hoffmann-Lange*, Kongruenzen in den politischen Einstellungen von Eliten und Bevölkerung als Indikator für politische Repräsentation, in: Hans-Dieter *Klingemann*/Richard *Stöß*/Bernhard *Weßels* (Hrsg.), Politische Klasse und politische Institutionen, a.a.O., S. 275-289; Dietrich *Herzog*, Was heißt und zu welchem Ende studiert man Repräsentation?, in: *ders.*/Bernard *Weßels* (Hrsg.), Konfliktpotentiale und Konsensstrategien, a.a.O., S. 322.
177 Vgl. Franz Urban *Pappi*, Reasoning Voters in Multiparty Systems, 16. Weltkongreß der International Political Science Association, Berlin, 21.-25. August 1994.

4.5 Politischer Protest

Die Beschäftigung der Politikwissenschaft mit politischem Protest beruht keineswegs auf einem statischen Verständnis von Politik, auch wenn die Ablehnung gewaltsamer Austragung politischer und gesellschaftlicher Konflikte Voraussetzung demokratischer Willensbildung ist.[178] Insgesamt ist die Spannweite der Formen, mit denen Bürger und Gruppen ihre Unzufriedenheit mit der politischen Führung zum Ausdruck bringen, sehr weit: Sie reicht von individuellen, einzelfallbezogenen Maßnahmen politischer Einflussnahme bis zu offenen, massenweiten Formen des Protests. Das Interesse der Politikwissenschaft richtet sich dabei vorrangig auf das Protestverhalten von Bevölkerungsgruppen, die den materiellen Gehalt der Politik und das politische Machtgefüge ändern wollen. In dieser Skala sind auch Demonstrationen und andere Formen des politischen Protests nichts anderes als Mittel, mit denen sich die Regierten gegenüber den Regierenden Gehör verschaffen: Sie verkörpern Forderungen an das jeweilige Regime.[179]

In der Verfassungsgeschichte sind friedliche, verfassungskonforme Änderungen des politischen Machtgefüges eher die Ausnahme als die Regel gewesen. So ist die Gewalt oft nichts anderes als die Kehrseite neuer politischer Freiheit. Denn mit wachsendem Freiheitsspielraum der Bürger und abnehmenden Zwangsmaßnahmen des Staates nehmen alle Formen politischen Protests an Bedeutung zu. Es variieren Spielraum und Wirkung politischen Protestverhaltens mit dem Repertoire und der Anwendungsbreite staatlicher Zwangsmaßnahmen.

In den letzten Jahrzehnten hat das Spektrum politischer Aktionsformen in den westlichen Demokratien beträchtlich zugenommen, auch wenn in den Niederlanden, Österreich, Großbritannien und Deutschland 13-25% der Bürger als politisch völlig desinteressiert (apathisch) eingestuft werden müssen.[180] Das politische Aktivitätsspektrum hat sich jedoch im jüngeren Teil der Bevölkerung verbreitet, vor allem unter dem Einfluss besserer Ausbildung und größeren Wohlstands.[181] Direkte Formen politischer Aktivität werden mehr als früher befürwortet, und diese Befürwortung ist Ausdruck eines rationalen, individuellen Interessenkalküls. So legitim direkte Aktionsformen auch sind, die Artikulation von Interessen wird dadurch gewiss gefördert, zugleich aber auch die Regierbarkeit des demokratischen Verfassungsstaates stärker in Frage gestellt.

Vor diesem Hintergrund darf *politische Stabilität* keineswegs als Abwesenheit politischen Protests verstanden werden. Gerade die Legitimität politischen Protests beweist die Stabilität einer demokratischen Verfassungsordnung. Als Merk-

---

178 Vgl. Charles Lewis *Taylor*/David A. *Jodice*, a.a.O., vol. 2, S. 16ff.
179 Vgl. Gabriel A. *Almond*/G. Bingham *Powell*, Comparative Politics: Developmental Approach, Boston 1966.
180 Vgl. Samuel H. *Barnes*/Max *Kaase*, Political Action, Beverly Hills/London 1979.
181 Vgl. Alan *Marsh*, Political Action in Europe and the USA, Basingstoke/London 1990, S. 192ff.

mal eines politischen Gemeinwesens darf politische Stabilität aber auch nicht als Kontinuität der jeweiligen politischen Führung missverstanden werden: Denn der Austausch des politischen Führungspersonals im Rahmen der Verfassung ist wesentliches Merkmal politischer Stabilität. Es ist geradezu ein Charakteristikum der demokratischen Verfassungsordnung, den wirtschaftlichen, sozialen und politischen Wandel aufzufangen und zu gestalten.[182]

Ein Rückgriff auf das wirtschaftswissenschaftliche Modell des dynamischen Gleichgewichts ist an dieser Stelle hilfreich: Dieses beschreibt einen Zustand des Marktes, in dem die Pläne von Anbietern und Nachfragern unter Einfluss von Bestandsveränderungen realisiert werden, d.h. das Marktgleichgewicht stellt sich nach der Realisierung alternativer Wirtschaftspläne auf einem neuen Niveau ein. Entsprechend kann ein politisches System als stabil, in einem Zustand dynamischen Gleichgewichts befindlich, beschrieben werden, wenn es in der Lage ist, auf innere und äußere Herausforderungen, z.B. alternative Pläne sozialer Teilsysteme, mit dynamischen Anpassungsprozessen so zu reagieren, dass es sich auf einem qualitativ neuen Niveau der Stabilität einpendelt. Dies muss die Fähigkeit miteinschließen, neuen Herausforderungen auch durch eine Änderung von Entscheidungsstrukturen zu begegnen.

Formen politischen Protests

Protest-Demonstrationen als gewaltfreie Formen der Ablehnung von Parteien, Regierungen, Personen, Programmen und Ideologien.
- *Unkonventionelles Protestverhalten* umfasst Hungerstreiks, die Verweigerung von Steuerzahlungen, Sit-ins, Verkehrsblockaden und andere Methoden. Die radikalste Form unkonventionellen Protestverhaltens stellt die politisch motivierte, öffentliche Selbsttötung dar. Dagegen sind Unterschriftenaktionen, Protestbriefe u.ä. den konventionellen Formen politischen Protests zuzurechnen.
- Der *politische Streik* ist eine Form der politisch begründeten Arbeitsniederlegung. Zumindest muss die politische Begründung gegenüber der angestrebten Durchsetzung wirtschaftlicher Interessen erkennbaren Vorrang haben.
- Eine *Gewaltdemonstration* ist durch die Missachtung von Rechtsgütern sowie durch die Aggressivität und Spontaneität des Gewaltausbruchs gekennzeichnet. Die planvolle Anwendung von Gewalt zur Durchsetzung politischer Ziele ist demgegenüber Merkmal des politischen Aufstands. Von hier aus ist die Grenze zum bewaffneten, militärischen Aufstand fließend.

Ansatzpunkte politischen Protests sind vor allem Fragen der Gesellschaftsreform, ethnischer Diskriminierung, der Bürgerrechte und der Politik ausländischer Regierungen. Der Adressat ist stets die Regierung oder eine andere soziale Gruppe.

---

182 Vgl. Rudolf *Wildenmann*, Macht und Konsens als Problem der Innen- und Außenpolitik, 2. Aufl. Köln 1967.

Akteure politischen Protests sind überwiegend einzelne oppositionelle Gruppen, ethnische Minderheiten, Studenten, Arbeiter, Intellektuelle sowie politische, militärische und religiöse Gruppen. Punktueller Protest gegen politische Entscheidungen und generelle Frustrationen durch die Politik sind demgegenüber in den fortgeschrittenen Industriestaaten Entstehungsursachen von Bürgerinitiativen. Diese Organisationen suchen Anliegen in Bereichen wie Umwelt, Verkehr, Stadtteil- und Jugendarbeit durchzusetzen und umgeben sich nicht selten mit einer „Aura der Basis-Legitimität".[183] Sie vergrößern die Distanz nicht nur zur jeweiligen Regierung, sondern zu den politischen Institutionen überhaupt, insbesondere aber zu Parlamenten, Parteien und Großorganisationen.

Das Verhalten der politischen Elite eines Landes wirkt sich nachhaltig auf Intensität und Formen politischer Gewalttätigkeit aus. Dies gilt vor allem für den Einsatz des Militärs und der internen Ordnungskräfte zur Sicherung gesellschaftlicher Stabilität und politischer Ordnung. Dabei ist festzuhalten, dass staatliche Zwangsmaßnahmen nur einen der Faktoren darstellen, die politische Stabilität gewährleisten. Denn das Verhältnis des politisch-administrativen Systems zur Bevölkerung ist durch eine Balance von positiven und negativen Sanktionen gekennzeichnet. Politische Legitimität und gesellschaftliche Stabilität hängen insbesondere vom Ausmaß wirtschaftlichen Wachstums und wirtschaftlichen Wohlstandes, von einer gerechten Verteilung der wirtschaftlichen Ressourcen, dem Bildungsniveau der Bevölkerung, dem Gesundheits- und Sozialsystem und der von der Bevölkerung wahrgenommenen Responsivität der politischen Führung gegenüber gesellschaftlichen Bedürfnissen ab. Die Regierung wiederum benötigt ein Potential positiver und negativer staatlicher Sanktionen, um diese Voraussetzungen überhaupt schaffen zu können.

Ein hervorragendes Merkmal politischer Stabilität in einer demokratischen Verfassungsordnung ist die Dauerhaftigkeit des politischen Systems auch nach dem Austausch des politischen Führungspersonals. Die hierin zum Ausdruck kommende Bejahung der Verfassungsregeln gilt nicht nur für Regierung, Opposition und politische Parteien, sondern auch für die positive Einstellung der Bevölkerung, der gesellschaftlichen Gruppen und der Verbände zu den Wertgrundlagen und Institutionen der Verfassung.

---

183 Dietrich *Thränhardt*, Geschichte der Bundesrepublik Deutschland, Erweiterte Neuausgabe, Frankfurt a.M. 1996, S. 253.

Politische Kommunikation

Politische Kommunikation besitzt eine große Bedeutung für die Lern- und Innovationsfähigkeit eines politischen Systems. Sie ist ein Steuerungsinstrument, mit dem Signale aus der Außen- und Innenwelt in politische Handlungsstrategien umgesetzt werden. Garant politischer Kommunikation ist die öffentliche Meinung, die Regierende mit Regierten verbindet und so politische Teilhabe wie politische Kritik und Kontrolle ermöglicht. Politische Kommunikation setzt politische Prozesse zu Bedingungen gesellschaftlicher Kommunikation in Beziehung und macht diese von politischen Strukturen abhängig.

In der Demokratie übernimmt die politische Öffentlichkeit eine intermediäre Funktion: Sie vermittelt zwischen Bürgern und Politikern, integriert politische Erwartungen der Bürger in das politische System und vertritt politische Entscheidungen gegenüber der Gesellschaft. Ihre Akteure sind Massenmedien, Parteien und Verbände. Ihre Wirkungsweise ist durch Durchlässigkeit und Selektivität gekennzeichnet: Aus einer Vielzahl von Problemen werden einige zu politischen Themen, während andere unsichtbar bleiben.

Im demokratischen Verfassungsstaat üben Massenmedien drei Funktionen aus: die Informations-, Artikulations- und Kritikfunktion. Das so vermittelte Bild der Politik wirkt in zweifacher Hinsicht auf die politische Meinungsbildung ein: nach außen durch Präsentation von Deutungsangeboten an die Bürger und nach innen durch die Beeinflussung der Orientierung politischer Entscheider. Dabei kommt politischen Symbolen eine wachsende Bedeutung zu. Gesellschaftliche Symbole werden politisch, und die politische Kommunikation wird über Symbole gesteuert.

Die Entwicklung der Informations- und Kommunikationstechnik und die Expansion der Medien verleihen der politischen Bedeutung der Medien eine neue Qualität. Die durch Medienpräsenz gewährleistete ständige Sichtbarkeit des Handelns von Politikern ermöglicht den Institutionen politischer Kritik und Kontrolle einen direkten Zugriff, zugleich aber erhöht die Eigendynamik der Berichterstattung das Risiko kollektiven Irrtums, das auf der Ritualisierung politischer Situationen, der Personalisierung der Politik und der Ausschaltung nichtvisualisierter Politik aus der politischen Wahrnehmung beruht. Dadurch wird auch die Kommunikationsfunktion der Wahlen in Frage gestellt, die Forderungen an politische Entscheider übermitteln, Unterstützung für Regierung und Opposition sichern und Prioritäten künftiger Entscheidungen beeinflussen sollen.

Die Formen politischer Öffentlichkeit wandeln sich. Das politische System besteht aus Netzwerken politischer und gesellschaftlicher Organisationen, die Öffentlichkeit differenziert sich in Teilöffentlichkeiten, und der Aufwand an Kommunikation und Koordination nimmt zu.

5. Artikulation der Interessen

Wie werden gesellschaftliche Interessen politisch zum Ausdruck gebracht? Die gesellschaftliche Dynamik der Gegenwart erzwingt eine Modernisierung der Politik, die sich in differenzierten politischen Zielen und Strukturen, ausgeweiteter politischer Steuerung und umfassender Verantwortlichkeit der Regierenden gegenüber den Regierten niederschlägt. Die politischen Systeme stehen vor der Aufgabe, ein Gleichgewicht zwischen politischem Handlungsbedarf und den politischen Anforderungen gesellschaftlicher Organisationen zu sichern. Ein zentrales Problem politischer Modernisierung stellt die Fähigkeit des politischen Systems dar, sich auf diesen wandelnden Bedarf einzustellen, ihn stets in die eigene politische Planung einzubeziehen und so ein hinreichendes Maß politischer Kontinuität und Stabilität zu sichern.[1] Dieses hängt von drei Bedingungen ab:[2]

1. Die Bürger können ihre Interessen und Präferenzen vollständig und gleichberechtigt zum Ausdruck bringen.
2. Sie äußern diese Präferenzen gegenüber ihren Mitbürgern und der Regierung durch individuelle und kollektive Aktionen.
3. Sie können damit rechnen, dass diese Präferenzen vom Regierungssystem ohne Rücksicht auf die soziale Herkunft im politischen Entscheidungsprozess berücksichtigt werden.

Diese Voraussetzungen sichern zugleich die *Responsivität* des Regierungssystems. Damit ist seine Bereitschaft gemeint, die Erwartungen der Bürger zu berücksichtigen und in entsprechende politische Entscheidungen umzusetzen. Die ersten beiden Bedingungen, die der Meinungsäußerung sowie der Verfügung über individuelle und kollektive Ausdrucksformen, sichern die *Artikulationsfunktion* des politischen Systems, während die dritte Voraussetzung auf die *Aggregationsfunktion* verweist.

Welches sind die wesentlichen Merkmale gesellschaftlicher Interessen? Der Begriff des Interesses weist drei Dimensionen auf:[3] Seine *individuelle* Dimension

---

1 Vgl. S. N. *Eisenstadt*, Tradition, Change, and Modernity, New York u.a. 1973, S. 26. deutsche Ausgabe: ders., Tradition, Wandel und Modernität, Frankfurt a.M. 1988.
2 Vgl. Robert A. *Dahl*, Polyarchy. Partizipation and Opposition, New Haven/London 1971, S. 2.
3 Vgl. Ulrich *von Alemann*, Organisierte Interessen in der Bundesrepublik, 2. Aufl., Opladen 1989, S. 27f.

erfasst das Bestreben, menschliche Bedürfnisse zu befriedigen, die *materielle* Dimension verweist auf die Erzielung von Nutzen in der Interaktion mit anderen, und die *ideelle* Dimension bezeichnet schließlich jenen immateriellen Nutzen, der auf der Durchsetzung von ideologisch gerechtfertigten ideellen Ansprüchen und Zielen beruht. Entsprechend vielseitig ist die Rolle gesellschaftlicher Interessen im politischen Prozess.

> *Interessenartikulation* ist die öffentliche Vertretung der Forderungen von Interessengruppen und deren Übermittlung an politische Entscheidungsgremien, *Interessenaggregation* die Verarbeitung und Synthese dieser Forderungen zu politischen Handlungsprogrammen.[4]

Instrumente der *Interessenartikulation* sind Lobbyismus, Werbung, Massenmedien und Kampagnen. Die Formen der *Interessenaggregation* sind dagegen weniger deutlich sichtbar, da sie innerhalb wie außerhalb des Regierungsapparates auf eher informellen, wenig fassbaren und zugleich subtilen Netzwerken politischer Kommunikation beruhen, an denen Partei- und Fraktionsführungen, Fachleute der Ministerien und Interessenvertreter beteiligt sind. Formell findet die Aggregation vor allem in den Arbeitseinheiten der Ministerien und in den Ausschüssen des Parlaments statt.

Begriffe zur Interessenartikulation

Organisiertes Interesse	– Alternativer Begriff für Interessensgruppe, Interessensorgansisation – Kombination aus • Organisation: Ordnung von arbeitsteilig und zielgerichtet miteinander arbeitenden Personen und Gruppen • Interesse: -individuell /-materiell /-ideell
Pressure Group	Betonung des *konfliktiven Verhältnisses*: Ausübung von Druck als Vorgehensweise zur Durchsetzung des Eigeninteresses
Verband	Betonung einer *festen organisatorischen* Struktur über einen langen Zeitraum hinweg: • bürokratischer Apparat • Prinzip von Führung und Gefolgschaft • Zweck: Einflusssicherung auf Politik und verbesserte Durchsetzbarkeit
Verein	Im Bereich Freizeit angesiedelte, voluntaristisch gegründete Organisationen, meist ohne politischen Hintergrund
Lobby/ Lobbying	• Ursprünglich: Lobby als Vorraum des Parlaments • Form der „inneren Beeinflussung": Vordringen der Verbandsvertreter in Institutionen • Einflussnahme besonders durch einflussreiche und vermögende Verbände

Quelle: Martin *Sebaldt*, Alexander *Straßner*, Verbände in der Bundesrepublik Deutschland. Eine Einführung, Wiesbaden 2004, S. 23.

---

4 Vgl. Austin *Ranney*, Governing. An Introduction to Political Science, a.a.O., S. 31f.

Die *Artikulationsfunktion* des politischen Systems konkretisiert gesellschaftliche Interessen durch politische Forderungen, während die *Aggregationsfunktion* auf die Umsetzung dieser Forderungen in politische Programme zielt. Von der Fähigkeit politischer Institutionen zur Aggregation gesellschaftlicher Interessen, d.h. von ihrer Fähigkeit, eine Rangskala sozialer Ansprüche und politischer Forderungen aufzustellen und diese zu stimmigen Handlungsprogrammen zu verdichten, hängen Funktionsfähigkeit und Stabilität der Demokratie in den Wohlstandsgesellschaften der Gegenwart ab. Die pluralistische Demokratietheorie ist die politische Ordnungskonzeption dieser Gesellschaften.[5]

5.1 Pluralistische Demokratie

Während die *Identitätstheorie* der Demokratie die utopische Identität von Regierenden und Regierten und damit letztlich homogene Interessenstrukturen fordert und diese notfalls auch mit Zwang durchsetzen will, baut die *pluralistische Demokratietheorie* auf vier Grundlagen auf:[6] Die Legitimation des *Herrschaftssystems* ist autonom, weil die Staatsgewalt das Gemeinwohl aus dem empirisch erkennbaren Volkswillen ableitet. Die Struktur des *Gesellschaftssystems* ist heterogen, da es durch eine Vielfalt konkurrierender Interessen gekennzeichnet ist. Die Organisation des *Regierungssystems* ist pluralistisch, da sie auf Partikularinteressen und ihrer Kanalisierung durch Verbände und Parteien beruht. Die Geltung des *Rechtssystems* ist unabdingbar, da es institutionell eigenständig und von politischen Opportunitäten unabhängig ist.

In der Tradition der Aufklärung wird Pluralismus als Prinzip gesellschaftlicher Vielfalt jenen philosophischen Weltbildern entgegengesetzt, die die Wirklichkeit monistisch deuten, also den Bestand der Welt aus nur einem einzigen Prinzip heraus erklären.[7] Diese grundsätzliche Gegenposition zu politischem und gesellschaftlichem Monismus wird in Ansätzen bereits von der niederländischen Republikanismustheorie des 17. Jahrhunderts und von der schottischen Naturrechtsphilosophie in der ersten Hälfte des 18. Jahrhunderts paradigmatisch vertreten. An die Stelle eines „Universums" tritt das „Multiversum".[8] So stellte Immanuel *Kant* den Pluralismus der Ideen dem Egoismus individueller Interessen ge-

---

5 Vgl. Peter H. *Merkel*/ Dieter *Raabe*, Politische Soziologie der USA, a.a.O., S. 105.
6 Vgl. Ernst *Fraenkel*, Reformismus und Pluralismus. Materialien zu einer ungeschriebenen politischen Autobiographie, Hamburg 1973, S. 404-433; vgl. hierzu auch: Eckhard *Jesse*, Typologie politischer Systeme der Gegenwart, in: Bundeszentrale für politische Bildung, Grundwissen Politik, Bonn 1991, S. 168f.
7 Vgl. Klaus *Schubert*, Pluralismus, Korporatismus und politische Netzwerke, Duisburger Materialien zur Politik- und Verwaltungswissenschaft, Nr. 16/1995, S. 4.
8 Vgl. William *James*, Das pluralistische Universum, 2. Aufl., Darmstadt 1994, S. 211.

genüber.⁹ Dementsprechend geht das pluralistische Demokratieverständnis von der in der amerikanischen Unabhängigkeitserklärung verankerten Grundüberzeugung aus, dass allen Menschen in gleicher Weise unveräußerliche Rechte – das Recht auf Leben, auf Freiheit und das Streben nach Glück (*pursuit of happiness*) – zustehen.¹⁰ Im demokratischen Verfassungsstaat ist der Politik die Aufgabe der Sicherung der Freiheit durch die Garantie gesellschaftlicher Pluralität gestellt. Denn Politik, so Hannah *Arendt*, „beruht auf der Tatsache der Pluralität der Menschen [... und] [...] handelt von dem Zusammen- und Miteinander-Sein der Verschiedenen."¹¹

Seit spätestens 1915 ist Pluralismus ein Kampfbegriff gegen totalen staatlichen Herrschaftsanspruch, der durch zwei Positionen gekennzeichnet ist:¹²

- Einmal handelt es sich hierbei um eine Vielzahl von Interessengruppen im politischen Prozess in einer durch Gruppenkonkurrenz bestimmten gesellschaftlichen und politischen Struktur.
- Zum anderen ist Pluralismus eine Sammelkategorie für politische Theorien aus dem ersten Drittel dieses Jahrhunderts, die Demokratie durch Meinungs- und Interessenvielfalt verwirklicht sehen.

Fundamente pluralistischer Demokratietheorie

Die Pluralismustheorie geht von der Existenz einer sozialen Differenzierung aus, die in der Existenz der Verbände und Parteien zum Ausdruck kommt. Die Bildung konkurrierender Interessengruppen, ein Kennzeichen offener Gesellschaftssysteme, wird als legitim angesehen und der Konfliktcharakter sozialer Beziehungen als ein universell gültiges Merkmal der gesellschaftlichen Wirklichkeit festgestellt. Potentielle Interessengegensätze werden durch Verbände und Parteien kanalisiert. Der Staat wird als ein Instrument des Schutzes der Grundrechte angesehen und die Definition der Demokratie als Identität von Herrschern und Beherrschten als ideologisch und utopisch kritisiert.¹³ Die Ausübung von Regierungsfunktionen beruht nicht auf dieser utopischen Identität, sondern auf der Artikulation von Konsens und Dissens in Wahlen. Die Bevölkerung regiert zwar nicht unmittelbar, verfügt aber über die Sanktionsmöglichkeiten der Abwahl einer amtierenden Regierung und über eine Vielzahl politischer Beteiligungschancen.

---

9   Vgl. Immanuel *Kant*, Vorlesungen über Logik, hrsg. von der Akademie der Wissenschaften zu Göttingen, Göttingen 1966, S. 428.
10 Vgl. The Declaration of Independence, in: The Debate on the Constitution, Part One, New York 1993, S. 949.
11 Hannah *Arendt*, Was ist Politik? Fragmente aus dem Nachlaß, München/Zürich 1993, S. 9.
12 Vgl. Winfried *Steffani*, Einleitung, in: Franz *Nuscheler*/ Winfried *Steffani* (Hrsg.), Pluralismus, Konzeption und Kontroversen, 3. Aufl., München 1976, S. 9.
13 So betont *Hermens*, der ideologische Demokratiebegriff schließe die praktische Möglichkeit einer Demokratie aus und setze eine Identität von Denken und Handeln voraus. Vgl. Ferdinand A. *Hermens*, Verfassungslehre, a.a.O., S. 27f.

Ideengeschichtlich ist die pluralistische Demokratie die Antwort auf totalitäre Vorstellungen, die Demokratie als Verwirklichung eines einheitlichen Volkswillens verstehen. Die Wurzeln dieses Totalitarismus' sind in den politischen Ideen des 18. und 19. Jahrhunderts zu suchen:[14] in *Rousseaus* Vorstellungen von einem Allgemeinwillen, in *Sieyes* revolutionären Schriften als Grundlagen der französischen Revolution, in der Ideologie und Eigendynamik der *Jakobinerherrschaft*, im utopisch-revolutionären Denken *Saint-Justs*, in den Gleichheitsvisionen von *Babeuf* und *Buonarroti* und nicht zuletzt in den darauf aufbauenden kommunistischen und faschistischen Gesellschaftsentwürfen des 19. und 20. Jahrhunderts. Der *Marxismus* bot schließlich über fast ein Jahrhundert die utopisch-totalitäre Vision mit der größten Breitenwirkung. Die Verwirklichung dieser Konzeptionen bedurfte stets vollständiger Zentralisierung und Monopolisierung staatlicher Macht, umfassenden Zwangs und einer weitreichenden Kontrolle der Bürger. Freiheit und Souveränität des Einzelnen erfordern dagegen Vielfalt und Wettbewerb: *Pluralismus* als Ordnungsprinzip von Politik, Wirtschaft und Gesellschaft. Dieses Prinzip hat sich im Laufe eines langen historischen Prozesses durchgesetzt.

In der Wirtschaft setzten der Abschied von ständestaatlichen, zentralverwaltungswirtschaftlichen Systemen und der Übergang zum dezentral angelegten System der Marktwirtschaft bereits im 18. Jahrhundert ein. Das 1776 erschienene Werk Adam *Smiths*, „Wealth of Nations", kennzeichnet diesen Wendepunkt wirtschaftlichen Denkens. Im gleichen Jahr stellt die amerikanische Unabhängigkeitserklärung den Ausgangspunkt einer Entwicklung dar, die, weit über die Französische Revolution hinausreichend, auch politisch den Übergang zu pluralistischen Ordnungen einleitete.[15] In Preußen begann diese Entwicklung mit der Reform der Eigentumsrechte in der Landwirtschaft, der „Bauernbefreiung" und den *Steinschen* Reformen der Kommunalverfassung zu Beginn des 19. Jahrhunderts. Aber erst nach der wirtschaftlichen Liberalisierung durch die Gründung des „Deutschen Zollvereins" und der politischen Liberalisierung durch Einführung des allgemeinen Wahlrechts (1871) folgte mit der Aufhebung der Sozialistengesetze die Schaffung eines freien Verbandswesens.

Mit der Ablegung der Fesseln, die der Wirtschaft durch den absolutistischen Staat auferlegt worden waren, löste sich die Gesellschaft auch aus zwangsverbindlichen Berufs- und Standesvereinigungen und schuf sich neue Formen ihrer

---

14 Vgl. Jacob L. *Talmon*, The Origins of Totalitarian Democracy, 2. Aufl., Boulder/London 1985, insbesondere S. 249-255; in deutscher Übersetzung: Die Ursprünge der totalitären Demokratie, Köln/Opladen 1961. Diese ideengeschichtliche Einordnung der Staatsphilosophie *Rousseaus* sollte andererseits nicht den Blick auf die Tatsache verstellen, daß *Rousseau* der Verfechter einer strikt republikanischen Verfassungstheorie gewesen ist.
15 Vgl. Philipp *Herder-Dorneich*, Ökonomische Systemtheorie. Eine kurzgefaßte Hinführung, Baden-Baden 1993, S. 16f.

Organisation.[16] Mit zunehmendem Wettbewerb um günstigere Marktpositionen gliederte sich die Wirtschaftsgesellschaft in spezialisierte Branchen auf, deren Interessen sie bündelte und den Gesetzen des Wettbewerbs unterwarf. In dieser differenzierten Interessenstruktur liegt ein wesentlicher Entstehungsgrund des modernen Verbandswesens. Erster Adressat der Verbandstätigkeit war der Staat, der den rechtlichen Rahmen der Wirtschaftstätigkeit festlegte und Grundfragen der Geld- und Finanzpolitik entschied. Dadurch wurden für die gesellschaftlichen Gruppen neue Regeln der Verteilung von Zugangschancen zu Gütern und Dienstleistungen festgelegt. Interessenpolitik blieb stets darauf gerichtet, Einfluss auf die Festsetzung dieser Regeln und den Inhalt der Entscheidungen zu nehmen.

So bildete sich in der zweiten Hälfte des 19. Jahrhunderts ein breit gefächertes System organisierter Interessen heraus:[17] Wirtschaftsverbände nahmen Einfluss auf außenhandelspolitische Entscheidungen, während Gewerkschaften und Mittelstandsorganisationen die Interessen der wirtschaftlich Schwächeren zu schützen suchten. In der Folgezeit differenzierten sich die Interessenvertretungen weiter aus und verbündeten sich mit nahestehenden politischen Parteien. Waren sie, mit Ausnahme öffentlich-rechtlicher Kammern, zunächst gesellschaftliche Kräfte außerhalb des Staates, so wurden sie immer mehr in die politische Willensbildung einbezogen.

Diese Entwicklung beruht auf der gesellschaftlichen Dynamik funktionaler Differenzierung, die sich aus den historischen Prozessen der Säkularisierung, Kontingenzsteigerung und Zivilisierung ergibt.[18] Darunter sind die Ablösung der Gesellschaft von kirchlichen oder militärischen Machtansprüchen und die Erweiterung gesellschaftlicher Handlungsmöglichkeiten zu verstehen. Diese Prozesse können unter den politischen Imperativen der Moderne – Menschenrechte, politische Freiheit, Gewaltenteilung, politische Aufklärung – nur durch politische und gesellschaftliche Strukturen aufgefangen werden, die Kontingenzsteigerung und Dynamik entsprechend abbilden: *politisch* durch repräsentative Demokratie, *gesellschaftlich* durch einen institutionalisierten Interessenpluralismus, *wirtschaftlich* durch ein sozial und ökologisch kontrolliertes marktwirtschaftliches System und *kulturell* durch die liberale Tradition der Aufklärung und Toleranz. Auf dieser Grundorientierung beruht das gegenwärtige pluralistische Demokratieverständnis.[19]

---

16 Vgl. Heinz Josef *Varain*, Verbände, in: Wolfgang W. *Mickel* (Hrsg.), Handlexikon zur Politikwissenschaft, Bonn 1986, S. 532-537.
17 Vgl. Wolfgang *Rudzio*, Das politische System der Bundesrepublik Deutschland, a.a.O., S. 55ff.; Ulrich von *Alemann*, Organisierte Interessen in der Bundesrepublik, a.a.O., S. 147.
18 Vgl. Hellmut *Willke*, Ironie des Staats. Grundlinien einer Staatstheorie polyzentrischer Gesellschaft, a.a.O., S. 315.
19 Zu den Grundlagen des pluralistischen Demokratieverständnisses siehe: Winfried *Steffani*, Pluralistische Demokratie. Studien zur Theorie und Praxis, Opladen 1980; ders., Vom Pluralismus zum Neopluralismus, in: Heinrich *Oberreuter* (Hrsg.), Pluralismus. Grundlegung und Diskussion, Opladen 1980, S. 37-108.

Es nimmt Interessenvielfalt und Interessengegensätze als gegeben an und sucht nach Wegen der Konflikt*regelung*. Konflikte leisten dadurch einen Beitrag zum Funktionieren sozialer Systeme, dass sie Spannungen zwischen gegnerischen Gruppen abbauen und auf diese Weise stabilisierende und zugleich integrierende Funktionen ausüben.[20] Integrative Konfliktregelung setzt voraus, dass Regeln für die Austragung von Interessenkonflikten allgemein akzeptiert werden und dass die Konflikte klar strukturiert („echt") sind.[21] Bei diffusen, „unechten" Konflikten dagegen herrscht eine allgemeine Frustration vor, eine diffuse Unzufriedenheit mit allen gesellschaftlichen Entscheidungen. Funktionale Alternativen bestehen dann nur noch in der Wahl der Objekte, an denen die Frustration abreagiert wird. In diesem Fall müssen Konfliktregelungsmechanismen wirkungslos bleiben. Utopien gesellschaftlicher Interessenharmonie gehen stets daran vorbei, dass Konflikte Spannungen in Organisationen anzeigen und dadurch normale Rückkopplungsprozesse ermöglichen.

Wie wird die Vielfalt der gesellschaftlichen Interessen politisch geschützt? Wie werden diese Interessen zu mehrheitsfähigen Entscheidungen zusammengefügt? Demokratie ist nichts anderes als der Versuch, eine politische Ordnung zu gewährleisten, die die Freiheit aller Bürger in größtmöglichem Umfang gewährleistet. Dieses Grundverständnis ist in der politischen Ideengeschichte in zwei Varianten vertreten worden: Die *utopische Demokratietheorie* versteht Demokratie als Identität von Regierenden und Regierten, strebt einen hohen Grad an Homogenität der Interessen an und will staatliche Herrschaft grundsätzlich beseitigen. Die Kritik an dieser Theorie macht geltend, dass sich diese Voraussetzungen nur im Rahmen einer Diktatur schaffen ließen und eine freie Gesellschaft immer durch heterogene Interessen und Meinungen gekennzeichnet sei. Das Homogenitätspostulat ermögliche nur *formal* eine Identität von Regierenden und Regierten, schalte politische und gesellschaftliche Opposition aus und verhindere einen offenen Wettbewerb um politische und gesellschaftliche Macht bereits im Ansatz. Die Identitätstheorie der Demokratie führe letztlich zu einer totalitären staatlichen Ordnung und zu vollständiger gesellschaftlicher Gleichschaltung.

Dementsprechend hat schon *Montesquieu* in seiner Staatsphilosophie mit Nachdruck auf die Notwendigkeit der Machtaufteilung und Machtkontrolle hingewiesen: „Damit die Macht nicht missbraucht werden kann, ist es nötig, durch die Anordnung der Dinge zu bewirken, dass die Macht die Macht bremse. Ein Staat kann so aufgebaut werden, dass niemand gezwungen ist, etwas zu tun, wozu

---

20 Vgl. Lewis A. *Coser*, The Functions of Social Conflict. London 1956, S. 80, vgl. auch in deutscher Übersetzung: Theorie sozialer Konflikte, Neuwied 1972.
21 Vgl. Hansjürgen *Daheim*, Integration durch Konflikt, in: Regensburger Universitätszeitung, 5 (1969) 3, S. 9-14.

er nach dem Gesetze nicht verpflichtet ist, und niemand gezwungen ist, etwas zu unterlassen, was das Gesetz gestattet."[22]

Nur die Demokratie ist imstande, die Aufteilung der politischen Macht auf die staatlichen Gewalten zu sichern. In der *pluralistischen Demokratie* sind die Voraussetzungen einer Gewaltenteilung gegeben, die durch grundsätzliche Gleichrangigkeit, institutionelle Trennung und verfassungsrechtliche Zuordnung von Legislative, Exekutive und Judikative gekennzeichnet ist.[23] Die verfassungsrechtliche Beschränkung der Macht sichert so die politische Freiheit. Teilung und Zuordnung der staatlichen Gewalten sollen ein Gleichgewicht zwischen den Machtträgern gewährleisten und den Freiraum des Einzelnen sichern. Aus diesem liberalen Freiheits- und Verfassungsverständnis ergeben sich die verfassungspolitischen Richtwerte für gesellschaftlichen Pluralismus, repräsentative Demokratie und einen freiheitlichen Rechtsstaat.

Tab.11: Konkurrenz- und Identitätstheorie der Demokratie

	Konkurrenztheorie	Identitätstheorie
Gesellschaft	heterogen, pluralistisch	homogen, monistisch
Volkswille	Konkurrenz unterschiedlicher Ziel und Interessen	homogener, einheitlicher Volkswille
Politische Institutionen	„Treuhänder" des Volkes	führen Volkswillen aus
Politische Willensbildung	repräsentativ	plebiszitär
Gruppeninteressen	legitim	illegitim
Konsens	Grundkonsens (Verfassungskonsens; Spielregeln)	umfassend
Gemeinwohl	a posteriori	a priori
Beispiele	repräsentative Demokratien moderner Industriegesellschaften (USA, Großbritannien, Frankreich, Bundesrepublik Deutschland)	„klassenlose Gesellschaft", Diktatur des Proletariats, Rätedemokratie, Faschismus
Vertreter	Spinoza, Locke, Fraenkel, Dahl, Steffani	Rousseau, Proudhon, Landauer

Quelle: nach Carl *Böhret* u.a. (Hrsg.), Innenpolitik und politische Theorie, a.a.O., S. 13-15.

Der Pluralismus gesellschaftlicher Interessen als Grundlage der Wettbewerbsdemokratie betont die Rolle, die gesellschaftliche Gruppen und intermediäre Orga-

---

22 Charles de *Montesquieu*, De l'Esprit des Lois, Paris 1920, Nouvelle Edition, in deutscher Übersetzung: Vom Geist der Gesetze, eingeleitet und hrsg. von Kurt *Weigand*, Stuttgart 1965, S. 211.
23 Vgl. Winfried *Steffani*, Parlamentarische und präsidentielle Demokratie. Strukturelle Aspekte westlicher Demokratien, a.a.O., S. 9-36.

nisationen durch die Mobilisierung der Bürger und die Vertretung ihrer Interessen spielen. Da der Konfliktcharakter dieser Interessen allen bewusst ist, soll der Pluralismus Kompromiss und Mäßigung in sozialen Beziehungen und auch in politischen Auseinandersetzungen fördern. Wenn sich Gruppenbildungen aber dennoch verfestigen und zur Herausbildung einer antagonistischen Struktur der Gesellschaft führen, wird dadurch ein langfristig stabiler Interessenausgleich erschwert. Eine derartige „Politisierung" des Pluralismus ist Merkmal stark antagonistischer Gesellschaften, wie sie vor allem in Entwicklungsländern zu finden sind, in denen die Segmentierung von Gesellschaftsschichten nicht durch hohe soziale Mobilität abgebaut wird. Diese Gesellschaften werden dadurch labiler und zerbrechlicher.

In einer komplexen Gesellschaft fällt es den politischen Institutionen schwer, zwei Forderungen der Demokratie vollständig zu entsprechen: Freiheit und Gerechtigkeit. Der Schutz der *Freiheit* der Einzelnen und der Gruppen erfordert die Gewährleistung der Grundrechte (Meinungs- und Koalitionsfreiheit), der Gewaltenteilung (Unabhängigkeit der Gerichte), der Chance des Machtwechsels und der Unabhängigkeit der Medien. *Gerechtigkeit* ist nach *Rawls* Theorie politischsozialer Gerechtigkeit nicht als Maximierung kollektiver Wohlfahrt, sondern als gleichmäßige Beteiligung aller Gesellschaftsmitglieder an Vorteilen und Lasten zu verstehen.[24] Sie konkretisiert sich in zwei Prinzipien: Das Prinzip der *Gerechtigkeit als Fairness* fordert gleiche Freiheiten für alle, schützt den unantastbaren Raum individueller Selbstentfaltung und verurteilt die Diskriminierung von Minderheiten. Das Prinzip *distributiver Gerechtigkeit* erstrebt Chancengleichheit für alle und akzeptiert Ungleichheiten, soweit sich dies zum Vorteil aller Beteiligten auswirkt. Dieses Gerechtigkeitsverständnis hebt sich vom strikten Egalitarismus (dem Prinzip völliger Gleichheit) eines unfreiheitlichen Systems durch das *Differenzprinzip* ab: Danach müssen Menschen mit schwachen Fähigkeiten und Begabungen aufgrund einer ungünstigen sozialen Herkunft unter den Bedingungen konstitutioneller Demokratie, gesellschaftlichen Pluralismus und marktwirtschaftlicher Wirtschaftsordnung besser dastehen als in jeder anderen Gesellschaftsordnung. Im Konfliktfall hat das Prinzip der Gerechtigkeit als Fairness Vorrang vor demjenigen distributiver Gerechtigkeit.

Die Verwirklichung dieser Grundsätze wird durch die gesellschaftliche Modernisierung begünstigt. Diese schafft neue Interessen- und Kommunikationszentren und ermöglicht eine gerechtere Verteilung von Einkommen und Wohlstand.[25] Die Reichweite des Pluralismus' ist weit gespannt: Sie umfasst unterschiedliche wirtschaftliche, soziale und kulturelle Konfliktlinien sowie deren politische Umsetzung. Im Falle integrationsfördernder politischer Institutionen lassen sich diese Gegensätze durch Verfahren der Konfliktregelung, Prioritätensetzung, konsens-

---

24 Vgl. John *Rawls*, Gerechtigkeit als Fairneß, hrsg. von Ottfried *Höffe* mit einem Beitrag „Rawls Theorie der politisch-sozialen Gerechtigkeit", Freiburg/München 1977, S. 34ff., 84ff.
25 Vgl. Mattei *Dogan* / Dominique *Pelassy*, How to Compare Nations, a.a.O., S. 52.

fähige politische Programme und offenen politischen Wettbewerb auf der Grundlage eines stabilen Verfassungskonsensus überwinden. Sind diese Voraussetzungen nicht gegeben, besteht die Gefahr, dass sich Politik und Gesellschaft polarisieren und der Pluralismus in eine starre ideologische Segmentierung mündet. Je intensiver die sich hieraus ergebenden Konflikte werden, um so eher greifen gewaltsame Formen der Konfliktaustragung um sich und umso größer ist die Instabilität des politischen Systems.[26] Die Verfestigung kultureller und ethnischer Gegensätze kann soweit gehen, dass Interessenkoalitionen auch dann von sozialen Gruppen nicht eingegangen werden, wenn sie aufgrund ähnlicher sozioökonomischer Ausgangslagen eigentlich naheliegen würden. So gehen benachteiligte Teile ethnisch dominierender Gruppen keine stabilen Koalitionen mit insgesamt benachteiligten Gruppen ein, wie das Beispiel armer Weißer im Verhältnis zu den Afro-Amerikanern in den Vereinigten Staaten unterstreicht. Hier zeigt sich aber auch, dass der politische Pluralismus den ökonomischen, sozialen und kulturellen Pluralismus nicht nur widerspiegeln darf, sondern ihn so formen muss, dass politische Integrationswirkungen zu erwarten sind.

In der Geschichte der Demokratie hat sich das pluralistische Demokratieverständnis des demokratischen Verfassungsstaates weitgehend durchgesetzt: Nicht Abschaffung, sondern wirksame Kontrolle politischer Herrschaft ist das Kennzeichen dieses Staates, in dem das Volk die politischen Herrscher dadurch kontrolliert, dass es sie einer demokratischen Verfassung unterordnet. In ihren Handlungen sind die Regierenden von der Zustimmung der Regierten abhängig. An die Stelle der *Identitätsthese* tritt die *Dispositionsthese*: Die Staatsgewalt steht zur Disposition der Bürger und hängt von der Zustimmung des Volkes ab. Dieses Demokratieverständnis hat sich in der parlamentarischen Demokratie und der Präsidialdemokratie als maßgebenden Formen repräsentativer Demokratie ausgeprägt.

Vom präsidialen System unterscheidet sich das *parlamentarische Regierungssystem* durch die enge Verzahnung von parlamentarischer Mehrheit und Regierung: Das Parlament kann die Regierung abberufen. Diese Kompetenz besteht in der *Präsidialdemokratie* nicht.[27] Hier sind Parlament und Regierung institutionell getrennt; zwischen den parlamentarischen Mandaten und den Ämtern der Regierung gilt der Grundsatz der Inkompatibilität (Unvereinbarkeit) von legislativem Amt und exekutiver Funktion. Die Gewaltenteilungslehre hat sich in der Präsidialdemokratie in der Form institutioneller Gewaltenteilung, in der parlamentarischen Demokratie dagegen in Gestalt zeitlicher oder funktionaler Gewaltenteilung niedergeschlagen. Während das präsidiale System durch ein Gegenüber von Regierung und Parlament gekennzeichnet ist, wird die parlamentarische Demokratie durch das Gegenüber von Regierungsmehrheit und Opposition geprägt. Im

---

26 Vgl. D. G. *Morrison*/H. M. *Stevenson*, Cultural Pluralism, Modernization and Conflict, in: Canadian Journal of Political Science, vol. 5, No. 1, 1972.
27 Vgl. Winfried *Steffani*, Parlamentarische und präsidentielle Demokratie, a.a.O., S. 61ff.

präsidialen System folgt die Amtszeit der Regierung ausschließlich den Regeln der Verfassung, im parlamentarischen System hängt ihre Amtsdauer darüber hinaus vom politischen Vertrauen der parlamentarischen Mehrheit ab. Während Regierung und Parlamentsmehrheit in der parlamentarischen Demokratie von den gleichen Parteien gestellt werden, können im Präsidialsystem aufgrund voneinander unabhängiger Wahlvorgänge unterschiedliche Parteienkonstellationen Regierung und parlamentarische Mehrheit bilden.

Parlamentarische Demokratie	Präsidentielle Demokratie
– Die Mitglieder der Regierung sind im Regelfall zugleich Mitglieder des Parlaments. – Die Regierung besteht aus maßgeblichen Persönlichkeiten der Regierungspartei (en). – Die Regierungsmacht ist in der Person des Regierungschefs konzentriert. – Die Regierung bleibt im Amt, solange sie über eine Mehrheit im Parlament verfügt. – Regierung und Parlament teilen sich die Festlegung politischer Grundentscheidungen und damit auch die Gesetzgebung – Regierung und Parlament haben wechselseitige Kontrollbefugnisse. – Ultima ratio sind Vertrauensfrage und Misstrauensvotum.	– Der vom Volk über Wahlmänner gewählte Präsident ist dem Kongress politisch nicht verantwortlich und kann vom Kongress nicht abgesetzt werden. – Der Kongress kann vom Präsidenten nicht aufgelöst werden. – Es besteht Inkompatibilität zwischen der Mitgliedschaft im Kongress und in der Regierung. – In Sachfragen gibt es nur eine gering ausgebildete Parteidisziplin. Der Kongress kann deshalb die Politik des Präsidenten jederzeit durchkreuzen. – Der Präsident hat umgekehrt ein Veto gegen Gesetzesvorschläge des Kongresses. – Das System der „checks and balances" zwischen Präsident und Kongress ist stark ausgebaut.

Quelle: Hans Hermann *Hartwich* (Hrsg.), Politik im 20. Jahrhundert, 4. Aufl., Braunschweig 1974, S. 38f.

Unterschiede zwischen präsidentieller und parlamentarischer Demokratie lassen sich am Beispiel der Vereinigten Staaten und Großbritanniens verdeutlichen. Um funktionsfähig zu sein, ist das präsidentielle System der USA darauf angewiesen, dass Exekutive, Legislative und Judikative, obwohl institutionell voneinander unabhängig, dennoch erfolgreich zusammenarbeiten. Dieses Erfordernis gilt vor allem für die Kooperation zwischen Parlament und Regierung, zwischen Kongress und Präsident. Ohne Zusammenarbeit würden Lähmung und Stillstand eintreten. Die amerikanische Präsidialdemokratie ermöglicht somit vier Typen von Beziehungen zwischen den staatlichen Gewalten: 1. produktive Kooperation zwischen Kongress und Präsident, 2. Dominanz der Exekutive, 3. Dominanz der Legislative, 4. wechselseitige Blockade der Institutionen.[28] Die letzte Option kennzeichnet die politische Praxis des amerikanischen Regierungssystems immer dann, wenn der jeweilige Präsident einem Kongress gegenübersteht, der von der in den Präsi-

---

28 Vgl. Karl *Loewenstein*, Verfassungslehre, 4. Aufl. Tübingen 2000, S. 109-120; Ferdinand A. *Hermens*, Verfassungslehre, a.a.O., S. 533.

dentschaftswahlen unterlegenen Partei dominiert wird („divided government"). Diese immer wieder zu beobachtende Blockade der staatlichen Gewalten wird in Anlehnung an Verkehrsstaus in Großstädten als *„Gridlock"* bezeichnet und beeinflusst auch aktuelle Diskussionen um eine Parlamentarisierung des politischen Systems.[29] Von den aufgezeigten Optionen kann nur die erste befriedigen, während die zweite eine unzureichende politische Kontrolle der Regierung, die dritte politische Handlungsunfähigkeit der Regierung und die vierte völligen politischen Stillstand bedeuten würde. Verfassungspolitisch ist die Umsetzung der ersten Alternative im amerikanischen Regierungssystem aber keineswegs gesichert, wie auch die neuere Geschichte unterstreicht. Die amerikanische Verfassungsgeschichte zeigt, dass es lange Phasen gegeben hat, die durch eine der anderen Alternativen gekennzeichnet waren. Das Verfassungssystem der Vereinigten Staaten orientiert sich am Grundsatz der *Konfliktregelung durch Kooperation*.[30] Dieses Prinzip verleiht Strategien und Taktiken des Verhandelns und Aushandelns einen hohen Stellenwert im politischen Prozess.

Demgegenüber ist das parlamentarische Regierungssystem durch das *Konfliktregelungsmodell des politischen Wettbewerbs* gekennzeichnet, in dem Regierung und parlamentarische Mehrheit eine geschlossene, vom wechselseitigen Vertrauen getragene politische Handlungseinheit darstellen. Garanten des politischen Wettbewerbs sind die politischen Parteien. Bei einem intensiven Wettbewerb, der die Chance des Machtwechsels offen hält und dadurch eine intensive politische Kontrolle der jeweiligen Regierung gewährleistet, kann der britische Parlamentarismus sogar auf eine geschriebene Verfassung im üblichen Sinne sowie ein Verfassungsgericht verzichten: Die lebende demokratische Verfassung findet ihre Stütze in der demokratischen Tradition, in der politischen Kultur und in der Intensität des politischen Wettbewerbs.[31] Die amerikanische Präsidialverfassung hat zahlreichen Verfassungen lateinamerikanischer Staaten (sowie der Philippinen) als Vorbild gedient, nicht jedoch den europäischen Demokratien. Desgleichen hat das „Westminster-Modell" des britischen Parlamentarismus' keine Nachahmer in Kontinentaleuropa gefunden, wohl aber in früheren britischen Kolonien wie Malaysia, Indien und (zeitweilig) Nigeria.

In vielen Ländern der „Dritten Welt" haben der Erneuerungs- und Stabilitätsbedarf der nachkolonialen Ära, fortdauernde autoritäre Fixierungen und die in der

---

29 Vgl. Kenneth W. *Thompson* (Hrsg.), Governance VI. New Insights on Governance: Theory and Practice, Lanham/New York London 1995; hier insbesondere die Beiträge von Frederick M. *Kaiser*, „Gridlock" and Contemporary Executive-Legeslative Relations, S. 87-94; Thomas O. *Sargentich*, Parliamentary Critiques of the Seperation of Powers, S. 193-203; vgl. ferner Winand *Geller*, Die Blockade der politischen Gewalten in den USA, in: Aus Politik und Zeitgeschichte, Bd. 8-9/96, 1996, S. 3-10.
30 Vgl. Winfried *Steffani*, Parlament, Regierung, Rechtsprechung, a.a.O., S. 6.
31 Vgl. hierzu die klassische Darstellung von Walter *Bagehot*, The English Constitution, a.a.O., passim.

jeweiligen politischen Kultur fest verankerten personalistischen Vorstellungen von Politik und Verwaltung eine langwährende Präferenz für präsidiale Demokratie begründet. Die Möglichkeiten präsidialen Machtmissbrauchs und die Wahrscheinlichkeit politischer Handlungsblockade zwischen Präsident und Parlament machen aber diesen Kurs zu einem auf Dauer wenig tragfähigen verfassungspolitischen Weg. Statt dessen empfiehlt sich im verfassungspolitischen Diskurs der jungen Demokratien, nicht zuletzt vor dem Hintergrund der Ursachen des mehrfachen Scheiterns der Demokratie in Europa während des 20. Jahrhunderts, eine stärkere Orientierung am Leitbild eines „rationalisierten Parlamentarismus",[32] dessen Handlungsfähigkeit durch klare Mehrheitsbildungen, aktionsfähige Regierungen und stark integrierte Parteiensysteme gewährleistet wird. Es ist damit zu rechnen, dass in der Verfassungsdiskussion der Entwicklungsländer die repräsentative Demokratie in der Form des „rationalisierten Parlamentarismus" eine Renaissance erleben wird.

In Europa haben sich unterschiedliche Muster der politischen Machtverteilung zwischen Regierung und Parlament herausgebildet.[33] Während die parlamentarischen Demokratien Großbritanniens und der Bundesrepublik Deutschland durch eine Dominanz der Regierung gegenüber dem Parlament gekennzeichnet sind, stehen schwache Regierungen – wie im Falle Italiens – einem starken Parlament gegenüber. Wie die folgende Gegenüberstellung von Mehrheits- und Konsensdemokratien zeigt (Tab. 12), kann das politische System seine Aufgabe, gesamtgesellschaftlich verbindliche Entscheidungen durchzusetzen, auf unterschiedlichem Weg erfüllen. Mehrheitsdemokratien wie Großbritannien sind durch ein relativ hohes Maß kultureller Homogenität, Machtkonzentration, intensiven politischen Wettbewerb und die konsequente Anwendung des Mehrheitsprinzips gekennzeichnet. Demgegenüber herrschen in Konsensdemokratien (Niederlande, Belgien) unter den Bedingungen fragmentierter Gesellschaften die Prinzipien der Machtdiffusion, der Verhandlung und der Einigung vor.

---

32 Vgl. Boris *Mirkine-Guetzévich*, L'echec de „parlamentarisme rationalisé", in: Revue internationale d'histoire politique et constitutionelle, Paris, April-Juni 1954.
33 Vgl. Oscar W. *Gabriel*, Einleitung. Die EU-Staaten im Vergleich: Strukturen, Prozesse, Politikinhalte, in: Oscar W. *Gabriel*/Frank *Brettschneider* (Hrsg.), Die EU-Staaten im Vergleich. Strukturen, Prozesse, Politikinhalte, a.a.O., S. 13.

Tab. 12: Typen demokratischer Regierungssysteme

	Mehrheitsdemokratie	Konsensdemokratie
Beziehung zwischen Regierung und Parlament	Machtkonzentration bei Vorherrschaft der Exekutive	Machtteilung und -gleichgewicht
Kabinettstyp	Einparteienkabinett	Große Koalition
Legislativstruktur	Einkammersystem bzw. asymmetrisches Zweikammersystem	symmetrisches Zweikammersystem
Parteiensystem	Zweiparteiensystem	Vielparteiensystem
Politische Konfliktstruktur	Eindimensional	Mehrdimensional
Wahlsystem	Relative Mehrheitswahl	Verhältniswahl
Staatsstruktur	Unitarisch	Föderativ
Geschriebene Verfassung	Nein	Ja
Verfassungsgerichtsbarkeit	Nein	Ja
Plebiszite	Nein	Ja

Quelle: Arend *Lijphart*, Democracies. Patterns of Majoritarian and Consensus Government in Twenty-One Countries, New Haven/London 1984, S. 1ff., 21ff.

Werden diese Formen repräsentativer Demokratie weiter nach dem Grad der Dezentralisierung politischer Macht differenziert, ergeben sich vier Typen[34]: unitarische Wettbewerbsdemokratie (Großbritannien, Irland), föderative Konsensdemokratie (Belgien), föderative Wettbewerbsdemokratie (Bundesrepublik Deutschland) und unitarische Konsensdemokratie (Dänemark). Zwischen Wettbewerbs- und Konsensdemokratie einerseits sowie unitarischem und föderativem Staat andererseits nehmen Länder wie Frankreich, Japan, Italien und Luxemburg als Mischtypen eine Zwischenstellung ein.

5.2 Stellung gesellschaftlicher Interessen in der Wettbewerbsdemokratie

In den Demokratien der Gegenwart hat die Diskussion um Probleme der Ökologie, des Verbraucherschutzes und der sozialen Sicherung das Spannungsverhältnis zwischen kollektiven Gütern und Verbandsinteressen verdeutlicht. Als *Kollektivgut* wird hier ein Gut verstanden, das den anderen Personen in einer Gruppe praktisch nicht vorenthalten werden kann, wenn irgendeine Person es konsumiert.[35] Unter *Verbänden* sollen Gruppen verstanden werden, die auf der Grund-

---

34 Vgl. Arend *Lijphart*, Democracies, a.a.O., S. 211ff.
35 Vgl. Mancur *Olson*, Die Logik des kollektiven Handelns. Kollektivgüter und die Theorie der Gruppen, 5. Aufl., Tübingen 2004, S. 13; zum Begriff des „kollektiven Gutes" siehe ferner: Robert *Musgrave*, Finanztheorie. Tübingen 1966 und J.G. *Head*, Public Goods and Public Policy, in: Public Finance vol. XVII, Nr. 3, 1962, S. 197-219.

lage gemeinsamer Einstellungen und Interessen Forderungen an andere Gruppen oder den Staat richten. Diese Forderungen zielen auf die Durchsetzung von Verhaltensweisen, die den gemeinsamen Interessen entsprechen.[36] Zwischen diesen Verbandsinteressen und der Bereitstellung kollektiver Güter durch das politische System besteht ein grundsätzliches Spannungsverhältnis, das sich aus der Interessendynamik der Wettbewerbsdemokratie ergibt. Voraussetzung der politischen Artikulation gesellschaftlicher Interessen ist ihre organisatorische Erfassung und Bündelung.

> Unter *organisierten Interessen* verstehen wir „freiwillig gebildete soziale Einheiten mit bestimmten Zielen und arbeitsfähiger Gliederung (Organisationen), die individuelle, materielle und ideelle Interessen ihrer Mitglieder im Sinne von Bedürfnissen, Nutzen und Rechtfertigungen zu verwirklichen suchen."[37]

Organisierte Interessen sind ein notwendiges und zugleich stabilisierendes Element der demokratischen Verfassungsordnung:[38]

- Die freie *Artikulation* von Interessen sichert die Legitimität der politischen Entscheidungen. Sie macht es den politischen Entscheidern möglich, gesellschaftliche Bedürfnisse wahrzunehmen und auf sie angemessen zu reagieren.
- Größere Interessengruppen bündeln Spezialinteressen und formen diese dadurch um. Diese *Aggregation* verschafft dem Verband eine größere politische Durchsetzungsfähigkeit. Zugleich sichert sie damit eine entscheidende Voraussetzung für die Reduktion gesellschaftlicher Komplexität durch das politische System, denn Interessen werden überschaubarer und können leichter verarbeitet werden. Der politische Prozess wird so von Einzelkonflikten entlastet, die innerhalb größerer gesellschaftlicher Organisationen ausgetragen werden.
- Die Beteiligung der Interessengruppen an der politischen Entscheidungsfindung fördert zugleich ein politisch integratives Verhalten der gesellschaftlichen Gruppen und ihrer Organisationen.

Während der Begriff *Verband* die Organisationsstruktur betont, bezeichnet Interessengruppe *(pressure group)* die bevorzugte Form politischer Einflussnahme: die Ausübung von Druck.[39] Interessengruppen sind „Zusammenschlüsse von Bürgern, die durch koordinierte Aktivitäten das politische System zu beeinflussen su-

---

36 Vgl. A. Paul *Pross*, Group Politics and Public Policy, 2.Aufl., Toronto 1992, S. 3ff.; David B. *Truman*, The Governmental Process, New York 1951, S. 33.
37 Ulrich von *Alemann*, Organisierte Interessen in der Bundesrepublik, a.a.O., S. 30.
38 Vgl. Wolfgang *Rudzio*, Das politische System der Bundesrepublik Deutschland, a.a.O., S. 56.
39 Vgl. Hiltrud *Naßmacher*, Politikwissenschaft, a.a.O., S. 79ff., 212f.

chen, ohne ihre Mitglieder in formale Regierungsämter bringen zu wollen."[40] Ihr vorrangiges Ziel ist die Durchsetzung eines Anliegens im Interesse ihrer Mitglieder. Von einer nur sporadischen Bündelung individueller Interessen unterscheiden sie sich durch ein dauerhaftes Interessenprofil, einen politischen Zielkatalog, eine hohe Interaktionsdichte der Beziehungen zwischen ihren Mitgliedern und das erhebliche Eigengewicht ihrer Organisation.

Abb. 29: Adressaten und Methoden von Verbandseinfluss

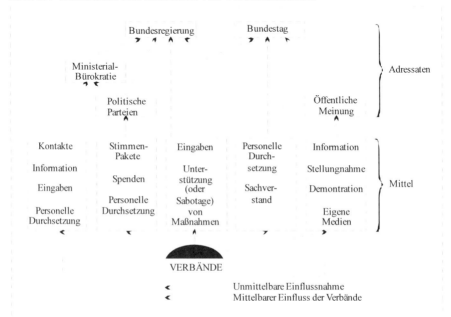

Quelle: Wolfgang *Rudzio*, Die Organisierte Demokratie – Parteien und Verbände in der Bundesrepublik, 2. Aufl., Stuttgart 1982, S. 41.

---

40 L. Harmon *Zeigler*/G. Wayne *Peak*, Interest Groups in American Society, Englewood Cliffs (N.J.) 1972, 2. Aufl., S. 3 (Übersetzung Verf.); Almond und Powell unterscheiden vier Typen von Interessengruppen: 1. Assoziative Interessengruppen vertreten spezialisierte Interessen und politische Ziele; 2. institutionelle Interessengruppen (Verbände) sind aus beruflichen, sozialen und organisatorischen Gründen gebildet worden und nehmen in diesem Rahmen auch politische Interessen wahr; 3. nichtassoziative Interessengruppen sind locker organisierte, flexibel operierende, informelle Gruppen, die gelegentlich auch politische Ziele im Sinne haben; 4. anomische (unorganisierte) Interessengruppen bilden sich häufig spontan (Demonstrationen etc.) und kennen keine dauerhafte Organisation. Vgl. Gabriel *Almond*/G. Bingham *Powell*, Comparative Politics, Boston 1966.

Interessengruppen entstehen, wenn sich in einer Gesellschaft neue, feste Konfliktlinien herausbilden. Diese treten unter dem Einfluss neuer sozialer Interessen und der Nachfrage nach kollektiven Gütern auf. Die Interessengruppen unterscheiden sich nach Organisationsstruktur, Organisationsgrad und interner Willensbildung. Bei spontanen Gruppen ist die Organisationsstruktur diffus und der Organisationsgrad schwach. Informelle Interessengruppen verfolgen zwar ein gemeinsames Ziel, ihre Mitglieder bauen aber keine gemeinsame Organisation auf. Formelle Interessengruppen – Verbände und Vereine – legen dagegen ihre Ziele und ihre Willensbildung durch Programme und Satzungen fest.

Besonders stark und politisch wirksam sind Wirtschafts- und Arbeitsinteressen organisiert. Branchenverbände von Unternehmen und Selbständigen erfassen im Allgemeinen die Mehrheit ihrer Klientel als Mitglieder. Organisationsschwach sind demgegenüber Verbände, die weitgesteckte kollektive Interessen wahrnehmen (Mieter, Steuerzahler, Patienten, Studenten, Verbraucher), artikulationsstark wiederum Organisationen, die nur Einzelinteressen vertreten. Solche Verbände haben im Bereich des Umweltschutzes (Greenpeace, BUND) und des Eintretens für die Menschenrechte (Amnesty International) nationale oder übernationale Bedeutung gewonnen. Von welchen Faktoren hängt ihr Einfluss ab und auf welchem Wege üben sie diesen Einfluss aus?

Tab. 13: Interessengruppen

	ZIELE
Defensive Gruppen	– Verteidigung des Besitzstandes von Interessen
Offensive Gruppen	– Förderung eines Anliegens
	UNTERSTÜTZUNG
Geschlossene Gruppen	– geschlossene Mitgliedschaft
Offene Gruppen	– offene Mitgliedschaft
	STATUS
Insider-Gruppen	– regelmäßig an politischen Entscheidungen beteiligt (z.B. Banken, Industrie, Gewerkschaften)
Outsider-Gruppen	– kein offener formaler Zugang zum politischen Entscheidungsprozeß
	NUTZNIESSER
Kollektiv	– Vorteile kommen Mitgliedern und Nichtmitgliedern zugute (z.B. bei Tarifverhandlungen)
Selektiv	– Nur Gruppenmitglieder profitieren
	WIRTSCHAFTLICHE FUNKTION
Korporativ	– Interessendurchsetzung für Anbieter von Gütern und Dienstleistungen
Einstellungen, Präferenzen	– Einflußnahme auf Einstellungen und wirtschaftliche Präferenzen

Quelle: T. *Matthews*, Interest Groups, in: R. *Smith*/L. *Watson* (Hrsg.), Politics in Australia, Sydney 1989, S. 211-227; Rod *Hague*/Martin *Harrop*, Comparative Government and Politics, a.a.O., S. 168.

Interessengruppen lassen sich anhand folgender Merkmale unterscheiden, die zugleich Reichweite und Intensität ihres politischen Einflusses kennzeichnen:[41]

- nach dem Grad ihrer Politisierung, der den Anteil ihrer Aktivitäten im politischen Prozess widerspiegelt;
- ihrer territorialen Reichweite, d.h. dem Ausmaß ihrer lokalen, regionalen und gesamtstaatlichen Aktivitäten;
- ihren Ressourcen, d.h. insbesondere ihrer Mitgliederzahl, Mitgliederdichte (Organisationsgrad der jeweiligen Zielgruppe), Finanzen und Zugang zur politischen Führung, ihrer Dauerhaftigkeit (permanente und ad-hoc-Organisationen);
- ihrem strategischen Potential (offensive und defensive Taktiken);[42]
- dem jeweiligen Politikfeld ihres sozio-ökonomischen und politischen Wirkungskreises.

Diese Kriterien bestimmen die Stoßrichtung, den Erfolg und die Breitenwirkung ihrer politischen Einflussnahme durch Massenmedien, Wahlkampfführung, innerparteiliche Meinungsbildung, parlamentarische Entscheidungsfindung und politische Planung. Das Spektrum zeigt zwei Stoßrichtungen des politischen Einflusses: die Beeinflussung politischer Meinungsbildung und Entscheidungsfindung von außen *(outside lobbying)* und durch personelle und organisatorische Verflechtung von Verbänden und politischen Organisationen *(inside lobbying)*.

Welche Interessen werden von Interessengruppen aufgegriffen und politisch artikuliert? Dies hängt von den Wertorientierungen, Bedürfnissen und Interessen einer Gesellschaft ab. Dabei interessieren zum einen Reichweite und Rangordnung gesellschaftlicher Wertorientierungen und zum anderen diejenigen Interessen, die von Verbänden und politischen Institutionen aufgegriffen werden. Wir müssen daher zunächst einen Blick auf gesellschaftliche Wertorientierungen werfen und uns daraufhin der Frage zuwenden, wie diese Wertvorstellungen durch Interessengruppen im politischen Prozess artikuliert und in politische Entscheidungen umgesetzt werden.

Mit dem Wandel von Wirtschaft und Gesellschaft in der Neuzeit haben sich auch die Wertvorstellungen der Bürger verändert. So hat sich die Modernisierung der Gesellschaft in einer zunehmenden Differenzierung der gesellschaftlichen Bedürfnisse niedergeschlagen. Standen im Zuge der wirtschaftlichen und gesellschaftlichen Entwicklung zunächst physische Bedürfnisse im Vordergrund der Interessen, so erhielten in den fortgeschrittenen Industriegesellschaften postmaterialistische Orientierungen, wie beispielsweise das Bedürfnis nach individueller

---

41 Vgl. Geoffrey K. *Roberts*, An Introduction to Comparative Politics, London 1986, S. 89-98.
42 Dieses Potential wird in erheblichem Umfang durch die Perzeption ihrer Durchsetzungsstärke durch andere Gruppen wie durch die Selbsteinschränkung ihrer Einflußstärke bestimmt. Vgl. Sidney *Verba*/Steven *Kelman*/Gary R. *Orren* u.a., Elites and the Idea of Equality: A Comparison of Japan and Sweden, and the United States, Cambridge (Mass.)/London 1987, S. 195.

Selbstverwirklichung und sozialer Anerkennung, immer stärkeres Gewicht. In ökonomisch unterentwickelten Staaten dagegen ist der Anteil der Postmaterialisten gering.[43] Für die moderne Wettbewerbsdemokratie bedeutet dies, dass die politischen Akteure von ihren Wählern und den Massenmedien an ihrem Beitrag zur Befriedigung materieller und immaterieller (postmaterialistischer) Bedürfnisse gemessen werden.

Die folgende Übersicht bringt diese Skala materieller und immaterieller Wertorientierungen zum Ausdruck. Innerhalb der Rangskala haben sich in den meisten Industriestaaten in den vergangenen Jahrzehnten die Gewichte zu den postmaterialistischen Orientierungen verschoben. Dennoch darf diese Entwicklung nicht als Automatismus missverstanden werden. Denn materialistische und postmaterialistische, traditionale und moderne Wertorientierungen bestehen weiterhin nebeneinander fort und stehen zudem in einer komplexen Wechselbeziehung.[44]

Der historische Zusammenhang zwischen traditionellen Wertvorstellungen, religiösen Überzeugungen, wirtschaftlicher Entwicklung und gesellschaftlichen Wertorientierungen lässt sich auf der Grundlage religionssoziologischer Untersuchungen[45] und neuerer Studien zum gesellschaftlichen Wertewandel in industriellen Gesellschaften[46] folgendermaßen darstellen (siehe Abb. 30): Während traditionelle Wertsysteme eine statische Wirtschafts- und Gesellschaftsordnung begründeten, begünstigten eine auch religiös fundierte unternehmerische Leistungsorientierung in Europa und in den USA sowie eine Synthese aus Neokonfuzianismus (einem auf den Lehren des *Konfuzius* beruhenden und der Moderne angepassten Gesellschaftsbild), traditionellem Lernwillen, Familiarismus und Gruppenorientierung in den Gesellschaften Asiens eine hohe wirtschaftliche Dynamik, die zu einem einflussreichen Motor wirtschaftlicher und gesellschaftlicher Mo-

---

43 Russell J. *Dalton*, Vergleichende Wertewandelforschung, in: Dirk *Berg-Schlosser*, Ferdinand *Müller-Rommel*, Vergleichende Politikwissenschaft, a.a.O. S. 161.
44 So bringt insbesondere *Maslows* Theorie der Bedürfnishierarchie keinen universell gültigen, soziokulturellen Automatismus zum Ausdruck. In Japan, der Gesellschaft mit dem höchsten Wohlstandsindex (nach den Erhebungen des UN Human Development Report), bestehen vorindustrielle materialistische und postmaterialistische Wertorientierungen nebeneinander, ohne daß ein linearer Trend des Wertewandels feststellbar wäre. Seit jeher sind die vorindustriellen Wertvorstellungen der japanischen Gesellschaft (harmonische Sozialbeziehungen, Gruppensolidarität, soziale Anerkennung) zugleich durchaus postmaterialistisch im westlichen Sinne. Vgl. hierzu Ronald *Inglehart*, Culture Shift in Advanced Industrial Society, Princetown (N. J.) 1990, S. 144-153., Paul *Kevenhörster*, Politik und Gesellschaft in Japan, a.a.O., S. 56ff.
45 Vgl. Max *Weber*, Gesammelte Aufsätze zur Religionssoziologie, Tübingen 1988; *ders.*, Die protestantische Ethik, hrsg. von Alfred *Müller-Armack*, Johannes *Winckelmann*, 6. Aufl., Gütersloh 1981; Alfred *Müller-Armack*, Religion und Wirtschaft: geistesgeschichtliche Hintergründe unserer europäischen Lebensform, 3. Aufl., Bern 1981.
46 Vgl. Ronald *Inglehart*, The Silent Revolution, a.a.O., passim; *ders.*, Culture Shift in Advanced Industrial Society, a.a.O., passim.

dernisierung wurde.[47] Die Breitenwirkung dieses Prozesses erhöhte den Wohlstand aller Bevölkerungsschichten und schuf damit zugleich die Grundlagen eines Wertewandels zugunsten postmaterialistischer Orientierungen. Die dadurch begünstigte niedrigere Bewertung von Arbeit und Beruf schlägt sich in der Gegenwart schließlich in niedrigerer Arbeitsmotivation, Arbeitsleistung und geringerem wirtschaftlichen Wachstum nieder.

Abb. 30: Gesellschaftliche Werteorientierungen

Soziale Bedürfnisse/ Selbstverwirklichung (postmaterialistisch)	Ästhetisch:	• Schöne Städte/Natur • Ideen zählen mehr als Geld
	Intellektuell:	• freie Rede
	Zugehörigkeit und Achtung:	• Weniger unpersönliche Gesellschaft • Mehr Mitbestimmung am Arbeitsplatz • Mehr politische Mitbestimmung
Physische Bedürfnisse (materialistische Orientierungen)	Sicherheitsbedürfnisse:	• Starke Verteidigungskräfte • Verbrechensbekämpfung • Öffentliche Ordnung
	Versorgungsbedürfnisse:	• Stabile Wirtschaft • Wirtschaftswachstum • Kampf gegen steigende Preise

Quelle: Ronald *Inglehart*, The Silent Revolution: Changing Values and Political Styles among Western Publics, Princeton (N. J.) 1977, S. 42. ; *ders.*, Culture Shift in Advanced Industrial Society, a.a.O., S. 134.

Welche politische Bedeutung haben diese Wertorientierungen? In welchen Interessenprofilen schlagen sie sich nieder? Wie werden die Interessenstrukturen in politische Entscheidungen umgesetzt? In den Industriegesellschaften wird die politische Umsetzung gesellschaftlicher Interessen traditionell durch zwei Konfliktdimensionen geprägt: den *sozialökonomischen Konflikt* (zwischen Arbeitgeber- und Arbeitnehmerinteressen) und den *soziokulturellen* Konflikt (zwischen reli-

---

47 Vgl. Ulrich *Menzel*, Nachholende Modernisierung in Ostasien aus entwicklungstheoretischer Perspektive, in: Dieter *Nohlen*/Franz *Nuscheler*, Handbuch der Dritten Welt, Bd.8, a.a.O., S. 19, 15, 27.

giös geprägten und säkularen Anschauungen). In der Gegenwart werden diese Dimensionen durch eine *ökologische* Dimension, die sich als Alternative zwischen Ökonomie und Ökologie darstellt, und eine *verfassungspolitische* Dimension überlagert, die sich als Forderung nach umfassenderer und direkter Bürgerbeteiligung artikuliert.[48] Diese komplexe Interessenstruktur unterstreicht, wie stark die Artikulation politischer Interessen von der sozioökonomischen Entwicklung eines Landes abhängt.

Abb. 31: Wirtschaftsdynamik und Wertewandel

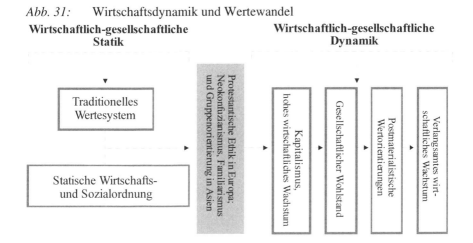

5.3 Sozioökonomische Entwicklung und politische Modernisierung

Die politische Ausprägung gesellschaftlicher Interessen hängt von der sozioökonomischen Entwicklung ab. In ihrem Verlaufe haben sich bedeutsame Unterschiede zwischen den europäischen Staaten und den Ländern in Asien und Afrika herausgebildet. In Europa ist die Bevölkerung lese- und schreibkundig geworden, bevor Urbanisierung und Industrialisierung einsetzten. Als diese beiden Prozesse begannen, verfügte sie über einen Bildungsgrad, der politische Beteiligung ermöglichte und das politische System dadurch entlastete, dass dieses nicht mehrere Umbrüche gesellschaftlicher Modernisierung gleichzeitig verarbeiten musste.[49] In einer anderen Situation befinden sich viele Entwicklungsländer, in denen sich die Urbanisierung mit niedrigem Bildungsniveau, eine unzureichende Infrastruktur sich mit Analphabetismus und ein rapides Bevölkerungswachstum sich mit einer

---

48 Vgl. Wolfgang *Rudzio*, Das politische System der Bundesrepublik Deutschland. a.a.O., S. 127.
49 Vgl. Ekkart *Zimmermann*, Evolutionärer und revolutionärer Wandel, a.a.O., S. 260.

starken Belastung der natürlichen Ressourcen verbindet. In dieser Lage haben die Entwicklungsländer die Wahl zwischen mehreren Entwicklungsperspektiven.[50]

Das *liberale Modell* betrachtet die sozioökonomische Rückständigkeit eines Landes als Hauptursache politischer Gewalt, sozioökonomischer Ungleichheit und mangelhafter politischer Beteiligung. Entsprechend erhöhen eine rasche wirtschaftliche und gesellschaftliche Modernisierung das Wohlstandsniveau einer Gesellschaft und ermöglichen dadurch politische Stabilität, politische Partizipation und eine gleichmäßigere Verteilung des Wohlstandes. Dieses Modell hat die Beziehungen zwischen politischer und wirtschaftlicher Entwicklung allerdings zu einseitig aus der Perspektive der Industriestaaten betrachtet, die Auswirkungen politischer Rahmenbedingungen auf die wirtschaftliche Entwicklung vernachlässigt und ein zu undifferenziertes Bild der „Dritten Welt" gezeichnet. Denn politische Gewalt ist häufiger in Gesellschaften ausgebrochen, die bereits erste Modernisierungsphasen durchlaufen hatten, und hohes Wirtschaftswachstum hat vielfach die Einkommens- und Vermögensverteilung noch ungleicher werden lassen.

Für Entwicklungsländer sind daher andere Entwicklungsmodelle attraktiver gewesen. Nachdem in ersten Entwicklungsphasen die politischen Beteiligungsrechte der städtischen Mittelschichten ausgeweitet wurden und die wirtschaftliche Entwicklung zugleich den Umfang sozioökonomischer Ungleichheit ansteigen ließ, haben sich einige dieser Länder für ein *autokratisches Modell* entschieden, das politische Machtkonzentration, Einschränkungen der politischen Beteiligungschancen der Mittelschicht und Maßnahmen zugunsten größerer sozioökonomischer Gleichverteilung vorsieht (z.B. durch Landreformen), um so die unteren sozialen Schichten einzubinden und gegen die neuen Mittelschichten zu mobilisieren. Je weiter diese Mobilisierung voranschreitet, um so mehr müssen sich die Entwicklungsländer in einer späteren Phase zwischen einem *technokratischen Entwicklungsmodell*, das hohe Investitions- und Wachstumsraten mit hoher Ungleichheit der Einkommensverteilung und einem niedrigen Niveau politischer Beteiligung verbindet, und einem *populistischen Entwicklungsmodell* entscheiden, das eine Kombination von wachsender politischer Beteiligung, wohlfahrtsstaatlicher Politik, Einkommensgleichheit und niedrigem Wirtschaftswachstum vorsieht. Führt der technokratische Weg zu politischer Repression durch die herrschende politische Klasse, so begünstigt der populistische Kurs gesellschaftliche Polarisierung, wirtschaftliche Stagnation und eine „Implosion" politischer Beteiligung (beispielsweise durch einen Staatsstreich des Militärs). Die Ursache: In der zweiten Entwicklungsphase ist ein Ausbau politischer Beteiligung noch nicht mit einer Förderung des Wirtschaftswachstums vereinbar und in späteren Stadien eher ein nicht planbares Nebenprodukt der wirtschaftlichen und gesellschaftlichen Entwicklung.

---

50 Vgl. zum folgenden Samuel P. *Huntington*/Joan M. *Nelson*, No Easy Choice. Political Participation in Developing Countries, Cambridge (Mass.)/London 1976. S. 18-27.

Das 20. Jahrhundert war ein Jahrhundert autoritärer und totalitärer Diktaturen. Zwar wurde die Gewaltherrschaft in Süd- und Westeuropa nach dem Ende des Zweiten Weltkrieges zurückgedrängt, doch ließ sich in den Ländern Asiens, Lateinamerikas und Afrikas zunächst eine gegenläufige Bewegung feststellen, die auch als „*Diktatorisierung der Dritten Welt*" bezeichnet worden ist.[51] Das durch den Ost-West-Konflikt geprägte internationale Umfeld hat lange Zeit die Machtübernahme autoritärer Regime und Militärdiktaturen begünstigt, von beiden Seiten wirtschaftlich und militärisch unterstützt: Auf der einen Seite des „Eisernen Vorhangs" erwarteten die sozialistischen Staaten von Militärregimen eine effektivere Sicherung und offensive Ausbreitung des Sozialismus, während auf der anderen konservative Regierungen ihre Stellung durch den Kommunismus bedroht sahen und auf diese Herausforderung mit einer Zentralisierung der Machtstrukturen reagierten.

In den 1960er und 1970er Jahren konnten sich in der „Dritten Welt" nur wenige demokratische Regime gegenüber dem Machtanspruch des Militärs behaupten.[52] Die Diktatur schien zum „Staatsmodell für die Dritte Welt" geworden zu sein.[53] In vielen Entwicklungsgesellschaften bildeten die Militärs mit den Staatsklassen und ländlichen Besitzoligarchien ein *Elitenkartell*, in dem die politische Macht unter Ausschaltung alternativer Kräfte von einer kleinen Gruppe unkontrolliert ausgeübt werden konnte. Auch heute spielt das Militär in einigen Schwellenländern, die noch keine starke Zivilkultur ausbilden konnten, eine wichtige Rolle. So versuchte das Militär in Thailand im Zeitraum von 1932 bis 2006 insgesamt achtzehnmal, die amtierende Regierung durch eine Revolte zum Abtritt zu zwingen.[54]

Die Staatsklasse pflegte diese Machtstruktur mit der Notwendigkeit von „*Entwicklungsdiktaturen*" zu rechtfertigen, in denen sich das Militär als Katalysator sozialen Wandels verstand und mit dieser Begründung eine der wirtschaftlichen und politischen Entwicklung förderliche politische Ordnung geben wollte.[55] Die „Entwicklungsdiktaturen", die die ökonomische Modernisierung und politischen Autoritarismus als Entwicklungsvoraussetzungen verstanden, erwiesen sich jedoch meist als „*Diktaturen ohne Entwicklung*".[56] Insgesamt konnte die Entwick-

---

51 Jürgen *Rüland*/Nikolaus *Werz*, Von der „Entwicklungsdiktatur" zu den Diktaturen ohne Entwicklung, in: Franz *Nuscheler* (Hrsg.), Dritte Welt-Forschung. Entwicklungstheorie und Entwicklungspolitik, Opladen 1985, S. 212f.
52 Vgl. Paul *Cammack*/David *Pool*/William *Tordoff*, Third World Politics. A Comparative Introduction, 2. Aufl., Basingstoke 1994, S. 133-169.
53 Vgl. Hans F. *Illy*/Rüdiger *Sielaff*/Nikolaus *Werz*, Diktatur – Staatsmodell für die Dritte Welt?, Freiburg/Würzburg 1980.
54 Vgl. Aurel Croissant, Von der Transition zur Demokratie. Demokratische Entwicklung in den Philippinen, Südkorea und Thailand, Wiesbaden 2002. S. 156f.
55 Vgl. Friedemann *Büttner*, Militärregime in der ‚Dritten Welt', in: Reiner *Steinweg*, Militärregime und Entwicklungspolitik, Frankfurt/M. 1989, S. 61f.
56 Vgl. Jürgen *Rüland*/Nikolaus *Werz*, Von der „Entwicklungsdiktatur" zu den Diktaturen ohne Entwicklung, a.a.O., S. 211-232.

lung der Herrschaftsformen in der Dritten Welt aber nicht auf eine Linie festgelegt werden, und zwischen wirtschaftlicher und politischer Modernisierung schien, wenn überhaupt, nur ein lockerer Zusammenhang zu bestehen.[57]

Der Begriff „Entwicklungsdiktatur" erwies sich somit als Trugschluss. Die unterschiedlichen Ausprägungen von Diktatur und Demokratie in den Entwicklungsländern müssen daher differenzierter betrachtet werden. Zur Beschreibung der Herrschaftssysteme in der Dritten Welt scheint am ehesten der Begriff des *autoritären Staates* geeignet. Unstrittig ist jedenfalls, dass mit der Machtkonzentration die Gefahr des Machtmissbrauches wächst. Autoritären Regimen mangelt es an Verfahren der Partizipation und des politischen Wettbewerbs, an wirksamer Grundrechtsbildung und Machtkontrolle durch Gewaltenteilung, Parlamente, Wahlen und Pluralismus.[58]

Die Herrschaftsformen in Entwicklungsländern stellen vielfach autoritäre Regime dar, die unterschiedliche politische Voraussetzungen und Rahmenbedingungen für eine Demokratisierung besitzen (vorkoloniales Erbe, koloniale Prägung, Gesellschaftsstruktur etc.). Vorkoloniale, „gemeinschaftsorientierte" Traditionen sind allerdings kein Argument für eine anti-demokratische Beharrung. Dieser Sicht widerspricht zumindest das starke Streben nach gesellschaftlichem Pluralismus, das beharrlich demokratische Strukturen nach westlichem Vorbild einfordert. Zu diesen Strukturen gehören insbesondere der Schutz der Freiheitsrechte, allgemeines Wahlrecht, Gewaltenteilung, Rechtsstaatlichkeit, gruppenbezogener Interessenausgleich, verfassungsgemäß gesicherte Mechanismen zur friedlichen Konfliktaustragung und gesellschaftlicher Pluralismus.[59] Die Vorstellung, man könne eine pluralistisch-parlamentarische Demokratie nach westlichem Vorbild auf die Entwicklungsländer übertragen hat sich jedoch als Trugschluss erwiesen. Vielmehr geht es um eine schrittweise Verwirklichung von Grundelementen einer demokratischen Ordnung, die Transparenz und Berechenbarkeit staatlichen Handelns, die Verwirklichung des Grundsatzes ‚gleiches Recht für alle', den Schutz des Eigentums, das Prinzip des Wettbewerbs, die Ausrichtung der Regierungspolitik auf die ärmsten Bevölkerungsteile und die Reduzierung überzogener Rüstungsausgaben.

Nach den Befunden der *Transitionsforschung* bilden sich demokratische politische Systeme in verschiedenen Phasen heraus und unterliegen spezifischen Bedingungsfaktoren. Diese Phasen der Demokratisierung sind: Liberalisierung, Demokratisierung und Konsolidierung. Niedergang und Aufstieg des demokratischen Verfassungsstaates lösen sich in permanenten Wellenbewegungen ab, die

---

57 Vgl. Jürgen *Rüland*/Nikolaus *Werz*, Mehr Chancen für Demokratie in der Dritten Welt?, in: Peter J. *Opitz*, Grundprobleme der Entwicklungsländer, München 1991, S. 245-267.
58 Hans Joachim *Lauth*, Autoritäre versus totalitäre Regime, in: Dieter *Nohlen* (Hrsg.), Lexikon der Politik, Bd. I. Politische Theorien, München 1995, S. 27.
59 Vgl. Silke *Krieger*, Demokratie als Staatsform für die Dritte Welt? Überlegungen zur Förderung freiheitlich-demokratischer Systeme, in: *dies.* (Hrsg.), Partner für den demokratischen Weg, St. Augustin 1983, S. 332.

vom internationalen Umfeld in besonderer Weise geprägt werden.[60] Die *erste Welle* wurde durch eine rapide wirtschaftliche und soziale Entwicklung vor dem Ersten Weltkrieg bestimmt, durch den Export liberaler Traditionen in die britischen Kolonien ausgeweitet und durch den Sieg der Westmächte im Ersten Weltkrieg forciert. Nach dem Ende des Zweiten Weltkrieges spielten in der *zweiten Welle* der Demokratisierung vor allem politische und militärische Faktoren eine bedeutende Rolle, insbesondere die Diskreditierung der Diktatur und die Folgen der Besatzungspolitik. Die Demokratisierungspolitik der westlichen Alliierten und der Prozess der Dekolonialisierung führten in vielen Ländern zur Durchsetzung des demokratischen Verfassungsstaates.

Der Beginn der *dritten Welle* der Demokratisierung hat Mitte der 1970er Jahre eingesetzt. Ausgehend von der Demokratisierung Portugals, Griechenlands und Spaniens erfasst diese Welle Asien, Lateinamerika und Afrika und erreicht Ende der 1980er Jahre nach dem Zusammenbruch der Sowjetunion ihren Höhepunkt.[61]

Die Demokratisierung von Entwicklungsländern hängt von unterschiedlichen politischen Faktoren (Institutionalisierungsgrad, Grad an Pluralismus, Stellung des Militärs, Rechtssicherheit) ab und wird durch die jeweilige *politische Kultur* (Ethnische Pluralität, Sezessionsbewegungen, traditionelle Einstellung zu Macht und Autorität, Instrumentalisierung von Religion für Herrschaftszwecke), *endogene Faktoren* (Massendemonstrationen, Bürgerproteste) und *exogene Faktoren* (koloniale Vergangenheit, politische Konditionalität, Entspannungspolitik, Werteimport) bestimmt. Diese Katalysatoren politischen Wandels führen unter gesellschaftlichem Druck zu einem substanziellen *Legitimationsverlust* der herrschenden Klasse. Auf aktuelle Problemlagen im Konfliktbereich von Staat und Gesellschaft (ökonomische Missstände, Korruption) wird – im idealtypischen Verlauf demokratischer Transition – mit Verhandlungen seitens der strategischen und konfliktfähigen Gruppen reagiert. Dabei wird im Interesse eines gesellschaftlichen Interessenausgleichs von einem Mindestmaß an Kompromiss- und Konsensfähigkeit auf beiden Seiten ausgegangen. *Strategische Gruppen* (Militär, Unternehmerschaft, Landbesitzer, Staatsbeamte) kontrollieren die wirtschaftlichen Ressourcen und versuchen ihre politische Macht zu erhalten. Demgegenüber kämpfen die *konfliktfähigen Gruppen* (Opposition, Arbeiter, Gewerkschafter, Intellektuelle, Reformbefürworter) gegen die bestehenden Machtverhältnisse und fordern politische Partizipation und eine gerechtere Verteilung materieller Ressourcen. Die konfliktfähigen Gruppen verfügen

---

60 Vgl. Samuel P. *Huntington*, The Third Wave. Democratization in the Late Twentieth Century. Norman/London 1991; Manfred G. *Schmidt*, Übergänge vom autoritären Staat zur Demokratie, in: *ders.*, Demokratietheorien. Eine Einführung. Opladen 1995, S. 309-330; John *Markoff*, Waves of Democracy. Social Movements and Political Change, Thousand Oaks/London/New Delhi 1996; Wolfgang *Merkel*, Systemtransformation. Eine Einführung in die Theorie und Empirie der Transformationsforschung, Opladen 1999.
61 Klaus *von Beyme* spricht in Bezug auf die Transformation in Mittel- und Osteuropa von der „vierten Demokratisierungswelle". In: *ders.*, Systemwechsel in Osteuropa, Frankfurt a.M. 1994, S. 12ff.

über ein gewisses Droh- bzw. Verweigerungspotential, auf das die strategischen Gruppen entweder mit *autoritärer Regression,* d.h. mit einer Rückkehr zu alten, antidemokratischen Strukturen, oder mit einleitenden Schritten zum Systemwandel im Sinne von Liberalisierung und Demokratisierung antworten können.

Abb. 32: Demokratische Transition oder autoritäre Regression – ein idealtypisches Verlaufsmodell

Quelle: Gunter *Schubert*/Rainer *Tetzlaff*/Werner *Vennewald* (Hrsg.), Demokratisierung und politischer Wandel. Theorie und Anwendung des Konzeptes der strategischen und konfliktfähigen Gruppen (SKOG), Münster/Hamburg 1994

Als Schlüsselgrößen des Übergangs vom Autoritarismus zur Demokratie haben sich die politische Labilität autoritärer Regime und die Fähigkeit der neugewählten Regierungen erwiesen, das demokratische System zu konsolidieren und wirtschaftliche Reformen durchzuführen.[62] Autoritäre Regime brechen zusammen, wenn eine schlechte wirtschaftspolitische Leistungsbilanz die Massenloyalität gefährdet und Gegensätze in der politischen Führungsschicht ein geschlossenes Handeln verhindern. Umgekehrt können Eliten mit einem starken Zusammenhalt wirtschaftlichen Krisen wirksamer begegnen und den Übergang zu einer demokratischen Regierungsweise behutsamer und konsensfähiger in Angriff nehmen. Allerdings ist der wirtschaftspolitische Erfolg von autoritären Regimen kein Garant für deren Fortbestehen, sondern kann sogar dazu führen, dass der Ruf der Bevölkerung nach mehr Mitbestimmung lauter wird.[63] Die Durchsetzung wirtschaftlicher und gesellschaftlicher Reformen setzt zwar eine Zentralisierung der politischen Entscheidungsautorität voraus, aber die Konsolidierung wirtschaftlicher Reformen und des Übergangs zur Demokratie erfordert die Schaffung breiter Allianzen. Hierzu ist am ehesten ein integrationsfähiges, nicht polarisiertes Parteiensystem imstande.

In der Transition von autoritären zu demokratischen Herrschaftsformen haben die Länder der Dritten Welt mit vielfältigen wirtschaftlichen und politisch-institutionellen Stabilitätsproblemen zu kämpfen.[64] Die wirtschaftlichen Stabilitätsprobleme sind vor allem Wachstums- und Verteilungsprobleme. Diesen Herausforderungen entsprechen die Rahmenbedingungen Rechtssicherheit, Marktwirtschaft und die Entwicklungsorientierung staatlichen Handelns. Den politisch-institutionellen Stabilitätsproblemen suchen die Rahmenbedingungen Menschenrechte und Partizipation mit dem Ziel pluraler Parteiensysteme, freier Gewerkschaften und einer unabhängigen Judikative zu entsprechen.

Entscheidende Faktoren und Vorausetzungen, die den Übergang zu demokratischen Herrschaftsformen begünstigen sind insbesondere:

1. Legitimitätsprobleme autoritärer Systeme,
2. institutionelle Verankerung der Reformkräfte in Schlüsselpositionen der Regierung, der Partei und des Militärs,
3. politische Breitenwirkung von Reformen und Repressionen aufgrund der internationalen Kommunikation/ Massenberichterstattung und die
4. Eigendynamik eines steigenden Bildungsniveaus sowie die Ausweitung der urbanen Mittelschichten.

---

62 Vgl. Stephan *Haggard*/Robert R. *Kaufman*, The Political Economy of Democratic Transitions, Princeton (N.J.) 1995.
63 Steven J. Hood, Political Development and Democratic Theory. Rethinking Comparative Politics, Armonk, (New York) u.a. 2004. S, 60.
64 Vgl. Eberhard *Sandschneider*, Stabilität und Transformation politischer Systeme. Stand und Perspektiven politikwissenschaftlicher Transformationsforschung, Opladen 1995; *Ders.*: Systemtheoretische Perspektiven politikwissenschaftlicher Transformationsforschung, in: Wolfgang *Merkel* (Hrsg.), Systemwechsel 1. Theorien, Ansätze und Konzeptionen. Opladen 1994, S. 23-46.

Nach der anfänglichen Euphorie mit dem Beginn der „dritten Welle" der Demokratisierung macht sich in den Entwicklungsländern wie in den Staaten der früheren Sowjetunion aufgrund vielfältiger Übergangsschwierigkeiten eine Skepsis gegenüber der demokratischen Herrschaftsform breit. Ein grundsätzliches Problem besteht insbesondere in der Schwierigkeit, rechtsstaatliche und gesellschaftliche Strukturen sowie leistungsfähige Staatsapparate völlig neu aufzubauen. In vielen Gesellschaften des Ostens und des Südens stehen der Durchsetzung demokratischer, rechtsstaatlicher Prinzipien auch weiterhin autoritäre Traditionen, soziale Verelendung und politische Instabilität entgegen. Davon zeugen bspw. massive Eingriffe des Staates in die Wirtschaft, etwa im Falle des russischen Energiekonzerns Yukos, eine fortwährende Missachtung der Pressefreiheit sowie eine ausufernde Korruption in vielen Staaten der ehemaligen Sowjetunion.[65]

Viele der „jungen Demokratien" stürzten Mitte der 90er Jahre in eine Legitimationskrise, nachdem die Unfähigkeit der neuen Staaten, die alten wirtschaftlichen und sozialen Probleme auf demokratische Art und Weise zu lösen, offen zutage getreten ist. Erschwerend kommt hinzu, dass die meisten Übergänge vom autoritären zum demokratischen Staat mit größeren Wirtschaftskrisen einhergehen. Viele Staaten der „Dritten Welt" kämpfen mit Existenzproblemen, die oft als Minderheitenkonflikte aufbrechen, und sind daher der permanenten Gefahr des Staatszerfalls ausgesetzt.[66] Diese Gefahr wiegt um so schwerer, als in vielen Ländern ein Gegensatz zwischen demokratischen Institutionensystemen und den weiterhin autoritär strukturierten politischen Enklaven (Militär und Zivilgewalt) sowie den immer noch autoritär verfassten gesellschaftlichen Institutionen (Familie, Religion, Unternehmen, Gewerkschaften etc.) fortbesteht.

Zum Schlüsselbegriff in der internationalen Diskussion um die Förderung der Demokratie in den jungen Verfassungsstaaten und über neue Ansätze der Entwicklungszusammenarbeit und politische Konditionalität (politische Bedingungen für die Vergabe öffentlicher Entwicklungshilfe) ist *„good governance"* (Entwicklungsorientierung staatlichen Handelns) geworden.[67] Neben der Förderung der wirtschaftlichen und sozialen Entwicklung durch die Verbesserung der Rahmenbedingungen gehören zu den Aufgaben einer „guten Regierung" auch die der Wahrung der Menschenrechte und damit auch die Garantie politischer Grundrechte (Meinungs- und Versammlungsfreiheit). Politische Partizipation der Re-

---

65 Christoph *Stefes*, Kampf der Institutionen – Korruption, Rechtsstaatlichkeit und Marktwirtschaft in den kaukasischen Nachfolgestaaten der Sowjetunion, in: Petra *Bendel*, Aurel *Croissant* und Friedbert W. *Rüb* (Hrsg.), Demokratie und Staatlichkeit. Systemwechsel zwischen Staatsreform und Staatskollaps, Opladen 2003, S. 119-138.
66 Vgl. Larry *Diamond*/Marc F. *Plattner*, Nationalism, Ethnic Conflict, and Democracy, Baltimore/London 1994.
67 Vgl. zum Begriff „good governance" Hans-Peter *Repnik*, „Good Governance", Demokratie und Dritte Welt: Politische Konditionalität für Entwicklungshilfe?, in: Heinrich *Oberreuter*/Heribert *Weiland* (Hrsg.), Demokratie und Partizipation in Entwicklungsländern, Politische Hintergrundanalysen zur Entwicklungszusammenarbeit, Paderborn 1994, S. 135-144.

gierten als Grundvoraussetzung der Demokratie ist elementarer Bestandteil der Entwicklungsorientierung der Politik. Dabei sind allerdings kulturelle Eigenarten der Länder zu berücksichtigen. Die Menschen in Entwicklungsländern haben häufig Erwartungen an ihre politischen Eliten, die nicht zur liberal-demokratischen Tradition gerechnet werden. Was die Weltbank als Korruption einstuft, kann von Teilen der Gesellschaft als notwendiger Bestandteil des traditionellen Handels zwischen Herrscher und Beherrschten betrachtet werden.[68]

Demokratie muss sich als Herrschafts- *und* Lebensform entwickeln und kann sich daher nur aus einem langwierigen sozio-kulturellen und sozio-ökonomischen Transformationsprozess herausbilden. Die Voraussetzungen für eine Demokratisierung von Politik und Gesellschaft müssen intern geschaffen werden und können durch externe Faktoren wie völkerrechtliche Konventionen, politische Auflagen, Subsidien (Unterstützungsleistungen) oder Sanktionen sicherlich unterstützt, aber nicht neu hergestellt werden. Der interne Partizipationsdruck oppositioneller, protestierender Gruppen muss so stark werden, dass die Staatsklasse tiefgreifenden Legitimationsproblemen ausgesetzt und auf diese Weise zu Reformbereitschaft und Konzessionen gezwungen wird. So führt der Weg zu einer erfolgreichen Demokratisierung über verschiedene Phasen und Schritte der Verhandlungen und Kompromisse zur Konsolidierung der neu geschaffenen demokratischen Strukturen.

Ein idealtypisches Transitionsmodell soll den Weg vom Verfall des autoritären Herrschaftssystems zum Aufbau einer demokratischen Ordnung veranschaulichen:

Tab. 14: Die Logik der Transition vom Autoritarismus zur Demokratie[69]

1. Phase:	**Die Vorphase der Destabilisierung: Erosion autoritärer Herrschaftslegitimation**
1. Schritt:	Verfall der alten Ordnung
2. Schritt:	Artikulierung von Protest oder passiver Widerstand
2. Phase:	**Liberalisierung des Regimes und Mobilisierung der Bevölkerung**
3. Schritt:	Gewährung erster Konzessionen seitens des alten Regimes
3. Phase:	**Verhandlungen über Modalitäten des politischen Wettbewerbs**
4. Schritt:	Revision früherer Regierungsentscheidungen: Freilassung von politischen Gefangenen
5. Schritt:	Einigung über Wahlverfahren, Wahltermine und eine neue Verfassung
4. Phase:	**Die Neuverteilung der Macht – Wahlkampf und Regierungsbildung**
6. Schritt:	Registrierung von Wählern; Durchführung des Wahlkampfes
7. Schritt:	Offizielle Anerkennung des Wahlsiegers und geordnete Übergabe der Regierungsgeschäfte
5. Phase:	**Die Phase der Konsolidierung des demokratischen Machttransfers**
8. Schritt:	Reformen in Staat, Verwaltung und Wirtschaft
9. Schritt:	Verfassungskonforme Wiederanwendung der politischen Spielregeln

---

68 Emma C. *Murphy*, Good Governance. Ein universal anwendbares Konzept? in: Internationale Politik, Jg. 57, Nr.8, August 2002, S. 6.
69 Quelle: Gunter *Schubert*/Rainer *Tezlaff*/Werner *Vennewald* (Hrsg.), Demokratisierung und politischer Wandel, a.a.O., S. 423f.

Es kommt darauf an, durch einen föderalistischen Staatsaufbau die politische Macht zu dezentralisieren und die Kommunen zu stärken, um so einem Rückfall in bürokratischen Zentralismus vorzubeugen. Das Macht- und Herrschaftsmonopol der politischen Klassen kann nur durch die Institutionalisierung der Rechtsstaatlichkeit und der Machtkontrolle durchbrochen werden. Von einer vordergründigen Demokratisierung kann weder der Aufbau von Zivilgesellschaften („civil societies") noch die Lösung der sozio-ökonomischen Struktur- und Entwicklungsprobleme erwartet werden.

Entgegen pessimistischen Prognosen lässt sich seit den 1970er Jahren ein breiter Demokratisierungstrend in der „Dritten Welt" feststellen. Die liberale Demokratie erlebt einen nie geahnten Boom und ist inzwischen zur universellen Norm der Legitimierung politischer Herrschaft geworden. Die Regierungen der „neuen Demokratien" in der Dritten Welt kämpfen mit der Aufgabe, ihre Macht zu legitimieren. Die Institutionalisierung demokratischer Machtstrukturen reicht jedoch allein nicht aus, um politische Stabilität zu gewährleisten.[70] Umso wichtiger ist es im Interesse einer langfristigen Demokratisierung, dass sich die neuen Verfassungsstaaten auf einen Konsens der Mehrheit der Bevölkerung stützen können.

Die Chancen der Demokratie hängen insbesondere von der Stabilität des Parteiensystems ab. Den Parteien in der Dritten Welt kommt als Mittler zwischen Regierung und Bevölkerung die wichtige Aufgabe zu, die Ideen der freiheitlichen Demokratie zu verbreiten und demokratische Prozesse zu fördern. Programmatisch sind sie mit der Aufgabe konfrontiert, eigene nationale Traditionen des politischen Denkens mit universellen Demokratievorstellungen in Einklang zu bringen.[71] Dem politischen Dialog zwischen Nord und Süd kommt daher große Bedeutung zu. Durch Konsultationen, Regierungsverhandlungen, Geberkonferenzen und Seminare soll auf entwicklungsfördernde Rahmenbedingungen hingewirkt werden, Sanierungs- und Strukturanpassungsprogramme sollen so unterstützt und Funktionsvoraussetzungen einzelner Politikbereiche dadurch verbessert werden. So kann die Entwicklungspolitik dabei helfen, wirtschaftliche, soziale und politische Modernisierungsprozesse stärker zu synchronisieren und durch die Akzentuierung entwicklungsfördernder politischer und wirtschaftlicher Rahmenbedingungen zu beschleunigen.

Auf diesem Wege lassen sich zwar demokratische Strukturen aufbauen, über deren Konsolidierung aber keine festen Vorhersagen treffen, da das Handeln der politischen Eliten des alten Regimes und das der Opposition nicht vorhersehbar sind. Gelegentlich ist vorgeschlagen worden, das Macht- und Autoritätsvakuum nach dem Zusammenbruch eines autoritären Regimes mit einem populären, cha-

---

70 Mehrean *Kamrava*, Politics and society in the Third World. London/New York 1995, S. 5.
71 Ludger *Kühnhardt*, Wege in die Demokratie: Beiträge aus der politischen Wissenschaft, Jena 1992, S. 145.

rismatischen und zugleich demokratisch orientierten Führer zu füllen, danach zur Legitimation der neuen Regierung Wahlen durchzuführen und sich schließlich um Unterstützung im Demokratisierungsprozess seitens internationaler und transnationaler Akteure zu bemühen. Jene Länder, in denen der politische Umbruch evolutionär vor sich geht, haben daher bessere Chancen bezüglich der Konsolidierung einer parlamentarischen Demokratie.[72]

Insgesamt hängt die demokratische Konsolidierung in den jungen Verfassungsstaaten von folgenden Faktoren ab:[73]

1.	Legitimität und Souveränität der Regierung	Wahlen, zeitliche Begrenzung der Legitimierung der Regierenden, Verfassung, Parlamentarismus
2.	Rechtsstaatlichkeit und Rechtssicherheit	staatliches Gewaltmonopol, horizontale und vertikale Gewaltenteilung, Wahrung der Grundrechte, Gleichheit vor dem Gesetz, Rechtsweggarantie, Verwaltungsgerichtbarkeit
3.	Politische Partizipation der Regierten	Existenz politischer Parteien (Opposition als Kontrollinstanz), Mehrheitsprinzip, pluralistische Interessenrepräsentierung, Kommunale Selbstverwaltung, Föderalisierung, Dezentralisierung
4.	Meinungs- und Medienfreiheit	Freiheit von staatlicher Einmischung zur Verbreitung von Information als Basis für die öffentliche Meinungsbildung, Informations-, Meinungs- und Demonstrationsfreiheit
5.	Aggregierung von Interessen	ein breites Spektrum von Interessengruppen, NGOs und Bürgerinitiativen, Wahrnehmung kollektiver Grundrechte durch unabhängige Organisationen (Genossenschaften, Gewerkschaften); Glaubens-, Versammlungs- und Vereinigungsfreiheit
6.	Unabhängige Wirtschaft	Privater Zugang zu unabhängigem Reichtum, sozialer Verbesserung und einem unabhängigen Status bei einer sozialen Struktur, die nicht auf einer extremen Polarisierung zwischen Arm und Reich beruht, Verteilungsgerechtigkeit

Ein entscheidender Faktor der politischen Modernisierung ist in Industrie- und Entwicklungsländern die schrittweise Ausweitung politischer Beteiligung. Die

---

72 Vgl. Robert A. *Dahl*, Polyarchy. Participation and Opposition, a.a.O., S. 41; Adam *Przeworski*, Sustainable Democracy, Cambridge 1995.
73 Vgl. Paul *Kevenhörster*, Demokratieexport? Politischer Systemwandel als Aufgabe der Entwicklungspolitik, in: Uwe Andersen/Stephan C. Bierling/Beate Neuss/Wichard Woyke (Hrsg.), Politik und Wirtschaft am Ende des 20. Jahrhunderts. Perspektiven und Interdependenzen, Opladen 1995, S. 201; Sigmund *Neumann*, Der demokratische Dekalog: Staatsgestaltung und Gesellschaftswandel, in: Die Demokratie im Wandel der Gesellschaft, Berlin 1963, S. 9-28; Silke *Krieger*, Demokratie als Staatsform für die Dritte Welt? Überlegungen zur Förderung freiheitlich-demokratischer Systeme, in: Partner für den demokratischen Weg, a.a.O., S. 333f.; William *Crotty*, Notes on the Study of Political Parties in the Third World, in: The American Review of Politics, vol. 14, Winter, 1993:659-694, S. 688f.

Stadien dieser Ausweitung, die auf vielfältigen Konflikt- und Spannungslinien beruht, lassen sich in das 19. Jahrhundert zurückverfolgen:[74]

1. Bestrebungen nach *nationaler Einheit* schufen zwei Konfliktlinien: den Konflikt zwischen einer Kultur des Zentrums und der kulturellen Prägung der Bevölkerung an den Rändern des Kulturraumes; ferner den Konflikt zwischen dem an Vereinheitlichungen interessierten Zentralstaat und den historischen Privilegien der Kirche.
2. Die *industrielle Revolution* hat zwei weitere Konfliktlinien verursacht: den Konflikt zwischen den Interessen der Landwirtschaft und der Industrieunternehmer und den Konflikt zwischen Unternehmern und Eigentümern einerseits sowie Pächtern, Land- und Industriearbeitern andererseits.

Je nach Verlauf und wechselseitiger Verschränkung dieser Konfliktlinien ergeben sich unterschiedliche Muster politischer Koalitionen. Galten die aus Konflikt- und Spannungslinien resultierenden Entwicklungsverläufe zunächst für die europäischen Staaten während der letzten beiden Jahrhunderte, so ist inzwischen auch in Entwicklungsländern ein vergleichbares Muster von Ablaufkrisen zu beobachten.[75] Die Entwicklung einer nationalen Gemeinschaft ist dort vielfach durch Krisen der Identität, der Legitimität, Partizipation, Umverteilung und Penetration der Zentralinstitutionen gekennzeichnet. Dieser Verlauf kann zwar typische Spannungslinien der internen Entwicklung der Entwicklungsländer aufzeigen, Krisen in einzelnen Staaten aber nicht vorhersagen, da eine zwingende Krisenabfolge nicht besteht.

Auch im Falle der Entwicklung der europäischen Demokratien überzeichnen Modernisierungstheorien typische Entwicklungsverläufe. Die für diese Staaten behauptete, kontinuierliche Entwicklung zu gesteigerter politischer Partizipation und zur parlamentarischen Demokratie lässt sich insbesondere für Frankreich und Deutschland im Unterschied zu England nicht nachweisen.[76] In den jungen Verfassungsstaaten ist die Verbreitung der Massenmedien häufig der Alphabetisierung und der Ausbreitung politischer Beteiligung vorausgegangen. Weder die Entwicklung der europäischen Industriestaaten noch die der Entwicklungsländer ist einem einförmigen Entwicklungsverlauf gefolgt. Zudem ist der sozioökonomische Entwicklungsstand zwar Bedingung, nicht aber Garant eines evolutionären politischen Wandels. Dies lässt sich am Beispiel europäischer und nichteuropäischer Länder in der Zwischenkriegszeit belegen (u.a. in Deutschland, Italien,

---

74 Vgl. Stein *Rokkan*, Citizens, Elections, Parties. Approaches to the Comparative Study of the Processes of Development, Oslo 1970.
75 Vgl. L. *Binder* u.a., Crises and Sequences in Political Development, Princeton 1971.
76 Vgl. Daniel *Lerner*, The Passing of the Traditional Society. Modernizing the Middle East, 6. Aufl. New York 1964; Ekkart *Zimmermann*, Evolutionärer und revolutionärer Wandel, a.a.O., S. 267.

Österreich, Spanien, Argentinien, Griechenland und Japan)[77]. Gleichwohl wird man Verstädterung, Alphabetisierung, die Verbreitung der Massenmedien und nicht zuletzt die Etablierung integrationsfähiger Parteien als wichtige Antriebskräfte politischer Modernisierung ansehen müssen.

Ein Rückblick auf die Revolutionen in Frankreich, Russland und China zeigt zudem, dass die Umwandlung der Staatsmacht zwar in allen drei Ländern Ziel sozialrevolutionärer Bewegungen war, dass dieser Wandel aber weder eine Folge noch eine Voraussetzung der „Klassenherrschaft" war. Vielmehr waren Klassenkonflikte nur die auslösende Kraft in einer revolutionären Zwischenphase.[78] So hing der politische Erfolg der revolutionären Bewegung vielfach von der Beziehung der Staatsorganisation zu den politischen Kräften im Land wie zu anderen Staaten ab. Die drei Revolutionen in diesen Ländern stärkten den Staat und machten ihn zugleich zentralistischer, bürokratischer und mächtiger.

Die traditionelle Gesellschaftsstruktur wirkt sich in vielen Entwicklungsländern auf die Interessenartikulation so aus, dass die einflussreichsten Interessengruppen wirtschaftliche Konfliktlinien durchschneiden und eher auf nachbarschaftlichen und ethnischen Kriterien der Zugehörigkeit aufbauen.[79] Hier sind Religion, Sprache und Herkunft wichtigere Maßstäbe der gesellschaftlichen Integration als wirtschaftliche Interessen. In Gewerkschaften ist im Allgemeinen weniger als ein Fünftel der Arbeiterschaft organisiert. Diese Organisationen können sich folglich gegenüber der politischen Führung nicht als mächtige, eigenständige Verbände behaupten. Im Gegenteil: Sie unterliegen vielfach starker politischer Kontrolle. Entsprechend ist auch die Vertretung der beruflichen und wirtschaftlichen Interessen der neuen Mittelschichten schwach. Über Handelskammern verfügt etwa nur jedes zweite Entwicklungsland. Soweit landwirtschaftliche Genossenschaften und Verbände bestehen, unterstehen auch diese dem Einfluss der Regierung oder politischer Parteien. Als Folge der Organisationsschwäche wirtschaftlicher Interessen haben sich traditionale, präkoloniale Gefolgschaftsverhältnisse behauptet: Landbesitzer, Dorfälteste und Priester bleiben Garanten des traditionellen *Klientelismus'*.[80] Die Folge ist eine Politik unter dem Einfluss gewachsener, traditionaler Loyalitätsstrukturen, eine Politik des Gebens (von Unterstützungen und Gefälligkeiten) und Nehmens (von Loyalität und Disziplin). Auf diese Strukturen klientelistischer Politik ist in vielen jungen Verfassungsstaaten das Unvermögen der politischen Eliten zurückzuführen, moderne Institutionen in Wirtschaft und Gesellschaft zu schaffen.

---

77 Vgl. Ebd. S. 267.
78 Vgl. Theda *Skocpol*, States and Social Revolutions. A Comparative Analysis of France, Russia and China, Cambridge u.a. 1979, S. 284ff.
79 Vgl. Robert P. *Clark*, Power and Policy in the Third World, 3. Aufl., New York/London 1986, S. 89-95.
80 Vgl. John D. *Powell*, Peasant Society and Clientelistic Politics, in: American Political Science Review, vol. 64 (2), 1970, S. 411-426.

Die Entwicklungsländer bilden in einer Phase des Übergangs von traditionellen zu modernen Gesellschaften durch Industrialisierung, Urbanisierung und die Verbreitung der Massenmedien differenziertere Interessenstrukturen heraus.[81] Mit diesem Wandel verändert sich die Struktur der politischen Interessenartikulation grundlegend, denn Gewerkschaften und Landwirtschaftsverbände bringen neue Konfliktlinien zum Ausdruck. Diese neue Interessenvielfalt wird jedoch häufig durch finanzielle, organisatorische und personelle Schwächen der neuen Verbände erheblich beeinträchtigt. Hinzu kommen ethnische Gegensätze, deren Sprengkraft den Zusammenhalt der Interessengruppen von innen her in Frage stellt. Der Staat sucht seinerseits die neuen Verbände zu domestizieren. Ist die Kontrolle und Unterdrückung der organisierten Interessen in vielen dieser Staaten ein typisches Reaktionsmuster des Staates auf neue gesellschaftlich-politische Dynamik, so besteht die friedliche, konsensuale Antwort häufig, wie die Geschichte zahlreicher junger Demokratien zeigt, in einer *korporatistischen Strategie*: Die politische Einbindung der Verbände gewährt zwar diesen politischen Einfluss, bietet dem Staat aber auch vielfältige Möglichkeiten subtiler Kontrolle und einer politischen Instrumentalisierung gesellschaftlicher Interessen.

Trotz dieser Unterschiede erscheinen Interessengruppen in klassischen wie jungen Demokratien in einem ähnlichen Licht. Interessengruppen sind stets notwendige Voraussetzungen demokratischer Interessenwahrnehmung. Ihre politische Wirkung verweist zudem auf die nur begrenzte Geltung des hierarchischen Ordnungsprinzips in demokratisch verfassten Gesellschaften, deren wichtigste Akteure nicht Individuen, sondern organisierte Gruppen sind.[82] Nicht die Eroberung staatlicher Macht ist der eigentliche Kern dieser politischen Wirkung, sondern die Garantie von Vielfalt und Freiheit. Dies gilt erst recht unter der Bedingung des *aktiven Staates*, der die Ressourcen einer Gesellschaft im Interesse der Steigerung des allgemeinen Wohlstandes zielorientiert zu nutzen und durch kollektiv verbindliche Entscheidungen zu sichern sucht, indem er das öffentliche Interesse definiert und alle Bürger angemessen beteiligt. Nur so vermag er im Gegensatz zu den Illusionen eines *„minimalen Staates"* kollektive Güter bereitzustellen und wesentliche Voraussetzungen gesellschaftlichen Wohlstands und politischer Stabilität zu schaffen.

5.4 Interessenartikulation im politischen Prozess

Die politische Meinungsbildung in der Wettbewerbsdemokratie ist durch ein dauerhaftes Problem der Wahrnehmung und politischen Verarbeitung gesellschaftli-

---

81 Vgl. Rod *Hague*/Martin *Harrop*/, Comparative Government and Politics, a.a.O., S. 181.
82 Vgl. zum folgenden Hellmut *Willke*, Ironie des Staates, a.a.O., S. 73, S. 107, 232, 264, 315.

cher Interessen gekennzeichnet. Zum einen haben manifeste, von leistungsstarken Organisationen vertretene Interessen größere Chancen politischer Artikulation als kollektive Interessen, die wie die der Verbraucher und Steuerzahler durch einen niedrigeren Organisationsgrad gekennzeichnet sind. Eine wesentliche Ursache dieses Wahrnehmungsproblems ist das Fehlen von konkreten, aus ökonomisch-rationalen Interessenkalkülen ableitbaren Anreizen für das Engagement zugunsten kollektiver Güter wie Umweltschutz, Preisstabilität, Sicherheit etc. Zum anderen wird diese Diskrepanz durch Institutionen und Strukturen der politischen Interessendurchsetzung verfestigt.

Auf welchem Wege üben Interessengruppen, deren Mitglieder gemeinsame Ziele vertreten und aufgrund funktionaler Kriterien am politischen Prozess mitwirken, Einfluss auf politische Entscheidungen aus?[83] Art und Stärke dieses Einflusses hängen zunächst von politischen Institutionen ab: Präsidiale und parlamentarische Demokratie, Zentralstaat und Föderalismus schaffen unterschiedliche Voraussetzungen politischer Einflussnahme. Das jeweilige Parteiensystem stellt in Form von Zwei-, Mehr- und Vielparteiensystemen unterschiedliche Anforderungen an die Aggregation gesellschaftlicher Interessen im Vorfeld des politischen Entscheidungsprozesses. Darüber hinaus formen Bündnisstrukturen von Verbänden und Parteien die Parteiensysteme und bestimmen deren politisches Integrationsvermögen.

Auch die freiheitliche oder eine stärker durch obrigkeitsstaatliche Vorstellungen geprägte politische Kultur beeinflusst den politischen Aktionsradius der Verbände. Die Eigenart der anstehenden politischen Streitfragen sowie der Organisationsgrad der jeweiligen Interessengruppe sind weitere, politisch bedeutsame Einflussfaktoren. Die folgenden beiden Schaubilder illustrieren die Artikulation gesellschaftlicher Interessen im politischen System. Interessengruppen können *institutionelle Verbände* bilden oder *anomisch*, d.h. unorganisiert bleiben. Als *assoziative Gruppen* vertreten sie spezialisierte, genau umrissene Interessen, während *nichtassoziative Gruppen* ihre Interessen nur auf informellem Wege durchsetzen. Die jeweiligen Interessen sind *offen* oder *latent*, *spezifisch* oder *diffus*. Der Vorgang ihrer Artikulation im politischen Prozess ist *allgemein* oder *partikular*, *instrumental* im Hinblick auf konkrete Ziele oder *affektiv* als Ausdruck von Meinungen und Empfindungen. So ergibt sich das Bild einer starken, strukturellen Differenzierung der gesellschaftlichen Interessen, die sich durch die Tätigkeit der Verbände im politischen System abbildet. Ihr politischer Einfluss richtet sich auf die öffentliche Meinung, die Parteien und die Institutionen des Regierungssystems. Ihr direkter und indirekter Einfluss auf das Regierungssystem, die Parteien und die öffentliche Meinung spiegelt in erheblichem Umfang auch Erfah-

---

83 Vgl. Alan R. *Ball*, Modern Politics and Government a.a.O., S. 111ff.

rungen im Umgang mit gesellschaftlichen Gruppen bei der Lösung sozialer und politischer Probleme wider.[84]

Abb. 33: Interessenartikulation im politischen System

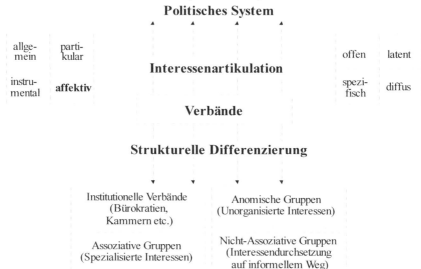

Das Schaubild gibt die politische Stellung der Verbände aus Sicht der funktionalistischen Verbändetheorie wieder. Vgl. Gabriel A. *Almond*, A Comparative Study of Interest Groups and the Political Process, in: The American Political Science Review, vol. 52, 1958.

Parteien und Verbände sind durch enge Beziehungen, Verflechtungen und Loyalitätsbeziehungen miteinander verzahnt.[85] Derartige Beziehungen zwischen Gewerkschaften, Kirchen, Industrie- und Landwirtschaftsverbänden und politischen Parteien bestehen in allen Demokratien. Die politische Stärke des Verbandseinflusses hängt insbesondere vom politischen Ansehen der jeweiligen Gruppe, der Breite der von ihr repräsentierten gesellschaftlichen Interessen, ihrem Organisationsgrad, den verfügbaren Ressourcen und ihrem politischen Sanktionspotential ab. In der politischen Praxis setzen sich die Verbände in der Regel für eng umris-

---

84 Dieser Einfluss wird am Beispiel des britischen Regierungssystems aufgezeigt von: Anthony H. *Birch*, The British System of Government, 9. Aufl., London 1993, S. 108ff., 157ff.

85 Joseph La *Palombara* nennt diese Verflechtung zwischen Interessengruppen, politischen Parteien und öffentlicher Verwaltung eine *parentela-Beziehung* (verwandschaftlich-familär), die er als „relativ eng und umfassend" bezeichnet. Vgl. *ders.*, Interest Groups in Italian Politics, Princeton (N.J.) 1964, S. 306. Diese Beziehung geht über klientelistische Strukturen (*clientela-*Beziehungen) aufgrund ihrer Dichte und Intimität deutlich hinaus und erstreckt sich auch auf stark politisierte Teile des Regierungsapparates.

sene Anliegen ein, die den Interessen ihrer Mitglieder zugute kommen, und verlieren dabei die Folgen ihrer Einflussnahme für die übrigen Bevölkerungsgruppen weithin aus dem Auge.

Abb. 34: Der politische Einfluss von Interessengruppen

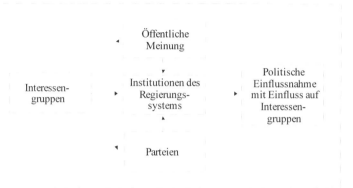

Quelle: Rod *Hague*/Martin *Harrop*, Comparative Government and Politics, a.a.O., S. 169.

Fehlen *selektive Anreize*, sich für ein Kollektivgut einzusetzen, so ist die Bereitschaft zum Einsatz für dieses Gut in der jeweiligen Interessengruppe umso kleiner, je größer diese ist. Dies ist die Kernaussage der *Theorie kollektiven Handelns*: Große Gruppen sind weniger in der Lage, im gemeinsamen Interesse zu handeln, als kleine.[86] Denn aus der Annahme, Menschen würden sich im eigenen Interesse rational verhalten, kann nicht gefolgert werden, dass Gruppen auch tatsächlich im Eigeninteresse handeln. Selbst wenn es für alle Mitglieder einer großen Gruppe, die rational und im Eigeninteresse handeln, vorteilhaft wäre, sich kollektiv für ein gemeinsames Interesse einzusetzen, werden sich diese nicht freiwillig zur Verwirklichung gerade dieses Zieles zusammenschließen. So verhalten sich die Bürger, wenn keine selektiven Anreize für solidarisches Verhalten und andere, institutionelle Vorkehrungen vorhanden sind, ihren eigenen Interessen entsprechend und verfehlen dadurch von ihnen durchaus gemeinsam befürwortete Ziele, wie die Beispiele des Umweltschutzes, des Verkehrs und des Verbraucherschutzes zeigen. Mit anderen Worten: Die Verwirklichung eines von allen gewünschten Zieles ist keineswegs automatisch gesichert.[87] Denn vom Genuss eines Kollektivgutes kann niemand ausgeschlossen werden (Prinzip der Nichtausschliessbarkeit). Verhalten sich aber alle Individuen als Trittbrettfahrer (*free ri-*

---

86 Vgl. Mancur *Olson*, Die Logik des kollektiven Handelns, a.a.O., passim.
87 Vgl. Philipp *Herder-Dorneich*/Manfred *Groser*, Ökonomische Theorie des politischen Wettbewerbs, Göttingen 1977, S. 74f.

der), wird das Gruppenziel nicht erreicht und das erstrebenswerte Kollektivgut nicht erstellt. Überwindungsstrategien dieses Problems sind selektive Anreize und Belastungen, solidarische Einstellungen, kleine Gruppen und föderale Strukturen. Diese Konfliktdynamik individueller und kollektiver Interessen wird auch durch ein Erklärungsmodell der Spieltheorie verständlicher: das „Gefangenen-Dilemma".[88] Dieses Modell verdeutlicht den Langzeithorizont und die soziale Komponente von Konflikten: Lassen sich Gesellschaftsmitglieder statt von individueller von kollektiver Rationalität leiten, ist auf Dauer auch ihr individueller Nutzengewinn größer. Dies aber setzt ein bestimmtes Maß an Vertrauen und Kooperation voraus.[89]

Das Gefangenen-Dilemma

Zwei einer Straftat Verdächtigte werden gefangengenommen, ohne dass die Strafverfolgungsbehörde über Beweise ihrer Schuld verfügt. Sie konfrontiert daher beide Gefangenen mit zwei Optionen: Schuldeingeständnis oder Verweigerung dieses Geständnisses. Gesteht keiner der beiden Gefangenen, droht die Behörde, beide wegen kleinerer Delikte zu belangen (illegaler Waffenbesitz) mit entsprechend geringeren Strafen (ein Jahr Haft). Wenn beide gestehen, werden sie angeklagt, aber die Staatsanwaltschaft wird eine Haftstrafe deutlich unter der Höchststrafe beantragen (fünf Jahre Haft). Wenn jedoch nur einer gesteht, erhält dieser einen erheblichen Strafnachlass (eine Strafe von nur drei Monaten), während der andere Gefangene zur Höchststrafe verurteilt wird (zehn Jahre). Die Konsequenzen dieses Dilemmas liegen auf der Hand: Obwohl es im rationalen Interesse beider Gefangener wäre zu schweigen (weil sie in diesem Fall jeweils nur zu einem Jahr Gefängnis verurteilt würden), werden beide von den zwei schlechteren Lösungen die jeweils für sie bessere wählen (weil eine dreimonatige Haftstrafe eher zu ertragen ist als die eines ganzen Jahres, falls auch der jeweils andere nicht gesteht, und eine Fünfjahresstrafe einer Zehnjahresstrafe vorzuziehen ist, falls beide gestehen). So sind schließlich beide geständig, obwohl sie ohne dieses Geständnis ihre gesamte Haftstrafe minimiert hätten (insgesamt zwei Jahre).

Die politischen Konsequenzen des „Gefangenen-Dilemmas" führen zu der gleichen Folgerung wie die der Theorie kollektiven Handelns: Unter den Bedingungen konflikthafter Interessen, unvollständiger Information über das Verhalten anderer, fehlender selektiver Anreize für kooperatives Verhalten und ausbleibender institutioneller Gegensteuerung werden sich die Einzelnen so verhalten, dass ihr Gesamtinteresse beschädigt wird, obwohl eine günstigere Option vorhanden ist.

---

88 Vgl. Robert D. *Luce*/Howard *Raiffa*, Games and Decisions, New York 1967, S. 95; Anatol *Rapoport*/Albert M. *Chammah*, Prisoner's Dilemma: A Study in Conflict and Cooperation, 2. Aufl. Ann Arbor (Mich.) 1970; Robert *Axelrod*, Die Evolution der Kooperation, 6. Aufl. München u.a. 2005; Robert J. *Lieber*, No Common Power. Understanding International Relations, 3. Aufl. New York 1995, S. 256-260.
89 Vgl. Klaus *Bodemer*, Spieltheorie, in: Oscar W. *Gabriel* (Hrsg.), Grundkurs politische Theorie, a.a.O., S. 143-188, insb. S. 163ff.

Für die politische *Vertretung gesellschaftlicher Interessen bedeutet dies eine strukturelle Durchsetzungsschwäche großer latenter Interessen* (Verbraucher, Umweltschutz, Bildung, Zukunftsinvestitionen). Zwar vermag die Theorie rationaler Nutzenmaximierung die Organisationsschwäche nichtkonfliktfähiger Politikbereiche wie der Sozial-, Gesundheits- und Bildungspolitik durchaus zu erklären. Andererseits zeigen Bürgerinitiativen und andere Organisationen in der Umweltschutz- und Dritte-Welt-Bewegung, dass sich auch jenseits des individuellen, rationalen Nutzenkalküls Interessenorganisationen bilden und wirksam artikulieren.[90] Mit anderen Worten: In der Praxis der Interessenvermittlung treten kooperative neben kompetitiven Orientierungen auf, wird der Nutzen des einen auch als Nutzen des anderen gewertet.[91] Über das ökonomische Nutzenkalkül der Logik kollektiven Handelns gehen daher Entstehung, Zielsetzung, Tätigkeit und Entwicklungsdynamik freiwilliger Vereinigungen deutlich hinaus.[92] Kurz gesagt: Die Bereitschaft zu kollektivem Handeln ist höher, als von der Theorie rationaler Wahl erwartet.[93]

Da sich Organisationen und Koalitionen zur Durchsetzung kollektiver Belange nur unter besonders günstigen Bedingungen entwickeln und erst im Laufe der Zeit an Stärke gewinnen, wird in einem stabilen Gesellschaftssystem erst nach und nach eine immer größere Zahl derartiger Organisationen tätig.[94] Im Laufe der Zeit nehmen die Zahl dieser Organisationen, die Leistungsfähigkeit ihres internen Organisationsgefüges und ihre Durchsetzungsstärke zu. Benachbarte Gruppen schließen sich zu Koalitionen zusammen, um verteilungspolitische Ziele durchzusetzen. Diese *Verteilungskoalitionen* sind durch langsame Entscheidungsprozesse und komplexe, schwer zu verarbeitende Verhandlungskonstellationen gekennzeichnet. Ihre Ausbreitung und Tätigkeit erklärt die unterschiedliche wirtschaftliche Dynamik der Industrieländer. Denn das unterschiedliche Tempo technologischer Innovationen kann auf die Strukturen von Interessenkoalitionen zurückgeführt werden.[95] Je schwerfälliger die Konsensbildung in diesen Koalitionen wird, um so mehr verzögert sich die Durchsetzung neuer Technologien. Je komplizierter wiederum die Verteilungskonflikte zwischen organisationsstarken Gruppen und je größer die Zahl der Innovationen ist, die die wirtschaftliche Effizienz steigern, umso unwahrscheinlicher wird die Übereinstimmung der Gruppen bei

---

90 Vgl. Ulrich von *Alemann*, Organisierte Interessen in der Bundesrepublik, a.a.O., S 157.
91 Vgl. Fritz W. *Scharpf*, Koordination durch Verhandlungssysteme: Analytische Konzepte und institutionelle Lösungen, in: Arthur *Benz*/Fritz W. *Scharpf*/Reinhard *Zintl*, Horizontale Politikverflechtung. Zur Theorie von Verhandlungssystemen, Frankfurt a.M./New York 1992, S. 54.
92 Vgl. Annette *Zimmer*, Vereine – Basiselement der Demokratie, a.a.O., S 196f.
93 Vgl. Ulrich *Willems*, Restriktionen und Chancen kollektiven Handelns, in: Volker *Kunz*/Ulrich *Druwe* (Hrsg.), Handlungs- und Entscheidungstheorie in der Politikwissenschaft. Eine Einführung in Konzepte und Forschungsstand, Opladen 1996, S. 129, 145.
94 Vgl. Mancur *Olson*, The Rise and Decline of Nations: Economic Growth, Stagflation, and Social Rigities, New Haven 1982, S. 40.
95 Vgl. *ders.*, a.a.O., S. 63.

der Umsetzung dieser Innovationen. Da die Entscheidungsträger in Verteilungskoalitionen vielfältige Rücksichten auf unterschiedliche Gruppeninteressen nehmen, werden die Verhandlungskontexte komplizierter und die Entscheidungsabläufe schwerfälliger.

Dieses Problem wird besonders augenfällig, wenn sich Interessengruppen für die Erhaltung von Unternehmen oder Industriezweigen einsetzen, die dem technologischen Wandel nicht gewachsen sind. Mit zunehmendem Widerstand dieser Verbände wird der für die angestrebten Innovationsprozesse erforderliche Ressourcentransfer immer weiter hinausgezögert. Je größer somit Organisationsdichte und Reichweite von Verteilungskoalitionen, umso stärker werden wirtschaftliches Wachstum und technischer Fortschritt behindert. Dies ist ganz besonders dann der Fall, wenn zusätzliche Subventionen, besondere finanzielle Anreize und Beschränkungen des Marktzugangs, etwa als Folge erfolgreicher Verbandspolitik und zielstrebiger Kartellierungsbemühungen, hinzukommen. Auf diese Weise vergrößert die wachsende Zahl von Verteilungskoalitionen in den demokratischen Verfassungsstaaten der Gegenwart den politischen Steuerungs- und Regelungsbedarf, stärkt die Stellung der Bürokratie und begünstigt politische Interventionen.[96]

In diesen Rahmen lassen sich die unterschiedlichen Wachstums- und Innovationsraten der Industrieländer nach dem Zweiten Weltkrieg einordnen, ebenso die jüngsten wirtschaftlichen Erfolge der asiatischen Schwellenländer Taiwan, Südkorea, Singapur und Hongkong. So kann auch das im Vergleich zu den anderen Industrieländern höhere Wirtschaftswachstum Japans und Deutschlands in den ersten Nachkriegsjahrzehnten und der asiatischen Schwellenländer in der Gegenwart darauf zurückgeführt werden, dass sich in diesen Ländern – bei allen historischen, kulturellen und strukturellen Unterschieden – in diesem Zeitraum zunächst kein so dichtes Geflecht von Verteilungskoalitionen und kein so großes Ausmaß politisch-administrativer Regelungsdichte herausbilden konnte wie in den anderen Industriestaaten. Entsprechend günstig waren die Voraussetzungen für wirtschaftliches Wachstum und technologische Innovation. Andererseits werden die Wachstumschancen von Industrie- und Schwellenländern umso mehr eingeschränkt werden, je größer Zahl, Organisationsstärke und Organisationsdichte von Verteilungskoalitionen werden. Etablieren sich derartige Koalitionen von Interessengruppen auf Dauer, werden Wachstumsimpulse abgebaut und Wachstumschancen beeinträchtigt. Dies ist das derzeitige Dilemma der meisten Industriestaaten.

---

96 Vgl. *ders.*, ebd., S. 75ff.

Abb. 35: Die Logik kollektiven Handelns und die Innovationsfähigkeit politischer Systeme

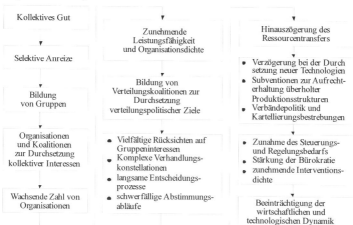

Quelle: eigene Darstellung

Die wirtschaftliche Umsetzung des technischen Fortschritts wird daher stark behindert, wenn Verteilungskoalitionen nennenswerten Einfluss auf politische und wirtschaftliche Entscheidungen nehmen. Dieser Einfluss wird umso größer, je mehr die Verteilungskoalitionen die politischen Entscheider durch die Androhung von Sanktionen unter Druck setzen können. Die Chancen einer solchen Einflussnahme hängen wiederum vom politischen Wettbewerbssystem ab. Während der Entzug der Unterstützung der jeweiligen Regierungsmehrheit durch größere Interessengruppen bei knappen politischen Mehrheitsverhältnissen unmittelbar auf die politischen Wettbewerbschancen durchschlägt, können Verteilungskoalitionen einen ähnlich starken Druck bei dauerhaft stabilen Mehrheitsverhältnissen und asymmetrischen Beziehungen zwischen Regierungsmehrheit und Opposition nicht ausüben, zumindest nicht mit gleicher Drohwirkung und Durchschlagskraft.

Abbildung 35 veranschaulicht den Zusammenhang zwischen der Logik kollektiven Handelns, der Tätigkeit und Durchsetzungskraft organisierter Interessen, der Flexibilität politischer Institutionen und der Innovationsfähigkeit der Politik.[97]

---

97 Der hier veranschaulichte, von Mancur *Olson* ermittelte Zusammenhang zwischen dem Einfluss von Interessengruppen und wirtschaftlichem Wachstum, nach dem die Kumulierung von Verbandseinflüssen die Formulierung und Durchsetzung einer wachstumsfördernden Wirtschaftspolitik behindert, konnte für die USA grundsätzlich bestätigt werden. Vgl. hierzu Virginia *Gray*/ David *Lowery*, Interest Group Politics and Economic Growth in the U.S. States, in: American Political Science Review, vol. 82, 1988, No. 1, S. 109-131.

5.5 Asymmetrie der Interessen

Gewährleistet das Prinzip des Pluralismus, von der demokratischen Verfassung geschützt, nicht nur die *Vielfalt*, sondern auch ein *Gleichgewicht* der gesellschaftlichen Interessen? Eine Antwort auf diese Frage versucht die Gruppentheorie zu geben. Sie versteht Politik als Ergebnis der Gruppenkonkurrenz und sieht dadurch die Gewähr für ein stabiles Gruppengleichgewicht gegeben.[98] Der Gruppentheorie als klassischer soziologischer Stütze pluralistischen Demokratietheorie liegt die Kritik an folgenden sozialphilosophischen Strömungen zugrunde: dem methodischen und erkenntnistheoretischen Individualismus der englischen Utilitaristen (*Bentham, Mill*), dem politisch-philosophischen Individualismus und einem Institutionalismus, der politische Prozesse und Strukturen in der Form der „Allgemeinen Staatslehre" nach formalen Kriterien untersuchte.[99] Im Rahmen der allgemeinen Gruppentheorie wurden Hypothesen entwickelt, die als *„pressure group model"* nachhaltigen Einfluss auf die Verbändeforschung ausgeübt haben. Dieses Modell beschreibt den demokratischen Willensbildungsprozess durch folgende Merkmale:

- Interessengruppen sind der dominierende Faktor im politischen Willensbildungsprozess.
- Der starke politische Druck einer Gruppe stimuliert einen entsprechenden Gegendruck anderer Gruppen.[100]
- Der Unterschied zwischen privaten und öffentlichen Gruppen liegt in deren Amtscharakter begründet. Politische Macht wird den öffentlichen Gruppen durch gesellschaftliches Einverständnis übertragen.
- Das Verhalten der staatlichen Institutionen entspricht der *„cash-register theory"*: Die Legislative ist Schiedsrichter im Gruppenkampf, ratifiziert Gruppensiege und repräsentiert so das Machtgleichgewicht der konkurrierenden Gruppen. Aufgabe der Bürokratie ist die Ausführung der ratifizierten Verträge der siegreichen Gruppenkoalitionen.

---

98 Vgl. hierzu Otto *Stammer*/Peter *Weingart*, Politische Soziologie, München 1972, S. 190-199; David *Truman*, The Governmental Process, Political Interests and Public Opinion, 2. Aufl., New York 1971, Arthur F. *Bentley*, The Process of Government. A Study of Social Pressures, 3. Aufl., Bloomington 1949; Erich *Latham*, The Group Basis of Politics, New York 1952.
99 Vgl. Wolf Dieter *Narr*/Frieder *Naschold*, Theorie der Demokratie, Stuttgart 1971, S. 204ff.
100 Vgl. Lester *Milbrath*, The Washington Lobbyists, Chicago 1963, S. 345. Aus der Sicht der Gruppentheorie der Politik werden politische Willensbildung und politische Entscheidungsinhalte zu einem bloßen Ergebnis des Gruppenwettbewerbs: „As for political questions under any society we shall never find a group interest of the society as a whole the phenomena of political life will always divide the society itself is nothing other than the complex of the group that compose it." (Arthur *Bentley*, The Process of Government, ed. by Peter H. *Odegard*, 2. Aufl., Cambridge (Mass.) 1967, S. 222).

Die Kritik an den Verhaltensannahmen, die der Gleichgewichtsvorstellung dieser Konzeption zugrundeliegen, hat auf die unterschiedlichen Chancen der Interessenartikulation von Berufsgruppen, sozialen Schichten und Interessentypen aufmerksam gemacht. Je ungleicher die Chancen der Interessenwahrnehmung, umso weitreichender die Anforderungen an die Steuerungskapazität der politischen Institutionen. Überlegungen zum Gruppenhandeln und praktische Beobachtungen zeigen zudem, dass Macht im Unterschied zu den Annahmen der Gruppentheorie nicht immer Gegenmacht, sondern auch Ohnmacht erzeugt. Obwohl Gruppen eine zentrale Funktion für die Erzeugung öffentlicher Güter haben, bleiben breite Schichten der Bevölkerung unorganisiert.[101]

Abb. 36: Gruppentheorie

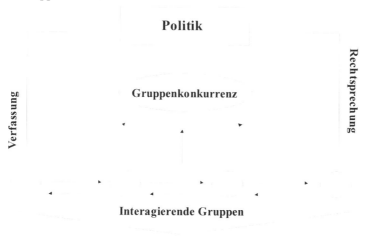

Entscheidend sind nicht „reale" Institutionen und Interessenstrukturen, sondern ihre Perzeption (Wahrnehmung) und Vermittlung durch politische Symbole.[102] Nur so wird verständlich, dass die politische Erfüllung von Interessenforderungen oft nicht zur Befriedung der jeweiligen Gruppen führt, sondern neue, weitreichende Forderungen hervorruft. Dies ist auch dann zu beobachten, wenn sämtliche Forderungen bereits in politische Entscheidungen umgesetzt worden sind. So entsteht eine politisch-symbolische Eigendynamik der Interessenartikulation, die

---

101 Vgl. Hans Peter *Wiedmaier*, Warum der Wohlfahrtsstaat in die politische Krise treibt, in: Wirtschaftswoche, Nr. 31, August 1972, S. 23-26.
102 Vgl. Murray *Edelman*, The Symbolic Uses of Politics, 2. Aufl., Urbana/Chicago 1985, S. 21, 153ff., 170, 186; vgl. hierzu auch Walter *Dieckmann*, Politische Sprache – Politische Aufsätze – Entwürfe, Heidelberg 1981, S. 225ff.

sich in immer neuen Forderungen äußert, die mit den bisherigen nur in einem lockeren Zusammenhang stehen. Nur dann, wenn die jeweilige Interessengruppe ihre Ziele wiederholt nicht durchsetzt, wird sie ihr eigenes politisches Anspruchsniveau senken und ihr politisches Forderungsprofil korrigieren. Politisch ausschlaggebend ist dabei nicht die materielle Substanz der politischen Interessen, sondern ihre politische Erfolgssymbolik, die eng mit dem beanspruchten politischen Status und dem damit verbundenen gesellschaftlichen Ansehen verknüpft ist. Es ist daher zwischen *Interessenpolitik* und *Statuspolitik* zu unterscheiden, zwischen denen allerdings langfristig kein grundsätzlicher Gegensatz besteht. Denn kurzfristig mögen ideologisch motivierte Gruppen ohne klares Interessenprofil eine durchsetzungsstarke Statuspolitik betreiben. Auf Dauer aber werden gesellschaftliches Ansehen und politischer Status einer Gruppe in wesentlichem Ausmaß von deren Fähigkeit abhängen, eigene Interessen politisch wirksam durchzusetzen.

Als Voraussetzungen einer dauerhaften und politisch wirksamen Durchsetzung sozioökonomischer Interessen können somit folgende Bedingungen genannt werden:

- Interessen müssen zu einem politischen Ziel gebündelt werden und einem klar abgrenzbaren Personenkreis zuzuordnen sein.
- Dieser Personenkreis muss sich an der Verfolgung seiner Ziele beteiligen und ausreichend motiviert sein, an dem Aufbau einer Verbandsorganisation mitzuarbeiten.
- Die für die dauerhafte Etablierung der Organisation notwendigen Mittel müssen aufzubringen sein.

Die politischen Grenzen und Ungleichgewichte gesellschaftlicher Interessenartikulation im politischen Prozess lassen sich an der Stellung der Verbraucherinteressen illustrieren, die sich nur selten gegenüber den Produzenteninteressen (Unternehmer und Gewerkschaften) eines Wirtschaftszweiges durchsetzen. Diese Benachteiligung kann auf drei Faktoren zurückgeführt werden: 1. Die Mehrzahl der wirtschaftspolitischen Maßnahmen überschreitet die Wahrnehmungs- und Reaktionsschwelle der Produzenten schneller als die der Konsumenten, da sie die Verbraucher nur indirekt und jeden einzelnen nur in geringem Maße berühren. 2. Die Wähler richten ihr politisches Augenmerk mehr auf den Einkommens- als auf den Konsumbereich. 3. Produzenten sind eher in der Lage, wirtschaftliche Ungewissheit im Hinblick auf die eigene Interessenlage zu beseitigen als die Verbraucher. Umso größere Bedeutung kommt der Berücksichtigung von Verbraucherinteressen in der Gesetzgebung, dem Aufbau handlungsfähiger Verbraucherorganisationen und der Verbesserung der Verbraucheraufklärung zu.[103]

---

103 Vgl. Herbert *Giersch*, Allgemeine Wirtschaftspolitik, Wiesbaden 1960, S. 246f.; Bernhard *Biervert*, Wirtschaftspolitische, soziopolitische und sozialpädagogische Aspekte einer verstärkten

Diese Zusammenhänge unterstreichen eine grundsätzliche Schwäche der Gruppentheorie, die auf der irrigen, von der Theorie des kollektiven Handelns widerlegten Annahme beruht, große Gruppen seien ebenso wie kleine in der Lage, Mitglieder zu mobilisieren. Die Diskrepanz zwischen beiden Gruppen tritt am auffälligsten bei den großen latenten Gruppen (Verbraucher, Steuerzahler etc.) zutage, deren Interessen sich im Gegensatz zu privilegierten kleinen und mittelgroßen Gruppen nur schwer organisieren lassen. Daher führt die Konkurrenz zwischen Gruppen zu keinem stabilen Gruppengleichgewicht. Denn große latente Gruppen werden zur Durchsetzung kollektiver Interessen nur dann Verbände organisieren, wenn diese Organisationen ihren Mitgliedern, wie die Theorie kollektiven Handelns betont, außer unteilbaren „öffentlichen Gütern" auch teilbare, private Güter anbieten. Es ist daher unmöglich, durchsetzungsfähige Verbände der Verbraucher, Rentner und Steuerzahler zu organisieren.

Politisches Engagement wird zudem in hohem Maße von der Schichtzugehörigkeit beeinflusst. Da Individuen mit hohem sozioökonomischen Status an politischen Fragen mehr interessiert sind als Mitglieder der Unterschicht und auch stärker in Parteien und Verbänden mitarbeiten, ist eine symmetrische Umsetzung gesellschaftlicher Interessen in politischen Entscheidungen nicht zu erwarten.[104] Die Partizipationsunterschiede werden zudem durch Strukturierungstendenzen der politischen Elite verstärkt, die den von der Pluralismustheorie geforderten, offenen Zugang zur Elite sowie die erforderliche, stark intensive Konkurrenz zwischen den gesellschaftlichen Führungsgruppen und den politischen Eliten behindern. Das Machtgleichgewicht zwischen allen sozialen Gruppen wird daher zur Fiktion; denn nicht alle gesellschaftlichen Interessen haben die gleiche Chance sich durchzusetzen. Je nach ihrer Fähigkeit, ihre Interessen wirksam zu organisieren (*Organisationsfähigkeit*) und Druck auf andere Gruppen oder die politischen Entscheidungsorgane auszuüben (*Konfliktfähigkeit*), können sie politische Entscheidungen in unterschiedlichem Umfang beeinflussen.[105] Selbst wenn keine schichtspezifischen Beteiligungsunterschiede vorhanden und die Rekrutierungsmechanismen der politischen Elite weniger einseitig wären, würde die unterschiedliche Organisationsfähigkeit der Interessen dieses Interessengleichgewicht dennoch verhindern.[106]

Verbraucheraufklärung, Köln 1972 (Forschungsbericht im Auftrage des Ministerpräsidenten des Landes Nordrhein-Westfalen), passim; W. H. *Glöckner*, Verbraucherpolitik in der Bundesrepublik Deutschland, in: Aus Politik und Zeitgeschichte, B 42/71, 16. Oktober 1971, S. 3-13.

104 Vgl. Herbert *Adam*, Pluralismus oder Herrschaft des Kapitals? Überlegungen zu Theorien gesellschaftlicher Machtverteilung in der Bundesrepublik, in: Aus Politik und Zeitgeschichte, B 14/74, 6. April 1974, S. 31f.

105 Vgl. Claus *Offe*, Politische Herrschaft und Klassenstrukturen, in: Gisela *Kress*/Dieter *Senghaas* (Hrsg.), Politikwissenschaft, Frankfurt a.M. 1969, S. 167ff.; Ulrich von *Alemann*, Organisierte Interessen in der Bundesrepublik, a.a.O., S. 44ff.

106 Vgl. Ebensowenig wie die Gruppentheorie liefert auch die von marxistischen Pluralismuskritikern vertretene *Kapitalmachttheorie*, nach der das Monopolkapital alle Entscheidungsprozesse

Nicht „marktfähige" gesellschaftliche Interessen werden daher chronisch vernachlässigt und wegen mangelnder Organisations- und Konfliktfähigkeit im politischen Kräfteparallelogramm nicht wirksam genug vertreten. Denn nur diejenigen Interessen sind leicht organisierbar, die Primärbedürfnisse solcher gesellschaftlicher Gruppen darstellen, deren Mitglieder zur Durchsetzung ausreichend motiviert sind. Diese Fähigkeit fehlt aber gerade latenten Gruppen und Randgruppen. Hier zeichnen sich seit langem neue gesellschaftliche und politische Konfliktlinien ab, die auch neue institutionelle Lösungen erfordern. Eine Sicherung intensiver Gruppenkonkurrenz reicht hierzu nicht aus: Auch bei intensivem Gruppenwettbewerb ist ein politisch stabiles Gleichgewicht zwischen schwer und leicht organisierbaren Interessen nicht herzustellen. Der Staat ist zur *Gegensteuerung* aufgerufen.

In welchem Umfang beeinflussen Verbände die politische Entscheidungsfindung? Ein nennenswerter Einfluss ist immer dann zu erwarten, wenn die Mitglieder eines Interessenverbandes aufgrund der Verbandstätigkeit bessergestellt werden, als es zuvor der Fall war.[107] Diese Annahme stützt sich auf das große Volumen direkter und indirekter Subventionen einerseits und die Stimmenmaximierung der Parteien andererseits, die die Unzufriedenheit von Bevölkerungsgruppen durch gezielte wirtschaftspolitische Maßnahmen in Stimmengewinne umzumünzen suchen. Entscheidende Voraussetzung dieser Strategie: Als Folge der durch den Parteienwettbewerb ausgelösten Förderungsmaßnahmen dürfen andere Wählerschichten im Einflussbereich der Partei nicht derart benachteiligt werden, dass die Stimmenverluste die Stimmengewinne bei den Begünstigten überwiegen. Diese Bedingung ist in den Massendemokratien der Gegenwart, die durch ein weitreichendes und stark differenziertes System staatlicher Interventionen in den Wirtschaftskreislauf gekennzeichnet sind, weitgehend erfüllt. Da Subventionen aus Haushaltsmitteln gedeckt werden, wird die kleinere Zahl der Begünstigten ihren Nutzengewinn immer höher einschätzen als die Zahl der Steuerzahler ihre durchschnittliche individuelle Zusatzbelastung. Dieses Ungleichgewicht wiegt umso schwerer, je mehr die öffentliche Meinung den Zusammenhang zwischen

---

beherrscht, eine zutreffende Beschreibung der politischen Realität moderner Industriegesellschaften. Die von C. Wright *Mills* für die USA aufgestellte Machtelitenhypothese entspricht nach den Befunden von Untersuchungen über die deutsche Oberschicht nicht der Wirklichkeit der Bundesrepublik. Vgl. hierzu Wolfgang *Zapf*, Wandlungen der deutschen Elite. Ein Zirkulationsmodell deutscher Führungsgruppen 1919-1961, 2. Aufl., München 1966. Die wirtschaftliche Dynamik, die gesellschaftliche Modernisierung, die Durchsetzung demokratischer Freiheitsrechte und die Verankerung demokratischer Institutionen haben in den fortgeschrittenen Industriegesellschaften die Gegensätze zwischen sozialen Klassen abgebaut und ein höheres Maß an gesellschaftlicher und politischer Chancengleichheit geschaffen. Vgl. hierzu auch: Dietrich *Rueschemeyer*/Evelyne *Huber Stephens*/John D. *Stephens*, Capitalist Development and Democracy, Cambridge 1992, S. 53ff., 302.

107 Vgl. Richard. E. *Wagner*, Pressure Groups and Political Entrepreneurs, in: Papers on Non-Market Decision Making, Charlottesville 1966, S. 161-170.

gruppenspezifischer Begünstigung und allgemeiner Belastung nicht herzustellen vermag und je weniger die Massenmedien in ihrer Kritikfunktion dieses Missverhältnis aufgreifen. Von den Medien kann der allgemeine Zusammenhang zwischen Bevorzugung und Benachteiligung im Allgemeinen nur punktuell aufgezeigt werden. Es kann daher nicht überraschen, dass die gruppenbezogenen Staatsausgaben zulasten der gruppenindifferenten Ausgaben tendenziell zunehmen.[108]

Die Asymmetrie der politischen Artikulation gesellschaftlicher Interessen beruht letztlich auf unterschiedlichen Zugangschancen gesellschaftlicher Gruppen zum „Markt" politischer Information. Ein charakteristisches Merkmal interventionistischer Wirtschaftspolitik besteht gerade darin, dass dieses das Wettbewerbsverhalten der wirtschaftlichen Akteure durch instrumentale Verwendung von Informationen steuern will und daher gezielte Informationen nur an einen begrenzten Teilnehmerkreis weitergibt. Ein solches Verhalten verstößt jedoch gegen den Gleichheitsgrundsatz und verfestigt hierarchische Strukturen des Verbandswesens.[109] Die staatliche Sanktionierung von Verbandsstrukturen ist keineswegs auf die Wirtschaftspolitik beschränkt, sondern auch in anderen Politikfeldern wie der Sozial-, Gesundheits- und Energiepolitik zu beobachten. Daraus lassen sich zwei Folgerungen zur Eigendynamik der politischen Interessenwahrnehmung in den Demokratien der Gegenwart ableiten:

1. Industriegesellschaften tendieren zu einer Überrepräsentation manifester Interessen, die durch eine relativ leichte Organisierbarkeit und einen relativ hohen Organisationsgrad gekennzeichnet sind, während die latenten Interessen bei der Formulierung und Durchführung wirtschaftspolitischer Entscheidungen weniger stark berücksichtigt werden.
2. Der Grad der Berücksichtigung latenter Interessen hängt von der Funktionsfähigkeit des politischen Systems ab: Je größer Handlungsfähigkeit und Handlungsspielraum der Regierung und je höher die Wahrscheinlichkeit eines Machtwechsels, um so eher ist eine Berücksichtigung latenter Interessen im politischen Entscheidungsprozess zu erwarten, wenn diese einen hohen Rangplatz in der öffentlichen Meinung besitzen. Umgekehrt: Je geringer die Handlungsfähigkeit der Regierung und die Wahrscheinlichkeit eines Machtwechsels, um so mehr muss mit einer Vorformung politischer Entscheidungen durch organisierte Sozialinteressen gerechnet werden. Hierbei ist jedoch

---

108 Vgl. Karl *Schmidt*, Öffentliche Ausgaben im demokratischen Gruppenstaat, in: Finanzarchiv, N. F., Bd. 25, 1966, S. 213-241; Guy *Kirsch*, Ökonomische Theorie der Politik, Tübingen/Düsseldorf 1974, S. 40.
109 Vgl. Egon *Tuchtfeld*, Moral Suasion in der Wirtschaftspolitik, in: Erich *Hoppmann*, Konzertierte Aktion. Kritische Beiträge zu einem Experiment, Frankfurt a.M. 1971, S. 63; Kurt H. *Biedenkopf*, Ordnungspolitische Probleme der neuen Wirtschaftspolitik, in: Jahrbuch für Sozialwissenschaft, Bd. 19, 1968, S. 320ff.

ein wesentlicher Rückkopplungsprozess zu berücksichtigen. Je mehr eine Regierung eine Forderung von Interessengruppen ohne größere Abstriche in politische Entscheidungen umsetzt, um so eher sind bei knappen Haushaltsmitteln und kontroversen Forderungen Regierungskrisen zu erwarten.

Diese Ungleichgewichte politischer Interessenwahrnehmung lassen die Zukunftsperspektiven der pluralistischen Wettbewerbsdemokratie in einem durchaus kritischen Licht erscheinen. Das politische System der Polyarchie sichert mit seiner pluralistischen Struktur zwar politische Freiheit durch gesellschaftlichen, wirtschaftlichen und politischen Wettbewerb, zeitigt aber zugleich Folgen, die bedenklich sind:[110] Die politische Praxis des Pluralismus' stabilisiert politische Ungleichheit, deformiert das politische Bewusstsein, schafft eine in sich widersprüchliche politische Tagesordnung und erschwert so die abschließende Kontrolle und Revision politischer Entscheidungen. Der Blick auf die anstehenden Probleme wird zudem dadurch verstellt, dass sich die großen Interessengruppen mit dem Status quo arrangieren und Strukturreformen erschweren. Auch die Organisationen selbst nehmen nur einen Teil der Interessen ihrer Mitglieder wahr, andere Stimmen dagegen bleiben stumm. Der massive Einfluss autonomer Verbandsinteressen drängt Themen und Lösungsansätze aus dem öffentlichen Bewusstsein und damit zugleich von der politischen Tagesordnung.[111] Entsprechend schwierig ist die Korrektur politischer Entscheidungen und die Durchsetzung einer Politik mit langfristiger Perspektive.

Es gibt aber auch Gegenkräfte gegen diese Vermachtung der Politik durch organisierte Interessen. Zwar schwächen die Logik kollektiven Handelns wie auch das „Gefangenen-Dilemma" nichtkooperativen, letztlich selbstzerstörerischen Verhaltens den Zusammenhalt sozialer und politischer Organisationen und entsolidarisieren Politik und Gesellschaft. Wären ihre Verhaltensmaximen tatsächlich allgemein maßgebend, stünde die Überlebensfähigkeit demokratischer Verfassungen und pluralistischer Gesellschaften selbst zur Disposition. Dem wirkt jedoch, wie Robert *Putnam* am Beispiel des modernen *Italien* gezeigt hat,[112] der Bestand an *Sozialkapital* in einer Gesellschaft entgegen. Darunter sind Normen, Netzwerke und Vertrauensbezüge zu verstehen, die das Leistungsvermögen einer Gesellschaft durch die Ermutigung ihrer Bürger zu koordiniertem Handeln stärken.[113] Normen der Verhaltensreziprozität und Netzwerke bürgerschaftlichen Engage-

---

110 Vgl. Robert A. *Dahl*, Dilemmas of Pluralist Democracies. Autonomy vs. Control, New Haven/London 1982, S. 40ff.
111 Vgl. Goetz *Briefs*, Ausgewählte Schriften, Berlin 1980, Bd. 1: Mensch und Gesellschaft, S. 189-201.
112 Vgl. Robert *Putnam* with Robert *Leonardi* and Rafaella Y. *Nanetti*, Making Democracy Work. Civic Traditions in Modern Italy, Princeton (N.J.) 1993, S. 167ff.
113 Vgl. James S. *Coleman*, Foundations of Social Theory, Cambridge (Mass.)/London 1990, S. 300ff.; 321 Elenor *Ostrom*, Crafting Institutions for Self-Governing Irrigation Systems, San Francisco 1992.

ments machen den Kern des Sozialkapitals aus. Dieses bindet Individuen an soziale Strukturen und beruht auf Vertrauensbezügen, Autorität und kooperationsfördernden Sozialnormen. Seine Ressourcen kommen dem Aufbau individueller Fähigkeiten und damit dem Humankapital einer Gesellschaft insgesamt zugute. Es wird geschaffen, wenn sich Individuen gegenseitig stützen und zu Handlungen ermuntern, der einzelne seine soziale Umgebung für vertrauenswürdig hält und eingegangene Verpflichtungen von beiden Seiten tatsächlich eingehalten werden. In Zeiten, in denen sich die gegenseitige Abhängigkeit der Menschen, etwa durch wachsenden wirtschaftlichen Wohlstand und eine zunehmende Individualisierung des Lebensstils, schrittweise verringert, wird auch das Sozialkapital aufgezehrt. Es erneuert sich nur, wenn es aktiviert wird.

Organisationen, deren Mitglieder einander vertrauen und miteinander kooperieren, leisten mehr. Während wechselseitiges Misstrauen sich stets selbst bestätigt und weiter verstärkt, steigert wechselseitiges Vertrauen Zuversicht und Leistung. Es handelt sich daher beim Sozialkapital letztlich um eine moralische Ressource, deren Umfang durch Nutzung stetig zunimmt.[114] Soziales Vertrauen wird so zu einer Schlüsselgröße für die Leistungsfähigkeit politischer und wirtschaftlicher Organisationen. Es setzt *Normen reziproken Verhaltens* und *Netzwerke bürgerschaftlichen Engagements* voraus. Je dichter diese Netze geknüpft sind, um so eher werden Bürger zum gegenseitigen Nutzen zusammenarbeiten. Reziprozität wiederum trägt dazu bei, das eigene Verhalten am Verhalten der anderen zu orientieren: Die langfristige Sicherung der eigenen Interessen erfordert ein solidarisches Handeln, das altruistische mit egoistischen Motiven verbindet.[115] Dagegen kann ein ausschließlich vertikales, wenn auch eng geknüpftes Netzwerk Vertrauen und Kooperation seiner Mitglieder nicht festigen.

Reichweite und Dichte von Interessengruppen allein behindern wirtschaftliche und soziale Dynamik solange nicht, wie horizontale Netzwerke bürgerschaftlichen Engagements die Leistungsfähigkeit wirtschaftlicher, sozialer und politischer Organisationen festigen. Sozialkapital wird dadurch zu einem Garanten politischer Stabilität und wirtschaftlichen Wachstums. Seine historische Verankerung erklärt unterschiedliche politische und wirtschaftliche Entwicklungsverläufe – etwa die Nord- und Südamerikas, Nord- und Süditaliens. Die größeren Entwicklungserfolge des Nordens sind jeweils mit einem größeren Bestand an Sozialkapital verbunden.

---

114 Vgl. Robert *Putnam*, Making Democracy Work, a.a.O., S. 169ff.
115 Vgl. Michael *Taylor*, Community, Anarchy and Liberty, New York 1982, S. 28f.

Artikulation der Interessen

Interessenartikulation ist die öffentliche Vertretung der Forderungen von Interessengruppen und deren Übermittlung an politische Entscheidungsgremien. Die Artikulationsfunktion des politischen Systems konkretisiert gesellschaftliche Interessen durch politische Forderungen und beruht auf zwei Grundlagen: 1. Die Bürger können ihre Interessen vollständig und gleichberechtigt zum Ausdruck bringen. 2. Sie äußern diese Präferenzen gegenüber ihren Mitbürgern und der Regierung durch individuelle und kollektive Aktionen.

Die Garantie freier und gleichberechtigter Interessenartikulation ist Kern des pluralistischen Demokratieverständnisses, das die Bildung konkurrierender Interessengruppen als legitim ansieht und vom Konfliktcharakter sozialer Beziehungen als universell gültigem Merkmal der gesellschaftlichen Wirklichkeit ausgeht. Interessengegensätze werden durch Verbände und Parteien kanalisiert. Der Pluralismus gesellschaftlicher Interessen als Grundlage der Wettbewerbsdemokratie betont die Rolle, die intermediäre Organisationen durch die Mobilisierung der Bürger und die Vertretung ihrer Interessen spielen.

Die Kritik an der Gruppentheorie als Grundlage pluralistischer Demokratietheorie weist darauf hin, dass die Interessenvielfalt pluralistischer Demokratie allein noch kein Gleichgewicht gesellschaftlicher Interessen sichert. Da diese Interessen durch unterschiedliche Organisations- und Konfliktfähigkeit gekennzeichnet sind, besitzen sie nicht gleiche Chancen der Durchsetzung. Die Theorie kollektiven Handelns zeigt, dass große, latente Gruppen (Verbraucher, Steuerzahler) ihre Interessen im Gegensatz zu kleinen, privilegierten Gruppen nur schwer organisieren und politisch artikulieren können. Zudem fehlen konkrete, aus Interessenkalkülen ableitbare Anreize für das Engagement zugunsten kollektiver Güter. Diese Konfliktdynamik individueller und kollektiver Interessen wird durch die Logik kollektiven Handelns und das „Gefangenen-Dilemma" verständlich.

Der politischen Asymmetrie gesellschaftlicher Interessenartikulation können zwei Strategien entgegenwirken. Die erste zielt im Gegensatz zu den Verhaltensannahmen der ökonomischen Theorie der Politik auf den Ausbau des „Sozialkapitals" durch Verstärkung von Netzwerken, Vertrauensbezügen und bürgerschaftlichem Engagement, das soziale Leistungserwartungen nicht in erster Linie an den Staat richtet, sondern durch freiwillige soziale Kooperation verwirklicht. Die zweite Strategie ist die einer bewussten Gegensteuerung des politischen Systems zugunsten vernachlässigter kollektiver Interessen und des entsprechenden Angebotes kollektiver Güter.

6. Aggregation der Interessen

6.1 Politische Aggregation gesellschaftlicher Interessen

Wie werden gesellschaftlichen Interessen erfasst und politisch berücksichtigt? Diese Frage zeigt, dass die *Aggregation* über die *Artikulation* von Interessen hinausgeht und diese nach Kriterien bündelt, die im Folgenden erläutert werden sollen. Dabei steht der Anspruch der pluralistischen Demokratie auf dem Prüfstand, allen gesellschaftlichen Interessen eine Chance der Durchsetzung zu bieten. Zunächst geht es daher darum, Grundsatzprobleme aufzuzeigen, die bei der Bündelung von individuellen zu kollektiven Interessen entstehen. Im Weiteren sind aus dieser Betrachtung politiktheoretische und ordnungspolitische Folgerungen zu ziehen.

Bereits John *Locke*, Charles de *Montesquieu*, John Stuart *Mill* und Alexis *de Tocqueville* haben auf eine zentrale Gefahr der liberalen Demokratie hingewiesen: die *Tyrannei der Mehrheit*.[1] Das Gleichheitsprinzip des demokratischen Zeitalters, so *de Tocqueville*, bringe neue Freiheiten hervor, könne aber auch die Freiheit selbst bedrohen.[2] Sicherungen gegen eine Tyrannei der Mehrheit böten eine bundesstaatliche Organisationsform, kommunale Einrichtungen und die richterliche Unabhängigkeit. Der demokratische Verfassungsstaat der Gegenwart beruht in der Tradition dieses politischen Denkens auf einem normativen Fundament, das *Mehrheitsregel* und *Minderheitenschutz* eng miteinander verknüpft. Diese Grundregel ist wichtig, weil die Mitglieder eines sozialen Systems nur selten einmütig sind. Das Problem, eine mehrdimensionale Verteilung divergierender Einstellungen von Bürgern zu erfassen, ist aber kompliziert. Da nicht alle Einstellungen das gleiche Gewicht haben, müssen sie auf einer Präferenzskala abgebildet werden.[3] So erscheint auch der Konsens der Bürger nicht als Idealzu-

---

1 Vgl. Eckhard *Jesse*, Volkssouveränität – Parlamentarismus – Opposition – Repräsentation, in: Günther *Rüther* (Hrsg.), Politik und Gesellschaft in Deutschland, Grundlagen – Zusammenhänge – Herausforderungen, a.a.O., S. 59ff.
2 Vgl. Alexis *de Tocqueville*, Über die Demokratie in Amerika (1839/40), München 1976, S. 284.
3 Vgl. Hans Gerd *Schütte*, Über die Chancen einer Theorie sozialer Systeme. Anspruch und Erfolg der Systemanalyse, in: Hans *Albert* (Hrsg.), Soziale Theorie und soziale Praxis, Meisenheim am Glan 1972, S. 114-139.

stand eines politischen oder gesellschaftlichen Systems, sondern als durchaus problematische Größe.[4]

Wie werden kollektiv verbindliche Entscheidungen gefällt und individuelle Präferenzen in eine kollektive Rangordnung von Interessen umgesetzt? Auf diese Frage gibt die *Neue Politische Ökonomie* eine Antwort, die ein systematisches Verständnis der Voraussetzungen und Probleme kollektiver Entscheidungen im demokratischen Verfassungsstaat fördert.[5] Diese Überlegungen sollen am Beispiel einfacher politischer Optionen und Präferenzstrukturen veranschaulicht werden. Gegeben seien drei Wähler (1, 2, 3) und drei politische Optionen (x, y, z), die von den Wählern folgendermaßen bewertet werden:

1: (x, y, z)

2: (y, z, x)

3: (z, x, y)

Versucht man, diese Präferenzstrukturen im Hinblick auf die Mehrheitsfähigkeit ihrer Optionen zu prüfen, so ergibt sich ein in sich widersprüchliches Ergebnis. Jeweils eine Mehrheit (zwei von drei Wählern) bevorzugt jede der drei Optionen gegenüber einer der beiden anderen (x gegenüber y: 1 und 3; y gegenüber z: 1 und 2; z gegenüber x: 2 und 3). Die Entscheidungssituation ist somit inkonsistent und offen: Die Mehrheiten sind zyklisch, wechseln also beliebig. Dies ist die zentrale Aussage des *Condorcet-Paradoxons*.[6]

Abstimmungen nach dem Mehrheitsgrundsatz können daher das Problem dieses Paradoxons nicht lösen. Kollektive Rationalität erfordert aber transitive Präferenzordnungen. Anders gesagt: Wird die Option x der Alternative y vorgezogen und diese wiederum z, so muss x auch gegenüber z präferiert werden. Kenneth *Arrow* hat gezeigt, dass dieses Dilemma transitiver Präferenzordnungen Teil eines weit grundsätzlicheren Problems kollektiver Entscheidungen ist.[7] Er geht von zwei Voraussetzungen aus:

1. Wenn die Funktion einer binären Wahl das Einstimmigkeitsprinzip und die Anforderungen kollektiver Rationalität erfüllt, können die Optionen eindeutig gewichtet werden.

---

4   Vgl. James *Coleman*, Foundations for a Theory of Collective Decisions, in: American Journal of Sociology, 1966, S. 615-627.
5   Vgl. Robert *Sugden*, The Political Economy of Public Choice. An Introduction to Welfare Economics, Oxford 1981, S. 129ff.; James M. *Buchanan*/Gordon *Tullock*, The Calculus of Consent, Ann Arbor 1962; A. K. Duncan *Black*, Theory of Committees and Elections, Cambridge 1958; Anthony *Downs*, Ökonomische Theorie der Demokratie, Tübingen 1968.
6   Vgl. Jean A. *de Condorcet*, Essai sur l'Application de l'Analyse à la Probabilité des Décisions Rendues à la Pluralité des Voix, Paris 1785.
7   Vgl. Kenneth J. *Arrow*, Social Choice and Individual Values, 2. Aufl., New Haven (Conn.) 1963.

2. Wenn eine binäre Wahlfunktion freiheitlichen Anforderungen entspricht und durch gegebene Alternativen festgelegt wird, entspricht sie nicht den Anforderungen kollektiver Rationalität.

Beide Voraussetzungen stützen insgesamt die These, dass es keine binäre Wahl gibt, die mit dem Demokratieprinzip, dem Grundsatz der Einmütigkeit **und** den Anforderungen kollektiver Rationalität übereinstimmt (*Arrow*-Theorem)[8]. In einer kürzeren Fassung lässt sich das Arrow-Paradoxon auch in folgende Formel fassen: *Konsistente individuelle Präferenzordnungen führen nicht zu konsistenten Kollektiventscheidungen.*

Das Unmöglichkeitstheorem Arrows

I. Mindestanforderungen an eine demokratische Entscheidungsregel der Präferenzaggregation

1. *Universelle Gültigkeit*
Die Regel ist auf alle Kombinationen transitiver individueller Präferenzen anwendbar.
2. *Pareto-Optimalität*
Wenn alle einzelnen Gruppenmitglieder in der Bewertung zweier Alternativen übereinstimmen, muss auch die Gruppenpräferenz diese Bewertung widerspiegeln.
3. *Unabhängigkeit von irrelevanten Alternativen*
Die Gruppenbewertung zweier Alternativen hängt nur von der relativen Bewertung **dieser** Alternativen durch die Mitglieder ab.
4. *Nicht-Diktatur*
Kein Individuum kann seine Präferenzen gegebener Alternativen der Gruppe unabhängig davon aufzwingen, welche Präferenzen die anderen Mitglieder haben.

II. Ergebnis

1. Wenn die Zahl der zur Abstimmung stehenden Alternativen größer als zwei ist, sind die vier Bedingungen unvereinbar.
2. Es ist unmöglich, konsistente Präferenzen der einzelnen Bürger durch einen demokratischen Prozess zu einer konsistenten kollektiven Präferenzordnung zusammenzufügen.
3. Das Unmöglichkeitstheorem gilt auch für das demokratische Verfahren der Mehrheitsentscheidung.

Condorcet-Paradoxon und *Arrow-Theorem* zeigen ein grundsätzliches Dilemma der demokratischen Akzeptanz und logischen Konsistenz von Mehrheitsentscheidungen bei gegebenen, transitiven Präferenzordnungen von Wählern, Verbänden und Parteien auf. Die Frage ist, wie dieses Dilemma willkürlicher Mehrheitsentscheidungen bewältigt werden kann. Es lässt sich auflösen, wenn die Annahme

---

8   Vgl. hierzu auch Peter *Bernholz*, Grundlagen der Politischen Ökonomie, 1. Bd., Tübingen 1972, S. 219.

einstimmiger Entscheidungen aufgegeben und die politische Dynamik der Umwandlung von individuellen sowie Minderheitspräferenzen berücksichtigt wird. Diese Betrachtung greift die Argumentation des Theorems auf der Basis der Axiome der Wettbewerbsdemokratie in einer offenen Gesellschaft an. Sie stellt die Annahme des zugrundeliegenden methodologischen Individualismus mit dem Hinweis in Frage, dass das Individuum seine Präferenzen im Lichte neuer Orientierungsangebote durch intermediäre Organisationen und politische Institutionen stets neu überprüft. Daher zeigen sich auch in der politischen Wirklichkeit nicht die von beiden Theoremen behaupteten Folgen.[9]

Die gesellschaftlichen und politischen Konsequenzen des *Arrow*-Theorems lassen sich auch so verstehen, dass im gesellschaftlichen Leben eine Balance zwischen sozialer Rationalität und Machtkonzentration anzustreben ist.[10] Denn soziale Organisationen, in denen Macht breit gestreut ist, haben umso größere Schwierigkeiten, konsistente Entscheidungen zu treffen. Anders gesagt: Die Ergebnisse der Entscheidungsprozesse in gesellschaftlichen und politischen Organisationen hängen nicht nur von der Aggregation individueller Interessen ab, sondern noch mehr von institutionellen Vorkehrungen.

Auf den ersten Blick sind die Auswirkungen zyklischer Mehrheiten für den Prozess der demokratischen Interessenrepräsentation verhängnisvoll: Transitive Präferenzordnungen der Bürger schlagen sich in intransitiven kollektiven Präferenzordnungen nieder, und der Zyklus der Mehrheiten führt zu keinem Punkt dauerhafter, konsistenter und mehrheitsfähiger Präferenzen. Da in vielen Streitfragen keine tragfähige Mehrheitsmeinung existiert, können die politischen Entscheidungen diese Meinungen auch nicht repräsentieren. Insbesondere in verteilungspolitischen Fragen ist daher jede potentielle Mehrheitsmeinung höchst labil; denn es gibt immer eine andere Lösungsalternative im Rahmen einer weiteren Interessenkoalition, von der sich die jeweilige Gruppe mehr versprechen könnte. Wenn eine willkürliche, autoritäre Lösung dieses Problems – etwa durch eine Beendigung dieses Zyklus an einem beliebigen Punkte – vermieden werden soll, kann es nur die Aufgabe politischer Institutionen sein, gesellschaftliche Interessen so zu aggregieren und politische Optionen so zu bündeln, dass entweder nur zwei Handlungsalternativen zur Entscheidung stehen oder Allianzen gebildet werden, die Programmanforderungen und aktuelle Optionen so verdichten, dass zyklische

---

9 Siehe hierzu insbesondere James M. *Buchanan*, Social Choice, Democracy and Free Markets, in: Journal of Political Economy, vol. 62, April 1954, S. 114-123; *ders.*, Justification of the Compound Republic: The 'Calculus' in Retrospect, in: James D. *Gwartney*/Richard E. *Wagner* (Hrsg.), Public Choice and Constitutional Economics, Greenwich (Conn.)/London 1988, S. 131-137.
10 Vgl. hierzu grundlegend: Kenneth A. *Shepsle*/Mark S. *Bouchek*, Analyzing Politics. Rationality, Behavior and Institutions, New York/London 1997, S. 67ff., 135.

Mehrheiten vermieden werden.[11] *Interessenaggregation zielt daher auf die Integration politischer Präferenzen zu konsistenten, mehrheitsfähigen und stabilen politischen Optionen.* Nichts anderes aber ist der Auftrag politischer Parteien in der Wettbewerbsdemokratie.

In der Praxis politischer Entscheidungsfindung werden Probleme des Unmöglichkeitstheorems und zyklischer Mehrheiten auch dadurch bewältigt, dass die bloße Möglichkeit solcher Mehrheiten die dauerhafte Ausbeutung einer Minderheit durch die Mehrheit erschwert. *Condorcet*-Situationen können letztlich durch Beschränkungen politischer Optionen auf zwei Alternativen verhindert werden.[12] Dies kann insbesondere durch eine starke Konzentration des Parteiensystems, Koalitionsabsprachen, Parteitagsbeschlüsse, Parteiprogramme, Kooperationsabkommen etc. geschehen.[13] In stark fragmentierten politischen Strukturen aber bleibt das Unmöglichkeitstheorem unter der Voraussetzung politischer Dezentralisierung bei Mehrheitswechsel, Volksbegehren und Volksentscheid durchaus von Bedeutung. Zu seiner politischen Entschärfung trägt indessen die Knappheit von Zeit und Ressourcen bei. Außerdem sind in der politischen Praxis die Reihenfolge der Tagesordnungspunkte und Wahlen von Sitzungen sowie Wahlverfahren und Abstimmungsstrategien auf Parteitagen entscheidend, weniger dagegen individuelle und gruppenspezifische Präferenzen. Dadurch wird die Komplexität der Entscheidungssituation verringert und das Dilemma der Präferenzaggregation oft weitgehend neutralisiert.

Der Beitrag der Wissenschaft zur Aggregation individueller Interessen ist begrenzt, da sich Wissenschaft und Demokratie, wie die Diskussion um die Theorie rationaler Wahl gezeigt hat, weder in ihrer Zielsetzung noch in ihrer Struktur entsprechen.[14] Ebensowenig kann eine Konzeption des Managements von Politik und Verwaltung imstande sein, politische Ziele und Programme in vollständiger Übereinstimmung mit den Mitgliedern des Gemeinwesens und seiner Organisationen zu entwerfen. Plausibel erscheint jedoch die Aussage der Theorie politischer Koalitionen, dass die politischen Akteure aus Eigeninteresse möglichst kleine Koa-

---

11 Vgl. Hans-Dieter *Klingemann*/Richard J. *Hofferbert*/Jan *Budge* u.a., Parties, Policies, and Democracy, Boulder/San Francisco/Oxford 1995, S. 15f.
12 Siehe hierzu auch Hans *Kammler*, Logik der Politikwissensschaft, a.a.O., S. 225.
13 Zu den politischen Implikationen des Unmöglichkeitstheorems und des Problems zyklischer Mehrheiten siehe insbesondere: Peter *Bernholz*, Verfassung und konsistente gesellschaftliche Präferenzen: Ein allgemeines Möglichkeitstheorem, in: Erik *Boettcher* u.a. (Hrsg.), Jahrbuch für Neue Politische Ökonomie, Bd. 4, Tübingen 1985, S. 73-89; im gleichen Band: Eckhard *Knappe*, Die Bedeutung zyklischer Mehrheiten in Demokratien, S. 90-107; vgl. ferner: Franz *Lehner*, Einführung in die Neue Politische Ökonomie, Königstein/Ts. 1981; Dennis C. *Mueller*, Public Choice II. A revisited edition of Public Choice, Cambridge 1989; Werner W. *Pommerehne*/Bruno S. *Frey* (Hrsg.), Ökonomische Theorie der Politik, Berlin u.a. 1979; Peter *Bernholz*, Grundlagen der politischen Ökonomie, Bd.1, a.a.O., S. 218ff.
14 Vgl. Randall *Calvert*, Lowi's Critique of Political Science: A Response, in: PS: Political Science and Politics, June 1993, S. 96-98.

litionen bilden, die gerade noch mehrheitsfähig sind. Die Frage der politischen Gestaltungsfähigkeit bleibt dabei aber offen.

> **Theorie politischer Koalitionen**
>
> Das Modell rationalen Verhaltens in der *Neuen Politische Ökonomie* hat William *Riker* auf Probleme der Mehrheitsbildung angewendet.[15] Seine *Theorie politischer Koalitionen* beruht auf folgender Überlegung:[16] Koalitionsbildungen verursachen Kosten in Form von Zeit, Zugeständnissen etc., die vom Nutzen des Gewinns abgezogen werden müssen. Je mehr Teilnehmer einer Koalition es gibt, umso höher werden die Kosten. Wenn der Nutzen maximiert werden soll, müssen die Kosten der Koalitionsbildung minimiert werden. Daher werden möglichst kleine Koalitionen gebildet, die noch mehrheitsfähig sind („minimale Gewinn-Koalitionen"). Dem entspricht eine der Spieltheorie entlehnte Hypothese über das „Größen-Prinzip": Rationale Teilnehmer werden nur Koalitionen bilden, die gerade so groß sind, dass der Gewinn des Spieles sicher ist.

Ein weiteres Problem kommt hinzu: das der Anreize und Handlungsmotive des Regierungsapparats (*incentive compatibility*).[17] Die Formulierung politischer Zielvorgaben für Regierung und Verwaltung motiviert den bürokratischen Apparat noch keineswegs, sich auch aktiv für die administrative Umsetzung dieser Ziele einzusetzen. Da alle bürokratischen Organisationen ein Eigenleben führen, können geeignete Anreizstrukturen im Verwaltungsapparat dieses Problem zwar verringern, aber letztlich nicht lösen. Die Theorie der rationalen Wahl zeigt, dass auch innerhalb der Bürokratie nicht von interessengeleiteten Einflussnahmen auf Gesetze und ihre Umsetzung abgesehen werden kann und sich Interessenallianzen eigener Art herausbilden, die die Erwartung zunichte machen, man könne die Implementation politischer Programme der politisch „neutralen" Kompetenz der Experten in der Verwaltung anvertrauen.[18] Auch hier beeinflusst die Verfolgung privater Interessen die Formulierung und Durchsetzung kollektiver Ziele.

Wie reagieren Bürger auf das Leistungsangebot von politischen und wirtschaftlichen Organisationen, und welche Folgerungen ergeben sich hieraus für die politische Integration des Verbandswesens? Auf die Verschlechterung der Leistungen von Verbänden wie aller anderen Organisationen reagieren die Bürger mit „*Abwanderung und Widerspruch*" (Albert O. *Hirschman*).[19] Wenn Menschen als

---

15 Vgl. William H. *Riker*, The Theory of Political Coalitions, New Haven 1975.
16 Vgl. Franz *Lehner*, Einführung in die Neue Politische Ökonomie, a.a.O., S. 62.
17 Vgl. Theodore J. *Lowi*, The End of Liberalism, New York 1979, 2. Aufl.; Gary J. *Miller*, Managerial Dilemmas: The Political Economy of Hierarchy, Cambridge (U. K.) 1992.
18 Vgl. Thomas H. *Hammond*/Paul A. *Thomas*, The Impossibility of a Neutral Hierarchy, in: Journal of Law, Economics and Organization, vol. 5, 1989, S. 155-183.
19 Albert O. *Hirschman*, Abwanderung und Widerspruch, Tübingen 1974; zur Rezeption und Bewertung vgl. Warnfried *Dettling* u.a., Die Neue Soziale Frage und die Zukunft der Demokratie, 2. Aufl., München/Wien 1977, S. 118ff.

Abnehmer staatlicher Leistungen oder als Mitglieder von Organisationen mit den gebotenen Leistungen nicht zufrieden sind, stehen sie vor folgender Frage: Sie können entweder aus der jeweiligen Organisation austreten oder – z.B. bei schlechter Infrastruktur – den Wohnsitz in eine andere Gemeinde oder in eine andere Region verlegen. Sie können aber auch versuchen, durch ihre „Stimme" – von Kritik über Widerspruch bis zur Abwahl – die Anbieter der Leistungen zu einer Verbesserung der Qualität veranlassen. Abwanderung und Widerspruch stellen somit sinnvolle Korrektive bei unbefriedigender Interessenaggregation dar. Für verschiedene Organisationen und für unterschiedliche Situationen innerhalb derselben Organisation bieten sich optimale Kombinationen beider Reaktionsformen an. Damit wird sowohl die ökonomische Perspektive der traditionellen Markttheorie, die fast ausschließlich den Abwanderungsmechanismus (d.h. Überwechseln zur Konkurrenz auf dem Markt) betrachtet hat, als auch die Sichtweise der Politikwissenschaft erweitert, die sich hauptsächlich auf Formen des Widerspruchs etwa durch die Beteiligung an Wahlen und andere Formen der politischen Partizipation konzentriert hat.

„Abwanderung und Widerspruch" bieten den Verbandsmitgliedern die Chance, ihre Interessen gegenüber der Führung durchzusetzen. Diese Überlegungen haben praktische Bedeutung: Wer die Interessen der Mitglieder stärker berücksichtigt wissen will, muss Möglichkeiten zu „Abwanderung" und „Widerspruch" schaffen. In Verbänden mit Monopolstellung, aus denen „Abwanderung" nicht möglich ist, kann daher verstärkt „Widerspruch" (von Kritik bis zur Abwahl) erwartet werden, doch statt „Widerspruch" ist in der Regel Apathie zu beobachten. Verbände und ihre Funktionäre verfügen über ein beträchtliches Potential von Mitteln, die Wirksamkeit des Widerspruchs zu begrenzen. Die notwendigen organisatorischen Voraussetzungen für erfolgreichen „Widerspruch" müssen jedoch vorhanden sein. Es muss sichergestellt werden, dass die Mitglieder mit geringem Aufwand viel erreichen können (z.B. ihre Führung abwählen), ohne persönliche Nachteile befürchten zu müssen.

Vergleicht man Wirtschaft und Politik in diesem Rahmen, zeigen sich grundsätzliche Unterschiede. Auf dem ökonomischen Markt überwiegt „Abwanderung" als Sanktionsmechanismus, im politischen Bereich dagegen Wahl und Widerspruch, die durch die Möglichkeit der Abwanderung (zu einer anderen Partei) an Gewicht gewinnen. Abwanderung und Widerspruch stellen zwei mögliche Alternativen für die Kontrolle von Mitgliedern (Wählern) über die Funktionäre (Politiker) dar. Eine demokratische Ordnung des Verbandswesens lässt sich somit weder nach den Prinzipien des ökonomischen Marktes noch nach denen der politischen Ordnung allein gestalten. Gerade in einer politischen Ordnung, in der wichtige Funktionen von Verbänden erfüllt werden, ist es eine öffentliche Aufgabe, das Verbandswesen so zu gestalten, dass sich Abwanderung und/oder Widerspruch optimal entfalten können. In der Sprache der Systemtheorie: Die Marktökonomie, die individuelle Rationalität und öffentliche Wohlfahrt in fortgeschrittenen, ausdifferenzierten Gesellschaften miteinander verknüpft, versagt im Bereich kollektiver Güter. Über diese muss kollektiv verbindlich entschieden werden, alle Bürger müssen an der Herstellung ihrer Kosten beteiligt werden, und allen muss der Zugang zu diesen Gütern grundsätzlich möglich sein. Dieser Zusammenhang verweist erneut auf die Hauptaufgabe der Politik: die Begründung und Durchsetzung kollektiver verbindlicher Entscheidungen.[20]

6.2 Interessenvermittlung im politischen System

Das politische System steht vor der Aufgabe, das Dilemma der Transformation von Gruppeninteressen durch allgemein verbindliche Entscheidungen zu lösen und den Erwartungen der Bürger zu entsprechen. Wichtiger Maßstab zur Beurteilung politischer Institutionen ist daher deren Fähigkeit zur Regelung von Konflikten und zur Bewältigung von Krisen. In Industrie- wie Entwicklungsländern ist eine entscheidende Ursache politischer Krisen in dem Auseinanderklaffen zwischen gesellschaftlichem Erwartungsdruck und politischem Handlungsvermögen zu sehen, eine Diskrepanz, die auf einer „Revolution steigender Erwartungen" beruht.[21] Je größer diese Kluft zwischen gesellschaftlichen Erwartungen und politischem Ergebnis ist, um so eher sind Spannungen zu erwarten, die in Krisen münden, wenn sie nicht durch integrationsfähige politische Institutionen aufgefangen werden. Erweisen sich diese als wenig leistungsstark, tritt eine institutionelle Blockade ein. Zeigen sich die Mitglieder der politischen Führung zudem führungsunfähig, sind Legitimationseinbußen des gesamten politischen Systems zu erwarten.

Die politischen Systeme Europas haben vielfältige Krisen durchlaufen und unterschiedlich bewältigt. Diese haben die Konfliktstrukturen der Industriegesellschaften in dreifacher Hinsicht geprägt: durch die gesellschaftliche und politische Stellung der Kirchen und sonstigen religiösen Organisationen, die soziale und politische Integration der unteren sozialen Schichten, allgemeines Wahlrecht, Koalitionsfreiheit und Tarifautonomie und durch den Verteilungskampf zwischen den sozialen Schichten. Diese Konfliktstrukturen werden jedoch immer mehr durch neue Konfliktlinien überlagert: Konflikte zwischen latenten und manifesten, leicht und schwer organisierbaren sowie zwischen konfliktfähigen und konfliktunfähigen Interessen.

Trotz erweiterter politischer Partizipationschancen besteht zwischen Beteiligungs- und Umverteilungsforderungen und dem Grad der Befriedigung dieser Forderungen in den entwickelten Industriegesellschaften eine anhaltende Diskre-

---

20 Vgl. Helmut *Willke*, Ironie des Staates, a.a.O., S. 232.
21 Vgl. James C. *Davis*, When Men Revolt and Why: A Reader in Political Violence and Revolution, New York 1971.

panz, die auch eine der Ursachen für das Wiederaufleben sezessionistischer, also auf Loslösung vom staatlichen Verbund gerichteter Bewegungen im Kampf um gesellschaftliche und politische Autonomie darstellt. Nicht alle politischen Systeme verfügen über die gleiche Fähigkeit, derartige Krisen zu bewältigen. Diese variiert mit der gesellschaftlichen Fundierung und dem Integrationsvermögen der politischen Institutionen sowie mit der Eigenart der zu bewältigenden Krisen. Es kommt darauf an, dass die politischen Systeme über Institutionen verfügen, die die klassischen sozialen Konflikte auffangen und so dazu beitragen, dass sich die alten Konflikte nicht mit neuen Konfliktlinien vermengen und dadurch nahezu unlösbar werden. Die Fähigkeit der politischen Systeme der Gegenwart zur Verarbeitung von Konflikten dürfte umso größer sein, je mehr sie einzelne Probleme konsekutiv (nacheinander) lösen und nicht alte und neue Konflikte simultan bewältigen müssen.

Die Entwicklungsländer sind demgegenüber mit traditionellen und modernen Konflikten zugleich konfrontiert, deren Lösung die Fähigkeit ihrer politischen Institutionen vielfach überfordert. Hier sind Partizipationsrechte verankert worden, bevor die politischen Institutionen Legitimität gewinnen und sich als Instrumente nationaler Integration bewähren konnten. Parallelität und Akkumulation der Krisen erklären daher die politische Instabilität vieler dieser Länder.[22]

Wie werden Interessen gesellschaftlicher Gruppen im politischen Prozess vermittelt? Zur Beantwortung dieser Frage sind am Beispiel der Interessenvermittlung im politischen System der Vereinigten Staaten zwei Interpretationsansätze entwickelt worden. Der *kommunikationsanalytische Ansatz* (siehe folgende Abbildung) versteht die Interessenvermittlung als politischen Kommunikationsprozess: Der Kontext des Handlungssystems, das Selbstinteresse der jeweiligen Gruppe, Rollenverständnis, soziales Wertesystem und Informationsgrad prägen die individuellen Charakteristika der Rollenträger im Prozess des Lobbying. Die Entscheidungen des Regierungssystems resultieren aus diesem Kommunikationsvorgang, aus den institutionellen Rahmenbedingungen und dem politischen Handlungsdruck, der sich aus der Agenda politischer Themen ergibt.

An diesen Bestimmungsfaktoren politischer Entscheidungen – den institutionellen Rahmenbedingungen, den politischen Streitfragen, dem Lobbying und den Merkmalen der Rollenträger – zeigt sich, dass sich weder die Entscheidungen noch die Verbandsaktivitäten unmittelbar aus der Struktur von Wirtschaft und Gesellschaft ableiten lassen. Sie sind nur im Rahmen eines Ansatzes zu erfassen, der den Prozess der politischen Meinungsbildung von seiner Input-Seite (Interessen, Forderungen, Konsens und Dissens mit der politischen Führung) *und* von seiner Output-Seite erfasst (Politische Entscheidungen, Beeinflussung des Wahlverhaltens, Reaktion auf Wählerverhalten). In welchem *Umfang* und in welcher *Weise* Interessen in Forderungen an die politischen Entscheidungsgremien umge-

---

22 Vgl. Mattei *Dogan*/Dominique *Pelassy*, How to Compare Nations, a.a.O., S. 97.

setzt werden, hängt insbesondere von der Struktur der Verbände, der Technik der politischen Transformation ihrer Forderungen und der Funktionsfähigkeit und relativen Autonomie politischer Institutionen ab.

Abb. 37: Interessenaggregation im politischen System

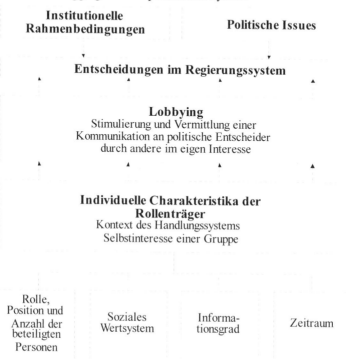

Das Schaubild veranschaulicht den kommunikationsanalytischen Ansatz der Verbändeforschung. Vgl. hierzu: Lester *Milbrath*, The Washington Lobbyists, 2. Aufl., Westport (Conn.) 1976, S. 180-189; Raymond A. *Bauer*, The Study of Policy Formation: An Introduction, in: ders./Kenneth J. *Gergen* (Hrsg.), The Study of Policy Formation, New York/London 1968, S. 1-26; Otto *Stammer*/Peter *Weingart*, Politische Soziologie, München 1972, S. 190-199.

Interessenvertretung ist ein Kommunikationsvorgang, bei dem die Ausübung von Druckmitteln nur eine von mehreren Möglichkeiten der Beeinflussung darstellt:[23] Forderungen oder Hilfeleistungen der Verbände gehen als Input in das System ein, und die Leistungen des politisch-administrativen Systems (Output) sichern

---

23 Vgl. Lester *Milbrath*, The Washington Jobbyists, a.a.O., S. 8, 19f.

im Regelfall die Dauerhaftigkeit des Input.[24] Dieser Regelprozess vollzieht sich umso ungestörter, als die organisierte öffentliche Meinung, die von den organisierten Interessengruppen gezielt informiert wird, den Verbänden häufig Flankenschutz gibt und ihren Forderungen seltener kritisch gegenübertritt.

Nach dem *rollentheoretischen Ansatz* (siehe folgende Abbildung) werden die politischen Entscheidungen nicht auf die Konkurrenz von Interessengruppen zurückgeführt, sondern auf das Rollenverständnis der politischen Akteure. Nur ein Teil der Abgeordneten unterstützt Forderungen der Verbände gegenüber der Regierung.[25] Andere dagegen verhalten sich neutral oder widersetzen sich dem Druck von Verbänden. Die Rollenorientierung ist somit uneinheitlich.

Abb. 38: Die politische Rolle der Abgeordneten

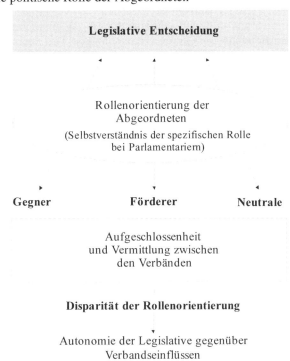

---

24 Klaus *Lippold,* Ansatzpunkte zur systemorientierten Betrachtung des Verbandes, Berlin 1974, S. 131ff.
25 Vgl. John C. *Wahlke*/William *Buchanan*/Heinz *Eulau*/Le Roy C. *Ferguson,* Die Rollenorientierung von Abgeordneten gegenüber Interessengruppen in amerikanischen Bundesstaaten, in: E. *Krippendorf* (Hrsg.), Political Science. Amerikanische Beiträge zur Politikwissenschaft, Tübingen 1966, S. 111-131.

In den Demokratien der Gegenwart tauschen sich die leitenden Ministerialbeamten in ihrem jeweiligen Politikfeld, wie Untersuchungen des Kommunikationsverhaltens der Ministerialbürokratie in den USA, Großbritannien, Frankreich, Deutschland, Italien, den Niederlanden und Schweden gezeigt haben, mehr mit Interessengruppen als mit anderen Organisationen und der eigenen politischen Führung aus.[26] Da politische Zielvorgaben häufig nur sehr allgemein sind und von der Administration konkretisiert werden müssen, halten sich die Verbände zunehmend an „ihre" Verwaltung. Diese hohe Kommunikationsdichte begrenzt in einem von Max *Weber* noch nicht erahnten Umfang die politische Kontrolle der Verwaltung durch die politische Führung.[27] Auf diese Weise entsteht ein politisches Netzwerk, das Beamte, Interessenvertreter und Abgeordnete im jeweiligen Politikfeld zusammenbindet. Je mehr sich derartige Netzwerke entwickeln und verfestigen, umso geringer werden die Chancen der Regierung, übergeordnete Ziele zu formulieren und in praktikable Handlungsprogramme umzusetzen.[28] Politik wird so zum Ergebnis von Gruppenverhandlungen. Das Spektrum der politischen Entscheidungen, die mit Interessengruppen nicht verhandelbar sind, nimmt folglich immer mehr ab, die Einbeziehung von Verbänden, „Sektoralisierung" und „Bürokratisierung" der politischen Planung dagegen, insbesondere in den europäischen Staaten, nehmen entsprechend zu.[29]

Hier zeigt sich ein ordnungspolitisches Dilemma des demokratischen Verfassungsstaates: Dieser hat gewiss die Aufgabe, die Freiheit des Einzelnen zu schützen und den gesellschaftlichen Gruppen den Handlungsspielraum zu sichern, den sie zur Durchsetzung ihrer Interessen benötigen. Ebenso erforderlich ist aber auch ein Aufbau der Verfassung, der es der Mehrheit möglich macht, über Einzel- und Gruppenforderungen hinaus das *Gemeinwohl* zu bestimmen und nicht nur den Gruppenforderungen zu überantworten. Jede demokratische Verfassung steht daher vor der Herausforderung, die die Väter der amerikanischen Verfassung als Auftrag verstanden haben: „to break and control the violence of factions".[30]

---

26 Vgl. Joel D. *Aberbach*/Robert D. *Putnam*/Bert A. *Rockman*, Bureaucrats and Politicians in Western Democracies, Cambridge (Mass.) 1981, S. 215.
27 Vgl. Edward C. *Page*, Political Authority and Bureaucratic Power. A Comparative Analysis, New York u.a. 1992, S. 105ff.
28 Vgl. Samuel H. *Beer*, In Search of a New Public Philosophy, in: Anthony *King* (Hrsg.), The New American Political System, Washington D. C. 1978 S. 22.
29 Vgl. Jeremy *Richardson*, Convergent Policy Styles in Europe? In: *ders.*(Hrsg.), Policy Styles in Western Europe, London 1982, S. 197-209.
30 „Public" (James *Madison*), The Federalist X, in: The Debate on the Constitution, Part One, New York 1993, S. 404.

6.3 Aggregationsfunktion der Parteien

So wie die Menschen eine Vielzahl von Wertorientierungen und Verhaltensroutinen entwickelt haben, um die *Kontingenz* von Handlungsalternativen durch Institutionen, Normen, Rollen und Konventionen auf ein handhabbares Maß zu beschränken,[31] benötigt auch das politische System Instrumente zur Bewältigung einer Vielzahl politischer Optionen. Instrumente dieser Verarbeitung sind politische *Parteien*, die die Programmdiskussion führen und dadurch die Breite der politisch wünschbaren Alternativen verringern, und die *Verwaltung*, die politische Vorgaben in administrative Programme umsetzt und dadurch das Reservoir von Optionen weiter einschränkt. Das politische Problem sachlicher Komplexität, die Vielzahl von Handlungsalternativen in einer vielschichtigen und vernetzten Gesellschaft, wird letztlich durch eine Konzentration der politischen Debatte auf wenige politisch konsensfähige und administrativ steuerbare Optionen bewältigt.

Parteien treten wie Interessengruppen zwischen den Staat und den einzelnen Bürger. Hatte in der abendländischen Welt über Jahrtausende die platonisch-aristotelische Vorstellung einer Einheit der *Polis* vorgeherrscht, welcher sich der einzelne mit seiner Familie unterzuordnen hatte,[32] so entdeckte *Hegel* die *bürgerliche Gesellschaft* als „die Differenz, welche zwischen die Familie und den Staat tritt."[33] Mit den Folgen der Arbeitsteilung der industriellen Gesellschaft, von *Smith*, *Say* und *Ricardo* anschaulich beschrieben, wuchs diese Differenz und forderte den Staat als Garanten der Einheit der Gesellschaft heraus. Diese Garantie nahm die Form von „Rechtsgesetzen" an, denen sich die Bürger, so Immanuel *Kant*, im Interesse der Ordnung zu unterwerfen hatten.[34] Nur das Erreichen dieses „bürgerlichen Zustandes", der Zusammenführung der Menschen „unter einem sie vereinigenden Willen, einer Verfassung"[35] garantiert nach Kant auf Dauer die individuelle politische Freiheit der Bürger. Damit sind wichtige Grundlagen des verfassungspolitischen Denkens geschaffen worden: Die Freiheit des einzelnen und der gesellschaftliche Wohlstand werden durch individuelle Freiheitsrechte und das Koalitionsrecht als Grundlage intermediärer Organisationen gesichert. Parteien und Verbände finden in diesem Grundverständnis ihren politischen Auftrag.

In traditionellen wie modernen Gesellschaften sind politische Parteien als Instrumente politischer Interessenaggregation unverzichtbar. Gerade in Zeiten raschen sozialen Wandels und politischen Umbruchs bieten starke Parteiorganisa-

---

31 Vgl. Helmut *Willke*, Systemtheorie, a.a.O., S. 19, 62.
32 Vgl. *ders.*, Ironie des Staates, a.a.O., S. 17f.
33 Georg W. F. *Hegel*, Grundlinien der Philosophie des Rechts (1821), Werke in zwanzig Bänden, Theorie Werkausgabe, Frankfurt a.M. 1970, S. 339.
34 Vgl. Immanuel *Kant*, Metaphysische Anfangsgründe der Rechtslehre, in: *ders.*, Werke in sechs Bänden, hrsg. von Wilhelm Weischedel, Bd. IV, Darmstadt 1956, S. 43-45.
35 *Ders.*, a.a.O., S. 429

tionen einen Schutz gegen Anarchie und Despotismus, indem sie Grundlagen politischer Autorität und demokratischer Legitimität schaffen.[36] Diese gründen sich im demokratischen Verfassungsstaat nicht mehr vorrangig auf Charisma, Ideologie, Traditionen und Akklamation, sondern vor allem auf der Vermittlungsleistung politischer Parteien zwischen unterschiedlichen Gruppen und Interessen. Im Prozess der gesellschaftlichen Modernisierung lässt sich politische Instabilität nur vermeiden, wenn die Aktivierung des politischen Bewusstseins und die Mobilisierung politischer Aktivität breiter Bevölkerungsschichten durch leistungsstarke politische Parteien gewährleistet wird.

In dem Parteiensystem spiegelt sich die soziale Schichtung einer Gesellschaft wider. In Ländern mit aktiven Gesellschaften und langer Tradition politischen Engagements von Arbeitnehmerorganisationen wie etwa in den skandinavischen Ländern schlägt sich die Polarisierung sozialer Klassen am stärksten im Parteiensystem nieder.[37] Relativ stark ist dieser Zusammenhang zwischen gesellschaftlicher Schichtung und Parteistruktur auch in Großbritannien, deutlich schwächer dagegen in Frankreich und Deutschland ausgeprägt. Unter den führenden Industriestaaten wirken sich soziale Klassengegensätze in den USA und Japan dagegen am schwächsten auf politisches Engagement aus. Unter dem Einfluss von wirtschaftlichem Wachstum und gesellschaftlicher Modernisierung hat die Bedeutung sozialer Schichtung für politisches Engagement in allen Industriestaaten deutlich abgenommen. Dies gilt insbesondere für die zentraleuropäischen Demokratien, aber auch für Skandinavien, Australien und Japan.

Der Kern des Parteienwettbewerbs ist die Konkurrenz zwischen Regierungspartei(en) und Oppositionspartei(en). Die Opposition ist keineswegs machtlos, denn die Regierung muss sich mit ihrer ständigen Kritik auseinandersetzen. Da sie sich den nächsten Wahlen stellen, „stehen beide in einem ständigen gewaltenteilend wirkenden Wettstreit miteinander."[38] Diese neue, funktionale Gewaltenteilung, die politische Macht zwischen Regierung und Opposition *zeitlich* aufteilt, überlagert die klassisch verfassungsrechtliche Gewaltenteilung, die Legislative, Exekutive und Judikative *institutionell* trennt.

Voraussetzung einer breiten Interessenartikulation und wirksamer Interessenaggregation ist ein Mindestmaß an innerparteilicher Demokratie. Die skeptische Auffassung der klassischen Parteienforschung, die mit Robert *Michels* und Mosei *Ostrogorski* eine nahezu unumschränkte Vormacht der Führungsschicht und ihres Apparats bemängelt hat, wird in der Gegenwart durch die Kritik an der „politischen Klasse" des Parteienstaates bekräftigt.[39] Demgegenüber verweist die empi-

---

36 Zu dieser dynamischen Funktion politischer Parteien vgl. insbesondere Samuel P. *Huntington*, Political Order in Changing Societies, New Haven/London 1968, S. 91, 399.
37 Vgl. Russell J. *Dalton*, Citizen Politics, a.a.O., S. 147ff.
38 Winfried *Steffani*, Gewaltenteilung im demokratischen Rechtsstaat, in: Günther *Rüther* (Hrsg.), Politik und Gesellschaft in Deutschland, a.a.O., S. 56.
39 Vgl. Karlheinz *Niclauß*, Das Parteiensystem der Bundesrepublik Deutschland, a.a.O., S. 214f.

rische Parteienforschung darauf, dass innerhalb der modernen Volksparteien „multiple Parteieneliten" mit heterogener Zusammensetzung miteinander konkurrieren und Macht auf unterschiedliche Organisationsstufen und Kommunikationsnetzwerke aufgeteilt ist.[40]

Innerparteiliche Partizipation findet als Beteiligung der Parteimitglieder an der Politikformulierung, der Politikrekrutierung und der Politikvermittlung statt.[41] Diese Partizipationsformen sind eng miteinander verflochten, denn Personalentscheidungen sind häufig zugleich Weichenstellungen über politische Programmschwerpunkte, während Sachentscheidungen oft Personalentscheidungen vorprägen und die Bereitschaft zur Vermittlung nach außen durch die Beteiligung an beiden Entscheidungstypen gesteigert wird. Die Bedeutung dieser Partizipationsformen spiegelt sich in drei Paradigmen der Parteienforschung wider:[42]

- Das *Konkurrenzparadigma* beruht auf der ökonomischen Theorie der Demokratie und der Theorie demokratischer Elitenherrschaft. Im Wettbewerbsrahmen des Marktmodells der Demokratie konkurrieren an Machterwerb und Machterhalt orientierte Parteieliten um Marktanteil am politischen Stimmenmarkt. Die Parteien sind die Instrumente dieses Konkurrenzkampfes um Wählerstimmen. Das Machtkalkül erfordert eine Ausrichtung der Organisationsstruktur, des Ressourceneinsatzes und der Entscheidungsprozesse am Ziel der Stimmmenmaximierung.
- Das *Integrationsparadigma* wurzelt in einem am Ziel der Konsenssicherung und Funktionssicherung ausgerichteten Demokratieverständnis (Systemüberlebensmodell). Politische Parteien sind an ihrem Beitrag zur Funktionsfähigkeit des politischen Systems zu messen. Daher sind jene Funktionen der Parteien besonders wichtig, die ein hohes Ausmaß an Massenunterstützung (Systemstabilität) und die Entscheidungsfähigkeit des politischen Systems und seiner Akteure gewährleisten: die Legitimationsfunktion, die Funktion der Elitenrekrutierung, die Aggregations- und die Innovationsfunktion.
- Das *Transmissionsparadigma* beruht auf einem strikt basisbezogenen Demokratie- und Parteienmodell, dem es um die unverfälschte Transmission (Umsetzung), schrittweise Ratifikation und Ausführung eines vorgegebenen „Volkswillens" (oder eines „Klassenwillens") geht. Je fragwürdiger die Annahme eines solchen Willens, je heterogener die Interessenstruktur, je komplexer die zur Entscheidung anstehende Frage, je größer die Zahl der Entscheidungsalternativen und je flexibler der Meinungsbildungsprozess, um so fragwürdiger ist die direktdemokratische Emphase dieses Modells, das für die Parteiendemokratie in modernen Gesellschaften keinen normativ und empirisch überzeugenden Interpretationsrahmen bietet.

Ob sich die ersten beiden Ansätze grundsätzlich widersprechen (etwa weil das Integrationsparadigma dem Konkordanzmodell der Demokratie entspreche), ist

---

40 Vgl. Samuel J. *Eldersveld*, Political Parties. A Behavioral Analysis, Chicago 1964, S. 6ff., 98ff.
41 Vgl. Oskar *Niedermayer*, Innerparteiliche Partizipation, Opladen 1989, S. 13, 18.
42 Vgl. ders. ebd., S. 22ff.

fraglich. Beide Perspektiven lassen sich sehr wohl zueinander in Beziehung setzen, ja ergänzen sich: In Parteiensystemen mit einem hohen Konzentrationsgrad ist die Wettbewerbsintensität zwischen den konkurrierenden Massenintegrationsparteien sehr hoch. In einem solchen alternierenden Parteiensystem erfüllen die Parteien aufgrund ihres am Rollenspiel von Regierung und Opposition orientierten, eigenen Funktionsverständnisses zugleich zentrale Aufgaben der Stabilitätssicherung durch Massenloyalität und Funktionssicherung im Sinne einer grundsätzlichen Berechenbarkeit und Verlässlichkeit des Handelns. *Legitimität und Effizienz der modernen Parteiendemokratie erfordern somit eine Synthese des Konkurrenz- und Integrationsmodells.* Diese Perspektive trägt gegenüber der utopischen Sicht des Transmissionsparadigmas der Tatsache Rechnung, dass die politischen Führungsgruppen der Parteien ein Mindestmaß an Handlungsspielraum benötigen, eine Rückkopplung ihres Handelns zu Parteimitgliedern und Wählern aber ebenso unabdingbar ist.[43]

Die Bindung der Politik an die Zustimmung der Bürger als Verfassungsprinzip der Demokratie erfordert zweierlei:[44] den Wettbewerb der Parteien um Wählerstimmen und die Beteiligung organisierter Interessen an der politischen Willensbildung. Beim Parteienwettbewerb handelt es sich um einen *Anbieterwettbewerb*: Die Parteien werben mit dem Angebot von Leistungen um die Zustimmung der Wähler. Als Folge dieses Wettbewerbsdruckes gilt der einmal erreichte Status quo staatlicher Leistungen nahezu als irreversibel. Zudem verstärkt sich bei intensivem Anbieterwettbewerb die Tendenz, stets neue Nachfrage nach immer neuen staatlichen Leistungen zu wecken und so immer neue staatliche Leistungspflichten zu begründen. Diese Eigendynamik des Parteienwettbewerbs begünstigt eine *chronische Überlastung des staatlichen Leistungsvermögens*. Verteilungspolitisch halten die organisierten Sozialinteressen daher beharrlich am Profil staatlicher Leistungsstandards fest. Das sich hieraus ergebende Muster der politischen Aggregation gesellschaftlicher Interessen wird so zu einem „System der hochgradigen Befestigung des Status quo".[45]

Entsprechend der auf der Wettbewerbstheorie der Demokratie aufbauenden *Theorie des Wettbewerbsvorsprungs (salience theory)*[46] entscheiden Wähler nicht über einzelne Streitfragen im Detail, sondern über die Tragfähigkeit von Lösungsangeboten, die von den Parteien zur Bewältigung ganzer Bündel politischer Probleme entworfen werden.[47] Auf diese Weise lassen sich zyklische Mehrheiten

---

43 Vgl. Karlheinz *Niclauß*, Das Parteiensystem der Bundesrepublik Deutschland, a.a.O., S. 224.
44 Vgl. Peter Graf *Kielmansegg*, Das Experiment der Freiheit. Zur gegenwärtigen Lage des demokratischen Verfassungsstaates, a.a.O., S. 29f.
45 Vgl. *ders.*, a.a.O., S. 32.
46 Vgl. David *Robertson*, A Theory of Party Competition, London/New York 1976.
47 Vgl. Hans-Dieter *Klingemann*/Richard J. *Hofferbert*/Ian *Budge* u.a., Parties, Policies and Democracy, a.a.O., S. 23ff., 34f., 241f., 254ff.; vgl. ferner Peter C. *Ordeshook*, Game Theory and Political Theory, Cambridge 1986, S. 250; Ian *Budge*/Dennis *Farlie*, Voting and Party Competi-

ebenso vermeiden wie die Überforderung von Wählern bei Entscheidungen zu einer Vielzahl von Problemen. Die Bündelung von Einzelthemen durch Parteiprogramme macht es auch Koalitionsparteien möglich, sich auf ein mehrheitsfähiges Regierungsprogramm zu verständigen. Nicht Konfrontation in Einzelfragen, sondern die Erarbeitung eines eigenen Profils ist dabei vordringlich. Die parteispezifischen Programmangebote müssen wiederum so flexibel sein, dass Kompromisse vereinbart werden können. Nur auf diesem Wege lässt sich die *Agenda* politischer Themen so gestalten, dass konsistentes Regierungshandeln durch ein entsprechendes Mandat an die Parteien begründet werden kann. Durch Aggregation von Interessen, Bündelung von Themen, Gestaltung der politischen Tagesordnung und Vorbereitung eines Regierungsprogramms werden diese zu Instrumenten demokratischer Regierungsweise.

Von der klassischen Parteienforschung[48] ist den Parteiprogrammen, soweit diese nicht ironisch-distanziert als bedeutungslos abgetan wurden, nur eine geringe praktische Bedeutung für den Prozess der politischen Zielfindung zugewiesen worden.[49] Tatsächlich spielen Programme aber, wie am Beispiel Großbritanniens, Australiens, Kanadas, Frankreichs, der USA, Schwedens, Österreichs, der Niederlande und der Bundesrepublik Deutschland gezeigt worden ist,[50] eine wichtige Rolle als Instrumente der Interessenaggregation und Politikformulierung. Parteiprogramme sind danach keineswegs unverbindliche, „theoretische" Standortmarkierungen, sondern bestimmen Richtung und Inhalt der Politik von Regierung und Opposition maßgeblich. Durch sie spiegelt der Parteienwettbewerb die Konturen der politischen Tagesordnung wider und setzt diese Umrisse schwerpunktartig in politische Entscheidungen um. Die Parteien dieser Länder wechseln ihre ideologischen und parteiprogrammatischen Standorte unter dem Einfluss aktueller Debatten keineswegs grundsätzlich, sondern behalten sie über einen langen Zeitraum bei. Diese weitgehende Übereinstimmung zwischen praktischer Politik und programmatischen Grundsatzpositionen folgt keineswegs aus der Übernahme von Regierungsämtern (*Mandat-Modell*), sondern aus der Kongruenz zwischen der Programmdiskussion der Parteien und der politischen Tagesordnung (*Agenda-Modell*).[51] Indem sie einzelne Forderungen zu politischen Programmen bündeln, nehmen die Parteien Einfluss auf die öffentliche Agenda und legen zugleich

---

tion: A Theoretical Critique and Synthesis Applied to Surveys from Ten Democracies, New York 1977; Bo *Saarlvik*/Ivor *Grewe*, Decade of Dealignment, New York 1983; Max *Kaase*/Hans-Dieter *Klingemann* (Hrsg.), Wahlen und politischer Prozeß: Analysen aus Anlaß der Bundestagswahl 1983, Opladen 1986.

48 Vgl. Maurice *Duverger*, Die politischen Parteien, Tübingen 1959; Moise *Ostrogorski*, Democracy and the Organization of Political Parties, Vol.II, New York 1970.
49 Vgl. Karlheinz *Niclauß*, Das Parteiensystem der Bundesrepublik Deutschland, a.a.O., S. 14.
50 Vgl. Hans-Dieter *Klingemann*/Richard I. *Hofferbert*/Ian *Budge*, Parties, Policies, and Democracy, a.a.O., S. 240ff.
51 Vgl. *dies.*, ebd., S. 44ff.

Schwerpunkte ihrer künftigen Politik fest. In dieser Kommunikationsleistung besteht ein entscheidender Beitrag der Aggregationsfunktion.

Politische Parteien sind *die* Träger demokratischer Machtkonkurrenz und politischer Interessenaggregation. Während Interessengruppen sich darauf beschränken, die Interessen und Erwartungen nur einer, im allgemeinen fest umrissenen Bevölkerungsgruppe zu *artikulieren*, müssen politische Parteien, die sich als Instrumente demokratischer Regierungsweise verstehen, diese Interessen *aggregieren*, d.h. zu politischen Handlungsprogrammen verdichten. Mehr noch als Verbände rufen daher Parteien im Kampf um Mehrheit und Macht Kritik und Gegenbewegungen hervor.[52]

Wie die Geschichte des britischen Parlamentarismus' zeigt, sind die ersten Parteien aufgrund der Funktionserfordernisse parlamentarischer Regierungsweise aus parlamentarischen Fraktionen hervorgegangen,[53] während sich die Parteien in Kontinentaleuropa außerhalb des Parlaments bildeten. In der parlamentarischen Repräsentativverfassung wurden sie in beiden Fällen zur wichtigsten organisatorischen Klammer zwischen der parlamentarischen Mehrheit und der von ihr gestellten Regierung; außerparlamentarisch wurden sie zu Klammern zwischen Wählerschaft und politischen Eliten. Dadurch entwickelte sich die parlamentarische Demokratie zum „Parteienstaat", in dem die Parteien vier grundlegende Funktionen ausüben:[54]

1. Zielfindung,
2. Artikulation und Aggregation gesellschaftlicher Interessen,
3. Mobilisierung und Sozialisation und
4. Elitenrekrutierung und Regierungsbildung.

Während die Funktionen 3. und 4. bereits im Zusammenhang politischer Sozialisation und politischer Rekrutierung erörtert worden sind, interessieren in der Phase der politischen Interessenaggregation vor allem die beiden ersten Funktionen.

Durch Ideologien, Programme und Grundsatzerklärungen leisten die Parteien einen Beitrag zur politischen *Standortbestimmung* und zur *Zielfindung*. Trotz des seit langem vorausgesagten „Endes der Ideologien"[55] haben die Parteien in den westlichen Demokratien in den letzten Jahrzehnten erhebliche Energien in die Erarbeitung von Programmen, Wahlkampfplattformen und Orientierungsrahmen

---

52 Vgl. Klaus *von Beyme*, Parteien, in: ders. u.a. (Hrsg.), Politikwissenschaft, Bd. II: Der demokratische Verfassungsstaat, Stuttgart u.a. 1987, S. 118.
53 Vgl. Karl *Rohe*, Parteien und Parteiensystem, in: Hans *Kastendiek/* Karl *Rohe/* Angelika *Volle* (Hrsg.), Länderbericht Großbritannien, a.a.O., S. 213f.
54 Vgl. ders., a.a.O., S. 122ff.; *Hague, Harrop* und *Breslin* (Comparative Government and Politics, a.a.O., S. 185f) weisen den Parteien die Funktionen der Interessenartikulation, Interessenaggregation und der Durchsetzung kollektiver Ziele („channel of expression", „interest aggregation", „implementing collective goals for society") zu.
55 Vgl. Daniel *Bell*, The Coming of Post-Industrial Society, New York 1973, ders., The End of Ideology. On the Exhaustion of Political Ideas in the Fifties, 5. Aufl., Cambridge (Mass.)/London 1988.

gesteckt, wie schwach die politisch-praktische Verbindlichkeit dieser konzeptionellen Erklärungen auch immer gewesen sein mag. Für die politische Außendarstellung und die innerparteiliche Standortbestimmung haben diese programmatischen Versuche jedoch nachhaltige Bedeutung, wie die wiederbelebte Bedeutung von Parteitagen, die Rückkopplung der Arbeit der parlamentarischen Fraktionen an die Zieldiskussionen der Parteien und die stärkere, *auch* programmorientierte Fraktionierung in den Parteien zeigen.[56] *Parteitage* sind nicht nur Medienereignisse, sondern auch Instrumente der Interessenaggregation, soweit gesellschaftliche Interessen aufgrund der Mitglieder- und Delegiertenstruktur und der Intensität ihrer innerparteilichen Partizipation Machtpositionen erobert haben, deren Koordination unabdingbar ist.[57] Allerdings haben sich die Funktionen der Parteitage in der modernen Mediendemokratie gewandelt. So ist eine offene Diskussionskultur auf Parteitagen immer seltener zu beobachten. Viel mehr geht es den Parteien heute darum, über die Medien ein Image ihrer Handlungsfähigkeit und der Kompetenz ihres Führungspersonals zu vermitteln.[58]

Das „Ende der Ideologien" ist auch nach dem „Kalten Krieg" noch keineswegs das Ende aller Utopien.[59] Im Gegenteil: Die Diskreditierung der Ideologien schafft einen neuen Bedarf an politischen Visionen und belebt dadurch erneut utopisches Denken jenseits des überkommenen Links-Rechts-Schemas. Doch werden künftig nachhaltiger und frühzeitiger Fragen nach den politischen und gesellschaftlichen Kosten der Verwirklichung von Utopien aufgeworfen werden. Dies ist umso vordringlicher, als die politischen Versuchungen totalitärer Ideologien, die das ausgehende 20. Jahrhundert nachhaltig geprägt haben, in veränderten Formen fortwirken.[60] Neue Formen des Nationalismus' und des Imperialismus' rufen in Erinnerung, dass Demokratie und Menschenrechte die humane Alternative zu Despotismus (unumschränkter Einzelherrschaft) und Totalitarismus in alter und neuer Form bleiben.

Politische Ideologien sind auch heute noch Instrumente politischer Standortbestimmung. Die Karten der politischen Wettbewerbslandschaft sind durch

---

56 Diese Funktion von Wahlprogrammen als alternative Politikangebote unterstreicht am Beispiel der Bundesrepublik Deutschland Andrea *Volkens*, Parteiprogrammatik und Einstellungen politischer Eliten: Konsens- und Konfliktstrukturen in Wahlprogrammen, in: Dietrich *Herzog*/Bernhard *Weßels* (Hrsg.), Konfliktpotentiale und Konsensstrategien. Beiträge zur politischen Soziologie der Bundesrepublik, Opladen 1989, S. 116-144.
57 Vgl. Jürgen *Dittberner*, Die Rolle der Parteitage im Prozeß der innerparteilichen Willensbildung, in: Politische Vierteljahresschrift, 11. Jhg., 1970, S. 236-268.
58 Marion G. *Müller*, Parteitage in der Mediendemokratie, in: Ulrich von *Alemann*, Stefan *Marschall* (Hrsg.), Parteien in der Mediendemokratie, Wiesbaden 2004, S. 147-172.
59 Vgl. Daniel *Bell*, The End of Ideology, a.a.O., S. 405, 419. Siehe hierzu auch Klaus *von Beyme*, Parteien im Wandel. Von den Volksparteien zu den professionalisierten Wählerparteien, Wiesbaden 2000, S. 193.
60 Vgl. Karl Dietrich *Bracher*, Zeit der Ideologien. Eine Geschichte politischen Denkens im 20. Jahrhundert, Stuttgart 1982, S. 394ff.

Grenzziehungen politischer Ideologien markiert, die den Parteien eine prinzipielle Verständigung mit ihren Wählern überhaupt erst ermöglichen. Folglich bleiben ideologische Orientierungen nicht auf die politischen Führungsgruppen beschränkt. Die politischen Parteien versuchen, ihre programmatischen Aussagen so zu formulieren, dass sie im Rahmen dieses ideologischen Spektrums eine möglichst große Spannweite von Wählern erfassen.[61] Auch nach der „Entideologisierung" der politischen Tagesdebatte wirken daher politisch-ideologische Grenzziehungen als Orientierungsmerkmale des politischen Wettbewerbs fort.[62] So wird erneut eine klassische Aussage des britischen Ökonomen John Maynard *Keynes* bestätigt: „Ich bin sicher, dass die Macht von Verbandsinteressen stark überzeichnet wird, wenn man sie mit der schrittweisen Umsetzung von Ideen vergleicht."[63]

Die zweite Funktion politischer Parteien besteht darin, gesellschaftliche Interessen so zu aggregieren, dass konsensfähige, tragbare politische Entscheidungen möglich werden. Waren Parteien aufgrund ihrer sozialen Verankerung zunächst vorrangig die politische Organisationsform einzelner sozialer Schichten, so sind die Volksparteien der Gegenwart aufgrund ihrer Programmatik und ihrer internen Struktur auf die Integration unterschiedlicher sozialer Schichten angelegt. Dies lässt sich in den europäischen Demokratien sowohl am Beispiel der sozialdemokratischen als auch der konservativen bzw. christlich-demokratischen Parteien zeigen, während die klassischen liberalen Parteien einen Großteil ihrer traditionellen, mittelständischen Klientel eingebüßt haben.[64] Auch wenn sich die herkömmliche, durch politische Sozialisation vermittelte Identifikation mit den politischen Parteien vielfach gelockert hat,[65] bleibt die Aggregation unterschiedlicher Interessen und Wertorientierungen weiterhin eine wichtige Aufgabe.

Die meisten politischen Parteien der westlichen Demokratien sind auch in der Gegenwart nach traditionellen Konfliktlinien (Religion, soziale Schichtung) or-

---

61 Dieser Zusammenhang wird am Beispiel Großbritannien aufgezeigt von: Elinor *Scarbrough*, Political Ideology and Voting: An Exploratory Study, Oxford 1984, S. 213-221.
62 Vgl. Michael *Roskin*/Robert L. *Cord*/James A. *Medeiros*/Walter S. *Jones*, Political Science. An Introduction, 3. Aufl., Englewood Cliffs (N.J.) 1988, S. 124f.
63 John Maynard *Keynes*, The General Theory of Employment, Interest and Money, London/New York 1961, S. 383 (Übersetzung Verf.).
64 Am Beispiel der SPD des Kaiserreichs hat Robert *Michels* (Political Parties. A Sociological Study of the Oligarchical Tendencies of Modern Democracy, 2. Aufl., Glencole (Ill.) 1949, S. 377ff.) das „*Eherne Gesetz der Oligarchie*" beschrieben. Die moderne Parteienentwicklung zeigt jedoch, dass die von *Michels* beschriebenen Tendenzen keineswegs unausweichlich sind und dass eine stark regional und sektoral differenzierte Binnengliederung von Parteien, verbunden mit innerparteilichem Wettbewerb zwischen einzelnen Strömungen und größeren Mitwirkungschancen ihrer Mitglieder, den „oligarchischen" Tendenzen entgegenwirkt. Das „eherne Gesetz" steht daher auf tönernen Füßen.
65 Zum strukturellen *dealignment* von Parteien und sozialstrukturellen Gruppen siehe auch Peter *Mair*/Wolfgang C. *Müller*/Fritz *Plasser* (Hrsg.), Parteien auf komplexen Wählermärkten. Reaktionsstrategien politischer Parteien in Westeuropa, Wien 1999, S. 14.

ganisiert.⁶⁶ Auch wenn diese Konfliktlinien (*Cleavages*) inzwischen ein geringeres Gewicht für die politische Orientierung von Wählern und Eliten besitzen, bilden die entsprechenden Gruppen und Organisationen (Gewerkschaften, Unternehmen, kirchliche Gruppen etc.) immer noch den Kern der Mitgliederschaft und Anhängerschaft von Parteien. Die alten politischen Konfliktlinien werden aber zunehmend durch die Dimension einer „neuen Politik" ergänzt. Diese neuen Konfliktlinien lassen sich weder auf die alten Linien des Klassenkonflikts reduzieren, noch passen sie in das Schema des Konfliktes zwischen religiösen und laizistischen Gruppen der Gesellschaft.⁶⁷ Die politische Etablierung von Umweltschutzparteien und Bürgerinitiativen unterschiedlichster Art, etwa zu Friedens- und Menschenrechtsthemen, findet hier ihre Ursache.

In der modernen postindustriellen Gesellschaft ist die soziale Schichtung inzwischen so stark fragmentiert und die Position der Bürger in der Schichtungsstruktur so weit von aktuellen politischen Streitfragen entfernt, dass die Zugehörigkeit zu Schichten und Klassen ihre frühere Bedeutung für die Festlegung politischer Einstellungen weitgehend eingebüßt hat.⁶⁸ Dennoch bleiben die politischen Parteien zentrale Akteure im Prozess der Vermittlung zwischen den Anhängern materieller und postmaterialistischer Wertorientierungen. Sie haben Befürworter einer „neuen Politik" bisher aber nur in begrenztem Umfang politisch integrieren können.

Trotz mancher Fehlentwicklungen und Funktionsschwächen hat sich der Grundsatz der Parteienstaatlichkeit der modernen Demokratie im Kern bewährt. Die Praxis der Parteiendemokratie hat dazu beigetragen, dass sich nicht mehr Wählerschaft und staatliche Verwaltung gegenüberstehen, sondern dass die Bürger Leistungserwartungen an die Parteien richten. Differenzierte Bewertungen sind an die Stelle pauschaler ideologischer Orientierungen getreten, und die Regierungsorientierung der Parteien hat insgesamt zugenommen. Die Konkurrenz der Bürgerinitiativen und vielfältige Symptome der Parteienverdrossenheit deuten andererseits darauf hin, dass die Parteien bei der Wahrnehmung ihrer Funktionen auf Grenzen stoßen.⁶⁹ Daher ist der Begriff „*Parteienstaat*" eine Überzeichnung der unstrittigen Tendenz ihrer Etablierung und Durchsetzung, vor allem in den Bereichen der politischen Werbung, Elitenrekrutierung und Regierungsbildung.

---

66 Vgl. Russell J. *Dalton*, Citizen Politics, a.a.O., S. 145ff.
67 Joachim *Schild*, Politische Konfliktlinien, individualistische Werte und politischer Protest. Ein deutsch-französischer Vergleich, Opladen 2000, S. 138.
68 Vgl. Russell J. *Dalton*, Responsiveness of Parties and Party Systems to the New Politics, in: Hans-Dieter *Klingemann*/Richard *Stöss*/Bernhard *Weßels* (Hrsg.), Politische Klasse und politische Institutionen. Probleme und Perspektiven der Elitenforschung, Opladen/Wiesbaden 1991, S. 55. Zu den Problemen der modernen Parteiensysteme, die sich durch die Enttraditionalisierung von herkömmlichen Parteienbindungen in Frage gestellt sehen, vgl. auch Ulrich *Beck*, Die Erfindung des Politischen, Frankfurt a.M. 1993, S. 223ff.
69 Vgl. Oscar W. *Gabriel* (Hrsg.), Kommunalpolitik im Wandel der Gesellschaft, Königstein/Ts. 1979; Bernd *Guggenberger*/Udo *Kempf* (Hrsg.), Bürgerinitiativen und repräsentatives System, 2. Aufl. Opladen 1984.

Denn die Demokratien der Gegenwart sind nicht so sehr durch die alleinige politische Vorherrschaft der Parteien, sondern vielmehr durch ein komplexes Gefüge politischer Konkurrenz gekennzeichnet, an der sich Parteien *und* Verbände, Regierung *und* Verwaltung, Parlament *und* Massenmedien, Gemeinden *und* Bürgerinitiativen beteiligen. Nicht eine Krise des Parteienstaates ist daher festzustellen, sondern eine Verlagerung einzelner politischer Funktionen (Sozialisation und Artikulation) von den Parteien auf andere Institutionen, zugleich aber auch eine Ausweitung und Stabilisierung vormals nicht vorrangiger Funktionen wie die der Elitenrekrutierung und Personalselektion.[70]

Die Parteiensysteme der Gegenwart, die sich zwar nicht im Niedergang, wohl aber im Wandel und im Umbruch befinden, lassen sich insgesamt in vier Gruppen aufteilen:[71]

1. Zweiparteiensysteme,
2. gemäßigte Parteiensysteme (Mehrparteiensysteme),
3. polarisierte Parteiensysteme und
4. Dominanzparteiensysteme.

Zweiparteiensysteme sind die Parteiensysteme Großbritanniens, der USA, Kanadas, Australiens und Neuseelands. Gemäßigte und polarisierte Parteiensysteme bestehen in vielen Staaten Kontinentaleuropas und Dominanzparteiensysteme in zahlreichen jungen Demokratien der Industrie- wie Entwicklungsländer (Japan, Indien, Südafrika und Mexiko). Diese durch die dauerhafte Vormachtstellung einer Partei gekennzeichneten Parteien*systeme* verbinden sich in einigen dieser Staaten wie Italien und Japan mit einer Parteien*struktur*, die durch Klientelismus und Faktionalismus bestimmt wird.[72] Unter Faktionalismus versteht man die Aufteilung einer Partei oder auch Parlamentsfraktion in rivalisierende Gruppen, die sich durch personelle Gefolgschaften und ein gewisses Maß an organisatorischer Eigenständigkeit charakterisieren.

Die Parteien haben in mehreren europäischen Demokratien eine Entwicklung durchlaufen, die durch folgende Merkmale gekennzeichnet ist:[73] von einer an gemeinschaftlichen Zielen orientierten Organisation zu einer Institution der Interes-

---

70 Am Beispiel der Untersuchung von 12 europäischen Parteiensystemen kommen *von Deth* und *Janssen* zu dem Ergebnis, dass diese weder durch eine generelle Entideologisierung noch durch tiefgreifende Verfallstendenzen gekennzeichnet seien. Vgl. Jan W. *van Deth*/Joseph I.H. *Janssen*, Party Attachments and Political Fragmentation in Europe, in: European Journal of Political Research, vol. 25, 1994, S. 87-109.
71 Vgl. Giovanni *Sartori*, Parties and Party Systems: A Framework for Analysis, New York 1976, S. 121ff.; Jürgen *Hartmann*, Vergleichende Politikwissenschaft. Ein Lehrbuch, Frankfurt a.M./New York 1995, S. 70.
72 Vgl. Dennis C. *Beller*/Frank P. *Belloni* (Hrsg.), Faction Politics. Political Parties and Factionalism in Comparative Perspective, Santa Barbara/Oxford 1978.
73 Vgl. Angelo *Panebianco*, Political Parties: Organization and Power, Cambridge 1988, S. 164f., 262ff.

senvermittlung, von einer ideologisch ausgerichteten zu einer pragmatisch orientierten Institution, von einer eher offensiven Strategie der Dominanz des sozialen Umfelds zu einer behutsamen Strategie der schrittweisen Anpassung und von einer großen Bandbreite des Aktionsspielraums zu einem durch Verbände und Parteibasis stark eingeschränkten Manövrierspielraum der Parteiführungen. Die Massenparteien haben sich inzwischen grundlegend gewandelt: An die Stelle von Parteien, die vor allem religiöse, ethnische und Klassengegensätze überwinden und sich als Integrationsinstrumente verstehen, sind „Allerweltsparteien" („*catch-all parties*") getreten, die die alten ideologischen Grenzen und sozioökonomischen Interessenprofile (*classe gardée*) hinter sich lassen und sich neuen Schichten und Programmvorstellungen öffnen.[74] Ein Beispiel hierfür ist die Entwicklung der SPD, die in den 1950er-Jahren wesentliche Positionen eines auf marxistischen Traditionen beruhenden Sozialismus aufgab und sich im Godesberger Grundsatzprogramm letztendlich auf die von CDU/CSU und FDP vertretenen Position der sozialen Marktwirtschaft verständigte.[75]

Diese Entwicklung wird von einer anhaltenden Verflechtung mit Interessengruppen, dem abnehmenden Gewicht der Vorstellungen der Mitgliederschaft und der wachsenden Organisationsmacht der Parteiführungen begleitet. Damit geht eine stärkere Institutionalisierung einher, die sich in einer Professionalisierung der Parteiorganisation, ihrer finanziellen Abhängigkeit von öffentlichen Mitteln sowie von Interessengruppen, dem Vorrang ihrer Repräsentanten in der Öffentlichkeit („personalisierte Führung") und schwachen vertikalen Bindungen innerhalb der Parteiorganisation niederschlägt. An die Stelle der alten, bürokratischen Massenorganisationen treten so professionelle Werbe- und Dienstleistungsapparate, mit einem Wort: „professionalisierte Wählerparteien."[76]

Die Beziehungen zwischen gesellschaftlichen Forderungen und staatlichem Handeln werden durch den *Parteienwettbewerb* gestaltet. Dies geschieht keineswegs in einer chaotischen, unberechenbaren Form. Durch die Funktionen der Sozialisation, Rekrutierung, Kommunikation und Aggregation von Interessen über-

---

74 Zum Begriff der „Massenintegrationspartei" und der „Allerweltspartei" (catch-all party) siehe Otto *Kirchheimer*, The Party in Mass Society, in: World Politics, vol. 10, 1958, S. 289-294; ders., The Transformation of the Western European Party System, in: Frederic S. *Burin*/ Kurt L. *Shell* (Hrsg.), Politics, Law, and Social Change. Selected Essays of Otto *Kirchheimer*, New York/London 1969, S. 346-371. *Kirchheimer* bezeichnet die europäischen Vorkriegsparteien als „Massenintegrationsparteien" und die Parteien der Nachkriegszeit als „Allerweltsparteien" bzw. als „catch-all parties". Merkmale dieser „echten Volksparteien" seien der Bedeutungsverlust der Parteiideologie, die Stärkung der Führungsgruppen, Einflußeinbußen der einzelnen Mitglieder, das stärkere Gewicht potentieller Wähler im Unterschied zur bisherigen ausschlaggebenden Klientel (class gardée) und die Verbindungen zu einer Vielfalt von Interessengruppen. Vgl. hierzu auch: Karlheinz *Niclauß*, Das Parteiensystem der Bundesrepublik Deutschland, a.a.O., S. 30f.
75 Heinz-Dieter *Klingemann*/Andrea *Volkens*, Struktur und Entwicklung von Wahlprogrammen in der Bundesrepublik Deutschland 1949 – 1998, in: Oscar W. *Gabriel*/Oskar *Niedermayer*/Richard *Stöss* (Hrsg.), Parteiendemokratie in Deutschland, 2. Aufl., Wiesbaden 2002, S. 507-527.
76 Klaus *von Beyme*, Parteien im Wandel, a.a.O., S. 197f.

nehmen die Parteien Verantwortung für die Aufgaben von Regierung und Opposition.[77] Ihre Grundlagen sind gesellschaftliche Konfliktstrukturen, die sich in einer bestimmten historischen Phase in politischen Konflikten und entsprechenden Parteigründungen niedergeschlagen haben. In der Geschichte der europäischen Parteienentwicklung weisen diese Konfliktlinien eine eindrucksvolle Kontinuität über mehrere Jahrhunderte auf. Die folgende Tabelle (Tab. 15) versucht, diese Kontinuität von gesellschaftlichen Konfliktlinien, politischen Konfliktstrukturen und Parteigruppierungen in vereinfachter Form wiederzugeben.

Können sich die politischen Parteien in Europa auf alte Traditionen und starke Organisationen stützen, so sind die Parteien in den Entwicklungsländern notorisch schwach. Vor der Erringung der Unabhängigkeit waren sie entweder elitäre Stützen der Kolonialregime oder antikoloniale Protestbewegungen mit begrenztem Entfaltungsspielraum.[78] Ihre schwache Mitgliedermobilisierung kann aber auch nach der Unabhängigkeit nur schrittweise verbessert werden, wie viele afrikanische Staaten zeigen. Demgegenüber ist der Aufbau integrationsstarker Massenparteien in den Ländern Lateinamerikas weiter vorangeschritten.

Tab. 15: Konfliktstrukturen, Entwicklungsstadien und Parteityp

Konflikt-struktur	Entwicklungsstadien	Politische Streitfragen	Parteientyp
Zentrum/ Peripherie	Reformation/Gegenreformation; 16./17. Jh.	Nationale vs. supranationale Religion; Landessprache / Latein	Ethnische Parteien
Stadt/Kirche	Nationale Revolution 1789	Säkular vs. kirchliche Kontrolle des Bildungswesens	Religiöse Parteien
Stadt/Land	Industrielle Revolution; 19. Jh.	Kontrolle des Agrarimports; staatliche Kontrolle oder Freiheit der Industrieproduktion	Agrarparteien; konservative und liberale Parteien
Kapitaleigner/ Arbeiter	Russische Revolution; 1917-1991	Nationale Politik vs. internationale revolutionäre Bewegung	Sozialistische und kommunistische Parteien
Materialisten/ Postmaterialisten	soziokultureller Wertewandel	Umweltschutz vs. Wirtschaftswachstum	Umweltparteien

Quelle: Hans-Dieter *Klingemann*/Richard I. *Hofferbert*/Ian *Budge* u.a., Parties, Policies and Democracies, a.a.O., S. 6.

Soweit es Entwicklungsländern nicht gelungen ist, Mehrparteiensysteme zu entwickeln, lassen sich drei Typen politischer Systeme unterscheiden. In denjenigen des ersten Typs, von großen Familienclans autoritär verwaltet, konnten sich eigenständige politische Parteien (noch) nicht entwickeln. Hierzu zählen etwa meh-

---

77 Vgl. Richard S. *Katz*, Party Government and its Alternatives, in: *ders.* (Hrsg.), Party Governments – European and American Experiences, Berlin/New York 1987, S. 4.
78 Vgl. Paul *Cammack*/David *Pool*/William *Tordorff*, Third World Politics. A Comparative Introduction, 2. Aufl., Basingstoke/London 2002, S. 127f.

rere Staaten des Nahen Ostens (*Saudi-Arabien, Qatar, Bhutan, Bahrain* und *Kuwait*). In diesen Ländern werden zwar demokratische Reformen in Aussicht gestellt, ihre Durchführung aber immer wieder hinausgezögert. In dem zweiten Typus sind politische Parteien grundsätzlich nicht zugelassen und verlieren ihren illegalen Status nur dann, wenn sich die regierenden Militärregime dem politischen Wandel öffnen. In der Folgezeit übernehmen sie aufgrund innen- oder außenpolitischen Drucks nur die äußere *Form* der Parteienregierung, nicht aber das pluralistische Prinzip des Parteienwettbewerbs. Dieser dritte Typ hat viele Entwicklungsländer geprägt. Hierzu zählen beispielsweise die Nationaldemokratische Partei *Liberias*, die Staatspartei Mouvement Populaire pour le Renouveau in *Zaire*, der Provisional National Defence Council (PNDC) in *Ghana*, die Kenyan African National Union in *Kenya* und die Partei der Revolution (CCM) in *Tanzania*.[79]

Die großen Parteien in den europäischen Demokratien bieten demgegenüber vielfach das Bild von „Allerweltsparteien". Die Konturen ihrer Politik sind unscharf, und ein Kompass ihres Vorgehens in Gestalt politischer Konzeptionen, die ihr Handeln bestimmen, ist vielfach nicht erkennbar. Fehlende Motive ihrer Mitglieder und mangelnde Identifikationsbereitschaft ihrer Anhänger sind die Folgen. So scheinen sie immer weniger in der Lage, umfassende politische Orientierungen zu vermitteln, komplexe politische Probleme zu erklären und Lösungsansätze zu verdeutlichen. Als Sprachrohr des mündig gewordenen Volkes (*Leibholz*) treten sie immer weniger, immer bedingter und immer mittelbarer vor die Bürger.[80]

Legt man die Aufgabe der Interessenaggregation als Maßstab an die politische Praxis der Parteien an, zeigen sich mehrere Defizite: Die Vermittlung umfassender Orientierungen wird trotz der zeitweilig intensiven Programmdebatte nur bruchstückhaft geleistet. Unbequeme Probleme, insbesondere langfristige gesellschaftliche Kosten politischer Entscheidungen, werden ausgeblendet, dagegen „bequeme", d.h. kurzfristig zu bewältigende Probleme und entsprechendes politisches Personal herausgefiltert. Durch Ausübung der Aggregationsfunktion werden artikulationsstarke und konfliktfähige Interessen bevorzugt; kollektive, latente und nicht mehrheitsfähige Interessen dagegen vernachlässigt. Diesem Arrangement mit einer bestimmten Interessenstruktur entsprechen weitere Defizite: Die Volksparteien verzichten auf umfassende Orientierungsangebote, beschränken sich auf kurzfristige Entwürfe anstelle langfristiger Konzeptionen und konzentrieren sich vor allem auf Probleme der Personalauslese. Ihre soziale und öko-

---

79 Vgl. hierzu Dieter *Nohlen*/Franz *Nuscheler* (Hrsg.), Handbuch der Dritten Welt, Bd. 5, Ostafrika und Südafrika, 3. Aufl., Bonn 1993, hier insbesondere die Beiträge von Rolf *Hofmeyer*, Kenya, S. 108f., Tanzania, S. 182; vgl. ferner im Bd. 4 (Westafrika und Zentralafrika) die Beiträge von Robert *Kappel*/ Werner *Korte*, Liberia, S. 292; Peter *Körner*, Zaire, S. 519; Thomas *Siebold*, Ghana, S. 238ff.

80 Vgl. Gerhard *Leibholz*, Strukturprobleme der modernen Demokratie, Karlsruhe 1958, S. 90.

nomische Integrationsbasis ist vielfach brüchig. Denn wenn wirtschaftliche Leistungserwartungen nicht erfüllt werden, wird der politische Grundkonsens belastet: Die politische Integration zeigt Risse. In diesen Zusammenhängen kann man in allen westlichen Demokratien eine Ursache für die Entstehung von Bürgerinitiativen und Protestbewegungen sehen.[81]

In mehreren westlichen Demokratien haben sich wegen der Integrationsschwächen der traditionellen Parteiensysteme neue Parteien gebildet.[82] Eine wesentliche Entstehungsursache ist in der Modernisierung der Gesellschaft zu sehen, die in den fortgeschrittenen Industrieländern die Entstehung neuer sozialer Bewegungen begünstigt. Diese sind teils Abwehrreaktionen gegen unerwünschte Folgen des gesellschaftlichen und wirtschaftlichen Wandels, teils Organisationsformen des politischen Einklagens von Ansprüchen und Rechten. Sie entstehen im Zusammenhang mit gesellschaftlichen Umbrüchen im Gefolge gesellschaftlichen Wandels: der industriellen Revolution, der demokratischen Revolution und der Bildungsrevolution.[83] In vielfältigen Formen werden neue Lösungen gesellschaftlicher Probleme gesucht. Darauf zielen insbesondere die Selbsthilfe-, Umweltschutz-, Frauen- und Gesundheitsbewegung und, als stärkste und breiteste Gruppierung, die Bürgerinitiativen.[84]

Während die Verankerung dauerhafter Wertorientierungen in der Gesellschaft Voraussetzung eines stabilen Parteiensystems ist, bieten sich neuen Parteien dann beträchtliche Durchsetzungschancen, wenn sie neue, zu den alten Konfliktstrukturen „quer" verlaufende Konfliktlinien nutzen und neue Wertvorstellungen artikulieren.[85] So vertreten die alternativen, ökologischen Parteien in größerem Umfang postmaterialistische Werte als die klassischen Parteien. Das Rechts-Links-Muster der „alten Politik" wird überlagert durch eine neue Politikdimension, die auf dem Konflikt zwischen Establishment und Anti-Establishment beruht und gesellschaftliche Gruppen den Parteiensystemen neu zuordnet.[86] Alte und neue Parteien konkurrieren verstärkt um Wählerschichten, die durch unorganisierte Interessenlagen und diffuse Widerspruchspotentiale gekennzeichnet sind.

Die Frage ist, wieweit der gesellschaftliche Wertewandel den politischen Themenhaushalt neu gestaltet. „Postmaterialisten" bilden in den meisten westli-

---

81 Siehe hierzu auch Warren E. *Miller* u.a., Policy Representation in Western Democracies, Oxford 1999.
82 Vgl. Hiltrud *Naßmacher*, Auf- und Abstieg von Parteien. Ansätze zur vergleichen Betrachtung von Etablierung und Niedergang von Parteien im Wettbewerb, in: Zeitschrift für Politik, 6. Jhg., Heft 2, 1989, S. 169-190.
83 Vgl. Jens *Alber*, Modernisierung, neue Spannungslinien und die politischen Chancen der Grünen, in: Politische Vierteljahresschrift, 26. Jhg, 1985, S. 212.
84 Vgl. Wilfried *Nelles*, Kollektive Identität und politisches Handeln in neuen sozialen Bewegungen, in: Politische Vierteljahresschrift, 25. Jhg., 1984, S. 425.
85 Vgl. Hiltrud *Naßmacher*, Auf- und Abstieg von Parteien, a.a.O., S. 179.
86 Vgl. Wilhelm P. *Bürklin*, Die Grünen und die „Neue Politik", in: Politische Vierteljahresschrift, Jg. 22, 1981, S. 360.

chen Demokratien eine Minderheit, deren Forderungen mit dem Interessenprofil großer Wählerschichten nicht übereinstimmen. Daher ist auch in Zukunft zu erwarten, dass die politischen Führungsgruppen Forderungen nach einer stärkeren Ausrichtung ihrer Politik an postmaterialistischen Werten zurückhaltend begegnen und nur in Ansätzen in politische Handlungsentwürfe umsetzen.[87] Schließlich sind auch die Fragen der „Neuen Politik" nicht gänzlich neu; denn sie werden durchaus vom traditionellen Links-Rechts-Gegensatz mitgeprägt. Zwar weisen diese Themen über die klassischen wohlfahrtsstaatlichen Forderungen der Linken hinaus und unterscheidet sich die postmaterialistische Linke durchaus von der materialistischen Linken durch ihre Reserve gegenüber wirtschafts- und wachstumsfördernden Staatsausgaben. Doch bleiben die partizipativ-egalitären Werte des Postmaterialismus' und die dadurch ausgelöste Erweiterung der politischen Tagesordnung auf den linken Teil des politischen Spektrums beschränkt. Keinesfalls ist daher eine völlige Neutralisierung traditioneller Konflikte zu erwarten.

Der Aufstieg neuer Parteien wird nicht zuletzt dadurch begünstigt, dass politische Konfliktmuster nicht mehr durch gleichbleibende soziale Milieus stabilisiert werden. So ist auch in den Niederlanden mit ihrer stark fragmentierten politischen Kultur eine Erosion der „Versäulung" (niederl. *Verzuiling,* d.h. der engen Verzahnung gesellschaftlicher Sektoren und politischer Parteien sowie der entsprechenden Fragmentierung der Gesellschaft in Katholiken, Protestanten und Sozialdemokraten) im Bewusstsein der Bevölkerung zu beobachten.[88] Durch Wanderungsbewegungen, den milieuübergreifenden Einfluss von Massenmedien und Bildungseinrichtungen, sozialgemischte Wohnverhältnisse, parteipolitisch unabhängige Gewerkschaften und den Rückgang der Kirchenbindung hat sich die Bindungskraft der traditionellen gewerkschaftlichen, kirchlichen, bürgerlichen und konservativen Milieus in allen Industriestaaten erheblich verringert.[89] Wenn die neuen Parteien die so freigesetzten neuen Wählerschichten auf Dauer an sich binden wollen, sind informelle Netzwerke und leistungsfähige dauerhafte Organisationsstrukturen aufzubauen. In der Verfügung über etablierte Organisationsstrukturen mit erheblicher Mobilisierungs- und Transmissionswirkung liegt dabei zugleich ein Wettbewerbsvorteil der etablierten Parteien.

In struktureller Hinsicht wird das Gewicht der Parteiensysteme, durch staatliche Garantien und Unterstützungen grundsätzlich gefestigt, durch gegenläufige

---

87 Vgl. Volker *Kunz*/Oscar W. *Gabriel*/Frank *Brettschneider*, Wertorientierungen, Ideologien und Policy-Präferenzen in der BR Deutschland, in: Oscar W. *Gabriel*/ Klaus G. *Troitzsch* (Hrsg.), Wahlen in Zeiten des Umbruchs, Frankfurt a.M. u.a. 1993, S. 235.
88 Vgl. Norbert *Lepszy*, Das Ende der Konkordanzdemokratie?, in: Jürgen W. *Falter*/Christian *Fenner*/Michael Th. *Greven*, Politische Willensbildung und Interessenvermittlung, Opladen 1984, S. 160; Heinrich *Oberreuter*, Zwischen Erlebnisgesellschaft und Medieneinfluß: Die offene Zukunft des Parteiensystems, in: *ders.* (Hrsg.), Parteiensystem am Wendepunkt? Wahlen in der Fernsehdemokratie, München/Landsberg am Lech 1996, S. 11.
89 Vgl. Wolfgang *Rudzio*, Das politische System der Bundesrepublik Deutschland, a.a.O., S. 167ff.

Entwicklungstendenzen eingeschränkt, vor allem durch Bürgerinitiativen und außerparlamentarische Protestbewegungen. In der Kanalisierung und politischen Integration dieser Strömungen liegt eine neue Hauptaufgabe der Parteien. Zudem haben die Interessengruppen ihr Gewicht durchaus in Konkurrenz zu den politischen Parteien festigen können. Soweit die Parteien ihre Führungs- und Integrationsfunktion nicht ausreichend wahrnehmen, suchen die Verbände an den politischen Parteien vorbei Regierung, Parlament und Verwaltung unmittelbar in ihrem Sinne zu beeinflussen.

Der politische Wettbewerb als Strukturmerkmal demokratischer Regierungsweise setzt die Konfrontation von zumindest zwei gleichstarken Parteien voraus, die die politischen Rollen von Regierung und Opposition in einem überschaubaren Zeitraum austauschen. Auch wenn diese Bedingung in den meisten demokratischen Verfassungsstaaten im Kern erfüllt sind, gibt es doch mehrere Demokratien mit einer Einparteiendominanz über einen Zeitraum von mehreren Jahrzehnten hinweg: die Partei der Arbeit in *Israel* (von der Unabhängigkeit bis zum Jahre 1977), die Sozialdemokratische Partei in *Schweden* (1932-76), die Liberaldemokratische Partei in *Japan* (von 1955 mit kurzer Unterbrechung bis zur Gegenwart) und die Christdemokraten *Italiens* (1945-1993). Auch wenn sich diese politischen Systeme hinsichtlich ihrer historischen, kulturellen und sozioökonomischen Grundlagen stark unterscheiden, gibt es doch gemeinsame strukturelle Rahmenbedingungen, die der Einparteiendominanz in diesen Ländern zugute gekommen sind.[90] Hierzu zählen Wahlsysteme, die die Bildung von Dominanzparteiensystemen begünstigen. Ferner ist ein historisch bedingter *Dominanzzyklus* zu nennen, der auf verfestigten Strukturen der Wählermobilisierung, tief verankerten ideologischen Differenzen zwischen den Parteien sowie strategischer Flexibilität und politischem Machtwillen der führenden Partei beruht. Diese muss schließlich imstande sein, nicht nur ihre eigene politische Klientel zufriedenzustellen, sondern auch die politische Agenda, die politischen Wertvorstellungen und auch die politischen Symbole ihres Landes zu formen. Diese Voraussetzungen sind insgesamt auf Dauer nur schwer aufrechtzuerhalten. Es kann daher nicht überraschen, dass sich auch in den vier genannten Ländern klassischer Einparteiendominanz die Parteiensysteme inzwischen geöffnet haben.

Das Bild der europäischen Parteiensysteme ist uneinheitlich. Diese sind in den letzten drei Jahrzehnten weder durch anhaltendes Beharrungsvermögen noch durch eine weitgehende Desintegration, also durch Auflösungserscheinungen gekennzeichnet gewesen.[91] Zwar ist in einigen Ländern (Belgien, Italien, Luxem-

---

90 Vgl. T. J. *Pempel*, Conclusion. One-Party Dominance and the Creation of Regimes, in: *ders.* (Hrsg.), Uncommon Democracies. The One-Party Dominant Regimes, Ithaka/London 1990, S. 333-360.
91 Vgl. Oskar *Niedermayer*, Entwicklungstendenzen der westeuropäischen Parteiensysteme: eine quantitative Analyse, in: Politische Vierteljahrsschrift, Sonderheft 23/1992, Die Integration Europas, hrsg. von Michael *Kreile*, S. 143-159.

burg und Großbritannien) über einen längeren Zeitraum eine Fragmentierung der etablierten Parteiensysteme festzustellen gewesen (die durchschnittliche Zahl der den Wettbewerb entscheidend prägenden Parteien stieg hier von durchschnittlich dreieinhalb auf viereinhalb), in Frankreich und den Niederlanden jedoch eine stärkere Integration. Gegenläufig hat sich die *Volatilität* des Parteiensystems entwickelt, d.h. die Flexibilität der parteiengebundenen Wählerstimmen zwischen jeweils zwei aufeinanderfolgenden Wahlen hat zugenommen, während sich die ideologische Polarisierung der Parteien verringert hat.

Zwar sind insgesamt keine einheitlichen, strukturellen und zugleich dauerhaften Entwicklungstendenzen der europäischen Parteiensysteme festzustellen. Aber die klassische These des „Einfrierens" der traditionellen Parteienstrukturen hat sich auch nicht behaupten können. Tragende Säulen dieser Parteiensysteme haben sich aufgelöst (z.B. die Democrazia Cristiana und die Sozialistische Partei Italiens), totgeglaubte Parteien des Rechtsextremismus sind wiedererstarkt, und neue Protestparteien betreten die politische Bühne.[92] Daneben etablieren sich „Anti-Parteien-Parteien" und „Anti-Politik-Parteien", die ihren Protest teils gegen traditionelle Parteien, teils gegen Politik überhaupt richten. Die politischen Institutionen der Parteiendemokratie befinden sich insgesamt im Wandel, und damit werden auch überlieferte Programmangebote wie der Wohlfahrtsstaat herkömmlicher Prägung – das zeigt das schwedische Beispiel – grundsätzlich zur Disposition gestellt.

Der herkömmliche Typ der Volkspartei ist in mehreren europäischen Demokratien nicht mehr funktionstüchtig.[93] In *Italien* befinden sich Parteiensystem und politische Institutionen in einem tiefgreifenden Umbruch, der durch Experimente mit neuartigen Formen des Machterwerbs gekennzeichnet ist. Demgegenüber ist die Struktur des Parteiensystems in *Frankreich*, durch das Regierungssystem der fünften Republik in seiner Bedeutung gemindert, eher stabil. In den *Niederlanden* werden dagegen die klassischen „Säulen" der Parteiendemokratie, Sozialdemokraten und Christdemokraten, durch Wahlentscheid zu mittelgroßen Parteien degradiert. In *Deutschland* stehen die politischen Parteien vor wachsenden Problemen politischer Integration von Wählern und Mitgliedern unter veränderten wahlsoziologischen und kommunikativen Bedingungen.

Demgegenüber kommt es für viele Entwicklungsländer erst noch darauf an, nach der Überwindung des Kolonialismus' die Gefahren neuer Autokratien zu bannen und pluralistische Herrschaftsstrukturen aufzubauen. Diese Aufgabe schließt Grundlagen einer pluralistischen Verbändeorganisation durch Gründung von Gewerkschaften und Genossenschaften ebenso ein wie die Schaffung politischer

---

92 Vgl. Brigitta *Nedelmann* (Hrsg.), Politische Institutionen im Wandel, Sonderheft der Kölner Zeitschrift für Soziologie und Sozialpsychologie, Opladen 1995.
93 Vgl. Hans-Joachim *Veen*, Einführung, in: Winand *Gellner*/Hans-Joachim *Veen* (Hrsg.), Umbruch und Wandel im westeuropäischen Parteiensystem, Frankfurt a.M. 1995, S. XIff.

Parteien, die friedlich miteinander konkurrieren. Damit ist die Frage aufgeworfen, von welchen Voraussetzungen der Erfolg einer solchen Strategie abhängt. In der Phase des Übergangs von Autoritarismus zur Demokratie, von der Hegemonie zur Polyarchie, werden die Chancen der Etablierung einer Opposition dadurch bestimmt, wie die jeweilige Regierung die politischen Kosten der Tolerierung oppositioneller Strömungen und der Repression einschätzt.[94] Die Wahrscheinlichkeit der Tolerierung einer Opposition ist dabei um so größer, je geringer die Regierung die Kosten der Tolerierung und je höher sie die Kosten der Repression beurteilt (siehe folgende Abb.). Je mehr somit die Kosten der Unterdrückung die der Tolerierung übersteigen, um so größer werden die Chancen politischen Wettbewerbs und um so besser werden die Aussichten der Polyarchie.[95]

Abb. 39: Toleranz, Repression und Wettbewerb

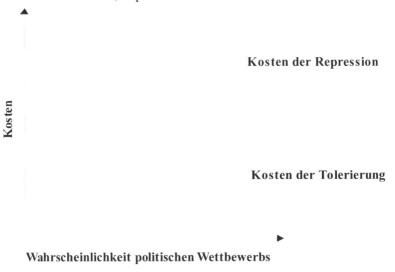

Quelle: Vgl. Robert A. *Dahl*, Polyarchie. Participation and Opposition, New Haven/London, 1971, S. 16.

Im Rahmen dieser politischen Ordnung kommt den Parteien auch künftig die zentrale, integrationsstiftende Aufgabe zu, materialistische und postmaterialistische Wertprofile miteinander zu verbinden.[96] Darüber hinaus stellt sich ihnen die

---

94 Vgl. Robert A. *Dahl*, Polyarchy. Participation and Opposition, New Haven/London 1971, S. 15.
95 Siehe hierzu auch Ronald *Wintrobe*, The political economy of dictatorship, Cambridge 1998.
96 Vgl. Heinrich *Oberreuter*, Parteien zwischen Nestwärme und Funktionskälte, Osnabrück 1983, S. 121.

Aufgabe der Humanisierung der Industriegesellschaft. Diese Aufgaben können sie nicht an andere Institutionen delegieren, nicht an Verbände, Unternehmen, Medien oder die staatliche Verwaltung. Ohne sie ist Interessenaggregation unter demokratischem Vorzeichen nicht möglich. Zum Integrationsanspruch der Parteiendemokratie gibt es daher keine grundsätzliche Alternative,[97] wohl aber Modifikationen, die mehr auf einen konsensualen als majoritären Politikstil setzen.

6.4 Interessenvermittlung durch Verbände

Die organisierten gesellschaftlichen Interessen haben die Grundlagen des politischen Wettbewerbs und die Strukturen der Entscheidungsfindung in den Demokratien der Gegenwart stark geprägt. Sie haben dazu beigetragen, dass sich neben dem herkömmlichen Politikmodus der repräsentativen Demokratie, den man als unitarisch, majoritär und hierarchisch umschreiben kann, ein zweiter Modus entwickelt hat, der dadurch gekennzeichnet ist, dass sich politische Entscheidungen an einer Mehrzahl von Bezugseinheiten orientieren und ein allseitiges Einverständnis zwischen diesen Einheiten an die Stelle von Mehrheitsentscheidungen tritt.[98] In zahlreichen demokratischen Staaten hat dieses konsensuale Politikmuster den herkömmlichen majoritären Politikstil zurückgedrängt. Je mehr die politischen Entscheidungen durch umfassende Beteiligung aller Gruppen möglichst einvernehmlich gefällt werden, umso mehr wird die Wettbewerbsdemokratie als System wechselnder Mehrheiten durch korporatistische Strukturen ersetzt, die Beziehungen zwischen Staat und Gesellschaft einvernehmlich, umfassend und dauerhaft zu regeln suchen.

Pluralismus und *Korporatismus* sind unterschiedliche Alternativen der politischen Interessenvermittlung. Der *Pluralismus* betont die partizipativen Aspekte dieser Vermittlung: die Forderungen der Akteure an das politische System (*input-Funktionen*).[99] Er betrachtet den politischen Meinungsbildungsprozess „von unten". Dagegen richtet der *Korporatismus* sein Augenmerk auf die politischen Steuerungsprozesse und betont die Ordnungs- und Leistungsaspekte moderner Staaten „von oben".

---

97 Vgl. Wolfgang *Rudzio*, Der demokratische Verfassungsstaat als Beute der Parteien? Parteienkritik als Krisenelement, in: Winand *Gellner*/Hans-Joachim *Veen* (Hrsg.), Umbruch und Wandel in westeuropäischen Parteiensystemen, a.a.O., S. 1-15. Peter Mair/Wolfgang C. *Müller*/Fritz *Plasser* (Hrsg.), Parteien auf komplexen Wählermärkten, a.a.O., S. 392.
98 Vgl. Fritz W. *Scharpf*, Einführung: Zur Theorie von Verhandlungssystemen, in: Arthur *Benz*/Fritz *Scharpf*/Reinhard *Zintl*, Horizontale Politikverflechtung. Zur Theorie von Verhandlunssystemen, a.a.O., S. 11f.
99 Vgl. zum folgenden Klaus *Schubert*, Pluralismus, Korporatismus und politische Netzwerke, a.a.O., S. 2ff.

> Unter *Korporatismus* ist die „Beteiligung von Interessengruppen an der Formulierung und Implementation von politischen Programmen und zwar auf der Basis von Interorganisationsnetzwerken zwischen Regierung und politischer Verwaltung einerseits und starken, zentralisierten gesellschaftlichen Verbänden andererseits"[100] zu verstehen.

Strukturell ist der Korporatismus dadurch gekennzeichnet, dass die Anzahl der Verbände, die intern hierarchisch geordnet und deren Mitglieder zwangsrekrutiert sind, begrenzt ist, dass sich die Verbände als funktional differenzierte Organisationen gegenüber anderen Verbänden nicht kompetitiv verhalten und aufgrund staatlicher Anerkennung über ein Repräsentationsmonopol verfügen.[101]

Die Einbindung der Verbände in das politische System und das Verhältnis von Staat und Verbänden werden von Korporatismus und Pluralismus unterschiedlich gewichtet.[102] An die Stelle der pluralistischen Wettbewerbstheorie der Interessenartikulation tritt die korporatistische Konzeption der Interessenvermittlung.[103] Politische Einbindung und Verbandsautonomie gehen dabei eine prekäre Beziehung ein, denn hierarchische Organisationsformen des korporatistischen Interessenarrangements dürfen die innerverbandliche Legitimation nicht grundsätzlich in Frage stellen.

Tab. 16: Verbände in Korporatismus und Pluralismus

	Korporatismus	**Pluralismus**
Merkmale der Verbände	– Begrenzte Zahl – Zwangsmitgliedschaft – Nichtkompetitiv – Hierarchisch geordnet – Funktionale Abgrenzung	– Vielfalt – Freiwillige Mitgliedschaft – Kompetitiv – Nichthierarchische Koordination – Fließende Grenzen, Mehrfachmitgliedschaft
Beziehungen zwischen Staat und Verbänden	– Staatliche Anerkennung – Repräsentationsmonopol im Austausch gegen staatlichen Einfluss auf verbandliche Führungsauslese und Interessenartikulation	– Keine staatliche Begünstigung – Keine staatliche Intervention in das Verbandswesen – autonome Willensbildung

Quelle: Philippe C. *Schmitter*, Still the Century of Corporatism?, a.a.O., S. 97.

---

100 Roland *Czada*, Dimensionen der Verhandlungsdemokratie. Konkordanz, Korporatismus, Politikverflechtung, polis Nr. 46/2000, Hagen 2000, S. 9; *ders.*, Korporatismus, in: Manfred G. *Schmidt* (Hrsg.), Lexikon der Politik, Bd. 3, München 1992, S. 218-224.
101 Vgl. Philipp C. *Schmitter*, Still the Century of Corporatism?, in: Review of Politics, vol. 36, No. 1, 1974, S. 85-131.
102 Vgl. Roland *Czada*, Konjunkturen des Korporatismus: Zur Geschichte eines Paradigmenwechsels in der Verbändeforschung, in: Wolfgang *Streeck* (Hrsg.), Staat und Verbände, Politische Vierteljahresschrift, Sonderheft 25/1994, S. 43ff.
103 Es handelt sich hierbei mehr um eine Forschungsperspektive als um eine Theorie. Vgl. hierzu Werner *Reutter*, Korporatismustheorien. Kritik, Vergleich, Perspektiven, Frankfurt a.M. 1991, S. 12.

Der Korporatismus weist dem Staat eine konstitutive Rolle bei der Organisation kollektiver Interessen zu und sieht in der staatlichen Einflussnahme auf vorstaatliches kollektives Handeln im Unterschied zum Pluralismus kein grundsätzliches Problem.[104] Vielmehr betrachtet er staatliches Handeln als Schlüsselgröße für die Erklärung der Formen und Ergebnisse kollektiver Interessenpolitik. So ersetzen Verhandlungen zwischen der Regierung und hochzentralisierten Verbänden das pluralistische Kräftemessen zwischen einer Vielzahl von Interessengruppen um den Einfluss auf die Politik.[105] Demokratie erscheint aus dieser Perspektive vor allem als eine Regierungsform, in der die zivile Gesellschaft sich zu ihrer Selbstorganisierung staatlicher Mittel bedienen kann, ohne dafür mit ihrer Unabhängigkeit gegenüber dem Staat bezahlen zu müssen.[106] Gruppeninteressen entstehen nicht aus individuellen Präferenzen, sondern als Reaktion auf institutionalisierte Handlungspotentiale, d.h. auf politische Realisierungschancen kollektiven Handelns. Verbände werden so zu „Interessenunternehmen", die ihre Leistungen auf dem „Interessenmarkt" anbieten. Dieser Perspektive des Korporatismus liegt die Annahme zugrunde, dass die Integration der Mitglieder und die verbandliche Wahrnehmung von Mitgliederinteressen letztlich der politischen Verwirklichung der Verbandsziele widerspricht – und umgekehrt. Verbandspolitik wird so zu einem Balanceakt zwischen der Wahrnehmung von Mitgliederinteressen und der Verfolgung der Verbandsziele: Interessen*vermittlung* statt Interessen*artikulation*.

Prozessual setzt der Korporatismus voraus, dass die Produzenteninteressen in Dachverbänden organisiert sind, die Gewerkschaften in die Netzwerke der Politikabstimmung eingebunden werden, Parteien und Verbände eng miteinander verflochten und die Beziehungen zwischen Verbänden und Regierung fest institutionalisiert sind.[107] Korporatismus ist sowohl als Strukturprinzip politischer Interessenvermittlung wie auch als Verfahren der Politikabstimmung wirksam.[108] In der Wirtschafts-, Technologie- und Strukturpolitik wird dieser Modus der Kooperation, Konsensbildung und des Interessenausgleichs zwischen politischen und gesellschaftlichen Akteuren vielfältig genutzt.

Ein Problem korporatistischer Entscheidungsstrukturen ist die Verlagerung von Entscheidungen in eine Vielzahl politischer *Netzwerke*. Diese durch hohen Konsens- und Abstimmungsbedarf begünstigte Auffächerung politischer Entscheidungsfindung erschwert eine zentrale politische Steuerung, macht eine klare Zuordnung politischer Entscheidungen zu bestimmten Institutionen schwierig, wenn nicht unmöglich, und verhindert so die Zuweisung politischer Verantwor-

---

104 Vgl. Wolfgang *Streeck*, Staat und Verbände: Neue Fragen. Neue Antworten?, in: *ders.* (Hrsg.), Staat und Verbände, a.a.O., S. 9.
105 Roland *Czada*, Dimensionen der Verhandlungsdemokratie, a.a.O. S. 11.
106 *Ders.*, ebd., S. 11.
107 Vgl. Gerhard *Lehmbruch*, Liberal Corporatism and Party Government, in: Comparative Political Studies, vol. 10, 1977, S. 91-126.
108 Vgl. Klaus *Schubert*, Pluralismus, Korporatismus und politische Netzwerke, a.a.O., S. 20ff.

tung für korporatistisch ausgehandelte und politisch-administrativ umgesetzte Ergebnisse.[109] Es besteht die Gefahr, dass die Verantwortungsgrenzen politischer und gesellschaftlicher Organisationen verwischt werden. Immer unklarer wird, welche Institutionen von der Wählerschaft den Auftrag zu einer inhaltlichen und zugleich allgemeinverbindlichen Gemeinwohlbestimmung erhalten haben.

Im Zuge der Ausweitung der Staatstätigkeit und der anhaltenden Differenzierung gesellschaftlicher Interessen hat das Zusammenwirken von politischen Institutionen und Interessengruppen in vielen demokratischen Verfassungsstaaten korporatistische Strukturen entstehen lassen: Die Verbände wurden gewissermaßen in den Staat eingegliedert.[110] So bildet sich ein System der politischen Interessenrepräsentation heraus, in dem eine begrenzte Zahl von Verbänden in einem hierarchisch gegliederten politischen Rahmen ein staatlich garantiertes Vertretungsmonopol für einen bestimmten gesellschaftlichen Interessenbereich besitzt und bei der Auslese des eigenen Personals, der Artikulation von Forderungen und der Mobilisierung politischer Unterstützung keinerlei Rücksicht auf andere Organisationen nehmen muss.[111] Korporatistische Strukturen ordnen die Beziehungen zwischen Staat und gesellschaftlichen Interessen statisch, hierarchisch und allgemeinverbindlich. Sie schreiben einen Zustand der politischen Interessenvermittlung fest, sichern zwar eine große Konsensbreite für politische Entscheidungen, schränken aber zugleich die Dynamik der gesellschaftlichen Interessenentwicklung erheblich ein.

Eine grundsätzlich einvernehmliche Regelung politisch-gesellschaftlicher Interessengegensätze strebt die *Konkordanzdemokratie* an. Dieses Konzept ist am Beispiel der politischen Systeme der Niederlande, Österreichs, der Schweiz, Belgiens und Kanadas entwickelt und in der Folgezeit durch Analysen der Regierungssysteme von Entwicklungsländern wie Malaysia, dem Libanon, Zypern, Kolumbien, Uruguay und Nigeria erweitert und modifiziert worden.[112] Konkordanzdemokratien sind durch eine vertikale Segmentierung der Bevölkerung in streng voneinander getrennte religiöse, sprachliche, ethnische, rassische oder ideologische Gemeinschaften und eine Institutionalisierung der Verhandlungs-

---

109 Vgl. Fritz W. *Scharpf*, Die Handlungsfähigkeit des Staates am Ende des 20. Jahrhunderts, in: Politische Vierteljahresschrift, 1991, S. 621-634.
110 Vgl. Paul S. *Adams*, Corporatism and Comparative Politics. Is there a new Century of Corporatism?, in: Howard J. *Wiarda* (Hrsg.), New Directions in Comparative Politics, 3. Aufl., Boulder/San Francisco/Oxford 2002, S. 17-44.
111 Vgl. Philippe *Schmitter*, Still the Century of Corporatism?, in: Frederick B. *Pike*/Thomas *Stritch* (Hrsg.), The New Corporatism: Socio-Political Structures in the Iberian World, Notre Dame 1974, S. 93f.
112 Vgl. Arend *Lijphart*, Democracy in Plural Societies: A Comparative Exploration, New Haven 1977; *ders.*, The Politics of Accomodation: Pluralism and Democracy in the Netherlands, Berkeley 1974, 2. Aufl.; Gerhard *Lehmbruch*, Proporzdemokratie. Politisches System und politische Kultur in der Schweiz und in Österreich, Tübingen 1967; Kurt *Steiner*, Politics in Austria, Boston 1972; Eric A. *Nordlinger*, Cambridge (Mass.) 1972; G. Bingham *Powell*, Social Fragmentation and Political Hostility: An Austrian Case Study, Stanford 1970; zum Konzept der „Versäulung" siehe insbesondere Georg *Geismann*, Das Regierungssystem der Niederlande, Frankfurt a.M. 1965.

muster zwischen den Führungsgruppen dieser Gemeinschaften gekennzeichnet. Konkordanzdemokratien wenden ein Muster der Konfliktregelung zwischen den wichtigsten gesellschaftlichen Gruppen an, das den Grundsatz der Mehrheitsentscheidung zugunsten des Prinzips „gütlichen Einvernehmens" (im Westfälischen Frieden als „*amicabilis compositio*" bezeichnet) ausschaltet.[113] Dieses Einvernehmen wird – wie in der Schweiz, Österreich und den Niederlanden zwischen 1945 und 1994 – dadurch gesichert, dass die einflussreichen Gruppen in der Exekutive vertreten sind und ihren politischen Einfluss durch Ämterpatronage sichern.[114]

Die Funktionslogik der *Konkordanz* komplettiert föderalistische und korporatistische Prinzipien.[115] Da alle relevanten Gruppen mitentscheiden und keine überstimmt wird, stellt sie ein Gegenmodell zum System der einfachen Mehrheitsherrschaft dar, das auf vier Prinzipien beruht.

Entscheidungsregeln der Konkordanzdemokratie
1. Die Entscheidungsregel maximaler Mehrheit (die Konkordanz schließt alle Gesellschaftssegmente ein),
2. die möglichst genaue Widerspiegelung der gesellschaftlichen Interessen- und Konfliktstruktur im politischen System,
3. der Proporzgrundsatz bei der Besetzung der Entscheidungsgremien und
4. die weitgehende Autonomie der Gesellschaftssegmente.

Wegen der außerordentlich hohen Komplexität des Institutionengefüges, das sich aus diesen Grundsätzen ergibt, ist die Konkordanzdemokratie noch am ehesten als Modell für gerade im Entstehen begriffene Demokratien aber auch für saturierte, fortgeschrittene Gesellschaften geeignet, die sich den hohen Aufwand komplizierter, konsensualer Entscheidungsverfahren leisten zu können glauben.

Korporatismus und Konkordanzdemokratie bezeichnen trotz starker Überschneidungen unterschiedliche Perspektiven. Während die *Konkordanzdemokratie* dadurch gekennzeichnet ist, dass ihre Subkulturen sozial und organisatorisch streng voneinander abgeschottet sind, staatliche Aufgaben durch Sonderorganisationen bewältigt werden und die Verbände ihre Interessen über die Führungsgruppen befreundeter politischer Parteien durchsetzen, interagieren im *Korporatismus* die Führungsgruppen von Verbänden mit unterschiedlichen funktionalen und stark divergierenden Interessen in einem politisch vorgegebenen und ideologisch unproblematischen Rahmen.[116] Unternehmen die Führungsgruppen in einer Kon-

---

113 Vgl. Roland *Czada*, Dimesionen der Verhandlungsdemokratie, a.a.O., S. 6.
114 Vgl. Gerhard *Lehmbruch*, Parteienwettbewerb im Bundesstaat, 3. Aufl., Wiesbaden 2000.
115 Vgl. Heidrun *Abromeit*, Interessenvermittlung zwischen Konkurrenz und Konkordanz. Studienbuch zur Vergleichenden Lehre politischer Systeme, Opladen 1993, S. 177ff.
116 Vgl. Ilja *Scholten*, Introduction: corporatist and consocational arrangements, a.a.O., S. 4, 22; Werner *Reutter*, Korporatismustheorien, a.a.O., S. 67, 109; *Reutter* versteht unter Korporatismus

kordanzdemokratie den Versuch, die stark segmentierte Gesellschaft durch „gütliches Einvernehmen" zwischen rivalisierenden Subkulturen zu stabilisieren, so kooperieren sie im Korporatismus, hierarchisch klar gegliedert und in ihrer Monopolstellung vom Staat anerkannt, unter dem Einfluss von Verteilungskonflikten und wirtschaftlichen Zwängen. Durch vielfältige Querverbindungen zwischen Staat, Wirtschaft und Gesellschaft werden in beiden Modellen Kommunikationsstörungen vermieden, Konflikte reduziert und Zentralisierungstendenzen des Regierungsapparates in Grenzen gehalten.

Von der Konkordanzdemokratie wird die Gesellschaft als ein Gebäude gesehen, dessen Dach auf verschiedenen Säulen ruht. Die am Beispiel der Niederlande beschriebene „Versäulung" (Verzuiling) des politischen und des sozialen Systems ist geradezu ein Kennzeichen der Konkordanzdemokratie. Zunächst hatte in der vergleichenden Politikwissenschaft die Auffassung vorgeherrscht, dass sich überschneidende Konfliktlinien die politische Stabilität moderner Regierungssysteme erhöhen, während voneinander unabhängige, nebeneinander bestehende Konfliktstrukturen die Gesellschaft spalten und dadurch die politische Stabilität gefährden. Die politischen Systeme Österreichs, Belgiens, der Schweiz und der Niederlande legen jedoch die Folgerung nahe, dass sich hohe politische Stabilität und tiefgreifende kulturelle Segmentierung nicht ausschließen. Daher ist eine neue Typologie demokratischer Systeme erforderlich, die Polyarchie in Konkordanz- und Konkurrenzdemokratien aufteilt.

Abb. 40: Typologie demokratischer Systeme

Politische Kultur

		homogen	fragmentiert
Verhalten der politischen Eliten	kondordant	I. Entpolitisierte Demokratie	II. Konkordanz-demokratie
	kompetitiv	III. Zentripetale Demokratie	IV. Zentrifugale Demokratie

Quelle: Arend *Lijphart*, Typologies of Democratic Systems, in: Comparative Political Studies, 1, 1968.

„eine Ideologie, ein ‚Glaube' an eine ‚natürliche Hierarchie' der sozialen Gruppen, die angestammte Rechte und Verantwortlichkeiten besitzen."

Die demokratischen Verfassungsstaaten der Gegenwart lassen sich im Rahmen dieser Typologie einordnen. So entsprechen die französische und britische Demokratie dem Typ III, die Demokratien Österreichs und der Schweiz dem Typ II, die USA und die Bundesrepublik Deutschland dem Typ IV und die japanische Demokratie am ehesten dem Typ I. Die Strukturmerkmale der Konkordanzdemokratie (Typ II) sollen im Folgenden an Beispielen einiger politischer Systeme veranschaulicht werden.

- Die Entwicklung des politischen Systems der *Niederlande* ist durch fünf Blöcke geprägt worden: zwei protestantische, einen katholischen, einen sozialistischen und einen liberalen Block. Jeder verfügte über eine eigene politische Partei, eine eigene Gewerkschaft und eine eigene Zeitung. Entsprechend teilten sich die Arbeitgeberverbände und Gewerkschaften die Sendezeiten von Funk und Fernsehen auf. Vom Kindergarten bis zur Universität prägte diese Struktur, Folge einer „versäulten" Gesellschaft, kulturelles Denken, Bildung und sozialen Aufstieg.
- Ähnlich sind in *Österreich* die Mitgliedschaften der Verbände und Parteien miteinander verzahnt und voneinander getrennt: Sozialisten und Katholiken haben „ihre" Parteien, Verbände sowie Sozial- und Bildungseinrichtungen. Die Grenzen zwischen diesen Blöcken sind undurchlässig. Die vertikale Kommunikation ist lediglich innerhalb dieser Blöcke stark und zwischen ihnen schwach. Entscheidungen wurden dementsprechend lange Zeit durch Verhandlungen zwischen den Führungsgruppen der Blöcke vorbereitet. Dieses Aushandeln erfolgte in einem vielschichtigen Verhandlungsprozess, der mehrere Probleme gleichzeitig angeht, durch wechselseitige, schrittweise Forderungen und Zugeständnisse gekennzeichnet ist und einen Kompromiss jeweils an alle anderen bindet (*Junktim*). Die Verantwortung für das Aushandeln tragen die jeweils einflussreichsten Mitglieder der Führungsgruppe. Im Parlament werden dementsprechend nur leicht lösbare Fragen entschieden, während sich bedeutendere, komplexe Entscheidungen in außerkonstitutionelle Gremien verlagern.[117]
- In *Belgien* ist das Sprachenproblem der gesellschaftliche Grundsatzkonflikt: Eine Verfassungsreform aus dem Jahre 1970 schreibt vor, dass jedes Kabinett zu gleichen Teilen aus Wallonen und Flamen besteht. Entscheidende Fragen werden vor der Regierungsbildung durch Vermittlung des „formateur" (Vermittlers) geregelt, der seinerseits nicht Premierminister werden kann.
- In der *Schweiz* repräsentieren die Wirtschaftsverbände die gesellschaftlichen Interessen auf der zentralen Entscheidungsebene wie in den unterschiedlichen Sektoren durch leistungsfähige Apparate und marginalisieren dadurch die

---

117 Vgl. Mattei *Dogan*/Dominique *Pelassy*, How to Compare Nations, a.a.O., S. 85.

politische Bedeutung der Parteien.[118] Unter dem Einfluss eines stark ausgeprägten Föderalismus wird der schwache Staat durch stärkere Verbände usurpiert, eine Tatsache, die staatliche Interventionen erheblich erleichtert. Das „Vernehmlassungsverfahren" (die schriftliche Beteiligung der Verbände am Gesetzgebungsprozess) schreibt die konzertierte Struktur der politischen Interessenrepräsentation fest und gibt der Regierung ihren Kurs vor. Entsprechend sind die politischen Parteien funktionsschwache Zusammenschlüsse kantonaler Organisationen. Die neokorporatistische Konzertierung wirtschaftlicher und gesellschaftlicher Interessen lässt dem Staat nur wenig Handlungsspielraum.

Fasst man die Erfahrungen dieser Länder zusammen, so lässt sich zeigen, dass eine stabile Konkordanzdemokratie auf folgenden Grundlagen beruht:

- Zwischen den gesellschaftlichen Gruppen muss trotz ihrer unterschiedlichen Stärke eine gewisse Balance bestehen. Je gleichgewichtiger die Stärke der jeweiligen Substruktur, umso stärker sind die Anreize für Interessenausgleich und Kooperation. Besonders treffende Beispiele für diese Voraussetzung sind die Niederlande und (trotz des unterschiedlichen Gewichts der Sprachgruppen) die Schweiz, während die Sprachgruppen in Belgien jeweils eine Dominanz der anderen Seite fürchten.
- Zwischen den Substrukturen müssen allgemein akzeptierte Grenzlinien verlaufen. Diese sollen helfen die Zuspitzung von Konflikten zu vermeiden. Dies ist aber nur bei dezentralen Entscheidungsstrukturen zu erwarten. Der Föderalismus wird in stark segmentierten Gesellschaften zu einem wichtigen Instrument der regionalen Interessenabgrenzung und der friedlichen Konfliktregelung.
- Daneben haben sich drei verfassungspolitische Regeln als wichtige Instrumente der Konkordanzdemokratie erwiesen: das Prinzip der Großen Koalition, das Vetorecht und das Prinzip der relativen Autonomie der Substrukturen, das sich am ehesten durch Föderalismus und kommunale Selbstverwaltung verwirklichen lässt. Diese Regelungen machen es nach der *Theorie der Koalitionen*[119] möglich, so viele Substrukturen wie möglich in den politischen Prozess zu integrieren. Denn die von den politischen Akteuren angestrebten Koalitionen sind umso breiter, je ungenauer und unvollständiger die verfügbare Information ist. Die erfolgreichen Koalitionen überschreiten daher die erforderliche Mindestgröße beträchtlich. Umgekehrt sind die Koalitionen umso kleiner und rücken in ihrer Reichweite um so mehr an den politisch

---

118 Vgl. Leonardi *Parri*, Neo-corporatist arrangements, ‚Konkordanz' and direct democracy: the Swiss experience, in: Ilja *Scholten* (Hrsg.), Political Stability and Neo-Corporatism, a.a.O., S. 70-94.
119 Vgl. William *Riker*, The Theory of Political Coalitions, a.a.O., S. 88f., 211ff.

notwendigen Mindestumfang heran, je genauer und vollständiger die verfügbare Information ist. Die *Schweiz, Österreich* und die *Niederlande* bieten anschauliche Beispiele für diese Interpretation. Da eine häufige Ausübung des Veto-Rechts zu einer Blockade des gesamten Entscheidungsprozesses führt, benötigen die Substrukturen ein hohes Maß an politischer Autonomie, um Fragen, die sie unmittelbar betreffen, in eigener Kompetenz entscheiden zu können.

Die Konkordanzdemokratie ist keineswegs ein auf die europäischen Staaten beschränkter Verfassungstyp geblieben. Einzelne Regelungen europäischer Konkordanzdemokratien sind auch in *Kanada, Malaysia, Zypern*, dem *Libanon* und *Uruguay* angewendet worden. Einige der jungen Staaten, die konkordanzdemokratische Strukturelemente übernommen haben, bleiben allerdings von demokratisch-pluralistischen Strukturen noch weit entfernt, wie das Beispiel Malaysia zeigt.[120]

Das Scheitern des *Westminster-Modells* parlamentarischer Demokratie in mehreren Entwicklungsländern (z.B. in Nigeria, Malaysia) hat das Modell der Konkordanzdemokratie für viele junge Staaten attraktiv gemacht. Dies gilt vor allem für religiös, ethnisch und kulturell zerklüftete Gesellschaften. Die Anziehungskraft des Konkordanzmodells ist nicht zuletzt auf den hohen politischen Konsensbedarf solcher Gesellschaften zurückzuführen, in denen eine Konkurrenz von Regierung und Opposition in dauerhafte Konfrontationen zwischen gesellschaftlichen Gruppen und eine Eskalation von Konflikten münden würde. Gleichwohl sollten die Typen der Konkurrenz- und Konkordanzdemokratie nicht als Vorgaben für die Verfassungspolitik in den Entwicklungsländern missverstanden, sondern als Orientierungshilfen für den Entwurf eigenständiger, stabiler demokratischer Verfassungen genutzt werden; dies um so mehr, als konkordanzdemokratische Regelungen auch in *Belgien, Österreich* und den *Niederlanden* nur in einer Übergangsphase in voller Breite angewendet worden sind. Nach Fusionen zwischen den Parteien und dem Übergang zu einem alternierenden Parteiensystem zeigte sich vielmehr, dass diese politischen Systeme ihre politischen Institutionen durch Regelungen der Konkordanzdemokratie festigen und teilweise zum Wettbewerbsmodell der Demokratie übergehen konnten.

Dieser Übergang von konkordanz- zu konkurrenzdemokratischen Strukturen wurde von weitreichenden Verschiebungen der gesellschaftlichen Konfliktstruktur begleitet: Die traditionellen, vertikalen Konflikte zwischen den Segmenten der Gesellschaften verloren an Intensität, zugleich bildeten sich neue horizontale Konfliktlinien heraus, die im Bereich der Bildung, des sozialen Aufstiegs und der generellen Verteilung von Lebenschancen als bedeutsamer bewertet werden. Ob-

---

120 Vgl. Rüdiger *Sielaff*, Malaysia, in: Dieter *Nohlen*/Franz *Nuscheler* (Hrsg.), Handbuch der Dritten Welt, Bd. 7, 3. Aufl., Bonn 1994, S. 473f.

wohl die Konkordanzdemokratie in Europa ein zentrales politisches Organisationsmuster in einer Phase der Entwicklung pluralistisch segmentierter Gesellschaften gewesen ist und nach der Herausbildung neuer Konfliktstrukturen an Bedeutung eingebüßt hat, bleibt sie dennoch ein Orientierungsmodell für Entwicklungsländer. Wendet man die Unterscheidung zwischen Konkurrenz- und Konkordanzdemokratien auf die demokratischen Verfassungsstaaten der Gegenwart insgesamt an, so ergibt sich folgendes Bild:[121] Klassische Wettbewerbsdemokratien sind die parlamentarischen Demokratien *Großbritanniens, Neuseelands, Irlands, Luxemburgs, Schwedens* und *Norwegens*. Wettbewerbsdemokratien mit einer stark ausgeprägten föderalistischen Struktur sind die *USA, Kanada, Deutschland, Österreich, Australien* und *Japan*. Klassische Konkordanzdemokratien sind die *Schweiz*, *Belgien* und die *Niederlande*. Konkordanzdemokratien mit stark unitaristischem Charakter stellen *Israel, Dänemark, Finnland* und *Island* dar. Prototypen der Konkurrenzdemokratie sind *Großbritannien* und *Neuseeland*.

In Europa haben auch die politischen Systeme *Irlands, Frankreichs, Italiens* und *Spaniens* neokorporatistische Elemente in ihre Entscheidungsstrukturen integriert.[122] Diese Länder sind durch starke soziale Spannungen, politisch-ideologische Polarisierungen sowie ethnische und religiöse Konflikte geprägt, die sich tief in das System der organisierten Sozialinteressen eingegraben haben. Dieser Zusammenhang beeinträchtigt zwar die Regierbarkeit dieser Staaten, jedoch nicht im erwarteten Umfang. Während die Schweiz, Belgien und die Niederlande als stabile Konkordanzdemokratien eingestuft werden können, sind Irland, Frankreich und Italien stark fragmentierte politische Systeme mit einem geringeren Grad politischer Stabilität. Soweit sich in diesen Ländern konkordanzdemokratische Muster der politischen Interessenvermittlung durchgesetzt haben, beschwört dies zugleich die Gefahr einer weiteren „Versäulung" von Politik und Gesellschaft herauf.[123] In Österreich ist die Jahrzehnte während konkordanzdemokratische Struktur des politischen Systems nach dem Eintritt der rechtspopulistischen FPÖ in die Bundesregierung 1999 aufgebrochen, und es lassen sich zunehmend konkurrenzdemokratische Tendenzen ausmachen.

Sind Neokorporatismus und Konkordanzdemokratie Alternativen zur pluralistischen Demokratietheorie? Zwei Argumente sprechen dafür, dass es sich hierbei eher um Modifikationen des Pluralismus-Konzeptes handelt: Zum einen werden Schranken des pluralistischen Wettbewerbs und zum anderen politisch-institutionelle Verformungen aufgezeigt, die das Wettbewerbsmodell von Politik, Wirt-

---

121 Vgl. Arend *Lijphart*, Democracies. Patterns of Majoritarian and Consensus Government in Twenty-One Countries, New Haven/London 1984, S. 216.
122 Vgl. Ilja *Scholten*, Introduction: corporatist and consociational arrangements, in: *ders.* (Hrsg.), Political Stability and Neo-Corporatism. Corporatist Integration and Societal Cleavages in Western Europe, London/Beverly Hills 1987, S. 1-38.
123 Vgl. Alfred *Diamant*, Bureaucracy and Public Policy in Neocorporatist Settings: Some European Lessons, in: Comparative Politics, 14. (1981) 1, S. 101-124.

schaft und Gesellschaft in Frage stellen.[124] Der Vorzug beider Konzeptionen liegt in der Integration der organisierten Sozialinteressen in die politische Willensbildung, der politischen Mediatisierung der Verbände und dem Schutz gesellschaftlicher Interessen vor dem Zugriff der staatlichen Zentralgewalt. Gegenüber dem Anspruch staatlicher Allmacht verbürgen Neokorporatismus und Konkordanzdemokratie die vertikale Gewaltenverschränkung zwischen Staat und gesellschaftlichen Gruppen.[125] Ihr politischer Aktionsradius wird allerdings dadurch verringert, dass die Anpassungszwänge des Weltmarktes den Handlungsspielraum der nationalen Volkswirtschaften einengen.[126]

Funktionale Interessenvermittlung in der repräsentativen Demokratie ist in den Industriestaaten zudem weder eindeutig pluralistisch noch korporatistisch. Der Staat ist nicht mehr zentrale Steuerungsinstanz, sondern ein ausdifferenziertes Funktionssystem. Schließlich setzt auch der Korporatismus eine heterogene, d.h. pluralistische Gesellschaftsstruktur voraus. Konkordanzdemokratie und Korporatismus beruhen nicht auf einer alternativen Demokratietheorie, sondern stellen letztlich einen „Sonderfall" des Pluralismus' dar.[127] Bleibende Probleme dieses Ansatzes sind allerdings die Verwischung politischer Verantwortlichkeit, die Verkrustung gesellschaftlicher Strukturen durch Behinderung eines „Marktzutritts" für Minderheiten und die Verfestigung eines autoritären Politikstils, wie er aus der Tradition des klassischen Korporatismus' bekannt ist. Die Dynamik des politischen Wettbewerbsmodells könnte so auf Dauer der Statik einer „modern" formierten Ständegesellschaft weichen, die sich auf die Statik verfestigter „Harmonie" beruft und die Dynamik des politischen und wirtschaftlichen Wettbewerbs scheut.

Im Unterschied zu politischen Parteien streben Interessengruppen nicht politische Verantwortung an, sondern artikulieren ihre Anliegen gegenüber den politisch Verantwortlichen und erstreben dadurch politischen Einfluss.[128] Mag der Handlungsspielraum der jeweiligen Regierung und der sie tragenden parlamentarischen Mehrheit gegenüber diesen Gruppen in Zeiten der Prosperität nicht unerheblich sein, so suchen die politischen Systeme der westlichen Demokratien in wirtschaftlichen Krisenphasen wirtschafts- und sozialpolitische Entscheidungen durch einen möglichst breiten Konsens der beteiligten Interessen abzusichern. Diese

---

124 Vgl. Gabriel *Almond*, Corporatism, Pluralism, and Professional Memory, in: World Politics, vol. 35, Heft 1, 1983, S. 245-260.
125 Vgl. Karl *Loewenstein*, Political Power and the Governmental Process, 2. Aufl., Chicago/ London 1965, S. 344-385; in deutscher Übersetzung: Verfassungslehre, 4. Aufl., Tübingen 2000.
126 Vgl. Renate *Mayntz*, Interessenverbände und Gemeinwohl – Die Verbändestudie der Bertelsmannstiftung, in: *dies.* (Hrsg.), Verbände zwischen Mitgliederinteressen und Gemeinwohl, Gütersloh 1992, S. 13.
127 Vgl. Werner *Reutter*, Korporatismustheorien, a.a.O., S. 214.
128 Vgl. Klaus *von Beyme*, Interessengruppen, in: *ders.*, u.a. (Hrsg.), Politikwissenschaft. Eine Grundlegung, Bd. II, a.a.O., S. 141ff.

Bemühungen schlagen sich in unterschiedlichen Kooperationsformen nieder, die von punktuellen Abstimmungen zwischen Regierung und betroffenen Verbänden bis zu „konzertierten Aktionen" sämtlicher Interessengruppen eines Politikfeldes reichen. Diese Kooperationsformen haben sich in vielen Ländern inzwischen soweit etabliert und verfestigt, dass mit Recht von einem System des „*Neokorporatismus*" im Sinne einer wechselseitigen Vergesellschaftung des Staates und einer Verstaatlichung der Verbände gesprochen werden kann.[129] Sie zeigen sich in der Bundesrepublik Deutschland im Unterschied zu anderen westlichen Demokratien nicht so sehr bei der Wahlkampffinanzierung und Wahlkampfhilfe als vielmehr bei der Einwirkung der Verbandsinteressen auf die Meinungsbildung von Bürokratie und Parlamentsausschüssen.

Neokorporatistische Tendenzen werden in Deutschland wie in anderen westlichen Demokratien dadurch gefördert, dass der Staat zahlreiche gesellschaftliche Bereiche immer dichteren politisch-administrativen Regelungen unterwirft. Diese wachsende Interventionsdichte geht mit einer anhaltenden Tendenz der Verrechtlichung und Reglementierung wirtschaftlicher und gesellschaftlicher Bereiche einher, die sich auf dem Arbeitsmarkt (Setzung von Rechtsnormen, die die Tarifautonomie schützen) und in der Sozialpolitik (Verteilung und Zuweisung von Sozialleistungen) besonders deutlich zeigt. Wenn die staatliche „Regelungswut" eingedämmt werden soll, müssen Entscheidungen mehr als bisher auf teilautonome Subsysteme übertragen werden, die ihre Konflikte nach eigenen Wertvorstellungen in einem staatlich überwachten Verfahren regeln. Noch aber behauptet sich unter dem Einfluss politischer Absprachen mit Verbänden der Teil der Politik, der nicht revidierbar erscheint und nicht mehr politisch zur Disposition steht.

Vergleicht man die westlichen Demokratien im Hinblick auf die Breite und die Bedeutung nichtverhandelbarer Politik, so ergibt sich ein kontrastreiches Bild. Äußerlich ähnelt sich die starke Einflussnahme der Verbände auf die Gesetzesplanung in den USA, Großbritannien, Frankreich und Deutschland durchaus. In der politischen Planung antizipieren die Beamten die Vorstellungen der Interessengruppen und beteiligen diese in erheblichem Umfang an der Implementation politischer Entscheidungen. Betrachtet man jedoch das Spektrum nichtverhandelbarer Politik eingehender, so zeigt sich, dass organisierte Sozialinteressen in den Prozess der Planung und Implementation in den Vereinigten Staaten und in der Bundesrepublik Deutschland noch stärker einbezogen werden als in Frankreich und Großbritannien.[130] Von „Beamtenherrschaft" im Sinne *Max Webers* kann in den USA und Deutschland dennoch keine Rede sein: Hier haben sich vielmehr politikfeldspezifische Netzwerke entwickelt, in denen der Druck der Verbände

---

129 Vgl. Ulrich *von Alemann* (Hrsg.), Neokorporatismus, Frankfurt a.M./New York 1981; Mancur *Olson*, Die Logik des kollektiven Handelns, a.a.O.; Rolf G. *Heinze* (Hrsg.), Verbände und Staat. Vom Pluralismus zum Korporatismus, Opladen 1979; Jürgen *Weber*, Interessengruppen im politischen System der Bundesrepublik, Stuttgart 1977.
130 Vgl. Edward C. *Page*, Political Authority and Bureaucratic Power, a.a.O., S. 11.

den politischen Handlungsspielraum einengt. Umgekehrt ist die Handlungsbreite der politischen Führung wie der Administration in Frankreich und Großbritannien größer, da hier die politischen Planer selbst bestimmen, mit welchen Interessengruppen sie sich abstimmen wollen und, wenn ja, zu welchem Zeitpunkt und zu welchem Zweck.

Wie sind die langfristigen Wirkungen des *Neokorporatismus'* einzuschätzen? Zwar mögen korporatistische Strukturen auf kurze Sicht der Stabilität demokratischer Systeme zugute kommen, doch gefährden sie auf Dauer deren Handlungs- und Innovationsfähigkeit. Denn die Funktionsfähigkeit eines politischen Systems hängt nicht nur vom Verfassungskonsens und der Legitimität der politischen Institutionen ab, sondern auch von seiner Kraft zur Verwirklichung solcher Neuerungen, die sich letztendlich nur gegen den Widerstand mächtiger Großgruppen verwirklichen lassen. Diese Durchsetzungsfähigkeit wird durch alle Versuche beeinträchtigt, politische Lösungen durch institutionalisierte Zusammenarbeit zwischen dem Staat und den Verbänden zu erarbeiten.[131] Solche „konzertierten Aktionen" pflegen stets Probleme auszuklammern, die für mehrere der Beteiligten unbequem sind, und beschränken ihren Teilnehmerkreis zudem auf anerkannte Repräsentanten durchsetzungsstarker Gruppen. Dadurch werden sie zu Anlaufstellen des politischen Drucks privater Interessen. Indem sie alle institutionalisierten Großinteressen zu berücksichtigen versuchen, vernachlässigen sie gerade nicht organisierbare Interessen und gesamtstaatliche Aufgaben.

Das Modell des Korporatismus widerspricht somit wichtigen Grundsätzen der Wettbewerbsdemokratie, weil das Politikergebnis nicht eine Folge von Mehrheitsentscheidungen, sondern von miteinander abgestimmten, organisierten Sozialinteressen ist, und den Grundlagen pluralistischer Demokratietheorie insoweit, als diesen Interessen ein hoher Grad an Kohäsion und Inklusivität zugemessen wird.[132] Im Korporatismus wie in der Konkordanzdemokratie übernehmen die Verbände teilweise Funktionen des Staates. Dieser muss immerhin so stark sein, den politischen Verhandlungsrahmen der Interessenvermittlung garantieren zu können. Mit der Verbreitung horizontal vernetzter Verbändesysteme setzt sich so ein „Konzept gesellschaftlicher Selbstregelung"[133] durch. Je mehr die Logik individueller Nutzenmaximierung in diesen Netzwerken dominiert, um so mehr neigen die Beteiligten dazu, sich auf den kleinsten gemeinsamen Nenner zu einigen.

Zwar scheint das Konkordanzmodell dem der Wettbewerbsdemokratie in seiner Integrationsleistung überlegen, zahlt dafür aber den hohen Preis des „Verzichts auf eine aktive staatliche Steuerung sozio-ökonomischer Prozesse und auf

---

131 Vgl. Rainer *Hank*, Böcke treten als Gärtner auf, in: Frankfurter Allgemeine Zeitung, 20. April 1996, S. 15.
132 Vgl. Ilja *Scholten*, Introduction: corporatist and consociational arrangements, a.a.O., S. 26f.
133 Renate *Mayntz*, Interessenverbände und Gemeinwohl, a.a.O., S. 34.

innovative Interventionen."¹³⁴ Auch die Konkurrenzdemokratien haben sich zudem in der Praxis ihrer konsensualen politischen Entscheidungsfindung oft zu verkappten Konkordanzdemokratien entwickelt. Wichtige Probleme der Zukunftssicherung bleiben so ungelöst, weil die organisierten und die Status-quo-Gruppen im Vorteil sind, durch ihr Vetorecht die Entscheidungsprozesse erschweren und schließlich „das Neinsagen leichter fällt als die positive Gestaltung."¹³⁵

Der korporatistische Staat ausgehandelter Interessen ist somit janusköpfig: Auf der einen Seite gewährleistet er die Mitbestimmung von Betroffenen und spezifisch Interessierten, Demokratisierung und Entlastung von Regierung, Verwaltung und Parteien. Auf der anderen Seite jedoch beschwört er die Gefahr einer weitgehenden Mediatisierung der Politik durch Verbandsinteressen und zudem die Gefahr der Einschränkung persönlicher Freiheit durch privilegierte und schließlich übermächtige Interessenorganisationen herauf.¹³⁶

Die Bereitschaft, von Verbandsinteressen bestimmte politische Entscheidungen hinzunehmen, hat indessen abgenommen, da in der Werthierarchie der Bürger Forderungen nach politischer Partizipation einen immer höheren Rangplatz einnehmen.¹³⁷ Die demokratischen Verfassungsstaaten der Gegenwart befinden sich somit im Fadenkreuz zweier gegensätzlicher Entwicklungslinien: Auf der einen Seite verlagern sich die politischen Entscheidungen, die von demokratisch legitimierten Vertretungen der Bürger gefällt werden, immer mehr auf Bürokratie und Verbände. Auf der anderen Seite wächst die Bereitschaft der Bürger zu politischer Beteiligung. Je mehr sich Verbände, Parteien, Parlamente und Verwaltung miteinander verflechten, um so mehr büßt der politische Entscheidungsprozess seine Fähigkeit ein, Interessen der Gesamtheit zu aggregieren und darüber hinaus den Anliegen organisations- und artikulationsschwacher Gruppen Gehör zu verschaffen.¹³⁸ Diejenigen Schichten und Gruppen, die „schweigend leiden", finden nur wenig Beachtung.

6.5 Ordnungspolitik

Eine Strategie der Ausbalancierung von Ungleichgewichten gesellschaftlicher Interessen muss versuchen, gleiche politische Wettbewerbschancen durch zusätzli-

---

134 Franz *Lehner*, Konkurrenz, Korporatismus und Konkordanz, in: Max *Kaase* (Hrsg.), Politische Wissenschaft und politische Ordnung, Opladen 1986, S. 167.
135 Heidrun *Abromeit*, Interessenvermittlung zwischen Konkurrenz und Konkordanz, a.a.O., S. 228.
136 Vgl. Wolfgang *Rudzio*, Das politische System der Bundesrepublik Deutschland, a.a.O., S. 87.
137 Vgl. Ronald *Inglehart*, The Silent Revolution. Changing Values and Political Styles among Western Publics, a.a.O., passim.
138 Vgl. Mancur *Olson*, Die Logik des kollektiven Handelns, Kollektivgüter und die Theorie der Gruppen, a.a.O.; Klaus von *Beyme*, Interessengruppen in der Demokratie, 5. Aufl., München 1980.

che Ressourcen für benachteiligte Gruppen zu schaffen.[139] Ein solcher Zugang umfasst Maßnahmen der politischen Bildung, die allen die Ausübung politischer Beteiligungsrechte ermöglicht, die Gewährleistung des Koalitionsrechts zur Gründung von Gewerkschaften, die Tarifautonomie, ein redistributives Steuersystem und eine Sozialpolitik, die die Lebenschancen benachteiligter Bevölkerungsgruppen verbessert. Dies ist nur möglich, wenn politische Orientierungsmaßstäbe des gesellschaftlichen Chancenausgleichs allgemein akzeptiert werden und die politische Tagesordnung diese Themen überhaupt beachtet. Dabei ist zu berücksichtigen, dass die Entscheidungsinstanzen in einer pluralistischen, föderalistischen Wettbewerbsdemokratie dezentral entscheiden und der gesellschaftliche und wirtschaftliche Wettbewerb selbst ungleiche Ergebnisse verursacht, die ihrerseits wiederum einen Stimulus für neue Aktivitäten bilden.[140] Eine Strategie der Gegensteuerung kann diese Ergebnisse nur korrigieren, soweit sie der Zielvorstellung politischer und gesellschaftlicher Chancengleichheit widersprechen, nicht aber aufheben. Jedes perfektionistische Konzept würde zudem den staatlichen Interventionismus noch weiter aufblähen, ein maßvolles und stimmiges Konzept dagegen könnte die Zivilgesellschaft festigen.

Wie sehr es unter diesen Bedingungen auf die Integrationsfähigkeit des Parteiensystems ankommt, geht auch daraus hervor, dass instabile, häufig wechselnde Mehrheitsverhältnisse zu steigender Staatstätigkeit führen.[141] Denn Regierungen reagieren meist auf drohende Mehrheitsverluste durch eine Ausweitung des staatlichen Leistungsangebotes in wahlstrategisch wichtigen Bereichen. Instabile Mehrheitsverhältnisse erhöhen so den Druck, der von kleinen, aber strategisch wichtigen Gruppen ausgeht. Staatliche Leistungen werden daher auch in neuen Politikfeldern weiterhin auf- und ausgebaut. Die Aggregationsfähigkeit des Parteiensystems erweist sich für die Durchsetzung eines stimmigen Regierungsprogramms somit als unzulänglich. Stattdessen folgt der Einsatz staatlicher Ressourcen dem Zyklus politischer Opportunitätsüberlegungen. Der steigende Umfang segmentierter Interessenvermittlung verfestigt zudem diese Entscheidungsstrukturen durch eine Problembearbeitung, die kurzatmig dem Druck der Gruppeninteressen folgt.

Die zunehmende Belastung des politischen Systems durch Ansprüche organisierter Interessen macht die organisierte Interessenvermittlung in der modernen Demokratie zugleich ungleichgewichtig und instabil.[142] Durch fortschreitende Ar-

---

139 Vgl. Robert A. *Dahl*, Dilemmas of Pluralist Democracy, a.a.O., S. 166-205; Mattei *Dogan*, What Kind of Pluralist Democracy Tomorrow: Civic or State Controlled, in: Mattei *Dogan* (Hrsg.), Comparing Pluralist Democracies. Strains on Legitimacy, Boulder/London 1988, S. 242-276.
140 Vgl. hierzu auch Arend *Lijphart*, Democracies. Patterns of Majoritarian and Consensus Government in Twenty-One Countries, a.a.O., S. 173ff.
141 Vgl. James M. *Buchanan*, Die Grenzen der Freiheit, Tübingen 1984; Franz *Lehner*, Einführung in die Neue Politische Ökonomie, a.a.O., S. 160f.
142 Vgl. Franz *Lehner*, Einführung in die Neue Politische Ökonomie, a.a.O., S. 105f.

beitsteilung in Wirtschaft und Gesellschaft nehmen die Folgekosten des Handelns organisierter Sozialinteressen immer mehr zu. Diese müssen vom Staat durch das Angebot kollektiver Güter befriedigt werden.[143] Der steigende gesellschaftliche Anspruchsdruck aufgrund eines immer differenzierteren Systems organisationsfähiger Interessen lässt das Angebot kollektiver Güter anschwellen und damit auch Staatshaushalt und Abgabenlast. Mit Zahl und Vielfalt der organisierten Interessen wachsen daher öffentlicher Sektor und staatliche Verschuldung. Was ist zu tun?

Asymmetrien der politischen Interessenvermittlung können nur durch Chancen aktiver politischer Beteiligung beseitigt werden. Die Beseitigung solcher Ungleichgewichte hängt von zwei Voraussetzungen ab:[144]

1. einem Minimum politischer Handlungsfähigkeit und Organisationsfähigkeit, das die Angehörigen der Unterschicht in die Lage versetzt, ihre Interessen unabhängig von den jeweiligen Verbandshierarchien gelegentlich selbst wahrzunehmen, und
2. der Verbreiterung der Rekrutierungsbasis des pluralistischen Elite-Systems.

Während die Verbesserung der politischen Handlungs- und Organisationsfähigkeit eine auf dieses Ziel ausgerichtete Bildungspolitik voraussetzt, tritt die Partizipationsdimension im Unterschied zur „Partizipationsdemokratie" nicht an die Stelle der Parteien- und Verbändekonkurrenz, sondern füllt Lücken auf, die dieser Wettbewerb offen lässt. Diese Perspektive wirkt der Benachteiligung artikulations- und organisationsschwacher Interessen entgegen. Dazu ist eine „aktive Öffentlichkeit" (*Dahrendorf*) erforderlich, die die politischen Führungsgruppen auf vernachlässigte Interessen, verdrängte Konflikte und verschleppte Probleme hinweist und so das Wertberücksichtigungspotential der Politik erweitert.[145] Nur so kann die Konkurrenz der politischen Parteien die Berücksichtigung vernachlässigter Bedürfnisse überhaupt zum Angelpunkt politischer Strategien und zum Maßstab ihrer Wählerorientierung machen. Es muss ein Klima der öffentlichen Meinungsbildung hergestellt werden, in dem die Verbände ein „Management der Externalitäten" betreiben, d.h. die Verträglichkeit des eigenen Handelns mit Zielen der Wirtschafts-, Umwelt-, Sozial- und Bildungspolitik zum Bestandteil der eigenen Nutzenperspektive machen.[146] Eine öffentliche Diskussion, in der die Interessengruppen auf Folgen und Nebenwirkungen ihres Handelns aufmerksam gemacht werden, könnte die für tragfähige politische Entscheidungen unverzichtbaren Gemeinwohlbezüge vermitteln.

---

143 Vgl. Ulrich *Wiedmaier*, Politische Gewaltanwendung als Problem der Organisation von Interessen, Meisenheim 1978.
144 Vgl. Fritz *Scharpf*, Demokratietheorie zwischen Utopie und Anpassung, Kronberg/Ts. 1975, S. 72f.
145 Vgl. Ralf *Dahrendorf*, Aktive und passive Öffentlichkeit, in: Merkur, 21. Jhg., 1967, S. 1109-1122.
146 Vgl. Renate *Mayntz*, Interessenverbände und Gemeinwohl, a.a.O., S. 34.

Dennoch stellt sich die Frage, ob pluralistische Interessenartikulation im Rahmen eines alternierenden Parteiensystems nicht zwangsläufig eine Gewichtsverlagerung zugunsten mitgliederstarker Organisationen herbeiführt, deren Einfluss auf das Wahlresultat strategisch hoch eingeschätzt wird. Umso stärker wiegt die Forderung nach einem politischen Entscheidungssystem, in dem Entscheidungen nicht den Pressionen der organisierten Interessengruppen unterworfen sind. Vordringlich ist daher die Frage nach den Voraussetzungen einer politischen Artikulation nicht organisationsfähiger Interessen und den strukturellen Bedingungen der Umsetzung dieser Interessen. Eine dieser Voraussetzungen ist eine hohe Chance des Machtwechsels, die einen größeren Druck auf die Parteien ausübt, auch schwer organisationsfähige Interessen stärker zu berücksichtigen. Eine weitere Voraussetzung ist die dezentrale Struktur der öffentlichen Meinungsbildung, damit die Artikulation dieser Interessen nicht leicht abgeblockt, sondern über Massenmedien, Bürgerinitiativen, Verbände und Parteien an Parlament und Regierung herangetragen werden können.

Die Gefahren der Kartellbildung auf dem pluralistischen Markt, die ungleichen Chancen politischer Einflussnahme und die Behinderung der gesellschaftlichen und politischen Modernisierung durch korporatistische Entscheidungsstrukturen werfen die Frage nach den Chancen einer wirksameren demokratischen Kontrolle wirtschaftlicher Macht auf. Drei Anforderungen sind an den politischen Entscheidungsprozess zu stellen:[147]

- Steigerung des Wertberücksichtigungspotentials des politischen Systems auch gegenüber vernachlässigten, durchsetzungsschwachen Interessen;
- Fähigkeit der Parteien, des Parlaments und der Regierung, Entscheidungen auch gegen den Widerstand partikularer Interessen durchzusetzen, und
- die institutionelle Absicherung der Einbringung vernachlässigter Interessen im Planungsprozess durch Medien, Bürgerinitiativen und Forschungsinstitute.

Zur Umsetzung dieser Forderungen ist eine stärkere Entlastung der zentralen politischen Entscheidungsebene durch die Delegation von Entscheidungen an politische Subsysteme (Länder, Gemeinden, Selbstverwaltungskörperschaften) geboten. Erforderlich ist ferner die Steigerung der Kapazität der Informationsaufnahme und -verarbeitung der politischen Institutionen, damit es diesen leichter möglich wird, ein Problembewusstsein für die Kritik einer „aktiven Öffentlichkeit" zu entwickeln. Dabei geht es vor allem um die „Härtung von Druckstellen" (*von Eynern*) bei den Trägern der politischen Willensbildung. Es soll den politischen Institutionen schwerer gemacht werden, den organisierten Gruppen verbandsspezifische „Angebote" zu machen und damit eine Tradition des Interventionsstaates fortzusetzen, deren Folgen stetig wachsende, direkte und indirekte Subventionen und eine dadurch bedingte Blockierung staatlicher Handlungsmöglichkeiten sind.

---

147 Vgl. Fritz *Scharpf*, Demokratietheorie zwischen Utopie und Anpassung, a.a.O., S. 75ff.

Wenn das politische System auf Probleme reagieren soll, die innerhalb der Struktur pluralistischer Meinungsbildung nur unzulänglich wahrgenommen werden, muss die Kapazität der Informationsaufnahme und Informationsverarbeitung politischer Institutionen so weit entwickelt werden, dass diese auf dem Informationsmarkt wirksam konkurrieren und informatorische Gegengewichte gegen organisierte Interessen schaffen können. Aus diesem Grunde ist die Einrichtung von Datenbanken, zentralen Informationssystemen bei Parlament und Regierung, Planungs- und Kontrollsystemen und der Aufbau einer integrierten politischen Prioritäten- und Aufgabenplanung naheliegend, so sehr auch in der politischen Wirklichkeit die Planungseuphorien der Vergangenheit inzwischen wieder inkrementaler Politik im Sinne einer sporadischen Politik der Krisenbewältigung, die nur aus unverbundenen Einzelschritten besteht, gewichen sind.

Eine größere Transparenz politischer Entscheidungen erfordert darüber hinaus eine Beseitigung des parlamentarischen Kontrolldefizits in jenen Bereichen, in denen sich die Asymmetrie des Pluralismus' besonders nachdrücklich auf den Inhalt politischer Entscheidungen auswirkt. Hier sind mehrere institutionelle Reformen denkbar:[148]

- eine Einschaltung der Parlamentarier in die Entstehungsphase eines Gesetzes durch die Teilnahme an konzeptioneller Planung und Anhörung der Verbände in den Ministerien;
- die Veröffentlichung der Empfehlungen der Verbände im Referentenstadium eines Gesetzesentwurfes, um eine frühzeitige Information der Öffentlichkeit über Gesetzesalternativen zu sichern;
- eine Reorganisation der Parlamentsausschüsse, die vielfach zu „Verbandsinseln"[149] geworden sind, d.h. eine Vergrößerung und eine Änderung ihrer Arbeitsweise, verbunden mit mehr Öffentlichkeit, um eine flexiblere und weniger interessengebundene Struktur der Ausschüsse zu sichern (mehr Rede- und weniger Arbeitsparlament);
- eine verfassungsrechtliche Beschränkung der Steuer- und Ausgabenpolitik, um künftige Generationen im Sinne einer nachhaltigen Finanzpolitik nicht sehr mit Haushaltsbürden zu belasten;
- Eindämmung der Ämterpatronage;
- Berufung eines „Steuerbeauftragten", der steuerpolitische Maßnamen auf ihre Notwendigkeit und Auswirkungen prüfen soll;
- größere Kompetenzen für Rechnungshöfe im Bereich der Haushaltsplanung.

---

148 Zur Verbesserung der Transparenz der Verbandseinflüsse im parlamentarischen System siehe: Jürgen *Weber*, Gefährdung der parlamentarischen Demokratie durch Verbände?, in: Heinrich *Oberreuter* (Hrsg.), Pluralismus, a.a.O., S. 195f.; Siegfried F. *Franke*, (Ir)rationale Politik, a.a.O., S. 217ff.
149 Vgl. Rupert *Breitling*, Die Verbände in der Bundesrepublik. Ihre Arten und ihre politische Wirkungsweise, Meisenheim am Glan 1955, S. 92.

Je allgemeiner politische Anliegen sind, umso geringer ihre gesetzgeberischen Durchsetzungschancen, und je geringer die sachlichen Anhaltspunkte für Entscheidungen, umso widerstandsloser kann sich politischer Druck von Verbandsinteressen durchsetzen. Soll die öffentliche Meinung jedoch stärker gegen einseitige Interessenstandpunkte mobilisiert werden, so könnte die Einsetzung eines Sachverständigenrates zur Beurteilung von Subventionen hilfreich sein. Aufgabe dieser Kommission wäre die eingehende Prüfung aller Subventionsbereiche und die Erarbeitung von Vorschlägen zum Abbau der Subventionen. Von dieser Arbeit könnten starke Einflüsse auf die politische Meinungsbildung ausgehen, die ein Gegengewicht gegen das Überwiegen von Partikularinteressen darstellen würden.

Die Integration der Verbände in einen ordnungspolitischen Rahmen, der demokratietheoretischen Maßstäben ebenso Rechnung trägt wie Erkenntnissen der Verbändeforschung, muss vom Leitbild des eigenverantwortlichen Individuums ausgehen, dabei aber jenen Dualismus vermeiden, der zwischen den individuellen Marktteilnehmern und dem „Staat" eine mittlere Ebene nicht zulassen will.[150] Verbände sind vielmehr als „Produzenten von Kollektivgütern" (Guy *Kirsch*)[151] zu verstehen. Damit wird die Neuverteilung der Aufgaben auf staatliche und nichtstaatliche Anbieter von Kollektivgütern ebenso zur politischen Aufgabe wie die Beziehungen zwischen den Verbänden, und zwar in zweifacher Hinsicht: Der einzelne kann auch jene Bedürfnisse befriedigen, die weder markt- noch staatsfähig sind. Anderseits muss die Bereitstellung nicht marktfähiger Güter nicht mehr allein vom Staat erwartet werden.

Die Konzentrationsprozesse in Wirtschaft und Gesellschaft gehen weiter und die Vermachtung schreitet voran. Schließlich wird am Markt und im Verbandswesen ein so hoher Monopolisierungsgrad erreicht, dass die Politik selbst stark in ihrer Handlungsfähigkeit eingeschränkt wird. Diese Strukturen erfordern eine aktive Ordnungspolitik. Eine fehlende Ordnungspolitik dagegen bedroht auf die Dauer die Politik selbst. Sie führt zur Machtübernahme durch Großorganisationen und Verbände. Das aber bedeutet nichts anderes, als dass Politiker, die den geeigneten Zeitpunkt zur Durchsetzung einer solchen Politik nicht wahrnehmen, dies später schwerlich nachholen können, wenn Verbände bereits so stark geworden sind, dass sie den Gehalt politischer Entscheidungen selbst bestimmen.

---

150 Die folgenden Ausführungen folgen weitgehend: Warnfried *Dettling* und Philipp *Herder-Dorneich*/Paul *Kevenhörster*/Georg *Adenauer*/Christian H. *Hoffmann*/Helmut *Stahl*, Die neue soziale Frage und die Zukunft der Demokratie, München/Wien 1977, 2. Aufl., S. 117ff.

151 Vgl. Guy *Kirsch*, Die Betroffenen und die Beteiligten, München 1974; *ders.*, Verbände als Produzenten von Kollektivgütern, in: Ernst B. *Blümle*/Walter *Wittmann* (Hrsg.), Verbände, Stuttgart 1976, S. 22-36; Jürgen *Hartmann*, Verbände in der westlichen Industriegesellschaft. Ein international vergleichendes Handbuch. Frankfurt a.M./New York 1985; Peter *Gerlich*, A Farewell to Corporatism. West European Politics. Bd. 15, Heft 1, Jan. 1992, S. 132-145; Arend *Lijphart*/Markus *Crepaz*, Corporatism and Consensus Democracy in Eighteen Countries: Conceptual and Empirical Linkages, British Journal of Political Science, Bd. 21, 235-256.

Der Gestaltungauftrag der Politik und die Freiheit des Einzelnen, Autonomie der Verbände und ihre freiheitliche Ordnung, verstärkte Nachfrage nach sozialen Dienstleistungen und deren dezentrale, wettbewerbliche und ökonomische Befriedigung – diese Prinzipien stellen keine unüberbrückbaren Gegensätze dar. Diese Herausforderung politisch zu bewältigen, ist Aufgabe einer Ordnungspolitik, die eine hinreichende demokratische Kontrolle der politischen Einflussnahme organisierter Sozialinteressen und eine interne, demokratische Organisation der Verbände durch ein Verbändegesetz sichert. Diese Verwirklichung innerverbandlicher Demokratie kann geradezu als ein Verfassungsgebot betrachtet werden, das sich aus drei Gründen herleitet:[152] dem Grundrechtsschutz der Mitglieder, der Übertragung öffentlicher Aufgaben auf Verbände (z.B. Tarifpartner) und der Wahrnehmung politischer Aufgaben der Großverbände bei der Mitwirkung an der politischen Willensbildung. Da die Verbände der gesellschaftlichen Sphäre entwachsen sind, muss auch ihre interne Struktur an den Normen der Verfassung gemessen und entsprechend gestaltet werden.

---

152 Vgl. Ulrich *von Alemann*, Organisierte Interessen in der Bundesrepublik, a.a.O., S. 167; Gerhard *Wittkämper*, Grundgesetz und Interessenverbände. Die verfassungsrechtliche Stellung der Interessenverbände nach dem Grundgesetz, Köln 1963. Zur Diskussion um ein Verfassungsgesetz siehe auch: Volker *Ronge*, Vom Verbändegesetz zur Sozialverträglichkeit – Die öffentliche und verbandliche Diskussion über den Gemeinwohlbezug von Verbänden in den 80er Jahren, in: Renate *Mayntz* (Hrsg.), Verbände zwischen Mitgliederinteressen und Gemeinwohl, a.a.O., S. 36-64.

Aggregation der Interessen

Der Prozess der Interessenaggregation bündelt gesellschaftliche Interessen zu politischen Entscheidungen. Die Neue Politische Ökonomie gibt auf diese Herausforderung Antworten, die ein systematisches Verständnis kollektiver Entscheidungen fördern. Danach führen konsistente Präferenzen der Bürger noch keineswegs zu konsistenten Kollektiventscheidungen. Transitive Präferenzordnungen der Bürger schlagen sich vielmehr in intransitiven kollektiven Präferenzordnungen nieder. Der Zyklus wechselhafter, beliebiger Mehrheiten für punktuelle Entscheidungen führt zu keinem Punkt dauerhafter, konsistenter und mehrheitsfähiger Präferenzen. Es ist daher die Aufgabe politischer Parteien, gesellschaftliche Interessen so zu politischen Optionen zu bündeln, dass entweder nur zwei Handlungsalternativen zur Disposition stehen oder Allianzen gebildet werden, die Programmanforderungen und aktuelle Optionen so verdichten, dass zyklische Mehrheiten vermieden werden.

In welchem Umfang und in welcher Weise gesellschaftliche Interessen in Forderungen an politische Entscheidungsgremien umgesetzt werden, hängt von der Struktur der Verbände, der Technik der Vermittlung ihrer Forderungen, der Integrationsfähigkeit des Parteiensystems und der Funktionsfähigkeit politischer Institutionen ab. Die Aggregation der Interessen wird von politischen Netzwerken geleistet, die Interessen eines bestimmten Politikfeldes vertreten und Abgeordnete, Beamte, Sachverständige und Interessenvertreter zusammenbinden. Je stärker sich diese Netzwerke verfestigen, umso geringer werden die Chancen der Regierung, übergeordnete Ziele zu formulieren und in praktikable Handlungsprogramme umzusetzen. Das Spektrum der Politik, die mit Interessengruppen nicht verhandelbar ist, nimmt daher immer mehr ab.

Die anhaltende Ausweitung der Staatstätigkeit und die Differenzierung gesellschaftlicher Interessen haben im Zusammenwirken von Interessengruppen und politischen Institutionen in vielen Staaten korporatistische Strukturen entstehen lassen, die die Verbände in den Staat inkorporieren. So bildet sich der Korporatismus als ein System politischer Interessenpräsentation heraus, in dem Verbände ein staatlich garantiertes Vertretungsmonopol für einen gesellschaftlichen Interessenbereich besitzen und in ihrer Personalauslese und Interessendurchsetzung keine Rücksicht auf andere Organisationen zu nehmen brauchen.

Eine Strategie der Ausbalancierung von Ungleichgewichten gesellschaftlicher Interessen muss versuchen, gleiche politische Wettbewerbschancen durch zusätzliche Ressourcen für benachteiligte Gruppen zu schaffen. Dazu ist eine „aktive Öffentlichkeit" erforderlich, die politische Führungsgruppen auf vernachlässigte Interessen, verdrängte Konflikte und verschleppte Probleme hinweist und so das Wertberücksichtigungspotential der Politik erweitert. Aufgabe der Ordnungspolitik ist es, eine hinreichende demokratische Kontrolle des Verbandseinflusses zu gewährleisten.

7. Politische Entscheidungen

7.1 Policy: Inhalte der Politik

Mit welchem Instrumentarium bearbeitet der Staat gesellschaftliche Probleme? Wie werden politische Entscheidungen gefällt und umgesetzt? Diesen Fragen geht die *Policy-Forschung* nach.

> Unter *Policy* ist eine von Regierung und Parlament ausgewählte und von der Verwaltung umgesetzte politische Handlungsperspektive zu verstehen. Diese umfasst auch die jeweils abgelehnten Alternativen: „Public policy is whatever governments choose to do or not to do."[1]

Während die Politikwissenschaft sich zunächst vorrangig mit der *Polity*-Dimension, d.h. den politischen Institutionen, Normen und rechtlichen Rahmenbedingungen, kurz: mit der Ordnung der Politik, und mit der *Politics*-Dimension, d.h. mit dem Prozess der Meinungsbildungs- und Entscheidungsfindung befasst hat, fragt die *Policy*-Forschung nach den Inhalten und Ergebnissen (*policy outputs*, *policy-outcomes*) sowie nach den Wirkungen der Politik (*policy impacts*).[2] Politikfeldanalysen[3] (*Policy*-Studien) beschreiben den Inhalt der Politik, bewerten den Einfluss der Rahmenbedingungen, untersuchen die Auswirkungen institutioneller Arrangements und politischer Prozesse auf die Substanz der Politik und ermitteln schließlich die Konsequenzen der politischen Entscheidungen für die Gesellschaft. Das Studium der Politik soll Antwort geben auf die Frage: Wer erhält was, wann, wie, warum?[4] Damit ist die Frage nach den Methoden, Prozessen, Akteu-

---

1 Thomas R. *Dye*, Understanding Public Policy, 11. Aufl., Upper Saddle River (N.J.) 2005, S. 1.
2 Vgl. Werner *Jann*, Polity, in: Dieter *Nohlen*/Rainer-Olaf *Schultze*, Pipers Wörterbuch zur Politik. Bd. 1: Politikwissenschaft. Theorien-Methoden-Begriffe, München 1985, S. 801.
3 Der Begriff Politikfeldanalyse wird in der deutschsprachigen Politikwissenschaft synonym mit einer ganzen Reihe angelsächsischer Fachbegriffe verwendet: policy analysis, policy studies, policy sciences und public policy. vgl. Klaus *Schubert*, Pragmatismus, Pluralismus, Policy Analysis: Ursprünge und theoretische Verankerungen der Policy Analyse. in: *ders.*, Nils *Bandelow* (Hrsg.), Lehrbuch der Politikfeldanalyse, a.a.O. S. 40.
4 Vgl. Harold *Lasswell*, Politics: Who Gets What, When, How, 11. Aufl., Cleveland/New York 1968, S. 187. Zur Einführung in die Policy-Analyse siehe insbesondere: Klaus Schubert, Nils Bandelow (Hrsg.): Lehrbuch der Politikfeldanalyse, a.a.O.

ren, Ergebnissen und Wirkungen der Politik gestellt: Welche politischen Ziele werden formuliert? Wie werden sie verwirklicht? Welche Erfolgsbedingungen sind wichtig? Welche Entwicklungslinien zeichnen sich ab, und welche Optionen der Politik tragen am meisten zur Verwirklichung der Ziele bei?

Politik ist aus der Sicht der Policy-Analyse „die Beschreibung und Erklärung der Ursachen und Folgen der Tätigkeit einer Regierung."[5] Die dieser Perspektive zugrundeliegenden Fragen sind zugleich von wissenschaftlichem wie von praktisch-politischem Interesse. Es gilt einerseits, Grundlagen und Wirkungen politischer Maßnahmen zu verstehen, und zum anderen, Hinweise für die erfolgreiche Planung politischer Programme zu erarbeiten.[6] Wegen der Komplexität gesellschaftlicher Wirklichkeit können zwar keine Prognosen gegeben, wohl aber Wirkungszusammenhänge der Politik freigelegt und öffentlicher Diskussion zugänglich gemacht werden. Dies ist nur möglich, wenn die Policy-Analyse eher erklärt als empfiehlt, die Ursachen und Folgen politischer Programme analysiert und die Ergebnisse von Einzelstudien zu generellen Thesen verdichtet.[7]

Die Policy-Forschung hat sich in den letzten Jahrzehnten zu einem bedeutenden Forschungsschwerpunkt der Politikwissenschaft entwickelt.[8] Spannungen bestehen zwischen der „klassischen Politikwissenschaft" und der Policy-Forschung, deren Befürworter die Notwendigkeit interdisziplinärer Fragestellungen und einer eher normativen, „aktiven" Orientierung bei der Formulierung von Forschungsfragen betonen.[9] Dennoch bieten beide Forschungsrichtungen – die der klassischen Politikwissenschaft wie die der Policy-Forschung – genügend Ansatzpunkte einer konstruktiven, kooperativen Beziehung, die neue Interpretationsmuster mit klassischen Fragen der Politikwissenschaft verbindet.

So können Theorien zu Grundsatzfragen der Politik wie zu den Bestimmungsgründen der parlamentarischen Willensbildung, des Verwaltungshandelns, des Wahlverhaltens und der öffentlichen Meinung zugleich Bausteine einer umfassenden Theorie des politischen Prozesses sein. Politikwissenschaftler, die den politischen Entscheidungsträgern qualifizierten Rat geben wollen, müssen ihre

---

5   Thomas R. *Dye*, Understanding Public Policy, a.a.O., S. 5.
6   Vgl. Klaus *Schubert*, Politikfeldanalyse. Eine Einführung, Opladen 1991, S. 19; Günther *Ulrich*, Politische Steuerung. Staatliche Intervention aus Systemtheoretischer Sicht, Opladen 1994, S. 41ff.
7   Vgl. Thomas R. *Dye*, Understanding Public Policy, a.a.O., S. 7.
8   Vgl. Austin *Ranney* (Hrsg.), Political Science and Public Policy. Chicago 1968; Ira *Sharkansky* (Hrsg.), Policy Analysis in Political Science, 3. Aufl. Chicago 1973; Hugh *Heclo*, Policy Analysis, in: British Journal of Political Science, Januar 1972, S. 83-108; Paul A. *Sabatier*, Political Science and Public Policy: An Assessment, Atlanta (Ga.) 1989, 85. APSA Annual Meeting; Carol H. *Weiss* (Hrsg.), Organizations for Policy Analysis. Helping Government Think, Newbury Park 1992.
9   Vgl. Peter *Deleon*, Advice and Consent: The Development of the Policy Sciences, New York 1988. Dennis *Palumbo*, Bucking the Tide: Policy Studies in Political Science, 1978-88, Atlanta 1989, APSA Annual Meeting.

Empfehlungen in den Rahmen dieses Prozesses einordnen, wenn sie die Konsequenzen der praktischen Umsetzung ihrer Empfehlungen ausreichend bedenken wollen.[10] Umgekehrt kann die klassische Politikwissenschaft die Reichweite und Erklärungskraft ihrer Aussagen erheblich verbessern, wenn sie die Befunde der Policy-Forschung in ihre Fragestellungen einbezieht. Der politische Prozess bietet dabei einen weiten konzeptionellen Rahmen für eine Integration „klassischer" und „neuer" Fragestellungen.[11]

Aus der Sicht beider Ansätze ist die Entwicklung von Theorien des politischen Prozesses geboten, die etwa die Frage beantworten sollen, wieweit politische Entscheidungen und ihre Folgen den politischen Vorstellungen der Wähler entsprechen oder zuwiderlaufen.[12] Beide Forschungsrichtungen verbindet letztlich ein Ziel: empirisch gehaltvolle Theorien des politischen Prozesses zu entwickeln. Dabei darf es keine Rolle spielen, ob der Beweggrund dieser Bemühungen eher wissenschaftlicher – auf die Mehrung wissenschaftlicher Kenntnisse ausgerichtet – oder eher praktischer Art – ein auf Politikberatung zielender Informationswert – ist.

Das *Phasenmodell des politischen Prozesses*[13] kann ein geeigneter Rahmen für diese Theoriebildung sein, auch wenn es selbst noch keine empirisch gehaltvolle Erklärung des politischen Prozesses bietet, die zwischen den Wirkungen, Ergebnissen, Phasen und Rahmenbedingungen dieses Prozesses *kausale* Beziehungen herstellt. So bleibt einstweilen unklar, welche Kräfte den politischen Prozess von einer zur anderen Entwicklungsstufe vorantreiben, auch wenn mehrere Arbeiten die jeweils unterschiedlichen Phasen des politischen Prozesses in einem Politikfeld genau abgebildet haben.[14] Dabei ist zu berücksichtigen, dass sich die Phasen des politischen Prozessmodells keineswegs funktional getrennt aneinanderreihen, sondern teilweise simultan verlaufen oder sich in der Richtung umkehren.[15] Zudem lassen sich die Politikinhalte in keiner Prozessphase genau trennen, vielmehr beeinflussen sie sich wechselseitig und überlappen sich.

---

10 Vgl. Duncan *MacRae*/Dale *Whittington*, Assessing Preferences in Cost-Benefit Analysis, in: Journal of Policy Analysis and Management, 1988, Nr. 7, S. 246-263; William *Gormley*, Institutional Policy Analysis, in: Journal of Policy Analysis and Management, 1987, Nr. 6, S. 153-169.
11 Vgl. Ira *Sharkansky*, a.a.O.; Richard I. *Hofferbert*, The Study of Public Policy, Indianapolis/New York 1974.
12 Vgl. Paul A. *Sabatier*, Political Science and Public Policy, a.a.O., S. 3.
13 Vgl. Charles O. *Jones*, An Introduction to the Study of Public Policy, Monterey (Cal.) 1984, 3. Aufl.; James *Anderson*, Public Policy-Making, New York 1975; B. Guy *Peters*, American Public Policy: Promise and Performance, 6. Aufl. Washington D.C. 2004, S. 47-180.
14 Vgl. John *Kingdon*, Agendas, Alternatives, and Public Policies, a.a.O.; Barbara J. *Nelson*, Making an Issue of Child Abuse, Chicago 1986.
15 Vgl. Adrienne *Héritier*, Policy-Analyse. Elemente der Kritik und Perspektiven der Neuorientierung, in: *dies.* (Hrsg.), Policy-Analyse. Kritik und Neuorientierung, a.a.O., S. 9.

Abb. 41: Phasen des politischen Prozesses

Eine Erklärung des politischen Prozesses macht es erforderlich, jene Gruppen zu ermitteln, die von entscheidender Bedeutung für die Gestaltung eines Politikfeldes sind und im Allgemeinen aus Abgeordneten, Ministerialbeamten, Verbändevertretern, Beratern und fachkundigen Journalisten bestehen.[16] So kann die Policy-Forschung dazu beitragen, die herkömmliche Beschränkung der Politikwissenschaft auf die Analyse einzelner Institutionen, Regierungsebenen und Interessengruppen aufzubrechen und die komplexen Entscheidungsstrukturen und -prozesse besser verständlich zu machen. Zwar kann die klassische politikwissenschaftliche Analyse sehr wohl den Einfluss institutioneller Rahmenbedingungen auf politische Entscheidungen aufzeigen, aber die Bedeutung einzelner Bestimmungsfaktoren politischer Entscheidungen über einen längeren Zeitraum nicht ausreichend erklären.[17]

Die Policy-Forschung hat Ähnlichkeiten der Durchsetzung politischer Forderungen, der Begründung und Implementation politischer Programme und Parallelen des ‚Konjunkturzyklus' politischer Themen nachgewiesen.[18] Wirtschafts-, Sozial- und Bildungspolitik weisen in den Industrieländern eine Vielzahl von Parallelen auf. Viele Entwicklungsländer haben Strukturmuster und Regelungen dieser Politikfelder übernommen und sind in ihrer Politik auf Lernerfolge der Industriestaaten angewiesen, die sich soweit verallgemeinern lassen, dass sie auch

---

16 Vgl. Paul A. *Sabatier*, Political Science and Public Policy, a.a.O., S. 9.
17 Vgl. Anthony *King* (Hrsg.), The New American Political System, Washington D.C. 1978; Paul *Sabatier*, An Advocacy Coalition Framework of Policy Change and the Role of Policy – Oriented Learning Therein, in: Policy Sciences, 1988, Nr. 21, S. 129-168.
18 Vgl. Adrienne *Windhoff-Héritier*, Policy-Analyse. Eine Einführung, a.a.O., S. 10ff., 111ff.

im unterschiedlichen Kontext dieser Länder angewendet werden können. Auf diesem Wege entsteht eine *Lehre politischer Programme*, die vom Straßenbau über die Sozialpolitik und einzelne Sozialleistungen bis zur Sicherheitspolitik reicht. Ihr Geltungsbereich ist sehr weit, da Gehalt und Geltungsbereich politischer Entscheidungen nahezu unendlich sind. Dementsprechend fragt die *Policy-Analyse* vor allem nach den Eigengesetzlichkeiten politischer Programme in unterschiedlichen Politikfeldern und nach dem Zusammenhang zwischen politischen Institutionen, politischen Prozessen und Politikinhalten.

> So wird die klassische politikwissenschaftliche Frage „Wer regiert?" zur Frage ausgeweitet: „Wer regiert – mit welchen Folgen?"[19] Mit anderen Worten: Welches Resultat (*policy*) ergibt sich, wenn in einem politischen System (*polity*) eine bestimmte Problemlösungsstrategie (*politics*) eingeschlagen wird?[20]

Politische Programme sollen hinsichtlich ihrer besonderen Merkmale und Tiefenstruktur untersucht werden, um einen Vergleich zwischen verschiedenen Politikinhalten, eine Erklärung ihrer systematischen Einbindung in den politischen Prozess und eine politische Strukturanalyse im jeweiligen Politik- und Institutionenfeld zu ermöglichen. Seit Begründung der *Policy Sciences* durch Daniel *Lerner* und Harold D. *Lasswell*[21] hat sich die Policy-Forschung in zwei Richtungen entwickelt: Der *synoptischen Orientierung* geht es um eine ganzheitliche Sicht politischer Programme. Grundlage dieser Perspektive ist die *System-Theorie*, die vor allem in der Verwaltungswissenschaft und der Public-Policy-Forschung Fuß fasste. Demgegenüber hält die *neopluralistische Orientierung* die Interpretation umfassender Handlungszusammenhänge für unmöglich. Sie legt ihren Untersuchungen die *Pluralismus-Theorie* zugrunde. Die *neopluralistische Richtung* entwickelte sich in der Politikwissenschaft zur weithin dominierenden Perspektive.

Die *synoptische Richtung* betrachtet den gesamten Policy-Zyklus und folgt dabei einer makrotheoretischen Perspektive. Ihr geht es vorrangig um Modelle und Methoden der Planung mit dem Ziel einer umfassenden Steuerung gesellschaftlicher Entwicklungen. Der Wert einer solchen Planung wird jedoch von den Vertretern der *neopluralistischen Richtung* grundsätzlich in Frage gestellt, wobei auf die Integrations- und Anpassungsfähigkeit fragmentierter Politik verwiesen wird. Betont wird in diesem Zusammenhang die Bedeutung nichtrationaler Faktoren für Funktionsweise und Problemlösungen in Organisationen. Die Tragfähigkeit rationaler Planungsvorgänge wird nachhaltig bezweifelt und die Bandbreite und Tiefe der synoptischen Policy-Forschung als pragmatisch verengt be-

---

19 Vgl. Terry N. *Clark*, Community Structure, Decision-Making, Budged Expenditures, and Urban Renewal in 51 American Communities, in: American Sociological Review, 1968, S. 576-593.
20 Vgl. Klaus *Schubert*, Politikfeldanalyse, a.a.O., S. 27.
21 Vgl. Daniel *Lerner*/Harold D. *Lasswell* (Hrsg.), Policy Sciences. Recent Developments in Scope and Method, Stanford 1951.

zeichnet. In diesem Zusammenhang wird vor allem die mangelnde theoretische Fundierung beratungsorientierter Policy-Forschung bemängelt.

Demgegenüber ist die *beschreibend-erklärende Policy-Forschung* durch eine größere Distanz zur politischen Praxis gekennzeichnet und mündet in folgende Fragen:

- Die *Policy Output-Forschung* untersucht politische und ökonomische Bedingungsfaktoren von Politikergebnissen. Sie vergleicht diese Ergebnisse zwischen Gemeinden, Einzel- und Gesamtstaaten. Der internationale Vergleich ermöglicht beispielsweise die Beantwortung der Frage: Wie beeinflussen unterschiedliche institutionelle Arrangements und unterschiedliche Programminstrumente Politikergebnisse?[22]
- In der planerisch orientierten Policy-Forschung hat sich als weiterer Forschungszweig die *Implementations-* und *Evaluationsforschung* entwickelt, die jene institutionellen Grenzen untersucht, die der Verwirklichung politischer Ziele entgegenstehen. Damit verbindet sich die Frage nach den Ursachen des Erfolgs umfassender gesellschaftlicher Veränderungen. So widmet sich die *Implementationsforschung* den durchführungsbedingten institutionellen und prozessualen Ursachen eines mangelnden Programmerfolges.[23] Demgegenüber analysiert die *Evaluations-* und *Wirkungsforschung* eine spätere Phase des politischen Prozesses: Sie stellt die Ergebnisse eines politischen Programms den ursprünglichen Soll-Vorstellungen gegenüber.

7.2 Das politische Entscheidungssystem

Eine umfassende Interpretation politischer Entscheidungsprozesse soll am Beispiel zweier Modelle versucht werden. Der erste Ansatz ist das von *Hofferbert* entworfene Modell eines politischen Entscheidungssystems.[24] Im Rahmen dieses Ansatzes stellt sich das politische Entscheidungsergebnis als abhängige Variable dar: als eine direkte oder indirekte Funktion historischer und sozioökonomischer Bedingungen, der Institutionen des Regierungssystems sowie des Verhaltens von Wählern und politischen Eliten. Dieser Rahmen ermöglicht eine vergleichende Betrachtung der Bestimmungsfaktoren politischer Entscheidungsinhalte und Ent-

---

22 Vgl. Adrienne *Windhoff-Héritier*, Policy-Analyse, a.a.O., S. 14; Arnold *Heidenheimer*/ Hugh *Heclo*/Carolyn *Teich Adams*, Comparative Public Policy. The Politics of Social Choice in Europe and America, a.a.O., passim.
23 Zur Entwicklung der Implementationsforschung siehe Renate *Mayntz*, Die Entwicklung des analytischen Paradigmas der Implementationsforschung, in: *dies.* (Hrsg.), Implementation politischer Programme. Empirische Forschungsberichte, Königstein/Ts. 1980, S. 1-17; Adrienne *Windhoff-Héritier*, Politikimplementation. Ziel und Wirklichkeit politischer Entscheidungen, Königstein/Ts. 1980, S. 8-28.
24 Vgl. Richard I. *Hofferbert*, The Study of Public Policy, a.a.O., S. 225ff.

scheidungsergebnisse. Dabei bleiben die Untersuchungsebenen „Regierungsinstitutionen" und „Politische Eliten" zunächst unbestimmt. Zudem haben sozioökonomische Bedingungen und Wahlverhalten, wie empirische Untersuchungen gezeigt haben[25], nur einen sehr begrenzten Einfluss auf den Gehalt politischer Entscheidungen. Dennoch ermöglicht dieses Modell eine klarere Betrachtungsweise des politischen Entscheidungsprozesses, indem es politische Institutionen, sozioökonomische Basis und politische Kultur im Zusammenhang betrachtet. Damit trägt es zugleich der Prägekraft politischer Institutionen für das politische Verhalten von Massen und Eliten Rechnung.

Abb. 42: Modell eines politischen Entscheidungssystems

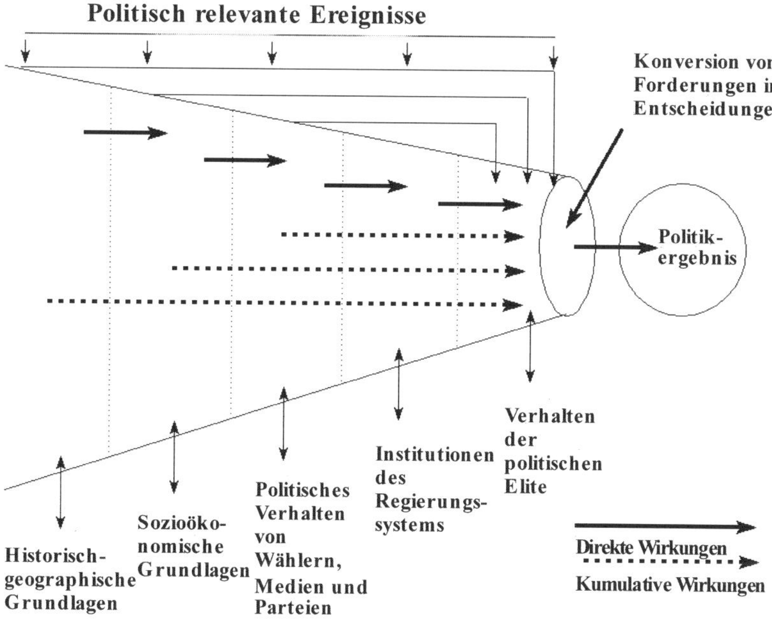

Quelle: Richard I. *Hofferbert*, The Study of Public Policy, a.a.O., S. 228.

---

25 Vgl. Thomas R. *Dye*/L. Harmon *Zeigler*, The Irony of Democracy. An Uncommon Introduction to American Politics, Belmont (Cal.) 1970; Roger *Cobb* u.a., Agenda Building as a Comparative Process, in: American Political Science Review, vol. 70, 1976, S. 126-138. *Dye* und *Zeigler* (a.a.O., S. 174) weisen darauf hin, dass keine der Voraussetzungen für die Transformation von Wählerpräferenzen in Regierungsentscheidungen im politischen System der USA gegeben seien: das Angebot klarer politischer Alternativen durch die Parteien, die Wahrnehmung dieser Alternativen durch die Wählerschaft, die Identifizierung von Mehrheitspräferenzen durch den Wahlvorgang und die Bindung der Gewählten an ihre Wahlkampfversprechen.

Das Modell eines politischen Entscheidungssystems gibt eine Antwort auf die Frage, wie politische Ideologien, Ressourcen, Einstellungen, Interessen und Führungsstrukturen politische Entscheidungen formen. Dabei geht es um die politische Verarbeitung einzelner Probleme über einen längeren Zeitraum. Aus Abb. 42 ergibt sich für die Betrachtung eines einzelnen Verarbeitungsprozesses folgendes Vorgehen: Zu untersuchen ist zunächst das Verhaltensmuster der politischen Führung, darauf das Verhalten der Institutionen des Regierungssystems, der Medien und der Wählerschaft. Abschließend sind sozioökonomische und historische Grundlagen des jeweiligen Problems einzubeziehen. Der „normale" Prozess der Politikformulierung besteht darin, dass historische und soziale Grundlagen, gesellschaftliche Erwartungen und institutionelle Rahmenbedingungen das Verhalten der politischen Führungsschicht bestimmen.[26]

Die hier angesprochene Bedeutung politischer Institutionen lässt sich aus der Sicht des „*Neuen Institutionalismus*" folgendermaßen umschreiben:[27]

1. Institutionen formen Politik. Sie strukturieren das politische Verhalten, Identität, Macht und Strategie der politischen Akteure und prägen dadurch das Politikergebnis.
2. Institutionen sind historisch vorgeformt. Sie verkörpern historische Traditionen und Wendepunkte und stehen für die politisch Handelnden der Gegenwart nur in engem Rahmen zur Disposition.
3. Institutionen sind Mittel zur Verwirklichung vorgegebener Ziele, nicht nur Instrumente zur Erzielung eines politischen Konsensus.

Die Formulierung politischer Ziele und politischer Programme findet in Netzwerken statt, die unterschiedliche Institutionen und Gruppen miteinander verbinden. Die Mitglieder eines *Policy-Netzwerkes* tauschen Ressourcen aus, formen Koalitionen und beeinflussen so den materiellen Gehalt der Politik. Dabei stoßen sie an institutionelle Grenzen in Form von Gesetzen und Entscheidungsregeln, die sie in ihr Kalkül einbeziehen müssen.[28] Indem sie gemeinsame Interpretationsmuster politischer Ziele und Lösungsansätze entwerfen, bilden sich nicht einheitliche Bahnen politischer Gestaltung, sondern verästelte Systeme sich gegenseitig beeinflussender Einzelpolitiken heraus. In dieser politikwissenschaftlichen Betrach-

---

26 Vgl. Richard I. *Hofferbert*, The Study of Public Policy, a.a.O., S. 232f.
27 Vgl. Robert *Putnam* with Robert *Leonardi* and Raffaella Y. *Nanetti*, Making Democracy Work. Civic Traditions in Modern Italy, a.a.O., S. 7-9; James G. *March*/Johan P. *Olsen*, Rediscovering Institutions: The Organizational Basis of Politics, New York 1989, S. 159ff.; Harry *Eckstein*, Political Culture and Change, in: American Political Science Review, vol. 84, 1990, S. 254.
28 Vgl. Adrienne *Windhoff-Héritier*, Staatliche Steuerung aus politikwissenschaftlicher, policy-analytischer Sicht – erörtert am Beispiel der amerikanischen Luftpolitik, in: Klaus *König*/ Nicolai *Dose* (Hrsg.), Instrumente und Formen staatlichen Handelns, Köln u.a. 1992, S. 249-278; Tom R. *Burns*/Helena *Flam*, The Shaping of Social Organizations, Beverly Hills/London 1987; Edward O. *Laumann*/David *Knoke*, The Organizational State. Social Choice in National Policy Domains, Madison 1987, S. 299f., 395ff.

tung verbinden sich *Netzwerkanalyse* und *Institutionalismus*: In den Netzwerken verfestigen sich vermachtete Strukturen, die sich aus Traditionen, Gewohnheiten und institutionalisierten Beziehungen ergeben. Zahlreiche Untersuchungen zur Gesundheitspolitik, Industriepolitik, Technologie-, Wissenschafts-, Arbeits- und Sozialpolitik haben die Existenz von Policy-Netzwerken nachgewiesen.[29] Diese bestehen aus öffentlichen und privaten Akteuren, variieren nach Politikbereich, Größe und Stabilität und prägen die Politikentwicklung ebenso wie die Politikimplementation.

> Entscheidendes Koordinations- und Steuerungsinstrument des Policy-Netzwerks ist die *Struktur des politischen Managements* (*Governance-Struktur*): die dominierenden Steuerungsmechanismen im jeweiligen Politikfeld, die Anreize für das Handeln der beteiligten Akteure bereitstellen.

Gemeinsames Bindeglied des Netzwerks ist ein Wertesystem, das bestimmte Problemlösungsansätze zulässt, andere aber verwirft. Auf diesem Wege bildet sich ein Repertoire von verfügbaren, akzeptierten Handlungsoptionen heraus. Das Netzwerk schottet sich ab und verfestigt sich. Staatliches Handeln ist in diesem Rahmen darauf gerichtet, das Handeln der Akteure durch Vorgaben und Anreize in bestimmte Richtungen zu lenken, d.h.: die Regierungsstrukturen zu verändern. Außerdem kommt es für den Staat darauf an, Einfluss auf das Problembewusstsein der Akteure bei der Beurteilung der Eignung von Lösungsansätzen zu nehmen.[30] Schließlich bietet sich ihm die Möglichkeit, die Kooperation von Verwaltung, Verbänden und gesellschaftlichen Gruppen neu festzulegen und neue Netzwerke zu schaffen. Diese bleiben vielfach auch dann noch bestehen, wenn sie sich von dem politischen Wertbezug und dem Kontext ihrer Gründung inzwischen weitgehend gelöst haben.

Einen komplexen Analyserahmen für die Interpretation dieser Fragen stellt das *Modell politischer Interessenkoalitionen* von *Sabatier* dar (*Advocacy Coalition Framework*, siehe folgende Abb.).[31]

---

29 Vgl. Renate *Mayntz*, Policy-Netzwerke und die Logik von Verhandlungssystemen, in: Adrienne *Héritier* (Hrsg.), Policy-Analyse. Kritik und Neuorientierung, a.a.O., S. 40.
30 Vgl. Adrienne *Windhoff-Héritier*, Staatliche Steuerung ..., a.a.O., S. 256; Gerhard *Lehmbruch*, The Corporate Organization of Society, Administrative Strategies, and the Configuration of Policy Networks: Elements of Development Theory of Interest Systems, in: Roland *Czada*/Adrienne *Windhoff-Héritier* (Hrsg.), Political Choice. Institutions, Rules, and the Limits of Rationality, Frankfurt a.M./New York 1990.
31 Vgl. Paul A. *Sabatier*/Hank C. *Jenkins-Smith* (Hrsg.), Policy Change and Learning. An Advocacy Coalition Approach, Boulder/San Francisco/Oxford 1993.

Abb. 43: Modell politischer Interessenkoalitionen

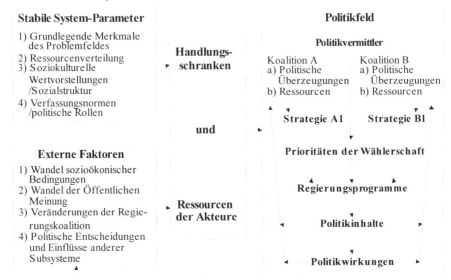

Quelle: Paul A. *Sabatier,* Policy Change over a Decade or More, in: *ders./*Hank C. *Jenkins-Smith* (Hrsg.), Policy Change and Learning, a.a.O., S. 18, 224.

Danach hängt der Wandel politischer Entscheidungen von drei Teilprozessen ab:

1. der Interaktion konkurrierender Interessenkoalitionen innerhalb eines politischen Subsystems, die sich aus politischen und privaten Akteuren zusammensetzen und Einfluss auf die Institutionen des Regierungssystems nehmen,
2. vom Wandel externer, z.B. sozioökonomischer Rahmenbedingungen und den Entscheidungsergebnissen anderer Subsysteme, die die Interessenkoalitionen begünstigen oder herausfordern, und
3. den Auswirkungen stabiler Parameter (Sozialstruktur, Verfassungsregeln) auf Handlungspotentiale und Entscheidungsrahmen der unterschiedlichen politischen Akteure.

Das Modell politischer Interessenkoalitionen ist bisher in mehreren politischen Entscheidungsfeldern (insbesondere Energiepolitik, Umweltschutz etc.) einem Test unterworfen worden und hat die Analyse von Politikinhalten in einen breiten Rahmen eingefügt, der individuelle Wertvorstellungen, gesellschaftliche Interessen, organisatorische Regeln, institutionelle Rahmenbedingungen und sozioökonomische Voraussetzungen erfasst. Ihm liegt die Annahme zugrunde, dass gemeinsame Grundüberzeugungen **das** Bindemittel der Politik sind und auch den politischen und gesellschaftlichen Wandel überdauern. Dieser Wandel wird durch fünf Tendenzen geprägt.[32]

1. Wenn bei politischen Streitfragen innerhalb eines politischen Subsystems Grundüberzeugungen zur Disposition stehen, bleiben die Interessenallianzen von Befürwortern und Gegnern eines politischen Programms über einen langen Zeitraum stabil.
2. Mitglieder einer Interessenkoalition stimmen in den Grundsatzfragen überein, nicht so sehr aber in weniger zentralen Punkten.
3. Eine Interessenkoalition wird sich in den Nebenfragen stets flexibel zeigen, bevor Schwachpunkte des zentralen Kerns des Politikprogramms überhaupt eingeräumt werden.
4. Solange diejenige Interessenkoalition, die ein bestimmtes Regierungsprogramm initiiert und unterstützt, an der Macht bleibt, sind Änderungen dieses Programms im Kern nicht zu erwarten.
5. Wenn erhebliche Erschütterungen des sozioökonomischen und politischen Umfeldes des jeweiligen politischen Subsystems ausbleiben, werden die zentralen Bestandteile des Regierungsprogramms nicht revidiert.

Betrachtet man diese Tendenzen im Zusammenhang, so wird deutlich, dass Minderheitengruppen ihre Stellung im politischen Kräftespiel nur dann verbessern können, wenn eine externe Veränderung ihre Ressourcen vergrößert und ihnen dadurch neuen Einflussspielraum eröffnet.

7.3. Politische Programme

Wie werden politische Entscheidungen geformt? Wem nützt ein politisches Programm, und wem schadet es? Eine Antwort auf diese Frage erfordert einen Blick auf die Vielfalt und Eigenart politischer Programme als politischer Handlungsentwürfe. Ein politisches Programm setzt die Formulierung politischer Ziele, die Festlegung eines gewünschten gesellschaftlichen Zustandes, die Auswahl entsprechender Handlungsparameter, die kommunikative Vermittlung der Maßnahmen und die Verwirklichung der ursprünglichen Zielvorstellungen durch administrative Umsetzung voraus.[33]

---

32 Vgl. Paul A. *Sabatier*, Policy Change over a Decade or More, a.a.O., S. 27-35.
33 Vgl. Austin *Ranney*, The Study of Policy Content: A Framework for Choice, in: *ders.* (Hrsg.), Political Science and Public Policy, a.a.O., S. 7.

> Politische Programme sind nach der internen Struktur des jeweiligen politischen Entscheidungsfeldes zu unterscheiden:[34]
> 1. *Distributive* Programme lassen bestimmten Gruppen konkrete Vorteile zukommen. Nicht das Vorhaben selbst ist in der Regel kontrovers, sondern nur Umfang und Aufteilung der Leistungen des geplanten Programms.
> 2. Dagegen sind *redistributive* Programme, die eine Gruppe belasten, um einer anderen zusätzliche Leistungen zukommen zu lassen, durch starke Auseinandersetzungen zwischen den beteiligten gesellschaftlichen und politischen Akteuren gekennzeichnet.
> 3. *Regulatorische* Programme legen Rahmenbedingungen fest und formen so ein bestimmtes Verhalten der Zielgruppen. *Selbstregulierende* Programme schließlich sind ein Sonderfall dieses dritten Typs und erweitern lediglich den Handlungsrahmen der jeweiligen Zielgruppe.

Diese Programmtypen erfordern eine genauere Betrachtung ihrer Voraussetzungen, Funktionsweise und Wirkungen.

Distributive Programme bestehen aus teilbaren Leistungen, die einzelnen Empfängergruppen zugute kommen, ohne dass dies zu Lasten anderer Beteiligter geschieht. Beispiele sind Zuschüsse für Infrastrukturmaßnahmen und Forschungsvorhaben, aber auch kollektive Güter, von deren Nutzung niemand ausgeschlossen werden kann. *Redistributive Programme* schichten dagegen Kosten und Nutzen von Leistungen zwischen den Gruppen um: Eine Gruppe erfährt einen Nutzenzuwachs, eine andere Gruppe aber einen Verlust. Beispiele solcher Programme sind progressive Besteuerung und Sozialhilfe, wobei die Kosten- und Nutzenumschichtung bei anderen Programmen jeweils nur zur Hälfte offengelegt wird. Zudem hängt die Einschätzung eines politischen Programms als *distributiv* oder *redistributiv* von der Wahrnehmung der Kosten und des Nutzens durch die beteiligten gesellschaftlichen Gruppen ab.

Regulatorische Programme sind das Ergebnis des Zusammenwirkens politisch-administrativer Durchführungsorganisationen (und damit ihrer professionellen Wertvorstellungen, politischer Expertise, administrativer Kompetenz und Organisationsstruktur) und ihres politischen sowie sozioökonomischen Umfeldes (Interessengruppen, Parteien, Medien, Unternehmen, Verbände).[35] Die Durchführungsorganisationen haben Zugang zu fünf Ressourcen, von denen der Erfolg regulatorischer Politik abhängt: 1. Apparatswissen, politische Expertise und technisches Know how; 2. interner Zusammenhalt und Loyalität gegenüber der politischen Führung; 3. Autorität der Gesetzgebung (ist diese nicht oder nur einge-

---

34 Vgl. Robert H. *Salisburg*, The Analysis of Public Policy: A Search for Theories and Roles, in: Austin *Ranney* (Hrsg.), Political Science and Public Policy, a.a.O., S. 158.
35 Vgl. Kenneth J. *Meier*, Regulation: Politics, Bureaucracy, and Economics, in: Stella Z. *Theodoulou*/Matthew A. *Cahn* (Hrsg.), Public Policy. The Essential Readings, Englewood Cliffs (N.J.) 1995, S. 265-277.

schränkt vorhanden, füllen sie selbst Regelungslücken aus); 4. öffentliche Bewertung eines Problems regulatorischer Politik, 5. Führungsstärke der jeweiligen Durchführungsorganisation (Qualität und Zielorientierung der Leitungsebene). Beispiele regulatorischer Programme sind Stadtentwicklungspläne, Kulturprogramme und Weiterbildungsprogramme.

Überprüft man den *Prozess regulatorischer Politik* auf Diskrepanzen zwischen politischen Versprechungen und dem tatsächlichen Einsatz von Ressourcen, so weisen Untersuchungen der Rolle regulatorischer Maßnahmen in der Wirtschaftspolitik am Beispiel der *USA* folgende Trends nach:[36]

- Im Gegensatz zu politischen Versprechungen kommen greifbare Vorteile nichtorganisierten Zielgruppen häufig nicht zugute.
- Ist dies der Fall, greifen die benachteiligten Gruppen nur selten zum Protest.
- Der Einsatz politischer Symbole prägt den für die Ressourcen-Allokation am wenigsten wichtigen Teil des Gesetzgebungsprozesses, während die bedeutenderen regulatorischen Teile wenig Beachtung erfahren.

Gegenüber regulatorischer Politik behaupten sich zwei Muster von Gruppeninteressen: Ein hoher Organisationsgrad kennzeichnet klar abgegrenzte Interessenpositionen, die von relativ kleinen Gruppen in einem gut überschaubaren Politikfeld auf der Grundlage präziser Information und eindeutiger Verfahren der Interessendurchsetzung wahrgenommen werden. Diffus, stereotyp und wenig effektiv ist dagegen die Artikulation solcher Gruppen, die ihren Status durch Aktionen gemeinsamen Protests aufbessern wollen. Das mangelnde Durchsetzungsvermögen dieser größeren Gruppen ist im Unterschied zum ersten Typus darin zu sehen, dass die Beeinträchtigung ihrer Interessen durch Maßnahmen regulatorischer Politik weniger sichtbar ist. Die Ausnutzung staatlich verfügbarer Ressourcen durch durchsetzungsstarke Gruppen ist nur möglich, weil die großen, nur schwach organisierten Gruppen diese Wirkungen regulatorischer Politik nicht bemerken.

Distributive Politik wird ohne Rücksicht auf knappe Mittel entworfen (staatliche Leistungen, Subventionen, Zollpolitik etc.) und kommt als Ausdruck staatlicher Patronage einer Vielzahl von kleinen oft voneinander isolierten Gruppen zugute.[37] *Regulative Politik* zeitigt zwar auch gruppenspezifische Wirkungen, setzt aber durch Ge- und Verbote allgemeine Rahmenbedingungen für die Gesellschaft in unterschiedlichen Sektoren fest (Arbeitsrecht, Verkehrspolitik, Medienpolitik). *Redistributive Politik* will demgegenüber die Lebensbedingungen sozialer *Schichten* bzw. *Klassen* verändern, deren Situation sich durch ihre Maßnahmen teils

---

36 Vgl. Murray *Edelman*, The Symbolic Uses of Politics, Urbana (Ill.) 1964, Kap. 2; deutsche Ausgabe: Politik als Ritual. Die symbolische Funktion staatlicher Institutionen und politischen Handelns, Frankfurt a.M. 1990.
37 Vgl. zum folgenden Theodore J. *Lowi*, Distribution, Regulation, Redistribution: The Functions of Government, in: Stella Z. *Theodoulou*/Matthew A. *Cahn* (Hrsg.), Public Policy, a.a.O., S. 15ff.

verbessert, teils verschlechtert (Steuerpolitik, Sozialleistungen etc.). Für alle Programmtypen gilt folgendes Dilemma der Programmplanung: Werden vielschichtige Probleme mit politischen Programmen angegangen, die auf widersprüchlichen, schwer verständlichen Problembeschreibungen beruhen[38], und ist das Politiknetz durch eine Vielzahl von Akteuren mit unterschiedlichen Wertvorstellungen geprägt, so tragen vorschnell konzipierte politische Problemlösungen häufig nur zur weiteren Verschlechterung der Problemsituation der jeweiligen Zielgruppe bei.[39]

Dieses Dilemma macht es umso notwendiger, die subjektiv wahrgenommenen und objektiv anfallenden Kosten und Nutzen zu bilanzieren. Bei einem Problem, das in der Öffentlichkeit als distributiv oder redistributiv wahrgenommen wird, muss daher die Betroffenheit der jeweiligen Gruppen untersucht werden. Während die Frage nach den Wirkungen eines politischen Programms einen analytischen Einstieg in den politischen Prozess ermöglicht, über die konkrete Form dieses Programms aber noch wenig aussagt, informiert die Beschreibung des Steuerungsprinzips näher über die Gestalt der Politik: Wie sollen bestimmte Wirkungen erzielt werden? Die Art der Einwirkung (Zwang, Strafe, Ermunterung, Vorbild) steht hierbei im Blickpunkt, weniger die Wirkung des jeweiligen Programms.

Von der *Implementationsforschung* sind die verschiedenen Programme und unterschiedlichen Steuerungsprinzipien auf der Grundlage folgender Frage systematisiert worden: Welche Steuerungsprinzipien rufen welche Verhaltensänderungen hervor? Zu unterscheiden sind Gebot und Verbot, Anreiz, Angebot, Überzeugung/Information/Aufklärung sowie das Vorbild.[40]

- *Gebote* und *Verbote* als „direkte" Instrumente regulativer Politik wollen Verhalten durch Verhaltensvorschriften unmittelbar beeinflussen. Dieses Steuerungsprinzip ist in jenen Aufgabenfeldern besonders angebracht, in denen sich nur wenige Handlungsalternativen anbieten, um das Verhaltensziel herbeizuführen.
- Im Unterschied zur direkten Verhaltensbeeinflussung sucht die Steuerung durch *Anreiz* indirekt zu beeinflussen: Für entsprechendes Verhalten werden – zumeist materielle – Belohnungen in Aussicht gestellt. Anreiz als Steuerungsprinzip enthält zwei Bestandteile: die Regelungskomponente und die Motivationskomponente. Während die erste das von den Adressaten erwartete Verhalten und die jeweiligen Förderungsvoraussetzungen beschreibt, legt die zweite den gebotenen Anreiz fest. Beide Komponenten müssen so ge-

---

38 Vgl. C. West *Churchman*, Wicked Problems, in: Management Science, vol. 14, Nr. 4, 1967, S. 141f.
39 Vgl. Erwin C. *Hargrove*, The Missing Link. The Study of The Implementation of Social Policy, Washington D. C. 1975, S. 109.
40 Vgl. Adrienne *Windhoff-Héritier*, Policy-Analyse, a.a.O., S. 27ff.

staltet sein, dass die Adressaten wegen des zusätzlichen Anreizes ihr Verhalten ändern. Üblich sind Anreize als Steuerungsprinzip bei distributiven Programmen wie beispielsweise in der regionalen Wirtschaftsförderung.
- Steuerung durch *Angebot* will Leistungen bestimmten Zielgruppen unmittelbar zukommen lassen, d.h. ohne Verhaltenswünsche. Das Angebot dient dem individuellen Wohl ihrer Mitglieder, etwa durch Sozialhilfeleistungen, durch das Angebot von Infrastruktureinrichtungen, durch Dienstleistungs- oder Sachangebote.
- Steuerung durch *Überzeugung* und *Aufklärung* stellt auf die Vermittlung sachbezogener oder emotional geprägter *Information* ab. Dabei werden individuelle und kollektive Nutzenkriterien deutlich benannt. Das Potential von Überzeugungs- und Aufklärungsinterventionen reicht von Angst- und Furchtappellen über das Setzen von Signalen bis zur Vermittlung wissenschaftlicher Information, von deren Rezeption und Bewertung nur über weitere Zwischenschritte eine Änderung des Verhaltens von Zielgruppen erwartet werden kann. Ziele und Instrumente staatlicher Überzeugungsprogramme sind nicht in das Belieben der Regierung gestellt, sondern unterliegen öffentlicher Kontrolle wie beispielsweise Programme der Gesundheitserziehung und der Verbraucherberatung. Überzeugungsprogramme haben präventiven und komplementären Charakter: Sie sollen die Entstehung oder zumindest die Verschärfung eines Problems verhindern und außerdem die Wirkung eines anderen Steuerungsprinzips erhöhen. So sind Anreizprogramme häufig auf Überzeugungsstrategien angewiesen, etwa arbeitsmarktpolitische Programme zur Fort- und Weiterbildung von Arbeitnehmern und Arbeitslosen.
- Bei der Steuerung durch *Vorbild* handelt es sich um eine „milde Form der staatlichen Steuerung"[41]: Von einer staatlichen Modellmaßnahme werden Nachahmungseffekte bei anderen Trägern erhofft.

Wie sind die Programme beschaffen und woraus bestehen sie im einzelnen? Materielle Leistungsprogramme umfassen Einkommens- und Finanzhilfen, Infrastruktur- und Sachleistungen. In diesen Fällen werden an Einzelpersonen und Empfängergruppen bei festgelegten Leistungsvoraussetzungen bestimmte Geldsummen gezahlt. Die Inanspruchnahme von Einkommens- und Finanzhilfeprogrammen ist freiwillig. Demgegenüber bieten staatliche Infrastrukturprogramme Einrichtungen als kollektive Güter an, deren Nutzung allen offensteht. Diese werden im allgemeinen zur freiwilligen, eigentätigen Nutzung angeboten. Dagegen werden Sachprogramme in Form individueller, teilbarer Güter angeboten. Adressaten sind genau beschriebene Zielgruppen; eine Eigenbeteiligung kommt bei Finanzierung und Inanspruchnahme von Sachprogrammen in Betracht.

---

41 Adrienne *Windhoff-Héritier*, Policy-Analyse, a.a.O., S. 34.

Immaterielle Leistungsprogramme umfassen soziale und sachbezogene Dienstleistungen. Soziale Dienstleistungen werden erst durch Interaktion erbracht. Die Programmdurchführung schlägt sich unmittelbar im Verhalten des Programmklienten nieder. Solche Programme sind teilweise freiwilliger, teilweise obligatorischer Natur (Erziehungsberatung, Schulunterricht). Im Unterschied zu sozialen Dienstleistungen stellen sachbezogene Dienstleistungen in erheblich geringerem Umfang, wenn überhaupt, auf zwischenmenschliche Kommunikation ab. Der Adressatenkreis sachbezogener Dienstleistungen (z.B. Müllabfuhr) ist breit und diffus, wenn auch häufig regional oder örtlich gebunden.

Neben materiellen und immateriellen Leistungsprogrammen gibt es Programme der *Verhaltensnormierung ohne Leistungscharakter*. Diese Programme suchen menschliches Verhalten mit verschiedenen Steuerungsinstrumenten zu regulieren. Die so gesetzten Verhaltensnormen richten sich an einzelne Bürger und Organisationen. Diese *sozialregulativen* Programme sind beispielsweise Diskriminierungsverbote gegenüber Frauen, religiösen und rassischen Minderheiten, Normen des Straf- und Wettbewerbsrechts sowie Regulierungen des Marktzutritts. Eine andere Gruppe *verhaltensnormierender* Programme regelt den Ablauf von Beratungs- und Entscheidungsprozessen und die Erteilung von Entscheidungskompetenzen zwischen gesellschaftlichen Gruppen (Mitbestimmung). Hierzu zählt auch das Prinzip der *Selbstregulierung* bzw. *Selbststeuerung*: die Garantie der Selbständigkeit und Freiheit von staatlichen Interventionen (Selbstverwaltung, Sozialversicherung, Tarifautonomie). In diesen Fällen werden nur die *Formen* der Entscheidungsfindung, nicht aber die *Inhalte* der Entscheidungsprozesse geregelt.

Tab. 17: Beschaffenheit politischer Programme bzw. staatlicher Leistungen

Beschaffenheit	Beispiele
Materielle Leistungen	
Transfer-/Einkommensprogramme	
positiv	Sozialhilfe, Rentenversicherung, Bundesausbildungsförderung
negativ	Steuern, Abgaben
Finanzhilfeprogramm	Subventionen, kommunale Wirtschaftsförderung
Infrastrukturprogramm	Schulen, Straßen
Sachprogramme	Arzneimittelversorgung
	Kleiderkammer etc.
Immaterielle Leistungen	
Human-Dienstleistungen	Ausbildung, Rehabilitation, Sozialpsychiatrische Dienste
Sach-Dienstleistungen	Müllabfuhr, Straßenreinigung
Verhaltensnormierung	Arbeitsschutzvorschriften,
	Kartellrecht

Quelle: Adrienne *Windhoff-Héritier*, Policy-Analyse, a.a.O., S. 40.

Welchen Erkenntniswert hat diese Klassifikation politischer Programme? Die zugeordneten Merkmale ermöglichen zunächst einen unterschiedlichen analytischen Zugriff auf politische Prozesse und Institutionen: Sie erfordern die Betrachtung von Policy-Netzen. Die Untersuchung von Wirkungskategorien ermöglicht demgegenüber eine Analyse der jeweiligen politischen Arena, in welche das Programm eingebettet ist, während die Klassifizierung nach Steuerungsprinzipien eine Untersuchung der politischen Prozesse der Politikformulierung und Politikimplementation erleichtert. Die Analyse der Durchführungsprozesse lenkt schließlich unser Augenmerk auf die Beschaffenheit der Programme selbst.

Tab. 18: Klassifizierung politischer Programme nach Steuerungsprinzip

Steuerungsprinzip	Beispiele
Gebot/Verbot	– Straßenverkehrsordnung
Anreiz	– Baurecht
Angebot	– Umweltschutz
Überzeugung/	– Arbeitsschutz
Information	– Sozialstationen
Vorbild	– Eingliederungsbeihilfen nach dem Arbeitsförderungsgesetz
	– Katalysatorauto (Senkung der Kraftfahrzeugsteuer)
	– Sozialhilfe
	– Erziehungsberatungsstelle
	– Verbraucherberatung
	– Gesundheitserziehung
	– Staatliche Lehrwerkstätten

Quelle: Adrienne *Windhoff-Héritier*, Policy-Analyse, a.a.O., S. 34.

7.4 Policy-Netzwerk und Politikarena

Wenn wir die Wirkkräfte der Politik und den Inhalt politischer Entscheidungen verstehen wollen, müssen wir die Vorstellung von *einer* politischen Bühne und *einem* politischen Prozess aufgeben und unseren Blick statt dessen auf unterschiedliche Haupt- und Nebenschauplätze der Politik sowie auf verschiedene Politikfelder richten. Dieser Sichtweise liegt die Annahme zugrunde, dass sich jedes politische System aus verschiedenen „*Entscheidungsinseln*" zusammensetzt.

Das *Policy-Netzwerk* beschreibt das Zusammenwirken unterschiedlicher Gruppen und Institutionen bei der Entstehung und Durchführung eines politischen Programms.[42]

---

42 Vgl. Hugh *Heclo*, Issue Networks and the Executive Establishment, in: Anthony *King* (Hrsg.), The New American Political System, Washington D.C. 1979, 2. Aufl., S. 87-124.

Der Beitrag eines Akteurs zur Initiierung und Implementation eines politischen Programms entscheidet zugleich über das Ausmaß der Beteiligung an einem Policy-Netz. Je nach der Zahl der Beteiligten, der Art des Zugangs und der Intensität und Institutionalisierung der Beziehungen zwischen den Akteuren sind diese Netze *offen* oder *geschlossen*. *Geschlossene* Netze sind beispielsweise außenpolitische Entscheidungsprozesse sowie komplexe Planungsprozesse in der Kommunal- und Regionalpolitik. Im Gegensatz hierzu stehen *offene* Policy-Netzwerke mit vielen Akteuren, einem relativ hohen Grad an Fluktuation und nur schwach institutionalisierter Zusammenarbeit. Hierzu zählen etwa die Entwicklungshilfepolitik und die Umweltpolitik, in die zahlreiche gouvernementale und non-gouvernementale Akteure eingebunden sind. Diese Unterscheidung ist für die Erklärung politischer Meinungsbildungs- und Entscheidungsprozesse dann aufschlussreich, wenn Policy-Netzwerke als Bestimmungsfaktoren politischer Konfliktkonstellationen und politischer Koalitionen auftreten. Dies lässt sich in den Industriestaaten immer häufiger beobachten.

Da Vertreter unterschiedlicher Institutionen und Verwaltungszweige in einem Policy-Netzwerk zusammenarbeiten, ihre gegenseitige Kontrolle abbauen und nach außen zusammenhalten, bergen Policy-Netze stets die Gefahr zunehmender Erstarrung und Abschottung in sich. Diese Verfestigung trägt nicht selten zur *Versteinerung von Politikfeldern* bei, deren Akteure bei allen internen Meinungsverschiedenheiten Interventionen und strukturelle Reformen von „ihrem" Politikbereich abzuwenden suchen. Zur Verminderung wechselseitiger Kontrolle hat auch die Tatsache beigetragen, dass sich politisches Handeln zunehmend an einzelnen Politikfeldern orientiert und dadurch „*Policy-Loyalitäten*" entstehen, die Partei- und Institutionenbindungen überlagern. Allerdings wirken die Eigendynamik des politischen Wettbewerbs, die Kritikfunktion der Medien und die Aggregationsfunktion der Parteien einer zu weitgehenden Verselbstständigung von Policy-Netzwerken in begrenztem Umfang entgegen.

Diese Netzwerke sind in den vergangenen Jahrzehnten vielfältiger und zugleich „sichtbarer" geworden. Mehrere Faktoren haben zu dieser Entwicklung beigetragen.[43] Die *Komplexität* politischer Entscheidungen muss stets durch Konzentration auf wenige Handlungsoptionen reduziert werden. Für diese Optionen ist darüber hinaus ein stabiler *Konsensus* zu schaffen, der dauerhaftes Vertrauen in die politische Führung begründen soll. Schließlich muss die zunächst offene Debatte beendet werden, damit die Akteure des Policy-Netzwerks einen Schlussstrich unter eine facettenreiche Diskussion ziehen können.

Die Gefahr der Versteinerung kennzeichnet nicht nur die Entscheidungsstrukturen politischer Netzwerke. Denn Selbstbehauptungs- und Stabilisierungsten-

---

43 Vgl. *ders.*, ebd., S. 119ff.

denzen prägen alle sozialen Organisationen.⁴⁴ Organisatorische Selbstbehauptung bedeutet nicht nur bloßes Überleben, sondern zugleich den Aufbau eines dauerhaften Netzwerkes der Interessenvertretung und Kommunikation. Nach *außen* sucht dieses Netzwerk politische Entscheider möglichst weitgehend zu beeinflussen, wenn nicht einzubinden, nach *innen* dagegen zu starke Belastungen, etwa durch eine zu große Diskrepanz zwischen Aufgaben und Anreizen, zu vermeiden. Grundlage dauerhafter Selbstbehauptung ist ein System immaterieller und materieller Anreize, die kooperatives Handeln und solidarische Interessenvertretung gewährleisten. Dies lässt sich gut am Verfahren des *politischen Lobbying* veranschaulichen.

Was Interessenvertreter politisch durchsetzen, hat mehr mit Aufbau und Management von Kommunikationsnetzen als mit unmittelbarem Druck auf die politischen Entscheider zu tun.⁴⁵ Entsprechend bekunden amerikanische Kongressabgeordnete, in der aktuellen Gesetzgebung nicht dem Druck von Interessenvertretern ausgesetzt zu sein.⁴⁶ Verbandsvertreter konzentrieren folglich ihre Aktivitäten auf den Aufbau von Kommunikationsnetzen für solche politischen Streitfragen, die sie in Übereinstimmung mit ihren Mitgliedern als problematisch ansehen und bei denen sie einen entsprechenden Handlungsbedarf der eigenen Organisation vermuten. Dieser Aufbau fällt kleinen, homogenen Verbänden relativ leicht, Großorganisationen bei der Verfolgung kollektiver Ziele dagegen schwer: In diesem Fall müssen sich die Verbandsführungen Schritt für Schritt um den Aufbau des verbandsinternen Konsensus und um externe Mobilisierung bemühen.

Kennzeichnet der Begriff des *Policy-Netzwerks* das Zusammenwirken unterschiedlicher Gruppen und Institutionen bei der Planung und Durchführung eines bestimmten politischen Programms, so beschreibt der Begriff der *Politikarena* typische Konflikt- und Konsensprozesse innerhalb eines Politikfeldes. Man könnte auch sagen: Die Arena ist der Kampfplatz der Interessen, auf dem die „Gladiatoren" von Politik und Verbänden aufeinander treffen. Je nach dem Vorliegen bestimmter Programmtypen gestaltet sich auch die jeweilige politische Arena. Den drei Typen politischer Programme entsprechen daher tendenziell drei unterschiedliche politische Arenen.⁴⁷

1. Die *distributive Arena* wird von politischen Akteuren geprägt, die als Vertreter gut organisierter Gruppen ihren jeweiligen Vorteil in der Steuerpolitik, Raumplanung, öffentlichen Vergabepolitik etc. suchen, ohne in die Interes-

---

44 Vgl. James Q. *Wilson*, Political Organizations, 2. Aufl., Princeton (N. J.) 1995, S. 30ff.; Chester I. *Barnard*, The Functions of the Executive, Cambridge (Mass.) 1938, S. 73, 215ff.
45 Vgl. James Q. *Wilson*, Political Organizations, a.a.O., S. 316ff.
46 Vgl. Malcolm E. *Jewell*/Samuel C. *Petterson*, The Legislative Process in the United States, New York 1966, S. 297; Lewis Anthony *Dexter*, The Sociology and Politcs of Congress, Chicago 1969, S. 145, 171.
47 Vgl. Theodore J. *Lowi*, Distribution, Regulation, Redistribution: The Functions of Government, in: Stella Z. *Theodoulou*/Matthew A. *Cahn* (Hrsg.), Public Policy, a.a.O., S. 15-25.

senwahrnehmung anderer Gruppen einzugreifen. „*Pork Barrel*" und „*Logrolling*" sind die Begriffe, mit denen im politischen System der USA Tauschgeschäfte bezeichnet werden, die in der politischen Interessenvermittlung ein Gruppengleichgewicht durch wechselseitige, bindende Absprachen über Gruppenpositionen und reziproke Unterstützungen zu sichern suchen. (Im Deutschen ist noch am ehesten der Begriff „Pakete schnüren" geläufig).[48] Durch eingespielte, stabile Interessenallianzen mit Abgeordneten in maßgeblichen Parlamentsausschüssen atomisiert die distributive Arena gesellschaftliche Konflikte und sichert politischen Konsens durch gruppenspezifische staatliche Leistungen („Wahlkreispflege").

2. Die *redistributive Arena* ist der Schauplatz weitreichender Verteilungskonflikte, die den modernen Wohlfahrtsstaat, insbesondere beim Aufbau sozialer Sicherungssysteme und der Verwirklichung des Grundsatzes der Steuergerechtigkeit, kennzeichnen. Umverteilungsfragen berühren die Konfliktlinien sozialer Schichten und aktivieren deren Interessenformationen. So bildet sich in der redistributiven Politikarena eine politische Kommunikationsstruktur heraus, die verallgemeinerungsfähige Interessen und ideologische Forderungen in den Vordergrund rückt und dadurch große Interessenorganisationen auf den Plan ruft. Hierin unterscheidet sich die redistributive Arena grundsätzlich von der distributiven und regulatorischen Arena: Der interne Zusammenhalt und die Kooperationsmuster der Spitzenverbände sorgen in den Industriestaaten vielfach dafür, dass Interessengegensätze frühzeitig ausgeglichen werden, bevor sie Thema der politischen Agenda werden. Der politische Verhandlungsspielraum ist dadurch gekennzeichnet, dass diese Grundpositionen selbst nicht mehr zur Disposition stehen, sondern nur in Abstimmung mit den Führungsgruppen in ihren verteilungspolitischen Wirkungen modifiziert werden können. Die aktuellen Debatten um Reformen der sozialen Sicherungssysteme, der Steuer- und Transferpolitik, der Gesundheits- und Bildungspolitik im modernen Wohlfahrtsstaat bieten hierfür reichhaltiges Anschauungsmaterial.

3. Die *regulative Arena* weist eine pluralistische Grundstruktur auf und setzt sich aus einer Vielzahl von Gruppen mit jeweils gemeinsamen Einstellungen und Interessen zusammen.[49] In dieser Arena wird Politik zu nichts anderem als zu einem Ergebnis von Gruppeninteressen und Gruppenkonflikten. Diese Politik kann jedoch nicht einfach – wie im Falle der Politik der distributiven Arena – in eine Vielzahl von gruppenspezifischen Einzelentscheidungen aufgelöst werden. Daher ist die typische Machtstruktur regulatorischer Politik instabiler als die der distributiven Politik. Denn in einer komplexen Gesellschaft mit sich stets wandelnden Konfliktlinien und Interessenstrukturen sind

---

48 In der österreichischen Politik ist der Begriff „Packeln" verbreitet.
49 Vgl. Theodore J. *Lowi*, Distribution, Regulation, Redistribution, a.a.O., S. 18f.

auch die hieraus resultierenden politischen Allianzen unbeständig. Entsprechend labil sind auch die politischen Führungsstrukturen, die auf diesen Bündnissen aufbauen.

Tab. 19: Politikarena, politische Beziehungen und Machtstrukturen

Arena	Politische Handlungseinheit	Beziehung zwischen politischen Akteuren	Machtstruktur	Stabilität der Machtstruktur
distributiv	Bürger, Unternehmen, Verbände	Politische Tauschgeschäfte, wechselseitige Respektierung, Nichteinmischung	Nicht umstrittene Führungsschicht mit loyaler Gruppenbasis	Stabil
regulatorisch	Gruppen	Interessenkoalitionen; Verhandlungen	Pluralistische Struktur; polyzentrisches Gleichgewicht	Instabil
redistributiv	Verbände, Großorganisationen	Spitzenverbände; Klassen- und Schichtinteressen; Ideologien	Umstrittene Führungsstruktur: Elite und Gegenelite	Stabil

Quelle: Theodore J. *Lowi*, Distribution, Regulation, Redistribution, a.a.O., S. 24.

Die Konflikt- und Konsensprozesse eines Politikfeldes – die politische Arena – werden dadurch geprägt, dass politische Maßnahmen durch ihre antizipierten Wirkungen Erwartungen und Reaktionen der Betroffenen auslösen, die den weiteren Prozess der politischen Auseinandersetzung bestimmen: in der Politikformulierung, Entscheidung, Durchführung und Kontrolle. Diese Wirkungen sollen im Folgenden am Beispiel distributiver und redistributiver Programme erläutert werden.

Distributive politische Programme werden im Allgemeinen nicht als miteinander konkurrierend empfunden, selbst wenn sie bei stark angespannter Haushaltslage aus dem gleichen Etat finanziert werden. Folglich ist die Politikarena, in die sie eingebettet sind, durch Konsens, wechselseitiges Wohlwollen oder doch zumindest durch abwartende Gleichgültigkeit gekennzeichnet. Sollte sich dennoch Opposition gegen das geplante Programm formieren, werden deren Mitglieder nach Möglichkeit in die Leistungsverteilung einbezogen und dadurch politisch neutralisiert. Diesem Ziel dienen der Grundsatz wechselseitiger Nichteinmischung[50] sowie die bewährten Taktiken des „Kuhhandels" bzw. des „Pakete-Schnürens", die eine gleichzeitige Lösung mehrerer Streitfragen durch wechselseitige Kompromisse ermöglichen.

Im Gegensatz zur distributiven Politik streben redistributive Programme die Verlagerung von Ressourcen zwischen gesellschaftlichen Gruppen an. Damit bilden sich neue Gruppen von Gewinnern und Verlierern des Verteilungskampfes.

---

50 Vgl. Erich E. *Schattschneider*, Politics, Pressure and the Tariff, New York 1935, S. 135.

Zur Umverteilung sind staatliche Zwangsmaßnahmen erforderlich, und der politische Prozess wird zwangsläufig stark konfliktträchtig. Wechselnde Koalitionen sind hierbei selten, da das Abstimmungsverhalten der beteiligten politischen Akteure berechenbar ist. Während sich die potentiellen Gewinner des Umverteilungsprogramms noch am ehesten organisieren können, sind die negativ Betroffenen, die einen Großteil der Kosten aufbringen müssen, dazu häufig nicht imstande und oft nicht einmal ausreichend motiviert, sich in organisierter Form zur Wehr zu setzen. Denn diese Bereitschaft hängt von der Transparenz der Umverteilungsmaßnahme ab: Sichtbare Maßnahmen lösen nachhaltigere Kritik der Verlierer aus als „unauffällige" Aktionen. So erregen etwa Ausbildungsförderungsgesetze mehr öffentliche Aufmerksamkeit als Steuerfreibeträge, deren indirekte Wirkung sich den Augen der Öffentlichkeit weitgehend entzieht.

Die Sichtbarkeit von Verteilungswirkungen im Verteilungskampf beeinflusst soziale und ökonomische Startchancen in der Politik-Arena des jeweiligen Politikfeldes nachdrücklich. Gerade die mangelnde Sichtbarkeit staatlicher Maßnahmen in einem komplizierter werdenden Transfersystem macht es großen Gruppen immer schwerer, ihre Vorstellungen und Interessen zum Ausdruck zu bringen, politisches Gehör zu finden und Forderungen durchzusetzen. Denn Maßnahmen, die wenig sichtbar sind, stoßen auf Desinteresse und provozieren keine politischen Sanktionen.[51]

In die gleiche Richtung wirkt der Zeithorizont redistributiver Programme: Je langfristiger die Verteilungswirkungen, umso weniger brisant werden diese kurzfristig von den Betroffenen – insbesondere den späteren „Programmverlierern" – empfunden. Je kurzfristiger die absehbare Wirkung der jeweiligen Maßnahmen, desto größer ist die Konfliktintensität der mit der Programmdurchsetzung verknüpften Auseinandersetzungen. Ähnliches gilt für das Umfeld des politischen Programms. Lassen sich die politischen Wirkungen klar abgrenzen, sind Befürwortung und Widerspruch prononcierter. Wirkt sich die politische Maßnahme auf verschiedene Politikfelder aus, werden politische Reaktionen erschwert, weil sich die Betroffenen – wie etwa bei allen Versuchen der Verwaltungsreform – nicht oder nur schwer mobilisieren lassen.

Demotivierend wirkt ebenfalls die hohe sachliche Interdependenz politischer Programme, die die Herausbildung *einer* politischen Arena um *eine* Streitfrage erschwert, wenn nicht gänzlich verhindert. Geschieht dies dennoch, so deswegen, weil die Betroffenen die Verflechtungen des jeweiligen Programms mit anderen Programmen nicht wahrnehmen oder die Präzisierung der sich aus dem Programm ergebenden Maßnahmen in die Durchführungsphase verschieben, die dann aber um so konflikthafter wird. Denn der Zusammenhang zwischen der Perzeption eines politischen Programms durch die Betroffenen und der Struktur der Politik-Arena ist umso enger, je mehr die Betroffenen Kosten- und Nutzenerwä-

---

51 Vgl. Murray *Edelman*, Politik als Ritual, a.a.O., S. 32.

gungen mit dieser Maßnahme verbinden. Obwohl sich die Wähler bei ihrer Wahlentscheidung nicht nur von sachlichen Erwägungen, sondern auch von vielfältigen Vertrauensbezügen leiten lassen,[52] bilden Kosten-Nutzen-Überlegungen für weite Bereiche des politischen Verhaltens dennoch einen gewichtigen Faktor, der die Reaktion der Betroffenen auf unterschiedliche Programme erklären hilft.[53] Sicherlich trägt aber die Vielschichtigkeit politischen Verhaltens dazu bei, diesen Zusammenhang zwischen Kosten-Nutzen-Erwägungen und politischen Reaktionen abzuschwächen.

Welcher Zusammenhang besteht zwischen der Art eines bestimmten politischen Programmes und der jeweiligen Politikarena? In politischen Streitfragen ist politische Definitionsmacht ein entscheidender Hebel politischer Auseinandersetzung. Dies gilt mehr für Verteilungsprogramme als für distributive politische Maßnahmen. Denn die bloße Ankündigung redistributiver Programme löst zunächst Kosten-Nutzen-Kalkulationen bei den Betroffenen aus, die das Meinungsfeld der Beteiligten strukturieren und es häufig in Befürworter (Programmgewinner) und Gegner (Programmverlierer) aufteilen. Wegen dieser Eigendynamik und des höheren Widerstandes eines Teils der Betroffenen unterliegt jede *Umverteilungspolitik einem permanenten Konversionsdruck: ihrer tendenziellen Umwandlung in distributive Politik.* Umverteilende Politik löst sich um so mehr in verteilende Politik auf, je größer der Anfangswiderstand gegen das Verfahren der Umverteilung ist und je mehr Möglichkeiten bestehen, den Implementationsvorgang durch Umwandlung redistributiver Programmbestandteile in distributive Komponenten zu beeinflussen: Aus politisch „unbequemen" Verteilungsentscheidungen werden schließlich politisch „bequeme" Niveauentscheidungen.

Diese Konversion hat weitreichende Auswirkungen auf politische Planung und Öffentlichkeitsarbeit. Einmal versuchen die Programmplaner, den voraussichtlichen Widerstand gegen Umverteilungsprogramme dadurch abzuschwächen, dass sie die redistributiven Programmelemente mit distributiven vermengen. Je größer diese Beimischung, um so eher lässt sich der redistributive Charakter des gesamten Programms verschleiern. Schließlich wird das Etikett des Programms so formuliert, dass das Umverteilungsziel nicht mehr erkennbar ist und damit eine breite Legitimationsbasis für das gesamte Programm geschaffen werden kann.[54] Eine derartige Umwandlung ist umso wahrscheinlicher, je mehr das Policy-Netz, das dieses Programm in der Formulierungsphase getragen hat, in der Implementationsphase auseinanderfällt. Dies ist insbesondere dann zu erwarten, wenn gewichtige Fragen der Umverteilung während der Programmformulierung ausgeklammert oder nur vage beantwortet werden. Entsprechend wandelt sich die Poli-

---

52 Vgl. David *Butler*/Donald *Stokes*, Political Change in Britain, London 1969.
53 Vgl. Adrienne *Windhoff-Heritier*, Policy-Analyse, a.a.O., S. 55.
54 Vgl. Barbara *Nelson*, Setting the Public Agenda. The Case of Child Abuse, in: Judith V. *May*/Aaron B. *Wildavsky*, The Policy Cycle, Beverly Hills (Cal.)/London 1978, S. 17-41.

tik-Arena. Was auf zentraler Ebene noch als distributives Programm verstanden wird, stellt sich auf regionaler Ebene daher gelegentlich als redistributives Programm dar. Da in einem Staat mehrere Policy-Netze für die Umsetzung eines politischen Programms verantwortlich sind, wechseln auch die politischen Arenen im Verlauf der unterschiedlichen Entwicklungs- und Umsetzungsphasen. Während in der geschlossenen Arena weitreichende Entscheidungen wegen kleiner Teilnehmerzahl leichter herbeigeführt werden können, werden substantielle Entscheidungen in der offenen Arena bei offenen, fragmentierten Policy-Netzwerken schwieriger.[55] Denn hier stoßen zahlreiche Akteure mit konfligierenden Interessen, Strategien und Techniken aufeinander.

Die Auswirkungen dieser Strukturen auf die Innovationsfähigkeit des politisch-administrativen Systems sind zwiespältig. Einerseits lassen fragmentierte politische Systeme ohnehin nur geringe politische Veränderungen zu, andererseits ermöglicht der Wechsel politischer Arenen einen Zyklus der Formulierung und Durchsetzung politischer Programme. Innovationsfeindlichen politischen Arenen stehen im gleichen Politikzyklus innovationsfördernde Arenen gegenüber, die den Innovatoren Ausgleichsmöglichkeiten für den Einsatz von Reputation und Fachkompetenz bieten. Das Policy-Netz ist dabei die feste, organisatorische Struktur des politischen Programms, während sich in der Politik-Arena Erwartungen und Reaktionen der Betroffenen bündeln. Dieses Konflikt- und Konsensverhalten der Akteure dürfte allerdings in einer engen Beziehung zu den formalen Beziehungen zwischen den Institutionen und Akteuren des Policy-Netzes stehen.

7.5 Politikzyklus

Wer politische Entscheidungsprozesse verstehen will, muss einen Blick auf die Entstehung, Durchführung, Neuformulierung oder Beendigung politischer Programme werfen.[56] Diese Sichtweise beruht auf einer System-Umwelt-Theorie: Das politisch-administrative System erbringt Steuerungsleistungen für das soziokulturelle und ökonomische System. Die wirtschaftlichen und soziokulturellen Umweltbedingungen prägen wiederum die Strukturen des politischen Systems und das Verhalten seiner Akteure. Als Stadien des Politikzyklus lassen sich folgende Phasen unterscheiden: Problemdefinition, Agenda-Gestaltung, Politikformulierung, Implementation, Novellierung, Politikterminierung, Evaluierung, Policy-Reaktion und politische Verarbeitung.[57]

---

55 Vgl. David *Wilford*, Exit and Voice. Strategies for Change in Bureaucratic-Legislative Policymaking, in: Policy Studies Journal, 1984, S. 431-444.
56 Zum Politikzyklus vgl. Band 2 des vorliegenden Werkes: Paul *Kevenhörster*, Politikwissenschaft, Bd. 2. Ergebnisse und Wirkungen der Politik, Wiesbaden 2006.
57 Stella Z. *Theodoulou* (How Public Policy is Made, in: *dies.*/Matthew A. *Cahn*, ed. Public Policy, a.a.O., S. 86-96) unterscheidet zwischen sechs Phasen des politischen Prozesses: 1. Problem-

Problemdefinition

Zunächst muss jedes Problem, durch Auseinandersetzungen zwischen verschiedenen Gruppen gekennzeichnet, in eine Form gebracht werden, die eine verbindliche politische Entscheidung erlaubt. In der ersten Phase des Politikzyklus wird folglich darüber entschieden, welches von vielen gesellschaftlichen Problemen politisch gelöst werden soll. Damit geht die Festlegung nicht lösungsbedürftiger Fragen, die Ausgrenzung des „Nichtentscheidungsbereiches"[58], einher: Andere gesellschaftliche Probleme werden nicht in das Vorfeld des politischen Meinungsbildungs- und Entscheidungsprozesse „zugelassen".[59] Die Definition politischer Probleme lässt sich institutionell nur schwer erfassen und nicht von vornherein bestimmten institutionellen Strukturen zuordnen. In offenen Gesellschaften mit pluralistischen Strukturen können sich grundsätzlich alle Individuen, Gruppen und Organisationen an der Definition politischer Probleme beteiligen. Anders gesagt: Die Phase der Problemdefinition ist noch wenig institutionalisiert und unterscheidet sich dadurch grundsätzlich von den weiteren Phasen des Politikzyklus.

Vom politischen Durchsetzungsvermögen der beteiligten Akteure hängt es ab, wieweit sie auf die Auswahl politischer Probleme Einfluss nehmen. Daneben spielen Konjunkturzyklen politischer Themen und internationale Lernprozesse eine wichtige Rolle. Denn politische und soziale Systeme lernen voneinander, indem sie Wahrnehmung und Bearbeitung politischer Probleme einander angleichen. Die Phase der Problemorientierung umfasst fünf Schritte, wenn an ihrem Ende praktikable Problemlösungen stehen sollen:[60]

1. Klärung der *Ziele*: Welcher Zustand ist erstrebenswert?
2. Beschreibung gesellschaftlicher *Trends*: Welche Entwicklung kommt den Zielen entgegen und welche läuft ihnen zuwider?
3. Analyse der *Bedingungen*: Welche Faktoren bestimmen die genannten Trends?
4. *Projektion* von Entwicklungsvorläufen: Welcher Zustand und welche Diskrepanzen sind zu erwarten, wenn die bisherige Politik fortgesetzt wird?

---

wahrnehmung und Festlegung politischer Aufgaben, 2. Plazierung auf der politischen Tagesordnung, 3. Formulierung politischer Handlungsalternativen, 4. Durchsetzung für eine Problemlösung und Mobilisierung politischer Unterstützung, 5. Durchführung des politischen Programms, 6. Policy Analyse und Evaluierung. Dieses Schema entspricht dem hier zugrundegelegten Phasenmodell weitgehend.

58 Vgl. Peter *Bachrach*/Morton S. *Baratz*, Power and Poverty, Theory and Practice, New York 1970, S. 39ff; deutsche Ausgabe: Macht und Armut. Eine theoretisch-empirische Untersuchung, Frankfurt a.M. 1977.
59 Vgl. Adrienne *Windhoff-Heritier*, Policy-Analyse, a.a.O., S. 67.
60 Vgl. Harold *Lasswell*, A Pre-View of Policy Sciences, New York 1971, S. 39.

5. Formulierung, Evaluierung und Auswahl politischer *Handlungsalternativen*: Welche Strategien tragen unter den gegebenen Bedingungen am ehesten zur Verwirklichung der Ziele bei?

Abb. 44: Phasen des Politikzyklus

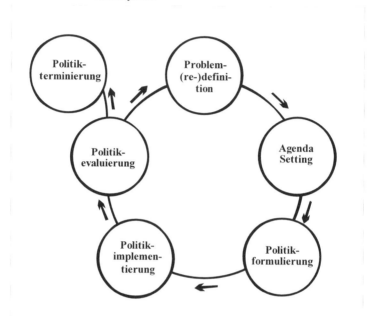

Quelle: Werner *Jann*/Kai *Wegrich*: Phasenmodelle und Politikprozesse: Der Policy Cycle. In: Klaus *Schubert*, Nils *Bandelow*, Lehrbuch der Politikfeldanalyse, a.a.O.

Welchen Beitrag leistet die Politikwissenschaft zur Identifizierung politischer Probleme? Auch wenn sie für letzte politische Wert- und Grundsatzentscheidungen nicht in Anspruch genommen werden kann, so ist die Policy-Analyse als angewandte Sozialwissenschaft doch in der Lage, sich am Beratungsprozess wirksam zu beteiligen. Ihr Innovationsbeitrag besteht insbesondere darin, die Bandbreite politischer Handlungsalternativen zu erweitern.[61] Dennoch ist es nicht Aufgabe des Politikanalytikers, konkrete politische Ziele zu empfehlen, wohl aber, politisch vorgegebene Ziele und Probleme zu analysieren, die Konsistenz der

---

61 Vgl. Yehezkel *Dror*, Some Features of a Meta-Model for Political Studies, in: Policy Studies Journal, 1975, S. 251.

Grundwertentscheidungen sowie der verbindlichen Ober- und Unterziele zu prüfen, die Eignung der Massnahmen für die Verwirklichung dieser Ziele zu untersuchen und alternative, hierauf abgestimmte Optionen aufzuzeigen.

Im Rahmen eines Dialogs zwischen Politikanalytikern und politischen Entscheidern bleibt die Auswahl der Ziele und Methoden dem Politiker vorbehalten, während der Berater bei der Entscheidung über Problemlösungen relevante Informationen über die Problementstehung und über soziale Wertehierarchien im Problemfeld bereitstellen kann. Dabei geht es auf Seiten des Politikanalytikers darum, das politische Alltagsproblem in die Form einer wissenschaftlichen Problemdefinition umzuwandeln und dieses den Rahmenbedingungen des politischen Alltagsgeschäftes schrittweise anzupassen. Zur Systematisierung und Analyse der Ziele sowie zur Untersuchung der Ziel-Mittel-Relationen bieten sich dabei unterschiedliche Methoden an wie Inhalts- und Dokumentenanalyse, Befragung, morphologische Verfahren oder die Entwicklung eines Zielbaumes zur Systematisierung politischer Ziele.[62]

Agenda-Setting

Die Gestaltung der politischen Agenda schiebt sich zwischen Problemdefinition und Politikformulierung und überbrückt beide Phasen. Die Agenda umfasst diejenigen Fragen, die für die politisch Verantwortlichen zur Entscheidung anstehen.[63] Bei der Vielfalt politischer Themen sind jährlich wiederkehrende von unregelmäßig auftretenden Themen und Routinefragen von neuen Aufgaben zu unterscheiden. Neue Probleme, deren Umrisse noch unscharf sind, werden dabei zunächst in die Form von Ermessensfragen gekleidet, die Spielraum für flexible Interpretationen bieten. Erfolge bei der Agenda-Gestaltung veranlassen andere gesellschaftliche Gruppen, ähnliche Koalitionen einzugehen und diese für ihre eigenen Anliegen zu mobilisieren.

Um die Agenda-Gestaltung beeinflussen zu können, müssen politische Ressourcen verfügbar sein. Dies ist am ehesten zu erwarten, wenn ein Vorschlag aus dem Regierungsapparat entwickelt und auf den Weg gebracht wird. Nach Aussagen der Beteiligten in Politik und Administration haben neue Themenvorschläge dann gute „Karriere-Aussichten", wenn sie von Netzwerken aus Leitern ministerieller Arbeitseinheiten, maßgeblichen Abgeordneten (etwa Mitgliedern des Haushaltausschusses) und einflussreichen Journalisten getragen werden.[64] So wird noch am ehesten aus einem potentiellen Handlungsgegenstand ein aktuelles poli-

---

62 Vgl. Carl *Böhret*, Grundriss der Planungspraxis. Mittelfristige Programmplanung und angewandte Planungstechniken, Opladen 1975.
63 Roger W. *Cobb*/Charles D. *Edler*, Participation in American Politics. The Dynamics of Agenda Building, Baltimore/London 1983, S. 86.
64 Für Hinweise auf diese Zusammenhänge bin ich Min.-Dir. a.D. Winfried *Böll* zu Dank verpflichtet.

tisches Problem, das administrative Maßnahmen nahelegt. Um zu einem dauerhaften Thema der politischen Tagesordnung zu werden, muss die Lösung eines Problems auf lange Sicht als vordringlich angesehen werden und auf eine hohe politische Akzeptanz stoßen. Der dauerhafte normative Konsens entscheidet darüber, ob ein Thema auf der politischen Tagesordnung bleibt.

Dabei findet die Agenda-Gestaltung sowohl nach dem „outside initiation" Modell statt, in dem Probleme von außen an das politisch-administrative System herangetragen werden, als auch durch Prozesse der „inside initiation", in dem Interessengruppen Probleme ohne politische Aufmerksamkeit auf die Agenda setzen, etwa im Bereich der Agrarpolitik.[65]

Eine weitere Strategie der Einflussnahmen auf die politische Agenda ist – nach der bürokratieinternen Problemdefinition und Themenentwicklung – die politische Aufgabenbenennung („*Policy-Labeling*"), die ein Problem durch öffentlichkeitswirksame Etikettierung in den Vordergrund des politischen Interesses rückt und dadurch, getragen von starkem Interesse und breitem Konsens, auf die politische Tagesordnung setzt. Voraussetzung erfolgreicher Etikettierung ist die Ausblendung redistributiver Programmelemente. Stattdessen werden jene Elemente in der Öffentlichkeitsarbeit hervorgehoben, die am ehesten konsensfähig sind. Von hier aus ist es nur ein kleiner Schritt zu Täuschungen und Mystifikationen vielfältiger Art, die im Rahmen symbolischer Politik eine nicht unerhebliche Rolle spielen. Noch wissen wir aber zu wenig über jene Themenkarrieren, die politische Probleme durchlaufen: Welche Fragen werden zu politischen Themen der Politik und wie werden sie auf der politischen Agenda platziert?

> Unter einem Thema der Politik oder einer politischen Streitfrage (*Issue*) verstehen wir einen Konflikt zwischen zwei oder mehreren Gruppen über die Zuteilung von Positionen oder Ressourcen.[66]

Der Staat der Daseinsvorsorge bietet hierfür insbesondere in der Wirtschafts- und Sozialpolitik, der Bildungs- und Gesundheitspolitik vielfältige Beispiele. Die Tagesordnung, auf der diese Fragen platziert werden, kann zwei Formen annehmen: Die *Gesamt-Agenda* (systemic agenda) umfasst alle Fragen, die nach Auffassung der Bürger politische Aufmerksamkeit verdienen und legitime Gestaltungsaufgaben von Regierung und Parlament darstellen. Demgegenüber umfasst die *institutionelle Agenda* (institutional/gouvernmental/formal agenda) diejenigen Fragen, die von den politischen Entscheidungsträgern beachtet *und* bearbeitet werden.

---

65 Vgl. Werner *Jann*, Kai *Wegrich*: Phasenmodelle und Politikprozesse: Der Policy Cycle. in: Klaus *Schubert*, Nils *Bandelow* (Hrsg.), Lehrbuch der Politikfeldanalyse. a.a.O. S. 84; Volker *Schneider*, Frank *Janning*, Politikfeldanalyse. Akteure, Diskurse und Netzwerke in der öffentlichen Politik. Wiesbaden 2006.
66 Vgl. Roger W. *Cobb*/Charles D. *Edler*, Partcipation in American Politics, a.a.O., S. 82-93.

Stellt die Gesamt-Agenda in erster Linie auf das öffentliche Interesse und einen von einem breiten Konsensus getragenen, öffentlichen Handlungsauftrag an die Politik ab, so erfasst die institutionelle Agenda die vom politisch-administrativen System tatsächlich verarbeiteten Probleme. Gegenüber der Gesamt-Agenda ist die institutionelle Agenda spezifischer und enger. Ihren konkreten, sichtbaren Niederschlag findet sie in der Tagesordnung von Regierungsapparaten, Parlamenten und Gerichten. Ob ein Problem auf die politische Tagesordnung gesetzt wird, hängt insbesondere davon ab, ob es von einer gut organisierten Interessengruppe oder der Verwaltung als bedeutsam angesehen wird und einen grundsätzlichen Konflikt oder eine Krise signalisiert.[67]

Warum werden einige politische Fragen auf die politische Tagesordnung gesetzt, andere aber nicht? Diese Frage lenkt unser Augenmerk auf die Akteure der politischen Agenda.[68] Je nach Problembereich, Politikfeld und sichtbaren Akteuren gestaltet sich die *institutionelle Agenda* unterschiedlich. Einige Probleme werden von Politikern wahrgenommen und auf die Tagesordnung der Politik gesetzt, andere dagegen ausgeblendet oder nach vorübergehender Platzierung wieder von der Agenda entfernt. Je nach Politikfeld zeigen sich unterschiedliche politische Strömungen, die sich aus Tendenzen der öffentlichen Meinung, der Wirkung von Wahlergebnissen, politischen Stimmungslagen und den Forderungen von Interessengruppen ergeben. In diesem Meinungsstrom bildet sich politischer Konsensus durch Verhandlungen heraus. Interessenforderungen blockieren politische Entscheidungen oder modifizieren gegebene Entscheidungen, während bevorstehende Wahlen und politische Stimmungslagen am ehesten dazu beitragen, Themen auf die politische Tagesordnung zu setzen.

Auf der Grundlage des politischen Meinungsklimas werden politische Handlungsalternativen formuliert und so die Bandbreite der Alternativen eingeengt. Spezialisten des jeweiligen Politikfeldes sind oft nichts anderes als verborgene Akteure, die erheblichen Einfluss auf die Formulierung der Optionen nehmen und dadurch den politischen Handlungsspielraum ausfüllen. Die Auswahl der jeweils „besten" Option bleibt jedoch eine genuin politische Führungsaufgabe. Die Befürworter einer politischen Maßnahme warten auf ein „offenes Politik-Fenster"[69], um Aufmerksamkeit für ihr Anliegen zu finden und es auf die politische Tagesordnung setzen zu können. Solche „Fenster" eröffnen neue Chancen politischer Gestaltung durch Verbindung eines Themas mit anderen Problemlösungsansätzen, wenn die politischen Akteure sie rechtzeitig erkennen und die politischen Institutionen handlungsfähig sind.

---

67 Vgl. Stella Z. *Theodoulou*, How Public Policy is made, a.a.O., S. 88ff.
68 Vgl. John W. *Kingdon*, Agendas, Alternatives, and Public Policies, a.a.O, S. 196f; *ders.*, Agenda Setting, in: Stella Z. *Theodoulou*/Matthew A. *Calen* (Hrsg.), Public Policy, a.a.O., S. 105-113.
69 Vgl. John W. *Kingdon*, Agenda Setting, a.a.O., S. 111.

Politikformulierung

Politikformulierung umfasst drei Komponenten: Problemanalyse, Zieldefinition und die Auswahl geeigneter Handlungsalternativen. Gerade weil die Entstehungsursachen eines Problems oft außerhalb politischer Einwirkungsmöglichkeiten liegen, ist es wichtig, bei der Prüfung von Handlungsstrategien die Grenzen der Machbarkeit abzustecken und die verfügbaren Ressourcen, die politischen Kosten-Nutzen-Überlegungen sowie den gesellschaftlichen Wertekonsensus zu ermitteln. Gegenstand der strategischen Planung ist die Formulierung von Handlungsalternativen, die im Hinblick auf Effektivität und Ressourcenallokation zu untersuchen sind. Instrumente dieser Prüfung können Simulationen, integrierte Planungsansätze und Entscheidungstheorien sein. Der strategischen folgt die operative Planung, die ausgewählte Strategien in praktikable Maßnahmen umsetzt. Vergleich und Bewertung dieser Maßnahmen werden mit Hilfe von Managementtheorien, ökonomischen Prognosen und Kosten-Nutzen-Analysen durchgeführt.

In der Phase der Politikformulierung werden politische Programmvorschläge zu politischen Entscheidungen verdichtet. Die Mehrheitsentscheidungen des Parlaments verleihen dem ausgewählten Programm Verbindlichkeit und Legitimität. Den Folgen des politischen Entscheidungsprozesses gilt dabei besondere Aufmerksamkeit: Welche Zusammenhänge bestehen zwischen institutionellen Strukturen und dem materiellen Gehalt politischer Entscheidungen? Welche zwischen der Innovationsfähigkeit und dem Zentralisierungsgrad politischer Systeme? Diesen Fragen hat sich seit längerem die lokale Politikforschung gewidmet.[70] Demgegenüber ist die Policy-Output-Forschung der Frage nachgegangen, wie sich Parteienwettbewerb und Einparteien-Vorherrschaft auf den Politikinhalt – insbesondere auf die Höhe der Wohlfahrtsausgaben – auswirken.

Gerade für eine langfristige Sicht des Politikzyklus ist die Politikformulierung aufschlussreich, weil sie sich auf die anschließenden Phasen der Implementation, Novellierung und Terminierung auswirkt. Die damit verbundene Weichenstellung wirft folgende Fragen auf: Wie wirken sich Konflikte und Kompromisse zwischen den Akteuren bei der Problemdefinition und Agenda-Gestaltung auf die Politikformulierung und die weiteren Phasen des Politikzyklus aus? Politikfeldstudien und politische Planungsforschung sind zu dem Ergebnis gekommen, dass der verflochtene Charakter vieler Probleme und die fragmentierte politisch-administrative Entscheidungsstruktur die politische Bewältigung zusammenhängen-

---

70 Vgl. Robert *Dahl*, Who Governs? Democracy and Power in an American City, New Haven 1967; Renate *Mayntz*, Soziale Schichtung und sozialer Wandel in einer Industriegemeinde, Stuttgart 1958; Paul *Kevenhörster*/Adrienne *Windhoff-Heritier*/Michael *Crone*, Politik in einer neuen Großstadt, Opladen 1980.

der gesellschaftlicher Probleme beeinträchtigen.[71] Die Prinzipien der „negativen Koordination" und der ressortspezifischen Fragmentierung stellen die an übergreifenden sachlichen Problemzusammenhängen orientierte zentrale Aufgabenplanung und Ressourcenverteilung immer wieder in Frage. Um so naheliegender ist die Frage, von welchen Faktoren diese Planung abhängt.

Politische Entscheidungsvorgänge sind letztlich eine Funktion der Wahrnehmung gesellschaftlicher Probleme, auf deren Definition sich kulturelle Wertvorstellungen, die Stellungnahmen von Interessengruppen, wissenschaftliche Information und fachlich-professioneller Rat auswirken.[72] Ist ein Problem als politisch lösungsbedürftig anerkannt, streiten die konkurrierenden Parteien um unterschiedliche Definitionsangebote. Je nachdem, wie das Problem definiert wird, wirkt sich die Definitionsphase auf die weitere politische Meinungsbildung, die Platzierung der Frage auf der politischen Tagesordnung und die Wahrscheinlichkeit eines erwünschten Politikergebnisses aus. Diese Phase des politischen Prozesses ist in den demokratischen Verfassungsstaaten der Gegenwart noch bedeutsamer geworden als zuvor, weil einerseits die sozialen Instanzen, die einst die Definition politischer Probleme vorformten, an Prägekraft eingebüßt haben und auch die Konfliktlinien des Ost-West-Konflikts geschwunden sind, die vormals Definition und Abgrenzung außenpolitischer Probleme erleichtert haben.[73]

Trotz dieser größeren Flexibilität des politischen Prozesses in der Phase der Problemdefinition ist es erstaunlich, dass auf der Ebene des Regierungssystems, wie amerikanische Studien nachgewiesen haben, nur wenige politische Alternativen tatsächlich erörtert und geprüft werden.[74] Massive wirtschaftliche Interessen verhindern immer wieder, dass sozioökonomische Probleme überhaupt auf die politische Tagesordnung gesetzt werden.[75] So hat eine vergleichende Untersuchung der amerikanischen und französischen Nuklearenergiepolitik gezeigt, wie sehr sich die politischen Führungsgruppen darin unterscheiden, dass sie die Bandbreite von Konflikten entweder ausweiten („*sozialisieren*") oder einengen („*privatisieren*").[76] In den Vereinigten Staaten bietet die komplizierte institutionelle Struk-

---

71 Vgl. Renate *Mayntz*/Fritz W. *Scharpf* (Hrsg.), Planungsorganisation. Die Diskussion um die Reform von Regierung und Verwaltung des Bundes, München 1973; Fritz W. *Scharpf*, Planung als politischer Prozess, Frankfurt 1973; Paul *Kevenhörster*, Politik im elektronischen Zeitalter, Politische Wirkungen der Informationstechnik, Baden-Baden 1984.
72 Vgl. David A. *Rochefort*/Rogert W. *Cobb*, Problem Definition: An Emerging Perspective, in: *dies.* (Hrsg.), The Politics of Problem Definition. Shaping the Policy Agenda, Lawrence (Kansas) 1994, S. 1-31.
73 Vgl. Christopher J. *Bosso*, The Contextual Bases of Problem Definition, in: David A. Rochefort/ Roger W. *Cobb* (Hrsg.), The Politics of Problem Definition, a.a.O., S. 182-203.
74 Vgl. *ders.*, a.a.O., S. 184.
75 Vgl. Charles E. *Lindblom*, Politics and Markets: The World's Political-Economic Systems, New York 1977, S. 172; deutsche Ausgabe: Jenseits von Markt und Staat, Eine Kritik der politischen und ökonomischen Systeme, Frankfurt a.M. 1983.
76 Vgl. Frank R. *Baumgartner*, Conflict and Rhetoric in French Policymaking, Pittsburgh 1989, S. 196, 214.

tur des Regierungssystems mit vielen autonomen Handlungsspielräumen den Gegnern politischer Entscheidungen zahlreiche Ausweich- und Verlagerungsmöglichkeiten. Dagegen grenzt die stromlinienförmige, zentralisierte Struktur der Institutionen in Frankreich den Meinungsbildungs- und Entscheidungsprozess auf eine kleine Zahl von Experten mit gemeinsamen Interessen am Erfolg und Ausbau eines Programmes ein.

Vorherrschende Wertvorstellungen und die Wahrnehmungsperspektiven des Regierungsapparates blenden häufig alternative Fragestellungen und Problemlösungen aus. Mehr als politische Eliten und Interessengruppen reduzieren dabei politisch-kulturelle Wertvorstellungen die Bandbreite derjenigen Optionen, die in die engere politische Betrachtung einbezogen werden. Nicht einmal die Massenmedien können diese Wertorientierungen kurzfristig in Frage stellen, sondern nur etwaige Abweichungen vom Erwartungsdruck der öffentlichen Meinungen kritisieren. Gesellschaftliche Strukturen und kulturelle Wertvorstellungen legen den Handlungskontext innerhalb der politischen Rahmenbedingungen fest.[77]

In welcher Form schlagen sich die Entscheidungen der politischen Planer nieder? Ein Gesetzgebungsprogramm benennt die zu lösenden politischen Probleme, legt die verbindlichen Ziele der Gesetzgebung fest und schreibt Maßnahmen der Umsetzung vor.[78] Dadurch strukturiert es die Durchführungsphase. Die Verwirklichung der Ziele der Gesetzgebung und damit der Erfolg eines politischen Programms in der Implementationsphase sind dabei auf drei Faktoren zurückzuführen[79]: die Handhabbarkeit des Problems, die Eignung des politischen Programms zur Strukturierung des Implementationsprozesses und die Determinanten, die das Ausmaß der Unterstützung der Programmziele bestimmen.

- Die *Handhabbarkeit des Problems* hängt vom verfügbaren sozialtechnologischen Wissen, dem Spektrum der Zielgruppe, ihrem Anteil an der Gesamtbevölkerung und dem Ausmaß der angestrebten Verhaltensänderung ab.
- Die *Eignung eines Programms zur Strukturierung der Implementation* ist von der Konsistenz der politischen Ziele, der genauen Kenntnis der Ziel-Mittel-Relationen, den finanziellen Ressourcen, der hierarchischen Ordnung des Netzes der an der Durchführung beteiligten Institutionen, ihren Entscheidungsregeln und Rekrutierungsmustern abhängig.
- Zu den *nichtgesetzgeberischen Faktoren* der Durchführung gehören sozioökonomische und technologische Bedingungen, die Medienresonanz des jeweiligen Problems, der Umfang öffentlicher Unterstützung, die Erwartungen und Ressourcen der Zielgruppe, die Rückendeckung durch die politische

---

77 Vgl. Christopher J. *Bosso*, The Contextual Bases of Problem Definition, a.a.O., S. 200.
78 Vgl. hierzu auch Hermann *Hill*, Einführung in die Gesetzgebungslehre, Heidelberg 1982, S. 53ff., 62ff.
79 Vgl. Paul A. *Sabatier*/Daniel *Mazmanian*, The Implementation of Public Policy: A Framework for Analysis, in: Policy Studies Journal, Vol. 8, 1980, S. 538-560.

Führung sowie Kompetenz und Engagement der Durchführungsorgane und ihrer Mitarbeiter.

Selbst wenn der Umfang der angestrebten Verhaltensänderung beträchtlich ist, bestehen gute Chancen für die Verwirklichung der Ziele eines Gesetzgebungsprogramms, sofern diese eindeutig und konsistent sind, die Verhaltensänderungen in einer klaren und wissenschaftlich begründeten Beziehung zu den Zielen stehen und der Implementationsvorgang angemessen und überzeugend strukturiert ist. Fehlen diese Voraussetzungen, lässt sich ein gesetzgeberisches Konzept nicht, wie ursprünglich geplant, umsetzen. Die Alternativen sind dann untereinander nicht abgestimmte Einzelmaßnahmen von begrenzter Reichweite, kurz: die Politik des *Inkrementalismus*.

Damit ist die Frage nach dem politisch-strategischen Kontext der Gesetzesplanung aufgeworfen. In der politischen Praxis lassen sich die Strategien der politischen Akteure zu drei Typen zusammenfassen.[80] *Inklusive Strategien* suchen den politischen Handlungsbedarf intern und integrativ zu regeln: durch Konsultationen, Koalitionen und Kompromisse. Auf besondere, andere Akteure ausschließende Lösungen zielen *exklusive Strategien*: durch Umgehung des jeweiligen Problems, Geheimhaltung und Täuschung. Demgegenüber setzen *Überzeugungsstrategien* auf politische Rhetorik, Politikanalysen und politischen Protest.

Der sich aus der politischen Zielbestimmung ergebende Handlungsauftrag an die Verwaltung reicht von vagen Vorgaben bis zu präzisen Vorschriften. Er umreißt zumindest die Rahmenentscheidung als Grundlage der Umsetzung allgemeiner Vorgaben in konkrete Politik. In Anbetracht konfligierender Interessen neigen politische Gremien jedoch dazu, die sich aus redistributiven Programmen ergebenden Kosten-Nutzen-Verteilungen nicht präzise zu benennen, sondern lediglich Grundregeln für Verteilungsentscheidungen festzulegen. Durch diese Beschränkung können Politiker einerseits Problembewusstsein und Tatkraft unter Beweis stellen, andererseits aber den Widerstand künftiger „Programmverlierer" unterlaufen. Je mehr materielle Entscheidungsbefugnisse in die Implementationsphase verlagert werden, um so weniger können einzelne beteiligte Gruppen bereits in der Phase der Politikformulierung als „Verlierer" hingestellt werden. Dennoch ist es für die Durchführung eines politischen Programms unverzichtbar, dass die Träger eines Policy-Netzwerkes das Programm auch nach der politischen Programm-Entscheidung weiter begleiten und ihr Wohlwollen sowie ihre Unterstützung auch in der folgenden Phase des Politikzyklus aufrechterhalten.

---

80 Vgl. Carl E. van *Horn*/Donald C. *Baumer*/William T. *Gormley*, Politics and Public Policy, 2. Aufl., Washington D. C. 1992, S. 298-307.

Implementation

Gegenstand der Implementation ist die Durchführung rechtsverbindlicher Entscheidungen (Gesetze, Verordnungen, Erlasse, etc.): die Umsetzung des Handlungsauftrages der Politikformulierung. Gesetzlicher Auftrag und Durchführungswirklichkeit werden miteinander verglichen, und zwar nach zwei Verfahren. Während der *programmorientierte Ansatz* der Implementationsforschung der Frage nach dem Grad der Einhaltung geplanter Durchführungsschritte, Zeit und Finanzpläne durch die beteiligten Akteure nachgeht, forscht der *strukturorientierte Ansatz* nach den Merkmalen und Ursachen eines bestimmten Implementationsverlaufs.

Ausgangspunkt der *Implementationsforschung* ist die Frage nach den Ursachen des mangelhaften Erfolges politischer Programme wie etwa der Reformprogramme zur Bekämpfung der Armut in den Vereinigten Staaten. Auch wenn sich eine genaue Abgrenzung der Phasen der Politikformulierung und der Politikimplementation nicht finden lässt, zunächst verdeckte Konflikte aus der Formulierungsphase sich in der Implementationsphase wieder neu entzünden und durchsetzungsstarken Gruppen neue Interventionschancen eröffnen, hat die Unterscheidung zwischen beiden Phasen des politischen Prozesses doch Bedeutung für das Verständnis von Policy-Ergebnissen und Policy-Wirkungen.

Warum weicht die Durchführung eines politischen Programms häufig von den vorgegebenen Zielwerten ab? Vom politischen Planer sind die institutionellen Durchführungsbedingungen oft ebenso wenig zu steuern wie die Bedingungen des gesellschaftlichen Umfeldes. Die Implementation ist durch ein eigenes Policy-Netz und damit durch unterschiedliche Entscheidungsebenen, Behörden und Beteiligte gekennzeichnet. Öffentliche Sozialprogramme stiften häufig Interaktionsnetze zwischen verschiedenen Akteuren und dadurch neue Handlungszusammenhänge, die auf bestehende Organisationen zurückgreifen. Je nachhaltiger sich diese Durchführungsorganisationen durchsetzen, um so weniger Leistungen erreichen oft die eigentlich vorgesehenen Empfänger.

Der politische Nutzen eines Programmes hängt nicht allein von den deklarierten Zielen und ihrer politischen Akzeptanz ab, sondern auch von seiner Durchführbarkeit. Die Implementation politischer Programme ist „Sisyphus-Arbeit";[81] denn hierbei geht es darum, die gesellschaftlichen, administrativen und politischen Handlungsbedingungen so zu verändern, dass die ursprünglichen Ziele erreicht werden können.

---

81 Jeffrey L. *Pressman*/Aaron *Wildavsky*, Implementation. How Great Expectations in Washington are Dashed in Oakland; or, why it's Amazing that Federal Programs Work at all. This being a Saga of the Economic Development Administration as told by two sympathetic Observers who seek to build Morals on a Foundation of ruined Hopes, Berkeley/Los Angeles/London 1984, 3. Aufl., S. XVIII.

> Implementation ist daher nichts anderes als das Zusammenwirken der Formulierung von Vorgaben mit der Durchführung geeigneter Maßnahmen.[82]

Sie schlägt sich in einem Prozess wechselseitiger Anpassung zwischen dem politisch-administrativen System und dem gesellschaftlichen Umfeld nieder. Diese Tatsache macht das Ergebnis der Implementation nur schwer vorhersehbar.

Die Policy-Analyse stellt den politischen Planern Informationen über die Durchführungsbedingungen der Politik zur Verfügung. Die politikanalytische Beratung sieht daher ihre Aufgabe in der ausreichenden Berücksichtigung politischer Rahmenbedingungen und administrativer Zwänge, um Bedingungen und Grenzen der Handlungsmöglichkeiten bei der Verwirklichung einer Strategie aufzuzeigen. Die Durchführungschancen eines politischen Programms hängen insbesondere von folgenden Bedingungen ab:

- der präzisen Formulierung und klaren hierarchischen Ordnung der Ziele,
- der Festlegung eindeutiger und verbindlicher Entscheidungsregeln,
- der Gültigkeit und Brauchbarkeit der unterstellten Programmtechnologie,
- der Eignung der Durchführungsorganisation,
- den Kooperationsmustern und Koordinationsproblemen der beteiligten Durchführungsorganisationen,
- der Verfügbarkeit ausreichender finanzieller Ressourcen,
- den Erwartungen und Handlungsparametern der anderen beteiligten politisch-administrativen Ebenen,
- der Arbeitsroutine der zuständigen Organisationen,
- den positiven und negativen Sanktionsmöglichkeiten gegenüber Zielgruppen und Organisationsangehörigen, die Widerstand gegen die Programmdurchführung anmelden,
- der Einsatzfreude und Durchsetzungsfähigkeit der Organisationsspitze,
- dem Verhalten der Programmadressaten bzw. der Zielgruppen,
- der Durchführbarkeit von Erfolgskontrollen durch unabhängige Organisationen und schließlich
- der Aufgeschlossenheit und Interventionsbereitschaft der verantwortlichen Politiker und leitenden Beamten bei Durchführungsschwierigkeiten im Implementationsprozess.

Diese Bedingungen entscheiden über Erfolg und Misserfolg des jeweiligen politischen Programms und lassen außerdem Rückschlüsse auf die grundsätzliche Eignung der Implementationsstrategien zu. Dabei kommt es nicht allein auf die Einschätzung der politisch verantwortlichen Programmplaner und ihrer Berater an, sondern auch auf die Beurteilung des politischen Programms und seiner Imple-

---

82 Vgl. *dies.*, a.a.O., S. XXIII, S. 208.

mentationsprobleme durch die Durchführungsorganisationen und ihre Klienten („Planung von unten").

Der Implementationsverlauf, das Entscheidungsverhalten und seine Auswirkungen lassen sich mit unterschiedlichen Methoden testen: mit Planspielen, Computersimulationen, Rollenspielen etc. Hervorzuheben sind hierbei insbesondere Praxistests von Gesetzen zur Klärung der verwaltungstechnischen Handhabung der Programme. Solche Planspiele sind dann nützlich, wenn sie bereits im Referentenstadium eines Gesetzentwurfs durchgeführt werden, um die Entwürfe möglichst bis in letzte administrative Details „durchzuspielen". Aufgabe der Policy-Analyse ist das systematische Vordenken des Durchführungsprozesses, so dass in die Kosten-Nutzen-Analysen unterschiedlicher Programmoptionen auch die Kosten zur Überwindung von Implementationswiderständen eingehen. Die Kalkulation der Kosten der Durchführung von Programmoptionen und die systematische Einschätzung der mit der Durchführung verbundenen Widerstände machen es möglich, die Optionen auf einer Durchführbarkeitsrangskala zu ordnen und dadurch zur Revision politischer Vorentscheidungen beizutragen. Dabei geht es nicht um die Ausblendung „unbequemer" Strategien, wohl aber um den rechtzeitigen, offenen Ausweis von Kosten und Widerständen.

Die Durchführung politischer Programme schlägt sich in zwei Implementationsvorgängen nieder:[83] Der erste ist die ursprünglich geplante Umsetzung politischer Ziele in politische Maßnahmen zur Verwirklichung des angestrebten politischen Ergebnisses. Der andere ist das zunächst unbekannte Gefüge von Ursachen-Wirkungszusammenhängen, die sich in der praktischen Durchführung ergeben und in dieser Form bei der Planung des jeweiligen Programms noch nicht vorherzusehen sind. Beide kennzeichnen zusammen den *dualistischen Charakter der Implementation*. Häufig trägt die politische Planung diesem Dualismus nicht ausreichend Rechnung, begnügt sich mit der Proklamation politischer Ziele und der Initiation politischer Programme, ohne in die Niederungen der Durchführung hinabzusteigen und die Autorität der politisch Verantwortlichen für eine zielorientierte Implementation rechtzeitig in Anspruch zu nehmen.[84]

Die Implementation politischer Programme wird durch die institutionellen Rahmenbedingungen des politisch-administrativen Systems in entscheidendem Maße geprägt. Die politische Führung kann sich – etwa in Präsidialdemokratien wie in den USA – vielfach nicht auf geschlossene Parteien mit verbindlichen Programmvorstellungen stützen. Organisationsstarke Interessengruppen versuchen zudem, die Implementation in ihrem Sinne zu beeinflussen, und die durchführende Verwaltung wiederum ist auf mehreren Ebenen in zahlreiche Verästelungen zersplittert, die vollauf mit der Koordination des eigenen Verwaltungshandelns

---

83 Vgl. *dies.*, a.a.O., S. 217.
84 Vgl. hierzu insbesondere Theodore J. *Lowi*, The End of Liberalism: The Second Republic of the United States, 2. Aufl., New York 1979, S. 272ff.

befasst sind und dabei die verbindlichen politischen Zielvorgaben leicht aus den Augen verlieren. So wandeln sich Mittel in Ziele, und die eigentlichen politischen Ziel werden nahezu unsichtbar.[85]

Die politische Durchsetzungsfähigkeit des Apparates hängt letztlich von der Autorität der Regierung und ihrer Verwaltung ab. Es sind vier Faktoren, die den Umfang dieser Autorität bestimmen:[86] *Entscheidungskompetenz* („formale Macht"), *finanzielle Ressourcen, Sachverstand* und *Respekt*. Diese Faktoren zeigen in ihrer Vielfalt und Breite, dass politische Grundentscheidungen von der Administration nur in sehr begrenztem Umfang rational umgesetzt werden können. Denn bereits die Definition eines politischen Problems setzt Rücksichtnahme auf vielfältige Erfahrungen und Interessen voraus, die Ermittlung eines Lösungsweges wiederum den Zugang zu allen relevanten Informationen und die Umsetzung der Entscheidung schließlich die Überwindung vielfältiger Interessengegensätze, Kompetenzkonflikte und politisch-administrativer Widerstände.

Im modernen Wohlfahrtsstaat werden politische Entscheidungen selten von nur einer administrativen Organisation ausgeführt. Der Entwurf einer Implementationsstruktur durch die politischen Planer muss vielfältige Koordinations- und Kommunikationsprobleme der beteiligten Verwaltungsstellen berücksichtigen.[87] Die hierarchische Struktur des Regierungsapparates begünstigt in diesen Staaten *vertikale Implementationsstrukturen*: Dieser Kontext kennzeichnet beispielsweise Programme der sozialen Sicherung, der Bildungs- und Forschungsförderung sowie der inneren Sicherheit, bei deren Durchführung verschiedene Ebenen des Regierungsapparates zusammenwirken. Über diese Ebenen hinweg können zentrale Ziele des jeweiligen Programms immer mehr aus dem Blickfeld schwinden. Demgegenüber schaffen *horizontale Implementationsstrukturen* erhebliche Koordinations- und Kommunikationsbarrieren, die nur durch Kompromisse auf der Basis des „kleinsten gemeinsamen Nenners" und das schrittweise Ausräumen von Missverständnissen sowie von Interessen- und Kompetenzkonflikten überwunden werden können.

Die Zusammenarbeit der Organisationen in der Implementationsphase findet im Rahmen unterschiedlicher Strukturen statt: Im *koalitionsähnlichen* Implementationsnetz wirken private und öffentliche Organisationen zusammen, um ein vorgegebenes Programm zu verwirklichen. Ein Beispiel für eine *föderalistische* Implementationsstruktur ist demgegenüber der „kooperative Föderalismus" bei der Bewältigung von Gemeinschaftsaufgaben wie etwa der Bildungsplanung. Das *hierarchische* Implementationsnetz gibt die Grundzüge eines Programms in Form

---

85 Vgl. Erwin C. *Hargrove*, The Missing Link, a.a.O., S. 116.
86 Vgl. Ira *Sharkansky*, Public Administration. Agencies, Policies, and Politics, San Francisco 1982, S. 110ff., 213f.
87 Vgl. B. Guy *Peters*, American Public Policy. Promise and Performance, a.a.O., S. 96-110; vgl. hierzu auch: Irene *Gerlach*/Norbert *Konegen*/Armin *Sandhövel*, Der verzagte Staat – Policy-Analyse. Sozialpolitik, Staatsfinanzen, Umwelt, Opladen 1996, S. 223.

allgemeiner Bestimmungen und Restriktionen für die Zentralinstanz vor; hier übt die Zentrale die Rechts-, Gesetz- und Zweckmäßigkeitskontrolle über den Gesetzesvollzug aus. Dagegen zieht die Zentralinstanz bei der *zentralistischen* Implementationsstruktur alle wichtigen Entscheidungen an sich, so dass den Durchführungsorganisationen kein eigenständiger Handlungsspielraum verbleibt.

Der Netzwerkanalyse ist dabei die Aufgabe gestellt, zunächst unübersichtliche Implementationsfelder zu beschreiben, zu klassifizieren und zu interpretieren, um dadurch einerseits den Implementationsvorgang erklärbar zu machen und zum anderen den Gestaltungsspielraum und die Gestaltungsmöglichkeiten der Beteiligten aufzuzeigen. Die bislang durchgeführten Implementationsstudien haben die Einsicht vermittelt, dass die Ziele vieler politischer Programme wie beispielsweise im Bereich sozialer und personeller Dienstleistungen zunächst diffus sind und vielfach erst in der Programmdurchführung konkretisiert und örtlichen Gegebenheiten angepasst werden.[88]

Mit welchem Instrumentarium und mit welchem Erfolg versucht der Staat, bestimmte Verhaltenswirkungen bei Zielgruppen zu erreichen? Hier ist erneut zwischen distributiven und redistributiven Programmen zu unterscheiden: In der Durchführungsphase distributiver Programme zeigen die Adressaten stets ein starkes Interesse an der Aufrechterhaltung des Leistungsflusses, der bei Behörden, Ämtern, Verbänden und Unternehmen ein nachhaltiges Interesse an der Festigung entsprechender „Seilschaften" weckt. Da die Verteilungsmuster im wesentlichen gleich bleiben, stößt diese Art der Politik nur auf geringe Widerstände. Um so stärker sind die Widerstände gegen redistributive Programme: Denn die potentiellen Programmverlierer mobilisieren Protest gegen die Umverteilungsziele und damit gegen das gesamte Programm. Je oberflächlicher und diffuser aber die Verteilungsziele benannt werden, um so eher besteht die Gefahr, dass ursprünglich redistributive Programme im Verlauf des Programmvollzugs aufgrund zusätzlicher Maßnahmen und nachdrücklicher Widerstände stillschweigend in distributive Programme umgewandelt werden.

Diese Chancen der Umwandlung sind um so geringer, je mehr die Planer redistributiver Programme – wie etwa im Falle der Steuergesetzgebung – ihre Maßnahmen festlegen und mit präzisen Vorschriften die Durchführung vorstrukturieren. Gerade die verteilungspolitischen Ziele komplexer Dienstleistungsprogramme scheitern häufig daran, dass diese gerade nicht den wirklich Bedürftigen zugute kommen, an die sie sich eigentlich richten, sondern vielmehr den artikulations- und kommunikationsstärkeren Mitgliedern der Mittelschichten.[89] Zudem neigen die Mitglieder der Verwaltung dazu, die Leistungen den eher bessergе-

---

88 Vgl. Adrienne *Windhoff-Heritier*, Policy-Analyse, a.a.O., S. 96.
89 Vgl. Paul *Kevenhörster*/Adrienne *Windhoff-Héritier*, Öffentliche Erziehung zwischen Sozialstaatspostulat und Freiheitsgebot, in: Zeitschrift für Politik, 1981, S. 248f.

stellten Mitgliedern der jeweiligen Zielgruppe in größerem Umfange zu gewähren.

Die zielgerechte Durchführung regulativer Programme hängt insbesondere von der Vielfalt und Größe der Zielgruppen und dem Ausmaß der erstrebten Verhaltensänderung ab. Folgender Zusammenhang lässt sich dabei immer wieder beobachten: Je komplexer das zu beeinflussende Verhalten und je umfassender die angestrebte Verhaltensänderung ist, um so eher werden die ursprünglichen Ziele verfehlt. Umgekehrt: Je kleiner und leichter abgrenzbar die Gruppe, deren Verhalten beeinflusst werden soll, und je geringer der Umfang der angestrebten Verhaltensänderung, um so größer die Aussichten einer erfolgreichen Implementation.

Diese Probleme sind den für die Programmdurchführung Verantwortlichen im allgemeinen wohlbekannt. Denn die Ergebnisse der Implementationsforschung zeigen, dass die Verwaltungen auch dann, wenn sie zu zentralem, dirigistischem Durchgreifen ermächtigt sind, auf die Erteilung hoheitlicher Anweisungen verzichten und mit den Vertretern der Zielgruppen verhandeln, um einvernehmliche Lösungen zu erreichen. Dabei lassen sie sich von der Erfahrung leiten, dass Handlungsanreize oft wirksamer sind als Gebote und Verbote und dass Steuerung durch Befehl in komplexen technisch-wissenschaftlichen Anwendungsgebieten wie Umweltschutz, Arbeitsschutz, Gesundheitspolitik etc. um so weniger ergiebig ist, je umfassender die notwendigen Spezialkenntnisse und praktischen Erfahrungen sind. Das Durchsetzungs- und Sanktionspotential der Durchführenden wird aber gerade durch unzureichende fachliche Expertise geschmälert: Die Bürokratie ist auf die freiwillige Zustimmung ihrer Adressaten angewiesen und muss sich daher auf Verhandlungen mit ihrer Zielgruppe einlassen. Bei diesen Verhandlungen kommt es auf den Nutzen der vermittelten Information für die Klienten an, deren Verhalten beeinflusst werden soll. Hierbei gilt: Klarheit und Angemessenheit der Botschaft entscheiden über den Erfolg von Überzeugungsarbeit für die jeweilige Verhaltenssteuerung. Der Erfolg dieser Bemühungen ist um so wahrscheinlicher, je mehr das jeweilige Akzeptanzproblem in einem Informationsmangel begründet ist und die vermittelte Information die Wertvorstellungen und sonstigen Überzeugungen der Adressaten bekräftigt.

Wegen zunehmender Interdependenz unterschiedlicher Handlungsfelder stellen Verdichtungen und Verkettungen wichtige Voraussetzungen erfolgreicher Implementation dar. Denn die Tatsache, dass politische Maßnahmen sich aufgrund komplexer Wirkungszusammenhänge bei insgesamt zunehmender Interventionsdichte gegenseitig widersprechen, neutralisieren, negativ verstärken, aber auch positiv unterstützen, ist im interventionistischen Wohlfahrtsstaat unübersehbar. Dieser Zusammenhang ist sowohl bei sequentiellen Verflechtungen (zeitlicher Abhängigkeit ähnlicher Leistungen) als auch bei Pool-Interdependenzen (der wechselseitigen Ergänzung gleichartiger Maßnahmen auf einem bestimmten Niveau) zu beachten. Werden diese Zusammenhänge nicht beachtet und der Abstimmungs- und Koordinationsbedarf der Einzelprogramme nicht befriedigt, widersprechen sich politische Maßnahmen und heben sich in ihrer Wirkung gegenseitig auf. Steuer- und Sozialpolitik liefern in allen Wohlfahrtsstaaten hierfür anschauliche Beispiele. Opfer der fehlenden Abstimmung sind gerade diejenigen Zielgruppen der öffentlichen Leistungen, die zwischen solchen Programmen zu wählen haben, welche sich gegenseitig ausschließen oder in ihrer Wirkung aufheben. Worin besteht diese Wirkung? Und was ist das Ergebnis der Politik?

Politikergebnis (*policy output*) und *Politikwirkung* (*policy impact*) sind zu unterscheiden.[90] Das *Ergebnis* der Politik wird am Umfang der Regierungsaktivität gemessen und schlägt sich beispielsweise in der Höhe der Staatsausgaben für Bildung, soziale Sicherung und Gesundheit nieder. Die *Wirkung* der Politik zielt dagegen auf die Veränderung der gesellschaftlichen Wirklichkeit, insbesondere auf die Lebensbedingungen der jeweiligen Zielgruppe: Wieweit hat sich ihr Bildungsgrad tatsächlich verbessert? Wurde ihr Lebensstandard gesichert oder verbessert? In einem Bild: „Es genügt nicht zu zählen, wie oft ein Vogel mit den Flügeln schlägt, sondern wir müssen messen, wie weit er geflogen ist."[91] Wir müssen somit Veränderungen der gesellschaftlichen Umwelt des politischen Systems erfassen und diese Veränderungen politischen Maßnahmen zurechnen.

Politik-Terminierung

Schlusspunkt des Politikzyklus ist die Terminierung, d.h. die zeitliche Befristung eines Programms. Durch die Malaise der öffentlichen Haushalte hat Politik-Terminierung eine neue Bedeutung gewonnen, denn das „Diktat der knappen Kassen" erzwingt mehr als früher Fragen nach dem Abschluss politischer Programme. Die Terminierung schließt sich an die Implementation an und kann sowohl die völlige Einstellung eines Programms als auch die Änderung von Programmteilen oder deren Neufassung bedeuten. Der Politikzyklus endet freilich erst mit dem Abschluss des gesamten Programms.

Bestrebungen nach Terminierung haben vielfältige Ursachen: haushaltspolitische Engpässe, den Wunsch nach der Erprobung neuer Problemlösungen, politisch-ideologische Motive, technischer Fortschritt etc. In diesem Motivbündel erweisen sich haushaltspolitische Erwägungen als besonders gewichtig. Der Erfolg der Terminierungspolitik hängt davon ab, wieweit die beabsichtigte Kürzung oder Aufhebung des Programms eine Solidarisierung unter den Mitgliedern des jeweiligen Policy-Netzwerkes bewirkt. Dabei wird nicht nur der verständliche Wunsch der Klienten eine Rolle spielen, ihre Interessen nachdrücklich zu verteidigen, sondern die beteiligten Organisationen werden ihre Interessen selbst anmelden. Denn eine Terminierung der von ihnen zu erbringenden Leistungen trifft sie im

---

90 Vgl. Thomas R. *Dye*, Understanding Public Policy, a.a.O., S. 333f.
91 Vgl. *ders.*, a.a.O., S. 333 (Übers. Verf.).

Kern ihres organisatorischen Eigeninteresses, da eine schrumpfende Organisation gemeinhin als erfolglos gilt. Terminierungsstrategien zielen deshalb vor allem auf solche Klientengruppen, die nicht von starken Durchführungsorganisationen geschützt werden und deren politisches Widerstandsvermögen gegen die beabsichtigten Kürzungen und Streichungen von den politisch Verantwortlichen als gering eingeschätzt werden kann.

Bildungs-, Kultur- und Hochschulpolitik bieten hierfür in vielen Ländern anschauliche Beispiele. Zielgruppen, die sich nicht des Schutzes starker Durchführungsorganisationen erfreuen und zudem noch sozial stigmatisiert sind wie Obdachlose und Drogenabhängige, befinden sich dann in einer schwierigen Ausgangslage; ebenso solche Gruppen, die erst in jüngster Zeit zu Klienten öffentlicher Leistungen geworden sind und gegenüber Kürzungs- und Streichungsplänen noch nicht auf lange tradierte und historisch gut begründete Besitzstände pochen können.

Obwohl Politik-Terminierung die letzte Phase des Politikzyklus darstellt, fordert sie die politischen Planer und Politikanalytiker bereits in der ersten Phase, der Problemdefinition, heraus, wenn das Problem durch die zu erarbeitende Lösungsstrategie in einem zeitlich befristeten Rahmen gelöst werden soll. Jeder Versuch, diese Strategie inhaltlich genau zu strukturieren und verbindlich zu terminieren, stößt bereits in dieser Phase auf vielfältige Hindernisse:[92] intellektuelle Widerstände gegen die Beendigung eines Programms, institutionelles Beharrungsvermögen, organisatorische Eigendynamik durch Erweiterung der Ziele und des Tätigkeitsfeldes, Widerstände von Interessenkoalitionen, rechtliche Risiken und schließlich hohe soziale und politische Kosten auf Seiten derjenigen Akteure, die auf der Befristung des jeweiligen politischen Programms beharren. Aus diesen Gründen findet Politik-Terminierung nicht gerade häufig statt, im allgemeinen nur dann, wenn die Zielgruppe schwach ist und keine einflussreichen Verbände und Politiker mobilisieren kann. Die Konsequenz dieser Tatsache liegt auf der Hand: Terminierungsstrategien müssen bereits in der Planungsphase sorgfältig überlegt und in ein praktikables Programm – etwa in Form eines schrittweisen Abbaus staatlicher Leistungen – gegossen werden.

Ist die Implementation lange Zeit ein nahezu unbeachteter Teil des politischen Prozesses gewesen, so gilt dies noch mehr für die Terminierung der Politik. Auch deshalb fanden die Hindernisse der Politikterminierung, psychologische, rechtliche und interessenbedingte Barrieren ebenso wie organisatorische Verselbständigung und politische Selbstbehauptung der Durchführungseinheiten, erst spät die Aufmerksamkeit der Politikanalytiker.[93] Diese organisatorische Selbstbehauptung

---

92 Vgl. Peter de *Leon*, A Theory of Policy Termination, in: Judith *May*/Aaron B. *Wildavsky* (Hrsg.), The Policy Cycle, a.a.O., S. 279-300.
93 Vgl. Charles O. *Jones*, An Introduction to the Study of Public Policy, 3. Aufl., Monterey (Cal.) 1984, S. 237.

ist am Beispiel des amerikanischen Regierungssystems eindrucksvoll von Herbert *Kaufman* belegt worden: Im Zeitraum von 1924 bis 1973 überlebten 148 von insgesamt 175 untersuchten Verwaltungsstellen[94], deren ursprüngliche Aufgaben ganz oder teilweise entfallen waren. Die Terminierung einer politischen Maßnahme bedeutet somit keineswegs auch das Ende der zuständigen Verwaltung.

Schwierigkeiten einer nachträglichen Politikterminierung haben zu dem Vorschlag geführt, Terminierungshindernisse dadurch zu überwinden, dass die Geltungsdauer eines politischen Programms von vornherein auf einen bestimmten Zeitraum eingegrenzt wird („*sunset legislation*"). Auf diesem Wege lassen sich Auseinandersetzungen um den Fortbestand des jeweiligen Programms zwar sicherlich nicht ganz ausschalten, wohl aber nachhaltig verringern. Ähnliches dürfte für experimentelle Politikvorhaben gelten, deren Anspruch nur einen vorläufigen Charakter erkennen lässt. Eine weitere Strategie „eingebauter" zeitlicher Befristungen ist der exakte Ausweis von Schwellen- und Sollwerten, deren Überschreitungen automatisch das Ende der jeweiligen Maßnahme auslöst. Ein anderer Weg erfolgreicher Programmbeendigung ist das allmähliche Auslaufen eines Programms, das es Klienten und Durchführungsorganisationen ermöglicht, sich mit ihren Bedürfnissen rechtzeitig umzuorientieren und ihr Verhalten entsprechend anzupassen. Diese Strategie setzt auf langfristig vorhersehbare, planbare Anpassungen und unterläuft schon dadurch politisch-psychologische Widerstände.

Fassen wir zusammen: Das politische Steuerungspotential einer Regierung wird, erst recht bei anhaltenden haushaltspolitischen Engpässen, durch Verfahren der Programmterminierung erweitert, da mit Ablauf einer Maßnahme Ressourcen für neue Programme freigesetzt werden.

Strategien einer erfolgreichen Politik der Programmbeendigung sind

1. die zeitliche Fixierung der Geltungsdauer eines Programms (*sunset legislation*),
2. die Deklarierung von Maßnahmen *experimentellen Typs* mit vorläufigem Charakter und zwangsläufig befristetem Zeithorizont,
3. die Festlegung präziser *Soll- und Schwellenwerte*, deren Überschreiten das Programm automatisch auslaufen lässt und
4. das *allmähliche Auslaufen eines Programms*.

Diese Politik entspricht im übrigen auch denjenigen ordnungspolitischen Vorstellungen in der Transferdiskussion, die grundsätzlich für Anpassungssubventionen anstelle von Erhaltungssubventionen plädieren, um eine Verkrustung überholter Wirtschaftsstrukturen ebenso zu verhindern wie eine zunehmende Belastung des

---

94 Vgl. Herbert *Kaufman*, Are Government Organizations Immortal?, Washington D. C. 1976, S. 34.

Staatshaushaltes durch Subventionen aller Art. Politische Voraussetzung der Gewährung echter Anpassungssubventionen sowie der Umwandlung von Erhaltungs- in Umstellungs- bzw. Anpassungssubventionen ist die erfolgreiche Anwendung einer Terminierungsstrategie.

Evaluierung

Die Auswirkungen der Ergebnisse des Politikzyklus auf die öffentliche Meinung und deren Rückwirkungen auf den politischen Entscheidungsprozess sind ein noch wenig erforschtes Glied in der Kette des Politikzyklus.[95] Erste Ansätze zur Ausfüllung dieser Lücke sind der *Evaluationsforschung* zu verdanken, die die Qualität eines politischen Programms und dessen administrativer Umsetzung beurteilt. Ziel der Evaluierungsforschung ist die „systematische Anwendung sozialwissenschaftlicher Forschungsmethoden zur Beurteilung der Konzeption, Ausgestaltung, Umsetzung und des Nutzens sozialer Investitionsprogramme"[96] Um den Nutzen vorhandener Programme, die Wirksamkeit von Verbesserungsmaßnahmen, den Wirkungsgrad neuer Programminitiativen und mögliche Effektivitätssteigerungen der Verwaltung beurteilen zu können, werden zielgerichtete Aktionsprogramme systematisch evaluiert. Dies geschieht durch Analysen zur Programmentwicklung einschließlich der Konzeptualisierung geplanter Investitionen, Begleitforschung mit dem Ziel der Überwachung der Programmumsetzung und die Abschätzung der Programmwirkungen.[97] Werden die Ergebnisse der Evaluationsforschung für die politische Planung konzeptionell verwendet – und dies ist bisher nur in geringem Umfang der Fall – können sie durchaus politisch bewusstseinsbildend wirken, wie Programme zur Vorschulerziehung gezeigt haben, die auf der Evaluierung des Fernsehprogramms „Sesamstraße" beruhen.[98]

Forschungsprojekte der „Urban Observatories" in den Vereinigten Staaten und von Forschungsgruppen zur Untersuchung der Bürgernähe der öffentlichen Verwaltung in Deutschland sind der Frage nachgegangen, ob staatliche Programme die eigentlichen Zielgruppen tatsächlich erreichen.[99] Die Auswirkungen der Programmreaktion auf den politischen Entscheidungsprozess und die Bedeutung von Wählererwartungen für das Entscheidungsverhalten von Politikern sind gleichwohl noch wenig bekannt. Indem die Policy-Analyse den Politikzyklus systematisiert und erklärt, liefert sie jedoch wichtige Erkenntnisse für die wissen-

---

95 Vgl. Erwin C. *Hargrove*, The Missing Link, a.a.O., passim.
96 Peter H. *Rossi*/Howard E. *Freeman*/Gerhard *Hoffmann*, Programm-Evaluation. Einführung in die Methoden angewandter Sozialforschung, a.a.O., S. 3.
97 Vgl. *dies.*, ebd., S. 11, 203f.
98 Vgl. Gerd-Michael *Hellstern*/Helmut *Wollmann* (Hrsg.), Experimentelle Politik: Reformstrohfeuer oder Lernstrategie, Opladen 1983.
99 Vgl. Franz-Xaver *Kaufmann* (Hrsg.), Bürgernahe Sozialpolitik. Planung, Organisation und Vermittlung sozialer Leistungen auf lokaler Ebene, Frankfurt a.M. 1979.

schaftliche Beratung der Politik und die Schließung dieser Lücke. Die Erklärung des Politikzyklus und Beratung der Politik sind daher zwei Seiten der gleichen Medaille. In den Worten Harold *Lasswells*: „Die Policy Sciences befassen sich mit dem Wissen *über* und *für* den Entscheidungsprozess im öffentlichen und privaten Sektor [...]".[100]

Gerade eine systematische Erklärung von Handlungsabläufen bietet eine erhebliches Informationspotential für den Aufbau, die Weiterentwicklung und Erprobung politischer Handlungsalternativen. Sie stellt wichtige Informationsgrundlagen für die Evaluierung politischer Programme bereit. Diese vergleicht die tatsächlichen mit den ursprünglich beabsichtigten Wirkungen mit Hilfe der *Wirkungsanalyse*, die politische Programme nach der Durchführung an ihren ursprünglichen Zielen misst. Nachdem bis zum Ende der 1960er Jahre nur wenige systematische Evaluierungen politischer Programme vorgelegt worden waren, hat sich die Wirkungsforschung in der Folgezeit zu einem rasch expandierenden Forschungszweig entwickelt. Gleichwohl stoßen ihre Untersuchungen auf erhebliche Probleme, weil diffuse Zielangaben zahlreicher Programme eine Evaluierung dadurch erschweren, dass sie erheblichen Interpretationsspielraum zulassen. Inzwischen ist die Wirkungsanalyse gut etabliert und bedient sich im wesentlichen folgender Methoden: 1. Sozialbilanz/Sozialindikatoren-System (Social Systems Accounting), 2. Soziale Experimente, 3. Soziale Rechnungskontrolle (Social Auditing) und 4. der Analyse kausaler Zusammenhänge mit Instrumenten der empirischen Sozialforschung.

Stets geht es dabei um die Beantwortung der Frage, welcher Anteil an der beobachteten Veränderung eines Politikfeldes auf eine politische Maßnahme zurückzuführen ist. Soziale Experimente und soziale Rechnungskontrolle erfordern die Erhebung eigener Daten, während dies im Falle der ersten und vierten Methode nicht zwingend notwendig ist. Der Ertrag dieser Methoden für eine wissenschaftliche Beratung der Politik ist unterschiedlich hoch zu veranschlagen. Während Sozialbilanzen aggregierte Wirkungen einer Vielzahl von Programmen messen und daher zur Analyse der Wirkungen von Einzelprogrammen wenig beisteuern können, sind soziale Experimente zur Messung der Wirkung von Einzelmaßnahmen besser geeignet, da sie Auskunft auf die Frage geben, wie sich ein politisches Programm auf einzelne soziale Reformprogramme auswirkt. Insbesondere in den Vereinigten Staaten sind soziale Experimente seit dem *New Deal* zur Prüfung der Auswirkungen sozialpolitischer Programme eingesetzt worden, um die Wirkungen einzelner Maßnahmen erfassen zu können.

Das Verfahren der sozialen Rechnungskontrolle untersucht den Zusammenhang zwischen dem Einsatz finanzieller Ressourcen, dem Implementationsprozess und den Wirkungen des jeweiligen Programms. Dadurch stellt es einen engen Zusammenhang zwischen Implementation und Evaluation her und ermöglicht

---

100 Vgl. Harold D. *Lasswell*, A Pre-View of Policy-Sciences, a.a.O., S. 1 (Übers. Verf.).

eine Kontrolle der Programmdurchführung (Monitoring). Während Sozialbilanzen und soziale Experimente den institutionellen Durchführungsbedingungen keine Aufmerksamkeit schenken, stehen diese im Zentrum der sozialen Rechnungskontrolle. Die vierte Analyse kausaler Zusammenhänge nutzt die Befunde empirischer Sozialforschung, und wertet diese im Rahmen vergleichender Implementations- und Wirkungsanalysen aus.

Zusammenfassung

Wie hoch ist der Informationswert der Policy-Analyse für die politisch-administrative Praxis abschließend zu veranschlagen? Beklagt wird die breite Kluft zwischen dem hohen Forschungsaufwand und der geringen praktischen Nutzung der bereitgestellten Information.[101] Mangelhaft ist vielfach die Fähigkeit der Analytiker, komplexe Zusammenhänge zu erfassen und ihre Untersuchung auf jene Einflussfaktoren zu konzentrieren, die politisch gestaltet werden können. Nicht immer werden die normativen Grundannahmen der jeweiligen Analyse offengelegt – eine bleibende Quelle von Missverständnissen. Ein Rollenkonflikt des Politikanalytikers als wissenschaftlicher Berater ist allerdings unaufhebbar: der Konflikt zwischen der Strenge methodischer Standards und dem politischen Eigengewicht von Programmideologien und organisatorischen Eigeninteressen, zwischen praktischer Einflussnahme und professionellem Selbstverständnis.

Wie immer dieser Konflikt bewältigt werden mag, eine anwendungsorientierte Policy-Analyse wird neben der „inneren Logik" des politischen Handlungsprogramms auch die „externe Logik" ideologischer, administrativer, ökonomischer und ethischer Handlungskontexte berücksichtigen müssen. Diese Informationen sind unterschiedlich zu gewichten. Je höher die Anforderungen an den praktischen Ertrag der Policy-Analyse, um so mehr ist sicherzustellen, dass eine enge Arbeitsbeziehung zwischen Politikanalytikern und politischen Planern hergestellt wird, eine Kooperation, die mit der gemeinsamen Definition der Forschungsaufgabe beginnt, einen regen Informationsaustausch zwischen Beratern und Planern in der Durchführung erfordert und in eine gemeinsame Interpretation der Handlungsstrategien mündet. Diese Zusammenarbeit setzt entsprechende Verhaltenseinstellungen auf beiden Seiten voraus: Der Berater, dessen akademisches Ansehen von der Entwicklung innovativer Vorschläge abhängt, wird seine Empfehlungen engeren Rahmenbedingungen anpassen und sich auf eine Politik der kleinen Schritte einlassen müssen, während der Programmplaner Verständnis für Aufwand und Standards politikanalytischer Studien aufbringen muss.

---

101 Vgl. Adrienne *Windhoff-Héritier*, Policy-Analyse, a.a.O., S. 132ff.

Politische Entscheidungen

Das Studium der Politik soll Antwort geben auf die Frage: Wer erhält was, wann, wie, warum? Welches Resultat ergibt sich, wenn in einem politischen System eine bestimmte Problemlösungsstrategie politisch verantwortet und administrativ umgesetzt wird? Das politische Entscheidungsergebnis ist eine Funktion historischer und sozioökonomischer Bedingungen, der Institutionen des Regierungssystems sowie des Verhaltens von Wählern und politischen Eliten. Die Formulierung politischer Programme findet in Netzwerken statt, die Institutionen und Gruppen miteinander verzahnen. Entscheidendes Koordinations- und Steuerungsinstrument ist die Struktur des politischen Managements: die Steuerungsmechanismen im jeweiligen Politikfeld, die Anreize für das Handeln der beteiligten Akteure bereitstellen.

Politische Programme sind nach der internen Struktur des jeweiligen politischen Entscheidungsfeldes zu unterscheiden. Distributive Programme gewähren Vorteile, redistributive Programme schichten um, und regulatorische Programme legen Rahmenbedingungen fest. Die angestrebten Verhaltensänderungen der Zielgruppe sollen durch den Einsatz unterschiedlicher Steuerungsprinzipien (Gebote/Verbote, Anreize, Angebote, Überzeugung, Aufklärung, Vorbild) verwirklicht werden. Im Falle der Selbstregulierung bleibt das Politikfeld frei von staatlicher Intervention: Nur die Formen, nicht aber die Inhalte der Entscheidungsfindung werden geregelt.

Bezeichnet das Policy-Netzwerk das Zusammenwirken unterschiedlicher Gruppen und Institutionen bei der Planung und Durchführung eines politischen Programms, so beschreibt die Politikarena typische Konflikt- und Konsensprozesse innerhalb eines Politikfeldes. Entsprechend ist die distributive Arena von der regulativen und der redistributiven Arena zu unterscheiden. Wegen der Eigendynamik politischer Entscheidungsfindung unterliegt jede Umverteilungspolitik einer permanenten Konversion: ihrer tendenziellen Umwandlung in distributive Politik.

Der Politikzyklus umfasst Problemdefinition, Agenda-Gestaltung, Politikformulierung, Politikimplementation, Evaluation, Politik-Terminierung und Neuformulierung. Eine anwendungsorientierte Policy-Analyse wird neben der inneren Logik des politischen Handlungsprogramms auch die externe Logik ideologischer, administrativer, ökonomischer und ethischer Handlungskontexte berücksichtigen. Je höher die Anforderungen an den praktischen Ertrag der Policy-Analyse werden, um so enger die notwendige Kooperation zwischen Politikanalytikern und politischen Planern bei der Formulierung des Forschungs- und Beratungsbedarfs und bei der Interpretation der Handlungsstrategien.

8. Schlussbemerkung: Politik der Postmoderne – neue Herausforderungen an das politische System

Die Demokratie der Moderne sieht sich Herausforderungen gegenüber, die den politischen Prozess in verschiedenen Phasen prägen und sich auf *Legitimität* und *Funktionsfähigkeit* des politischen Systems auswirken. Die Legitimitätsgrundlagen hängen von der Breite und Intensität der Artikulation und Integration von Interessen, der politischen Sozialisation der Bürger und offenen Wegen der Rekrutierung der politischen Führung ab. Die Funktionsfähigkeit der Demokratie setzt ein leistungsfähiges Rückkopplungssystem zwischen Politik und Gesellschaft, eine breite, differenzierte und kritische Medienberichterstattung, integrationsfähige politische Parteien, eine handlungsfähige Regierung sowie eine kompetente Verwaltung voraus. Damit ist die Frage nach der Leistungsfähigkeit der demokratischen Institutionen, den Wertgrundlagen der repräsentativen Demokratie und ihrem Gestaltungsvermögen in der modernen Gesellschaft gestellt.

In der *Postmoderne*, die durch eine größere Vielfalt von Handlungsoptionen und eine Zunahme gesellschaftlicher Komplexität gekennzeichnet ist, erweitert sich auch der Horizont politischen Denkens und Handelns.[1] Dieses muss immer dichteren wissenschaftlichen, technischen, ökonomischen und ethischen Wechselwirkungen Rechnung tragen. Der Begriff der „Postmoderne" signalisiert daher keine „Gegenmoderne", sondern lediglich das Dilemma, dass die überkommenen Strategien der Moderne nicht mehr greifen. Er bringt eine „Pluralität der Rationalitäten und Regelsysteme" zum Ausdruck[2], die die (post-)moderne Demokratie mit einem radikalen Pluralitätsanspruch konfrontiert. Entsprechend stellen Theoretiker der Postmoderne wie Jean-François *Lyotard* eine „pluralistische Transparenz des Politischen" fest.[3]

Unter den Bedingungen der Postmoderne[4] bleibt die Theorie der liberalen Demokratie, wie Giovanni *Sartori* feststellt, „die einzige politische Theorie ..., die

---

1 Vgl. Hans-Martin *Schönherr-Mann*, Postmoderne Theorien des Politischen, München 1996, S. 11.
2 Wolfgang *Welsch*, Unsere postmoderne Moderne, 6. Aufl. Berlin 2002, S. 319.
3 Nikalaos *Tsiros*, Die politische Theorie der Postmoderne, Frankfurt a.M. 1993, S. 167; Jean-François *Lyotard*, Das postmoderne Wissen, Wien 1986, S. 119.
4 Zu den Merkmalen politischer Modernisierung siehe insbesondere S.N. *Eisenstadt* (Tradition, Change and Modernity, a.a.O., S. 24), der Modernität im Bereich der Politik dann als gegeben an-

auch eine Theorie ihrer Praxis, die Ziele *und* Mittel enthält."[5] Auf Erfahrung gestützt, sucht sie Irrtümer zu meiden, prüft die Anwendbarkeit ihrer Programme im kritischen Dialog und bedenkt die Abstimmung von Zwecken und Mitteln. In ihrem Rahmen lassen sich die Ziele des Schutzes der Menschenrechte, des wirtschaftlichen Wachstums, der Chancengleichheit und der menschlichen Entwicklung durch Förderung von Bildung, Partizipation und Gesundheit am ehesten verwirklichen.[6] Den Theoretikern der Postmoderne erscheint die Verabschiedung der Moderne weder möglich noch wünschenswert.[7] Gleichwohl werden sich Tendenzen der Postmoderne noch grundsätzlicher und weitreichender durchsetzen. Hier sind insbesondere die zunehmende Vielfalt von Wissenschaftskonzeptionen, Orientierungsweisen und Lebensformen zu nennen: „Die Postmoderne ist diejenige Moderne, die von massiven Einheitswünschen endgültig Abschied nimmt, weil sie als deren Kehrseite die strukturelle Unterdrückung des Abweichenden und Widerstrebenden erkannt hat."[8] Hierin liegt die starke Affinität der Postmoderne zur liberalen pluralistischen Demokratie begründet.[9]

Die Philosophen der Postmoderne legen der Politikwissenschaft drei Perspektiven nahe, die der gestiegenen Komplexität von Politik und Gesellschaft entsprechen: Erstens den Ausbau der *pluralistischen Demokratietheorie*, die der Struktur postmoderner Gesellschaften mit starker sozialer Differenzierung, zahlreichen Konflikten und vielfältigen Lebensstilen am ehesten gerecht wird; zweitens die bestehenden politischen Strukturen und sozialen Bindungen in einer sich immer stärker pluralisierenden Umwelt aus der Sicht des *amerikanischen Pragmatismus* zu sichern und drittens die Gemeinschaftsbindung der Bürger auf der Grundlage des Neutralitätsanspruchs des liberalen Rechtsstaates und der Gültigkeit der Menschenrechte im Sinne des *Kommunitarismus* zu stärken.[10]

---

sieht, wenn hochdifferenzierte politische Strukturen mit spezifischen Rollen und Institutionen bestehen, der Umfang der gesetzgeberischen und administrativen Aktivitäten erheblich ist, Chancen politischer Einflußnahme in der Gesellschaft breit gestreut sind und institutionell gesicherte Verfahren politischer Verantwortung an die Stelle traditioneller Legitimationszuweisung tritt.

5 Giovanni *Sartori*, Demokratietheorie, Darmstadt 1992, S. 488.
6 Vgl. Charles F. *Andrain*, Comparative Political Systems. Policy Performance and Social Change, Armonk (N.Y.)/London 1994, S. 190f.; Gabriel A. *Almond*/G. Bingham *Powell*/Robert J. *Mundt*, Comparative Politics. A Theoretical Framework, New York 1993, 177ff.
7 Vgl. Wolfgang *Welsch*, Postmoderne Pluralität als ethischer und politischer Wert, Köln 1988, S. 19f., 23.
8 *Ders.*, ebd., S. 35; vgl. hierzu auch Elke *Holst*/Jürgen P. *Rinderspacher*/Jürgen *Schupp* (Hrsg.), Erwartungen an die Zukunft. Zeithorizonte und Wertewandel in der sozialwissenschaftlichen Diskussion, Frankfurt/New York 1994.
9 Vgl. Agnes *Heller*/ Ference *Fehrér*, The Postmodern Political Condition, 2. Aufl., Oxford 1991, S. 1, 12f.
10 Vgl. hierzu Wolfgang *Welsch*, Postmoderne – Pluralität als ethischer und politischer Wert, a.a.O., S. 24-43; Hans-Martin *Schönherr-Mann*, Postmoderne Theorien des Politischen, a.a.O., S. 45ff.; Rainer-Olaf *Schultze*, Gemeinwohl, in: Dieter *Nohlen* (Hrsg.), Wörterbuch Staat und Politik, Bonn 1996, S. 197.

8.1 Steuerung

Die Steuerungsfähigkeit des politischen Systems hängt von den Steuerungsmechanismen, den Kontrollzentren und der Rolle des Wissens ab.[11] Aus historischer Sicht haben sich die gesellschaftlichen Grundlagen des Wissens gewandelt, das in der Informationsgesellschaft eine immer größere Rolle in den Beziehungen zwischen gesellschaftlichen Einheiten spielt. Unterschiede gesellschaftlichen Verhaltens werden immer mehr als Unterschiede des Wissens oder der Verfügung über Wissen verständlich. Diese Verfügbarkeit steckt auch die Grenzen des Verhaltens der politischen Führung ab. Die Führungsgruppen können den Kurs der Gesellschaft festlegen, solange solche Änderungen nur geringfügige Änderungen des gesellschaftlichen Wissens nach sich ziehen oder in Bereichen stattfinden, in denen das allgemeine Wissen zuvor desorganisiert war. Sobald die Eliten jedoch Änderungen anstreben, die außerhalb institutionell fest umrissener Grenzen stattfinden, ist mit mächtigen Gegenreaktionen zu rechnen. Wenn die Führungsgruppen die Entwicklung unter Kontrolle halten wollen, müssen sie häufig entweder den institutionellen Zusammenhang ändern oder auf Reformen ganz verzichten.

Eine aktive Orientierung der Politik an Perspektiven des sozialen Wandels ist nur dann zu erwarten, wenn politische Entscheidungsprozesse grundsätzlicher Kritik unterworfen werden. Wieweit dies möglich ist, hängt von den Beziehungen zwischen den politischen, intellektuellen und wissenschaftlichen Führungsgruppen ab, die durch ein Schema von drei Filtern veranschaulicht werden können:[12] Der Filter der *intellektuellen* Perspektiven ist am weitesten, der *wissenschaftliche* Filter dagegen enger, da er nur solche Perspektiven zuläßt, die empirischen Prüfungen standhalten. Am engsten ist der *Filter politischer Entscheidungen*, da er nur wenige, realisierbare Handlungsalternativen zuläßt: nämlich diejenigen, die die Führungsgruppen durchsetzen wollen. Während diese Filter in vormodernen Gesellschaften voneinander getrennt waren, hängen sie in modernen Gesellschaften voneinander ab und stützen sich gegenseitig.

Die Ausweitung von Staatsfunktionen hat in den Wohlfahrtsstaaten eine Verschiebung von negativer zu positiver Steuerung herbeigeführt. Während *negative Steuerung* auf den bloßen Erhalt eines gegebenen sozioökonomischen Zustandes zielt oder diesen wieder zu erreichen sucht, richtet sich *positive Steuerung* auf die neue Bestimmung von Zielen und deren Verwirklichung. Zwei Merkmale kennzeichnen positive Steuerung: die Festlegung von Zielkonzeptionen und die hierauf ausgerichtete Beeinflussung der gesellschaftlichen Entwicklung. Diese zielgerichtete Beeinflussung der gesellschaftlichen Entwicklung erfordert eine hohe

---

11   Vgl. Amitai *Etzioni*, The Active Society. A Theory of Societal and Political Processes, London/ New York 1968, S. 132, 163, Heinrich *Bußhoff*, Der politische Prozeß. Ein steuerungstheoretischer Versuch, Würzburg 1993, S. 159ff.; Günter *Ulrich*, Politische Steuerung, a.a.O., S. 150ff.
12   Vgl. Amitai *Etzioni.*, ebd., S. 186f.

Lernkapazität des politischen Systems – eine zumindest höhere Lernfähigkeit als bei ausschließlich negativer Steuerung. Die *politische Kybernetik*[13] – also jene wissenschaftliche Forschungsrichtung, die vergleichende Betrachtungen über Steuerungs- und Regelungsvorgänge in politischen Systemen anstellt – bietet einige Ansatzpunkte zur Bestimmung der Bedingungen hoher Lernkapazität. In ihrem Mittelpunkt steht die Frage nach der Entscheidungsfähigkeit politischer Systeme: Können diese trotz vielschichtiger Abhängigkeiten und Verflechtungen ihr eigenes Verhalten autonom gestalten, um den Interessen der Gesellschaftsmitglieder so weit wie möglich zu entsprechen? Lern- und Entscheidungsfähigkeit sozialer und politischer Systeme hängen davon ab, ob sie ein hohes Maß an Konsens hinsichtlich ihres Strukturwandels und ihres Verhaltens herstellen können.

Die Lernkapazität politischer Systeme beruht auf zwei Grundlagen: Die politischen Systeme müssen in der Lage sein, ihre *Identität* und ihre *Orientierung* aufrechtzuerhalten. Während sich die Identität auf die interne Zustandsbestimmung des politischen Systems bezieht, zielt die Orientierung auf die Beziehung des politischen Systems zu seiner Umwelt. Neben diesen beiden Grundbedingungen sind weitere Bedingungen für die Lernkapazität politischer Systeme maßgebend: Hohe Lernfähigkeit setzt hohe Informationsaufnahme- und Informationsverarbeitungskapazität voraus. Sie bedingt ein offenes, differenziertes und integriertes Kommunikationssystem, das durch eine Vielzahl und Vielfalt von Kanälen der Informationsaufnahme gekennzeichnet ist.[14]

Das politische System kann ein großes Maß an Information auf Dauer nur dann nutzen, wenn es ein leistungsfähiges Gedächtnis mit hoher Speicherungs- und Abrufkapazität besitzt. Der interne Informationsfluss muss durch ein internes Kontrollsystem gesteuert werden. Nur so können die Verfügbarkeit wichtiger Informationen gewährleistet und eine Informationsüberlastung (*information overload*) vermieden werden. Hohe Lernkapazität setzt ferner ausreichendes Potential zur Wahrnehmung und Definition von Problemen, zur Entwicklung und Prüfung von Optionen voraus.

Die politische Verarbeitung der Wissensexplosion stellt die Informationssysteme von Politik und Verwaltung vor neue Herausforderungen, vor allem vor immer neue Zwänge erneuter Festlegungen des eigenen Informationsbedarfs und immer weitere Verbesserungen der Informationsverarbeitung. Diese Erfordernisse begründen einen zusätzlichen Zwang zu verstärkter Informationsselektion. Werden die Maßstäbe und Muster dieser Auswahl politischer Informationen als Grundlagen politischer Entscheidungen nicht ausreichend offengelegt und nicht

---

13 Vgl. Karl *Deutsch*, Politische Kybernetik, Freiburg 1969; ders., Politics and Government, Boston 1974, 2. Aufl., S. 13ff.; ders., On the Learning Capacity of Large Political Systems, in: Manfred *Kochen* (Hrsg.), Information for Action: From Knowledge to Wisdom, New York 1975.
14 Vgl. Franz *Lehner*, Die Organisation demokratischer Regierung und ihre Steuerungskapazität, in: K. *Wöhler* (Hrsg.), Organisationsanalyse, Stuttgart 1978, S. 204. Paul *Kevenhörster*, Politik im elektronischen Zeitalter. Politische Wirkungen der Informationstechnik, a.a.O., S. 176.

öffentlich erörtert, wird das politische System immer weniger steuerbar. Die politischen Perspektiven der Entscheidungen werden dann nicht mehr kontrollierbar und Verluste politischer Orientierung unvermeidlich. Diese Gefahren anzudeuten, heißt nicht, die politischen Auswirkungen moderner Informationsgesellschaften zu dämonisieren. Vielmehr muss es darum gehen, politische Information als Mittel der *Steuerung* und *Aufklärung*, der *Kritik* und *Kontrolle* politischer und sozialer Zustände wirksam zu nutzen.[15] Die zunehmende Aufgabenbreite und das stetig wachsende Leistungsvolumen des modernen Wohlfahrtsstaates, Symptome zunehmender Regierungsüberlastung und abnehmende Steuerungsfähigkeit[16] verstärken das Gewicht, das dabei den politischen Informationssystemen zukommt.

Die Funktionsstörungen, die moderne politische Systeme kennzeichnen, sind eine Folge des Übergangs zu immer weitreichenderer positiver Steuerung und damit wachsender Probleme der politischen Koordination. Durch die Aufblähung der Verwaltung, eine immer arbeitsteiligere Organisation des Regierungsapparats und die Eigengesetzlichkeit bürokratischen Handelns haben sich die Probleme der Koordination einzelner Politikfelder weiter verschärft. Interdependente Problemzusammenhänge, die mehrere Ressorts berühren, werden aufgrund des Prinzips der negativen Koordination, das zur Ausblendung unbequemer Optionen im frühesten Stadium der Gesetzesplanung führt, politisch nahezu unsichtbar.[17] Durch den Aufweis solcher Interdependenzen können Informationssysteme politisch nicht gesehene Zusammenhänge sichtbar machen, die Spannbreite politischer Optionen beträchtlich erweitern und langfristige Planung ermöglichen.

8.2 Legitimation

Politische Entscheidungen als Ausdruck machtorientierten Handelns bedürfen der Legitimation.[18] Diese ist, wie Max *Weber* betont hat, auf dreifachem Wege möglich: durch Charisma, Tradition und Rationalität.[19] *Rationale* Legitimation ist für moderne Gesellschaften kennzeichnender als Tradition und Charisma und mit der

---

15 Vgl. hierzu insbesondere Hans *Albert*, Traktat über kritische Vernunft, 5. Aufl. Tübingen 1991; ders., Konstruktion und Kritik, 2. Aufl. Hamburg 1975; ders., Traktat über rationale Praxis, Tübingen 1978.
16 Siehe hierzu die von *King* und *Rose* entwickelte Theorie der Regierungsüberlastung: Anthony *King*, Overload: Problems of Governing in the 1970s, in: Political Studies, 23, 1975; Richard *Rose*, Overloaded Government: The Problem Outlined, in: European Studies Newsletter, V, 1975; zur Kritik dieser Theorie siehe Franz *Lehner*, Grenzen des Regierens, Königstein/Ts. 1979.
17 Vgl. Fritz *Scharpf*, Planung als politischer Prozeß, a.a.O., S. 85ff.
18 Vgl. Hermann *Korte*/Bernhard *Schäfers* (Hrsg.), Einführung in Hauptbegriffe der Soziologie, Opladen 1992, S. 122-126.
19 Vgl. Max *Weber*, Die drei reinen Typen der legitimen Herrschaft, in: *ders.*, Gesammelte Aufsätze zur Wissenschaftslehre, Tübingen 1988, S. 475-488; Vgl. hierzu auch Manfred G. *Schmidt*, Demokratietheorien. Eine Einführung, a.a.O., S. 125ff.

Verbreitung der Aufklärung, des Humanismus und der Modernisierung vormals traditionaler Gesellschaften eng verknüpft. Politische Herrschaft beruht in der Moderne auf offenen, legalen Verfahren des Machterwerbs und der Machtausübung im Rahmen der Verfassung. Deren Regeln und machtverteilende Institutionen sichern die Grundlagen rationaler Herrschaft. Die Dynamik der sozialen Entwicklung stellt die Legitimation der Politik indessen vor neue Probleme.

Der gesellschaftliche Wandel löst eine zunehmende Ausdifferenzierung sozialer Teilsysteme aus, die damit zugleich auf steigende Umweltkomplexität reagieren. Mit dieser fortschreitenden Abschottung wachsen die gesellschaftlichen und politischen Kommunikationsprobleme. In dieser Situation steigen die Anforderungen an das politische System bei der Verteilung und Regelung gesellschaftlicher Probleme. Auch wenn seine Institutionen politisch konsensfähige Lösungen finden und durchsetzen, ist noch keineswegs gesagt, dass Funktionseinbußen und unerwünschte Strukturveränderungen vermieden werden.[20] Damit ist über den Rahmen des politischen Nutzenkalküls hinaus die Frage nach der politischen Verantwortung gestellt, die einen Mittelweg zwischen der völligen Fragmentierung der Gesellschaft und politisch-ideologischen Absolutheitsansprüchen nahelegt.

Vorherrschende Perspektive politischer Entscheidungen in der Moderne ist die immer stärkere Durchsetzung des Modells einer postindustriellen Gesellschaft: Nicht mehr Agrarsektor oder Industriesektor, sondern der Dienstleistungssektor ist dominant. Ein stärkeres Gewicht postmaterialistischer Werte, die Individualisierung und Pluralisierung von Lebensstilen und ein anhaltender Trend der Verwissenschaftlichung sind prägende Merkmale postindustrieller Gesellschaften. Dagegen holen die Schwellenländer zunächst den Prozess der Industrialisierung nach, während sich die Entwicklungsländer um eine schrittweise Differenzierung und Modernisierung ihrer Gesellschaften bemühen.

Die postmoderne Gesellschaft ist eine *Informationsgesellschaft*, die durch eine umfassende Ausweitung der wissenschaftlichen Erkenntnis und eine hohe Dynamik technologischer Innovationen gekennzeichnet ist.[21] Die Entwicklung neuer Technologien ermöglicht eine räumliche Dezentralisierung von Wirtschaft und Verwaltung sowie einen schonenden Umgang mit natürlichen Ressourcen. Diesen Vorzügen stehen allerdings die Nachteile einer „dualen Gesellschaft" bzw. einer „Zweidrittelgesellschaft" gegenüber: Die Modernisierung der Gesellschaft allein kann Armut und Ausgrenzung offensichtlich nicht verhindern.

Die gesellschaftliche Entwicklung vollzieht sich in Schüben von Reformen und Innovationen: Neue Produktionsmethoden, Technologien, Organisationsformen und Lebensstile lösen einen langfristigen Wandel aus, der eine Herausforde-

---

20 Vgl. Niklas *Luhmann*, Political Theory in the Welfare State, a.a.O., S. 231-239.
21 Vgl. Hermann *Korte*/Bernhard *Schäfers* (Hrsg.), Einführung in Hauptbegriffe der Soziologie, a.a.O., S. 202f; Rudi Schmiede, Information, Wissen und Gesellschaft, in: Gerhard Gamm/ Andreas Hetzel/Markus Lilienthal (Hrsg.), Die Gesellschaft im 21. Jahrhundert. Perspektiven auf Arbeit, Leben, Politik. Frankfurt, New York 2004, S. 38-48.

rung für eine planvolle Politik und für die Innovationsfähigkeit des Wohlfahrtsstaates darstellt. Damit werden zugleich neue Anforderungen an die demokratische Legitimation politischer Entscheidungen gestellt, die sich nicht mehr im bisherigen Umfang allein auf die klassischen Institutionen der repräsentativen Demokratie als Transmissionsriemen der Legitimitätszuweisung stützen kann.

Soziale Netzwerke sind für die Integrationsfähigkeit eines politischen Systems und für die Qualität der Regierungsweise von grundlegender Bedeutung. Sie beruhen auf dem Vertrauen der Menschen in politische Institutionen wie in die Tragfähigkeit sozialer Beziehungen und stellen das *Sozialkapital* eines Gemeinwesens dar. Es mehren sich Hinweise darauf, dass sich dieses Kapital in den USA und den europäischen Demokratien mehr und mehr verringert.[22] Die Eigendynamik der Dienstleistungsgesellschaft, die Individualisierung der Lebensstile, die Versorgungsleistungen des modernen Wohlfahrtsstaates und die Auswirkungen der neuen Technologien auf das Freizeitverhalten stellen das zugrundeliegende Vertrauen in soziale Netzwerke zunehmend in Frage. Zwar erhöht sich dieses Vertrauen mit steigendem Bildungsstand, der die Intensität von Gruppenmitgliedschaften verstärkt, aber insgesamt nimmt es dennoch unabhängig vom Lebenszyklus ab. In den Industriestaaten findet, vor allem unter dem Einfluss der langfristigen Folgen des Fernsehkonsums auf Erziehung, gesellschaftliche Wertvorstellungen und soziale Kontakte, eine klimatische Veränderung statt, die bürgerschaftliches Engagement abbaut und eine größere Skepsis gegenüber Gesellschaft und Staat schafft.

Soziales Kapital aber ist nichts anderes als bürgerlicher Gemeinsinn, der die repräsentative Demokratie, pluralistische Gesellschaft und marktwirtschaftliche Ordnung erst lebens- und überlebensfähig macht. Auf dieses Erfordernis, dem unter den Bedingungen der Individualisierung moderner Gesellschaften wachsende Bedeutung zukommt, verweisen so unterschiedliche Ordnungstheorien und sozialphilosophische Strömungen wie der *Kommunitarismus*[23], das Leitbild der Sozialen und ökologischen Marktwirtschaft[24] und Vorstellungen eines sozial kontrollierten und ökologisch temperierten Kapitalismus. Diese Perspektiven sind bei aller Unterschiedlichkeit letztlich Interpretationsmuster der bereits von Max *Weber* vertretenen Lehre von individuellen und sozialen Tugenden, die unter den Bedingungen der Moderne neue Aktualität gewinnt.[25] Sie beruhen nicht allein auf Rechtsbeziehungen zwischen einzelnen, sondern auch auf Gemeinschaftswerten,

---

22 Vgl. Robert *Putnam*, Tuning In, Tuning Out: The Strange Disappearance of Social Capital in America, in: PS. Politika Science & Politics, vol. 28, No. 4, 1995, S. 664-683.
23 Vgl. Amitai *Etzioni* (Hrsg.), New Communitarian Thinking. Persons Virtues, Institutions, and Communities, Charlottesville/London 1995; *ders.*, Rights and Common Good: the Communitiarian Perspective, New York 1995; *ders.*, Die Entdeckung des Gemeinwesens. Ansprüche, Verantwortlichkeiten und das Programm des Kommunitarismus, Stuttgart 1995.
24 Vgl. Alfred *Müller-Armack*, Genealogie der sozialen Marktwirtschaft: Frühschriften und weiterführende Konzepte, hrsg. von Ernst *Dürr*, 2. Aufl., Stuttgart 1981.
25 Vgl. Max *Weber*, Gesammelte politische Schriften, hrsg. von Johannes *Winkelmann*, 5. Aufl., Tübingen 1988.

die Solidarität verbürgen. Die Gesellschaft der Moderne, erst recht aber die der Postmoderne, wird ein stärkeres Gefühl der Verpflichtung gegenüber kulturellen und ethischen Grundüberzeugungen verankern müssen.[26]

Die *politische Ethik institutionellen Handelns* zielt auf die Vermittlung von Grundsätzen politischer Gerechtigkeit mit der konkreten Lebenswelt, ständige Aufgabe eines der Idee politischer Freiheit und Gerechtigkeit verpflichteten Staates.[27] Strategien politischer Gerechtigkeit müssen es als ein Grundanliegen der Politik ansehen, die Sicherung von Lebenschancen zwischen den Generationen im Sinne langfristiger Verteilungsgerechtigkeit zu begreifen und den zeitlichen Horizont der politischen Entscheider in der Haushalts- und Umweltpolitik, in der Sozial- und Bildungspolitik entsprechend zu erweitern. Freiheit und Gerechtigkeit als Grundwerte des demokratischen Gemeinwesens setzen solidarisches Handeln zwischen den einzelnen Bürgern und zwischen den Generationen voraus.[28] Bürger*rechte* individuell einzufordern ist in der modernen Gesellschaft auf Dauer nur tragfähig, wenn auch Bürger*pflichten* solidarisch wahrgenommen werden.[29]

Vor dem Hintergrund stetig wachsender Solidaritätsanforderungen steht die Politik vor der Aufgabe, die Solidaritätsressourcen der Gesellschaft gegenüber den klassischen Regelungsmechanismen wie Märkten, politischem Wettbewerb und öffentlicher Verwaltung zu mobilisieren.[30] Diese Ressourcen solidarischen Engagements nehmen im Zeitalter der Individualisierung nicht generell ab, sondern werden eher zwangloser und vielseitiger, aber auch zeitlich begrenzter und unverbindlicher. Wie sehr dieses Engagement damit auf veränderte, vielfältige gesellschaftliche Probleme reagiert, zeigen die gestiegene Zahl von Selbsthilfegruppen und die Erfolge von Modellversuchen privater Unterstützungswerke als Beispiel bürgerschaftlichen Verhaltens im „Dritten Sektor" neben Staat und Wirtschaft.[31] Dieser Sektor besteht in den USA und in den europäischen Demokratien aus Tausenden nichtstaatlicher gemeinnütziger Organisationen und verweist auf die assoziative Komponente moderner Gesellschaften im Sinne staatsbürgerlicher und republikanischer Tradition.

---

26 Vgl. Peter *Koslowski*, Die postmoderne Kultur. Gesellschaftlich-kulturelle Konsequenzen der technischen Entwicklung, München 1987, S. 98.
27 Vgl. Ottfried *Höffe*, Sittlichkeit als Moral und als Recht: eine philosophisch ethische Problemskizze, in: Christoph *Hubig* (Hrsg.), Ethik institutionellen Handelns, Frankfurt a.M./New York 1982, S. 28-55.
28 Vgl. David *Hollenbach*, Virtue, the Common Good, and Democracy, in: Amitai *Etzioni* (Hrsg.), New Communitarian Thinking, a.a.O., S.143-153.
29 Vgl. Maurice *Roche*, Rethinking Citizenship. Welfare, Ideology and Change in Modern Society, Cambridge 1992, insb. S. 239-246.
30 Vgl. Karl Otto *Hondrich*/Claudia *Koch-Arzberger*, Solidarität in der modernen Gesellschaft, a.a.O., S. 8, 115f.
31 Vgl. Peter F. *Drucker*, Neue Realitäten. Wertewandel in Politik, Wirtschaft und Gesellschaft, Düsseldorf/Wien/New York 1989, S. 234ff.; Annette *Zimmer*, Vereine – Basiselement der Demokratie, a.a.O., S. 219.

Im elektronischen Zeitalter verfügen die gesellschaftlichen Gruppen und die einzelnen Bürger über größere Möglichkeiten, sich mit den neuen Instrumenten der Kommunikationstechnologie gegenüber Politik und Verwaltung Gehör zu verschaffen.[32] So demokratisch diese Chancen auch anmuten, weil informationstechnische Zugangsbarrieren mit Hilfe spezialisierter Medien leichter überwunden werden können, so nehmen dadurch nicht nur die kommunikative Vielfalt, sondern auch die Segmentierung der gesellschaftlichen Gruppen zu. Die informationstechnische Spezialisierung von Schichten und Gruppen kann deren wechselseitige Abkapselung noch weiter verstärken und ihr Interesse an übergreifenden Fragen von Politik und Gesellschaft weiter verringern.[33] Umso größere Bedeutung ist solchen gesellschaftlichen Wertvorstellungen und politischen Strategien beizumessen, die diesen Zusammenhalt herstellen.

Dies betont in neuerer Zeit insbesondere der *Kommunitarismus*, der auf die Förderung persönlicher und sozialer Verantwortlichkeit, Kooperation und Ausgleich in sozialen Beziehungen und damit letztlich auf die Interdependenz von Zugehörigkeit und Freiheit zielt.[34] Die Persönlichkeit wird aus seiner Sicht durch soziale Erfahrung erweitert und nicht eingeengt. Demokratie ist nicht nur eine institutionelle Garantie von Pluralität und Dissens, sondern auch ein Instrument kollektiver Willensbildung – verfassungsgebunden und revidierbar –, das gemeinschaftliche Ziele formuliert und verbindliche Entscheidungen durchsetzt.

Auch die Debatte um die Zukunft des Wohlfahrtsstaates lenkt unsere Aufmerksamkeit auf „das moralische Gerüst der Gesellschaft".[35] Dieses Thema ist um so vordringlicher in einer Zeit, in der es darum geht, die Ausweitung der öffentlichen Haushalte zu bremsen, das System der sozialen Sicherung aber nicht gleichzeitig im Kern zur Disposition zu stellen. So ist gerade in diesem Bereich eine Verschiebung auf spätere Generationen bequem und zudem einfach durchzuführen, da Lasten abgewälzt werden können, ohne auf Gegenwehr zu stoßen.[36] Eine Lösung dieses Dilemmas kann darin bestehen, dass Bürger vormals staatliche

---

32 Vgl. Paul *Kevenhörster*, Politik im elektronischen Zeitalter. Politische Wirkungen der Informationstechnik, a.a.O., S. 353ff., 370ff.
33 Vgl. Ithiel de *Sola Pool*, Technologies without Boundaries. On Telecommunications in a Global Age, hrsg. von Eli M. Noam, Cambridge (Mass.)/London 1990, S. 259ff.; Roland *Eckert*/Rainer *Winter*, Kommunikationsmedien und die Herausbildung von Spezialkulturen. Beitrag zur Rationalisierung der gegenwärtigen öffentlichen Diskussion, in: *Presse- und Informationsamt der Bundesregierung (Hrsg.)*, Kommunikationspolitische und kommunikationswissenschaftliche Forschungsprojekte der Bundesregierung (1985-1994). Eine Übersicht über wichtige Ergebnisse, Bonn 1996, S. 369-377.
34 Vgl. Philip *Selznick*, Kommunitaristischer Liberalismus, in: Der Staat, 34. Bd., 1995, Heft 4, S. 487-502; Shlomo *Avineri*/Avner *de-Shalit* (Hrsg.): Communitarianism and Individualism, Oxford 1992; Daniel *Bell*, Communitarianism and its Critics, Oxford 1993.
35 Amitai *Etzioni*, „Hart im Sinkflug", Spiegel-Gespräch, in: Der Spiegel, 10/1996, S. 88; vgl. hierzu auch: James Q. *Wilson*, The Moral Sense, in: American Political Science Review, vol. 87, No. 1, März 1993, S. 1-11.
36 Manfred G. *Schmidt*, Zukunft der Demokratie, in: Zeitschrift für Parlamentsfragen, 4/06, S. 819

Aufgaben wie im Bereich der sozialen Sicherung in Gemeinschaftsarbeit künftig stärker selbst übernehmen.

8.3 Repräsentation

Demokratie in der Moderne bedeutet repräsentative Demokratie in unterschiedlichen Ausprägungen: parlamentarische und präsidentielle Demokratie, Wettbewerbsdemokratie und Konkordanzdemokratie, unitarische und föderale Demokratie. Gemeinsam ist allen Formen die Geltung des Repräsentationsprinzips: Ohne Repräsentation keine Kontrolle politischer Macht und keine Kommunikation zwischen Wählern und Gewählten. Repräsentation ist nach der klassischen Definition Ernst *Fraenkels* „die rechtlich autorisierte Ausübung von Herrschaftsfunktionen durch verfassungsmäßig bestellte, im Namen des Volkes, jedoch ohne dessen bindenden Auftrag handelnde Organe eines Staates oder sonstigen Trägers öffentlicher Gewalt, die ihre Autorität mittelbar oder unmittelbar vom Volk ableiten und mit dem Anspruch legitimieren, dem Gesamtinteresse des Volkes zu dienen und dergestalt dessen wahren Willen zu vollziehen".[37]

Repräsentation ist nur möglich, wenn Einzelinteressen aggregiert werden und eine repräsentative Vertretung von Gruppeninteressen ermöglicht wird. Das Prinzip der Repräsentation erfordert daher ein Geflecht von Institutionen, die diese Interessenvertretung ermöglichen und ein Kommunikationsnetz zwischen Repräsentanten und Repräsentierten aufbauen. Dieses Demokratieverständnis beruht auf den Ideen des *Mandats*, der *Repräsentation* und der *Verantwortlichkeit*.[38] Das erste Prinzip bezeichnet einen Zusammenhang, der auf dem Grundsatz der rechtlichen Vertretung beruht. Das zweite fußt auf der Ähnlichkeit von Interessen und Überzeugungen und das dritte auf dem politischen Zusammenhang der jeweiligen Interessenvertretung. Politische und gesellschaftliche Repräsentation sind eng miteinander verzahnt: Parteien sind politisch um so durchsetzungsstärker, je mehr soziale Gruppen sie integrieren. Je wirksamer sie deren Interessen repräsentieren, umso verlässlicher ist ihre Mitgliederbasis. Diesen Gestaltungsauftrag würden populistisch operierende Parteien ebenso verfehlen wie klassische Weltanschauungsparteien. Stattdessen werden sich die Parteien in der postmodernen Gesellschaft an einem neuen Dienstleistungsethos orientieren und als Instrumente des politischen Dialogs mit den Bürgern verstehen müssen.[39] Nur so können sie einer eskalierenden Diskussion um „Politikversagen" wirksam begegnen und der modernen Demokratie die Chance einer produktiven Weiterentwicklung eröffnen.

---

37 Ernst *Fraenkel*, Deutschland und die westlichen Demokratien, a.a.O., S. 166f.
38 Vgl. Giovanni *Sartori*, Representation. Representational Systems, in: David L. *Sills* (Hrsg.), International Encyclopedia of the Social Sciences, Glencoe (Ill.) 1968, S. 465.
39 Vgl. Helmut *Klages*, Häutungen der Demokratie, Zürich 1993, S. 180f.

Die Repräsentativität der politischen Entscheider ist wichtige Voraussetzung politisch verantwortlichen Handelns. Verantwortlichkeit hat zwei Bedeutungen: die *persönliche* Verantwortlichkeit gegenüber den Wählern und die *funktionale* Verantwortlichkeit für die Einhaltung bestimmter Standards, die eine effektive Regierungsweise gewährleisten. Der Grundsatz der Verantwortlichkeit zielt auf zwei Bedingungen demokratischer Regierungsweise: Eine Regierung muss sich die Folgen politischer Entscheidungen zurechnen lassen und diese gegenüber ihren Wählern verantworten. Sie muss effektiv und kompetent handeln. Beide Erfordernisse bedingen sich gegenseitig. Eine Regierung kann die Interessen der Bevölkerung nur durch zielstrebiges Handeln vertreten, und der Grad an Effektivität macht dieses Handeln zugleich „verantwortlicher".

Das politische Gewicht repräsentativer Institutionen beruht auf der gesellschaftlichen Dynamik funktionaler Differenzierung, die sich aus den historischen Prozessen der Säkularisierung, Kontingenzsteigerung und Zivilisierung ergibt.[40] Grundlage der Repräsentationsbeziehung ist das dem eigenverantwortlichen Handeln von Repräsentanten und Repräsentierten entspringende Konfliktpotential.[41] Konflikte werden dadurch bewältigt, dass die Repräsentanten durch responsives Handeln eine Übereinstimmung mit den Repräsentierten herstellen.[42] Die Repräsentationsbeziehung verfällt, wenn es den Repräsentierten weder durch eine Anpassung ihres Verhaltens noch durch Überzeugung gelingt, die Zustimmung und das Vertrauen der Bürger zu erhalten. Dies ist am ehesten möglich durch ein responsives Verhalten, das sich an den Verhaltenserwartungen der Repräsentierten orientiert und eine weite Spanne umfasst: den substantiellen Kern der Politik, Serviceleistungen im Interesse der Bürger, die entsprechende Zuweisung von Ressourcen in Gestalt finanzieller Leistungen, Infrastrukturmaßnahmen und schließlich symbolisches Handeln zur Festigung des gegenseitigen Vertrauens.

Die politischen Kommunikationsbedingungen moderner Gesellschaften legen ein komplexes Repräsentationsverständnis nahe. Repräsentation bezeichnet dabei ein institutionelles Arrangement, das durch drei Merkmale gekennzeichnet ist:[43]

---

40 Vgl. Helmut *Willke*, Ironie des Staates. Grundlinien einer Staatstheorie polyzentrischer Gesellschaft, a.a.O., S. 315.
41 Vgl. Werner J. *Patzelt*, Abgeordnete und Repräsentation. Amtsverständnis und Wahlkreisarbeit, Passau 1993.
42 Zum Begriff der Responsivität siehe Herbert *Uppendahl*, Repräsentation und Responsivität, in: Zeitschrift für Parlamentsfragen, 1/1981, S. 127; ders., Demokratische Responsivität und kommunale Entscheidungsprozesse – normative und empirische Überlegungen, in: Dietrich *Thränhardt*/Herbert *Uppendahl* (Hrsg.), Kommunikationstechnologien und kommunale Entscheidungsprozesse, München 1982, S. 257-271.
43 Vgl. Werner J. *Patzelt*, Vergleichende Parlamentarismusforschung als Schlüssel zum Systemvergleich. Vorschläge zu einer Theorie- und Forschungsdebatte, in: Zeitschrift für Parlamentsfragen, Sonderband, hrsg. von Winfried *Steffani*/Uwe *Thaysen*, Opladen 1995, S. 355-385.

1. Die Repräsentanten handeln im Interesse der Repräsentierten. Ihr Handeln ist responsiv, d.h. für Wünsche und Forderungen der Bürger ansprechbar, sensibel und reaktionswillig.
2. Zwischen Repräsentanten und Repräsentierten besteht eine konkurrierende Willensbildung. Beide handeln zwar formal voneinander unabhängig. Das so entstehende Konfliktpotential wird aber dadurch bewältigt, dass sich die Freiheit des Mandats mit effizienter politischer Kommunikation verbindet.
3. Repräsentation im demokratischen Verfassungsstaat erfordert die politische Befriedung des durch gesellschaftliche Interessenvielfalt begründeten und institutionell gesicherten Konfliktpotentials. Politische Führungskraft und Responsivität stellen sicher, dass sich die Repräsentierten von den Repräsentanten ernst genommen fühlen.

Das demokratische Prinzip verklammert so die Interessen der Vertretenen durch eine komplexe Repräsentationsbeziehung aus Institutionen, Parteien, Medien und Interessengruppen mit dem Handeln der Repräsentanten.

8.4 Verantwortung

Politische Entscheidungen spiegeln in der modernen Demokratie Tendenzen der Öffentlichen Meinung wider. Die *Responsivität* politischer Entscheidungsprozesse beruht auf zwei Mechanismen:[44] Wahlen verändern einerseits die Zusammensetzung der Regierung und damit den Gehalt politischer Entscheidungen. Zum anderen reagieren Parlamentarier und Parteien auf Trends der Öffentlichen Meinung und berücksichtigen Erwartungen und Reaktionen ihrer Wähler in ihren Entscheidungen. Dies ist die zentrale Aussage des „Gesetzes der antizipierten Reaktionen" (Carl Joachim *Friedrich*).[45] Diese dynamische Wirkung des Repräsentationsprinzips gewährleistet eine Mindestmaß indirekter Kommunikation zwischen Wählern und Gewählten, auch zwischen den Wahlen. Karl R. *Popper* hat diesen Zusammenhang folgendermaßen umschrieben: „Jede Regierung, die man wieder loswerden kann, hat einen starken Anreiz, sich so zu verhalten, dass man mit ihr zufrieden ist. Und dieser Anreiz fällt weg, wenn die Regierung weiß, dass man sie nicht so leicht loswerden kann."[46]

Das „Gesetz der antizipierten Reaktionen" ist keineswegs nur politisches Postulat, sondern tatsächliches Muster politischer Kommunikation. So konnte für die wichtigsten politischen Institutionen der repräsentativen Demokratien der Gegenwart der Nachweis erbracht werden, dass politische Entscheidungen in der Tat auf

---

44 Vgl. James A. *Stimson*/Michael B. *MacKuen*/Robert S. *Erikson*, Dynamic Representation, in: American Political Science Review, vol. 89, 1995, No. 3, S. 543-565.
45 Vgl. Carl Joachim *Friedrich*, Man and his Government, a.a.O., S. 203f.
46 Karl A. *Popper*, Alles Leben ist Problemlösen, a.a.O., S. 208.

Tendenzen der Öffentlichen Meinung reagieren.[47] Veränderte Wählererwartungen werden in ein verändertes Entscheidungsverhalten der Parlamente umgesetzt. Politische Verantwortung wird immer wieder durch den Einfluss der Verbände in Frage gestellt. Verbandseinflüsse sind dann stark, wenn die Autorität politischer Institutionen schwach oder diffus ist.[48] Bilden Parteien mit klarer Programmorientierung und starkem internen Zusammenhalt ein Gegengewicht, wird der Einfluss der Verbände deutlich schwächer. Denn in diesem Fall sind die Interessengruppen gezwungen, sich an die politische Führung zu halten, während sie sonst die Amtsträger der Partei und einzelne Abgeordnete nachhaltiger beeinflussen können. Wegen des wachsenden Einflusses der Massenmedien sowie der Rechtsprechung der Obersten Gerichte auf die politischen Entscheidungen der Massendemokratien ändern die organisierten Sozialinteressen zunehmend die Richtung ihrer Einflussstrategien und suchen mehr als früher die Öffentliche Meinung in ihrem Sinne zu mobilisieren.

Diese Kurskorrektur hat zur Folge, dass mehr politische Themen als früher öffentlich erörtert werden. Hierin kann man einen Legitimitätsgewinn der modernen Demokratie sehen. Andererseits kommen in diesem politischen Kräftespiel am ehesten organisationsstarke Interessen zum Tragen, während Interessen, die nur wenig organisationsfähig, für die politischen und gesellschaftliche Stabilität aber auf Dauer von zentraler Bedeutung sind (Ökologie, Bildungspolitik, Familienpolitik etc.), entsprechend schwächer wahrgenommen werden. Die Politik der neuen sozialen Bewegungen und des neuen, medienwirksamen Massenprotests wirkt dieser Diskrepanz zwar erfolgreich entgegen, indem sie solche Themen überhaupt auf die politische Tagesordnung setzt und überkommene Verhaltensroutinen nachdrücklich in Frage stellt, führt diese Mobilisierung aber häufig nur durch eine an Symbolen orientierte Simplifizierung komplexer politischer Themen herbei. So ist der Preis des direkten Angriffs auf demokratische Defizite das Dilemma demagogischer Vereinfachung.

Gegenüber Verbänden und Medien, insbesondere der Durchsetzungsfähigkeit von Nichtregierungsorganisationen im Bereich des Umweltschutzes, geraten die demokratisch legitimierten Institutionen immer wieder ins Hintertreffen. Eine populistischen Strömungen folgende Politik bleibt jedoch ohnmächtig und büßt an Stimmigkeit, Dauerhaftigkeit und Berechenbarkeit ein. Sie nimmt ihre eigentliche Verantwortung, die Schaffung eines politischen Konsensus für allgemeinverbindliche Entscheidungen, immer weniger wahr.

---

47 Vgl. James A. *Stimson*/Michael B. *MacKuen*/Robert S. *Erikson*, Dynamic Represententation, a.a.O., S. 559f.; Frank *Brettschneider*, Öffentliche Meinung und Politik, a.a.O., S. 223ff.
48 Vgl. James Q. *Wilson*, Political Organizations, a.a.O., S. 337f., 345.

> Politische Verantwortung aber heißt nichts anderes als: politische Führung durch Gestaltung mehrheitsfähiger und langfristig tragfähiger Politikentwürfe für gesellschaftliche Probleme mit umfassendem Regelungsbedarf.

Die praktische Politik steht vor der Herausforderung, zwischen den Gefahren der politisch-opportunen Verdrängung von Problemen und der politisch-ideologischen Verklärung von Einfachlösungen einen diskurs- und konsensfähigen Mittelweg zu beschreiten.

Unter den Bedingungen des technischen Fortschritts, insbesondere dem Vorzeichen anhaltender, durch Medienkonsum und gesellschaftlichen Wandel geförderter Individualisierung, ist dieser Kurs nicht leicht zu verfolgen. Denn die Voraussetzungen der Regierbarkeit moderner Gesellschaften sind bei schwächer werdender Bindungswirkung klassischer politischen Institutionen und fortschreitendem Abbau des Sozialkapitals noch schwerer zu gewährleisten als in früheren Jahrzehnten. Die politische Führung muss ihre Steuerungskapazität zur effektiven, zukunftsorientierten Bewältigung einer größeren Bandbreite gesellschaftlicher Probleme erhöhen und zugleich die Kommunikation mit den gesellschaftlichen Gruppen und Institutionen verbessern.[49] Der Skeptizismus allein ist zwar noch kein politisches Programm der Moderne,[50] aber ein willkommenes Instrument der Entzauberung politischer Ideologien und Mythen, das die Politik der Postmoderne durchsichtiger macht.[51]

8.5 Demokratisches Dilemma

Die Struktur politischer Entscheidungen in der Wettbewerbsdemokratie ist durch eine Verfestigung gegebener Präferenz- und Entscheidungsmuster und einen Kurs schrittweiser Korrekturen gekennzeichnet: die Politik des *Inkrementalismus*.[52] Diese ermöglicht zwar eine Feinabstimmung der Politik in einem gegebenen Rahmen, schließt aber grundsätzliche Kurskorrekturen weitgehend aus. Ist das Modell umfassender, rationaler Entscheidungen eine utopische Perspektive, die widerspruchsfrei Gesamtlösungen anstrebt, so stellt inkrementale Politik nichts anderes dar als die „Kunst des Möglichen" in einem durch ökonomisch-soziale Interessenstrukturen und politisch-administrative Verhaltensroutinen weitgehend

---

49 Vgl. Hans-Dieter *Klingemann*/Richard *Stöss*/Bernhard *Weßels*, Politische Klasse und politische Institutionen, in: *dies.* (Hrsg.), Politische Klasse und politische Institutionen, a.a.O., S. 36.
50 So Ulrich *Beck*, Die Erfindung des Politischen, a.a.O., S. 260ff.
51 Vgl. Thomas E. *Patterson*, Bad News, Period, in: Political Science and Politics, vol. 29, No. 1, 1996, S. 17-20.
52 Siehe hierzu die grundlegenden Arbeiten von Charles E. *Lindblom*, The Science of 'Muddling Through', in: Public Administration Review, vol., 1959, S. 79-88.; *ders.*, Still Muddling, Not Yet through, in: Public Administration Review, vol. 39, 1979, S. 517-526.

verfestigten Politikfeld. Unter diesen Bedingungen ist politische Gestaltung, von tiefgreifenden Krisen und historischen Umbrüchen abgesehen, vielfach nur noch als inkrementale Politik vorstellbar.

Den Gegensatz zu inkrementalen Entscheidungen bilden konzeptionelle Entwürfe, die auf unteilbare Gesamtlösungen zielen.[53] Diesen stehen aber in der politischen Wirklichkeit vielfältige organisatorische Barrieren entgegen. Diese Hindernisse und die Unteilbarkeit der angestrebten Gesamtlösung machen konzeptionelle Politik schwer durchsetzbar und zudem instabil. Einzelmaßnahmen aber fügen sich nicht zu einem umfassenden Programm zusammen. Legitimation und Durchsetzung dieser Maßnahmen werden schließlich dadurch gefährdet, dass sich Einzelentscheidungen, die eine Aufbringung notwendiger Ressourcen erzwingen, nicht in entsprechenden politischen Nutzenkalkülen über ihren jeweiligen „Ertrag" niederschlagen.

Hierin liegt ein *demokratisches Dilemma* begründet: die Diskrepanz zwischen dem interessegeleiteten, ökonomisch-rationalen, kurzfristigen Kalkül der politischen Akteure unter den Handlungszwängen des politischen Wettbewerbs und den Erfordernissen langfristiger Sicherung der Handlungsgrundlagen einer demokratisch verfassten Gesellschaft, die ihr ökonomisches, ökologisches und soziales Kapital nicht aufzehren will. Das Dilemma verweist auf eine ethische Grundlage demokratischer Politik: die Einschränkung des kurzfristigen Nutzenkalküls durch das Gebot langfristiger Existenzsicherung von Wirtschaft und Gesellschaft im Sinne des Prinzips der *Nachhaltigkeit*. Diese ist zugleich ein Erfordernis langfristiger Verteilungsgerechtigkeit der Lebenschancen zwischen den Generationen.

Das Denken in langfristigen Folgeketten politischer Maßnahmen wird aber in der politischen Praxis häufig durch die Orientierung an kurzfristigen Kosten-Nutzen-Kalkülen verdrängt. Ökonomen schlagen daher eine *stärkere Selbst- und Regelbindung* der Politik in der (post-)modernen Demokratie vor.[54] Dazu zählen etwa die Festsetzung einer Obergrenze des staatlichen Verschuldungsspielraums im Sinne des Prinzips der Nachhaltigkeit. In solche institutionellen Regelungen sind alle Ebenen des Staates einzubeziehen. Ausgabenkompetenz sollte entsprechend dem Subsidiaritätsprinzip derjenigen Ebene oder Institution gegeben werden, von der die größte Effizienz bei der Bereitstellung öffentlicher Güter zu erwarten ist. Ferner kann der haushaltspolitische Aktionsradius durch eine degressive Staffelung und ein automatisches Auslaufen von Subventionen („Sunset-Legislation") erweitert werden.

Dem demokratischen Dilemma liegt letztlich eine Ironie des Parteienwettbewerbs zugrunde, denn erfolgreiche Parteienregierungen neigen nicht nur dazu,

---

53 Vgl. Paul R. *Schulman*, Nonincremental Policy Making, in: American Political Science Review, vol. 69, 1975, S. 1354-1370.
54 Vgl. Horst *Siebert*, Odysseus am Mast der Ökonomie, in: Frankfurter Allgemeine Zeitung, 19. April 1997, S. 17.

gesellschaftliche Erwartungen an staatliche Leistungen noch weiter zu steigern, sondern dominieren auch das politische System mit dem Anspruch umfassender Lösungskompetenz, während sie gleichzeitig langfristige Probleme und Lösungsansätze verdrängen.⁵⁵ Je erfolgreicher sie regieren, umso leichter können sie diese vertagen, und je mehr sie vertagen, um so wirksamer verbreiten sie Illusionen politischer Gewissheit. Sie mindern ihre Chancen der Zukunftsgestaltung hierdurch erheblich und werden zudem ihrem politischen Gestaltungsauftrag kaum gerecht. Die Folge: Machtsicherung innerhalb der Parteien wird wichtiger als Programmanspruch und Politikgestaltung. Parteien erscheinen immer mehr nur „machtsuchend" und immer weniger „policy-orientiert."⁵⁶

Die Parteienforschung hat einige Reformvorschläge erarbeitet, die der Lebensfähigkeit und Überzeugungskraft der Parteiendemokratie neue Wege weisen: die Reduzierung der Zahl der Organisationsstufen, die Einsetzung thematischer Arbeitsgruppen, die Öffnung der Kandidatenauswahl für „Seiteneinsteiger", die Begrenzung der Ämterhäufung bei Mandatsträgern und Parteifunktionären, und eine zeitliche Befristung der Parlamentsmandate, etwa auf drei Legislaturperioden.⁵⁷ Innerparteilichen Personalentscheidungen könnten die Vorteile unmittelbarer Mitgliedervoten zugute kommen.⁵⁸ Dies gilt sowohl für eine Reform des Delegiertensystems der Parteien durch eine Direktwahl von Parteitagsdelegierten als auch für die Nominierung von Kandidaten für allgemeine Wahlen. So könnten auch parteiungebundene Bürger eher für eine Mitarbeit in Parteien gewonnen werden.⁵⁹

Die Geschichte des demokratischen Verfassungsstaates ist seit den Ursprüngen der demokratischen Revolutionen in Europa und Amerika eine Geschichte des Schutzes demokratischer Institutionen vor der Unberechenbarkeit und dem Wankelmut der Öffentlichen Meinung. Die Aufgabe der Institutionen repräsentativer Demokratie – Parlamente, Parteien, Regierung, Verwaltung, Gerichte – besteht gerade darin, die Konzipierung und Durchsetzung stimmiger politischer Programme zu ermöglichen, die nicht durchweg dem Räsonnement der Öffentlichen Meinung folgen, wohl aber insgesamt dem Urteil des demokratischen Souveräns unterworfen werden. Dieser Logik des demokratischen Verfassungsstaates laufen alle Bestrebungen einer emphatischen „Politisierung der Weltgesellschaft"⁶⁰ zuwider, die politische Entscheidungen in globalem Maßstab durch öffentlichen,

---

55 Vgl. Richard *Katz*, Party Government and Its Alternatives, in: ders. (Hrsg.), Party Governments: European and American Experiences, Berlin/New York 1987, S. 25; siehe hierzu auch: Erich *Weede*, Economic Development, Social Order, and World Politics, Boulder (Col.)/London 1996.
56 Vgl. Klaus *von Beyme*, Parteien im Wandel, a.a.O., S. 206.
57 Vgl. Ulrich von *Alemann*, Parteien, a.a.O., S. 121ff.
58 Vgl. Karlheinz *Niclauß*, Das Parteiensystem der Bundesrepublik Deutschland, a.a.O., S. 304f.
59 Vgl. Gerd *Hepp*, Wertewandel. Politikwissenschaftliche Grundfragen, a.a.O., S. 41.
60 Ulrich *Beck*, Was Chirac mit Shell verbindet, in: Die Zeit Nr. 37, 8. September 1995, S. 9; vgl. auch *ders.*, Kapitalismus ohne Arbeit, in: Der Spiegel, 20/1996, S. 140-146. In diesem Postulat kommt letztlich ein sozialromantischer Denkstil zum Ausdruck, der eine Neustrukturierung des Politischen jenseits überkommener Milieus und politischer Institutionen fordert.

von Verbänden und Medien inszenierten Meinungsdruck an den Institutionen der repräsentativen Demokratien vorbei zu bestimmen suchen.[61] Hierbei handelt es sich weniger um demokratisch legitimierte Prozesse der Meinungsbildung und Entscheidungsfindung, sondern vielmehr um eine opportunistische „Stimmungsdemokratie", die Politik an den Institutionen vorbei betreibt, gewissermaßen eine spätbürgerliche, populistische Luxusversion utopischer Basisdemokratie.

In der Tradition der politischen Ideengeschichte übertragen Illusionen universeller Teilhabe die vermeintliche Idylle der antiken Stadtstaaten auf die Probleme einer „Weltöffentlichkeit" und suchen so das Vakuum auszufüllen, das die Institutionen der repräsentativen Demokratie bei der Wahrnehmung ihrer obersten Aufgabe hinterlassen: der inhaltlichen Bestimmung des Gemeinwohls. Der starke Druck der „Stimmungsdemokratie" lässt diese immer wieder vor ihrer eigentlichen Verantwortung zurückweichen: nach außen durch populistisch motivierte Führungsverweigerung und nach innen durch strukturelle Verlagerung von Führungsverantwortung. So schieben die postmodernen Parteien Konflikte und Verantwortung zunehmend auf ihre Mitglieder ab. Innerparteiliche Plebiszite aber geraten immer wieder zu grandiosen Täuschungsmanövern. Denn den Parteien ist „zuviel Eindeutigkeit eine Schwäche, die Gestaltung von Mehrdeutigkeit eine Stärke."[62] Fragen politischer Strategie aber sind auch in ihren Grundwerten und Langfristperspektiven demokratisch zu gestalten und zu verantworten. Die repräsentative Demokratie fordert daher von ihren Institutionen Führungsverantwortung. Diese aber setzt Handlungsspielraum, Mut und Risikobereitschaft voraus.

Politik ist nicht nur ein Handwerk des Machterwerbs und Machterhalts, sondern auch Kunst der Zukunftsgestaltung. Die Politikwissenschaft kann politische Entscheidungen und Strukturen durchsichtiger machen und Handlungsperspektiven aufzeigen. In der Aufklärung über die politische Wirklichkeit und in einem vielleicht bescheidenen Rat an eine verantwortliche Politik, die den demokratischen Verfassungsstaat nach den Grundsätzen der Freiheit und Gerechtigkeit gestaltet, besteht ihr fortwährender Auftrag. Die „erste Pflicht", die Alexis *de Tocqueville* vor eineinhalb Jahrhunderten den „Lenkern der Gesellschaft" gewiesen hat, bleibt ihre vorrangige Aufgabe:[63] „Die Demokratie belehren, wenn möglich ihren Glauben beleben, ihre Sitten läutern, ihre Bewegungen ordnen, nach und nach ihre Unerfahrenheit durch praktisches Wissen, die blinden Regungen durch die Kenntnis ihrer wahren Vorteile ersetzen; ihre Regierungsweise den Umständen der Zeit und des Orts anpassen; sie je nach Verhältnissen und Menschen ändern [...]".

---

61 Vgl. Konrad *Adam*, Kein Hirt und eine Herde, in: Frankfurter Allgemeine Zeitung, 12. September 1995.
62 Joachim *Raschke*, Demokratie als Ausrede, in: Der Spiegel, 4/1996, S. 52.
63 Alexis *de Tocqueville*, Über Demokratie in Amerika. Werke und Briefe, Bd. 1, Stuttgart 1959, S. 9.

Politik der Postmoderne

Die Demokratie sieht sich neuen Herausforderungen an ihre Legitimität und die Funktionsfähigkeit gegenüber. Die Ausweitung der Staatsfunktionen im modernen Wohlfahrtsstaat hat eine Verschiebung von negativer zu positiver Steuerung herbeigeführt, die eine zielgerichtete Beeinflussung der gesellschaftlichen Entwicklung anstrebt und eine hohe Lernkapazität des politischen Systems erfordert. Diese beruht auf zwei Pfeilern: Die politischen Systeme müssen ihre Identität und ihre Orientierung auch in Zeiten raschen sozialen Wandels aufrechterhalten.

Die postmoderne Gesellschaft ist eine Informationsgesellschaft, die durch eine Ausweitung wissenschaftlicher Erkenntnis und eine hohe Dynamik technologischer Innovation gekennzeichnet ist. Soziale Netzwerke sind für die Integrationsfähigkeit des politischen Systems und die Qualität der Regierungsweise von grundlegender Bedeutung. Sie beruhen auf dem Vertrauen der Menschen in soziale Institutionen und die Tragfähigkeit sozialer Beziehungen und stellen das Sozialkapital eines Gemeinwesens dar. Die postmoderne Gesellschaft wird, auch durch eine entsprechende Politik ihrer Institutionen, ein stärkeres Gefühl der Verpflichtung gegenüber kulturellen und ethischen Grundüberzeugungen verankern müssen.

Die repräsentative Demokratie beruht auf den Ideen des Mandats, der Repräsentation und Verantwortlichkeit. Verantwortliches Handeln entfaltet sich in zwei Dimensionen: der persönlichen Verantwortlichkeit der Amtsträger gegenüber den Wählern und der funktionalen Verantwortlichkeit für die Einhaltung bestimmter Standards, die eine effektive Regierungsweise gewährleisten. Politische Themen werden mehr als früher öffentlich erörtert. Dieser Legitimitätsgewinn der modernen Demokratie kommt aber im politischen Kräftespiel am ehesten organisationsstarken Interessen zugute. Das politische System muss daher seine Steuerungskapazität zur Bewältigung einer größeren Bandbreite gesellschaftlicher Probleme erhöhen und zugleich die Kommunikation mit den gesellschaftlichen Gruppen verbessern.

Die vorherrschende Tendenz zu politischem Inkrementalismus verstärkt das demokratische Dilemma: die Diskrepanz zwischen dem interessegeleiteten, kurzfristigen Kalkül der politischen Akteure und den Erfordernissen langfristiger Sicherung der Handlungsgrundlagen einer demokratisch verfassten Gesellschaft. Dieses Dilemma verweist auf eine ethische Grundlage demokratischer Politik: die Einschränkung des kurzfristigen Nutzenkalküls durch das Gebot langfristiger Existenzsicherung. Im Gegensatz zur „Stimmungsdemokratie" fordert die Demokratie der Postmoderne von ihren Institutionen Führungsverantwortung, Mut und Risikobereitschaft.

9. Anhang

9.1 Glossar[1]

Absolutismus	Herrschaftsform, bei der ein Monarch ohne Einschränkung über die vollständige, souveräne Ausübung aller Staatsgewalt verfügt
administrativ	zur Verwaltung gehörend, auf dem Verwaltungswege
affektiv	gefühlsbetont
Agenda	politische Fragen, die für die politisch Verantwortlichen zur Entscheidung anstehen
Agenda-setting	Thematisierungskompetenz der Medien, die darüber entscheiden, welche Themen auf die Tagesordnung der politischen und gesellschaftlichen Diskussion gesetzt werden
Aggregation	Verarbeitung und Synthese gesellschaftlicher Interessen zu politischen Handlungsprogrammen
Akkulturation	Vermittlung von Normen der politischen Kultur
Akzeptanz	aktive oder passive Zustimmung zu Entscheidungen, Handlungen und Institutionen
Allokation	Verteilung von finanziellen Mitteln und sonstigen knappen Ressourcen
Anarchie	politische Weltanschauung, die eine Herrschaft von Menschen über Menschen und eine institutionalisierte Ordnung ablehnt
anomisch	unorganisiert, Mangel an sozialer Ordnung
Apathie	politisches Desinteresse, das sich z.B. durch mangelnde politische Beteiligung oder mangelnde politische Verantwortungsbereitschaft ausdrückt

---

1 Das Glossar umfasst wichtige politikwissenschaftliche Begriffe, die im Lehrbuch verwendet werden. Es kann natürlich nur Kurzdefinitionen bieten. Es ist ratsam, sich für das Studium ein politikwissenschaftliches Lexikon anzuschaffen. Besonders empfehlenswert sind dabei die beiden folgenden Titel: Dieter *Nohlen*, Rainer-Olaf *Schultze* und Susanne S. *Schüttemeyer* (Hrsg.), Lexikon der Politik. Bd. 7: Politische Begriffe, München 1998; Klaus *Schubert* und Martina *Klein*, Das Politiklexikon, 2. Aufl., Bonn 2001.

Arrow-Theorem	These, es gebe keine binäre Wahl, die zugleich dem Demokratieprinzip, dem Grundsatz der Einmütigkeit und den Anforderungen kollektiver Rationalität entspricht
Artikulation	öffentliche Vertretung der Forderungen von Interessengruppen und deren Übermittlung an politische Entscheidungsgremien
assoziative Gruppen	Verbände, die spezialisierte, genau umrissene Interessen vertreten und mit dem politischen System verknüpfen
Autoritarismus	politische Herrschaftsform, die durch eine straffe hierarchische Steuerung durch den Staatsapparat gekennzeichnet ist. Die Willensbildung ist dabei monopolisiert, das politische System monistisch
Axiom	ohne Beweis einleuchtender, grundlegender Lehrsatz
Deduktion	Schluß von Allgemeinaussagen auf Einzelfälle
deduktiv	vom Allgemeinen auf das Besondere schließend
deskriptiv	beschreibend
Despotismus	Herrschaftsform, die durch uneingeschränkte Herrschaft eines einzelnen oder von Gruppen und durch Gewalt und Willkür gekennzeichnet ist
Dialektik	sozialwissenschaftlich-philosophische Methode bei der mit Hilfe des dialektischen Dreischritts (These – Antithese – Synthese) systematische Erkenntnisse erworben werden
Diktatur	Herrschaftsform, bei der die demokratischen Rechte abgeschafft sind und die Herrschaft von einer Einzelperson oder Gruppe ausgeübt wird
Dichotomie	philosophische Einteilung nach zwei Gesichtspunkten wie z.B. „gut" und „böse", Gegensatzpaar
Dispositionsthese	Staatsgewalt steht zur Disposition der Bürger und hängt von deren Zustimmung ab
distributive Politik	besteht aus teilbaren Leistungen, die einzelnen Empfängergruppen zugute kommen, ohne dass dies zu Lasten anderer Beteiligter geschieht
Dritter Sektor	zur Zivilgesellschaft gehörender, sozio-ökonomischer Bereich, der zwischen Staat und Markt angesiedelt ist. Hierzu zählen NGOs, Stiftungen, Genossenschaften, Nonprofit-Organisationen und Vereine
Egalitarismus	Lehre von der größtmöglichen Gleichheit aller Menschen und das Streben nach ihrer Verwirklichung
Empirie	Wissenschaftsverständnis, das sich von der Erfahrung und den erfahrbaren Tatsachen leiten lässt und die Behauptung ablehnt, es gebe über den Dingen liegende („ontologische") Annahmen und Ideen
empirisch	auf Erfahrung beruhend

empirisch-analytisch	an empirischer Erfahrung orientierter Erkenntnisbegriff in Verbindung mit exaktem, quantitativem Erkenntnisinteresse
Enkulturation	Identifikation mit gesellschaftlichen Rollen innerhalb des politischen Systems
Estimation	Analyse einer politischen Problemsituation
Etatismus	Politische Weltanschauung, die dem Staat eine alles überragende Bedeutung im wirtschaftlichen und sozialen Leben einräumt und für gewöhnlich mit zentralistischen Staatsauffassungen verbunden ist
Evaluation	Erfassung, Erklärung und Bewertung der Ergebnisse und Wirkungen politischer Entscheidungen
evolutorisch	dauerhaft fortentwickelnd und verändernd
explikativ	erklärend, erläuternd
Faktion	Gruppe innerhalb einer Parlamentsfraktion oder Partei, die sich durch eine gewisse inhaltliche Abgegrenztheit und organisatorische Eigenständigkeit charakterisiert
Föderalismus	politische Herrschaftsform, die auf der weitgehenden Unabhängigkeit politischer Subsysteme beruht, welche aber zusammen ein Ganzes bilden
Funktionen	Handlungen, die der Vorbereitung, Durchsetzung und Rechtfertigung von Entscheidungen dienen
funktionale Äquivalenzen	gleichartige und gleichwertige Beiträge für die Funktionsfähigkeit einer Gesellschaft
Gatekeeper	Perspektive der Nachrichtenselektionsforschung: Bild vom „Pförtner, Schleusenwärter", der darüber entscheidet, welche Themen das Zugangstor der Medien passieren dürfen
Gewalt	physischer oder psychischer Zwang. Die Staatsgewalt bezeichnet die legal angewandten Mittel zur Durchsetzung der Rechtsordnung
Governance-Struktur	dominierende Steuerungsmechanismen im jeweiligen Politikfeld, die Anreize für das Handeln der beteiligten Akteure bereitstellen
Habitualisierung	Ausbildung von sozialen Gewohnheiten
Hedonismus	Auffassung, nach der der Genuss Sinn und Ziel des menschlichen Handelns ist
Hermeneutik	Methode, die versucht, Texte, Reden, Kunst etc. aus Geschichte und Gegenwart verstehend durch schrittweises Eindringen in Sinnzusammenhänge auszulegen
Herrschaft	die Chance, für einen Befehl bei angebbaren Personen Gehorsam zu finden. Jede Herrschaft ist damit auch Macht; nicht jede Macht aber Herrschaft

Holismus	philosophische Weltanschauung, die alle Lebensphänomene aus einem ganzheitlichen Blickwinkel abzuleiten versucht
Hypothese	widerspruchsfreie wissenschaftliche Aussage, deren Gültigkeit nur vermutet wird und noch hinsichtlich ihres logischen und empirischen Wahrheitsgehaltes überprüft werden soll. In der Wissenschaft werden Hypothesen als Annahmen eingeführt, um mit ihrer Hilfe schon bekannte Sachverhalte zu erklären
Ideologie	Weltbild der politischen Akteure, das die Operationswirklichkeit ihres tatsächlichen Handelns und die Perzeptionswirklichkeit ihrer politischen Wahrnehmung umfasst
Identität	interne Zustandsbestimmung des politischen Systems
Identitätstheorie	utopische Identität von Regierenden und Regierten
Impact	Wirkungen der jeweiligen Politikinhalte bei den Adressaten
Implementation	Durchführung rechtsverbindlicher Entscheidungen in Gestalt von Gesetzen, Verordnungen und Erlassen
Induktion	Schluß von Einzelfallbetrachtungen auf systematische Verallgemeinerungen
induktiv	das Allgemeine aus dem Besonderen schließend
Initiation	Identifizierung politischer Probleme
Inklusion/Inklusivität	Berücksichtigung möglichst vieler gesellschaftlicher Interessen durch das politische System
Inkompatibilitätsgebot	verfassungsmäßiger Grundsatz in präsidentiellen Demokratien, der die Unvereinbarkeit von Regierungs- und Parlamentsmitgliedschaft vorschreibt
Inkrementalismus	untereinander nicht abgestimmte politische Einzelmaßnahmen von begrenzter Reichweite
Input	Eingangsgröße des politischen Systems: die Einflüsse der Umwelt auf das gesamte System oder seine Teile
Inside Initiation	Modell der Agendagestalltung, bei dem Interessengruppen Probleme ohne politische Aufmeksamkeit auf die Agenda setzten (z.B. in der Agrarpolitik)
Institutionalisierung	Verfestigung von sozialen Verhaltensmustern zu Handlungsregelmäßigkeiten und Einfügung in ein vorhandenes Normensystem
institutionell	formell und verbindlich regelnd
institutionelle Agenda	Fragen, die von den politischen Entscheidungsträgern beachtet und bearbeitet werden
Integration	Formung einer gesellschaftlichen Einheit

Interdependenz	wechselseitige Abhängigkeit von Akteuren
Interesse	Neigungen, Ziele und Absichten von individuellen und kollektiven Akteuren, die zumeist auf materielle oder immaterielle ökonomische oder politische Vorteile ausgerichtet sind
Interessenartikulation	öffentliche Vertretung der Forderungen von Interessengruppen und deren Übermittlung an politische Entscheidungsgremien
Interessengruppen	Zusammenschlüsse von Bürgern, die durch koordinierte Aktivitäten das politische System zu beeinflussen suchen
intermediär	zwischen zwei Dingen vermittelnd (z.B. zwischen Bürgern und Parlament)
Issue	Thema der Politik, politische Streitfrage
Junktim	Koppelung von Verträgen oder Gesetzesvorlagen; Strukturmerkmal der Konkordanzdemokratie, das einen vielschichtigen Verhandlungsprozess bezeichnet, der mehrere Probleme gleichzeitig angeht, durch wechselseitige, schrittweise Forderungen und Zugeständnisse gekennzeichnet ist und einen Kompromiss jeweils an alle anderen bindet („Paketeschnüren")
Klientelismus	Machtverhältnis, das auf einer auf gegenseitigen Vorteil gerichtete Beziehung zwischen ranghöheren und rangniedrigeren Personen und Organisationen aufgebaut ist
kognitiv	auf Erkenntnis beruhend
Kollektivgut	Gut, das den anderen Personen in einer Gruppe praktisch nicht vorenthalten werden kann, wenn irgendeine Person es konsumiert
Kommune	unterste staatliche Verwaltungseinheit, die mit Selbstverwaltungsaufgaben betraut ist
Kommunikation	Austausch von Informationen und Bewertungen
Kommunitarismus	politische Lehre, die sich gegen Neoliberalismus und Individualismus wendet und eine Rückbesinnung auf gemeinschaftliche Werte fordert
kompetitive Wahlen	Wahlen, bei denen Wahlfreiheit und Auswahlmöglichkeiten gegeben sind
Konflikt	im gesellschaftlichen Leben allgegenwärtige Auseinandersetzungen, die nach ihrer Ursache, Ebene, Erscheinungsform, Intensität, Gewaltsamkeit und Bewältigungsform unterschieden werden
Konkordanzdemokratie	Konfliktregelung durch „gütliches Einvernehmen" zwischen den gesellschaftlichen Gruppen und ihre Vertretung in der Exekutive
Konsens	Übereinstimmung von Strategien und Akteuren in der politischen Entscheidungsfindung
Konservatismus	Weltanschauung, die die herrschende politische Ordnung bewahren will und die Tradition hervorhebt. Die drei wichtigsten Prinzipien des Konservatismus sind Identität, Sicherheit und Kontinuität

Konsolidierung	Verfestigung, Sicherung (z.b. von demokratischen Systemen)
konsekutiv	folgend, auf einander aufbauend
Konsistenz	Beständigkeit
Kontingenz	Möglichkeit (der Dinge, auch anders sein zu können), Optionsvielfalt
Konventionen	gesellschaftlich erwartete Verhaltensmuster
Konversion	Umsetzung politischer Forderungen in verbindliche Entscheidungen
konzertierte Struktur	Zustand eines politischen Systems, das dadurch kennzeichnet ist, dass sich die unterschiedlichen politischen Akteure (Parteien, Verbände etc.) auf eine gemeinsame Problemsicht und ein gemeinsames, abgestimmtes Handeln verständigen
Korporatismus	Beteiligung von Interessengruppen an der Formulierung und Implementation politischer Programme auf der Grundlage von Netzwerken zwischen Regierung, Verwaltung und Verbänden
kritisch-dialektisch	Verbindung historisch-ganzheitlicher, gesellschaftskritischer Analysen mit dialektischen Methoden und emanzipatorischem Erkenntnisinteresse
Kybernetik	wissenschaftliche Forschungsrichtung, die vergleichende Betrachtungen über Steuerungs- und Regelungsvorgänge in Systemen anstellt
Legitimierung	Prozess der Begründung und Absicherung alternativer Entscheidungen und der diese Entscheidungen fällenden Institutionen
latent	unbewusst, indirekt
legal	gesetzlich
Legalität	formale Übereinstimmung eines Handelns mit der geltenden Rechtsordnung
Legitimität	durch Verfassungs- und Wertekonsensus bestimmter Zustand des politischen Systems
liberal	freiheitlich gesinnt
Liberalismus	Politische Weltanschauung, die die Freiheit des Menschen in den Vordergrund stellt und jede Form staatlichen Zwangs ablehnt
Lobbying	Einflussnahme von Interessengruppen auf politische Entscheidungen. Ziele von Lobbying sind vor allem Parteien, Regierungen, Abgeordnete und die Medien
Macht	jede Chance, innerhalb einer sozialen Beziehung den eigenen Willen auch gegen Widerstreben durchzusetzen, gleichviel worauf diese Chance beruht (*Max Weber*)
majoritär	nach dem Mehrheitsprinzip, mehrheitlich
manifest	offensichtlich, deutlich, offenkundig

materialistische Wertorientierung	Orientierung der politischen Einstellung an materiellen Werten (Einkommen, Besitz, Sicherheit)
Meritokratie	Vorherrschaft einer durch Leistung und besondere Verdienste gekennzeichneten Bevölkerungsschicht
Metatheorie	Theorie, die Theorien zum Gegenstand hat
Methode	Vorgehen, um zu wissenschaftlichen Erkenntnissen oder praktischen Ergebnissen zu gelangen. Man unterscheidet quantitative und qualitative Methoden
Monismus	im Gegensatz zum Dualismus sozialwissenschaftlich-philosophische Weltauffassung, die den Bestand der Welt aus einem einzigen Prinzip heraus erklärt
Monitoring	Kontrolle der Durchführung eines politischen Programms
Neokonfuzianismus	auf den Lehren des Konfuzius beruhendes und der Moderne angepasstes Gesellschaftsbild
Nepotismus	Vetternwirtschaft, Begünstigung von Verwandten beim Verleihen von Ämtern
Neue Soziale Bewegungen	Gruppen und Aktivitäten, die sich in erster Linie an postmateriellen Zielen orientieren und sich für den Ausbau der Bürgerrechte, Emanzipation, alternative Lebensstile sowie für Frieden und Umweltschutz einsetzen
Netzwerk	Verflechtung unterschiedlicher politischer Akteure zum Austausch von Ressourcen und zur Formung von Koalitionen
NGO	Nicht-Regierungsorganisationen (Non Governmental Organizations) sind zwischen Markt und Staat angesiedelte politische Akteure, die der Zivilgesellschaft zuzuordnen sind und sich durch ihr intermediäres Handeln zwischen politisch-administrativen Instanzen und „Betroffenen" charakterisieren lassen
Normen	Formelle (z.B. Gesetze) und informelle (z.B. Traditionen) Festlegungen, die das Zusammenleben von Menschen regeln
normativ	Handlungsanweisungen gebend, wertend
normativ-ontologisch	sinnverstehende Forschung mit Orientierung an überzeitlichen Werten und praktischem Erkenntnisinteresse
Oligarchie	politische Ordnungsform, in der eine kleine Gruppe von Personen oder Familien die Herrschaft ausübt
Opposition	Gruppen oder Meinungsträger, die der Regierung entgegentreten und die Gewährleistung von Meinungs-, Presse- und Vereinigungsfreiheit voraussetzen

organisierte Interessen	freiwillig gebildete soziale Einheiten mit bestimmten Zielen, die individuelle, materielle und ideelle Interessen ihrer Mitglieder zu verwirklichen suchen
Orientierung	Beziehung des politischen Systems zu seiner Umwelt
Outcomes	Wirkungen einer politischen Maßnahme, die über den anvisierten Adressatenkreis hinausgehen
Output	Wirkungen des politischen Systems auf seine Umwelt
Outside Initiation	Modell der Agenda-Gestaltung, bei dem Probleme von außen an das politisch-administrative System herangetragen werden
Patronage	System persönlicher Förderung, das auf persönlicher Abhängigkeit beruht, die Personen mit ungleichen Ressourcen zusammenführt; Günstlingswirtschaft
Partizipation	Teilhabe der Bevölkerung am politischen Willensbildungsprozess
parlamentarische Demokratie	Regierungssystem, das durch die Abberufbarkeit der Regierung durch das Parlament und eine enge Verschränkung von Exekutive und Legislative gekennzeichnet ist
peer groups	Kleingruppen gleichaltriger, befreundeter Kinder und Jugendlicher
Persistenz	Beharrung, Beibehaltung, Dauerhaftigkeit
Perzeption	Wahrnehmung
Phänomenologie	in der Philosophie Bezeichnung für die Theorie der Erscheinungen, die die Trennung der Wahrheit vom Schein ermöglicht und damit Grundlage der Empirie ist
plebiszitär	durch eine Volksabstimmung legitimiert
Plutokratie	Herrschaftsform, bei der die Herrschaft durch die reichste Bevölkerungsschicht ausgeübt wird und allein der materielle Besitz Macht und Einfluss garantiert
Pluralismus	Meinungs-, Interessen- und Organisationsvielfalt innerhalb eines politischen Systems
Policy	von Regierung und Parlament ausgewählte und von der Verwaltung umgesetzte politische Handlungsperspektive
Policy-Analyse	systematische Beschreibung und Erklärung der Ursachen und Folgen der Tätigkeit einer Regierung
Policy-Labeling	politische Aufgabenbenennung, die ein Problem durch öffentlichkeitswirksame Etikettierung in den Vordergrund des politischen Interesses rückt und dadurch auf die politische Tagesordnung setzt
Policy-Netzwerk	Zusammenwirken unterschiedlicher Gruppen und Institutionen bei der Entstehung und Durchführung eines politischen Programms

Politics	Prozess der politischen Meinungsbildungs- und Entscheidungsfindung.
Politik	auf das Verhalten anderer bezogenes zweckhaftes Handeln, das mit dem Ziel ausgeübt wird, gesellschaftliche Konflikte verbindlich zu regeln
Politikarena	Bezeichnung für typische Konflikt- und Konsensprozesse innerhalb eines Politikfeldes
Politikwissenschaft	Versuch, methodisch gesicherte Erkenntnisse über das Verhalten politischer Systeme zu gewinnen
Politikzyklus	politischer Prozess von der Problemartikulation über die Formulierung politischer Programme, ihre Umsetzung bis hin zu den Wirkungen
Politische Elite	durch demokratische Auswahlverfahren legitimierte Führungsschicht, die unmittelbaren Einfluss auf die Besetzung politischer Ämter und auf die Substanz politischer Entscheidungen nimmt
Politische Institution	fest organisierter Zusammenhang politischer Handlungsweisen, die eine Funktion im Rahmen eines politischen Systems darstellen
Politische Kommunikation	Steuerungsinstrument, mit dem Signale aus der Außen- und Innenwelt in politische Handlungsstrategien umgesetzt werden
Politische Konditionalität	Koppelung ökonomischer, sozialer, politischer Unterstützung an ein fest definiertes Bündel von Bedingungen (z.B. die Kopplung von Entwicklungshilfe an die Entwicklungsorientierung staatlichen Handelns, Menschenrechte, Marktwirtschaft etc.)
Politische Kultur	subjektive Grundlagen politischer Systeme: Wertorientierungen, Einstellungen und Meinungen, die politisches Handeln bestimmen
Politische Prädispositionen	vorgefestigte politische Einstellungen, Meinungen und Erwartungen
Politische Programme	Formulierung politischer Ziele, Festlegung und Verwirklichung eines gewünschten gesellschaftlichen Zustandes durch administrative Maßnahmen
Politische Sozialisation	Phase, in der politisch bedeutsame Wertvorstellungen vermittelt, Einstellungen zum politischen System geformt, die Stabilität (oder Labilität) politischer Werthaltungen begründet und die Bereitschaft zu demokratischer Beteiligung geweckt wird
Politisches System	Gesamtheit politischen Handelns, die politische Funktionen bestimmten Institutionen und Strukturen zuordnet und Meinungsbildungs- und Entscheidungsprozesse gestaltet
Polity	Politische Institutionen, Normen und rechtliche Rahmenbedingungen
Polyarchie	Herrschaftsform, die sich dem utopischen demokratischen Idealsystem nähert und durch weitgehende Freiheitsrechte und weitestgehende politische Partizipation der Bürger gekennzeichnet ist

Pool-Interdependenzen	wechselseitige Ergänzung gleichartiger Maßnahmen auf einem bestimmten Niveau
präsidentielle Demokratie	Regierungssystem, in dem sowohl Regierungschef (Präsident) als auch Parlament direkt vom Volk gewählt werden und Exekutive und Legislative voneinander unabhängig sind (Beispiele: USA, zahlreiche Staaten in Lateinamerika)
postmaterialistische Wertorientierungen	Orientierung der politischen Einstellung an immateriellen Werten (emanzipative, ökologische, ästhetische Werte)
Präferenzordnung	Bündelung gesellschaftlicher Interessen zu politischen Optionen
qualitative Methoden	Forschungsprozesse, bei denen eine – in der Regel – unstandardisierte Datenerfassung durchgeführt wird, meist mit Hilfe der Hermeneutik und des typologischen Vergleichs.
quantitative Methoden	Forschungsprozesse, in denen eine standardisierte Datenerfassung durch Messen oder Zählen durchgeführt wird und eine Datenanalyse nach mathematisch-statistischen Methoden erfolgt
Rationalität	Vernunft als oberstes Prinzip des Handelns
rational	auf Vernunft beruhend, vernunftmäßig
redistributive Politik	schichtet Kosten und Nutzen von Leistungen zwischen unterschiedlichen Gruppen um: Eine Gruppe erfährt einen Nutzenzuwachs, eine andere einen Verlust
regulative Politik	legt Rahmenbedingungen (Ge- und Verbote) fest und formt so ein bestimmtes Verhalten der Zielgruppen
Regression	Rückbildung, Zurückbewegung
Rekrutierung	Funktion des politischen Systems, welche die Verfügung über politischen, administrativen und fachlichen Sachverstand und damit die personelle Legitimation politischer Entscheidungen durch die Gesellschaft gewährleistet
Responsivität	Bezeichnung für politisches Handeln, das sich gegenüber der Gesellschaft rechtfertigt und auf deren Forderungen eingeht; Empfänglichkeit, Reaktionsbereitschaft von Systemen für Ansprüche und Forderungen
Republik	Staatsform, bei der das Staatsvolk höchste Gewalt des Staates und oberste Quelle der Legitimität ist
Repräsentation	Rechtlich autorisierte Ausübung von Herrschaftsfunktionen durch verfassungsmäßig bestellte, im Namen des Volkes, jedoch ohne dessen bindenden Auftrag handelnde Organe eines Staates oder sonstiger Träger öffentlicher Gewalt, die ihre Autorität mittelbar oder unmittelbar vom Volk ableiten und mit dem Anspruch legitimieren, dem Gesamtinteresse des Volkes zu dienen und dergestalt dessen wahren Willen zu vollziehen (*Fraenkel*)

Ressourcen	natürliche oder gesellschaftliche Quellen der Grundlagen der Reproduktion (z.b. Bodenschätze, Arbeit)
Reziprozität	Wechselseitigkeit; wechselseitige Beeinflussung/Abhängigkeit
Sanktion	belohnende oder bestrafende Reaktion auf bestimmte Verhaltensweisen
Säkularisierung	Überführung kirchlichen Besitzes in die weltliche Hand; Rückgang kirchlichen Einflusses
saturierte Interessen	bereits befriedigte, etablierte Interessen
Senioritätsprinzip	Prinzip des grundsätzlichen Vorrangs des Älteren
sequenzielle Verflechtung	zeitliche Abhängigkeit ähnlicher Leistungen
sezessionistisch	auf Loslösung gerichtet
Soziabilisierung	Phase der politischen Sozialisation, in der die Voraussetzungen individuellen Lebens und Lernens gelegt werden
Sozialisationsagenturen	Wertvorstellungen vermittelnde Institutionen wie Familie, Schule, Parteien, Massenmedien etc.
soziale Anpassung	Konformität mit dem politischen Verhalten anderer
soziale Milieus	Umfeld, in dem eine Person aufwächst oder lebt
Sozialregulative Politik	Politik der Verhaltensnormierung ohne Leistungscharakter
sozioökonomisch	wirtschaftlich-gesellschaftliche Strukturmerkmale
Staat	territorial begrenzter politischer Herrschaftsverband, der das Monopol legitimer physischer Gewalt für sich beansprucht
Steuerung	Zielgerichtete Beeinflussung der gesellschaftlichen Entwicklung
Stratifikationstheorie	Annahme, die Gesellschaft sei horizontal und vertikal in verschiedene Schichten gegliedert
Subsidien	(staatliche) Unterstützungsleistungen
Subvention	zweckgebundene Unterstützung aus öffentlichen Mitteln
Sunset Legislation	Zeitliche Fixierung der Geltungsdauer eines Programms
symbolische Politik	politisches Verhalten, das vorrangig auf die Wirkung von politischen Symbolen (Flaggen, Liedern etc.) setzt, um über fehlendes politisches Handeln hinwegzutäuschen oder Fakten zu überhöhen oder herabzusetzen
Systemic Agenda	Umfasst alle Fragen, die nach Auffassung der Bürger politische Aufmerksamkeit verdienen und legitime Gestaltungsaufgaben von Regierung und Parlament darstellen

Terminierung eines Programms	Zeitliche Befristung eines politischen Programms (Einstellung oder auch die Änderung von Programmteilen)
politikwissenschaftliche Theorien	zusammenhängende, erklärende Aussagen über Ursachen, Ziele und Mittel der Politik und die Interpretation politischer Zustände bzw. politischen Verhaltens bestimmter Individuen und Gruppen. Die einzelnen Aussagen beschreiben und deuten Regelmäßigkeiten sozialen und politischen Verhaltens und lassen sich zu Aussagegebäuden zusammenfügen, die als Theorie bezeichnet werden. Im wesentlichen kommen Theorien fünf Funktionen zu: Selektions-, Ordnungs-, Erklärungs-, Handlungs- und Prognosefunktion
These	allgemein aufgestellter Lehrsatz oder Leitsatz, der als Ausgangspunkt für weitere Argumentationen dient
Topik	Lehre von den Fundstellen; Suche nach überzeugenden Argumenten und Begründungszusammenhängen bei Klärung von Problemen im Bereich praktischer Wissenschaften
Totalitarismus	Herrschaftsform, die durch eine erzwungene Gleichschaltung und völlige Unterwerfung der Beherrschten unter ein diktatorisch vorgegebenes Ziel charakterisiert ist und durch einen umfangreichen Repressionsapparat aufrechterhalten wird
transitive Präferenzordnung	stimmige, in sich widerspruchsfreie Rangordnung von Ansprüchen und Handlungsoptionen
Transformation	Übergang eines Systemzustandes in einen anderen Zustand
Transition	Übergang eines autoritären oder totalitären Systems in einen demokratischen Systemzustand
Transmission	Übertragung, Übermittlung
Transmissionsriemen	Werkzeug, Instrument der Umsetzung
Utopie	politische und soziale Vorstellungen, die die Realitätsbezüge ihrer Entwürfe bewusst oder unbewußt vernachlässigen und politische Leitbildfunktionen einnehmen können
Usurpation	gesetzwidrige Machtergreifung, widerrechtliche Inbesitznahme
Verbände	dauerhaft organisierte Zusammenschlüsse gesellschaftlicher oder wirtschaftlicher Gruppen mit dem Zweck, nach außen gemeinsame Interessen zu artikulieren und direkt oder indirekt auf politische Entscheidungsprozesse Einfluss zu nehmen
Verfassung	Grundordnung eines Staates, die die politische Grundstruktur regelt, das Verhältnis der Staatsorgane und ihre Kompetenzen festlegt und die Grundrechte der Bürger festschreibt. Sie nimmt eine rechtliche Vorrangstellung ein

Volatilität	Flexibilität der Wählerstimmen zwischen zwei aufeinanderfolgenden Wahlen
Wirkungsanalyse	misst politische Programme nach der Durchführung an ihren ursprünglichen Zielen.
Wissenschaft	Prozess methodisch betriebener, prinzipiell intersubjektiv nachvollziehbarer Forschung und Erkenntnisarbeit (Theorie und Praxis) aufgrund eines ursprünglichen, sachbestimmten Wissensdrangs und Wahrheitssuchens; des weiteren auch die Institutionalisierung dieses Bestandes und der zu ihm führenden Bemühungen in ihrer Gesamtheit
Zivilisierung	Erweiterung gesellschaftlicher Handlungsmöglichkeiten
Zivilgesellschaft	autonom handlungsfähige Gesellschaft aktiv am politischen Prozess partizipierender Bürger

9.2 Literaturhinweise

1. Der politische Prozess

Ulrich *von Alemann*/Erhard *Forndran*, Methodik der Politikwissenschaft. Eine Einführung in Arbeitstechnik und Forschungspraxis, 7. überarb. u. erw. Aufl., Stuttgart 2005
Dirk *Berg-Schlosser*/Herbert *Maier*/Theo *Stammen*, Einführung in die Politikwissenschaft, 7. Aufl., München 2003
Ders./Ferdinand *Müller-Rommel* (Hrsg.), Vergleichende Politikwissenschaft. Ein einführendes Handbuch, 3. Aufl., Opladen 1997
Waldemar *Besson*/Gotthard *Jasper*, Das Leitbild der modernen Demokratie. Bauelemente einer freiheitlichen Staatsordnung, Bonn 1991
Klaus *von Beyme*, Die politischen Theorien der Gegenwart, 8. Aufl. Wiesbaden 2000
Ders./Ernst-Otto *Czempiel*/Peter Graf *Kielmansegg*/Peter *Schmoock*, Politikwissenschaft. Eine Grundlegung, Bd. I: Theorien und Systeme, Stuttgart/Berlin/Köln/Mainz 1987
Carl *Böhret*/Werner *Jann*/Marie Therese *Junken*/Eva *Kronenwett*, Innenpolitik und politische Theorie. Ein Studienbuch, Opladen 1988
Bundeszentrale für politische Bildung, Grundwissen Politik, Bonn 1991
Robert A. *Dahl*, Die politische Analyse, München 1973
Karl W. *Deutsch*, Politische Kybernetik, 2. Aufl., Freiburg i. Br. 1970
Mattei *Dogan*/Dominique *Pelassy*, How to Compare Nations. Strategies in Comparative Politics, Chatham (N.J.) 1984
Yehezkel *Dror*, Ist die Erde noch regierbar?, München 1995
Ernst *Fraenkel*, Deutschland und die westlichen Demokratien, 2. Aufl., Frankfurt 1991
Gerhard *Göhler*/Kurt *Lenk*/Herfried *Münkler*/Manfred *Walther* (Hrsg.), Politische Institutionen im gesellschaftlichen Umbruch. Ideengeschichtliche Beiträge zur Theorie politischer Institutionen, Opladen 1990
Hans-Hermann *Hartwich* (Hrsg.), Policy-Forschung in der Bundesrepublik Deutschland. Ihr Selbstverständnis und ihr Verhältnis zu den Grundfragen der Politikwissenschaft, Opladen 1985
Arnold J. *Heidenheimer* u.a., Comparative Public Policy, 3. Aufl., London/Basingstoke 1990

Adrienne *Héritier* (Hrsg.), Policy-Analyse. Kritik und Neuorientierung, Politische Vierteljahresschrift, Sonderheft 24/1993
Hans *Kammler*, Logik der Politikwissenschaft, Wiesbaden 1976
Peter Graf *Kielmansegg*, Das Experiment der Freiheit, Düsseldorf 1990
Norbert *Konegen*, Politikwissenschaft. Eine kybernetische Einführung, Düsseldorf 1973
Hans-Joachim *Lauth*/Christian *Wagner* (Hrsg.), Politikwissenschaft: Eine Einführung, Paderborn u.a. 1994
Gerhard *Lehmbruch*, Einführung in die Politikwissenschaft, 4. unveränd. Aufl., Stuttgart 1971
Franz *Lehner*, Grenzen des Regierens. Eine Studie zur Regierungsproblematik hochindustrialisierter Demokratien, Königstein/Ts. 1979
Hans-Joachim *Lieber* (Hrsg.), Politische Theorien von der Antike bis zur Gegenwart, 2. Aufl., Bonn 1993
Hans J. *Lietzmann* (Hrsg.), Moderne Politik. Politikverständnisse im 20. Jahrhundert, Opladen 2001.
Manfred *Mols*/Hans-Joachim *Lauth*/Christian *Wagner* (Hrsg.) Politikwissenschaft. Eine Einführung, 5. Aufl., Paderborn 2006
Herfried *Münkler* (Hrsg.), Politisches Denken im 20. Jahrhundert. Ein Lesebuch, 5. Aufl., München 2002
Hiltrud *Naßmacher*, Vergleichende Politikforschung. Eine Einführung in Probleme und Methoden, Opladen 1991
Dies., Politikwissenschaft, 5. Aufl., München 2004
Dieter *Nohlen* (Hrsg.), Wörterbuch Staat und Politik, Bonn 1991
Werner J. *Patzelt*, Einführung in die Politikwissenschaft. Grundriß des Faches und studiumbegleitende Orientierung, 5. erg. Aufl., Passau 2003
Rüdiger *Robert* (Hrsg.), Bundesrepublik Deutschland – Politisches System und Globalisierung. Eine Einführung, 3. Aufl., Münster/New York/München/Berlin 2003
Klaus *Schubert*, Politikfeldanalyse. Eine Einführung, Opladen 1991
Helmut *Willke*, Systemtheorie, 2. erweiterte Aufl., Stuttgart/New York 1987
Adrienne *Windhoff-Héritier*, Policy-Analyse. Eine Einführung, Frankfurt a.M./New York 1987
Gerhard *Wuthe*, Die Lehre von den politischen Systemen. Ein Studienbuch in Frage und Antwort, München 1977

2. Politische Sozialisation

Ulrich *von Alemann*, Parteien, Hamburg 1995
Gabriel *Almond*/Sidney *Verba*, The Civic Culture, 4. Aufl., Princeton 1972
Hans-Joachim *Asmus*, Politische Lernprozesse bei Kindern und Jugendlichen. Eine sozialisationstheoretische Begründung, Frankfurt a.m./New York 1983
Ulrich *Beck*, Risikogesellschaft. Auf dem Weg in eine andere Moderne, Frankfurt a.M. 1986
Ders., Die Erfindung des Politischen, Frankfurt a.M. 1993
Günter C. *Behrmann* (Hrsg.), Politische Sozialisation in entwickelten Industriegesellschaften, Bonn 1979
Hans *Bertram*, Jugend heute. Die Einstellungen der Jugend zu Familie, Beruf und Gesellschaft, München 1987
Jean *Blondel*, Comparative Government: an Introduction, 2. Aufl., London 1995
Henry E. *Brady*/Kay Lehmann *Schlozmann*/Sidney *Verba*, Voice and Equality: Civic Voluntarism in American Politics, Cambridge (Mass.) 1995
Hans-Georg *Brose*/Bruno *Hildenbrandt* (Hrsg.), Individualität ohne Ende, Opladen 1988

Bernhard *Claußen* (Hrsg.), Politische Sozialisation in Theorie und Praxis. Beiträge zu einem demokratienotwendigen Lernfeld, München/Basel 1980
Ders./Klaus *Wasmund* (Hrsg.), Handbuch der politischen Sozialisation, Braunschweig 1982
Norbert *Elias*, Die Gesellschaft der Individuen, Frankfurt a.M. 1987
Jürgen *Falter*/Oscar W. *Gabriel* und Hans *Rattinger* (Hrsg.): Wirklich ein Volk? Die politischen Orientierungen von Ost- und Westdeutschen im Vergleich. Opladen 2001
Dieter *Fuchs*, Die Unterstützung des politischen Systems der Bundesrepublik Deutschland, Opladen 1989
Oscar W. *Gabriel* (Hrsg.), Bürgerbeteiligung und kommunale Demokratie, München 1983
Ders., Politische Kultur, Postmaterialismus und Materialismus in der Bundesrepublik Deutschland, Opladen 1987
Dieter *Geulen*, Das vergesellschaftete Subjekt. Zur Grundlegung der Sozialisationstheorie, Frankfurt a.M. 1989
Fred *Greenstein*/Nelson *Polsby* (Hrsg.), Handbook of Political Science, vol 2: Micropolitical Theory, Reding (Mass.) u.a. 1975
Jürgen *Hartmann*, Vergleichende Politikwissenschaft. Ein Lehrbuch, Frankfurt a.M./New York 1995
Wilhelm *Heitmeyer*/Juliane *Jacobi* (Hrsg.), Politische Sozialisation und Individualisierung. Perspektiven und Chancen politischer Bildung, Weinheim/München 1991
Klaus *Hurrelmann*, Einführung in die Sozialisationstheorie. Über den Zusammenhang zwischen Sozialstruktur und Persönlichkeit, 9. Aufl., Weinheim/Basel 2006
Christel *Hopf*/Wulf *Hopf*, Familie, Persönlichkeit, Politik. Eine Einführung in die politische Sozialisation, Weinheim und München 1997
Ders./Dieter *Ulich* (Hrsg.), Neues Handbuch der Sozialisationsforschung, 4. Aufl., Weinheim/Basel 1991
Ronald *Inglehart*, Modernisierung und Postmodernisierung. Kultureller, wirtschaftlicher und politischer Wandel in 43 Gesellschaften, Frankfurt a.M. 1998
Peter Graf *Kielmansegg*, Das Experiment der Freiheit. Zur gegenwärtigen Lage des demokratischen Verfassungsstaates, Stuttgart 1988
Ders./Ulrich *Matz* (Hrsg.), Die Rechtfertigung politischer Herrschaft. Doktrinen und Verfahren in Ost und West, Freiburg/München 1978
Hans D. *Klingemann*/Max *Kaase* (Hrsg.), Wahlen und politischer Prozeß. Analysen aus Anlaß der Bundestagswahl 1983, Opladen 1986
Hans-Peter *Kuhn*, Mediennutzung und politische Sozialisation. Eine empirische Studie zum Zusammenhang zwischen Mediennutzung und politischer Identitätsbildung im Jugendalter, Opladen 2000
Harold *Lasswell*, Psychopathology and Politics, New York 1960
Niklas *Luhmann*, Legitimation durch Verfahren, 4. Aufl., Frankfurt a.M. 1997
Lucian W. *Pye*, Asian Power and Politics. The Cultural Dimensions of Authority, 6. Aufl., Cambridge (Mass.)/London 1995
Ders./Sidney *Verba*, Political Culture and Political Development, 2. Aufl., Princeton 1967
Karlheinz *Niclauß*, Das Parteiensystem der Bundesrepublik Deutschland. Eine Einführung, 2. Aufl. Paderborn u.a. 2002
Stein *Rokkan*/Seymour M. *Lipset*, Party Systems and Voter Alignments: Cross National Perspectives, New York/London 1967
Rupert Graf *Strachwitz* (Hrsg.), Dritter Sektor – Dritte Kraft. Versuch einer Standortbestimmung, Stuttgart 1998
Wolfgang *Rudzio*, Das politische System der Bundesrepublik Deutschland, 7. Aufl., Wiesbaden 2006
Ulrich *Sarcinelli* (Hrsg.), Politikvermittlung und politische Bildung, Bad Heilbrunn 1990

3. Politische Rekrutierung

Gabriel A. *Almond*/G. Bingham *Powell*, Comparative Politics. System, Process, and Policy, 4. Aufl., New York u.a. 2004
Klaus *von Beyme*, Die politische Elite in der Bundesrepublik Deutschland, 2. Aufl., München 1974
Ders., Die politische Klasse im Parteienstaat, Frankfurt a.M. 1993
Jean *Blondel*, Political Leadership. Towards a General Analysis, London u.a. 1987
Wilhelm *Bürklin*/Hilke *Rebenstorf* u.a. (Hrsg.), Eliten in Deutschland. Rekrutierung und Integration, Opladen 1997
James N. *Danzinger*, Understanding the Political World. A Comparative Introduction to Political Science, White Plains (N.Y.) 1996
Mattei *Dogan* (Hrsg.), Pathways to Power. Selecting Rulers in Pluralist Democracies, Boulder/San Francisco/London 1989
Eva *Etzioni-Halevy*, The Knowledge Elite and the Failure of Prophecy, Boston/Sydney 1985
Wolfgang *Felber*, Eliteforschung in der Bundesrepublik Deutschland. Analyse, Kritik, Alternativen, Stuttgart 1986
Jürgen *Gebhardt*/Herfried *Münkler* (Hrsg.), Bürgerschaft und Herrschaft. Zum Verhältnis von Macht und Demokratie im antiken und neuzeitlichen politischen Denken, Baden-Baden 1993
Ferdinand A. *Hermens*, Verfassungslehre, Köln 1968
Dietrich *Herzog*, Politische Führungsgruppen. Probleme und Ergebnisse der modernen Elitenforschung, Darmstadt 1982
Ursula *Hoffmann-Lange* u.a., Konsens und Konflikt zwischen Führungsgruppen in der Bundesrepublik Deutschland, Frankfurt a.M. 1980
Paul *Kevenhörster*/Wulf *Schönbohm*, Zeitökonomie im Management, Opladen 1974
Hans-Dieter *Klingemann*/Richard *Stöss*/Bernhard *Weßels* (Hrsg.), Politische Klasse und politische Institutionen. Probleme und Perspektiven der Elitenforschung, Opladen/Wiesbaden 1991
Thomas *Leif*/Hans-Josef *Legrand*/Ansgar *Klein* (Hrsg.), Die politische Klasse in Deutschland. Eliten auf dem Prüfstand, Bonn/Berlin 1992
Niklas *Luhmann*, Soziale Systeme. Grundriß einer allgemeinen Theorie, Frankfurt a.M. 1984
Pippa *Norris* (Hrsg.), Passages to Power. Legislative recruitment in advanced democracies. Cambridge 1997
Robert *Putnam*, Comparative Study of Political Elites, Englewood Cliffs (N.Y.) 1976
Ders. (Hrsg.), Gesellschaft und Gemeinsinn. Sozialkapital im internationalen Vergleich, Gütersloh 2001
Hilke *Rebenstorf*, Die politische Klasse. Zur Entwicklung und Reproduktion einer Funktionselite, Frankfurt a.M./New York 1995
Wilfried *Röhrich*, Eliten und das Ethos der Demokratie, München 1991
Dieter *Voigt* (Hrsg.), Elite in Wissenschaft und Politik. Empirische Untersuchungen und theoretische Ansätze, Berlin 1987
Wolfgang *Zapf*, Wandlungen der deutschen Elite, München 1965

4. Politische Kommunikation

Samuel H. *Barnes*/Max *Kaase*, Political Action, Beverly Hills/London 1979
Wolfgang *Bergsdorf*, Deutschland im Streß. Politische und gesellschaftliche Herausforderungen nach der Wende, Bonn 1993

Frank E. *Böckelmann* (Hrsg.), Medienmacht und Politik. Mediatisierte Politik und politischer Wertewandel, Berlin 1989
Heinz *Bonfadelli*, Die Sozialisationsperspektive in der Massenkommunikationsforschung, Berlin 1981
Frank *Brettschneider*, Öffentliche Meinung und Politik. Eine empirische Studie zur Responsivität des Deutschen Bundestages zwischen 1949 und 1990, Opladen 1990
Ders., Wahlumfragen. Empirische Befunde zur Darstellung in den Medien und zum Einfluß auf das Wahlverhalten in der Bundesrepublik Deutschland und in den USA, München 1991
Wilhelm *Bürklin*, Wählerverhalten und Wertewandel, 2. Aufl., Opladen 1998
Russell J. *Dalton*, Citizen Politics. Public Opinion and Political Parties in Advanced Industrial Democracies, 3. Aufl., New York 2002
Nils *Diederich*, Empirische Wahlforschung. Konzeptionen und Methoden im internationalen Vergleich, Köln/Opladen 1965
Wolfgang *Donsbach*, Legitimationsprobleme des Journalismus, Freiburg/München 1982
Ders., Die Theorie der Schweigespirale, Köln 1987
Anthony *Downs*, Ökonomische Theorie der Demokratie, Tübingen 1968
Siegfried F. *Franke*, (Ir)rationale Politik? Grundzüge und politische Anwendungen der „Ökonomischen Theorie der Politik", 2. Aufl., Marburg 2000
Werner *Früh*, Medienwirkungen: Das dynamisch-transaktionale Modell. Theorie und empirische Forschung, Opladen 1991
Philipp *Herder-Dorneich*/Manfred *Groser*, Ökonomische Theorie des politischen Wettbewerbs, Göttingen 1977
Douglas A. *Hibbs*, The Political Economy of Industrial Democracies, Cambridge (Mass.)/London 1987
Christina *Holtz-Bacha*/L. Lee *Kaid*, Massenmedien im Wahlkampf, Wiesbaden 2003
Otfried *Jarren*/Ulrich *Sarcinelli*/Ulrich *Saxer* (Hrsg.), Politische Kommunikation in der demokratischen Gesellschaft. Ein Handbuch, Opladen 1998
Garth S. *Jowett*/Victoria *O'Donell*, Propaganda and Persuasion, 4. Aufl., Thousand Oaks 2006
Max *Kaase*/Hans-Dieter *Klingemann* (Hrsg.), Wahlen und politisches System. Analysen der Bundestagswahl 1980, Opladen 1983
Max *Kaase*/Winfried *Schulz* (Hrsg.), Massenkommunikation. Theorien, Methoden, Befunde. Sonderheft der Kölner Zeitschrift für Soziologie und Sozialpsychologie, Opladen 1989
Werner *Kaltefleiter*/Peter *Nißen*, Empirische Wahlforschung. Eine Einführung in Theorie und Technik, Paderborn u.a. 1980
Guy *Kirsch*, Ökonomische Theorie der Politik, Tübingen/Düsseldorf 1974
Franz *Lehner*, Einführung in die Neue Politische Ökonomie, Königstein/Ts. 1981
Arend *Lijphart*, Electoral Systems. A Study of Twenty-Seven Democracies 1945-1990, Oxford/New York 1994
Walter *Lippmann*, Die öffentliche Meinung, München 1964
Niklas *Luhmann*, Die Realität der Massenmedien, 2. Aufl., Opladen 1996
Brian *McNair*, An Introduction to Political Communication, 3. Aufl., London/New York 2003
Herman *Meyn*, Massenmedien in der Bundesrepublik Deutschland, 4. Aufl., Berlin 1994
Stefan *Müller-Dohm*, Medienindustrie und Demokratie. Verfassungspolitische Interpretation – Sozioökonomische Analyse, Frankfurt a.M. 1972
Wolfgang *Neuber*, Verbreitung von Meinungen durch die Massenmedien, Opladen 1993
Elisabeth *Noelle-Neumann*, Die Schweigespirale. Öffentliche Meinung – unsere soziale Haut, 6. erw. Neuauflage, München 2001
Dies., Öffentliche Meinung. Die Entdeckung der Schweigespirale, 4. Aufl., Frankfurt a.M. 1996

Dieter *Oberndörfer* (Hrsg.), Wählerverhalten in der Bundesrepublik Deutschland. Studien zu ausgewählten Problemen der Wahlforschung aus Anlaß der Bundestagswahl 1976, Berlin 1978
Benjamin I. *Page*/Robert Y. *Shapiro*, The Rational Public: Fifty Years of Trends in Americans' Policy Preferences, Chicago 1992
Presse- und Informationsamt der Bundesregierung *(Hrsg.)*, Bericht der Bundesregierung über die Lage der Medien in der Bundesrepublik Deutschland 1994, Drucksache 12/8587 des Deutschen Bundestages, 12. Wahlperiode, vom 20. Oktober 1994
Christian *Raskob*, Grenzen und Möglichkeiten der Verständigung. Politische Kommunikation zwischen Inszenierung und Aufklärung, Frankfurt a.M. 1995
Hans *Rattinger*/Oscar W. *Gabriel*/Wolfgang *Jagodzinski* (Hrsg.), Wahlen und politische Einstellungen im vereinten Deutschland, 2. Aufl., Frankfurt a.M. 1996
Günther *Rüther* (Hrsg.), Politik und Gesellschaft in Deutschland. Grundlagen – Zusammenhänge – Herausforderungen, Köln 1994
Helmut *Scherer*, Massenmedien, Meinungsklima und Einstellung. Eine Untersuchung zur Theorie der Schweigespirale, Opladen 1990
Klaus *Schönbach*, Das unterschätzte Medium. Politische Wirkungen von Presse und Fernsehen im Vergleich, München 1983
Werner *Schulz*/Klaus *Schönbach* (Hrsg.), Massenmedien und Wahlen, München 1983
Winfried *Schulz* (Hrsg.), Medienwirkungen. Einflüsse von Presse, Radio und Fernsehen auf Individuum und Gesellschaft. Untersuchungen im Schwerpunktprogramm „Publizistische Medienwirkungen", Weinheim 1992
Ders., Politische Kommunikation. Theoretische Ansätze und Ergebnisse empirischer Forschung, 2. Aufl., Wiesbaden 2006
Markus *Stöckler*, Politik und Medien in der Informationsgesellschaft. Ein systemtheoretisch basierter Untersuchungsansatz, Münster 1992
Dietrich *Thränhardt*, Geschichte der Bundesrepublik Deutschland, Erweiterte Neuauflage, Frankfurt a.M. 1999
Helmut *Unkelbach*/Rudolf *Wildenmann*/Werner *Kaltefleiter*, Wähler – Parteien – Parlament. Bedingungen und Funktionen der Wahl, Frankfurt a.M./Bonn 1965
Hans-Joachim *Veen* (Hrsg.), Wählerverhalten im Wandel. Bestimmungsgründe und politisch-kulturelle Trends am Beispiel der Bundestagswahl 1987, Paderborn/München/Wien/Zürich 1991
Siegfried *Weischenberg*, Journalistik. Theorie und Praxis aktueller Medienkommunikation, Bd. 2: Medientechnik, Medienfunktionen, Medienakteure, Opladen 1995
Rudolf *Wildenmann*/Werner *Kaltefleiter*, Funktionen der Massenmedien, Frankfurt a.M./ Bonn 1965
Helmut *Willke*, Ironie des Staates. Grundlinien einer Staatstheorie polyzentrischer Gesellschaft, Frankfurt a.M. 1992
Wichard *Woyke*, Stichwort: Wahlen. Wähler – Parteien – Wahlverhalten, 11. aktualisierte Auflage, Wiesbaden 2005

5. Artikulation von Interessen

Ulrich *von Alemann*, Organisierte Interessen in der Bundesrepublik, 2. Aufl., Opladen 1989
Hannah *Arendt*, Was ist Politik? Fragmente aus dem Nachlaß, München/Zürich 1993
Arthur *Benz*/Fritz W. *Scharpf*/Reinhard *Zintl*, Horizontale Politikverflechtung. Zur Theorie von Verhandlungssystemen, Frankfurt a.M./New York 1992
Klaus *von Beyme*, Systemwechsel in Osteuropa, Frankfurt a.M. 1994

James S. *Coleman*, Grundlagen der Sozialtheorie, München 1991
Robert A. *Dahl*, Polyarchy, Partizipation and Opposition, New Haven/London 1971
ders., Dilemmas of Pluralist Democracies. Autonomy vs. Control, New Haven/London 1982
Stephan *Haggard*/Robert R. *Kaufman*, The Political Economy of Democratic Transition, Princeton (N.J.) 1995
Philipp *Herder-Dorneich*, Ökonomische Systemtheorie. Eine kurzgefaßte Hinführung, Baden-Baden 1993
Ronald *Inglehart*, Culture Shift in Advanced Industrial Society, Princetown (N.J.) 1990
Volker *Kunz*/Ulrich *Druwe* (Hrsg.), Handlungs- und Entscheidungstheorie in der Politikwissenschaft. Eine Einführung in Konzepte und Forschungsstand, Opladen 1996
Wolfgang *Merkel*, Systemtransformation. Eine Einführung in die Theorie und Empirie der Transformationsforschung, Opladen 1999
Franz *Nuscheler* (Hrsg.), Dritte-Welt-Forschung. Entwicklungstheorie und Entwicklungspolitik, Opladen 1985
Franz *Nuscheler*/Winfried *Steffani* (Hrsg.), Pluralismus. Konzeption und Kontroversen, München 1972
Heinrich *Oberreuter*/Heribert *Weiland* (Hrsg.), Demokratie und Partizipation in Entwicklungsländern. Politische Hintergrundanalysen zur Entwicklungszusammenarbeit, Paderborn 1994
Mancur *Olson*, Die Logik des kollektiven Handelns. Kollektivgüter und die Theorie der Gruppen, 5. Aufl. Tübingen 2004
Peter J. *Opitz*, Grundprobleme der Entwicklungsländer, München 1991
Adam *Przeworski*, Sustainable Democracy, Cambridge 1995
Robert *Putnam*/Robert *Leonardi*/Rafaella Y. *Nanetti*, Making Democracy Work. Civic Traditions in Modern Italy, Princeton (N.J.) 1993
Austin *Ranney*, Governing. An Introduction to Political Science, 8. Aufl., Upper Saddle River (N.J.) 2001
John *Rawls*, Gerechtigkeit als Fairneß, hrsg. von Ottfried Höffe mit einem Beitrag „Rawls Theorie der politisch-sozialen Gerechtigkeit", Freiburg/München 1977
Geoffrey K. *Roberts*, An Introduction to Comparative Politics, London 1986
Wolfgang *Rudzio*, Das politische System der Bundesrepublik Deutschland, 7. Aufl., Wiesbaden 2006
Eberhard *Sandschneider*, Stabilität und Transformation politischer Systeme. Stand und Perspektiven politikwissenschaftlicher Transformationsforschung, Opladen 1995
Josef *Schmid*, Verbände. Interessenvermittlung und Interessenorganisation, München/Wien 1998
Manfred G. *Schmidt*, Demokratietheorien. Eine Einführung, 3. überarbeitete u. erw. Aufl., Wiesbaden 2006
Otto *Stammer*/Peter *Weingart*, Politische Soziologie, München 1972

6. Aggregation der Interessen

Joel D. *Aberbach*/Robert D. *Putnam*/Bert A. *Rockman*, Bureaucrats and Politicians in Western Democracies, Cambridge (Mass.) 1981, S. 215
Heidrun *Abromeit*, Interessenvermittlung zwischen Konkurrenz und Konkordanz. Studienbuch zur Vergleichenden Lehre politischer Systeme, Opladen 1993
Ulrich *von Alemann* (Hrsg.), Neokorporatismus, Frankfurt a.M./New York 1981
Kenneth J. *Arrow*, Social Choice and Individual Values, 2. Aufl., New Haven (Conn.) 1963
Peter *Bernholz*, Grundlagen der Politischen Ökonomie, 1. Bd., Tübingen 1972

Klaus *von Beyme*, Interessengruppen in der Demokratie, 5. Aufl., München 1980
Ders., Parteien im Wandel. Von den Volksparteien zu den professionalisierten Wählerparteien, Wiesbaden 2000
Erik *Boettcher* u.a. (Hrsg.), Jahrbuch für Neue Politische Ökonomie, Bd. 4, Tübingen 1985
Karl-Dietrich *Bracher*, Zeit der Ideologien. Eine Geschichte politischen Denkens im 20. Jahrhundert, Stuttgart 1982
Paul *Cammack*/David *Pool*/William *Tordoff*, Third World Politics. A Comparartive Introduction, 2. Aufl., Basingstoke/London 2002
Robert A. *Dahl*, Polyarchy. Participation and Opposition, New Haven/London 1971
Warnfried *Dettling* u.a., Die Neue Soziale Frage und die Zukunft der Demokratie, 2. Aufl., München/Wien 1977
Mattei *Dogan* (Hrsg.), Comparing Pluralist Democracies. Strains on Legitimacy, Boulder/London 1988
Oscar W. *Gabriel*/Klaus G. *Troitzsch* (Hrsg.), Wahlen in Zeiten des Umbruchs, Frankfurt a.M. u.a. 1993
Winand *Gellner*/Hans-Joachim *Veen* (Hrsg.), Umbruch und Wandel im westeuropäischen Parteiensystem, Frankfurt a.M. 1995
James D. *Gwartney*/Richard E. *Wagner* (Hrsg.), Public Choice and Constitutional Economics, Greenwich (Conn.)/London 1988
Jürgen *Hartmann*, Vergleichende Politikwissenschaft. Ein Lehrbuch, Frankfurt a.M./New York 1995
Rolf G. *Heinze* (Hrsg.), Verbände und Staat. Vom Pluralismus zum Korporatismus, Opladen 1979
Dietrich *Herzog*/Bernhard *Weßels* (Hrsg.), Konfliktpotentiale und Konsensstrategien. Beiträge zur politischen Soziologie der Bundesrepublik, Opladen 1989
Albert O. *Hirschman*, Abwanderung und Widerspruch, Tübingen 1974
Max *Kaase* (Hrsg.), Politische Wissenschaft und politische Ordnung, Opladen 1986
Richard S. *Katz* (Hrsg.), Party Governments – European and American Experiences, Berlin/New York 1987
Hans-Dieter *Klingemann*/Richard *Stöss*/Bernhard *Weßels* (Hrsg.), Politische Klasse und politische Institutionen. Probleme und Perspektiven der Elitenforschung, Opladen/Wiesbaden 1991
Gerhard *Lehmbruch*, Parteienwettbewerb im Bundesstaat, 3. Aufl. Wiesbaden 2000
Arend *Lijphart*, Democracies. Patterns of Majoritarian and Consensus Government in Twenty-One Countries, New Haven/London 1984
Renate *Mayntz* (Hrsg.), Verbände zwischen Mitgliederinteressen und Gemeinwohl, Gütersloh 1992
Gary J. *Miller*, Managerial Dilemmas: The Political Economy of Hierarchy, Cambridge (U.K.) 1992
Brigitta *Nedelmann* (Hrsg.), Politische Institutionen im Wandel, Sonderheft der Kölner Zeitschrift für Soziologie und Sozialpsychologie, Opladen 1995
Oskar *Niedermayer*, Innerparteiliche Partizipation, Opladen 1989
Heinrich *Oberreuter*, Parteien zwischen Nestwärme und Funktionskälte, Osnabrück 1983
Ders. (Hrsg.), Parteiensystem am Wendepunkt? Wahlen in der Fernsehdemokratie, München/Landsberg 1996
Edward C. *Page*, Political Authority and Bureaucratic Power. A Comparative Analysis, New York u.a. 1992
T. J. *Pempel* (Hrsg.), Uncommon Democracies. The One-Party Dominant Regimes, Ithaka/London 1990

William H. *Riker*, The Theory of Political Coalitions, New Haven 1962
Rüdiger *Robert* (Hrsg.), Bundesrepublik Deutschland – Politisches System und globalisierung. Eine Einführung, 3. Aufl. Münster/New York/München/Berlin 2003
Michael *Roskin*/Robert L. *Cord*/James A. *Medeiros*/Walter S. *Jones*, Political Science. An Introduction, 4. Aufl., Englewood Cliffs (N.J.) 1991
Fritz *Scharpf*, Demokratietheorie zwischen Utopie und Anpassung, Kronberg/Ts. 1975
Kenneth A. *Shepsle*/Mark S. *Bouchek*, Analyzing Politics. Rationality, Behavior and Institutions, New York/London 1997

7. Politische Entscheidungen

Peter *Bachrach*/Morton S. *Baratz*, Power and Poverty. Theory and Practice, New York 1970
Roland *Czada*/Adrienne *Windhoff-Héritier* (Hrsg.), Political Choice. Institutions, Rules, and the Limits of Rationality, Frankfurt a.M./New York 1990
Thomas R. *Dye*, Understanding Public Policy, 10. Aufl., Upper Saddle River (N.J.) 2002
Manfred *Faßler*, Netzwerke. Einführung in die Netzstrukturen, Netzkulturen und verteilte Gesellschaftlichkeit, München 2001
Irene *Gerlach*/Norbert *Konegen*/Armin *Sandhövel*, Der verzagte Staat – Policy-Analyse. Sozialpolitik, Staatsfinanzen, Umwelt, Opladen 1996
Adrienne *Héritier* (Hrsg.), Policy-Analyse. Kritik und Neuorientierung, Politische Vierteljahresschrift, Sonderheft 24/1993
Richard I. *Hofferbert*, The Study of Public Policy, Indianapolis/New York 1974
Carl E. *van Horn*/Donald C. *Baumer*/William T. *Gormley*, Politics and Public Policy, 2. Aufl., Washington D.C. 1992
Charles O. *Jones*, An Introduction to the Study of Public Policy, Moneterey (Cal.) 1984
Paul *Kevenhörster*, Politik im elektronischen Zeitalter. Politische Wirkungen der Informationstechnik, Baden-Baden 1984
ders./Adrienne *Windhoff-Héritier*/Michael *Crone*, Politik in einer neuen Großstadt, Opladen 1980
ders., Politikwissenschaft. Bd. 2: Ergebnisse und Wirkungen der Politik, Wiesbaden 2006
John *Kingdon*, Agendas, Alternatives, and Public Policies, Boston 1984
Edward O. *Laumann*/David *Knoke*, The Organizational State. Social Choice in National Policy Domains, Madison 1987
Judith V. *May*/Aaron B. *Wildavsky*, The Policy Cycle, Beverly Hills (Cal.)/London 1978
Jeffrey L. *Pressman*/Aaron *Wildavsky*, Implementation. How Great Expectations in Washington are Dashed in Oakland; or, why it's Amazing that Federal Programs Work at all. This being a saga of the Economic Development Administration as told by two sympathetic Observers who seek to build Morals on a Foundation of ruined Hopes, 3. Aufl., Berkeley/Los Angeles/London 1984
Paul A. *Sabatier*, Political Science and Public Policy: An Assessment, Atlanta (Ga.) 1989
Fritz W. *Scharpf*, Planung als politischer Prozeß, Frankfurt 1973
Klaus *Schubert*, Politikfeldanalyse. Eine Einführung, Opladen 1991
ders./ Nils C. Bandelow (Hrsg.), Lehrbuch der Politikfeldanalyse, München/Wien 2003
Stella Z. *Theodoulou*/Matthew A. *Cahn* (Hrsg.), Public Policy. The Essential Readings, Englewood Cliffs (N.J.) 1995
Alexis *de Tocqueville*, Über die Demokratie in Amerika (1839/40), München 1976
Günther *Ulrich*, Politische Steuerung. Staatliche Intervention aus Systemtheoretischer Sicht, Opladen 1994
James Q. *Wilson*, Political Organizations, 2. Aufl., Princeton (N.J.) 1995

Adrienne *Windhoff-Héritier*, Politikimplementation. Ziel und Wirklichkeit politischer Entscheidungen, Königstein/Ts. 1980

8. Politik der Postmoderne

Gabriel A. *Almond*/G. Bingham *Powell*/Robert J. *Mundt*, Comparative Politics. A Theoretical Framework, New York 1993
Charles F. *Andrain*, Comparative Political Systems. Policy Performance and Social Change, Armonk (N.Y.)/London 1994
Heinrich *Bußhoff*, Der politische Prozeß. Ein steuerungstheoretischer Versuch, Würzburg 1993
Amitai *Etzioni*, Die Entdeckung des Gemeinwesens. Ansprüche, Verantwortlichkeiten und das Programm des Kommunitarismus, Stuttgart 1995
Agnes *Heller*/Ference *Fehrér*, The Postmodern Political Condition, 2. Aufl., Oxford 1991
Elke *Holst*/Jürgen P. *Rinderspacher*/Jürgen *Schupp* (Hrsg.), Erwartungen an die Zukunft. Zeithorizonte und Wertewandel in der sozialwissenschaftlichen Diskussion, Frankfurt a.M./New York 1994
Christoph *Hubig* (Hrsg.), Ethik institutionellen Handelns, Frankfurt a.M./New York 1982
Helmut *Klages*, Häutungen der Demokratie, Zürich 1993
Peter *Koslowski*, Die postmoderne Kultur. Gesellschaftlich-kulturelle Konsequenzen der technischen Entwicklung, München 1987
Werner J. *Patzelt*, Abgeordnete und Repräsentation. Amtsverständnis und Wahlkreisarbeit, Passau 1993
Robert D. *Putnam* (Hrsg.), Gesellschaft und Gemeinsinn. Sozialkapital im internationalen Vergleich, Gütersloh 2001
Ithiel de *Sola Pool*, Technologies without Boundaries. On Telecommunications in a Global Age, Cambridge (Mass.)/London 1990
Erich *Weede*, Economic Development, Social Order, and World Politics, Boulder (Col.)/London 1996
Wolfgang *Welsch*, Postmoderne Politik als ethischer und politischer Wert, Köln 1988

Hinweis des Verfassers:

Das *Internet* ist in der Politikwissenschaft zu einem unverzichtbaren Rechercheinstrument geworden und wird auch in Zukunft weiter an Bedeutung gewinnen. Studierende der Politikwissenschaft sollten sich daher unbedingt frühzeitig darum bemühen, sich mit den verschiedenen Dienstleistungen des World Wide Webs vertraut zu machen.

In jüngster Zeit ist es im Rahmen von politikwissenschaftlichen Lehrbüchern üblich geworden, umfangreiche Linksammlungen zu den einzelnen Verfassungsorganen, Parteien, Nichtregierungsorganisationen etc. aufzuführen. An dieser Stelle soll bewusst darauf verzichtet werden, da dieses Lehrbuch über mehrere Jahre Verwendung finden soll und sich die Adressen im Internet häufig ändern. Statt dessen sei auf die Linksammlung des Instituts für Politikwissenschaft der Westfälischen Wilhelms-Universität Münster (www.uni-muenster.de/Politikwissenschaft) verwiesen, die über die wichtigsten politikwissenschaftlichen Adressen im Internet informiert und stets aktualisiert wird. Siehe hierzu ferner: Wolfgang *Hecker*/Rainer *Rilling*, Politik im Internet. Eine Suchhilfe mit über 1000 Internetadressen, Köln 1998.

9.3 Personenregister

Adams, J. 58, 298, 322
Aquin, T. von 13
Arendt, H. 218
Aristoteles 13, 16, 32, 37f., 46, 86, 140, 208
Arrow, K.J. 19, 266

Babeuf, F.N. 219
Bakunin, M.A. 86
Banfield, E. 139
Beck, U. 26, 67, 69f., 87, 199, 285, 376, 378
Bentham, J. 86, 256
Bryce, J. 139

Condorcet, J.A. de 266

Dahl, R. 16, 32, 41, 44, 53, 157, 215, 222, 245, 262, 294, 309, 346
Dahrendorf, R. 26, 310
Diderot, D. 140
DiRenzo, G. 126
Durkheim, E. 37, 63

Easton, D. 38f., 41, 68

Fraenkel, E. 46, 103, 155, 217, 222, 273, 390
Friedrich, C.J. 19, 103, 107, 374

Hamilton, A. 14, 32, 155
Hegel, G.W. 166, 277
Hesiod 166
Heuss, T. 184
Hirschman, A.O. 270
Hobbes, T. 31, 86
Hofferbert, R.I. 269, 280f., 288, 319, 322ff.
Hume, D. 14, 155

Jay, J. 7, 14, 32, 155, 178

Kant, I. 16, 32, 169f., 217f., 277
Kaufman, H. 241, 358
Keynes, J.M. 284
Kirsch, G. 206, 261, 313
Kropotkin, P.A. 86

Lasswell, H.D. 16, 47, 94, 118, 126, 317, 321, 341, 360
Leibholz, G. 289
Lerner, D. 246, 321
Lijphart, A. 119, 189, 228, 298, 300, 304, 309, 313

Lipset, S.M. 53, 84f., 90, 147, 191f., 195
Locke, J. 13, 32, 86, 155, 222, 265

Machiavelli, N. 14, 46, 86, 126, 166, 169
Madison, J. 14, 32, 155, 276, 324
Mannheim, K. 30, 97, 183, 195
Marx, K. 43, 86
Maslow, A.H. 138
Michels, R. 120f., 278, 284
Mill, J.S. 86, 256, 265
Montaigne, M.E. de 140
Montesquieu, C. de 13, 140, 221f., 265

Nero, C.D. 169

Ostrogorski, M. 278, 281

Pareto, V. 92, 120f., 125, 147
Parsons, T. 33, 36, 53, 62f., 68, 101, 103, 111
Pascal, B. 140
Platon 37f., 86
Popper, K.R. 14, 123, 374
Putnam, R. 83, 131, 136, 262f., 276, 324, 369

Rawls, J. 223
Ricardo, D. 277
Riker, W. 205, 270, 302, 401
Rokeach, M. 126
Rokkan, S. 26, 85, 87, 90, 195, 246
Rousseau, J.-J. 219, 222
Rusk, D. 150

Sabatier, P.A. 318ff., 325ff., 348
Say, J.B. 277
Seneca, L.A. 166, 169
Siegfried, A. 91, 139, 155, 163, 169, 172, 179, 196, 201, 203, 206ff., 312,
Simmel, G. 63, 93
Smith, A. 231, 277

Tocqueville, A. de 73, 120, 140, 265, 379
Treitschke, H. von 13
Truman, D. 54, 229, 256

Voltaire 140

Weber, M. 16, 30, 32, 43, 100, 113, 117, 147, 233, 276, 306, 312, 367, 369, 386

403

9.4 Sachregister

Abgeordnete 47, 114, 145, 276, 315, 373, 375, 386
Adaption 33
Afrika 98, 235, 239
Agenda Modell 344, 384
AGIL-Schema 33
Akkulturation 91f., 109, 381
Amnesty International 231
Anpassung 19, 33, 36, 144, 149, 287, 310f., 351, 373
– soziale A. 94, 391
Argentinien 98, 247
Arrow-Theorem 267f., 382
ASEAN 135
Asien 98, 108, 235, 239
– Schwellenländer 254, 268
Australien 193, 278, 304
Autoritarismus 53, 123f., 145, 150, 237, 241, 243, 294, 382

Bahrain 289
Belgien 97f., 105f., 227f., 292, 301ff.
Bhutan 289
Bildungsrevolution 290
Brasilien 73
Buddhismus 108
BUND 231
Bürokratie 43, 130, 133, 142, 146, 254, 256, 270, 306, 308, 355

China 97, 118, 142, 145f., 183, 247
– Transformation 146
Condorcet-Paradoxon 267
Conversion 41, 48

Dänemark 97, 105f., 149, 228, 304
Demokratie 12, 26, 28, 32f., 45f., 51, 80ff., 91, 94, 96, 99, 102ff., 112, 114, 117ff., 132f., 140, 144ff., 150f., 155, 157, 161f., 169ff., 182ff., 190ff., 204ff., 209, 213, 217ff., 237ff., 249, 253, 256, 264ff., 269ff., 278ff., 289, 294f., 297, 301, 303, 305, 308f., 312ff., 363, 369ff., 388, 390
– Chancengleichheit 30, 38, 96, 142, 162, 223, 260, 309, 364
– Demokratietheorie 53, 64, 217f., 221, 256, 304f., 307, 310f., 364, 401
– Demokratische Revolution 290, 378
– Differenzprinzip 223
– Dilemma 150, 205, 267, 376f., 380
– Dispositionsthese 224, 382
– Föderalismus 150, 249, 302, 353, 383
– Gewaltenteilung 32, 46, 50, 59, 86f., 95, 150, 156, 169f., 185, 220, 222ff., 238, 245, 278
– Herrschaft 182, 184, 221, 224
– Herrschaftssystem 16, 123
– Identitätstheorie 217, 221f., 384
– Identitätsthese 224
– Integration 89
– Kommunale Selbstverwaltung 245
– Konkordanzdemokratie 119, 291, 298ff., 307, 372, 385
– Konkordanzdiktatur 120
– Konkurrenztheorie 222
– Konsensdemokratie 228
– Liberale D. 33, 244
– Mehrheitsdemokratien 227
– Minderheitenschutz 111, 117, 132, 265
– Opposition 37, 46, 103, 119, 185, 187, 224
– Parlament 224f.
– Partizipation 27, 55f., 73, 75, 80, 83, 86, 93ff., 109, 138, 179f., 183, 192, 215, 236, 238ff., 245f., 271, 279, 283, 308, 364, 388f.
– polyarchische D. 32f.
– Präsidialdemokratie 224f.
– Rechtsstaat 89, 107, 118, 171, 222, 278
– Repräsentation 12, 46, 85, 125, 209, 265, 372ff., 380, 390
– Stabilität 11, 35ff., 52, 61, 64, 68, 72, 75, 84f., 87f., 92, 100, 105, 109, 119, 143, 147, 153, 171, 182f., 187, 191f., 196, 205, 208, 210ff., 215, 217, 236, 241, 244, 248, 263, 300, 304, 307, 325, 337, 375, 389
– Verfassung 14, 28, 32, 34f., 46, 54, 64, 101, 104, 115, 117, 124, 140, 168, 187, 211f., 244ff., 243, 245, 256, 269, 276f., 314, 368, 392
– Wettbewerbsdemokratie 12, 26, 113, 121, 126, 145, 148, 150f., 171, 222, 228f., 233, 248, 262, 264, 268f., 295, 307, 309, 372, 376
– Zufriedenheit 102, 105
Deutschland 22, 26, 28f., 46, 51, 56, 69, 72, 78, 82, 88f., 93, 97ff., 114, 119f., 126, 130ff., 141f., 144f., 148ff., 155f., 161, 165ff., 169, 171f., 178f., 185, 188, 193, 195, 199ff., 210, 212, 216, 220, 222, 227ff., 235, 246,

259, 265, 276, 278, 280ff., 287, 291, 293, 301, 304, 306, 308, 359, 372, 378
– Bundesrepublik 22, 28, 46, 51, 56, 82, 89, 91, 95ff., 105f., 114, 120, 126, 132, 134, 136, 141f., 148f., 165, 171f., 177ff., 185, 188, 193, 195, 199, 200ff., 208, 212, 215f., 220, 222, 227ff., 235, 253, 259f., 278, 280f., 283, 287, 291, 301, 306, 308, 312, 314, 378
– Weimarer Republik 85
– Wahlkampf 167, 173ff., 178, 196, 243
Differenzierung 33, 38, 43, 50, 52f., 55, 95, 100, 113, 125, 151, 156, 180, 183, 203, 218, 220, 232, 249, 298, 315, 364, 368, 373
– funktionale 50
Dominanzzyklus 292
Dritter Sektor 83, 282

Elite 11, 43, 46, 113ff., 118ff., 123ff., 129ff., 137, 139, 141ff., 146f., 150f., 161, 192, 212, 259f., 337, 389
– Auswahl 143
– Differenzierungstheorie 125
– Elitenherrschaft 132, 179
– Elitenkartell 237
– Funktionselite 120, 145, 151
– linkage positions 148
– Machtelite 49, 147
– Stratifikationstheorie 125, 391
– Weltelite 134ff.
– Wertelite 120, 151
– Zirkulation der E. 11, 92, 125, 147f.
Energiepolitik 261, 326
Entwicklungsländer 39, 51, 92, 188, 227, 235f., 238, 246, 248, 273, 286, 289, 293, 304, 320, 368
Entwicklungspolitik 39f., 99, 237, 244f.
– Entwicklungsmodelle 236
– Modernisierungstheorien 87, 194, 246
– Estimation 47f., 59, 383
Europa 56, 68, 84, 90f., 98, 108, 114, 118, 138, 141, 177, 183, 195, 227, 233, 235, 288, 304, 378
– Europäische Union 56, 135
Evaluation 47, 57ff., 360, 362, 383
Evaluationsforschung 57, 322, 359
Externalisierung 94

Finnland 98, 130, 304
Föderalismus 150, 249, 302, 353, 383

Frankreich 97f., 105f., 130, 135, 142ff., 148, 150, 166, 222, 238, 246f., 276, 278, 293, 304, 306, 348
– Französische Revolution 219
– V. Republik 144

Gefangenen-Dilemma 252, 262, 264
Gesellschaft 15ff., 24ff., 29ff., 41ff., 50, 53, 59, 63, 67, 69, 75f., 83ff., 89, 91f., 97, 100, 103f., 109, 111, 113, 115, 118, 120ff., 125f., 131, 147f., 141, 143, 147f., 150ff., 162, 164, 169, 172, 177, 179, 193, 199, 201, 203, 213, 219ff., 231ff., 236, 239, 243, 245, 247f., 262, 265, 268, 273, 277f., 285, 290f., 295, 297, 300f., 304f., 310, 313, 317, 329, 336, 363ff., 368ff., 377, 379f., 383, 390f.
– totalitäre 92
Gesetzgebung 40, 42, 118, 225, 258, 328, 335, 348
Gesundheitspolitik 29f., 325, 344, 355
Gewerkschaften 29, 92, 130, 133, 146, 220, 231, 241f., 242, 245, 247f., 250, 258, 285, 291, 293, 297, 301, 309
Ghana 289
Greenpeace 231
Griechenland 86, 105f., 201, 247
– Antike 13
– Polis 86, 277
– Stoa 86
Großbritannien 78, 93, 97f., 105f., 131, 135, 144, 148f., 199, 201f., 208, 210, 222, 227ff., 276, 278, 282, 284, 293, 304, 306
– Westminster-Modell 226

Handelskammern 247
Handlungssystem 43, 104
Hinduismus 108

Idealtypen 53, 132
Ideologien 31, 62, 64, 72, 75, 90, 109. 157, 172, 186, 211, 282f., 291, 324, 337, 376
Implementation 15, 28, 47ff., 53, 56, 58f., 270, 296, 306, 320, 322, 330, 334, 340, 346, 348, 350ff., 355f., 360, 384, 386
– Implementationsstruktur 353
– Implementationsforschung 57, 322, 330, 350, 355
Indien 98, 118, 188, 226, 286
Industrielle Revolution 288
Industriepolitik 325

405

Industriestaaten 39, 67, 73, 93, 124, 130, 132, 137, 182, 191, 193, 201, 212, 233, 236, 246, 254, 278, 291, 305,. 320, 334, 336, 369
Initiation 47, 59, 352, 384, 388
Inklusion 33, 384
Inkrementalismus 112, 151, 307, 384
Institution 19, 34, 78, 162, 286, 377, 389
– gesellschaftliche 77, 82, 92, 156, 242
– politische 19, 26, 32, 55, 59, 64, 67, 89, 92, 106f., 129, 161, 171, 192, 209, 268, 272, 285, 293, 323, 369, 376
Institutionalismus 31, 52, 117, 324f.
– neuer I. 52, 117, 324
– gesellschaftlicher I. 256, 325
– Institutionentheorie 38
Integration 26, 33, 36, 55ff., 63f., 74f., 85, 89, 107, 115, 118, 121, 133f., 137, 151, 182, 184, 190, 198, 202, 221, 247, 269f., 272f., 284, 290, 292f., 297, 304f., 313, 319, 363, 384
Integrationsparadigma 279
Interdependenz 51, 338, 355, 371, 385
Interessen
– Aggregation 12, 38, 40, 265, 281, 287, 215
– Artikulation 12, 85, 140, 210, 215, 229, 264f.
– Asymmetrie 12, 256, 261, 264, 312
– Interessengruppen 38, 47, 49f., 129, 162, 192, 200, 226, 218, 229, 231f., 245, 247f., 251, 254ff., 262ff., 275, 277, 282, 292, 296ff., 305ff., 310, 15, 320, 344ff., 352, 374f., 385
– Interessenkoalitionen 224, 253, 325f., 337, 357
Irland 97f., 105f., 145, 193, 228, 304
Islam 108
Island 98, 304
Israel 148f., 292, 304
Italien 85, 97f., 105f., 130f., 139, 144, 150, 166, 199, 228, 246, 262, 276, 286, 292f., 304
– correnti 130, 144

Japan 85, 97f., 130f., 143f., 148f., 191, 193, 228, 232f., 247, 278, 286, 292, 304
– habatsu 130, 144

Kalter Krieg 283
Kanada 73, 98, 148f., 193, 199, 303f.
Kartellbildung 311
Kenya 92, 289
Kirchen 29, 83, 92, 133, 201, 250, 272

Kolumbien 298
Kontingenzsteigerung 220, 373
Korea 97, 122, 142
– Südkorea 97, 237, 254
Korporatismus 217, 295ff., 305ff., 315, 386
Kommunikation 11, 30f., 35, 38, 40, 42, 52, 54, 56, 58f., 63, 75, 78, 80, 84, 95, 115, 153ff., 167, 170, 175, 179ff., 206, 213, 216, 241, 287, 301, 332, 335, 372, 374, 376, 380, 385, 389
– gesellschaftliche 157, 181, 213
– Massenkommunikation 156, 160ff., 175, 180
– politische 58, 78, 153, 155ff., 182, 213, 336
– Protest 209ff.
– Schweigespirale, Theorie der 166f.
Kommunitarismus 364, 369, 371, 385
Konfliktregelung 33, 37, 102, 104, 164, 187, 189, 221, 223, 226, 299, 302, 385
Konfuzianismus 108
Konkurrenz 85, 99, 123, 132, 143, 147ff., 155, 154, 182, 222, 259, 271, 275, 278, 280, 285, 292, 299, 303f., 308, 310
Konkurrenzparadigma 279
Kontrolle 31f., 35, 37f., 40, 45, 54, 66, 69, 85f., 103, 113, 155, 160ff., 167, 175, 182, 213, 219, 224, 226, 247f., 262, 271, 276, 288, 311, 314f., 331, 334, 337, 361, 365, 367, 372, 387
Kuwait 289

Lateinamerika 98, 146f., 239, 390
Lebensstile 26, 202, 368f., 387
Legitimation 12, 38, 40, 42, 85, 101, 111, 151, 159, 182, 217, 239, 245, 296, 367, 369, 377, 390
Legitimierung 53, 100, 102ff., 116, 244f., 386
Legitimität 11, 14, 16, 41, 43, 56, 59, 68, 84ff., 100ff., 108, 118, 143, 172, 192, 210, 212, 229, 245f., 273, 278, 280, 307, 346, 363, 380, 386, 390
Libanon 298, 303
Liberia 289d
Litauen 98
Luxemburg 97, 105f., 201, 228, 293

Malaysia 120, 188, 226, 298, 303
Mandat-Modell 281
Marktgleichgewicht 211
Markttheorie 271
Marxismus 219

Massenmedien 48ff., 72f., 79, 82, 93, 127, 141, 156, 158ff., 191, 213, 216, 232f., 246, 248, 261, 286, 291, 311, 348, 375, 391
– agenda-setting 343ff., 381
– Funktion 164
– Gatekeeper 136, 163, 383
– Wirksamkeit 31, 129, 163, 171
Mexiko 98, 146, 286
Minimalstaat 52
Mobilisierung 70, 81f., 85, 111, 135, 191, 197, 223, 236, 243, 264, 278, 282, 298, 335, 341, 375
Modernität 55, 215, 363
Monismus 217, 387

NAFTA 135
Naher Osten 98, 118, 147, 289
NATO 135
Neokorporatismus 302, 304ff.
Nepotismus 131, 387
Netzwerke 57, 108, 113, 129, 143, 156, 181, 194, 217, 262f., 276, 291, 295, 297, 306, 315, 325, 334, 369, 380
– Netzwerkanalyse 325, 354
Neue Politische Ökonomie 207, 266, 269f., 309, 315
Neuseeland 148, 193, 304
Niederlande 82, 98, 105f., 130, 199, 227, 281, 298, 300ff.
Nigeria 97, 226, 298, 303
Nordamerika 98, 131
Nord-Süd-Konflikt 135
Norwegen 98

OECD 135
Öffentliche Güter 259
Öffentlichkeit 11, 40, 42, 48, 56, 66, 83, 141, 155f., 158ff., 175f., 180, 192, 213, 287, 310ff., 315, 330, 338
Ordnungspolitik 12, 133, 308, 313ff.
Österreich 72, 78, 130, 175, 199, 210, 247, 298f., 301ff.

Parteien
– Aggregationsfunktion 12, 215, 217, 277, 282, 289, 334
– Allerweltsparteien 287, 289
– Faktionalismus 286
– Issue-Kompetenz 72, 197
– Massenintegrationsparteien 117, 124, 174, 201, 280, 287
– Mitgliedschaft 96, 129, 135, 225, 231, 296

– Parteidifferential 207
– Parteienstaat 89, 107, 114, 117, 282, 285, 396
– Parteienstruktur 278, 286
– Parteiensysteme 82, 89f., 188, 190, 194ff., 199f., 209, 227, 241, 249, 285f., 290ff.
– Parteienwettbewerb 260, 280f., 287, 299, 346
– Parteiidentifikation 70, 78, 106, 197ff.
– Parteiprotest 205
– Parteitage 283
– Parteiverdrossenheit 200
– Volksparteien 95, 124, 200f., 279, 283f., 287, 289
– Wahlforschung 20f., 90, 182, 189f., 194ff., 204f.
– Weltanschauungsparteien 372
Patronage (Klientelismus) 140
Philippinen 226
Pluralismus 36f., 53, 117, 132, 138, 155, 157, 217ff., 238f., 256, 259, 262, 264, 295ff., 305f., 312, 317, 388
Polen 73, 97f., 124
Politik
– Beruf 11, 111, 113, 145
– Dynamik 22, 24ff., 33, 59
– Ideologie 30f., 62, 64, 72, 75, 90, 109, 157, 172, 186, 211, 282f., 291, 324, 337, 376
– Inhalte 12, 14, 16, 23, 26ff., 35, 45, 47, 70, 75, 109, 180, 317, 332, 362
– Konsens 24, 27f., 45, 69, 101, 104, 132, 177, 186, 211, 218, 222, 244, 265, 273, 283, 297, 305, 336f., 366, 385
– Macht 14, 16, 27f., 30f., 35, 37, 45, 50, 54f., 57, 66, 81, 85f., 101, 103, 108, 120f., 124, 130, 135, 140, 146, 155, 157, 164, 169, 182, 184, 186, 192, 205, 211, 219, 221f., 228, 237, 239, 243f., 248, 256f., 268, 278f., 282, 284, 311, 324, 327, 341, 353, 372, 383, 386, 388
– Normen 15, 22, 25, 28ff., 41, 43, 63, 65, 70, 72, 75, 80, 90, 92, 102, 109, 142, 153, 156, 168, 192, 262f., 277, 314, 317, 332, 381, 387, 389
– policy 27f., 41, 47, 52, 317, 321, 356
– Policy-Analyse 35, 47, 53, 317ff., 325, 330ff., 339, 341f., 351ff., 359, 361f., 388
– policy impacts 47, 317
– Policy-Loyalitäten 334
– Policy-Netzwerk 12, 333f., 362, 388
– policy outcomes 47
– Policy Output-Forschung 322
– politics 14, 27ff.,53, 321
– Politikarena 12, 333, 335ff., 362, 389

- Politikdimensionen 23
- Politikergebnis 48, 307, 324, 356
- Politikformulierung 47f., 279, 281, 324, 333, 337, 340, 343, 346, 349f., 362
- Politikwirkung 48, 356
- polity 27ff., 52, 321
- Statik 11, 22, 25f., 59, 305
Politikverdrossenheit 106
Politikwissenschaft 13ff.,
- Politikfeldfoschung 19
- Vergleich 19
Politikzyklus 12, 14f., 50, 54, 57, 340ff., 346, 349, 356f., 359, 362, 389
- Agenda-Gestaltung 340, 343ff., 362, 388
- Evaluierung 47, 340ff., 359f.
- Implementierung 28, 47ff., 53, 56, 58f., 270, 296, 306, 320, 322, 330, 334, 340, 346, 348, 350ff., 355ff., 360, 384, 386
- Monitoring 361, 387
- Politikformulierung 47f., 279, 281, 324, 333, 337, 340, 343, 346, 349f., 362
- Problemdefinition 48, 340ff., 357, 362
- Terminierung 346, 356f., 392
- Wirkungsanalyse 360
Politische Kultur 36, 64, 72, 88, 91, 99, 196, 389
- Bürgerinitiativen 72, 75, 91, 94f., 121, 212, 245, 253, 285, 290, 292, 311
- Bürgerkultur 64
- Staatsbürgerkultur (civic culture) 106
Politische Programme 12, 231, 327f., 362, 389
- distributive P. 329, 339, 362, 382
- Durchsetzung 53, 56, 340
- Formulierung 362, 389
- redistributive P. 329, 390
- regulatorische P. 328f., 336
- Steuerung 365f.
Politischer Prozess 16, 27, 29, 213, 256, 383
- Estimation 47f., 59, 383
- Evaluierung 47, 340ff., 359f.
- Implementation 28, 47ff., 53, 56, 58f., 270, 296, 306, 320, 322, 330, 334, 340, 346, 348, 350ff., 355ff., 360, 384, 386
- Initiation 47, 59, 352, 384, 388
- Rückkopplung 39, 41f., 47, 161, 182, 280, 283
- Selektion 20, 47, 59, 116, 166, 180
- Terminierung 346, 356f., 392
Politisches System 42f.,51, 56, 91, 298, 289
- Autorität 16, 38, 68, 278
- Effizienz 56
- Entscheidungsfähigkeit 37, 279, 366

- Entscheidungssystem 12, 311, 322
- Funktionen 38ff.
- Gestaltung (conversion) 41, 48
- input 41f., 50, 59, 273ff., 295
- Integrationsfähigkeit 36f., 309, 315, 369, 380
- konventioneller Organisationsansatz
- Makroanalyse 50
- Metasystem 52
- Mikroanalyse 50
- output 356
- Personalselektion 37, 286
- Problemverarbeitung 35, 41, 47
- Regelung politischer und sozialer Konflikte 37
- Rückkopplung (feedback) 39, 41f., 47, 161, 182, 280, 283
- Sozialsystem 34, 52, 212
- Subsysteme 34f., 52, 153, 157, 306, 311, 326, 383
- Systemeffektivität 105
- Systemzufriedenheit 105
Portugal 105f., 201
Postmaterialismus 99, 291
Postmoderne 12, 363f., 370, 376, 380

Qatar 289

Rational Choice 203, 206
Rechtsprechung 40, 42, 46, 226, 375
Reformation 288
Regelanwendung 59
Regelsetzung 40, 55, 59
Regierung
- Regierungsstruktur (Governance Structure) 325
- Regierungssystem 49, 129, 140, 144, 188, 215, 224, 226, 249, 293, 298, 388, 390
Rekrutierung, politische
- Ämterwechsel 136f.,
- Auslesekanäle 41, 92, 121, 125, 129, 136f.
- Inklusivität 112, 151, 307, 384
- Muster der 11, 136ff.
- Qualifikationsprofile 136f.
- Repräsentativität 112, 151, 373
- Zugangsbarrieren 136f., 371
Repräsentation 12, 46, 85, 125, 209, 265, 372ff., 380, 390
Responsivität 41, 50, 91, 113, 116, 165, 212, 215, 373f., 390
Rollen 19, 24, 40, 43, 62f., 109, 113, 129, 151, 153, 182, 184, 192, 273, 277, 292, 364, 383

– Konflikte 114, 361
Rom 14
– Antike 13f., 86
– Römisches Recht
Russland 97, 135, 247

Säkularisierung 154, 200, 220, 373, 391
Saudi-Arabien 289
Schweden 98, 130, 276, 292
Schweiz 82, 87, 193, 298, 300ff.
Selektion 20, 47, 59, 116, 166, 180
Singapur 254
Skandinavien 278
Skeptizismus 376
Sowjetunion 98, 123, 239, 242
Sozialisation
– Enkulturation 62, 65, 109, 383
– Familie 61, 73ff., 90, 92, 109, 131, 154, 172, 202, 242, 277, 391
– Generationseffekt 70
– Idealisierung 69
– Individualisierung 26, 66f., 69, 154, 201, 263, 368ff., 376
– Individualisierungsthese 76
– Institutionalisierung 52, 69, 101, 129, 244, 287, 298, 334, 382
– intermediate period model 77
– Kristallisationshypothese 68
– latente S. 74, 83
– Lebenszykluseffekt 70
– Lernen 73f., 77, 80, 109, 154
– manifeste S. 74, 83
– Modell des frühen Lernens 77
– peer groups 83, 109, 388
– Personalisierung 69, 140, 166, 173ff., 213
– Persönlichkeitssystem 63, 109
– Politikvermittlung 69, 71, 95, 113ff., 159, 174, 279
– politische S. 61ff., 73f., 109
– Politisierung 69, 78, 81, 193, 223, 232, 378
– primacy model 77
– recency model 77
– Schule 22, 73f., 77, 79, 81, 83, 92, 109, 172, 301
– sekundäre S. 62, 109
– Soziabilisierung 62, 109, 391
– Transmissionsthese 77f.
Sozialisierung 81, 91f.
Sozialkapital 83, 262f., 369, 380
Sozialleistungen 306, 321, 330

Soziologie 24, 33f., 36, 62ff., 69, 78, 84, 93, 100, 144, 153, 167, 175, 188, 191f., 217, 256, 274, 283, 293, 367f.
Sozialpolitik 104, 165, 306, 309, 321, 325, 344, 353, 356, 359
Sozialwissenschaften 14, 24
Spanien 98, 105f., 247
Statusanhebung 33
Strukturerhaltung 33, 35f.,
Südafrika 73, 98, 286, 289
Sunset legislation
Systemtheorie 15, 24, 35f., 43, 85, 154, 158, 219, 271, 277

Taiwan 254
Tanzania 92, 289
Tarif-
– Autonomie 272, 306, 309, 332
– Partner 314
Technologiepolitik
Termination 47, 59, 357
Thailand 146, 237
Theorie
– Theoriebildung 18, 20, 37, 319
– empirisch-analytische 22f.
– kritisch-dialektische 22f.
– Makrotheorien 54, 321
– T. mittlerer Reichweite 23, 54
– normativ-ontologische 22f.
– politische 13, 20, 26, 28, 68, 218, 222, 252, 363
– politikwissenschaftliche 19f.
– strukturell-funktionale 33, 53
– Wissenschaftstheorie 16
Theorie der Koalitionen 302
Theorie des Wettbewerbsvorsprungs (salience theory) 280
Theorie politischer Koalitionen 270
Transitionsforschung 238
Transmissionsparadigma 279
Trittbrettfahrer 251
Tschechoslowakei 98

Umweltschutz 249, 253, 288, 290, 326, 333, 355, 387
Ungarn 98
Unternehmer 127, 258
Uruguay 298, 303
USA
– Demokraten 129
– Federalist Papers 32, 155
– Gridlock 226

409

- Log-Rolling 336
- New Deal 360
- Pork Barrel 336
- Republikaner 129
- Watergate-Affäre 176
Verantwortung 12, 119, 127, 288, 298, 301, 305, 364, 368, 374ff., 379
Verbände
- Interessenvermittlung 272ff., 295 ff.
- Landwirtschaftsverbände 248
- pressure group 229, 256
Vereine 56, 83, 231, 253, 370, 382
Verteilungskoalitionen 253ff.

Wahlen
- Duvergers Gesetz 187f.
- Parlamentsfunktionen 144, 186
- Wahlbeteiligung 11, 91, 190, 192ff., 200, 203, 205f.
- Wahlenthaltung 191, 193, 203, 205, 207
- Wahlentscheidung 21, 165, 173, 187, 190, 194, 196f., 200, 203f., 207, 339
- Wählerverteilung 207f.
- Wahlökologie 194
- Wahlsystem 117, 124, 149, 187, 228
- Wahlverhalten 11, 74, 78, 91, 104, 173, 183, 190, 193, 196f., 201ff., 206, 323
Wertgeneralisierung 33
Wohlfahrtsstaat 43, 52, 73, 99, 151, 257, 293, 336, 353, 355, 380

Zaire 289
Zielerreichung 33, 36
Zielfindung 81, 281, 282
Zivilgesellschaft 309, 382, 387
Zivilisierung 220, 373
Zypern 298, 303

Neu im Programm Politikwissenschaft

Thomas Jäger / Alexander Höse / Kai Oppermann (Hrsg.)
Deutsche Außenpolitik
2007. 638 S. Br. EUR 34,90
ISBN 978-3-531-14982-0

Dieser als Textbook konzipierte Band bietet eine umfassende Bestandsaufnahme der wichtigsten Handlungsfelder der deutschen Außenpolitik. Die Systematik folgt der in der Politikwissenschaft etablierten Dreiteilung der Politik in die Sachbereiche Sicherheit, Wohlfahrt und Herrschaft (hier konzipiert als Legitimation und Normen) und erlaubt dadurch einen methodisch klaren und didaktisch aufbereiteten Zugang zum Thema. Der Band eignet sich als alleinige Textgrundlage für Kurse und Seminare, in denen jeweils zwei Texte à 15 Seiten pro wöchentlicher Lehreinheit behandelt werden. Somit unterscheidet er sich von anderen Büchern zur deutschen Außenpolitik, die entweder rein historisch oder institutionenkundlich orientiert sind oder als Nachschlagewerke dienen.

Siegmar Schmidt / Gunther Hellmann / Reinhard Wolf (Hrsg.)
Handbuch zur deutschen Außenpolitik
2007. 970 S. Geb. EUR 59,90
ISBN 978-3-531-13652-3

Mit dem Zusammenbruch des Kommunismus hat sich die weltpolitische Lage grundlegend verändert und ist auch für die Außenpolitik der Bundesrepublik Deutschland eine vollkommen veränderte Situation entstanden. In diesem Handbuch wird erstmals wieder eine Gesamtschau der deutschen Außenpolitik vorgelegt. Dabei werden die Kontinuitäten und Brüche seit 1989 sowohl für den Wissenschaftler als auch den politisch interessierten Leser umfassend dargestellt.

Oliver Schöller / Weert Canzler / Andreas Knie (Hrsg.)
Handbuch Verkehrspolitik
2007. 963 S. Geb. EUR 69,90
ISBN 978-3-531-14548-8

In 38 Beiträgen geben renommierte WissenschaftlerInnen einen Überblick über den Stand der Diskussion zu wesentlichen Themen der Verkehrspolitik. Die Beiträge konzentrieren sich in erster Linie auf Deutschland, sie entstammen einer Reihe von unterschiedlichen Disziplinen und sind auch in ihren Schlussfolgerungen ebenso vielfältig wie das Politikfeld der Verkehrspolitik selbst.

Erhältlich im Buchhandel oder beim Verlag.
Änderungen vorbehalten. Stand: Juli 2007.

www.vs-verlag.de

Abraham-Lincoln-Straße 46
65189 Wiesbaden
Tel. 0611.7878-722
Fax 0611.7878-400

Neu im Programm Politikwissenschaft

Frans Becker / Karl Duffek / Tobias Mörschel (Hrsg.)
Sozialdemokratische Reformpolitik und Öffentlichkeit
2007. 215 S. Br. EUR 26,90
ISBN 978-3-531-15508-1

Joachim K. Blatter / Frank Janning / Claudius Wagemann
Qualitative Politikanalyse
Eine Einführung in Forschungsansätze und Methoden
2007. 252 S. (Grundwissen Politik 44) Br. EUR 24,90
ISBN 978-3-531-15594-4

Frank Brettschneider / Oskar Niedermayer / Bernhard Weßels (Hrsg.)
Die Bundestagswahl 2005
Analysen des Wahlkampfes und der Wahlergebnisse
2007. 516 S. (Veröffentlichung des Arbeitskreises „Wahlen und politische Einstellungen" der DVPW Bd. 12) Br. EUR 49,90
ISBN 978-3-531-15350-6

Hubertus Buchstein / Gerhard Göhler (Hrsg.)
Politische Theorie und Politikwissenschaft
2007. 194 S. Br. EUR 24,90
ISBN 978-3-531-15108-3

Christoph Egle / Reimut Zohlnhöfer (Hrsg.)
Ende des rot-grünen Projekts
Eine Bilanz der Regierung Schröder 2002 - 2005
2007. 540 S. Br. EUR 34,90
ISBN 978-3-531-14875-5

Daniela Forkmann / Saskia Richter (Hrsg.)
Gescheiterte Kanzlerkandidaten
Von Kurt Schumacher bis Edmund Stoiber
2007. 440 S. (Göttinger Studien zur Parteienforschung) Br. EUR 34,90
ISBN 978-3-531-15051-2

Gert-Joachim Glaeßner
Politik in Deutschland
2., akt. Aufl. 2006. 571 S. Br. EUR 24,90
ISBN 978-3-531-15213-4

Dirk Lange / Gerhard Himmelmann (Hrsg.)
Demokratiebewusstsein
Interdisziplinäre Annäherungen an ein zentrales Thema der Politischen Bildung
2007. 314 S. Br. EUR 32,90
ISBN 978-3-531-15525-8

Tim Spier / Felix Butzlaff / Matthias Micus / Franz Walter (Hrsg.)
Die Linkspartei
Zeitgemäße Idee oder Bündnis ohne Zukunft?
2007. 345 S. Br. EUR 26,90
ISBN 978-3-531-14941-7

Erhältlich im Buchhandel oder beim Verlag.
Änderungen vorbehalten. Stand: Juli 2007.

www.vs-verlag.de

VS VERLAG FÜR SOZIALWISSENSCHAFTEN

Abraham-Lincoln-Straße 46
65189 Wiesbaden
Tel. 0611.7878-722
Fax 0611.7878-400